南阳统计年鉴

NANYANG STATISTICAL YEARBOOK

2009

(总第十期)

南阳市统计局 编

中国统计出版社
China Statistics Press

(京)新登字 041 号

图书在版编目(CIP)数据

南阳统计年鉴. 2009/南阳市统计局编—北京:中国统计出版社,2009. 10
ISBN 978-7-5037—5813—3

Ⅰ. 南… Ⅱ. 南… Ⅲ. 统计资料—南阳市—2009—年鉴
Ⅳ. C832. 613-54

中国版本图书馆 CIP 数据核字(2009)第 171677 号

南阳统计年鉴—2009

作　　者/南阳市统计局
责任编辑/郑森森
E—mail/yearbook@stasts. gov. cn
责任校对/王兰芝　鲁　璐
封面设计/宗　合
出版发行/中国统计出版社
通信地址/北京市西城区三里河月坛南街 57 号　中国统计出版社
邮　　编/100826
电　　话/(010)63376907
印　　刷/湖北省仙桃市九原印刷厂
经　　销/新华书店
开　　本/890×1240 毫米　1/16
字　　数/108 万字
印　　张/34 印张
印　　数/1—2000 册
版　　别/2009 年 10 月第 1 版
版　　次/2009 年 10 月第 1 次印刷
书　　号/ISBN 978—7-5037-5813-3/C・2284
定　　价/260. 00 元

《南阳统计年鉴—2009》

编辑委员会及编辑部工作人员名单

编辑指导委员会

名誉主任：穆为民

主　　任：朱长青

副 主 任：姚国政　王书延

委　　员：(按姓氏笔画排序)

王书延　王保云　李甲坤　李金旺　朱长青　陈华山　郑国炳
赵明喜　胡云生　姚国政　贺国勤　褚庆义　穆为民

编辑委员会

主　　编：王书延(兼)

副 主 编：陈长龙　王中华　赵信章　谭涌涛　杨　光　李吉山　马秋云
周友鸣

编　　委：(按姓氏笔画排序)

马协龙　王　勇　王川鹏　王文泽　王秀英　孔祥峰　文金川
曲桂琴　刘光军　安红波　李　靖　李桂林　李劲戈　李培宪
李瑜敏　吴新汉　张建中　陈同勉　陈喜祥　周明宏　郑书俭
胡旭萍　董　晓　翟　俊

编　辑　部

总 编 辑：杨　光(兼)

编辑部主任：安红波　曲桂琴

编辑部副主任：马宏彬　王兰芝

责任编辑：郑淼淼

编　　辑：(按姓氏笔画排序)

丁　茹　王　涛　王同刚　王英轩　宁建南　尹乐卫　许　珂
朱芸萍　宋　晓　宋池廉　邢明星　李　丹　李　磊　李永祥
李秀云　刘春雨　张　群　张　铭　张　季　张　祎　张书范
杜　英　陈庆伟　杨　飞　杨海金　郭玉玺　常仕申　焦静琴
鲁　璐　蔡　华

编 辑 说 明

一、《南阳统计年鉴—2009》是一部全面记载和反映南阳市经济和社会发展情况的资料性年刊。本书以文字和统计资料的形式收录了全市和各县市区2008年经济和社会各方面发展情况，同时还辑录了建国以来重要年份的主要统计数据，是各级党政领导进行宏观决策的重要依据，也是经济管理部门、大中专院校、研究人员了解和研究南阳经济发展的重要参考。

二、全书内容由三个部分组成：

第一部分：特载。内容包括《政府工作报告》、《南阳市2008年国民经济和社会发展统计公报》、《关于南阳市2008年国民经济和社会发展计划执行情况与2009年计划（草案）的报告》、《关于2008年财政预算执行情况和2009年财政预算（草案）的报告》等。

第二部分：统计资料。内容分为23个方面：即，1. 综合；2. 国民经济核算；3. 人口；4. 从业人员和职工工资；5. 固定资产投资；6. 能源；7. 物价指数；8. 人民生活；9. 城市建设；10. 农村经济；11. 工业；12. 建筑业；13. 交通运输和邮电；14. 国内贸易；15. 对外经济贸易；16. 财政金融；17. 教育、科技和专利；18. 文化、卫生、体育；19. 社会保障；20. 资源与环境保护；21. 全省各省辖市主要统计指标；22. 鄂豫川陕四省九地市主要统计指标；23. 全国部分中等城市社会经济发展主要统计指标。各篇末附有《主要统计指标解释》。

第三部分：附录。内容为全国、全省2008年国民经济和社会发展统计公报。

三、由于经济普查，工业、投资、国内贸易等方面指标采用年快报数据，部分资料有所缺失，有关数据待经济普查结果确定后将进行调整和补充。

四、本年鉴的资料来源大部分来自年度统计报表，一部分来自抽样调查及部门统计资料。

五、资料中所使用的度量衡单位均采用国际统一标准计量单位。

六、查阅本年鉴需要注意的问题：

1. 本年鉴部分数据合计数或相对数由于单位取舍不同而产生的计算误差均未作机械调整。

2. 编辑本年鉴时，依据有关调查资料及现行统计制度对以往个别统计数据进行了调整、修正，以前发表过的统计数据与本年鉴有出入者，以本年鉴为准。

3. 本年鉴表中的符号使用："空格"表示该项统计指标数据不足本表最小单位数、数据不详或无该项数据；"#"表示其中的主要项。

4. 本年鉴目录中未注明年份的，至少含有两个年份以上的统计资料。

5. 特载及附录部分数据为初步统计数，为尊重原稿未作修改，有关数据在使用时应以统计资料部分数据为准。

本年鉴在编辑出版过程中，得到市领导和有关部门的大力支持和热情帮助，值此出版之际，谨致诚挚的谢意！由于时间仓促、编辑人员水平有限，书中疏漏和错误在所难免，恳请各位领导、专家和读者批评指正。

《南阳统计年鉴》编辑部

二〇〇九年九月

目　　录

特　　载

统 计 资 料

一、综　　合

二、国民经济核算

三、人　　口

四、从业人员和职工工资

五、固定资产投资

六、能　　源

七、物　　价

八、人民生活

九、城市建设

十、农村经济

十一、工 业

十二、建 筑 业

十三、交通运输和邮电

十四、国内贸易

十五、对外经济贸易

十六、财政金融

十七、教育科技和专利

十八、文化、卫生、体育

十九、社会保障

二十、资源与环境保护

附　　录

特　　载

政府工作报告

——(2009年4月2日南阳市第四届人民代表大会第一次会议通过)

南阳市人民政府市长　穆为民

各位代表：

现在，我代表市人民政府，向大会报告工作，请予审议，并请各位政协委员和其他列席人员提出意见。

过去五年工作回顾

2004年以来的五年，是南阳经济社会发展进程中很不平凡的五年。市政府在省委、省政府和市委的正确领导下，认真贯彻落实科学发展观，积极构建和谐社会，团结带领全市人民，开拓奋进，扎实工作，圆满完成了市三届人大确定的各项目标任务。

综合实力大幅提升，经济发展成效显著。去年全市生产总值完成1636.4亿元，是2003年的2.3倍，年均增长13.6%。三次产业结构由“二一三”升级为“二三一”。地方财政一般预算收入51.3亿元，是2003年的2.4倍。全社会固定资产投资895.8亿元，是2003年的4.3倍，一大批重点项目相继建成。工业经济提速增效，规模以上工业增加值、实现利税分别是2003年的3.6倍和4.8倍，12个优势产业完成增加值占全市规模以上工业的80%以上，一批特色产业园区发展壮大，年销售收入超10亿元企业达17家，新创中国驰名商标2个、中国名牌5个。自主创新能力进一步增强，我市被确定为新能源产业国家高技术产业基地、河南省光电产业基地、河南省生物产业高技术产业基地。文化旅游产业快速发展，五年累计接待游客3367万人次、实现旅游综合收入179.4亿元。南阳伏牛山被评为世界地质公园。环境保护和节能减排工作力度加大，矿产企业整合和节约集约用地取得明显成效，我市被确定为全国首批可持续发展试点城市。

“三农”工作全面加强，农村面貌发生较大变化。认真落实各项支农强农政策，全部取消农业税，累计发放各类涉农补贴资金38.2亿元。粮食总产稳定增长，达到114亿斤。油料总产突破百万吨大关。烟叶生产质量效益均创新高，被确定为全国优质烟科技示范基地。畜牧业产值占农业总产值的比重达到34%。9个土特产品被认定为中国地理标志产品。全市提前一年实现平原绿化高级达标，森林覆盖率由28.8%提高到36%。农业产业化步伐加快。农村生产生活条件明显改善，连年夺得省“红旗渠精神杯”；新建农村沼气用户33万户；解决了81.6万农村居民饮水安全问题；减少贫困人口57.3万人；实现所有行政村通电、通油路(水泥路)、通电话、通宽带、通广播电视。南水北调中线工程南阳段开工建设，库区移民试点工作全面启动。新农村建设稳步推进，培育了一批亮点和典型。

基础设施不断完善，城镇化步伐加快。中心城市建成区面积由五年前的55平方公里扩展到90平方公里。完成了一大批路、桥、坝新建改建工程和背街小巷整治工程。城中村改造扎实推进。城市环卫和城管体制改革顺利完成。荣获"中国优秀旅游城市"、"国家园林城市"称号。县城和小城镇建设迈出新步伐,全市城镇化率由25.5%提高到34.9%。交通建设加速推进,被交通部确定为国家级公路运输枢纽城市,高速公路从无到有,总里程达553公里,居全省第一位;新建改建干线公路1895公里、县乡公路3114公里、村道14181公里;宁西铁路客运通车;南阳机场直航线路增至6条。

改革开放深入推进,发展活力明显增强。国有企业改革成效显著,38家市属工业企业改制大头落地。义务教育管理、粮食流通、水管等体制改革相继完成,行政审批、集体林权等制度改革取得明显成效,交通、建设、供销、公用事业等领域改革迈出新步伐。企业上市实现零的突破,新纺、利达光电成功上市。中小企业信用担保体系基本建立。非公有制经济快速发展,占生产总值的比重达到56.2%,五年提高12.9个百分点。大力引进战略投资者,企业战略重组迈出重大步伐。成功举办了四届玉雕节、五届张仲景医药文化节、第三届豫商大会和首届宝玉石博览会,积极组织参加中原文化港澳行等一系列大型经贸招商活动,累计引进市外资金570亿元。五年进出口总额完成25亿美元,年均增长31.6%。批准外商投资企业160家,实际利用外资3.5亿美元、年均增长27.2%。

致力解决民生问题,人民生活持续改善。城镇居民人均可支配收入、农民人均纯收入分别达到12395元和4570元,均比2003年增加1倍以上;2008年末城乡居民储蓄存款余额达687.4亿元,是2003年的2倍。五年新增城镇就业57万人、农村劳动力转移就业75万人,零就业家庭实现动态归零,城镇登记失业率控制在3.8%以内,荣获"全国就业促进活动先进单位"称号。城镇职工基本养老、医疗、失业等社会保险覆盖面不断扩大。建立完善了农村低保制度,城市低保标准不断提高。全市城镇医保参保居民达60.3万人,新农合参合率达到95.5%,覆盖城乡的医疗保障体系框架基本形成。建设经济适用住房71.9万平方米,建立了廉租住房保障制度。大力实施食品放心工程,食品安全水平不断提高。

经济社会协调发展,各项社会事业全面进步。科技对经济增长的贡献率达到47%,荣获"全国科技进步先进市"称号。教育投入不断增加,"两基"工作通过国检,认真落实"两免一补"政策,全面实行城乡免费义务教育。农村办学条件明显改善,圆满完成农村中小学校D级危房改造、远程教育工程建设等任务。大力推进中心城市义务教育均衡发展,新建、改扩建中小学校26所,新增学位2.2万个,缓解了"大班额"和上学难问题。职业教育加快发展,助学制度进一步完善。高等教育规模不断扩大,南阳理工学院升格为本科院校,南阳医专、河南工业职业技术学院挂牌成立,南阳师院和南阳医专先后通过教育部评估验收。公共卫生服务体系进一步健全,市县疾病防控中心和医疗救治项目建成投运,县乡村三级预防医疗网络建设得到加强,被授予"全国农村中医工作先进市"。文化事业繁荣发展,内乡宛梆等8个项目被列入国家非物质文化遗产名录,荣获"中国楹联文化城市"称号。有线电视数字化整体平移工作进入全国先进行列。成功申办2012年全国第七届农民运动会。人口和计划生育工作新机制不断完善,低生育水平持续稳定,被确定为全国计划生育综合改革试点市。人事、统计、规划、物价、新闻出版、工商、税务、金融、口岸、供销、农机、盐业、史志、气象、地震、人防、消防、对台、侨务、外事、民族宗教、残疾人以及民兵预备役、"双拥"等工作都取得了新的成绩。

精神文明和民主法制建设明显加强,和谐南阳建设扎实推进。深入开展社会主义荣辱观教育和精神文明创建活动,广大干部群众思想文化素质和精神风貌发生新的变化。"五五"普法全面启动,法律服务体系日益健全。认真贯彻落实《全面推进依法行政实施纲要》和《行政许可法》,政府依法行政能力不断增强。加强政府廉政建设和效能建设,强化行政监察和审计监督,政风行风明显好转。积极推行政府信息公开。应急管理体制建立运行。自觉接受人大法律监督和政协民主监督,五年共办理人大代表建议和政协委员提案3690件,办结率100%、满意率97.6%。全面推进基层民主政治建设,顺利完成第五、第六届村委会换届选举,城镇社区建设加速推进。重视加强人民群众来信来访工作,深入开展"平安南阳"创建活动,狠抓安全生产，社会大局保持和谐稳定。全力支援四川抗震救灾，圆满完成抢险救援和过渡房建设任务，对口援建工作走在全省前列。

各位代表，过去五年，是我市综合实力提升快、社会建设成效好的五年，是人民群众受益多、城乡面貌变化大的五年，是奠定坚实基础、积蓄发展后劲的五年，是我市经济社会发展最好最快的时期之一。五年来取得的巨大成就，是省委、省政府和市委正确领导的结果，是市人大、市政协大力支持的结果，是全市人民共同奋斗的结果。在此，我代表市人民政府，向全市广大干部群众，向市人大代表、政协委员、各民主党派、工商联、各人民团体、离退休老同志、无党派人士，向驻宛企事业单位、驻宛部队、武警官兵，向所有关心支持南阳发展的各界朋友，表示崇高的敬意和衷心的感谢!

各位代表，总结回顾过去五年的探索与实践，以下五条经验弥足珍贵，需要我们认真把握和长期坚持：一是必须把解放思想作为应对新挑战、开创新局面的一大法宝，与时俱进，开拓创新，奋发有为；二是必须把加快发展作为第一要务，以科学发展观统领全局，强化项目支撑，加快工业化、城镇化进程，带动经济社会全面振兴；三是必须把改革开放作为强大动力，重视营造发展环境，以开放的思维、改革的办法破解难题、促进发展，以良好的环境增强吸引力、竞争力；四是必须把改善民生作为政府工作的出发点和落脚点，坚持以人为本，让改革发展成果更多地惠及于民；五是必须把务实重干作为基本要求，牢记使命，求真务实，多做打基础、增后劲、管长远的事，以事业凝聚人心，以发展鼓舞士气。

在肯定成绩的同时，我们也清醒地认识到，全市经济社会发展还面临不少困难和问题。主要表现在五个方面：一是经济实力大而不强。我市主要经济指标人均水平在全省长期处于靠后位次，财政收入占生产总值的比重仅为全省平均水平的二分之一。二是经济结构不合理，经济发展方式粗放。农业基础还比较脆弱，工业经济不大不强，第三产业比重偏低；节能减排任务艰巨，土地、资源、环境等约束加剧；城镇化水平低，中心城市辐射带动能力弱，县域经济发展整体水平有待提升。三是体制机制性矛盾仍很突出。政府机构改革有待深化，事业单位改革进展缓慢，财政供养人员过多、包袱沉重，国有商贸流通企业、集体企业改革滞后、任务艰巨。四是和谐社会建设任重道远。社会保障和就业压力加大，教育、医疗、社会治安等方面还有很多亟待解决的问题。五是政府自身建设有待加强。政府职能和作风转变不到位，有的部门和工作人员责任意识、服务意识不强，形式主义、官僚主义问题比较突出，发展环境不优。对此，我们一定要高度重视，认真加以解决。

今后五年奋斗目标和主要任务

站在继往开来的历史节点，审时度势，南阳到了奋力爬坡、跨越发展的重要关头。

我们面临的挑战前所未有。国际金融危机仍在扩散和蔓延，冲击影响程度和持续时间难以预测。长期积累的体制机制性、结构性深层次矛盾和困难在新形势下逐步显现，对改革发展稳定形成了沉重压力。区域竞争日趋激烈，前边标兵越跑越远，后边追兵日益迫近，我们面临不进则退、慢进掉队的严峻挑战。面对崇高的历史使命，面对全市 1100 万人民奋发图强的殷切期望，我们必须增强忧患意识、危机意识和责任意识，迎难而上，以破釜沉舟的决心和气魄，采取超常规举措，实现跨越式发展。

我们面临的机遇和条件也前所未有。一是国际金融危机增强了国内外产业梯度转移的趋势，有利于南阳在对内对外开放中寻求新的突破和更大发展；危机形成的倒逼机制压力，有利于我们加快结构调整和产业升级。二是国家实施积极的财政政策和适度宽松的货币政策，加大对中西部和“三农”及社会建设的支持力度；省委、省政府把南阳确定为区域性中心城市和省次中心城市，有利于我们争取更多、更大的支持，解决自身难以解决的问题。三是南阳自然资源丰富，文化积淀深厚，区位优势日益凸显；正处于工业化、城镇化加速发展时期，基础设施建设、产业振兴、社会发展等方面有三大空间。四是南水北调中线工程南阳段、南阳核电站、南阳粮食主产区建设和全国第七届农运会筹办等重大工程陆续上马，多年来谋长远、打基础、增后劲积蓄的巨大能量，与全市上下人心思进的精神动力融合在一起，必将为我们应对挑战、实现跨越式发展提供强大的物质和信心支撑。

今后五年政府工作的总体要求是：以科学发

展观统领经济社会发展全局，实施“三大战略”，奋力实现“四大突破”，加快构建现代产业体系、现代城镇体系和自主创新体系，努力推动经济大市向经济强市跨越、文化旅游生态资源大市向文化旅游强市和生态宜居名市跨越，为中原崛起做出重要贡献。

今后五年经济社会发展的主要奋斗目标是：到2013年，全市生产总值、地方财政一般预算收入、全社会固定资产投资，在优化结构、提高效益、降低消耗、保护环境的基础上，力争比2008年翻一番，实现五年倍增。主要经济指标年均增速达到、力争超过全省平均水平。城镇化率达到45%，年均增长2个百分点。这些奋斗目标，是按照上述总体要求，把南阳置身于周边、全省乃至全国的发展大局中衡量，在综合分析形势、认真研究市情的基础上确定的。这些目标，是时代的要求、人民的期盼，非常必要，我们一定要努力实现！这些目标，也是切实可行的，我们坚信，经过全市人民的共同奋斗，一定能够实现！

根据上述总体要求和奋斗目标，今后五年要突出抓好以下六个方面的工作：

（一）建设新型工业强市，构建现代产业体系。实施工业强市战略，走新型工业化道路，加快构建以高新技术产业为先导、以先进制造业和现代服务业为主体、以大型骨干企业为支撑、以产业集聚区为载体的现代产业体系，努力在培育壮大战略支撑产业上取得突破性进展。力争到2013年，生物、光电、光伏、超硬材料、石油化工、碱硝化工、先进制造、纺织、冶金、建材、医药、电力等12个优势产业销售收入均突破100亿元，重点打造的新能源基地、新材料基地和食品产业基地分别达到600亿、400亿、500亿元以上；产业集聚区工业增加值突破100亿元的达到10个，2个达到300亿元以上；销售收入50－100亿元的企业达到10家，2家达到200亿元以上。把服务业放在更加突出的战略位置，加强规划引导，加大政策扶持，突出发展现代物流、通信、金融、商务等生产性服务业，培育提升房地产、餐饮、社区服务等消费性服务业，培育壮大一批现代物流园区和企业集团，力争服务业占生产总值的比重每年提高一个百分点以上。

（二）加快建设区域性中心城市，统筹城乡协调发展。实施中心城市带动战略，构建中心城市、中小城市、小城镇协调发展的现代城镇体系。做大做强中心城市。围绕建设区域性中心城市目标，加强中心城市发展战略研究，按照“白河为轴、两岸并举、区块突破、组团发展”的思路，坚持城市建设与产业发展、文化建设、生态建设并重，强化枢纽地位，扩大城市规模，增强城市功能，壮大城市经济，改善城市环境，全面提升城市综合承载力和区域发展服务能力，努力把南阳建设成为全省全国知名的新型工业强市、文化旅游强市和生态宜居城市，成为带动全市、辐射周边、助推中原崛起的区域性中心城市。力争到2013年，中心城区建成区面积达到120平方公里，人口120万人，中心城市经济总量占全市的比重大幅度提升。向心发展，加快构建现代城镇体系。制订实施南阳现代城镇体系发展规划和配套政策，积极构筑以南阳中心城市为核心，以鸭河口、官庄工矿区为两翼，以镇平、邓州、新野、内乡、方城、唐河、社旗、南召等城镇为环绕核心的城镇圈，以宁西铁路、焦枝铁路和许南襄、沪陕高速公路两个“十字”型重要通道为市域城镇与产业发展轴，以邓州市和桐柏、西峡、淅川县城为四极，以小城镇为依托，拓展完善公路、铁路、航空现代立体交通支撑体系，形成“一体两翼、一圈两轴四极”向心发展、合理分工、功能互补、协调推进的城乡统筹发展新格局。发展壮大县域经济。研究出台促进县域经济发展的政策措施，鼓励基础较好的县市率先发展、加速增强综合实力，积极扶持相对落后地区发展，力争1－2个县市进入全省县域经济综合实力十强。

（三）巩固农业基础地位，促进农村经济繁荣发展。高度重视“三农”工作，加大政策扶持力度，加快农业基础设施和新农村建设，促进农业增效、农民增收、农村繁荣。以建设南阳粮食主产区为契机，稳步提高粮食生产，力争到2013年粮食总产达到120亿斤。按照高产、优质、高效、生态、安全的要求，切实抓好优质粮食、棉花、烟叶、油料、蔬菜、小辣椒、中药材、林果、花卉、食用菌十大主导产业基地建设和以南阳肉牛、生猪、奶牛为重点的优质畜产品生产加工基地建设，推动南阳由传统农业大市向现代农业强市转变。增加、整合支农资金，强化农业基础设施建设，加大农综开发、扶贫开发力度，提高农业机械化装备水平，五年内使农业生产条件明显改善、综合生产能力明显提高;完成大中小型水库除险加固、南水北调中线工程征地拆迁和移民安置任务,解决农村饮水安全问题和现有全部贫困人口的脱贫问题。按照新农村建设“20”字方针要求,以试点村、示范村建设和特色产业培育、村容村貌整治为重点,因地制宜,整村推进,力争到2013年,全市新农村建设实现较大跨越,农村面貌显著改善、农民生活更加宽裕。

*(四)发挥资源优势,加快建设文化旅游强市和生态宜居名市。*坚持市场化、产业化、品牌化运作和规模化、集约化发展,深入挖掘开发南阳楚汉文化、医药文化、衙署文化、曲艺文化、玉文化、盘古文化、赊店商业文化等特色文化,保护开发文化名胜和文化遗产,加快发展特色文化产业、新兴文化产业和社会文化产业,构筑主业突出、结构合理、特色鲜明的文化产业体系;大力推进文化事业单位改革和文化管理体制改革,鼓励各类资本进入政策许可的文化领域,促进文化资源大市向文化强市转变。围绕“游在伏牛、养在南阳”目标,积极创建旅游强市和生态宜居名市。坚持在保护中开发、在开发中保护,以伏牛山生态游为龙头,创建一批山水精品,培育一批文化名片,重点打造宝天曼、老界岭、南水北调中线渠首、恐龙遗迹园、玉雕湾、山陕会馆等核心景区,完善旅游线路,强化宣传推介,提升服务质量,拉长产业链条,促进旅游业快速发展。充分开发利用南阳丰富、地道的中药材资源,坚持医教研、产加销六位一体,弘扬张仲景中医药文化,致力打造中医药都和养生胜地。实施碧水蓝天工程,强力推进节能减排,加大污染治理力度,搞好造林绿化,强化生态保护,努力把南阳建成山水园林相间、生态环境优美、人与自然和谐发展的宜居健康家园。

*(五)大力实施开放带动和创新推动战略,增强发展动力活力。*把开放带动作为跨越发展的主战略,依托优势资源和骨干企业,办好节会、园区载体,积极承接产业转移,着力引进国内外大企业、大财团等战略投资者,重点谋划引进一批超亿元、超十亿元的大项目。调整优化出口产品结构,扩大横向经济技术合作,不断拓展双向开放的广度和深度。优化经济发展环境,着力打造“零障碍、低成本、高效率”的投资环境。深入推进各项改革。积极实施、如期完成新一轮政府机构和乡镇机构改革。巩固扩大国有工业企业改革成果。加快商贸流通企业、集体企业改革步伐,全力推进事业单位改革,争取五年内完成改制任务。大力开展全民创业,出台优惠政策,激活各类创业主体,支持中小企业做大做强。积极推进财税、金融等重要领域和关键环节的改革攻坚,尽快形成有利于推动跨越发展的体制机制。深入实施科教兴宛和人才强市战略,加快构建以企业为主体、以市场为导向、产学研相结合的自主创新体系。力争2013年,全市高新技术产业增加值占规模以上工业增加值的比重达到30%,自主创新能力达到全省先进水平。

*(六)加强社会建设,努力构建和谐南阳。*扎实推进以改善民生为重点的社会建设,使广大人民群众学有所教、劳有所得、病有所医、老有所养、住有所居,共享改革发展成果。坚持教育优先发展战略,优化资源配置,实现义务教育均衡发展,基本普及高中阶段教育,大力发展职业教育,提升高等教育发展水平。进一步完善卫生服务体系,基本建立覆盖城乡居民的基本医疗卫生制度,为群众提供安全、有效、方便的医疗卫生服务。积极开展全民健身活动,提高竞技体育水平,办好第七届全国农运会。加强就业服务体系建设,改善就业环境,促进社会就业。完善养老、医疗、失业、工伤、生育保险制度和城乡社会救助制度,全面提高社会保障水平。加大经济适用住房和廉租住房建设力度,致力解决城市低收入家庭住房困难问题。强化社会建设和管理,营造社会长治久安、人民安居乐业的良好环境。

2009年工作安排

2009年是新一届政府的开局之年,也是经济增长下行压力加大、发展较为困难的一年。今年以来,国内外形势变化对我市的影响日益加重,主要经济指标增长速度全面下滑,亏损企业亏损额大幅度增加,经济形势异常严峻。我们必须保持清醒头脑,积极应对宏观经济环境变化,变压力为动力,化挑战为机遇,振奋精神,扎实工作,努力保持经济平稳较快发展,为全面完成未来五年目标任务打下坚实基础。

今年全市经济社会发展的主要目标是:生产

总值增长 11%；地方财政一般预算收入增长 9.5%；全社会固定资产投资增长 20%以上；外贸出口增长 10%；实际利用外资增长 10%；城镇居民人均可支配收入实际增长 7%；农民人均纯收入实际增长 6%；城镇登记失业率控制在 4%以内；人口自然增长率控制在6.5‰以内；单位生产总值能耗降低 5.1%，化学需氧量、二氧化硫排放总量分别控制在 6.86 万吨和 6.68 万吨以下。重点抓好以下六个方面的工作：

(一)扩大投资和消费需求，保持经济平稳较快增长

着力扩大投资需求。一是加快大型骨干项目建设。启动实施“四大工程”。南水北调中线工程：扎实做好征地拆迁安置和协调工作，加强与移民迁入地的对接，完成 1.06 万库区移民试点安置任务，确保南水北调中线工程南阳段顺利实施。南阳核电工程：完成核电站址搬迁群众安置新村建设任务和 600 万方土石方平整工作，实现站址“四通一平”，保证核岛混凝土按期顺利施工。南阳粮食主产区工程：着力抓好优质粮产业工程及农机装备工程，加快中低产田改造，推进大中型水库除险加固和鸭灌、引丹等大中型灌区续建配套及节水改造。全国农运会筹备工程：搞好竞赛场馆规划设计，开工建设一批功能性工程。在实施“四大工程”的同时，在能源、交通、农业、民生、城建等方面规划实施 305 个重大投资项目，确保中心城区污水管网等项目开工建设，南阳机场航站楼等项目竣工投运，大力支持平顶山—南阳白河双回路输变电工程、西气东输二线长输管线等重点项目建设，做好天池抽水蓄能电站、鸭电三期、白河南热电厂、方城风电二期、宁西铁路复线、内邓高速、南邓一级公路、社旗至南阳一级公路等重大项目前期工作。二是积极争取上级投资。抓住国家扩大内需的政策机遇，筛选论证一批重大项目，切实做好争取工作。加强中央投资项目监管，致力建设优质工程、惠民工程、廉洁工程。三是努力推动社会投资。深化投融资体制改革，拓宽投融资渠道和领域。发挥财政杠杆作用，加大贴息和补助力度，引导和扩大社会投资。

努力扩大消费需求。把调整收分配、发展服务业与扩大消费结合起来，大力开拓消费市场。增强居民消费能力。积极推进事业单位工资制度改革，落实企业最低工资制度和企业退休人员待遇政策，健全农民工工资支付保障机制。提高优抚对象、建国前老党员等抚恤和生活补助标准，加大惠民政策扶持力度，逐步提高对低收入家庭的补贴和补助，努力增加城乡居民收入。积极培育消费热点。扩大农村消费、住房消费、文化旅游消费和服务消费。继续实施“万村千乡市场工程”、“双百市场工程”，搞好农村便民超市建设和农产品批发市场升级改造，发展农资连锁配送，构建农村现代流通网络。增加家电下乡补贴品种，引导农民扩大消费需求。积极鼓励住房消费，引导房地产企业多开发建设中低价位的普通商品房，鼓励大型房地产企业进行集中连片开发，促进房地市场健康稳定发展，建设普通商品住房 270 万平方米。大力发展文化旅游产业，推动文化旅游消费，全年实现游客接待量力争达到 1200 万人次、旅游综合收入 60 亿元。加快发展住宿餐饮、社区商业、物业、家政等生活性服务业，引导居民扩大消费。优化消费环境。研究出台鼓励消费的政策，发展和完善消费信贷。加强市场监管，整顿和规范市场秩序，坚决打击制售假冒伪劣商品和价格欺诈等违法行为，维护消费者合法权益。

(二)大力实施工业强市战略

加快工业重点项目建设。全年计划实施重大项目 121 个，确保防爆集团大型同步电动机等 52 个项目竣工投产，二胶厂 PCB 胶片生产线等 57 个项目开工建设。对 50 个工业“发动机计划”项目，市财政安排 1 亿元资金予以扶持，并在用地上优先保障，促其尽快建成投产达产。继续开展“工业强市杯”竞赛活动，鼓励支持各县市区重点抓好投资 3000 万元以上的工业项目，推动工业经济快速发展壮大。

集中培育大型企业集团。以 12 个规划销售收入超百亿元的骨干企业或企业群体为依托，通过技术创新、战略重组、政策扶持等措施，集中培育一批主业突出、拥有自主知识产权和核心竞争力的大型企业集团。继续在全市工业企业中开展“十大纳税企业”、“十大高成长性企业”评选活动，激励企业做大做强。重视加强企业经营管理人才培养，努力造就一支境界高、素质好、富有开拓创新精神的企业家团队。

增强自主创新能力。加大政策扶持力度，推

动光电、光伏、生物能源、生物化工、超硬材料和先进制造业等高技术产业关键技术研发;抓好光学引擎、多晶硅、超硬材料、纤维乙醇等高新技术产业化项目,加强对外合作,尽快扩大产能,加快高新技术产业化步伐。鼓励扶持骨干企业与国内外行业重点企业、高等院校、科研院所合作,支持重点实验室、企业技术中心、工程技术中心、博士后科研工作站建设,开展科研攻关,转化推广科技成果。集成科技资源,力争激光电视、电子纸等国家“863 计划”项目和核电级防爆电机、紫激光计算机直接制版(CTP)版材及制版机等重大科技专项实现新的突破。

大力发展产业集聚区。加快全市 13 个首批省定产业集聚区规划建设,明确目标,完善功能,突出特色,搞好各类生产要素的集约配置,提高产业集中度和承载力,把产业集聚区打造成为招商引资的主阵地、经济发展的重要增长极和现代化城市新组团。尽快做大做强高新区、白河生态园区和龙升工业园区,搞好园区规划,创新市区管理体制,完善配套设施,提升服务水平,加大项目引进建设力度,提高投资强度和产出效益,努力实现更大规模、更高水平发展。

强力推进节能减排。全面落实节能减排目标责任制和“一票否决”制,确保完成年度目标任务。突出抓好 96 家重点耗能企业的节能降耗,推进余热余压利用等十大重点节能工程建设。加强城乡污染治理设施和减排工程运行监督,确保已建成污水处理厂达标运营,燃煤电厂脱硫设施投运率达到 95%以上。搞好淅川钒土开采冶炼、丹江口库区等重点区域综合整治,加强重点流域水污染防治和冶金、造纸、制药等行业废水深度治理。

(三)全面加强“三农”工作

稳定发展粮食生产,调整优化农业结构。按照稳定面积、提高单产、增加总量、改善品质的原则,大力发展粮食生产,全年粮食保持在 1600 万亩以上,总产达到 100 亿斤以上。在发展优质粮食、棉花、油料、蔬菜、烟叶等作物的同时,加快发展中药材、食用菌、小辣椒、林果、花卉、茶叶、蚕茧等特色产业,建立一批高标准、高质量的生产加工基地。大力发展规模养殖,全年新发展 300 头以上肉牛育肥场 40 个、年出栏万头以上规模养猪场 20 个、200 头以上奶牛养殖场 15 个。以开展“常青杯”竞赛活动为载体,扎实搞好林业生态建设,完成造林 99.94 万亩。加强农产品质量检测体系、动植物疫病防控体系、农业标准化体系、农业科技服务体系、农机服务体系、气象服务体系建设,为发展现代农业提供重要保障。

大力推进农业产业化经营。把投资超 5000 万元以上的农业产业化龙头项目列入工业“发动机计划”,确保科尔沁牛业年加工屠宰 10 万头肉牛项目一期工程、龙大牧原生猪分割生产线项目 6 月底前建成投产,三色鸽乳业年产 10 万吨乳制品生产加工扩建项目 12 月份建成投产。加快农产品批发市场建设,完善农村现代流通网络,确保市级新合作配送中心和 10 个县级新合作配送中心规范运营。大力发展农民专业合作组织,每个县市区新发展农民专业合作社 20 个以上。

扎实推进新农村建设和农业基础设施建设。继续开展“向荣杯”竞赛活动,完成 200 个试点村、50 个示范村建设任务、1782 个村村容村貌整治任务。大力推进农村沼气建设,新发展沼气用户 10 万户,大中型沼气工程 100 座,加强沼气社会化服务体系建设。积极开展“通达杯”竞赛活动,搞好县乡公路建设和维护,改建县乡公路 1130 公里、通村公路 1200 公里,改造大中危桥 6090 延米。完成 130 个贫困村整村推进任务,解决和巩固温饱人口 11.17 万人,搬迁深山区贫困人口 3000 人以上。大力开展“兴水杯”竞赛活动,新增有效灌溉面积 13.5 万亩、节水灌溉面积 10.3 万亩、旱涝保收田 12 万亩,治理水土流失面积 480 平方公里,解决 25 万农村人口饮水安全问题。加大农综开发力度,完成 20.8 万亩中低产田改造任务。

多渠道增加农民收入。在挖掘农业内部增收潜力的同时,鼓励农民发展多种经营,创办“短平快”增收项目,加快发展农村二三产业,促进农民持续增收。坚持就地转移、异地输出与自主创业相结合,多渠道开辟农民就业岗位。认真落实粮食直补等支农强农政策。稳定农业生产资料价格,进一步减轻农民负担。

(四)加快城镇化进程

加大中心城市建设管理力度。一是强化规划的龙头作用。抓住全国第二次土地利用总体规划和省新一轮城市总体规划调整修编的机遇,修订完善城市总体规划,重点搞好控制性详规和各类专项规划，做好产业集聚区规划，实现控制性规划全覆盖。二是加强城市基础设施建设。加快独山大道南延、仲景南路续建工程进度，新开工光武东路、光武西路、健康路、明山路改扩建工程，对建设路、中州路、工业路部分路段进行大修改造。开工建设市博物馆、体育场、游泳馆、综合训练馆和市人防指挥所。加快仲景大桥建设进度，开工建设光武大桥、雪枫大桥。抓好市污水处理厂二期、垃圾处理厂二期工程和滨河路污水管网建设。投资1000万元，对城区54条背街小巷治理改造。加快规划建设东北分区和大学园区。优先发展城市公交，增加公交线路和运营车辆，适度扩大出租车运力，方便群众出行。加强城市绿化建设，启动汉宛城遗址、百里奚公园等一批公园、游园建设，对城市主要道路、白河湿地公园绿化进行升级改造；大力实施“一环一带四片六线”绿化工程，重点抓好环城高速景观林带、兰营水库生态防护林工程和六大出入市口通道绿化美化工程。三是加快城中村改造和内河整治工程。对已启动实施的城中村改造项目，加快改造进度，搞好监督管理，确保健康有序推进；围绕白河两岸和内河两侧，启动一批新的城中村和旧城改造项目。积极创造条件，开工建设梅溪河整治工程，搞好温凉河、三里河等内河整治前期设计。四是加强城市管理。深入开展“四城联创”和“靓丽杯”竞赛活动，巩固扩大城管、环卫体制改革成果，理顺城市管理体制，建立城市管理长效机制，推进城市标准化、精细化管理。加强社区建设，规范物业管理，夯实城市管理基础。

加快县城和小城镇建设。加大县城基础设施和公用设施建设力度，逐步完善交通、通讯、供排水系统和生态保护系统，不断完善城市综合功能。鼓励各县市开展“四城联创”活动，进一步提升城市品位。大力发展特色小城镇和沿线、沿边城镇带，开展示范城镇创建工作，加快中心城镇发展步伐。

(五)深入推进改革开放

深化各项改革。加快国有工业企业改革，完成28家国有工业企业改制遗留任务；完善企业法人治理结构，建立现代企业制度，帮助企业尽快恢复生产。积极推进商贸流通企业和集体企业改革，做好商场、五交化等5家企业改制工作，加快黄牛清真、金汉丰等4家企业依法破产步伐。把推进企业上市作为产业结构优化升级、做大做强企业的战略举措，强化对8家上市后备企业的培育和督导，全力支持西泵公司等企业上市。积极稳妥地推进政府机构改革，争取上半年完成市级政府机构改革，下半年完成县级政府机构改革。加快推进事业单位改革步伐。搞好财税金融体制改革，全面实施增值税转型、燃油税征收等税费改革。深化投融资体制改革，进一步增强政府的融资和调控能力。推进农村综合改革，探索建立农村土地承包经营权流转机制，发展多种形式的土地适度规模经营；完成集体林权制度改革任务。

扩大对外开放。研究出台招商引资激励政策，进一步加大招商引资力度，依托我市资源和产业优势，策划包装一批招商项目，重点面向国内外知名企业搞好推介。创新招商引资方式，加快建立以企业和专业招商队伍为主体的招商机制，推行招商引资目标管理，扩大招商引资成果。抓好南阳A型保税物流中心建设，力争年底前完成一期工程建设任务。加快企业战略重组步伐，深化中光学集团与美国新泰辉煌公司、日本智能泰克株式会社，金光数显公司与北京首钢股份公司，利达光电公司与四川长虹电器公司，天冠集团与中石油、内蒙古博源公司，市政府与北方兵总、南方兵总、国家电网公司、中核集团、中电投、美国IDG公司、日本三菱公司的战略合作，加快河南赊店酒业公司战略重组步伐，支持淅川与湖北汉江集团合作组建新的电冶集团，加快永煤集团钒系列产品项目进度，支持洛钼集团收购整合镇平钼矿资源。精心组织各类经贸活动，办好第二届宝玉石博览会和张仲景医药文化节，组织好厦洽会、中博会、广交会等活动，力争取得丰硕成果。坚持以质取胜和市场多元化战略，千方百计扩大出口。

(六)扎实推进和谐社会建设

加大投入力度，集中力量办好今年十大实事，着力解决涉及群众切身利益的问题，致力构建和谐社会。

千方百计扩大就业。实施更加积极的就业政策，多渠道增加就业岗位。完善落实促进全民创业政策措施，大力支持自主创业、自谋职业，鼓励大中专毕业生、残疾人、退役军人和返乡农民工领办创办民营企业，推动以创业促就业。积极推行农村劳动力技能培训、“阳光工程”和“雨露计划”,提高农民工的劳动技能,建立就业动态监控制度,强化公共服务,新增农村劳动力转移就业10万人。采取法律、行政等手段,切实维护农民工合法权益。完善就业援助制度,帮助城镇就业困难人员、零就业家庭和残疾人就业。全年新增就业8万人,下岗失业人员再就业2.6万人,其中就业困难对象再就业1万人,零就业家庭保持动态归零。

进一步完善社会保障体系。推进社会保险扩面征缴清欠工作,清欠率达到30%以上。重点做好非公有制企业从业人员、农民工、被征地农民和自由从业人员养老保险工作。完善失业保险制度,确保失业保险金按时足额支付。将关闭破产企业退休人员和困难企业职工纳入城镇职工医保。做好农民工医疗和工伤保险工作,参保人员分别达到2.3万人和7.5万人。巩固扩大城镇职工、居民基本医疗保险、生育保险和新农合医疗保障覆盖面,积极探索推行新型农村社会养老保险制度。完善城乡社会救助体系和优抚保障制度,提高城乡低保补助和农村五保集中供养标准。全面实施保障性安居工程,全年建设廉租房18.1万平方米,为11900户困难群众提供廉租住房保障,建设经济适用住房52万平方米,其中专项安排用于教师经济适用住房10万平方米。

大力发展社会事业。围绕实现教育公平,整合教育资源,优化教育布局,加大教育投入,促进各类教育均衡发展。全面落实义务教育各项优惠政策,健全义务教育经费保障机制,提高农村中小学公用经费标准,改善农村办学条件。中心城区续建、改扩建、资源整合中小学校16所。重视学前教育,规范农村幼儿教育,努力提高城乡幼儿教育水平。加强职业教育,实施示范性职业学校、薄弱职业学校、实训基地建设三大工程,发展农村职业教育并逐步免费。整合玉雕职业教育资源,加快建设镇平玉雕职业技术学院。加快发展高等教育,启动南阳农校、南阳幼师、河南省经济管理学校升专工作。加强公共卫生和医疗服务体系建设,完善农村三级医疗卫生服务网络,搞好城市社区卫生服务体系建设,加强疾病预防控制和卫生监督,提高公共卫生服务能力和突发公共卫生事件应急能力。扶持中医药事业发展,充分发挥中医药在防病治病中的重要作用。积极开展“曙光行动”,为贫困白内障患者免费实施复明手术1万例。大力发展文化事业,加强文化基础设施和文物保护工作,实施文化惠民工程。广泛开展全民健身活动,扎实开展第七届全国农运会筹备工作,办好全市第三届运动会和首届农民运动会,促进群众体育和竞技体育协调发展。加强人口和计划生育工作,稳定现行的生育政策和低生育水平。

扎实做好安全生产和信访稳定工作。强化安全生产监督管理,坚决遏制重特大安全事故发生。加强食品药品卫生安全监督管理,确保人民群众饮食用药安全。加强和改进信访工作,完善社会矛盾纠纷排查调处和防范化解机制,健全信访工作责任制,认真解决群众合理诉求,有效控制群体性越级上访事件发生。深入推进“平安南阳”创建活动,建立社会治安防控网络,强化社会治安综合治理,依法严厉打击各类违法犯罪活动,始终保持对命案、黑恶犯罪、“两抢一盗”等犯罪活动的严打高压态势,着力改善城乡社会治安状况,提高人民群众安全感和满意度,保持社会稳定和谐。

大力开展精神文明创建活动,加强社会公德、职业道德、家庭美德和未成年人思想道德建设。重视国防教育,支持驻宛部队、民兵预备役和人防建设,深入开展“双拥”活动,巩固发展军政军民团结,创建国家双拥模范城市。充分发挥工会、共青团、妇联等人民团体的桥梁纽带作用。全面贯彻党的民族宗教政策,广泛开展民族团结进步活动。扎实做好统计、审计、物价、工商、财税、金融、外事、侨务、对台事务、地方志、档案、气象、防震减灾等工作。继续抓好对口支援江油工作,确保按期完成援建任务。

切实加强政府自身建设

以学习实践科学发展观为动力,深入推进“两转两提”,努力建设人民满意的政府。

(一)建设责任政府。今后五年,是南阳大发展的关键时期,跨越发展的重任已经历史性地落在了我们肩上。各级政府领导干部要以强烈的危机意识、忧患意识,以强烈的事业心、使命感,始终抱着对南阳人民高度负责、对南阳发展高度负责、对南阳这一发展时期高度负责的态度,始终保持昂扬向上的朝气、负重奋进的勇气、干就干好的决心,切实担当起为官一任、造福一方的重任,恪尽职守，奋发有为，力争使南阳经济社会发展有一个大的跨越。健全政府工作责任体系，推行部门及岗位责任制，明确职责和工作规程，逐级分解目标，确保责任到岗到人、任务落实到位。

（二）建设创业政府实现今后五年奋斗目标，必须扑下身子，付出艰苦卓绝的努力。新一届政府要继承和发扬南阳先贤诸葛亮“鞠躬尽瘁、死而后已”的精神，毫不懈怠、始终不渝地干事创业、艰苦创业。牢固树立正确的政绩观，多干打基础、利长远、惠百姓的工作，绝不干劳民伤财的“面子工程”和“形象工程”；说了算、定了干，雷厉风行，高标准、快节奏地推进工作，坚决不当懒官、庸官、太平官。建立政府绩效考核体系，把各方面工作引导到科学发展、跨越发展、和谐发展的轨道上来。建立激励导向机制，任务完成情况与部门和领导个人评优评先、晋升晋级挂钩，真正奖勤奖优，严厉惩懒、治庸，切实解决干与不干、干好干坏一个样的问题，充分调动各级干部干事创业的积极性和主动性。

（三）建设效能政府转变政府职能，促进基本公共服务均等化。深化行政审批制度改革，精减审批事项，规范审批行为。加强市县两级行政审批中心建设，加大授权力度，优化审批流程，完善服务方式，切实做到“一个窗口对外、一站式办公、一条龙服务”。深入开展“企业服务年”和“项目推进年”活动，为企业发展、项目建设提供优质高效服务。完善实施服务承诺制、首问负责制、一次告知两次办结制、超时默许和限时办结制等制度，加大行政效能监察和政风行风评议力度，建立行为规范、运转协调、办事高效的服务机制。强化目标管理，加大督查力度，明确职能部门主办责任，完善部门间协调配合制，推行行政问责制，确保政令畅通，提高政府执行力。

（四）建设法治政府严格依照法定权限和程序行使权力、履行职责，运用法律手段推进政府工作。健全科学民主决策机制，完善社情民意反映制度和重大事项集体决策、专家咨询、社会公示及听证、决策评估等制度。政府及其各部门领导在决策前要深入调研，掌握必要的决策知识和依据，决不能搞生疏草率、遗患无穷的“拍脑袋”决策。规范行政执法行为，落实行政执法责任制和过错追究制，做到严格执法、公正执法。深入推行政务公开，保证群众知情权、参与权、表达权和监督权。加强行政复议工作。自觉接受人大及其常委会的法律监督、工作监督和人民政协的民主监督，办好人大代表议案、建议和政协委员提案。广泛接受社会公众和新闻舆论等方面的监督。

（五）建设廉洁政府始终牢记“两个务必”，坚持勤俭办一切事业，珍惜民资民力，坚决制止铺张浪费、奢靡之风，努力降低行政成本。严格落实廉政建设责任制，扎实推进惩治和预防腐败体系建设，坚持用制度管权、管事、管人。严格执行领导干部廉洁自律规定，做到勤勉尽责、秉公用权。坚持从严治政，加强行政监察和审计监督，加大案件查办力度，对各种违法违纪行为严惩不贷，以实际行动取信于民。

各位代表，带着全市人民赋予的重任和期盼，我们满怀信心地踏上了实现新跨越、建设新南阳的征程。让我们在市委的坚强领导下，万众一心，团结奋进，共同开创南阳更加美好的明天！

2008年南阳市国民经济和社会发展统计公报

南阳市统计局

2009年3月24日

2008年，全市人民在市委、市政府领导下，深入贯彻落实科学发展观，积极应对复杂多变的国内外经济发展环境，认真落实各项宏观调控政策，着力解决经济运行中的突出矛盾和问题，国民经济总体保持了平稳较快发展，各项社会事业全面进步，人民生活持续改善，在富强美好和谐新南阳建设上迈出了坚实步伐。

一、综合

初步核算，全年生产总值1636.43亿元，比上年增长12.1%。分产业看，第一产业增加值344.48亿元，增长5.7%；第二产业增加值856.01亿元，增长13.6%；第三产业增加值435.95亿元，增长14.5%。按常住人口计算的人均生产总值为16367元。三次产业结构为21.1：52.3：26.6，第一产业增加值占生产总值的比重比上年下降0.8个百分点，二、三产业增加值占生产总值的比重分别比上年提高0.4个百分点。非公有制经济增加值占生产总值的比重由上年的55.8%提高到56.2%。

全年居民消费价格总水平比上年上涨6.5%，其中，食品类价格上涨17.7%。商品零售价格总水平上涨6.4%。农业生产资料价格总水平上涨10.0%。

表1:2008年居民消费价格指数

以上年为100　　单位:%

类　　别	指　数
居民消费价格指数	106.5
#城　市	106.8
农　村	105.8
#食　品	117.7
#粮　食	109.1
肉禽及其制品	125.7
蛋　类	108.1
菜	125.0
水产品	125.5
烟酒及用品	101.7
衣　着	100.8
家庭设备用品及服务	101.8
医疗保健及个人用品	101.3
交通和通信	100.3
娱乐教育文化用品及服务	101.0
居　住	103.2

年末从业人员649.89万人。全年城镇新增就业人员10.23万人。年末城镇登记失业率为3.6%。下岗失业人员实现再就业3.91万人，其中，“4050”人员实现再就业1.4万人。新增农村

劳动力转移就业19.36万人。

年末全市城镇在岗职工为67.8万人,城镇在岗职工年平均工资为17845元。

全年地方财政收入合计59.48亿元,比上年增长14.0%,其中:一般预算收入51.29亿元,增长14.4%。在一般预算收入中,税收收入38.50亿元,增长19.8%,税收占地方财政一般预算收入的比重为75.1%,较上年提高3.4个百分点。地方财政支出合计178.72亿元,比上年增长18.7%,其中:一般预算支出162.58亿元,增长19.3%。在一般预算支出中,教育支出33.38亿元,增长16.2%;科学技术支出2.69亿元,增长54.3%;农林水事务支出18.48亿元,增长60.5%;社会保障与就业支出21.41亿元,下降11.4%;医疗卫生支出12.11亿元,增长53.2%;一般公共服务支出25.96亿元,增长17.3%。

二、农业

全年粮食种植面积1652.33万亩,比上年增加1.0%,其中:小麦种植面积981.11万亩,增加1.2%,优质专用小麦种植面积588.69万亩,占小麦种植面积的60%。棉花种植面积177.05万亩,减少14.4%。油料种植面积437.12万亩,增加2.2%。蔬菜种植面积356.33万亩,减少17.5%。

表2:2008年主要农产品产量

单位:万吨、%

产品名称	产量	比上年增长
粮食	569.66	3.5
夏粮	350.01	4.9
小麦	348.63	5.1
秋粮	219.65	1.4
玉米	141.56	2.0
大豆	11.90	17.1
红薯	31.65	-2.4
油料	101.98	3.2
花生	80.38	2.3
油菜籽	13.33	10.9
芝麻	8.27	-0.2
棉花	10.92	-10.8
烤烟	5.44	2.6
蔬菜	878.31	-10.0

全年粮食产量569.66万吨,增产3.5%;棉花产量10.92万吨,减产10.8%;油料产量101.98万吨,增产3.2%;蔬菜产量878.31万吨,减产10.0%。

年末农业机械总动力1044.42万千瓦,比上年增长31.9%;农用拖拉机93.65万台,增长57.5%;农用运输车7.10万辆,增长1.9%。全年农村用电量16.20亿千瓦小时,增长6.8%;化肥施用量(折纯)75.35万吨,减少0.8%。

三、工业和建筑业

全年全部工业增加值768.21亿元,比上年增长14.3%。其中,规模以上工业增加值468.19亿元,增长20.1%。

表3:2008年规模以上工业增加值主要分类情况

单位:亿元、%

指标	增加值	比上年增长
规模以上工业增加值	468.19	20.1
#轻工业	188.44	19.8
重工业	279.75	20.4
#国有及国有控股企业	139.13	12.5
#国有企业	99.81	10.1
集体企业	15.20	15.2
股份制企业	214.37	26.0
外商及港澳台投资企业	18.90	16.8
#大中型企业	238.27	18.8
小型企业	229.90	21.5
#非公有制工业	301.35	24.6
#高技术产业	40.79	19.4

规模以上工业中,增加值居前5位的行业大类为:纺织业57.55亿元,比上年增长22.3%;非金属矿物制品业56.38亿元,增长14.6%;石油和天然气开采业53.53亿元,增长7.2%;电力、热力的生产和供应业30.75亿元,增长25.0%;农副食品加工业29.22亿元,增长22.5%。

主要工业产品产量中,小麦粉产量比上年增长37.6%,纱增长36.8%,交流电动机增长

60.4%,中成药增长51.1%,水泥增长35.3%,发电量增长58.1%。

全年规模以上工业企业主营业务收入1463.41亿元,比上年增长33.2%;利润总额106.16亿元,增长19.3%。分所有制看,国有及国有控股工业利润18.10亿元,下降23.0%;非公有制工业利润81.16亿元,增长33.4%。分行业看,利润总额居前5位的行业大类为:非金属矿物制品业19.23亿元,比上年增长22.2%;纺织业18.98亿元,增长25.1%;石油和天然气开采业18.14亿元,增长27.7%;农副食品加工业7.44亿元,增长42.9%;化学原料及化学制品制造业5.65亿元,增长52.5%。

表4:2008年主要工业产品产量

产品名称	单　位	产　量	比上年增长(%)
天然原油	万吨	180.51	0.3
天然气	万立方米	6100	-13.4
小麦粉	万吨	224.44	37.6
发酵酒精	万千升	6.25	10.2
啤　酒	万千升	18.97	2.0
卷　烟	亿支	129.11	2.2
纱	万吨	76.04	36.8
布	亿米	3.27	6.4
碳酸钠(纯碱)	万吨	99.60	8.1
化肥(折纯)	万吨	27.29	18.5
中成药	万吨	1.85	51.1
人造金刚石	万克拉	45.36	-14.7
水　泥	万吨	1333.32	35.3
生　铁	万吨	136.84	-6.7
铁合金	万吨	10.75	1.9
发电设备	万千瓦	23.88	1.6
交流电动机	万千瓦	965.11	60.4
发电量	亿千瓦小时	104.91	58.1
供电量	亿千瓦小时	202.68	14.7
工业用电量	亿千瓦小时	122.89	21.5

全年全社会建筑业增加值87.79亿元,比上年增长6.7%。全市具有资质等级的建筑企业利润总额8.53亿元,增长21.3%;税金总额5.23亿元,增长22.1%。

四、固定资产投资

全年全社会固定资产投资895.83亿元,比上年增长28.0%,其中:城镇投资708.55亿元,增长27.8%;农村投资187.29亿元,增长28.8%。

在城镇投资中,国有及国有控股投资307.45亿元,比上年增长22.1%;民间投资391.98亿元,增长37.1%;港澳台投资6.65亿元,下降5.5%;外商投资5.68亿元,下降41.0%。第一产业投资26.89亿元,增长147.6%;第二产业投资442.19亿元,增长41.7%;第三产业投资239.46亿元,增长3.5%。

表5:2008年各行业城镇固定资产投资完成情况

单位:亿元、%

行　　业	投资额	比上年增　长
合计	**708.55**	**27.8**
农林牧渔业	26.89	147.6
工　业	442.15	41.8
石　油	33.32	23.0
电力、热水	58.71	29.9
燃气、水	10.75	64.2
冶　金	32.91	102.4
建　材	68.66	10.8
化　工	40.07	40.2
机　械	51.29	59.9
电　子	26.68	480.7
食　品	56.13	128.4
纺　织	36.74	-7.5
其他工业	26.89	6.5
建筑业	0.04	-76.7
交通运输、仓储和邮政业	34.77	-43.8
信息传输、计算机服务和软件业	6.82	-58.5
房地产业	57.82	36.6
水利、环境和公共设施管理业	57.29	38.5
教　育	7.59	-21.2
卫生、社会保障和社会福利	9.49	80.1
文化、体育和娱乐业	8.02	11.9
其　他	57.67	22.0

全年房地产开发投资42.52亿元,比上年增长31.4%,其中,住宅投资32.78亿元,增长32.2%。商品房施工面积626.12万平方米,增长24.5%,其中,住宅516.19万平方米,增长25.8%。商品房竣工面积97.22万平方米,下降28.4%,其中,住宅78.41万平方米,下降24.0%。商品房销售面积207.26万平方米,下降3.7%,其中,住宅192.80万平方米,增长3.1%。商品房销

售额41.12亿元，增长23.6%，其中，住宅销售额32.74亿元，增长22.9%。商品房空置面积10.81万平方米，增长42.6%。

全年55个"发动机计划"项目累计完成投资49.05亿元，占年度计划的54.5%。其中，36个续建项目本年完成投资40.62亿元，占年度计划的68.7%；19个当年计划开工项目中有8个实际开工建设，累计完成投资8.42亿元，占年度计划的27.3%。新野华星纺织公司扩建特种纱及服装面料生产线、南阳娃哈哈昌盛饮料公司饮料生产项目、河南(邓州)熙华纺织有限公司年产910万件羊毛衫项目、南阳(邓州)裕祥纺织有限公司特种天然纤维纱生产线项目、邓州市华纺有限公司年产4312万米高档服装面料项目等项目已竣工投产。

全年新增主要生产能力：天然原油开采23.55万吨，变电设备能力(11万伏及以上)703.3万千伏安，新建高速公路98.11公里，日污水处理能力13万吨。

五、国内贸易

全年社会消费品零售总额568.61亿元，比上年增长23.0%。分城乡看，城市消费品零售额180.28亿元，增长25.8%；县及县以下消费品零售额388.43亿元，增长21.9%。分行业看，批发和零售业零售额470.05亿元，增长21.8%；住宿和餐饮业零售额87.66亿元，增长29.6%；其他行业零售额10.89亿元，增长28.6%。

在限额以上批发和零售企业销售额中，日用品类比上年增长55.2%，粮食类增长153.6%，家用电器类增长30.5%，石油及制品类增长36.5%，机电产品及设备类增长79.4%，金属材料类增长15.7%，汽车类增长2.8%，种子饲料类增长53.9%，棉麻类增长19.7%。分产品销售量看，摩托车销售9.14万辆，增长63.1%；移动电话机销售7.07万部，增长43.1%；服装1594.98万件，增长26.3%；鞋890.53万双，增长38.8%；粮食68.36万吨，增长389.6%；食用植物油5841吨，增长21.6%；汽油25.77万吨，增长26.8%。

六、对外经济

全年对外贸易实现进出口总值8.77亿美元，比上年增长47.5%，其中：出口总值6.93亿美元，增长38.9%；进口总值1.84亿美元，增长92.0%。在出口总值中，机电产品、高新技术产品分别出口2.28亿美元和0.80亿美元，合计占到全市的44.6%。全市进出口企业总数达到1675家，其中有进出口实绩企业138家，出口超千万美元企业17家，进口超千万美元企业4家，38家企业成为省、市进出口重点企业。出口国家(地区)达到125个；进口来源地国家(地区)达到47个。主要出口国家(地区)前五位分别为：欧盟、东盟、俄罗斯、香港、美国，主要进口国家(地区)前五位分别为：印度、欧盟、日本、美国、香港。

全年新批外商投资企业27个。合同利用外资金额23339万美元，比上年增长28.8%。实际利用外商直接投资11635万美元，增长38.2%。引进省外资金131.51亿元，增长26.6%。

七、交通、邮电和旅游

全年新增高速公路通车里程98.11公里，年末全市高速公路通车里程达到553公里。全年完成客运量11554.42万人、货运量9861.04万吨，分别比上年增长15.0%和11.6%；完成旅客周转量71.99亿人公里、货物周转量75.27亿吨公里，分别比上年增长25.3%和27.7%。年末民用汽车保有量21.17万辆，增长77.6%。

全年邮电业务总量30.59亿元，其中：邮政业务3.90亿元，电信业务26.69亿元。本年新增移动电话用户25.22万户，互联网用户6.3万户。年末本地移动电话用户249.88万户，计算机互联网用户25.15万户，固定电话用户115.6万户。年末局用电话交换机总容量176.7万门，电话普及率33.5部/百人。

全年共接待境内外游客1080万人次，比上年增长21.3%。旅游总收入56.10亿元，增长24.4%。本年新创建4A级景区1家(宝天曼峡谷漂流)、3A级景区1家(花洲书院)。年末共有A级旅游景区22处，其中，4A级以上景区5处。星级酒店38个，旅行社83家。

八、金融、证券和保险业

年末全市金融机构人民币各项存款余额921.18亿元，比上年末增长17.1%，其中，城乡居民储蓄存款余额687.44亿元，增长18.8%。人民币各项贷款余额550.91亿元，比上年末增长11.4%，其中：短期贷款余额362.33亿元，增长8.1%；中长期贷款余额166.55亿元，增长23.2%。全年金融机构现金收入3109.70亿元，现金支出3088.90亿元，收支相抵现金净回笼20.80亿元。

年末A股上市公司2家，上市公司市值17.65亿元，其中利达光电股票市值9.42亿元，新野纺织股票市值8.23亿元。

全年保险公司保费收入37.14亿元，比上年增长96.7%，其中：财产险保费收入5.70亿元，增长84.9%；人身险保费收入31.45亿元，增长99.0%。全年赔款及给付10.95亿元，比上年增长35.8%，其中：财产险赔款支出3.33亿元，增长106.6%；人身险赔付7.62亿元，增长18.2%。

九、教育和科学技术

年末全市拥有普通高等学校4所，专任教师0.30万人，当年招生1.88万人，在校生5.24万人，毕业生1.28万人。成人高校1所，当年招生0.45万人，在校生1.24万人，毕业生0.38万人。中等职业技术学校100所，专任教师0.46万人，当年招生3.82万人，在校生11.65万人，毕业生3.80万人。普通高中86所，专任教师0.92万人，当年招生5.33万人，在校生16.98万人，毕业生6.35万人。初中学校450所，专任教师2.72万人，当年招生13.71万人，在校生40.27万人，毕业生15.85万人。普通小学3786所，专任教师4.93万人，当年招生19.97万人，在校生99.03万人，毕业生13.75万人。幼儿园在园幼儿18.05万人。义务教育阶段进城务工农民子女入学人数为1.75万人，入学率达99.9%。农村小学、初中适龄人口入学率分别为99.7%、97.3%，青壮年非文盲率达99.9%。全年累计发放“两免一补”资金5.70亿元，资助困难学生201万人次。

全年研究与实验发展(R&D)经费支出8.23亿元，比上年增长13.7%。年末拥有科学研究与技术开发机构126个，从事科技活动人员1.37万人；共有国家级企业技术中心2家，省级企业技术中心27家，省工程技术研究中心11家，省重点实验室1个。全年共取得省级科技进步奖16项。申请专利1049件，授权专利511件；签订技术合同140份，成交金额4080万元。

年末共有产品质量监督检验机构13个，其中，国家检测中心1个。法定计量技术机构12个。全年强制检定计量器具24万台件。制定、修订地方标准27项，其中新建标准5项。完成产品认证的企业达到300个。年末共有5种产品拥有“国家地理标志产品保护”称号；2种产品拥有“国家免检产品”称号；5种产品拥有“中国名牌产品”称号；33种产品拥有“河南名牌产品”称号。全市共有天气雷达观测站点3个，卫星云图接收站点2个。地震台站1个，地震遥测台网3个。

十、文化、卫生和体育

年末共有艺术表演团体17个，文化馆16个，公共图书馆13个，博物馆14个；全国重点文物保护单位13处，国家级非物质文化遗产名录8个。有线电视用户61万户，广播人口覆盖率和电视人口覆盖率均达到95.3%。年末共有综合档案馆14个，已开放各类档案16万卷。全年出版报纸17.6万份。

年末全市共有卫生机构364个，其中：医院、卫生院305个，妇幼保健院(所、站)13个，疾病预防控制中心(防疫站)14个，卫生监督检验机构11个。卫生机构病床床位2.18万张，其中，医院、卫生院2.07万张。卫生技术人员2.68万人，其中：执业医师和执业助理医师0.98万人，注册护士0.79万人。疾病预防控制中心(防疫站)技术人员0.10万人，妇幼保健院(所、站)技术人员0.11万人。农村乡(镇)卫生院224个，床位0.61万张，卫生技术人员0.99万人。新型农村合作医疗制度覆盖所有县市区，实际参加农村合作医疗农民867.98万人，参合率达到95.4%。

全年运动员在国内外重大比赛中，共获得亚洲冠军1个、全省冠军22个；共获得金牌23块。成功取得第七届全国农民运动会举办权。举办了南阳市“迎奥运”市直机关运动会，南阳“晚报杯”第九届乒乓球比赛和第十届篮球比赛；承办了2008年度“蒙牛城市之间”全国百城全民健身活动南阳赛区的比赛、全国历史文化名城围棋比赛和中国象棋擂台赛、全国男排联赛河南天冠男排主场赛事。

十一、人口、人民生活和社会保障

年末全市总人口1091.31万人，其中：男性568.55万人，占52.1%；女性522.76万人，占47.9%。按城乡分，城镇人口381.95万人，乡村人口709.36万人；城镇化率为34.9%，比上年提高1.6个百分点。全年出生人口12.36万人，出生率11.36‰；死亡人口6.47万人，死亡率5.94‰；自然增长率为5.42‰。

全年农村居民人均纯收入4570元，扣除价格因素，比上年实际增长7.8%；农村居民人均生活消费支出3256元，实际增长8.7%。城镇居民人均可支配收入12395元，扣除价格因素，比上年实际增长8.6%；城镇居民人均消费性支出8362元，实际增长7.9%。农村居民家庭恩格尔系数为39.4%，城镇居民家庭恩格尔系数为34.3%。

年末参加城镇基本养老保险人数33.77万人，其中：参保职工21.8万人，参保离退休人员11.93万人。参加基本医疗保险人数66.67万人，其中：参保职工50.41万人，参保退休人员16.26万人。参加失业保险人数61.22万人。

全年共发放城镇居民最低生活保障金1.84亿元，享受最低生活保障13万人。发放农村低保金1.62万元，农村低保对象30万人。发放城乡医疗救助资金1888万元，救助44万人次。

年末各类社会福利院床位3.65万张，收养3.37万人。城镇建立各种社区服务设施1194个，其中，社区服务中心302个。全年销售福利彩票1.11亿元，筹集社会福利资金876万元；接受社会捐赠5180万元。

十二、资源、环境与安全生产

全年水资源总量为64亿立方米。平均降水量754.9毫米。总用水量24.9亿立方米，其中：农业用水11.33亿立方米；工业用水9.74亿立方米；生活用水3.56亿立方米。

在监控的河段中，Ⅰ～Ⅲ类水质河段长469.50公里，较上年下降13.0%；Ⅳ类水质河段长252.70公里，提高71.0%。

全年城市环境空气质量优良天数比例为93.99%，较上年降低0.26个百分点。所有市县全部建成污水处理场，并投入使用。

全年平均气温14.6～15.9℃，较上年低0.4～0.8℃。年降雨量543～1207毫米，日照时数1612～1890小时。

全年共营造林69.73万亩，其中，人工造林67.8万亩。全市参加义务植树499.6万人次，完成义务植树2127.5万株。年末共有自然保护区6个，其中，国家级自然保护区3个。森林公园6个，其中，国家级森林公园2个。年末森林覆盖率为34.5%。

全年共发生各类生产安全伤亡事故1044起，其中，道路交通事故918起，消防火灾事故118起，工矿商贸企业事故8起。死亡303人，其中，道路交通事故死亡289人，消防火灾事故死亡1人，工矿商贸企业事故死亡13人。

注：1.本公报为初步统计数。

2.地区生产总值、各产业增加值绝对数按现价计算，增长速度按可比价计算。

3.居民家庭恩格尔系数指居民家庭食品消费支出占生活消费支出的比重。

4.部分数据因四舍五入的原因，存在着与分项合计不等的情况。

关于南阳市2008年国民经济和社会发展计划执行情况与2009年计划(草案)的报告

——2009年3月29日在南阳市第四届人民代表大会第一次会议上

南阳市发展和改革委员会主任 李甲坤

各位代表：

受市人民政府委托，向大会报告全市2008年国民经济和社会发展计划执行情况与2009年计划(草案)，请予审议，并请各位政协委员提出意见。

一、2008年国民经济和社会发展计划执行情况

2008年是极不平凡的一年，我市经济社会发展经受住了历史罕见的重大挑战和考验。在市委的正确领导下，在市人大及其常委会和市政协的监督、支持、指导下，全市人民深入贯彻落实科学发展观，积极顺应国家宏观调控政策，加快发展方式转变，深化改革开放，加强薄弱环节建设，经济社会保持了平稳较快发展的良好势头，较好地完成了市三届人大六次会议确定的各项任务。

综合经济实力进一步增强。全市生产总值1636.43亿元，比上年增长12.1%。一、二、三次产业增加值分别增长5.7%、13.6%和14.5%，三次产业结构比例为21.05∶52.31∶26.64，二三产业增加值占生产总值的比重比上年提高2.95个百分点。全年粮食总产达569.66万吨，再创历史新高，增长3.5%。肉类、禽蛋、奶类总产量分别增长7.1%、7.6%和21%。规模以上工业增加值468.19亿元，增长20.1%。全社会固定资产投资895.8亿元，增长28.6%。社会消费品零售总额568.6亿元，增长23%。进出口总额8.76亿美元，增长48%。地方财政一般预算收入51.3亿元，增长14.4%。城镇居民人均可支配收入12395元，实际增长8.6%。农民人均纯收入4570元，实际增长7.8%。

农村经济全面发展。编制了《国家粮食战略工程河南核心区南阳主产区建设规划纲要》，实施了优质粮食产业工程、大型灌区节水改造及续建配套、病险水库除险加固等一批农业项目，改造中低产田20.78万亩，新增有效灌溉面积14万亩、节水灌溉面积10.34万亩，主要农作物良种覆盖率达99%。全年共发放各项支农补贴21亿多元，其中粮食直补和综合直补资金10.06亿元。优质粮棉油烟、蔬菜、中药材、食用菌、林果等优势农产品生产基地建设进展顺利。特色产业产值占农业总产值的55%。农业产业化发展势头良好，年销售收入超亿元的龙头企业达到32家。突出发展了南阳肉牛、生猪、奶业三大优势产业，支持建设了132个生猪标准化规模养殖场(小区)、1个生猪扩繁场和1个奶牛标准化小区。

工业结构调整迈出新步伐。培育壮大了新能

源、光电信息、生物、新材料、先进制造等5大高新技术产业，成为全市工业经济的新亮点，高新技术产业增加值占规模以上工业增加值的比重达8.71%。被批准为新能源产业国家高技术产业基地、生物产业省高技术产业基地、省光电产业基地。组织了新能源产业、光电显示产业发展高层论坛。培育并扶持了12个骨干企业或企业群体，全市优势产业完成增加值占工业增加值的比重达到80%以上。骨干企业发展较快，主营业务收入超亿元的工业企业达242家，比上年净增80家，超10亿元的达17家，超50亿元的2家，其中，河南油田达到138亿元。企业战略重组步伐加快，市政府与中国北方工业集团合作建设南阳“军工城”，与中国兵器装备集团公司合作发展光电产业，与中国核工业集团公司、中国电力投资集团合作建设核电站，与首钢控股公司、香港首长科技集团有限公司合作发展MD电视，中联水泥南阳分公司收购了淅川水泥公司、邓州花洲水泥公司和南阳恒新水泥公司；天冠集团与内蒙古博源公司合作开发全降解塑料；内乡牧原公司引进山东龙大集团组建龙大牧原公司等。组织实施了3000万元以上的重大工业结构调整项目110个，全年完成投资84.22亿元。二胶厂年产1600万平方米CTP数码印刷版材生产线及配套工程、南阳娃哈哈公司果蔬饮料等55个项目建成投产或部分投产。二机石油装备集团大型数字化钻机、龙成集团年产400万吨宽厚钢板等57个项目进展顺利。组织实施了55个“发动机计划”项目，当年完成投资48.6亿元，14个项目竣工投产。13个产业集聚区通过了省首批规划论证，总面积192.28平方公里，入驻企业694家。中南金刚石公司、二机石油装备(集团)公司技术中心被授予国家级企业技术中心，二胶厂、金光数显、西峡通宇、安棚碱矿等4家企业技术中心获得省级认定。

*以文化旅游为重点的现代服务业快速发展。*旅游基础设施建设力度加大，宝天曼隧道等12个伏牛山生态旅游交通项目进展顺利。镇平县彭雪枫将军路、宝天曼隧道引线公路等相继建成。独山玉国家矿山公园揭牌开园，南阳汉画馆跻身国家一级博物馆。我市被省授予文化产业发展先进市，内乡县荣获“中国楹联文化县”称号，镇平县成为全省8个文化改革发展试验区之一。现代物流、金融保险、中介服务、房地产等新兴服务业呈现加快发展的良好势头，服务业对经济社会发展的贡献逐步增大。

*重点项目建设取得新成就。*全市确定的181个重点项目完成投资196.69亿元，72个项目竣工投产。岭南高速公路南阳段建成通车，全市高速公路通车总里程553公里，居全省第一位；南阳机场航站楼改扩建项目开工建设。鸭电二期、南阳热电一期建成投产，全市发电总装机容量286万千瓦；方城风力发电一期、1000千伏特高压线路、南阳西500千伏变电站二期工程建成投运。南水北调中线工程南阳段膨胀土实验工程开工建设。南阳核电站、天池抽水蓄能电站、鸭电三期、白河南热电厂、宛西电厂、西气东输二线工程南阳段、宁西铁路复线、南阳火车站改扩建、南阳机场改扩建等一批重大项目前期工作取得突破性进展。争取上级投资成效显著，发改系统全年共争取到位上级投资25.63亿元，取得历史最好成绩；特别是去年四季度中央新增1000亿元投资项目争取工作，由于我市见事早、行动快、措施得力，全市共争取中央投资计划11.8979亿元，占全省争取上级投资的23.51%，居全省第一位。

*城镇化进程加快。*全市城镇化率达到34.9%。中心城区东北分区、河南分区和30平方公里控制性详规已经完成。张衡东路、车站北路、仲景北路新建以及文化路、工农路、新华东路、麒麟路改建工程完工；独山大道南延、仲景大桥工程、市污水处理厂二期等开工建设。完成了50条背街小巷改造，“城中村”改造试点扎实推进。一批城镇供水、供电、交通通迅等公共服务设施基本配套；市县污水处理厂、垃圾处理厂都已建成投运，城市环境状况明显改善。

*改革开放深入推进。*县属国有企业改革基本完成；28家市属工业企业改制大头落地，其中11家企业已签订产权转让合同，17家企业实施破产。市公路检测中心、市工业设计院等经营型事业单位改制已经完成。投资体制改革、集体林权制度改革、水利工程管理体制改革稳步推进。举办了第六届玉雕节暨首届宝玉石博览会、第三届豫商大会和第七届张仲景医药科技文化节，参加了中博会、豫洽会、厦洽会等一系列招商活动，合同引进市外资金307亿元，新批外商投资企业25

家，实际利用外资 1.16 亿美元，首次突破亿美元大关。6 月 25 日至 29 日，在中国军事博物馆举办了“南水北调中线工程渠首、水源地河南南阳生态文明建设图片展”，参观的各界人士达 5 万多人。中共中央政治局常委李长春、原中央军委副主席曹刚川专程参观了南阳生态文明建设图片展，对南阳在京举办如此高规格、大规模的图片展表示祝贺，对南阳人民为南水北调中线工程所作的贡献给予了充分肯定和高度评价。

*节能减排工作取得新成效。*实行了节能减排目标责任制和“一票否决”制。开展了百家重点能耗企业节能行动，将年耗能 3000 吨标准煤以上的用能单位纳入市级重点监管。主要行业和主要产品单位能耗显著下降，全年累计实现节能量 30 万吨标准煤。组织实施了中联水泥余热发电等十大节能工程项目；完成了内乡牧原公司、赊店酒业公司等水污染治理工程；鸭电一期、二期、普光电力等脱硫工程建成投运；完善了一批县级污水处理厂管网配套设施。天冠集团国家循环经济试点扎实推进，第六四五六工厂被确定为 14 个国家汽车发动机再制造试点单位之一，桐柏安棚化工城（园区）、内乡牧原养殖公司 2 家单位被确定为省循环经济试点单位。

*和谐社会建设扎实推进。*累计发放“两免一补”资金 5 亿元，免除了城市义务教育阶段学生学杂费。新建、改建市中心城区中小学校 12 所，新增校舍 6 万多平方米。20 所农村初中校舍改造、南阳职教中心等职业教育项目和方城县中医院等县级医疗机构升级改造项目开工建设。完成了 1034 个 20 户以上自然村广电村村通工程，新发展农村沼气 11 万户，解决了 24.8 万人的安全饮水问题，建成农村公路 1903 公里，完成农村电网改造盲点村 500 个，解决了 9 万户农民用电问题，实现 11.5 万农村贫困人口脱贫或解决温饱。全市参加城镇职工基本医疗保险达到 65.3 万人，城镇居民医疗保险达到 60.3 万人；新型农村合作医疗达到 867 万人，参合率为 95.5%。新增城镇就业 11.5 万人，“零就业家庭”实现动态归零。经济适用房完成施工面积 12.5 万平方米，廉租住房实际保障 1.5 万户，中低收入家庭居住条件继续得到改善。

此外，我市对江油市雁门镇、石元乡地震灾区恢复重建对口支援工作有序开展。第一批援建协议项目有 9 个进入实施阶段，援建资金 1450 万元，石元乡居民永久性集中安置点、石元小学等部分项目已经开工。

在肯定成绩的同时，我们也应该清醒地认识到，当前我市经济社会发展中还存在着一些突出问题，主要是：工业增速和效益出现下滑，部分企业经营困难；市场有效需求不足，财税收入增幅下降；回流农民工增加，就业形势严重；农业基础设施薄弱，粮食增产压力较大；经济运行质量不高，城镇基础设施建设滞后，企业改制遗留问题比较严重；资源环境约束日益趋紧，节能减排形势不容乐观；产业结构不合理、增长方式粗放等深层次矛盾逐步凸显。这些问题我们必须高度重视并认真加以解决。

二、2009 年国民经济和社会发展主要目标

2009 年是我市经济发展形势非常严峻的一年，也是蕴含重大机遇的一年，总体判断是危中有“机”、危中见“机”，经济发展面临着诸多有利条件：全球经济结构调整必然带来国际国内产业加速转移，有利于我们扩大开放、借力发展；国家实施积极的财政政策和适度宽松的货币政策，着力扩内需、保增长，有利于我们争取上级更多的资金、项目和信贷支持；金融危机形成的“倒逼”机制和市场的重新洗牌，有利于我们加快产业升级和结构调整；省委、省政府把南阳确定为区域性中心城市和省次中心城市，将在政策、项目等方面给予倾斜支持，为我市实现跨越式发展提供了一个难得的机遇。只要我们坚定必胜信心，完全可以化危为机、借机发展。

根据市委四届十二次全会精神，制定和实施 2009 年国民经济和社会发展计划，要深入贯彻落实科学发展观，抓好“四大工程”（南水北调中线工程南阳段工程、南阳高庄核电站工程、南阳粮食主产区建设工程和筹办第七届全国农运会），突出“四个重点”（保增长、调结构、促转型、抓和谐），加快发展方式转变和结构调整，提高可持续发展能力，深化改革开放，增强经济社会发展的活力与动力，加快解决涉及群众利益的热点难点问题，促进经济社会跨越发展，加快南阳崛起。

主要目标是：生产总值增长 10%；地方财政

一般预算收入增长9%;全社会固定资产投资增长18%以上;社会消费品零售总额增长13%;外贸出口增长10%;实际利用外资增长10%;居民消费价格涨幅控制在4%以内;城镇居民人均可支配收入实际增长6%;农民人均纯收入实际增长6%;单位生产总值能耗降低5.1%,化学需氧量、二氧化硫排放总量分别控制在6.86万吨和6.68万吨以下;人口自然增长率控制在6‰以内;城镇登记失业率控制在4%以内。三、2009年经济社会发展的重点工作和措施

(一)加大固定资产投资和重点项目建设力度,增强经济发展后劲

抓住国家实施积极财政政策和适度宽松货币政策的机遇,以“项目推进年”活动为载体,加快推进一批重大项目建设,优化投资结构,合理扩大投资规模,严格控制“两高”行业盲目扩张和低水平重复建设,严控新上党政机关办公楼等楼堂馆所。

加大上级投资争取力度。实行争取上级投资目标责任制,围绕国家和省确定的投资方向和重点投资领域,有针对性地筛选论证相关项目,落实相关要件,提前介入,搞好衔接,确保争取上级投资规模达到全省的1/9。对拟申报中央投资的项目,实行部门协调联动,确保前期工作深度达到上级要求。抓好项目建设条件、配套资金落实等关键环节,强化项目监管,确保早开工、早见效。

推进重点项目建设。今年初步确定市重点建设项目及重大前期项目305个(续建项目135个,计划新开工项目110个,重大前期项目60个),总投资2513亿元,年度计划完成投资349亿元。其中纳入省重点项目22个,总投资1368亿元。农林水利方面配合做好南水北调中线工程建设,争取开工建设陶岔渠首工程、干线工程和配套工程,完成南阳试验段渠道一期工程。围绕粮食主产区建设,抓好优质粮产业工程和大型商品粮基地项目,争取开工建设粮食主产区130万亩中型灌区末级渠配套工程。抓好退耕还林和长江防护林建设工程。工业方面重点抓好50个工业“发动机计划”项目(总投资115亿元,今年计划完成投资55亿元),在资金、土地、人才、技术、环境等方面给予重点支持,确保项目如期开工建设和投产达产。交通方面抓好南阳机场航站楼建设,确保10月份建成投用;做好机场二期改扩建项目前期工作,争取纳入国家支持的中西部支线机场建设计划。配合铁道部及有关设计院做好南阳火车站站房改造、郑渝铁路前期工作,开工建设宁西铁路复线工程。继续做好内邓高速、南邓一级公路等项目前期工作,争取尽快开工建设。做好汽车北站新建、南阳中心站改扩建和县级运输场站项目建设工作。能源方面积极推进南阳核电站、天池抽水蓄能电站、鸭电三期、白河南热电厂、宛西电厂、方城风电二期、邓州热电厂等重点项目前期工作。核电站6月底前完成站址内搬迁群众的安置任务,下半年实现“四通一平”,力争主体工程年底前开工。开工建设宛城生物质能电厂、邓州生物质能电厂、镇平生物质能电厂、社旗来发生物质能气化发电厂以及城区中心变等8项220千伏输变电工程、白龙庙等12项110千伏输变电工程、平顶山—南阳白河双回路输变电工程、西气东输二线南阳干线及支线工程等项目。社会事业方面开工建设第七届全国农运会主体育场、游泳馆、综合训练馆。抓好市文化博览中心和荆紫关历史文化名镇保护等5个重大文化项目建设,争取开工建设淅川南水北调博物馆和新野汉画像砖博物馆。

加快重大项目前期工作。对市确定的重大前期项目,明确年度工作目标和工作责任。超前谋划一批发展前景好、关联度高、带动能力强的重大建设项目,尽可能把项目做深、做细、做熟,达到项目深度要求,确保经济发展后劲。

强化项目建设管理。实行重大项目领导分工负责制,建立项目审批联动机制。上半年对重点项目进行观摩、点评。严格落实项目法人责任制、工程质量终身责任制、项目资本金制、招投标制、工程监理制和合同管理制,加强对项目建设组织管理、节点控制计划、建设环境等方面的督导协调,确保建设进度和工程质量。完善重大项目稽察机制,对国家新增投资,要确保项目资金下达后,迅速形成有效工作量。

(二)加快工业结构战略性调整,推动产业优化升级

培育壮大优势产业。结合国家十大产业振兴规划,立足我市的资源、产业、技术等优势,大力发展高新技术产业,改造提升传统优势产业。通过战略重组、技术创新、上市融资、拉长产业链条等措施,集中培育一批竞争力强、成长性好、关联度

高的战略支撑产业，使之尽快成为南阳工业发展的重要支撑。对纳入省百户重点的天冠集团、新纺公司、中光学集团、南阳防爆集团、二机石油装备集团、龙成集团等6家企业及纳入省50户高成长型的迅天宇公司、二胶厂、金光数显公司、福森药业、普康药业、宛西制药、中南金刚石公司等7家企业和市20家重点企业实行倾斜扶持，引导中小企业向骨干企业集聚，形成一批主业突出、拥有自主知识产权和核心竞争力的大型企业集团，力争今年新增销售收入超百亿元的企业1家、超50亿元的企业2家。

加快工业结构调整项目建设。抓好121个重点工业项目实施，年度计划完成投资129.69亿元。确保龙成集团年产60万吨矿渣超细粉生产线、南阳防爆集团大型同步电动机生产线、新纺公司3200万米高档织物生产线等52个项目竣工投产。天冠集团日产49.5万立方米民用沼气工程等57个项目开工建设。

搞好特色产业集聚区建设。明确产业集聚区功能定位，实现产业与城市发展相互推动，将产业集聚区基础设施、公共服务设施和商住设施纳入城市建设规划，统筹布局，加快发展。优化产业布局，确立并培育主导产业，实施一批关联度高、辐射力大、带动力强的项目。严格控制能耗高、污染大、技术低的项目入驻，实现可持续发展。研究制定产业集聚区考核指标体系，对产业集聚区实行分级管理。省认定的13个首批产业集聚区，5月底前完成产业集聚区主导产业发展规划、控制性详细规划和新一轮土地利用总体规划的修编。抓好南阳光电、淅川机械制造、桐柏碱硝化工、新野肉牛和西峡丹水等5个产业集聚区的认定审批工作，加快推进鸭河、官庄2个产业集聚区的规划编制申报工作，力争使全市产业集聚区达到20个左右。

加快高技术产业化步伐。以南阳国家新能源高技术产业基地、河南生物产业高技术产业基地、河南光电产业基地为重点，推进创新支撑平台与公共基础服务建设，加快新能源、新材料、光电、先进制造等高技术产业核心技术开发及规模化、产业化进程。组织实施好南防集团3000台核电机、中南工业公司年产3.2亿克拉高品级工业钻石、中光学集团年产24万台DLP及10万台Lcos光学引擎、迅天宇公司多晶硅二期、瑞发公司年产400台1.5兆瓦风力发电机等一批高技术产业化项目。发挥企业在自主创新中的主体作用，整合相关专项资金投向，优先支持创新型企业开展技术攻关、技术发明等创新活动。鼓励骨干企业与国内外行业重点企业、高等院校、科研院所合作，加快重点实验室、企业技术中心、工程技术中心、博士后科研工作站建设。在抓好现有国家、省级企业技术中心和工程研究中心建设的基础上，力争新增国家级企业技术中心1家、国家级工程技术研究中心1家、省级企业技术中心3家、筹建国家级重点实验室1家。组织开展市级企业技术中心认定工作。

积极推进企业战略重组。支持重点企业引进战略投资者，实现跨国、跨区域、跨所有制的资源整合和联合重组。做好市政府与中国北方工业集团、中建材、中石油及中核总战略合作协议的具体实施，深化与中国兵器装备集团公司、内蒙古博源投资集团、首钢集团、首钢香港控股集团、乐凯集团等大企业的合作。支持河南赊店酒业公司加快战略重组步伐，尽快实现重组目标。

扎实开展企业服务年活动。落实支持企业发展的有关政策和措施，帮助企业解决生产经营和项目建设中遇到的困难和问题。清理涉企收费，切实减轻企业负担。强化工业经济运行预测、预警，搞好35家重点企业监测分析，及时防范和化解运行中的各种风险。组织好煤电油运等生产要素供需衔接，努力保障重点企业要素供给。加强银企对接，分行业、分专题、分层次召开资金协调会，加快企业融资担保服务体系建设，确保重点服务企业资金链条不断。

(三)加大投入，促进农村经济全面发展

着力提高粮食生产能力。全面启动河南粮食核心区南阳主产区建设，推进优质粮产业化工程和中低产田改造，抓好方城、唐河等10县(市)的标准粮田及农机装备推进项目建设，搞好19个万亩高产示范方、22个3千亩高产示范方建设，稳定粮食产量。加大农业科技投入，加强农业科技服务能力建设，加快农业科技创新成果推广应用。继续实施种子工程，抓好优质良种繁育推广和产业化。加强县级农产品质量安全检验检测体系建设。做好国家大型商品粮基地建设项目的前期准备工作。

加快现代畜牧业发展。落实生猪生产扶持和奶牛养殖补贴政策,加快标准化养殖小区建设。支持内乡、社旗、新野、唐河等畜牧业发展重点县围绕南阳肉牛、生猪、奶牛三大优势产业,实施龙头企业和品牌带动战略,切实提高产业化经营水平。健全县级动物防疫检疫监测体系和畜产品安全检验检测体系。

抓好农村基础设施建设。加快鸭河口水库等10个规划内的病险水库除险加固工程建设;搞好鸭灌、引丹、陶岔宋岗等11个大中型灌区续建配套工程;尽快建成唐白河一期治理工程。争取新解决25万农村群众饮水安全问题,新建农村户用沼气10万户,鼓励养殖场(区)建设大中型沼气工程和养殖小区联户沼气工程。改建县乡公路1130公里、通村公路1200公里,改造大中危桥6090延米。加快农村电网改造和农田机井通电工程建设。

促进农民增收。落实各项惠农政策,做好对种粮农民的直接补贴、良种补贴和农机购置补贴工作。稳定粮食价格,控制农资价格上涨,加强涉农收费管理,提高农民种粮收益。发展农村二、三产业,开拓农村剩余劳动力转移渠道,改善农民进城就业环境,促进农村人口稳定就业。做好以工代赈和易地扶贫工作,完成130个贫困村整村推进任务,解决7万农村贫困人口脱贫和温饱问题。完成1.06万人南水北调库区移民安置试点工作。

(四)大力发展服务业,培育新的经济增长点

以文化、旅游、房地产业为龙头,抓住关键环节,突出重点领域,推动各类服务业在扩规模、调结构、创品牌、增实力上实现新突破。

大力发展文化产业。做大做强光电视听设备、印刷材料等相关产业,加快玉雕、中医药等特色文化产业发展,大力发展演艺、影视产业,提高产业层次和核心竞争力。搞好镇平文化产业试验区建设,深化文化体制改革,激发文化产业发展活力。

着力提高旅游业竞争力。充分发挥南阳伏牛山世界地质公园、中国优秀旅游城市和国家历史文化名城的品牌优势,加快伏牛山、桐柏山等景区旅游快速通道及基础设施建设,聚焦亮点、整合资源,倾力培育鹳河漂流等十大山水精品,着力打造武侯祠等八大文化名片,重点完善宝天曼、丹江口水库、恐龙遗迹园等三大核心景区。完善配套设施和旅游服务网络,加强旅游推介,大力开发休闲文化游、红色游、近郊游、古镇游、工业游、商务游等旅游产品,拓展旅游市场,培育形成新的旅游增长点。

加快发展现代物流业。整合物流资源,打造一批跨区域性、有辐射带动作用的大型物流园区和物流企业。在农产品生产地和集散地,建设一批仓储保鲜、分级包装、低温物流配送项目,搞好天冠粮油现代物流园等项目建设。

引导房地产业稳定健康发展。落实降低住房交易税费的有关政策,降低居民消费成本,优化住房供应结构,增加商品住房有效供给。引导房地产企业开发建设适应居民不同类型、不同价位需求的中小套型普通商品住房。推动房地产业战略重组,培育一批大型骨干企业。整顿房地产市场秩序,规范交易行为。

着力扩大消费需求。落实居民购买汽车、住房等大宗消费品的鼓励政策,发展和完善消费信贷,清理消费领域相关规费。支持电子商务平台建设,积极发展商业连锁经营。大力发展社区商业、物业、家政等服务性消费,稳定发展住房、汽车消费,积极开发与节假日相适应的旅游、文化、体育健身、老年服务等热点消费。加强农村流通体系和售后服务体系建设,继续实施“万村千乡”市场工程,建设一批农村便利店和配送中心。做好“家电下乡”、“农机下乡”、“汽车、摩托车下乡”等工作。抓好涉农、交通、教育、医药、房地产等价格收费的监督检查,规范市场秩序,维护消费者合法权益。

(五)深入实施中心城市带动战略,加快城市化进程

搞好中心城市建设。围绕建设区域性中心城市和省次中心城市的目标,突出产业支撑,提升功能和品位,增强幅射带动能力。抓好中心城市总体规划和土地利用修编工作,启动东北分区规划建设;搞好高新区、新能源产业集聚区、光电产业集聚区的规划与衔接,统筹基础设施建设。以举办第七届全国农运会为契机,推进独山大道南延、仲景路南段改扩建、仲景大桥等在建工程。开工建设光武东路、光武西路、健康路和光武大桥、雪

枫大桥等工程。利用日元贷款，加快启动梅溪河两岸环境综合整治工程。新开工建设一批背街小巷治理工程和城中村改造工程。

加大城镇基础设施和公用设施建设力度。抓好南召、唐河、西峡、镇平等县城供水工程和社旗、方城污水处理厂建设，确保年底建成投用。争取内乡、桐柏、邓州、淅川县城供水工程和镇平污水处理厂二期开工建设。确保镇平石佛寺镇、淅川香花镇、邓州穰东镇、方城独树镇、桐柏大河镇等供水工程建成投运，开工建设新野施庵等6个镇供水工程和淅川荆紫关镇、西峡西坪镇2个污水处理厂。

(六)强力推进节能减排，提高可持续发展能力

把节能减排作为促进产业结构优化升级和发展方式转变的重要抓手，强化目标责任制，加强对节能减排工作的考核监管，实行节能减排问责制和"一票否决制"。

加快重点节能减排工程建设。推进十大重点节能工程建设，确保南防集团年产150万千瓦高效节能电机等9个项目建成投产，形成节能17.35万吨标准煤。加快市污水处理厂二期工程建设，开工中水回用工程，实施11个县级垃圾处理场无害化处理系统项目。搞好丹江口库区部分乡镇污水处理、垃圾场项目建设。

开展节能降耗行动。完善节能统计、监测和考核三大体系，突出抓好工业、交通、建筑等重点领域和轻工、纺织、机械、化工、冶金、建材等重点行业节能降耗工作，尤其是抓好列入市重点监管的96家重点耗能企业。启动工业锅炉、电机系统节能改造专项计划，争取用两年时间改造一遍。推广使用环保节能适用技术和产品，实施绿色照明工程。巩固和扩大"禁实"成果，推动新型墙材生产企业提高质量、降低成本。严控"两高一低"行业，停止审批投资亿元以下的"两高"行业项目，严把新建项目能耗准入关。建立淘汰落后产能企业名单公告制度，利用差别电价等手段，加快水泥、钢铁、铁合金、造纸等行业落后产能退出。

突出抓好环境综合整治。强化城乡污染治理设施和减排工程运行监督，确保已建成污水处理厂全面稳定达标运营，燃煤电厂脱硫设施投运率达到95%以上。加强唐河、白河、淮河流域和南水北调中线工程水源地等重点流域和重点区域水污染防治，实施6个工业点源治理项目，形成COD减排712吨的能力。加强淅川钒土冶炼群等局部环境问题突出区域的综合整治。

大力发展循环经济。重点抓好天冠集团国家循环经济试点单位、六四五六工厂国家汽车发动机再制造试点单位和桐柏碱硝化工园区、内乡牧原养殖省循环经济试点工作。加快建设一批循环经济示范工农业园区。

(七)深化改革开放，增强经济社会发展动力和活力

深化投资体制改革。确立企业投资主体地位，进一步缩小投资审核范围，下放审核权限，规范审核程序。规范政府投资项目管理，推行政府投资项目代建制试点，建立投资项目后评价、重点项目公示和责任追究制度。深化国有企业改革。完成28家市属国有工业企业改制遗留任务，完善企业法人治理结构，帮助改制重组企业尽快恢复生产。继续做好商场、五交化、金属公司、粮油、土产等5家企业改制工作。加快企业上市步伐，强化对中南金刚石公司、西峡汽车水泵公司、淅川汽车减振器公司、南阳防爆集团、安棚碱矿、内乡牧原公司、淅川福森药业和邓州雪阳棉纺集团等8家上市后备企业的培育和督导，全力支持中南金刚石公司、西峡汽车水泵公司上市。深化农村综合改革。推进土地流转制度改革，发展多种形式的适度规模经营。全面推进集体林权制度改革，鼓励林地、林木依法规范流转，年底前基本完成确权发证。推进行政体制改革。积极稳妥推进政府机构改革，争取上半年完成市级政府机构改革，下半年完成县级政府机构改革。搞好文化事业单位、医药卫生体制等领域改革。

促进开放型经济加快发展。组织好第二届宝玉石博览会、中博会、投洽会等重大经贸活动，签约实施一批亿元以上的重大引资项目。与沿海发达地区建立产业转移联盟，利用产业集聚区推动产业集群式和链式转入。落实国家出口退税政策，扩大高新技术、机电、纺织、食品和劳动密集型产品出口，促进加工贸易转型升级和服务外包产业发展，扩大紧缺资源、先进技术装备、关键零部件元器件进口。加大南水北调中线工程对口支援力度，做好与国家《丹江口库区经济社会发展规划》的衔接工作。

（八）加强和改善民生，促进社会和谐稳定

认真抓好“十件实事”的落实，解决好关系群众切身利益的问题，使人民群众学有所教、劳有所得、病有所医、老有所养、住有所居。

千方百计扩大就业。落实全民创业政策，降低创业门槛，鼓励创业，促进就业。鼓励劳动密集型产业特别是中小企业和服务业吸纳就业，开发更多公益性岗位，帮助“4050”等就业困难群体实现再就业，动态消除“零就业家庭”。全年新增就业8万人，下岗失业人员再就业2.6万人。

加大教育发展投入。落实好农村义务教育“两免一补”和免除城市义务教育阶段学生学杂费政策。认真解决农民工子女在流入地免费接受义务教育问题。实施淅川县厚坡镇一初中、社旗县桥头镇一初中等22个农村初中校舍改造工程。改扩建、续建16所中心城区中小学，增加校舍9万多平方米。整合职业教育资源，支持南阳市工业学校等5个县级职教中心、示范性中专基础能力建设。发展农村中等职业教育并逐步实现免费。启动南阳农校、南阳幼师、河南省经济管理学校升专工作。

加强公共医疗卫生服务体系建设。完善县乡村三级卫生服务网络建设，实施邓州和南召2个县医院、南召县四棵树乡、西峡县丁河镇等59个中心乡镇卫生院和29个行政村卫生室项目，改扩建5个以上城市社区卫生服务中心，新建扩建乡镇计生服务站40个。完成市张仲景国医院和市精神病院改建任务。推进公立医院改革试点。提高农村计划生育家庭奖励扶助标准。开展食品安全专项整治，创建食品安全市。

加强公共文化服务体系建设。加快武侯祠复建、张衡博物馆二期、府衙修复工程、市一中、二中分校建设。完成566个20户以上已通电自然村广播电视村村通工程，实施248个行政村农民体育健身工程，完成40个乡镇综合文化站和一批村级文化大院、新农村书屋建设任务。

加强保障性安居工程建设。发展公共租赁住房，进一步解决低保住房困难家庭实物廉租房问题。新开工建设52万平方米经济适用住房和19.09万平方米廉租住房。

进一步提高社会保障水平。做实企业职工基本养老保险个人账户，实行市级统筹。扩大城乡居民养老保险试点范围，确保失业人员失业金按时发放。完善城乡社会救助体系和优抚保障制度，提高城乡低保补助标准和农村五保人员集中供养率。提高新型农村合作医疗保障覆盖面和城镇居民基本医疗保险参保率。推进城乡医疗救助与城镇居民基本医疗保险、新型农村合作医疗的同步结算试点。扩大工伤保险覆盖面。

加强安全生产工作，深化隐患排查治理，严防重特大事故发生。继续做好对口支援江油市雁门镇、石元乡恢复重建工作。

各位代表，做好2009年经济社会发展工作任务艰巨、责任重大。我们要全面贯彻党的十七大、十七届三中全会精神，深入落实科学发展观，按照市委的总体部署，自觉接受市人大及其常委会和市政协的监督，开拓创新，真抓实干，为全面建设富强美好和谐新南阳而努力奋斗！

关于南阳市2008年财政预算执行情况和2008年财政预算(草案)的报告

——2009年3月29日在南阳市第四届人民代表大会第一次会议上

南阳市财政局局长 胡云生

各位代表：

我受市人民政府委托，向大会报告南阳市2008年财政预算执行情况和2009年财政预算草案，请予以审议，并请各位政协委员和其他列席人员提出意见。

一、2008年全市财政预算执行情况

2008年，面对减收增支压力大，预算执行比较困难的复杂局面，各级财政部门千方百计组织收入，强化支出管理，促进了经济平稳较快发展，预算执行情况总体较好。

(一)全市一般预算收支完成情况

1.一般预算收入情况。全市一般预算收入突破50亿元，完成51.3亿元，为预算的101.2%，比上年增长14.4%，增收6.5亿元。分级完成情况：市级一般预算收入完成16亿元，为预算的100.5%，增长13.7%；县市区级一般预算收入完成35.3亿元，为预算的101.5%，增长14.7%。分项完成情况：全市地方税收收入完成38.5亿元，增长19.8%，增收6.4亿元。其中：增值税9.4亿元，增长21%；营业税12亿元，增长6.6%；企业所得税2.8亿元，增长32.8%。税收占一般预算收入比重75.1%，比上年提高3.4个百分点。全市非税收入完成12.8亿元，增长0.8%，增收1030万元。

2.一般预算支出情况。全市一般预算支出突破160亿元，完成163.2亿元，为调整预算168.5亿元的96.9%，增长18.9%，增支26亿元。分级完成情况：市级一般预算支出完成34.3亿元，为调整预算的90.8%，增长4%；县市区级一般预算支出完成128.9亿元，为调整预算的98.5%，增长23.6%，比全市平均水平高4.7个百分点。主要支出完成情况：教育支出完成34.4亿元，增长19.8%；科技支出完成2.9亿元，增长64.8%；农业支出完成18.4亿元，增长46.9%；文化体育与传媒支出完成1.6亿元，增长21.6%；社会保障与就业支出完成21.8亿元，下降10.1%(扣除2007年向东厂、红宇厂关闭破产一次性补助后，增长10.5%)；环境保护支出完成15.5亿元，增长32.1%；一般公共服务支出完成25.6亿元，增长16.2%；公共安全支出完成9.2亿元，增长16.2%。

3.基金和预算外资金收支情况。全市基金预算收入8.2亿元，增长11.7%；基金预算支出17.2亿元，增长28.8%。市级基金预算收入3.7亿元，基金预算支出6.2亿元。

全市预算外资金收入12.6亿元，支出12.5亿元。市级预算外收入5.5亿元，支出5.2亿元。

预计全市预算收支可以实现平衡，目前正在汇编收支决算，待与省级结算后，及时向市人大常委会报告。

（二）全市财政预算执行的主要特点

1.财政收支规模双双实现新突破，收支结构进一步优化。坚持把加强收支管理作为中心任务，突出组织协调，克服重重困难，圆满完成了市人代会确定的预算任务。财政一般预算收支分别突破50亿元和160亿元，总量分别居全省第4位和第3位。收入质量进一步提高，税收占一般预算收入的比重首次超过全省平均水平。在组织收入过程中，我们坚持实事求是，严格依法征税，落实税费优惠政策，规范非税收入管理，努力实现财政经济协调增长。同时全市一般预算收入增长14.4%，与生产总值12.5%的增幅基本一致，也说明经济发展成果在财政收入上得到了较好体现。在支出管理方面，面对收入增速下滑、支出压力不断加大的新形势，精心调度，强化管理，加快进度，努力做到有保有压，集中财力确保经济社会发展急事、大事支出，确保了法定支出增长，较好地发挥了财政保障职能作用。

2.落实积极财政政策，支持经济平稳较快发展。面对去年日益严峻的经济形势，我们坚持超前谋划，迅速应对，集中财力，促进经济平稳运行。一是积极向上争取资金。抓住国家调整财政政策、扩大内需的有利时机，加大协调力度，共争取转移支付和奖励资金91.6亿元，增长37.5%。其中，争取一般转移支付20.3亿元，增长38.8%。二是逐步夯实财源基础。市级整合专项资金1亿元，用于“工业发动机计划”项目建设，支持了中光学集团、防爆集团、二胶厂等高新技术项目尽快投产达产；安排1000万元用于推动肉牛产业发展，支持了品种认定和规范化育肥场建设。三是促进节能减排和产业结构调整。争取淘汰落后产能和节能技术改造奖励资金1.4亿元，市级安排1400万元，支持了新纺集团、天冠集团等节能减排改造项目；筹措自主创新、进出口结构调整等资金2亿元，市级安排排污费1000万元用于污染防治，支持了企业发展。四是严格落实财税优惠政策。落实减免部分行政审批事项和税收优惠政策，及时办理出口退税2亿元，优化了企业发展环境。五是支持缓解企业融资困难。安排1500万元注入市中小企业担保中心，提高了其担保能力；大力推进银企洽谈，鼓励商业银行增加对我市企业发放贷款，缓解了企业资金紧张局面。六是支持国有企业改革。市财政筹措拨付安置职工资金2.6亿元，促进了石化厂、普康集团和南纺集团等重点企业改制工作顺利推进。

3.加大“三农”投入，促进农民增收、农业增效和农村发展。把新农村建设作为支持重点，财政支出进一步向“三农”倾斜，促进了农村经济发展和社会和谐稳定。一是积极发展现代农业。争取产粮大县奖励资金1.03亿元，争取9个县纳入省粮油倍增计划支持笼子，调动了县乡政府发展粮食生产的积极性；争取上级资金4580万元，支持了粮食、畜牧业、油脂等支柱产业发展；积极筹措资金，支持了新纺集团、宛西制药、龙大牧原等一批农业产业化龙头企业发展。二是支持农村基础设施建设。加大支农资金整合力度，投入资金3466万元，支持了灌区配套、节水灌溉等农田水利建设；筹措资金1亿元，解决了全市25万人的饮水安全问题；筹措资金2.6亿元，支持改造县乡公路和通村公路；筹措资金3871.2万元，支持推进农村户用沼气和改厨、改圈、改厕。三是严格落实各项惠农政策。共发放粮食直补和综合直补、“两免一补”、农机补贴、良种补贴等惠农补贴21亿元，促进了农民增收；筹措资金1487万元，对2.6万名农村劳动力进行职业技能培训，提高了农民就业技能；投入财政扶贫资金1.3亿元，带动贫困人口脱贫致富。

4.强化公共服务职能，财政保障和改善民生迈出新步伐。调整优化支出结构，注重加大公共服务领域投入。一是逐步完善城乡社保体系。全年社会保障与就业支出21.8亿元，同比增长10.5%，确保了城乡低保、农村五保等社会弱势群体基本生活所需资金。认真落实对高校学生发放临时生活补贴和食堂补贴，对城市出租车等六大行业发放石油价格补贴，缓解了物价上涨影响。二是支持社会公益事业发展。筹措资金1.5亿元，新建、改扩建、续建、资源整合中小学校16所，缓解了中心城区入学难问题；筹措资金6764.4万元，改造了177所农村初中校舍。市财政融资2.2

亿元，支持了仲景路北段、张衡东路、车站北路等项目建设；安排城建资金6545.7万元，支持了背街小巷改造、道路大修、蒲山环境整治等。争取资金2.9亿元，市本级安排1264万元，支持了污水和垃圾两厂建设等环保项目，改善了群众居住环境。投入资金980万元，购置公交车50台，支持了公交事业发展。三是确保了办实事支出。各级财政筹措“十大实事”资金46亿元，其中市县配套资金8.5亿元，有力地支持了民生事业发展。积极筹措资金支持廉租住房建设和对低保家庭发放租赁补贴，缓解了城市低收入家庭住房难问题。四是加大维护社会稳定投入力度。全市公共安全支出9.2亿元，支持了平安南阳建设。筹措资金1507万元，对奶粉事件婴幼儿进行筛查和救治；筹措资金1565万元，继续对艾滋病患者及致孤人员救治和救助。五是支持灾区恢复重建工作。多方筹措资金8200余万元，有力保障了抗震救灾和对口援助工作。

5.加强和改进财政管理，依法理财水平进一步提高。以促进财政科学发展为目标，深化财政改革，加强财政监管，提高依法理财、依法行政水平。一是深化各项财政制度改革。部门预算全面推进，编制水平不断提升；国库管理制度改革继续巩固深化，资金入库效率和监管水平进一步提高；政府采购范围和规模继续扩大，采购规模达到22.2亿元，同比增长33.3%。二是着力提高财政资金使用效益。充分发挥政府投资评审、绩效评价等平台作用，推进依法理财。全年评审财政投资25.4亿元，综合审减率达21%；加大对重点项目的绩效评价，并将评价结果同预算编制相结合，促进了财政资金使用效益的发挥。三是强化财政支出监管。切实加强行政事业单位资产监管，提高了资产规范化管理水平。加强企业改组、改制和事业单位转企改制中的清产核资和资产评估等工作，防止了国有资产流失。注重强化会计集中核算管理，严格把关各项支出。组织开展对企业职工安置费、白河游览区绿化等项目的专项检查，促进了财政资金的规范、安全、有效运行。狠抓农村基层财会管理，巩固提高了“村账乡监”水平。

（三）预算执行中存在的问题

总体上看，2008年全市财政预算执行情况较好，但也存在一些不容忽视的问题。财政收入方面，后续财源不足，金融危机对财政经济的冲击也将进一步加深，财政收入保持高速增长难度较大，特别是市本级增长的难度更大；县域经济发展不平衡，部分县市区收入质量不高，收入结构有待进一步优化。财政支出方面，财政收入增长明显放慢，有效财力不足，财政保障能力与经济社会发展之间的矛盾进一步加剧；财政专项资金使用分散，绩效有待进一步提高。财政监管方面，财政资金浪费现象依然存在，截留、挪用和滞留财政资金等违反财经纪律的问题时有发生，财政监督管理需进一步加强。对此，我们将高度重视，采取有效措施，努力加以改进和解决。

二、2009年财政预算安排情况

（一）2009年财政工作和预算安排的指导思想

根据全市经济社会发展目标，财政工作和预算安排的指导思想是：深入贯彻党的十七大、十七届三中全会精神，全面落实科学发展观，按照“保增长，调结构，促转型，抓和谐”的要求，认真落实积极的财政政策，充分发挥财政分配和调控职能，坚持促进经济平稳较快发展不动摇，坚持保障和改善民生不松劲，坚持创新财政机制不停步，坚持增收节支、依法理财不懈怠，牢固树立过紧日子的思想，大力强化财政科学化、精细化管理，提高财政资金绩效，为推动全市经济社会又好又快发展，推进富强美好和谐新南阳建设提供坚强保障。

（二）2009年预算安排政策要点

1.实事求是、积极稳妥、合理安排收入计划。

2.按照“保发展、保民生、保稳定、保重点”的要求，安排各项支出，必须足额安排人员工资福利性支出、十大实事等民生支出；确保运转支出需要；足额安排地震灾区恢复重建对口援建资金；确保中央投资项目配套。

3.教育、科技、农业支出按法定要求增长，增加就业、社会保障、医疗卫生、文化发展和计划生育支出，加大节能减排、环境治理投入，加大公共安全投入。

4.树立过紧日子思想，量入为出，收支平衡，严格控制一般性支出，勤俭办一切事业。

5.统筹安排各类财政资金，科学配置财政资源，集中财力办大事。

（三）2009年一般预算收入指导性计划

2009年是新世纪以来经济发展最为困难的一年，也将是财政十分困难的一年。财政收入增长既面临经济增速放缓和企业效益下降的不利影响，也存在增值税转型、扩大内需、税费优惠等政策性减收因素。支出方面，刺激经济、深化改革和改善民生，需要增加财政支出；财政支出基数大、刚性强，也增加财政支出压力。财政收支紧张矛盾将非常突出。综合考虑经济社会发展和税费政策变化，2009年全市一般预算收入指导性计划为增长9.5%。各县市区根据当地实际，妥善安排本级收入预算。

（四）2009年市级预算安排

1.一般预算收入拟安排17.32亿元，增长8%，增加1.28亿元。

税收收入安排14.8亿元，税收占一般预算收入的比重比上年提高2个百分点以上。分征收部门情况是：国税部门安排48000万元，增长7.3%，增加3274万元。地税部门安排90000万元，增长13.9%，增加10965万元。财政等部门安排35200万元。包括：契税10560万元，增长33%，增加2618万元；非税收入24640万元，减少4026万元，主要是取消行政性收费减收。

2.一般预算支出安排22亿元，增加2.5亿，增长12.8%。

（1）基本支出10.7亿元，占一般预算支出48.6%，增加1.7亿元，增长19%。①工资福利支出7.46亿元，占财力支出的33.9%。其中工资67780万元，年终一次性奖金2200万元，医疗保险金（含公务员医疗补助）4200万元，失业保险金及养老保险金420万元等。②商品和服务支出8400万元，占财力支出的3.8%。其中公用经费6380万元，工会经费900万元，职工福利费1120万元。③对个人和家庭的补助支出2.4亿元，占财力支出的10.9%。其中离退休费21140万元，退休人员医疗补助310万元，住房公积金2550万元。

（2）专项收入及政策性列支3.2亿元，占财力支出的14.6%，比去年增加9000万元。主要是专项收入等列收列支，以及商业银行注入资本金及贷款贴息、政策性补贴等列支。

（3）专款和专项支出安排8.1亿元，占财力支出的36.8%，比去年减少1000万元。按照全国人大确定的经常性收入口径，2009年市级财政经常性收入预计比上年增长8.4%。主要安排是：教育支出安排34680万元（含教育费附加7500万元），增长13.1%；科学技术支出安排2625万元（含科技三费1280万元），增长13.1%；农林水事务支出安排12400万元，增长13.3%。另外，安排预备费4000万元，占财力支出的1.8%，符合《预算法》规定。

三、开拓进取，扎实工作，确保圆满完成2009年预算

2009年，财政工作的首要任务是落实好积极的财政政策，促进经济平稳较快发展。为确保完成今年的财政预算任务，将突出抓好以下几个方面的工作：

（一）调整优化支出结构，大力支持经济发展。一是认真落实扩内需保增长的税费优惠政策，优化经济发展环境。用足、用活各项财税优惠政策，支持产业结构优化升级。开展好“企业服务年”活动。及时将专项资金拨付到企业和项目，使其尽快发挥效益；巩固清理规范行政事业性收费政策成果，大力优化经济发展环境。加大民生保障和支持力度，改善居民消费预期，扩大消费。二是调整支出结构，支持经济发展方式转变。市级继续筹措1亿元，支持“工业发动机计划”项目建设，支持加快产业集聚区建设，增强产业支撑和带动能力。采取以奖代补的方式，支持节能减排和生态建设。再向市中小企业担保中心注资1000万元，支持构建中小企业信用担保体系。三是支持城乡基础设施建设。按照把南阳建成全省次中心城市的部署，以筹备第七届全国农运会为契机，加大融资力度，支持体育场馆建设和中心城区重点基础设施建设。投资1000万元，对城区背街小巷进行治理改造。支持城区绿化升级改造，提高园林绿化档次和品位。支持发展城市公交事业，改善群众出行条件。

（二）狠抓增收节支，确保完成收支预算任务。一是切实抓好财政收入组织工作。充分考虑财税政策调整对税收的影响，合理把握收入总量、结构、质量和速度。加强税收征管服务，堵塞征管漏洞，切实做到依法征收、应收尽收。继续提高税收占一般预算收入的比重，提高财政收入质量。二

是坚持集中财力保重点、办大事。优先足额安排工资津补贴和社保对象补贴、补助和十大实事等涉及群众切身利益的支出。调整和优化出结构，将专项资金向重点工作和重大项目倾斜。对年度结转项目进行清理，能够取消的要用于平衡预算。三是牢固树立过紧日子思想，严格控制一般性支出。强化预算约束，减少临时性预算追加。落实中央要求，今年各级党政机关车辆购置及运行费用支出要在近3年平均数基础上降低15%，明年年底前不得新建办公楼，公务接待费用要下降10%，因公出国(境)经费支出要在近3年平均数基础上压缩20%。在市直单位启动公务卡制度试点，提高公务支出透明度，强化财政动态监管。

(三)加大项目和资金争取力度，增强财政保障能力。一是认真研究和准确把握上级政策导向。切实把上级的政策研究透、争取够、使用足，并认真做好项目储备和筛选上报等工作，为争取上级资金创造有利条件。二是突出地方特色，找准“双争”工作的最佳结合点。注重找准上级政策与我市的结合点，争取主动，努力做到“享受现有政策，争取特殊政策”。特别是针对南水北调中线渠首工程、核电站、粮食主产区建设、筹办第七届全国农运会和新能源基地建设等具有南阳地方特色的建设项目，要扎实做好前期准备工作，争取更多的项目进入上级计划笼子。三是加大财力性转移支付争取力度。强化部门间配合，共同完善基础工作，深入研究上级财政经济政策，有的放矢地争取更多的财力性资金，提升各级财政保障能力。

(四)加大对“三农”的投入，加快社会主义新农村建设。一是支持扩大粮食生产。抓住中央确定在我市实施粮食核心区建设的有利时机，大幅度增加对农业基础设施建设的投入，支持实施“食用植物油倍增计划”，严格落实产粮大县奖励和粮食最低价收购政策，稳定提高粮食综合生产能力。二是支持现代农业发展。综合运用财政支农专项资金和财税扶持等优惠政策，支持优质农产品生产基地建设，提高农业生产效益。三是严格落实各项惠农政策。加大支农惠农补贴力度，完善补贴发放机制，增强补贴透明度，确保农民真正得到实惠。四是继续支持推进新农村建设。加大农村公共基础设施和环境整治投入，推动农村社会事业发展。支持改建县乡公路、改造大中危桥、解决饮水安全问题、推进户用沼气和“万村千乡市场工程”建设等。将农村公路管护纳入财政支持范围，建立稳定的资金来源。扎实推进农村综合改革，严格村级经费管理，基本完成“普九”化债工作。

(五)加大保障和改善民生力度，加快推进社会事业发展。一是推动教育优先发展。继续实施农村“两免一补”和免除城市义务教育阶段学生学杂费政策。进一步提高农村中小学校公用经费标准。积极推进高等教育发展和加快发展职业教育，认真落实家庭经济困难学生资助政策。积极筹措资金支持中心城区中小学校改扩建、续建，进一步改善中小学校教学条件。二是加快发展医疗卫生事业。支持医疗卫生体制改革，扩大城镇职工和居民基本医疗保险覆盖面，提高公共医疗卫生服务水平。支持完善新型农村合作医疗制度，做好艾滋病救治救助资金保障。三是支持就业、创业和社会保障工作。继续支持对农村劳动力进行技能培训，支持完善城乡社会救助体系，提高城乡低保补助标准和农村五保集中供养率，继续提高企业退休人员基本养老金水平。按照上级部署，推进农村养老保险，开展事业单位养老保险改革。继续支持国有企业改革改制工作。四是确保“十大实事”资金需要。加大资金投入，着力保障“十大实事”落到实处。支持实施保障性安居工程，着力解决城市低收入住房困难家庭住房问题。

(六)强化财政管理，提高依法理财水平。一是加大财政监督力度，加强对资金使用的跟踪问效。充分发挥投资评审、绩效评价和财政监督平台作用，加强对中央新增投资和省市“十大实事”等重点支出项目的评审、监督和绩效评价。抓好政府债务预算编制工作，建立健全财政风险预警机制。二是夯实财政管理基础，全面提升财政监督管理水平。加强财政机关内部管理，进一步提高干部队伍素质和工作效率，树立财政部门依法理财、廉洁高效的良好形象。加强基层财政所建设，促进其监管和服务职能有效发挥。三是自觉接受人大监督指导，提高依法理财水平。注重增强接受人大监督的自觉性，大力强化主动接受监督的意识、强化监督就是支持的意识、强化监督就是促进的意识、强化依法行政就要接受监督的意识，切实维护人大监督权威。在具体工作中，要认真贯彻执行人大及其常委会的决议决定，积极配合人大执法检查,配合好人大代表的视察和调研,认真负责地办理好人大代表的建议、批评和意见,全力推进依法行政。

各位代表,今年是推进“十一五”规划顺利实施的关键一年。我们将继续在市委正确领导和人大、政协的监督指导下,深入贯彻科学发展观,坚定信心,扎实工作,为保持经济平稳较快增长,推进富强美好和谐新南阳建设提供坚强保障。

关于2008年南阳宏观经济运行状况和2009年发展走势的报告

南阳市统计局局长　王书延

2008年，面对复杂多变的国内外大环境，全市上下深入贯彻科学发展观，认真落实国家、省宏观调控政策，着力解决经济运行中的突出矛盾和问题，全市经济保持了平稳较快运行、质量效益较好、物价涨幅趋缓、结构不断优化的态势。虽然近几个月以来，受国际经济环境变化和东部经济放缓传导效应的影响，部分指标增速出现回落，一些重点领域增速明显下滑，部分企业经营形势严峻，但整体在较高平台上平稳运行的基本格局未发生根本性改变，全年经济有望继续保持较快增长态势。初步核算，全年全市实现生产总值1636.43亿元，比上年增长12.1%左右，连续六年两位数增长已经追平了南阳历史上保持两位数增长最长时期的纪录。

一、2008年全市经济运行主要特点

1. 农业生产喜获丰收，粮油总产再创新高

在中央、省一系列加强农业生产，促进农民增收政策支持及播种面积增加、科技支撑、天气有利、管理加强等因素的共同作用下，全市粮油总产再创历史最高水平。全年粮食总产量569.66万吨，增长3.5%，连续五年增产并连续三年超100亿斤，为国家粮食安全做出新贡献；其中夏粮连续六年增产并首次突破70亿斤，达到350.01万吨，增长4.9%，秋粮总产219.65万吨，增产1.4%。油料总产首次突破百万吨大关，达到101.98万吨，增产3.2%。畜牧业生产呈现恢复性发展。2008年，全年肉类总产量达到63.95万吨，比上年增长7.1%；禽蛋产量29.59万吨，增长7.6%；奶类产量为20.59万吨，同比增长21.0%。

2. 工业生产较快增长，运行质量继续改善

自2007年8月以来，全市规模以上工业增加值已连续16个月保持20%以上较快增长。全年累计完成增加值467.25亿元，增长20.1%，其中重工业增加值279.28亿元，增长20.7%；轻工业增加值187.97亿元，增长19.3%。分企业类型看，全年全市大中型工业完成增加值238.00亿元，占全市规模以上工业增加值的50.9%，同比增长19.2%。分行业看，37个工业行业有34个行业生产同比增长，其中8个行业增速超过30%。纺织、医药、冶金、电力等主要工业行业增幅均高于全市平均水平。重点产品产量稳定增长。发电量增长75.058.1%，纱增长36.8%，水泥增长35.3%，小麦粉增长37.6%，钢材增长5.2%，石油钻采设备增长47.5%，交流电动机增长60.4%。

在生产平稳增长的同时，企业经济效益继续改善。全年全市规模以上工业可累计完成主营业务收入1463.41亿元，同比增长33.2%；实现利润106.16亿元，增长19.3%。37个工业行业大类中有33个实现盈利，17个行业实现利润同比增幅超过30%。石油和天然气开采、纺织、非金属矿物制品、农副食品加工、化学原料及化学制品制造等5个行业盈利超5亿元。具体到企业看，全市有37家企业盈利超两千万元，其中河南油田、龙成集团、西保集团、安棚碱矿、防爆集团等12家企

业盈利超亿元。

3.固定资产投资增长稳定,结构改善

全年全市全社会固定资产投资将达到895.84亿元,较上年增长28.0%;其中城镇投资708.55亿元,增长27.8%。投资增长的主要特点:一是在国家宏观调控力度不断加大、三条四段高速公路及两电投资高峰已过等因素影响下,全市投资仍保持了较快增速。二是工业投资拉动作用明显。全年累计完成442.14亿元,增长41.8%,工业投资占城镇固定资产投资总额的比重达61.6%,比上年同期提高6.7个百分点,对全市城镇固定资产投资增长的贡献份额达到85.5%。城镇工业计划投资1千万元及以上项目达到1347个,其中计划总投资在亿元以上工业投资项目达到85个,10亿元以上项目达到9个。三是一批重点项目进展顺利。鸭电二期、安棚碱矿三期、热电公司、大唐生物热电、方城风电一期、仙鹤纸业高档文化用纸、娃哈哈昌盛饮料、福森药业、淅川铝业等40个工业项目及高速公路、科尔沁牛业、城市道路改造等9个基础设施项目、农业项目全年实际完成投资已突破亿元。其中鸭电二期竣工发电,南阳热电本月即将竣工,三条四段在建高速公路全部通车。四是施工项目数量较多。全年全市城镇投资累计施工项目3686个,比上年同期增加998个,其中本年新开工项目2733个,新开工项目完成投资额占到全部施工项目的62.7%。

4.消费品市场繁荣稳定

2008年全市累计实现社会消费品零售总额568.61亿元,增长23.0%,快于上年同期5.9个百分点。分城乡看,城市消费市场增速高于农村消费市场,全年市级消费品零售总额同比增长25.8%;县级消费品零售总额增长23.4%;县以下消费品零售总额增长20.2%。分行业看,住宿餐饮业持续火爆,全年零售额同比增长29.6%,增速居各行业之首,远高于批发业18.6%、零售业22.5%的增幅。

5.财政收入保持增长,金融存款继续增加

2008年全市财政一般预算收入完成51.29亿元,同比增长14.4%。从收入结构看,税收收入增长较快。全年全市税收收入完成38.5亿元,同比增长19.8%,增速高于非税收入19.0个百分点。收入分级看:市本级完成收入16.04亿元,增长13.7%;县市区级(含高新区)收入完成35.25亿元,增长14.7%。分部门看:国税部门完成收入10.71亿元,增长18.5%;地税部门完成收入24.49亿元,增长21.1%;财政等部门完成收入16.08亿元,增长3.3%。

12月末,全市金融机构人民币各项存款余额为921.18亿元,比年初增加134.20亿元,其中储蓄存款余额687.44亿元,比年初增加108.94亿元。

6.物价涨幅逐月趋缓

在各级抑制物价过快上涨一系列政策效应和后翘因素减弱的共同作用下,全市居民消费价格涨幅从4月份以后逐月回落,月度涨幅已由4月份的7.7%降至12月份的3.2%。全年累计,全市居民消费价格总水平同比上涨6.5%,上涨压力虽有所缓解,但整体仍在高位运行。

7.城乡居民收入继续保持两位数增长

全年全市城镇居民人均可支配收入12395元,同比增长15.7%;农民人均纯收入4570元,增长15.6%。城乡居民收入均连续五年保持两位数较快增长。

二、2008年经济运行中存在的主要问题

下半年以来,特别是进入十月份以后,受全球性金融危机冲击、国内企业出口严重受阻、需求快速萎缩等因素影响,全市明显出现了工业下滑,投资后劲不足,部分行业企业经营困难,财税收入增幅下降,经济增长放缓等现象,一定程度上对全年主要经济指标增长造成影响,全面完成各项目标任务难度加大。

1.主要经济指标增速减缓。从主要指标看,生产总值增速较上年回落1.0个百分点;规模以上工业增加值增速回落2.9个百分点,利润增速回落27.8个百分点;全社会和城镇投资增速分别回落8.0和10.0个百分点,其中城镇投资增幅自2003年以来将首次滑落到30%以下;财政一般预算收入增速回落9.1个百分点;城乡居民收入增速分别回落4.5和2.9个百分点。

2.部分工业行业、企业特别是中小企业生产经营陷入困境。受产能释放和市场需求减弱、资金占用增加、资金供给紧张、国际国内不利条件增多等多种因素共同影响,全市工业生产效益下行

趋势明显,部分行业、企业经营困难。一是市场销售成为制约企业生产经营的重要因素。前两年乃至今年上半年,企业生产经营面临的最大困难是煤电油运及原材料、燃料价格上涨,挤占企业利润空间,但进入下半年,特别是近几个月以来,产品销售不畅成为影响部分企业生存发展的主要问题,棉纱、钢材、纯碱、水泥等产品价格纷纷下滑,导致企业库存增加,近3个月,全市规模以上工业产品销售率已由99.8%下降到98.6%,12月末产成品库存已达44.31亿元,同比增长17%,部分企业已停产或限产。二是融资困难。一方面金融机构贷款下降,12月末全市金融机构工业短期贷款余额只有40.91亿元,比年初减少7175万元。另一方面企业特别是中小企业资金需求进一步扩大,资金瓶颈问题日益突出。但由于不少中小企业不重视健全财务等制度,不符合银行放贷要求,找银行贷款往往碰壁。另外,目前全市担保机构少、担保能力弱,难以满足企业的担保贷款需求。三是亏损企业亏损额大幅上升。进入下半年,全市规模以上工业亏损企业亏损额每月增加7000万元以上,全年累计亏损9.62亿元,较上年同期增长近4倍。特别是六月份以前由于电煤供应紧张,煤价上涨,煤质差,造成全市发电企业全行业亏损。

3.投资拉动作用减弱。2008年,虽然全市投资施工项目增加较多,但大项目不多,加之高速公路及两个电厂投资高峰已过,致使项目平均规模明显下降。全年全市投资施工项目平均规模由上年的3475万元下降到3280万元,年平均实际完成投资规模上年的1916万元下降到1806万元,项目投资规模的下降必然对全市投资增幅产生影响。同时一些重点项目由于国家调控政策等方面影响,进展较慢(55个发动机计划项目中,36个续建项目仅有1/3进展顺利,19个本年计划新开工项目一半以上未能开工建设)。

4.农民增收难度加大。一是农资价格持续上涨。全年累计,全市农业生产资料价格上涨10.0%,其中化肥上涨18.3%,农药上涨4.0%,农业成本增加在一定程度上抵消了农产品丰收带来的收益。二是部分农副产品价格下降。调查显示,当前花生、棉花价格较上年下跌1/3左右,生猪收购价格较5月份下跌20%,价格对农民增收的拉动作用已经弱化。三是受经济运行大环境的影响,外出农民工出现部分回流,有关县市调查显示返乡率在10～20%之间,同时由于中小企业生产经营困难,也在客观上减少一部分就业岗位,影响农民工资性收入的增长。

此外,规模以上工业单位增加值能耗降幅较小,需要进一步加大节能降耗工作力度,才能确保今年目标完成;财政一般预算收入、高技术产业增加值增速偏低等问题都不容忽视。

三、2009年经济发展走势预测

刚刚闭幕的中央经济工作会议把保持经济平稳较快发展作为明年经济工作的首要任务。展望2009年,国际国内环境中不确定因素、不稳定因素还会继续增多,将通过多种方式、多种路径不断向南阳传导,对全市的发展形成冲击,但全市经济高位运行的态势有望继续保持。一方面,今年经济增长速度虽有所放缓,但仍在较快增长的区间之内。GDP增长12%左右、规模以上工业增加值增长20%以上、城镇固定资产投资增长25%以上,仍处在这一轮经济增长的平均水平左右,消费增长20%以上、进出口增长40%以上还明显高于近几年的平均增长水平。另一方面,今年经济整体运行态势符合国家宏观调控的预期要求。投资增速放缓、物价回落正是宏观调控的预期结果。这些成绩的取得实属不易,说明市委市政府面对复杂多变的外部环境和经济运行中出现的矛盾,采取的措施是正确的、及时的,在保持全市经济发展的好势头中发挥了重要的作用,也为明年经济的发展争取了主动,创造了条件。

当前全市经济发展中面临不少矛盾和挑战,对一些问题的发展及其后果还有待观察,但从总体上看,全市经济运行环境没有发生根本性改变,仍具备不少保持经济平稳较快增长的积极因素和有利条件。

从全市整体发展上看,南阳是人口大市、经济大市,正处于工业化、城镇化加速发展时期,具备持续扩展的消费市场、生产要素组合的独特优势、较为完整的工业体系以及近些年日趋改善的基础设施和产业配套条件,支撑经济增长的人力、财力、物力供给较为充分,投资、消费需求较旺,全市农业连续多年的丰收,特别是粮食生产能力已稳定在百亿斤以上，是经济调整期波动平稳化的重要因素。因此，目前全市经济发展的基本面未变，有条件、有潜力保持持续平稳较快增长的势头，在相当长的一段时期内也有望继续保持在较高增长平台上运行。从全国、全省发展大环境看，中央不断强化积极扩大国内需求的政策取向，一方面破解瓶颈，扩大消费需求；另一方面，要求在调整结构的基础上保持一定的投资规模。这对于地处内陆、人口众多、处于加快发展阶段的南阳是一个难得的机遇。同时，经济调整期，也是市场竞争更加充分的时期，这一时期也是通过市场手段淘汰落后产能、调整结构、转变方式的最佳时期，可以通过政府引导、资产重组、适时解决制约企业经营中暂时性困难等手段做大做强南阳的优势产业，培育新的战略性支撑产业，承接沿海产业转移，提升全市经济的竞争能力。从南阳发展政策支撑看，全市在这一轮经济增长中积累了抢抓发展机遇、顺应宏观调控的经验，对经济运行当中存在的问题见事早、动手快，同时，全市已经疏理出的实现又好又快发展的基本方略，思路清晰、符合实际，更重要的是全市上下齐心协力、共谋发展、干事创业的良好精神状态是加快全市经济社会发展的重要保障。因此，综合各方面因素分析，预期2009年全市经济会呈平稳回落态势，若国际国内环境不出现急剧下滑局面，全年GDP增长仍有望保持两位数的速度，同时经济结构也将进一步得到调整和优化。

四、对2009年南阳经济发展的政策建议

总得来说，今年南阳经济发展在趋紧的国内外经济形势影响下逐步放缓，但工业生产、投资、消费仍然保持了较高的增长速度，经济发展总体上并未出现深度回落。然而从形势发展的走向看，外部环境的制约作用还在不断增强，南阳经济发展需求拉动力不断缩减，未来一定时期内经济发展还面临更大的困难。因此，南阳今后一段时间的经济调控工作，必须按照科学发展观的要求，从提振需求这一根本出发，按照中央“出手要快，出拳要重，措施要准，工作要实”的总体要求，充分运用国家当前进一步扩大内需、促进经济增长的政策措施，兼顾近期和长期目标需要，一方面密切关注外部经济环境变化，积极调整应对措施，切实防止部分指标增速过快下滑，努力保持经济平稳较快发展。另一方面把“保增长”和“促转型”并重，更加着眼于南阳经济的长远发展，转变方式、调整结构、改革创新、提升竞争力，力争在经济调整期，不落伍或者拉小差距甚至赶超先进地市，为全市经济长期可持续较快发展打下更坚实基础。

1. *充分领会十七届三中全会精神，继续抓好粮食生产。*在粮食连续五年丰产、特别是连续三年突破百亿斤大关的形势下，要克服麻痹思想、松懈意识。必须看到，目前全市农村基础设施依然薄弱，农业靠天收的状况尚未根本改变，农民持续快速增收的长效机制还远未建立。必须充分领会十七届三中全会精神，结合南阳农业、农村的实际，制定环环相扣、协调配合的全面规划，最终形成农村经济、社会、文化全面发展的局面，为全市经济稳定较快发展提供更强的动力、更大的空间。

2. *防止工业生产经营陷入困境，保持工业稳步发展。*工业是推动全市经济发展的中坚力量，必须采取措施扭转工业生产的回落态势。要突出重点，确保重点行业、重点企业的平稳发展。要继续加强经济运行调节，把重点放在推进企业战略协作，做好银企沟通衔接上，积极拓宽企业，特别是中小企业直接融资渠道，提高其对经济发展的贡献程度，帮助企业树立信心积极应对当前的经营困难，防止明年工业生产经营陷入困境。

3. *以重点项目为抓手，带动全市投资增长。*历史经验表明，在所有南阳经济快速发展的时期里，投资都是最直接、最有效的手段和途径。在当前全市经济发展趋缓过程中，投资对经济的拉动作用更不可或缺。针对目前经济发展缺少需求这一最主要矛盾，全市应以政府为主导、以完善项目储备和推进机制为手段、以重点项目为突破口，大力推动固定资产投资加速发展，为经济持续发展积聚动力。一是要抓住国家增加投资、扩大内需的机遇，以农村基础设施、教育卫生以及水利、交通、能源、城建等民生工程和重大基础设施项目为投资重点，多上项目、上好项目，向国家争取尽可能多的资金支持。二是抓住城镇化加速推进机遇，大力促进全市房地产市场良性发展。三是通过政府职能转变，为投资项目规划、立项、实施提供全过程服务，保证签约项目的资金到位率、履约率、开工率和最终完成率。

4.认真落实责任，切实做好节能减排。一是要借市场需求减弱的时机，加大淘汰落后产能的力度，深入挖掘重点耗能企业节能潜力，确保完成全市节能目标。二是要优化结构，控制能耗增长。严格控制新建高耗能项目，着力抓好高耗能和重点耗能企业的节能降耗，控制高耗能、高污染行业过快增长。同时推进产业结构升级。三是要积极发展能源、环保、装备制造、高新技术等国家鼓励发展的产业，增加技术含量，发展精深加工促进传统优势产业高新化，对现有的高新技术企业，要分类指导，切实解决企业在生产中存在的实际问题，扩大生产规模，提高高技术企业增加值在全部工业中的比重。

5.高度关注民生，树立居民消费信心。民生问题不仅是构建和谐社会的基本要求，更是关乎根本改善投资消费关系、确保经济长期稳定增长的重大问题。当前，随着国际国内经济下行趋势的逐步明显，公众对经济发展前景和个人收入增长的信心也日渐减弱。而南阳还面对市场物价总体水平依然偏高、农资价格居高不下、外出务工农村劳动力回流等不利影响，启动城乡居民消费面临较大困难。要从有限财力出发，让群众更多地共享发展成果，必须根据中央要求，从调整收入分配格局入手，加大低收入人群生活保障工作力度，消除教育、医疗等制约消费的制度政策障碍，改善居民消费预期，千方百计增加居民收入，提高消费能力。同时及时解决困难群众生活、就业等方面的实际问题，保持社会生活的稳定有序。

6.切实转变经济发展方式，大力推动产业结构优化升级。当前国际、国内经济形势对南阳发展的影响，是在外部环境变化与南阳自身经济调整碰头、需求结构变化和节能减排等政策性导向所形成的结构调整压力与企业生产经营困难碰头、实体经济回落与虚拟经济回落碰头的不利局面下发挥作用的。南阳农业生产社会化程度低，农民科技意识、市场意识不足，盲目投入、增产不增收的情况经常出现；而工业企业技术、规模和产品附加值的水平普遍较低，能耗高、污染重的企业较多，对基础能源、原材料价格也比较敏感，每次基础性能源原材料价格大幅波动，都会给南阳相关行业生产经营带来困难，因此必须在科学发展观指导下，以一贯之地抓紧、抓好转变经济发展方式、产业结构优化升级工作，不断提升南阳经济的整体竞争力。

统计资料

1

综　　合

资料整理：王兰芝　蔡　华

1-1 全 市 行 政 区 划

（2008 年）

	土地面积（平方公里）	乡、镇、街道办事处个数				农村村民委员会	社区居委会
		合计	乡政府个数	镇政府个数	市辖办事处		
全市	**26509**	**236**	**87**	**119**	**30**	**4569**	**261**
宛城区	970	16	6	4	6	232	54
卧龙区	1017	18	4	7	7	236	58
高新区		2			2		
南召县	2933	16	8	8		324	14
方城县	2542	16	9	7		542	4
西峡县	3454	19	8	8	3	278	28
镇平县	1490	22	8	11	3	410	23
内乡县	2301	16	6	10		288	8
淅川县	2818	17	4	11	2	503	9
社旗县	1152	15	6	9		236	8
唐河县	2497	21	7	12	2	494	21
新野县	1056	15	5	8	2	257	9
桐柏县	1915	16	5	11		207	8
邓州市	2370	27	11	13	3	562	17

注：本表农村村民委员会、社区居委会个数来自市民政局。

1—2 各县(市、区)乡、镇、办事处名称

(2008年底)

	乡	镇	街道办事处
卧龙区	七里园乡、王村乡、谢庄乡、龙兴乡	蒲山镇、石桥镇、英庄镇、青华镇、潦河镇、陆营镇、安皋镇	梅溪街道、靳岗街道、卧龙街道、七一街道、武侯街道、光武街道、车站街道
宛城区	溧河乡、汉冢乡、金华乡、茶庵乡、高庙乡、新店乡	官庄镇、红泥湾镇、瓦店镇、黄台岗镇	新华街道、东关街道、仲景街道、汉冶街道、白河街道、枣林街道
南召县	城郊乡、小店乡、皇后乡、太山庙乡、石门乡、四棵树乡、马市坪乡、崔庄乡	城关镇、皇路店镇、留山镇、云阳镇、乔端镇、南河店镇、白土岗镇、板山坪镇	
方城县	券桥乡、杨集乡、二郎庙乡、古庄店乡、杨楼乡、清河乡、柳河乡、四里店乡、袁店回族乡	小史店镇、城关镇、独树镇、拐河镇、赵河镇、博望镇、广阳镇	
西峡县	田关乡、阳城乡、重阳乡、寨根乡、石界河乡、军马河乡、二郎坪乡、太平镇乡	丁河镇、丹水镇、回车镇、米坪镇、西坪镇、双龙镇、桑坪镇、五里桥镇	白羽街道、莲花街道、紫金街道
镇平县	柳泉铺乡、二龙乡、王岗乡、马庄乡、张林乡、安子营乡、彭营乡、郭庄乡	高丘镇、遮山镇、老庄镇、卢医镇、曲屯镇、石佛寺镇、晁陂镇、贾宋镇、候集镇、枣园镇、杨营镇	涅阳街道、雪枫街道、玉都街道
内乡县	大桥乡、赵店乡、余关乡、乍岖乡、板场乡、七里坪乡	师岗镇、瓦亭镇、灌涨镇、湍东镇、王店镇、马山口镇、赤眉镇、夏馆镇、城关镇、桃溪镇	
淅川县	西簧乡、毛堂乡、大石桥乡、滔河乡	荆紫关镇、寺湾镇、盛湾镇、金河镇、上集镇、老城镇、仓房镇、香花镇、厚坡镇、马蹬镇、丹阳镇	商圣街道、龙城街道
社旗县	城郊乡、大冯营乡、太和乡、下洼乡、陌陂乡、唐庄乡	晋庄镇、李店镇、桥头镇、兴隆镇、郝寨镇、苗店镇、饶良镇、赊店镇、朱集镇	
唐河县	城郊乡、桐河乡、昝岗乡、祁仪乡、马振扶乡、古城乡、东王集乡	桐寨铺镇、张店镇、郭滩镇、苍台镇、源潭镇、龙潭镇、湖阳镇、黑龙镇、上屯镇、大河屯镇、毕店镇、少拜寺镇	文峰街道、溪河街道
新野县	城郊乡、前高庙乡、樊集乡、上庄乡、上港乡	五星镇、王庄镇、施庵镇、沙堰镇、新甸铺镇、歪子镇、王集镇、溧河铺	汉城街道、汉华街道
桐柏县	城郊乡、回龙乡、朱庄乡、程湾乡、新集乡	城关镇、月河镇、吴城镇、固县镇毛集镇、埠江镇、大河镇、平氏镇、淮源镇、黄岗镇、安棚镇	
邓州市	龙堰乡、白牛乡、夏集乡、裴营乡、文曲乡、高集乡、陶营乡、小杨营乡、腰店乡、九龙乡、张楼乡	汲滩镇、穰东镇、赵集镇、罗庄镇、十林镇、张村镇、都司镇、构林镇、刘集镇、孟楼镇、林扒镇、桑庄镇、彭桥镇	花洲街道、古城街道、湍河街道

1-3 基本单位数

单位:个

	法人单位数	单产业法人	多产业法人	产业活动单位数	多产业法人的活动单位	异地产业活动单位
1996	22633	21016	1617	35695	14679	
1997	22076	20514	1562	34996	14482	
1998	24317	22876	1441	36448	13572	
1999	22735	21361	1374	34521	13160	
2000	22496	21146	1350	34262	13116	
2001	27627	26316	1311	39478	13162	
2002	30580	29258	1322	42164	12906	
2003	31700	30414	1286	43368	12954	
2004	33070	31818	1252	45793	13945	30
2005	33800	32593	1207	46422	13829	
2006	34886	33737	1149	47200	13463	
2007	35468	34355	1113	47649	13294	
2008	38466	37426	1040	48278	10852	

1-4 各县(市、区)基本单位数

(2008年)

单位:个

	法人单位数	单产业法人	多产业法人	产业活动单位数	多产业法人的活动单位
总计	**38466**	**37426**	**1040**	**48278**	**10852**
市辖区	1053	957	96	2780	1823
宛城区	2917	2907	10	3003	96
卧龙区	3183	3117	65	3541	424
南召县	1891	1777	114	2473	696
方城县	3648	3552	96	4366	814
西峡县	2010	1935	75	2713	778
镇平县	2543	2453	90	3639	1186
内乡县	2443	2388	55	2867	479
淅川县	2557	2517	40	3132	615
社旗县	2284	2144	140	2843	699
唐河县	3779	3708	71	4228	520
新野县	2980	2919	61	4122	1203
桐柏县	2398	2364	34	2884	520
邓州市	4780	4688	93	5687	999

1-5 按三次产业分的基本单位数及构成

单位:个、%

	单位数（个）	第一产业		第二产业		第三产业	
		绝对数	构成(%)	绝对数	构成(%)	绝对数	构成(%)
法人单位							
1996	22633	395	1.7	10221	45.2	12017	53.1
1997	22076	597	2.7	9646	43.7	11833	53.6
1998	24317	713	2.9	11231	46.2	12373	50.9
1999	22735	703	3.1	10279	45.2	11753	51.7
2000	22496	763	3.4	10068	44.8	11665	51.8
2001	27627	806	2.9	10478	37.9	16343	59.2
2002	30580	717	2.3	10203	33.4	19660	64.3
2003	31700	878	2.8	10696	33.7	20126	63.5
2004	33070	1955	5.9	11864	35.9	19251	58.2
2005	33800	2030	6.0	12541	37.1	19229	56.9
2006	34886	1917	5.5	13614	39.0	19355	55.5
2007	35468	1984	6.0	13958	39.0	19526	55.0
2008	38466	2289	6.0	13284	34.5	22893	59.5
产业活动单位							
1996	35695	424	1.2	11325	31.7	23946	67.1
1997	34996	625	1.8	6974	19.9	27397	78.3
1998	36448	750	2.1	11340	31.1	24358	66.8
1999	34521	218	0.6	11164	32.3	23139	67.1
2000	34262	773	2.3	10894	32.3	22595	65.4
2001	39478	832	2.1	11283	28.6	27363	69.3
2002	42164	733	1.7	10854	25.7	30577	72.6
2003	43368	893	2.1	11357	26.2	31118	71.7
2004	45793	1983	4.3	12555	27.4	31255	68.3
2005	46422	2065	4.4	13118	28.3	31239	67.3
2006	47200	1959	4.2	14174	30.0	31067	65.8
2007	47649	2009	4.2	14505	30.4	31135	65.4
2008	48278	2336	4.8	13580	28.1	32362	67.1

1-6 按登记注册类型分的基本单位数

（2008年） 单位:个

	法人单位数	单产业法人	多产业法人	产业活动单位数	多产业法人的活动单位
全市	**38466**	**37426**	**1040**	**48278**	**10852**
内资	**38396**	**37357**	**1040**	**48087**	**10730**
国有	6895	6287	608	12310	6023
集体	1721	1633	88	3257	1624
股份合作	221	194	27	913	719
国有联营	4	4		6	2
集体联营	43	41	2	46	5
国有与集体联营	4	4		4	
其他联营	45	45		45	
国有独资公司	27	19	8	52	33
其他有限责任公司	2065	2029	36	2450	421
股份有限公司	427	387	40	1116	729
私营独资	14033	14109	14	14325	306
私营合作	1033	1213	4	1229	16
私营有限责任公司	950	936	14	1030	94
私营股份有限公司	228	237	1	237	
其他内资	10690	10308	198	11066	758
港澳台商投资	**35**	**35**		**50**	**15**
与港澳台商合资经营	17	17		17	
与港澳台商合作经营	4	4		4	
港澳台商独资	11	11		12	1
港澳台商投资股份有限公司	3	3		17	14
外商投资	**35**	**34**		**141**	**107**
中外合资经营	22	21		23	2
中外合作经营	2	2		2	
外商独资	8	8		113	105
外商投资股份有限公司	3	3		3	

1-7 按行业分的基本单位数

（2008年） 单位：个

	法人单位数	单产业法人	多产业法人	产业活动单位数	多产业法人的活动单位
全市	**38466**	**37426**	**1040**	**48278**	**10852**
农、林、牧、渔业	2289	2288	1	2336	48
农业	153	153		155	2
林业	116	116		125	9
畜牧业	1555	1554	1	1566	12
渔业	63	63		68	5
农、林、牧、渔服务业	402	402		422	20
采矿业	1126	1124	2	1130	6
煤炭开采和洗选业					
石油和天然气开采业	4	2	2	7	5
黑色金属矿采选业	228	28		28	
有色金属矿采选业	118	118		118	
非金属矿采选业	769	769		770	1
其他采矿业	7	7		7	
制造业	11402	11384	18	11490	106
农副食品加工业	1681	179	2	221	42
食品制造业	276	276		277	1
饮料制造业	189	188	1	190	2
烟草制品业	1	1		1	
纺织业	656	656		656	
纺织服装、鞋、帽制造业	112	111	1	112	1
皮革、毛皮、羽毛(绒)及其制品业	54	54		55	1
木材加工及木、竹、藤、棕、草制品业	777	777		777	
家具制造业	489	488	1	489	1
造纸及纸制品业	86	86		86	
印刷业和记录媒介的复制	156	156		157	1
文教体育用品制造业	20	2		4	2
石油加工、炼焦及核燃料加工业	25	25		25	
化学原料及化学制品制造业	319	318	1	321	3
医药制造业	99	97	2	99	2
化学纤维制造业	5	5		5	
橡胶制品业	33	33		34	1
塑料制品业	316	314	2	316	2
非金属矿物制品业	4014	4014		4021	7
黑色金属冶炼及压延加工业	54	53	1	56	3
有色金属冶炼及压延加工业	45	44	1	48	4
金属制品业	350	349	1	354	5

1－7续表1　　(2008年)　　单位:个

	法人单位数	单产业法人	多产业法人	产业活动单位数	多产业法人的活动单位
通用设备制造业	203	202	1	203	1
专用设备制造业	206	205	1	213	8
交通运输设备制造业	213	212	1	215	3
电气机械及器材制造业	114	113	1	117	4
通信设备、计算机及其他电子设备制造业	32	32		33	1
仪器仪表及文化、办公用机械制造业	73	73		74	1
工艺品及其他制造业	779	778	1	788	10
废弃资源和废旧材料回收加工业	25	25		25	
电力、燃气及水的生产和供应业	160	150	10	340	190
电力、热力的生产和供应业	71	61	10	249	188
燃气生产和供应业	8	8		8	
水的生产和供应业	81	81		83	2
建筑业	596	588	8	620	32
房屋和土木工程建筑业	395	388	7	413	25
建筑安装业	52	51	1	55	4
建筑装饰业	123	123		123	
其他建筑业	26	26		29	3
交通运输、仓储和邮政业	267	262	5	556	294
铁路运输业					
道路运输业	143	139	4	170	31
城市公共交通业	31	31		35	4
水上运输业	15	15		15	
航空运输业	1	1		1	
管道运输业					
装卸搬运和其他运输服务业	35	35		35	
仓储业	39	39		41	2
邮政业	3	2	1	259	257
信息传输、计算机服务和软件业	296	290	6	475	185
电信和其他信息传输服务业	38	32	6	217	185
计算机服务业	254	254		254	
软件业	4	4		4	
批发和零售业	3377	3191	186	5955	2764
批发业	1390	1328	62	2115	787
零售业	1987	1863	124	3840	1977
住宿和餐饮业	1262	1250	12	1374	124
住宿业	351	342	9	386	44
餐饮业	911	908	3	988	80
金融业	56	12	44	1369	1357
银行业	23	2	21	783	781

1—7 续表 2 (2008 年) 单位:个

	法人单位数	单产业法人	多产业法人	产业活动单位数	多产业法人的活动单位
证券业					
保险业	23		23	550	550
其他金融活动	10	10		36	26
房地产业	443	443		446	3
房地产业	443	443		446	3
租赁和商务服务业	497	493	4	643	150
租赁业	43	43		43	
商务服务业	454	450	4	600	150
科学研究、技术服务和地质勘查业	420	413	7	456	43
研究与试验发展	40	40		43	3
专业技术服务业	245	242	3	265	23
科技交流和推广服务业	127	124	3	138	14
地质勘查业	8	7	1	10	3
水利、环境和公共设施管理业	266	262	4	292	30
水利管理业	109	107	2	120	13
环境管理业	55	54	1	63	9
公共设施管理业	102	101	1	109	8
居民服务和其他服务业	318	315	3	347	32
居民服务业	233	230	3	259	29
其他服务业	85	85		88	3
教　育	3138	2907	231	5385	2478
教育	3138	2907	231	5385	2478
卫生、社会保障和社会福利业	4048	4013	35	4736	723
卫生	3878	3844	34	4537	693
社会保障业	46	46		54	8
社会福利业	124	123	1	145	22
文化、体育和娱乐业	378	374	4	488	114
新闻出版业	9	8	1	10	2
广播、电视、电影和音像业	54	51	3	76	25
文化艺术业	267	267		353	86
体育	12	12		12	
娱乐业	36	36		37	1
公共管理和社会组织	8127	7667	460	9822	2155
中国共产党机关	122	118	4	125	7
国家机构	2388	2129	259	3957	1828
人民政协和民主党派	14	13	1	15	2
群众团体、社会团体和宗教组织	763	735	28	885	150
基层群众自治组织	4840	4672	168	4840	168

1-8 国民经济和社会发

	1990	1995	2000	2005	2007	2008
人口与就业						
人口(万人)						
年底总人口	985.00	1025.61	1049.01	1074.58	1085.48	1091.31
＃市镇人口	110.02	152.07	211.48	298.99	331.44	381.95
＃男性人口	516.3	537.22	548.43	555.22	565.51	709.36
就业(万人)						
年底从业人员	456.6	570.04	611.08	627.01	637.51	649.07
＃在岗职工	56.69	69.71	65.81	63.14	67.64	67.81
城镇失业人数			2.67	3.32	3.68	4.54
宏观经济						
国民核算(亿元)						
生产总值	90.79	306.6	519.66	1035.9	1376.33	1636.43
第一产业	41.2	98.83	153.7	258.23	302.04	344.48
第二产业	26.88	134.42	237.66	527.99	714.78	856.01
＃工业	24.41	124.16	214.23	468.17	641.40	768.21
第三产业	22.71	73.36	128.3	249.68	359.5	435.95
人均生产总值(元)	929	2999	4963	9662	13814	16367
固定资产投资(亿元)						
全社会固定资产投资总额	15.37	75.08	117.62	377.29	699.63	895.83
＃城镇投资	7.77	52.94	70.74	285.38	554.23	708.55
财政(亿元)						
地方财政收入	5.53	9.58	19.59	31.00	52.16	59.48
地方财政支出	6.92	15.19	29.9	82.99	152.44	178.72
物价总指数(以上年为100)						
居民消费价格总指数		116.5	98.7	102.3	104.8	106.5
商品零售价格总指数		116.4	98.0	102.2	104.1	106.4
农业生产资料价格总指数		128.4	98.0	107.8	103.1	110.0
利用外资(万美元)						
签订外商直接投资协议金额	112	4582	962	9428	18117	23338
实际利用外商直接投资金额	104	1571	884	4809	8419	11635
产业经济						
农林牧渔业						
耕地面积(千公顷)	899.4	871	874.42	939.16	941.16	941.78
主要农产品产量						
粮食(万吨)	397.52	359.64	378.05	465.88	550.4	569.66
＃小麦(万吨)	223.35	161.33	200.91	283.19	331.65	348.63
棉花(万吨)	9.3	15.16	11.85	11.85	12.24	10.92
油料(万吨)	17.71	37.05	53.34	90.46	98.87	101.98
烟叶(万吨)	5.83	4.46	4.65	5.49	5.3	5.44
水果(万吨)	2.82	8.75	20.71	38	46.33	56.65

展总量与速度指标

2008年为以下各年 %					平均每年增长 %			
1990	1995	2000	2005	2007	1991—1995	1996—2000	2001—2005	2006—2008
110.8	106.4	104.1	101.5	100.5	0.8	0.5	0.5	0.5
347.2	251.2	180.6	127.8	115.2	6.7	6.8	7.2	8.5
137.4	132.1	129.3	127.8	125.4	0.8	0.4	0.2	8.5
142.1	113.8	106.2	103.5	101.8	4.5	1.4	0.5	1.2
119.6	97.2	103.1	107.4	100.3	4.2	-1.1	-0.8	2.4
		170.0	136.7	123.4			4.5	11.0
868.6	416.3	253.5	144.2	112.1	15.8	10.4	11.9	12.9
368.7	265.5	172.6	118.8	105.7	6.8	9.0	7.8	5.9
1608.9	516.3	296.7	151.4	113.6	25.5	11.7	14.4	14.8
1622.3	510.6	296.0	155.1	114.3	26.0	11.5	13.8	15.8
878.1	432.1	273.4	155.0	114.5	15.2	9.6	12.0	15.7
779.3	390.9	243.6	142.1	111.7	14.8	9.9	11.4	12.4
5828.4	1193.1	761.6	237.4	128.0	37.3	9.4	26.3	33.4
9119.0	1338.4	1001.7	248.3	127.8	46.8	6.0	32.2	35.4
1075.6	620.9	303.7	191.9	114.0	11.6	15.4	9.6	24.3
2582.7	1176.6	597.7	215.4	117.2	17.0	14.5	22.7	29.1
20837.5	509.3	2426.0	247.6	128.8	110.1	-26.8	57.9	35.3
11187.5	740.6	1316.2	242.0	138.2	72.1	-10.9	40.3	34.2
104.7	108.2	107.7	100.3	100.1	-0.6	0.1	1.4	0.1
143.3	158.4	150.7	122.2	103.5	-2.0	1.0	4.3	6.9
156.1	216.1	173.6	123.1	105.1	-6.3	4.5	7.1	7.2
117.4	72.0	92.1	92.1	89.2	10.3	-4.8		-2.7
575.9	275.3	191.2	112.7	103.1	15.9	7.6	11.1	4.1
93.2	121.8	116.9	99.0	102.6	-5.2	0.8	3.4	-0.3
2008.9	647.4	273.5	149.1	122.3	25.4	18.8	12.9	14.2

1—8 续表 1

	1990	1995	2000	2005	2007	2008
工　业						
规模以上工业增加值(亿元)			211.53	225.12	351.32	468.18
主要工业产品产量						
纱(万吨)	2.53	5.22	9.45	28.12	59.85	76.04
布(亿米)	0.62	1.33	1.36	2.31	3.28	3.27
卷烟(万箱)	39	44.3	39.83	151.04	126.34	129.11
饮料酒(万吨)	8.87	12.18	7.84	17.39	25.2	25.09
原油(万吨)	252	192	185	187	180	181
发电量(亿千瓦小时)	1.62	1.01	46.12	57.75	66.16	104.91
生铁(万吨)	12.65	18.62	4.79	15.91	147.51	136.84
钢(万吨)	0.37	0.52		0.42	122.61	124.68
烧碱(万吨)	1.07	2.6	2.89	6.68	7.41	5.18
酒精(万吨)	6.61	10.59	7.61	19.13	5.66	6.25
合成氨(万吨)	18.56	22.58	15.47	24.07	49.97	28.73
水泥(万吨)	105.6	285	417	912	1219	1333
大理石板(万立方米)	17.7	679.23	408.28	362.85	374.59	314.84
建筑业						
施工房屋面积(万平方米)	89.65	362	448.5	874.82	1234.48	1141.36
竣工房屋面积(万平方米)	40.82	210	192.4	409.99	587.73	530.97
运输和邮电						
客运量(万人)	3953	4682	6113	8347	10044	11285
#公路	3778	4602	6058	8300	10005	11231
货运量(万吨)	698	3446	4381	6770	8835	9974
#公路	640	3380	4301	6600	8672	9739
邮电业务总量(万元)	3132	18832	130463	418756	377816	382977
批发零售贸易业、餐饮业						
社会消费品零售总额(亿元)	31.86	93.05	183.11	339.65	462.15	568.61
对外经济贸易						
进出口总额(万美元)		6467	10462	30336	59409	87640
进口额		545	3249	6869	9557	18385
出口额		5922	7213	23467	49852	69255
金　融						
金融机构年底存款余额(亿元)	31.72	93.76	313.13	625.99	786.98	921.18
金融机构年底贷款余额(亿元)	49.63	125	305.78	441.84	565.51	550.91
教育、科技、文化						
教　育						
专任教师数(人)						
高等学校	363	523	783	2094	2801	2966
中等专业学校	2408	3759	4369	4457	4872	4594
普通中学	26155	28437	35386	36815	36383	36365
小学	54191	40795	49398	48977	49525	49284

2008 年为以下各年 %					平均每年增长 %			
1990	1995	2000	2005	2007	1991—1995	1996—2000	2001—2005	2006—2008
		426.0	201.5	133.3			16.2	27.6
3005.5	1456.8	804.6	270.4	127.1	15.6	12.6	24.4	39.3
527.4	245.8	240.5	141.6	99.7	16.5	0.4	11.2	12.3
331.0	291.5	324.2	85.4	102.2	2.6	-2.1	30.5	-5.1
282.9	206.0	320.0	144.3	99.6	6.5	-8.4	17.3	13.0
71.8	94.3	97.8	96.8	100.6	-5.3	-0.7	0.2	-1.1
6476.0	10387.1	227.5	181.7	158.6	-9.0	114.7	4.6	22.0
1081.8	734.9	2856.7	860.1	92.8	8.0	-23.8	27.1	104.9
33697.3	23976.9		29685.8	101.7	7.0			567.1
484.1	199.2	179.2	77.5	69.9	19.4	2.1	18.2	-8.1
94.5	59.0	82.2	32.7	110.4	9.9	-6.4	20.2	-31.1
154.8	127.2	185.7	119.4	57.5	4.0	-7.3	9.2	6.1
1262.4	467.7	319.6	146.2	109.4	22.0	7.9	16.9	13.5
1778.7	46.3	77.1	86.7	84.0	107.4	-9.7	-2.3	-4.6
1273.1	315.3	254.4	130.5	92.5	32.2	4.4	14.3	9.3
1300.8	252.9	276.0	129.6	90.3	38.8	-1.7	16.3	9.0
285.5	241.0	184.6	135.2	112.4	3.4	5.5	6.4	10.6
297.2	244.0	185.4	135.3	112.3	4.0	5.7	6.5	10.6
1429.0	289.5	227.7	147.3	112.9	37.6	4.9	9.1	13.8
1521.7	288.2	226.4	147.6	112.3	39.5	4.9	8.9	13.8
12227.9	2033.6	293.6	91.4	101.4	43.2	47.3	26.3	-2.9
1784.8	611.1	310.5	167.5	123.0	23.9	14.5	13.2	18.7
	1355.1	837.8	288.8	147.5		10.1	23.7	42.4
	3373.4	566.0	267.6	192.4		42.9	16.2	38.8
	1169.4	960.1	295.1	138.9		4.0	26.6	43.4
2904.1	982.5	294.2	147.1	117.1	24.2	27.3	14.9	13.7
1269.4	504.0	206.0	142.6	111.4	20.3	19.6	7.6	7.6
816.7	566.9	378.7	141.6	105.9	7.6	8.4	21.7	12.3
190.8	122.2	105.1	103.1	94.3	9.3	3.1	0.4	1.0
139.0	127.8	102.7	98.8	100.0	1.7	4.5	0.8	-0.4
91.0	120.8	99.8	100.6	99.5	-5.5	3.9	-0.2	0.2

1—8 续表 2

	1990	1995	2000	2005	2007	2008
在校学生数(万人)						
高等学校	0.23	0.4	1.06	3.88	4.66	5.24
中等专业学校	3.04	7.01	8.53	10.37	11.89	11.65
普通中学	38.17	52.16	68.86	67.98	60.8	57.25
小学	123.69	113.88	100.83	85.56	93.37	99.03
科 技						
大中型工业企业科技机构数(个)		86	88	100	114	110
大中型工业企业从事科技活动人员数(人)		8815	8816	7955	9760	11548
#科学家、工程师			4097	4536	5916	7100
文化、文物						
艺术表演团体	23	19	17	17	17	17
文化馆	20	19	19	16	15	15
公共图书馆	13	13	13	13	13	13
公共图书量(万册)	71	79	112	128	110	111
博物馆	11	11	11	13	14	14
家 庭、 生 活						
家 庭						
家庭总户数(万户)	239.6	260.24	279.48	335.93	339.78	341.91
城镇居民平均每户家庭人口(人)	3.62	3.45	3.28	3.04	2.98	2.90
农村居民平均每户家庭人口(人)	4.78	4.48	4	4.03	4.01	4.01
婚 姻						
登记结婚(对)			82250	78573	71835	
登记离婚(民政部门)(对)			1815	4463	5035	
居 住						
城市居民人均居住面积(平方米)	14.11	13.3	19.95	28.7	28.01	27.78
农村居民人均居住面积(平方米)	14.01	17.98	23.49	25.97	29.27	29.84
生 活						
城乡居民储蓄存款年底余额(亿元)	26.47	95.85	229.59	468.45	578.50	687.44
城镇居民人均可支配收入(元)	1265	2773	4430	7831	10713	12395
城镇居民人均消费性支出(元)	970	2245	3403	5283	7276	8362
农民人均纯收入(元)	487	1124	1889	2894	4014	4570
农民人均生活消费支出(元)	455	870	1179	2006	2837	3256
工 资						
在岗职工工资总额(亿元)	9.22	28.3	40.61	73.66	105.97	120.63
在岗职工平均工资(元)	1649	4143	6164	11820	15996	17847
卫 生						
医院、卫生院数(个)	281	289	296	305	306	305
卫生机构床位数(万张)	1.49	1.52	1.49	1.81	1.95	2.19
#医院、卫生院	1.34	1.37	1.44	1.7	1.85	2.08
卫生技术人员数(万人)	1.99	2.23	2.36	2.5	2.59	2.69

2008 年为以下各年 %					平均每年增长 %			
1990	1995	2000	2005	2007	1991—1995	1996—2000	2001—2005	2006—2008
2282.3	1298.0	494.7	135.3	112.4	11.9	21.3	29.6	10.5
383.8	166.2	136.5	112.3	98.0	18.2	4.0	4.0	4.0
150.0	109.8	83.1	84.2	94.2	6.4	5.7	-0.3	-5.6
80.1	87.0	98.2	115.7	106.1	-1.6	-2.4	-3.2	5.0
	127.9	125.0	110.0	96.5		0.5	2.6	3.2
	131.0	131.0	145.2	118.3			-2.0	13.2
		173.3	156.5	120.0			2.1	16.1
73.9	89.5	100.0	100.0	100.0				0.0
80.0	84.2	84.2	100.0	100.0				-2.1
100.0	100.0	100.0	100.0	100.0				0.0
156.3	140.5	99.1	86.7	100.9	2.2	7.2	2.7	-4.6
127.3	127.3	127.3	107.7	100.0				2.5
142.7	131.4	122.4	101.7	100.6	1.7	1.4	3.7	0.6
80.1	84.1	88.5	95.4	97.3	-1.0	-1.0	-1.5	-1.6
83.9	89.5	100.3	99.5	100.0	-1.3	-2.2	0.1	-0.2
							-0.9	
							19.7	
193.7	205.4	137.0	128.5	99.2	-1.2	8.4	1.3	-1.1
213.0	166.0	127.0	114.9	101.9	5.1	5.5	2.0	4.7
2597.1	717.1	299.5	146.8	118.8	29.4	19.1		13.6
980.0	447.1	279.9	158.3	115.7	17.0	9.8	12.1	16.5
861.7	372.5	245.7	158.3	114.9	18.3	8.7	9.2	16.5
938.4	406.6	241.9	157.9	113.9	18.2	10.9	8.9	16.4
715.6	374.1	276.1	162.3	114.8	13.8	6.3	11.2	17.5
1308.3	426.3	297.0	163.8	113.8	25.1	7.5	12.6	17.9
1082.2	430.8	289.5	151.0	111.6	20.2	8.3	13.9	14.7
108.5	105.6	103.1	100.0	99.7	0.6	0.5	0.6	0.0
147.2	144.1	147.2	121.0	112.3	0.4	-0.4	4.0	6.6
155.3	151.6	144.1	122.2	112.4	0.5	1.0	3.4	7.0
138.3	123.5	116.4	110.2	103.9	2.3	1.2	1.1	2.5

1—9 国民经济和社会发展结构指标

单位:%

	1990	1995	2000	2005	2007	2008
人口与就业						
人口						
城乡结构						
市镇	11.2	14.8	20.2	30.0	33.3	34.9
乡村	88.8	85.2	79.8	70.0	66.7	65.1
性别结构						
男	52.4	52.4	52.3	51.7	52.1	52.1
女	47.6	47.6	47.7	48.3	47.9	47.9
就业						
从业人员产业结构						
第一产业	75.6	66.9	70.7	57.1	53.8	52.5
第二产业	11.5	17.2	13.5	19.9	23.1	24.3
第三产业	12.9	15.9	15.8	23.0	23.1	23.2
在岗职工人数登记注册类型结构						
国有单位	74.7	76.6	66.8	59.2	55.9	57.0
城镇集体单位	25.3	17.3	20.5	19.6	11.5	9.9
其他单位		6.1	12.7	21.2	32.6	33.1
宏观经济						
国民核算						
生产总值产业结构						
第一产业	45.4	32.2	29.6	24.9	21.9	21.1
第二产业	29.6	43.9	45.7	51.0	51.9	52.3
#工业	26.9	40.5	41.2	45.2	46.6	46.9
第三产业	25	23.9	24.7	24.1	26.2	26.6
投资						
全社会固定资产投资结构						
#城镇	50.5	70.5	60.1	75.6	79.2	79.1
农村	49.5	29.5	39.9	24.4	20.8	20.9
城镇固定资产投资产业结构						
第一产业	3.5	0.8	2.3	2.9	2.0	3.8
第二产业	80.9	72.0	38.2	35.6	56.3	62.4
#工业	80.7	70.5	37.5	35.6	56.3	62.4
第三产业	15.7	27.2	59.5	61.5	41.7	27.8

1—9 续表 单位:%

	1990	1995	2000	2005	2007	2008
产　　业						
农　业						
农林牧渔业增加值结构						
农业	77.8	65.7	64.2	65.1	66.1	64.3
林业	2.9	3.0	3.6	4.1	4.0	4.2
牧业	18.6	30.7	31.1	27.5	25.7	28.2
渔业	0.7	0.6	1.2	1.4	2.3	1.5
农林牧渔服务业				1.9	1.9	1.8
农作物播种面积结构						
粮食作物	76.9	68.5	58.6	54.3	57.7	60.0
经济作物	23.1	31.5	41.4	44.9	41.8	39.5
其他农作物				0.8	0.5	0.5
工　业						
工业增加值结构						
规模以上			46.5	48.1	54.8	60.9
规模以下			16.8	18.1	16.2	14.3
城乡个体			36.7	33.8	29.0	24.8
工业增加值轻重工结构						
轻工业			49.3	52.1	51.1	48.6
重工业			50.7	47.9	48.9	51.4
批发零售贸易、住宿和餐饮业						
社会消费品零售总额结构						
批发零和售贸易业	90.7	87.5	86.2	84.5	83.5	82.7
住宿和餐饮业	4.2	6.2	8.4	13.5	14.6	15.4
其它	5.1	6.3	5.4	2.0	1.8	1.9
生　　活						
城镇居民消费结构						
食品类	51.2	49.0	39.5	34.3	33.8	34.3
衣着类	15.1	15.7	12.6	14.8	15.3	14.3
居住	6.7	7.8	15.4	10.8	10.4	10.4
日用品及其他	27.0	27.5	32.5	40.0	40.5	41.0
农村居民消费结构						
食品类	59.4	62.6	47.7	45.9	40.0	39.7
衣着类	9.2	8.1	5.9	5.6	5.8	5.6
居住	13.6	11.6	18.5	21.8	25.7	27.2
日用品及其他	17.8	17.7	27.9	26.7	28.5	27.5

1—10 国民经济和社会发展比例和效益指标

	1990	1995	2000	2005	2007	2008
人口和就业						
人口						
出生率(‰)	22.8	11.9	11.7	11.0	11.0	11.4
死亡率(‰)	7.1	6.4	6.4	6.3	6.0	5.9
自然增长率(‰)	15.8	5.5	5.3	4.8	5.1	5.4
城市化水平(%)	11.2	14.8	20.2	30.0	33.3	34.9
就业						
城镇登记失业率(%)			3.3	3.4	3.1	3.7
宏观经济						
国民核算						
经济增长贡献率(%)						
第一产业	77.0	27.6	19.0	13.7	7.5	10.2
第二产业	-16.4	54.4	58.3	60.7	60.1	59.3
#工业		52.9	47.9	54.4	58.0	56.5
第三产业	39.4	18.0	22.7	25.6	32.4	30.4
全社会劳动生产率(元/人·年)	2013	5629	8527	16924	21589	25212
第一产业	1211	2755	3866	7494	8803	10100
第二产业	5159	13979	24108	45562	48572	54355
第三产业	3856	8171	11330	18013	24416	28962
人均国内生产总值(元)	929	2999	4963	9662	13814	16367
能耗						
单位GDP能耗(吨标准煤/万元)				1.36	1.28	1.24
单位GDP电耗(千瓦时/万元)				806.90	847.75	835.31
单位工业增加值能耗(吨标准煤/万元)				2.46	2.18	2.05
固定资产投资						
全社会固定资产投资相当于地区生产总值比例(%)	16.9	24.5	22.6	35.8	50.8	54.7
财政						
地方财政收入相当于地区生产总值比例(%)	6.1	3.1	3.8	2.9	3.8	3.6
地方财政支出相当于地区生产总值比例(%)	7.6	5.0	5.8	7.9	11.1	10.9
利用外资						
实际利用外资额相当于签订利用外资额比例(%)	92.9	34.3	91.9	51	46.5	49.9
产业经济						
农业						
每公顷播种面积农产量(千克)						
粮食	3377	3369	3813	4523	5046	5171

1—10 续表

	1990	1995	2000	2005	2007	2008
#小　麦	3818	2840	3461	4707	5132	5330
棉　花	823	865	819	829	888	925
油　料	1322	2229	2500	3001	3469	3500
工　业						
规模以上工业企业经济						
总资产贡献率(%)			9.4	18.1	26.1	26.2
成本费用利润率(%)			4.7	7.6	9.0	8.0
资产负债率(%)			67.6	61.4	55.9	57.2
产品销售率(%)			93.7	99.2	99.1	99.0
资金利税率(%)			8.4	19.0	28.0	53.6
全员劳动生产率(元/人年)			68194	77680	123743	161800
对外经济贸易						
进出口总额相当于地区生产总值比例(%)		1.8	1.7	2.4	3.2	3.7
金　融						
金融机构存款相当于地区生产总值比例(%)	34.9	30.6	60.3	59.4	57.2	56.3
金融机构贷款相当于地区生产总值比例(%)	54.7	40.8	58.8	41.9	41.1	33.7
教　育						
小学适龄人口入学率(%)	98.9	99.6	100.0	99.3	99.8	99.7
小学毕业生升学率(%)	60.7	90.4	96.2	97.4	99.1	99.7
小学在校生巩固率(%)	98.8	98.9	99.8	100.0	98.6	99.6
初中毕业生升学率(%)	31.1	48.8	35.3	50.5	57.1	54.2
初中在校生巩固率(%)	98.0	96.1	98.3	99.4	97.1	98.9
学校教师负担系数						
高等学校	6.0	8.0	11.0	25.8	22.2	17.7
普通高中	15.0	18.0	19.0	22.6	20.6	18.5
普通初中				17.4	15.5	14.8
小学学校	23.0	28.0	20.0	17.5	18.9	20.1
生　活						
城乡居民收入比例(农民人均纯收入为1)	2.6	2.47	2.35	2.71	2.67	2.71
恩格尔系数(%)						
城镇居民	51.2	49.0	39.5	34.3	33.8	34.3
农　民	54.5	62.6	47.7	45.9	40.0	39.7

1-11 主要社会经济指标人均水平

	1990	1995	2000	2005	2006	2007
人口密度(人/平方公里)	**372**	**387**	**396**	**404**	**409**	**412**
生产总值(元)	929	2999	4963	9662	13814	16367
第一产业	422	967	1468	2572	2790	3445
第二产业	275	1315	2270	4925	6601	8562
工业	250	1214	2046	4367	5924	7683
第三产业	232	718	1225	2329	3320	4360
人民生活(元)						
在岗职工平均工资	1649	4143	6164	11820	15996	17847
城镇居民人均可支配收入	1265	2773	4430	7831	10713	12395
城镇居民人均消费性支出	970	2245	3403	5283	7276	8362
农民人均纯收入	487	1124	1889	2894	4014	4570
农民人均生活消费支出	455	870	1179	2006	2837	3256
居民储蓄额	271	938	2193	4370	5343	5761
农林牧渔业						
人均耕地面积(亩)	1.38	1.28	1.25	1.31	1.30	1.30
主要农产品产量(千克)						
粮食	450.80	390.25	421.65	511.40	598.08	613.75
棉花	10.54	16.45	13.22	13.00	13.30	11.76
油料	20.09	40.20	59.50	99.30	107.43	109.87
猪牛羊肉	16.14	31.51	49.27	59.13	64.88	61.01
水产品	1.38	2.02	5.26	8.07	9.26	9.75
蔬菜	100.63	268.96	756.72	1097.71	1060.56	946.28
水果	3.20	9.49	23.10	41.71	50.34	61.04
工　业						
主要工业产品产量						
纱(千克)	2.59	5.11	9.03	26.23	55.27	75.72
布(米)	6.34	13.01	12.99	21.55	30.29	32.56
原油(千克)	257.9	187.8	176.74	174.43	166.24	180.24
发电量(千瓦小时)	16.58	9.88	440.47	538.67	611.02	1044.70
生铁(千克)	12.94	18.21	4.57	14.84	136.23	136.27
酒精(千克)	6.76	10.36	7.27	17.84	5.23	6.22
水泥(千克)	108.05	278.77	398.25	850.68	1125.8	1327.41
社会消费品零售总额(元)	**326**	**910**	**1749**	**3168**	**4258**	**5662**
财　政						
地方财政收入(元)	57	94	187	289	481	592
地方财政支出(元)	71	149	286	774	1404	1780
卫　生						
每千人口拥有医生数(人)	0.82	0.76	0.77	0.8	0.87	0.89
每千人口拥有医院、卫生院病床数(张)	1.52	1.48	1.54	1.53	1.79	1.88

注：1.本表价值量指标均按当年价格计算；
2.每千人拥有医生指的是执业医师和执业助理医师。

主要统计指标解释

可比价格 指计算各种总量指标所采用的扣除了价格变动因素的价格，可进行不同时期总量指标的对比。按可比价格计算总量指标有两种方法：一种是直接用产品产量乘某一年的不变价格计算；另一种是用价格指数进行缩减。

不变价格 指以同类产品某年的平均价格作为固定价格，用于计算各年的产品价值。按不变价格计算的产品价值消除了价格变动因素，不同时期对比可以反映生产的发展速度。新中国成立后，随着工农业产品价格水平的变化，国家统计局先后五次制定了全国统一的工业产品不变价格和农业产品不变价格。从1952年到1957年使用1952年工(农)业产品不变价格，从1957年到1970年使用1957年不变价格，从1971年到1980年使用1970年不变价格，从1981年到1990年使用1980年不变价格，从1991年开始使用1990年不变价格。

平均增长速度 我国计算平均增长速度有两种方法：一种是习惯上经常使用的"水平法"，又称几何平均法，是以间隔期最后一年的水平同基期水平对比来计算平均每年增长(或下降)速度；另一种是"累计法"，又称代数平均法或方程法，是以间隔期内各年水平的总和同基期水平对比来计算平均每年增长(或下降)速度。在一般正常情况下，两种方法计算的平均每年增长速度比较接近；但在经济发展不平衡、出现大起大落时，两种方法计算的结果差别较大。

本《年鉴》内所列的平均增长速度，从某年到某年平均增长速度的年份，均不包括基期年在内。如建国四十三年的平均增长速度是以1949年为基期计算的，则写为1950－1992年平均增长速度，其余类推。

企业(单位)登记注册类型 是以在工商行政管理机关登记注册的各类企业为划分对象，以工商行政管理部门对企业登记注册的类型为依据，将企业登记注册类型分为内资企业、港澳台商投资企业和外商投资企业三大类。内资企业包括国有企业、集体企业、股份合作企业、联营企业、有限责任公司、股份有限公司、私营公司和其他企业；港澳台商投资企业和外商投资企业分别包括合资经营企业、合作经营企业、独资经营企业和股份有限公司。对不在工商行政管理部门进行登记注册的行政机关、事业单位和社会团体，主要按其经费来源和管理方式进行划分。

国有企业 指企业全部资产归国家所有，并按《中华人民共和国企业法人登记管理条例》规定登记注册的非公司制的经济组织。不包括有限责任公司中的国有独资公司。

集体企业 指企业资产归集体所有，并按《中华人民共和国企业法人登记管理条例》规定登记注册的经济组织。

股份合作企业 指以合作制为基础，由企业职工共同出资入股，吸收一定比例的社会资产投资组建，实行自主经营，自负盈亏，共同劳动，民主管理，按劳分配与按股分红相结合的一种集体经济组织。

联营企业 指两个及两个以上相同或不同所有制性质的企业法人或事业单位法人，按自愿、平等、互利的原则，共同投资组成的经济组织。联营企业包括国有联营企业、集体联营企业、国有与集体联营企业和其他联营企业。

有限责任公司 指根据《中华人民共和国公司登记管理条例》规定登记注册，由两个以上、五十个以下的股东共同出资，每个股东以其所认缴的出资额对公司承担有限责任，公司以其全部资产对其债务承担责任的经济组织。有限责任公司包括国有独资公司以及其他有限责任公司。

股份有限公司 指根据《中华人民共和国公司登记管理条例》规定登记注册，其全部注册资本由等额股份构成并通过发行股票筹集资本，股东以其认购的股份对公司承担有限责任，公司以其全部资产对其债务承担责任的经济组织。

私营企业 指由自然人投资设立或由自然人控股，以雇佣劳动为基础的营利性经济组织。包括按照《公司法》、《合伙企业法》、《私营企业暂行条例》规定登记注册的私营有限责任公司、私营股份有限公司、私营合伙企业和私营独资企业。

其他内资企业 指上述企业之外的其他内资经济组织。

与港澳台商合资经营企业 指港澳台地区投资者与内地企业依照《中华人民共和国中外合资经营企业法》及有关法律的规定，按合同规定的比例投资设立、分享利润和分担风险的企业。

与港澳台商合作经营企业 指港澳台地区投资者与内地企业依照《中华人民共和国中外合作经营企业法》及有关法律的规定，依照合作合同的约定进行投资或提供条件设立、分配利润和分担风险的企业。

港澳台商独资经营企业 指依照《中华人民共和国外资企业法》及有关法律的规定，在内地由港澳台地区投资者全额投资设立的企业。

港澳台商投资股份有限公司 指根据国家有关规定，经外经贸部依法批准设立，其中港、澳、台商的股本占公司注册资本的比例达25%以上的股份有限公司。凡其中港、澳、台商的股本占公司注册资本的比例小于25%的，属于内资企业中的股份有限公司。

中外合资经营企业 指外国企业或外国人与中国内地企业依照《中华人民共和国中外合资经营企业法》及有关法律的规定，按合同规定的比例投资设立、分享利润和分担风险的企业。

中外合作经营企业 指外国企业或外国人与中国内地企业依照《中华人民共和国中外合作经营企业法》及有关法

律的规定，依照合作合同的约定进行投资或提供条件设立、分配利润和分担风险的企业。

外资企业 指依照《中华人民共和国外资企业法》及有关法律的规定，在中国内地由外国投资者全额投资设立的企业。

外商投资股份有限公司 指根据国家有关规定，经外经贸部依法批准设立，其中外资的股本占公司注册资本的比例达25%以上的股份有限公司。凡其中外资股本占公司注册资本的比例小于25%的，属于内资企业中的股份有限公司。

行政机关、事业单位和社会团体 参照企业登记注册类型，主要按其经费来源和管理方式划分。具体规定如下：

(1)行政机关：包括国家机关和政党机关，原则上均列为"国有"。但有特殊规定的，如供销社等，则列为"集体"。

(2)事业单位：包括经国家机构编制部门和有关业务主管部门批准成立的各类事业单位，不包括实行企业化管理的事业单位。事业单位的划分办法如下：

①由国家财政预算拨款或列入财政预算外资金管理以及经费主要来源于国有主管部门或国有上级单位的事业单位，列为"国有"。

②经费主要来源于集体单位的事业单位，列为"集体"。

③公民个人(或个人合伙)开办的事业单位，列为"私营"。

④上述以外的其他事业单位，如果其经费来源不明确，按管理方式进行归类。

(3)社会团体：包括经民政部门批准成立以及未纳入社会团体管理条例范围的工会、妇联等各类社会团体。社会团体的划分办法如下：

①未纳入民政部社会团体管理条例范围的工会、妇联、共青团、青联、工商联、科协、侨联等社会团体，国家拨款设立的基金会或基金管理组织以及经费主要来源于国有业务主管部门或国有上级单位的社会团体，列为"国有"。

②经费主要来源于集体单位的社会团体，列为"集体"。

③公民个人(或个人合伙)开办的社会团体，划为"私营"。

④上述以外的其他社会团体，如果其经费来源不明确，改按管理方式进行归类。

2

国民经济核算

资料整理：刘春雨

2-1 历年生产总值

	生产总值(万元)	第一产业	第二产业			第三产业	人均生产总值(元)
				工业	建筑业		
1952	33994	30577	2209			1208	63
1957	45688	37833	4041			3814	79
1962	38187	28437	4923			4827	67
1965	58138	42569	8628			6941	97
1970	77753	46437	20598			10718	116
1975	142548	80317	44809			17422	186
1978	184289	103700	58972	49314	9658	21617	226
1979	204440	110806	68078	57276	10802	25556	246
1980	234069	118417	79220	66650	12570	36432	277
1981	282312	153383	80952	67721	13231	47977	329
1982	283256	134913	82361	68449	13912	65982	324
1983	368773	206261	87947	74296	13651	74565	415
1984	399616	209104	98139	86911	11228	92373	444
1985	478988	234957	124705	112215	12490	119326	526
1986	526823	234663	148242	133313	14929	143918	573
1987	655471	299022	188242	169697	18545	168207	703
1988	714851	296305	227985	200541	27444	190561	756
1989	800143	338892	251374	226083	25291	209877	832
1990	907887	411982	268769	244075	24694	227136	929
1991	994993	415213	318870	288801	30069	260910	1004
1992	1195538	426141	443529	389724	53805	325868	1194
1993	1605313	501057	681923	610019	71904	422333	1590
1994	2230428	715246	952263	870527	81736	562919	2193
1995	3066008	988260	1344172	1241625	102547	733576	2999
1996	3714704	1198001	1618827	1488159	130668	897876	3651
1997	4390280	1392324	1957140	1779789	177351	1040816	4241
1998	4658731	1524433	2031461	1828110	203351	1102837	4480
1999	4849380	1550227	2105461	1922313	183148	1193692	4647
2000	5196645	1537025	2376582	2142323	234259	1283038	4963
2001	5741903	1696195	2617381	2334648	282733	1428327	5458
2002	6204033	1827172	2798215	2485027	313188	1578646	5866
2003	7156213	1955116	3421765	3036810	384955	1779332	6734
2004	8678834	2422649	4130981	3611661	519320	2125204	8132
2005	10359010	2582332	5279889	4681762	598127	2496789	9662
2006	11825762	2752929	6123277	5465536	657741	2949556	10977
2007	13763321	3020447	7147831	6414020	733811	3595043	13814
2008	16364301	3444770	8560076	7682137	877939	4359455	16367

注:本表按当年价格计算。

2-2 历年生产总值指数

（以1952年为100）

	生产总值	第一产业	第二产业	工业	建筑业	第三产业	人均生产总值
1952	100.0	100.0	100.0			100.0	100.0
1957	128.9	118.7	175.5			303.1	120.1
1962	107.3	88.8	212.8			381.6	101.4
1965	160.7	130.8	367.0			539.8	144.5
1970	216.8	142.8	960.3			730.5	171.9
1975	335.1	220.8	1507.7			1091.2	234.5
1978	451.7	297.2	2068.9	100.0	100.0	1411.7	298.3
1979	468.6	297.0	2253.7	110.3	101.8	1521.8	303.6
1980	522.7	339.4	2285.0	111.3	106.0	1938.2	333.0
1981	549.5	348.9	2429.1	117.7	115.6	2156.8	344.5
1982	542.4	324.6	2388.8	116.3	111.2	2554.0	334.0
1983	704.9	466.8	2435.7	119.5	109.1	3519.5	426.5
1984	775.6	489.6	2746.9	139.9	97.3	4258.4	463.0
1985	860.8	494.9	3350.3	173.5	104.7	5219.2	508.3
1986	924.3	461.2	3928.6	205.9	110.1	6495.4	539.9
1987	1062.3	536.0	4942.9	261.5	126.8	6618.0	612.6
1988	1033.1	431.6	5420.4	279.8	174.3	7254.8	587.1
1989	1089.6	486.6	5745.3	303.3	150.0	6956.1	609.2
1990	1149.7	541.4	5602.1	298.2	135.0	7537.9	632.3
1991	1218.7	533.1	6410.5	339.9	160.8	8205.7	661.1
1992	1403.3	533.4	8277.6	428.0	261.0	9930.8	753.5
1993	1710.0	597.5	11004.3	578.6	299.9	11848.7	910.3
1994	2026.0	642.3	14296.6	768.4	308.9	13527.6	1070.6
1995	2398.6	751.9	17457.1	947.4	333.0	15321.9	1260.5
1996	2739.6	849.0	20151.0	1093.5	385.1	17379.5	1432.4
1997	3118.0	944.1	23559.9	1269.2	495.2	19270.8	1618.7
1998	3407.3	1044.2	25781.9	1381.3	578.6	20689.4	1761.1
1999	3683.4	1104.7	28052.6	1522.7	533.9	22647.2	1897.2
2000	3940.1	1156.6	30386.4	1634.3	651.3	24204.2	2022.5
2001	4329.6	1251.5	33652.7	1787.2	804.4	26705.1	2212.0
2002	4748.6	1350.4	37200.8	1964.4	930.1	29416.3	2413.1
2003	5278.7	1389.5	43290.7	2274.9	1122.2	32723.3	2669.8
2004	6103.3	1570.2	50967.4	2660.8	1384.1	37430.4	3073.6
2005	6927.2	1680.1	59529.9	3118.5	1573.7	42708.1	3473.2
2006	7869.3	1814.5	68935.6	3639.3	1704.3	49285.1	3928.2
2007	8900.2	1888.9	79344.9	4232.5	1789.5	57811.4	4419.2
2008	9977.1	1996.6	90135.8	4837.8	1909.4	66194.1	4936.3

注：本表按可比价格计算。第二、三产业其中项以1978年为100。

2-3 历年生产总值指数

(以上年为100)

	生产总值	第一产业	第二产业			第三产业	人均生产总值
				工业	建筑业		
1952	103.2	101.7	112.6			129.2	102.6
1957	93.4	89.3	120.9			119.7	92.3
1962	108.5	116.0	82.4			102.4	106.8
1965	122.9	123.3	139.0			105.5	121.2
1970	106.8	100.6	123.4			104.8	102.3
1975	107.1	108.6	103.4			110.7	105.0
1978	123.4	131.2	112.9			119.4	121.0
1979	103.7	99.9	108.9	110.3	101.8	107.8	101.8
1980	111.6	114.3	101.4	100.9	104.1	127.4	109.7
1981	105.1	102.8	106.3	105.8	109.1	111.3	103.5
1982	98.7	93.0	98.3	98.8	96.2	118.4	96.9
1983	130.0	143.8	102.0	102.7	98.1	137.8	127.7
1984	110.0	104.9	112.8	117.1	89.2	121.0	108.5
1985	111.0	101.1	122.0	124.0	107.6	122.6	109.8
1986	107.4	93.2	117.3	118.7	105.2	124.5	106.2
1987	114.9	116.2	125.8	127.0	115.1	101.9	113.5
1988	97.3	80.5	109.7	107.0	137.5	109.6	95.8
1989	105.5	112.7	106.0	108.4	86.6	95.9	103.8
1990	105.5	111.3	97.5	98.3	89.4	108.4	103.8
1991	106.0	98.5	114.4	114.0	119.1	108.9	104.6
1992	115.1	100.1	129.1	125.9	162.3	121.0	114.0
1993	121.9	112.0	132.9	135.2	114.9	119.3	120.8
1994	118.5	107.5	129.9	132.8	103.0	114.2	117.6
1995	118.4	117.1	122.1	123.3	107.8	113.3	117.7
1996	114.2	112.9	115.4	115.4	115.7	113.4	113.6
1997	113.8	111.2	116.9	116.1	128.6	110.9	113.0
1998	109.3	110.6	109.4	108.8	116.9	107.4	108.8
1999	108.1	105.8	108.8	110.2	92.3	109.5	107.7
2000	107.0	104.7	108.3	107.3	122.0	106.9	106.6
2001	109.9	108.2	110.8	109.4	123.5	110.3	109.4
2002	109.7	107.9	110.5	109.9	115.6	110.2	109.1
2003	111.2	102.9	116.4	115.8	120.7	111.2	110.6
2004	115.6	113.0	117.7	117.0	123.3	114.4	115.1
2005	113.5	107.0	116.8	117.2	113.7	114.1	113.0
2006	113.6	108.0	115.8	116.7	108.3	115.4	113.1
2007	113.1	104.1	115.1	116.3	105.0	117.3	112.5
2008	112.1	105.7	113.6	114.3	106.7	114.5	111.7

注:本表按可比价格计算。

2-4 历年生产总值分产业构成

	生产总值	第一产业	第二产业			第三产业
				工业	建筑业	
1952	100.0	90.0	6.5			3.5
1957	100.0	82.8	8.8			8.4
1962	100.0	74.5	12.9			12.6
1965	100.0	73.2	14.8			12.0
1970	100.0	59.7	26.5			13.8
1975	100.0	56.4	31.4			12.2
1978	100.0	56.3	32.0	26.8	5.2	11.7
1979	100.0	54.2	33.3	28.0	5.3	12.5
1980	100.0	50.6	33.9	28.5	5.4	15.6
1981	100.0	54.3	28.7	24.0	4.7	17.0
1982	100.0	47.6	29.1	24.2	4.9	23.3
1983	100.0	55.9	23.9	20.2	3.7	20.2
1984	100.0	52.3	24.6	21.8	2.8	23.1
1985	100.0	49.1	26.0	23.4	2.6	24.9
1986	100.0	44.5	28.1	25.3	2.8	27.3
1987	100.0	45.6	28.7	25.9	2.8	25.7
1988	100.0	41.5	31.9	28.1	3.8	26.7
1989	100.0	42.4	31.4	28.3	3.2	26.2
1990	100.0	45.4	29.6	26.9	2.7	25.0
1991	100.0	41.7	32.1	29.0	3.0	26.2
1992	100.0	35.6	37.1	32.6	4.5	27.3
1993	100.0	31.2	42.5	38.0	4.5	26.3
1994	100.0	32.1	42.7	39.0	3.7	25.2
1995	100.0	32.2	43.8	40.5	3.4	23.9
1996	100.0	32.3	43.6	40.1	3.5	24.2
1997	100.0	31.7	44.6	40.5	4.0	23.7
1998	100.0	32.7	43.6	39.2	4.4	23.7
1999	100.0	32.0	43.4	39.6	3.8	24.6
2000	100.0	29.6	45.7	41.2	4.5	24.7
2001	100.0	29.5	45.6	40.7	4.9	24.9
2002	100.0	29.5	45.1	40.1	5.1	25.5
2003	100.0	27.3	47.8	42.4	5.4	24.9
2004	100.0	27.9	47.6	41.6	6.0	24.5
2005	100.0	24.9	51.0	45.2	5.8	24.1
2006	100.0	23.3	51.8	46.2	5.6	24.9
2007	100.0	21.9	51.9	46.6	5.3	26.2
2008	100.0	21.1	52.3	46.9	5.4	26.6

注:本表按当年价格计算。

2—5 第三产业增加值构成及指数

	2000	2005	2006	2007	2008
第三产业增加值(亿元)	**128.30**	**249.68**	**294.96**	**359.50**	**435.95**
交通运输、仓储和邮政业	18.71	44.59	52.89	62.64	78.90
信息传输、计算机服务和软件业	4.13	10.35	15.02	19.53	21.23
批发和零售业	33.87	50.59	56.66	63.00	74.79
住宿和餐饮业	9.15	31.51	36.00	46.32	59.22
金融业	3.38	7.92	9.32	12.86	13.53
房地产业	14.01	24.33	26.40	30.49	35.60
租赁和商务服务业	1.23	4.17	5.54	6.76	7.48
科学研究、技术服务和地质勘查业	0.73	2.12	2.53	3.09	3.61
水利、环境和公共设施管理业	1.70	3.31	3.98	5.17	6.63
居民服务和其他服务业	9.83	12.88	16.98	20.12	24.58
教育	11.38	20.01	24.35	30.90	37.80
卫生、社会保障和社会福利业	5.40	13.28	15.84	20.44	27.42
文化、体育和娱乐业	0.57	1.60	2.16	2.68	2.88
公共管理和社会组织	14.21	23.04	27.29	35.52	42.31
构　　成(%)					
第三产业	**100.0**	**100.0**	**100.0**	**100.0**	**100.0**
交通运输、仓储和邮政业	14.6	17.9	17.8	17.4	18.1
信息传输、计算机服务和软件业	3.2	4.1	5.0	5.4	4.9
批发和零售业	26.4	20.3	19.1	17.5	17.2
住宿和餐饮业	7.1	12.6	12.2	12.9	13.6
金融业	2.6	3.2	3.2	3.6	3.1
房地产业	10.9	9.7	9.0	8.5	8.2
租赁和商务服务业	1.0	1.7	1.9	1.9	1.7
科学研究、技术服务和地质勘查业	0.6	0.8	0.9	0.9	0.8
水利、环境和公共设施管理业	1.3	1.3	1.3	1.4	1.5
居民服务和其他服务业	7.7	5.2	5.8	5.6	5.6
教育	8.9	8.0	8.4	8.6	8.7
卫生、社会保障和社会福利业	4.2	5.3	5.4	5.7	6.3
文化、体育和娱乐业	0.4	0.6	0.7	0.7	0.7
公共管理和社会组织	11.1	9.2	9.3	9.9	9.7
指　　数(上年=100)					
第三产业		**114.1**	**115.4**	**117.3**	**114.5**
交通运输、仓储和邮政业		115.6	110.5	116.5	116.7
信息传输、计算机服务和软件业		139.7	143.8	124.7	108.7
批发和零售业		114.2	111.0	106.5	110.4
住宿和餐饮业		118.0	113.3	120.2	114.3
金融业		113.9	108.4	131.4	97.4
房地产业		106.3	106.7	108.9	105.4
租赁和商务服务业		123.0	130.3	118.3	108.4
科学研究、技术服务和地质勘查业		105.8	116.9	118.6	114.3
水利、环境和公共设施管理业		109.8	118.9	124.8	125.4
居民服务和其他服务业		116.9	129.3	114.9	119.7
教育		111.6	120.8	126.0	121.2
卫生、社会保障和社会福利业		116.9	119.0	126.1	129.5
文化、体育和娱乐业		116.8	134.8	123.4	106.2
公共管理和社会组织		112.8	116.9	123.5	111.3

2-6 各县（市、区）生产总值

（2008 年）

	生产总值（万元）	第一产业	第二产业	工业	建筑业	第三产业	交通运输仓储和邮政业	批发和零售业	人均生产总值（元）
总计	**16364301**	**3444770**	**8560076**	**7682137**	**877939**	**4359455**	**788971**	**747897**	**16367**
宛城区	1731046	225266	973914	815771	158143	531867	74839	118094	20550
卧龙区	1715491	154942	769039	665932	103107	791510	101351	108855	19100
南召县	708398	125000	423979	386592	37387	159419	30664	22617	11961
方城县	902539	262903	401617	346747	54870	238020	49328	26849	9764
西峡县	1099410	173596	712094	645124	66970	213720	39616	37768	26234
镇平县	1612138	216021	947337	864722	82615	448780	116091	114340	17630
内乡县	893848	241265	430107	367757	62350	222476	54379	31536	14710
淅川县	1034471	247516	571202	505100	66102	215753	29490	40755	15703
社旗县	716122	235324	291745	261852	29893	189053	22347	27429	11767
唐河县	1575628	496775	759400	675935	83465	319454	54757	53711	13991
新野县	1424496	323381	787150	749631	37519	313965	65143	33056	21056
桐柏县	875739	144171	594009	560502	33507	137558	14782	18700	21346
邓州市	2077308	598610	898309	836298	62011	580389	130252	114179	15740

注：本表按当年价格计算。

2-7 各县（市、区）生产总值指数

（2008 年，以上年为 100）

	生产总值	第一产业	第二产业	工业	建筑业	第三产业	交通运输仓储和邮政业	批发和零售业	人均生产总值
总计	**112.1**	**105.7**	**113.6**	**114.3**	**106.7**	**114.5**	**116.7**	**110.4**	**111.7**
宛城区	114.8	105.6	117.4	119.0	107.1	113.6	118.8	114.5	113.6
卧龙区	113.2	105.7	115.0	116.3	106.9	113.0	109.3	111.1	112.2
南召县	108.1	105.0	108.4	108.5	106.6	109.6	105.7	110.5	107.7
方城县	111.3	105.3	112.6	113.8	105.8	116.2	117.0	108.1	111.0
西峡县	114.9	105.2	116.9	118.0	107.4	117.6	115.1	111.3	114.5
镇平县	107.3	105.0	105.8	105.8	105.5	112.8	119.2	106.6	106.8
内乡县	110.2	106.2	109.7	110.3	106.2	115.6	118.6	109.8	109.8
淅川县	113.2	106.0	114.3	115.2	107.3	117.4	119.5	109.4	112.8
社旗县	110.7	106.1	111.6	112.4	106.9	114.8	117.4	108.7	110.3
唐河县	111.3	105.9	113.8	114.7	106.7	115.5	118.6	110.3	111.3
新野县	112.9	105.8	115.4	115.8	106.2	113.4	119.2	108.4	112.8
桐柏县	113.8	105.7	115.7	116.2	107.2	113.7	111.1	108.8	113.4
邓州市	112.0	105.9	113.8	114.3	107.3	116.9	115.7	111.3	112.1

注：本表按可比价格计算。

2-8 各县(市、区)生产总值构成

(2008年) 单位:%

	生产总值	第一产业	第二产业	工业	建筑业	第三产业	交通运输仓储和邮政业	批发和零售业
总计	**100.0**	**21.1**	**52.3**	**46.9**	**5.4**	**26.6**	**4.8**	**4.6**
宛城区	100.0	13.0	56.3	47.1	9.1	30.7	4.3	6.8
卧龙区	100.0	9.0	44.8	38.8	6.0	46.1	5.9	6.3
南召县	100.0	17.6	59.9	54.6	5.3	22.5	4.3	3.2
方城县	100.0	29.1	44.5	38.4	6.1	26.4	5.5	3.0
西峡县	100.0	15.8	64.8	58.7	6.1	19.4	3.6	3.4
镇平县	100.0	13.4	58.8	53.6	5.1	27.8	7.2	7.1
内乡县	100.0	27.0	48.1	41.1	7.0	24.9	6.1	3.5
淅川县	100.0	23.9	55.2	48.8	6.4	20.9	2.9	3.9
社旗县	100.0	32.9	40.7	36.6	4.2	26.4	3.1	3.8
唐河县	100.0	31.5	48.2	42.9	5.3	20.3	3.5	3.4
新野县	100.0	22.7	55.3	52.6	2.6	22.0	4.6	2.3
桐柏县	100.0	16.5	67.8	64.0	3.8	15.7	1.7	2.1
邓州市	100.0	28.8	43.2	40.3	3.0	27.9	6.3	5.5

注:本表按当年价格计算。

2-9 非公有制经济增加值

	增加值(亿元)				占GDP比重(%)			
	2005	2006	2007	2008	2005	2006	2007	2008
总计	**558.59**	**652.35**	**767.50**	**924.42**	**53.0**	**55.2**	**55.8**	**56.5**
第一产业	98.88	80.54	89.10	100.93	35.9	29.3	29.5	29.3
第二产业	339.01	428.39	507.32	611.71	64.2	70.0	71.0	71.5
工业	318.50	405.83	482.15	581.42	68.0	74.3	75.2	75.7
建筑业	20.52	22.56	25.17	30.29	34.3	34.3	34.3	34.5
第三产业	120.70	143.42	171.07	211.77	48.3	48.6	47.6	48.6
交通运输、仓储和邮电业	17.14	21.95	26.00	33.70	38.4	41.5	41.5	42.8
批发和零售业	39.74	45.33	50.65	60.80	78.6	80.0	80.4	81.3
住宿和餐饮业	25.01	28.97	37.29	48.26	79.4	80.5	80.5	81.5
房地产业	23.11	24.87	28.87	34.00	95.0	94.2	94.7	95.8
其他服务业	15.70	22.30	28.26	35.01	17.3	19.6	19.6	20.1

2-10 各县(市、区)非公有制经济增加值

	绝对量(万元)				占GDP比重(%)			
	2005	2006	2007	2008	2005	2006	2007	2008
全市	**5585915**	**6523470**	**7674984**	**9244163**	**53.0**	**55.2**	**55.8**	**56.5**
宛城区	258591	297081	350301	426689	50.2	53.5	53.8	55.4
卧龙区	327162	337944	400872	497848	59.1	59.1	61.0	63.2
南召县	256722	309712	374865	362802	53.2	57.8	62.2	62.2
方城县	326073	345940	413074	531298	55.4	56.6	58.7	61.0
西峡县	344580	474594	614516	819444	65.0	72.3	73.8	76.9
镇平县	755170	861976	943845	1083685	60.0	64.6	62.9	68.3
内乡县	295436	353836	442203	559787	51.9	56.7	60.0	63.4
淅川县	378331	421684	495902	668046	61.2	60.9	58.5	65.1
社旗县	201714	244270	318346	463254	52.6	55.9	58.9	64.8
唐河县	532320	680191	832595	973589	56.7	61.2	66.0	67.2
新野县	478922	584395	722927	957668	54.9	59.3	62.9	68.9
桐柏县	222930	269618	316891	385822	54.6	58.6	58.0	60.6
邓州县	756468	904361	1076552	1397460	59.9	62.8	65.1	68.2

2-11 生产总值分产业构成项目

(2008年)

单位:万元

	增加值	劳动者报酬	生产税净额	补贴	固定资产折旧	营业盈余
地区生产总值	**16364301**	**7189801**	**1924070**	**47656**	**1661204**	**5589226**
第一产业	3444770	2999383	3831	17263	122030	319526
第二产业	8560076	2752753	1540814	30393	818169	3448340
工业	7682137	2280151	1451425	30393	761318	3189243
建筑业	877939	472602	89389		56851	259097
第三产业	4359455	1437665	379425		721005	1821360
交通运输、仓储和邮政业	788971	141160	76370		49297	522144
信息传输、计算机服务和软件业	212311	27149	13061		96442	75659
批发和零售业	747895	127660	155233		65763	399239
住宿和餐饮业	592150	64421	43126		26636	457967
金融业	135274	73750	31446		11458	18620
房地产业	355999	12661	10763		316897	15678
租赁和商务服务业	74759	24594	3867		6892	39406
科学研究、技术服务和地质勘查业	36052	30715	3102		2899	-664
水利、环境和公共设施管理业	66257	29950	3574		11635	21098
居民服务和其他服务业	245818	43881	21453		8601	171883
教育	377978	325239	1973		45764	5002
卫生、社会保障和社会福利业	274176	151366	11900		24887	86023
文化、体育和娱乐业	28754	13887	1640		3922	9305
公共管理和社会组织	423061	371232	1917		49912	

注:本表按当年价格计算。

2-12 按支出法计算的生产总值

单位:万元

	按当年价格计算		按可比价格计算		
	2007	2008	2007	2008	2008年为上年%
地区生产总值	**13763321**	**16364301**	**13302299**	**14910170**	**112.1**
一、最终消费支出	**6887143**	**7341694**	**6458151**	**6858223**	**106.2**
(一)居民消费支出	5164513	5429513	4844752	5071994	104.7
农村居民	1990737	2076343	1862003	1906096	102.4
城镇居民	3173776	3353170	2982749	3165898	106.1
(二)政府消费支出	1722630	1912181	1613399	1786229	110.7
二、资本形成总额	**12937425**	**15762273**	**12062854**	**14358565**	**119.0**
(一)固定资本形成总额	6996308	8791428	6580782	8056915	122.4
(二)存货增加	5941117	6970845	5482072	6301650	115.0
三、货物和服务净流出	**-6061247**	**-6739666**	**-5218706**	**-6306618**	**120.8**
(一)流出					
(二)流入	6061247	6739666	5218706	6306618	120.8

2-13 居民消费水平

	计量单位	2007	2008	2008年为上年%
一、当年价格居民消费水平	**元/人**	**4770**	**5196**	**108.9**
农村居民	元/人	2643	3081	116.6
城镇居民	元/人	9632	9038	93.8
二、可比价格居民消费水平	**元/人**	**4474**	**4854**	**108.5**
农村居民	元/人	2472	2828	114.4
城镇居民	元/人	9052	8533	94.3
三、居民年平均人口	**万人**	**1083**	**1045**	**96.5**
农村居民	万人	753	674	89.5
城镇居民	万人	330	371	112.4

主要统计指标解释

地区生产总值(GDP) 指一个国家(或地区)所有常住单位在一定时期内生产活动的最终成果。地区生产总值有三种表现形态,即价值形态、收入形态和产品形态。从价值形态看,它是所有常住单位在一定时期内生产的全部货物和服务价值超过同期中间投入的全部非固定资产货物和服务价值的差额,即所有常住单位的增加值之和;从收入形态看,它是所有常住单位在一定时期内创造并分配给常住单位和非常住单位的初次收入分配之和;从产品形态看,它是所有常住单位在一定时期内最终使用的货物和服务价值与货物和服务净出口价值之和。在实际核算中,地区生产总值有三种计算方法,即生产法、收入法和支出法。三种方法分别从不同的方面反映地区生产总值及其构成。

三次产业 是根据社会生产活动历史发展的顺序对产业结构的划分,产品直接取自自然界的部门称为第一产业,对初级产品进行再加工的部门称为第二产业,为生产和消费提供各种服务的部门称为第三产业。它是世界上较为通用的产业结构分类,但各国的划分不尽一致。我国的三次产业划分是:

第一产业:农业(包括种植业、林业、牧业、渔业和农林牧渔服务业)。

第二产业:工业(包括采掘业,制造业,电力、煤气及水的生产和供应业)和建筑业。

第三产业:除第一、第二产业以外的其他各业。由于第三产业包括的行业多、范围广,根据我国的实际情况,第三产业可分为两大部分;一是流通部门,二是服务部门。具体又可分为四个层次:

第一层次:流通部门,包括交通运输、仓储及邮电通信业,批发和零售贸易、餐饮业。

第二层次:为生产和生活服务的部门,包括金融、保险业,地质勘查业、水利管理业,房地产业,社会服务业,交通运输辅助业,综合技术服务业等。

第三层次:为提高科学文化水平和居民素质服务的部门,包括教育、文化艺术及广播电影电视业,卫生、体育和社会福利业,科学研究业等。

第四层次:为社会公共需要服务的部门,包括国家机关、政党机关和社会团体以及军队、警察等。

支出法地区生产总值 指一个国家(或地区)所有常住单位在一定时期内用于最终消费、资本形成总额,以及货物和服务的净出口总额,它反映本期生产的地区生产总值的使用及构成。

最终消费 指常住单位在一定时期内对于货物和服务的全部最终消费支出,也就是常住单位为满足物质、文化和精神生活的需要,从本国经济领土和国外购买的货物和服务的支出;不包括非常住单位在本国经济领土内的消费支出。最终消费分为居民消费和政府消费。

居民消费 指常住住户对货物和服务的全部最终消费支出。居民消费按市场价格计算,即按居民支付的购买者价格计算。购买者价格是购买者取得货物所支付的价格,包括购买者支付的运输和商业费用。居民消费除了直接以货币形式购买货物和服务的消费之外,还包括以其他方式获得的货物和服务的消费支出,即所谓的虚拟消费支出。居民虚拟消费支出包括以下几种类型:单位以实物报酬及实物转移的形式提供给劳动者的货物和服务;住户生产并由本住户消费了的货物和服务,其中的服务仅指住户的自有住房服务;金融机构提供的金融媒介服务;保险公司提供的保险服务。

政府消费 指政府部门为全社会提供公共服务的消费支出和免费或以较低价格向住户提供的货物和服务的净支出。前者等于政府服务的产出价值减去政府单位所获得的经营收入的价值,政府服务的产出价值等于它的经常性业务支出加上固定资产折旧;后者等于政府部门免费或以较低价格向住户提供的货物和服务的市场价值减去向住户收取的价值。

资本形成总额 指常住单位在一定时期内获得的减去处置的固定资产加存货的变动,包括固定资本形成总额和存货增加。

固定资本形成总额 指常住单位购置、转入和自产自用的固定资产,扣除固定资产的销售和转出后的价值,分有形固定资产形成总额和无形固定资产形成总额。有形固定资产形成总额包括一定时期内完成的建筑工程、安装工程和设备工器具购置(减处置)价值,以及土地改良、新增役、种、奶、毛、娱乐用牲畜和新增经济林木价值。无形固定资产形成总额包括矿藏的勘探、计算机软件、娱乐和文学艺术品原件等获得减处置。

存货增加 指常住单位存货实物量变动的市场价值,即期末价值减期初价值的差额。存货增加可以是正值,也可以是负值;正值表示存货上升,负值表示存货下降。它包括生产单位购进的原材料、燃料和储备物资等存货,以及生产单位生产的产成品、在制品等存货等。

货物和服务净出口 指货物和服务出口减货物和服务进口的差额。出口包括常住单位向非常住单位出售或无偿转让的各种货物和服务的价值;进口包括常住单位从非常住单位购买或无偿得到的各种货物和服务的价值。由于服务活动的提供与使用同时发生,因此服务的进出口业务并不发生出入境现象,一般把常住单位从国外得到的服务作为进口,非常住单位从本国得到的服务作为出口。货物的出口和进口都按离岸价格计算。

劳动者报酬 指劳动者因从事生产活动所获得的全部

报酬。包括劳动者获得的各种形式的工资、奖金和津贴，既包括货币形式的，也包括实物形式的；还包括劳动者所享受的公费医疗和医药卫生费、上下班交通补贴和单位支付的社会保险费等。对于个体经济来说，其所有者所获得的劳动报酬和经营利润不易区分，这两部分统一作为劳动者报酬处理。

生产税净额 指生产税减生产补贴后的余额。生产税指政府对生产单位生产、销售和从事经营活动以及因从事生产活动使用某些生产要素（如固定资产、土地、劳动力）所征收的各种税、附加费和规费。生产补贴与生产税相反，指政府对生产单位的单方面收入转移，因此视为负生产税，包括政策亏损补贴、粮食系统价格补贴、外贸企业出口退税收入等。

固定资产折旧 指一定时期内为弥补固定资产损耗按照核定的固定资产折旧率提取的固定资产折旧，或按国民经济核算统一规定的折旧率虚拟计算的固定资产折旧。它反映了固定资产在当期生产中的转移价值。各类企业和企业化管理的事业单位的固定资产折旧是指实际计提并计入成本费中的折旧费；不计提折旧的政府机关、非企业化管理的事业单位和居民住房的固定资产折旧是按照统一规定的折旧率和固定资产原值计算的虚拟折旧。原则上，固定资产折旧应按固定资产的重置价值计算，但是目前我国尚不具备对全社会固定资产进行重估价的基础，所以暂时只能采用上述办法。

营业盈余 指常住单位创造的增加值扣除劳动者报酬、生产税净额和固定资产折旧后的余额。它相当于企业的营业利润加上生产补贴，但要扣除从利润中开支的工资和福利等。

机构单位 指能以自己的名义拥有资产、发生负债、从事经济活动并与其他实体进行交易的经济实体。根据机构单位在生产、消费、融资活动中所起的不同作用，资金流量核算将常住单位区分为如下四类机构单位：非金融企业、金融机构、政府单位、住户和国外。

机构部门 将相同性质的机构单位归并在一起，就形成机构部门。资金流量核算中区分了如下几类机构部门：非金融企业部门、金融机构部门、政府部门、住户部门。

非金融企业与非金融企业部门 非金融企业指主要从事市场货物生产和提供非金融市场服务的常住企业，它主要包括各类法人企业。所有非金融企业归并在一起，就形成非金融企业部门。

金融机构与金融机构部门 金融机构指主要从事金融中介以及与金融中介密切相关的辅助金融活动的常住单位，它主要包括中央银行、商业银行和政策性银行、非银行信贷机构和保险公司。所有金融机构归并在一起，就形成金融机构部门。

政府单位与政府部门 政府单位指在我国境内通过政治程序建立的、在一特定区域内对其他机构单位拥有立法、司法和行政权的法律实体及其附属单位。政府单位的主要职能是利用征税和其他方式获得的资金向社会和公众提供公共服务。通过转移支付，对社会收入和财产进行再分配。它主要包括各种行政单位和事业单位。所有政府单位归并在一起，就形成政府部门。

住户与住户部门 住户指共享同一生活设施、部分或全部收入和财产集中使用、共同消费住房、食品和其他消费品与消费服务的常住个人或个人群体。所有住户归并在一起，就形成住户部门。

非常住单位与国外部门 所有不具有常住性的机构单位都是非常住单位。将所有与我国常住单位发生交易的非常住单位归并在一起，就形成国外部门。

初次分配总收入 初次分配指以劳动者报酬、固定资产折旧、生产税及财产收入等形式对增加值进行的分配。初次分配形成的收入余额为初次分配总收入。

经常转移 指部门间以实物和资金方式实现的单方面转让。包括社会保险付款、社会补助、侨汇、无偿捐赠、赔偿等。

可支配总收入 指各机构部门在初次分配总收入基础上通过经常转移后所获得的收入。这部分收入用于最终消费和储蓄。

总储蓄 指可支配总收入扣除最终消费后的余额。

资本转移 指一个部门无偿地向另一个部门支付用于资本形成的资金，是一种不从对方获取任何对应物作为回报的交易。资本转移具有不同于经常转移的两个特征，一是转移的目的是用于投资，而不是用于消费；二是资产所有权的转移，而不仅仅是使用权的转移。资本转移包括投资性补助和其他资产转移，根据我国目前的实际情况，投资性补助是指财政投资性拨款，即财政拨款中用于基本建设、更新改造和其他固定资产投资的部分。

净金融投资 从实物交易角度看，它是指总储蓄加资本转移收入减资本转移支出减资本形成总额后的余额。从金融交易角度看，它是金融资产的增加额减金融负债的增加额之后的余额。

通货 指以现金形式存在于市场流通领域中的货币，包括辅币和纸币。

存款 指以各种形式存在的所有存款，包括活期存款、定期存款、住户储蓄存款、财政存款、外汇存款和其他存款。

贷款 指金融机构向非金融部门提供的各种形式的所有贷款，包括短期贷款、中长期贷款、财政贷款、外汇贷款和其他贷款。

证券 包括债券和股票。

保险准备金 指对人寿保险准备金和养恤基金的净权益、保险费预付款和未结索赔准备金。

结算资金 指银行的汇兑在途资金。

金融机构往来 指各机构之间的资金往来，包括同业存放款和同业拆借款。

准备金 指各金融机构在中央银行的存款及缴存中央银行的法定准备金。

中央银行贷款 指中央银行向各金融机构的贷款。

经常项目 包括货物、服务、收益及经常性转移。

货物 指通过我国海关进出口的货物，以海关进出口统计资料为基础，并根据国际收支统计口径的要求，出口、进口都以商品所有权变化为原则进行调整。出口和进口金额均按离岸价格统计。

服务 包括运输、旅游、通讯、建筑、保险、国际金融服务、计算机和信息服务、专有权力使用费和特许费、各种商业服务、个人文化娱乐服务以及政府服务。

收益 包括职工报酬和投资收益。投资收益包括直接投资、证券投资和其它投资的收益和支出以及直接投资收益的再投资。

资本项目 包括移民转移、债务减免等资本性转移。

金融项目 包括直接投资、证券投资和其它投资。

直接投资 指外国、港澳台地区在我国和我国在外国、港澳台地区以独资、合资、合作及合作勘探开发方式进行的投资。

证券投资 指外国、港澳台地区购买(或我国买回)我国(包括地方政府和企业)发行的股票、债券等有价证券和我国(政府、企业、私人)买卖外国、港澳台地区发行的股票、债券等有价证券。

其它投资 包括外国提供给我国和我国提供给外国的贸易信贷、贷款、货币和存款以及其它资产。

储备资产增减额 指我国在黄金储备、外汇储备、在国际货币基金组织的储备头寸、特别提款权、使用基金信贷等方面本年末与上年末余额之间的差额。储备资产增加用负号表示。

3

人　口

资料整理:李永祥

3-1 历年总户数、总人口

（年底数）

	总户数	总人口数	按性别分		按城乡分		城市化率	人口密度
	（万户）	（万人）	男	女	市镇	乡村	（%）	（人/平方公里）
1949	113.70	448.70						169
1950	121.40	523.20	295.80	227.40				197
1951	124.10	536.60	301.80	234.80				202
1952	125.90	538.30	300.50	237.80				203
1953	126.20	546.10	304.60	241.50				206
1954	126.40	556.70	310.20	246.50	26.97	529.73	4.84	210
1955	127.60	566.80	315.70	251.10	25.33	541.47	4.47	214
1956	129.70	573.30	318.40	254.90	24.51	548.79	4.28	216
1957	132.90	580.60	322.30	258.30	27.98	552.62	4.82	219
1958	133.50	586.80	325.40	261.40	39.28	547.52	6.69	221
1959	130.70	590.70	324.70	266.00	32.47	558.23	5.50	223
1960	127.00	559.10	303.70	255.40	32.26	526.84	5.77	211
1961	136.20	559.90	303.40	256.50	27.99	531.91	5.00	211
1962	136.20	576.90	312.20	264.70	28.24	548.66	4.90	218
1963	133.30	588.30	319.70	268.60	29.27	559.03	4.98	222
1964	133.20	590.40	320.30	270.10	30.11	560.29	5.10	223
1965	134.80	605.10	325.70	279.40	29.88	575.22	4.94	228
1966	135.60	621.20	334.20	287.00	30.64	590.56	4.93	234
1967	136.00	630.80	339.10	291.70	31.77	599.03	5.04	238
1968	134.70	631.30	339.00	292.30	32.38	598.92	5.13	238
1969	140.30	667.50	357.80	309.70	33.53	633.97	5.02	252
1970	142.20	668.50	358.50	310.00	35.63	632.87	5.33	252
1971	144.00	705.20	377.50	327.70	37.91	667.29	5.38	266
1972	146.20	723.70	388.20	335.50	40.17	683.53	5.55	273
1973	149.80	744.40	397.70	346.70	42.40	702.00	5.70	281
1974	151.70	761.00	405.90	355.10	43.77	717.23	5.75	287
1975	156.50	775.30	413.70	361.60	44.73	730.57	5.77	292
1976	160.80	790.10	421.20	368.90	45.63	744.47	5.78	298
1977	164.30	805.90	428.20	377.70	46.90	759.00	5.82	304
1978	167.40	821.90	435.80	386.10	47.73	774.17	5.81	310
1979	171.30	837.30	443.20	394.10	49.19	788.11	5.87	316
1980	174.00	850.10	449.00	401.10	53.18	796.92	6.26	321
1981	178.20	864.50	456.40	408.10	56.34	808.16	6.52	326
1982	188.90	881.30	464.10	417.20	60.60	820.70	6.88	332
1983	188.10	895.20	472.60	422.60	63.68	831.52	7.11	338
1984	191.30	905.80	477.60	428.20	76.28	829.52	8.42	342
1985	195.70	914.80	483.20	431.60	89.23	825.57	9.75	345
1986	201.40	925.60	489.40	436.20	86.07	839.53	9.30	349
1987	207.80	938.60	496.00	442.60	93.22	845.38	9.93	354
1988	224.10	952.90	502.90	450.00	98.30	854.60	10.32	359
1989	236.50	969.70	512.60	457.10	103.94	865.76	10.72	366
1990	239.60	985.00	516.30	468.70	110.02	874.98	11.17	372
1991	242.90	996.90	524.30	472.60	117.82	879.08	11.82	376
1992	268.90	1005.10	528.60	476.50	125.76	879.34	12.51	379
1993	270.60	1014.30	532.70	481.60	134.31	879.99	13.24	383
1994	257.40	1020.00	535.00	485.00	142.94	877.06	14.01	385
1995	260.24	1025.61	537.22	488.38	152.07	873.54	14.83	387
1996	263.51	1030.44	539.47	490.98	161.65	868.79	15.69	389
1997	267.68	1037.88	542.68	495.20	172.20	865.68	16.59	392
1998	269.85	1041.95	544.90	497.05	182.83	859.12	17.55	393
1999	267.14	1045.11	548.20	496.91	193.90	851.21	18.55	394
2000	279.48	1049.01	548.43	500.58	211.48	837.53	20.16	396
2001	282.85	1055.10	551.61	503.49	219.05	836.05	20.76	398
2002	293.82	1060.33	556.01	504.32	230.90	829.43	21.78	400
2003	295.50	1065.07	558.67	506.40	271.81	793.26	25.52	402
2004	319.59	1069.48	556.88	512.60	289.29	780.19	27.05	403
2005	335.93	1074.58	555.22	519.36	322.59	751.99	30.02	404
2006	337.99	1080.02	562.69	517.33	340.85	739.17	31.56	407
2007	339.78	1085.48	565.51	519.97	361.07	724.41	33.30	409
2008	341.91	1091.31	568.55	522.76	381.95	709.36	34.92	412

注：市镇人口是指市和镇建成区的人口数，为年度调查数据推算数。

3-2 历年市总户数、总人口

（年底数）

	总户数（万户）	总人口数（万人）	按性别分		性别比（女=100）	非农业人口	
			男	女		人口数（万人）	占总人口（%）
1949							
1950	1.03	8.20	4.44	3.76	118.1	3.90	47.6
1951	1.03	8.60	4.74	3.86	122.8	4.20	48.8
1952	1.10	9.00	4.65	4.35	106.9	4.50	50.0
1953	1.14	9.00	4.67	4.33	107.9	4.40	48.9
1954	1.18	9.40	4.79	4.61	103.9	4.70	50.0
1955	1.21	9.70	4.95	4.75	104.2	5.00	51.5
1956	1.17	9.70	4.98	4.72	105.5	4.90	50.5
1957	1.27	10.30	5.21	5.09	102.4	5.50	53.4
1958	2.42	11.70	6.60	5.10	129.4	6.60	56.4
1959	2.54	13.10	7.51	5.59	134.3	8.10	61.8
1960	2.36	13.90	7.78	6.12	127.1	8.60	61.9
1961	2.58	13.20	6.91	6.29	109.9	7.80	59.1
1962	2.68	12.90	7.09	5.81	122.0	7.00	54.3
1963	2.62	13.40	7.37	6.03	122.2	7.40	55.2
1964	2.72	13.80	7.55	6.25	120.8	7.60	55.1
1965	2.80	14.10	7.67	6.43	119.3	7.70	54.6
1966	2.69	14.50	7.88	6.62	119.0	7.90	54.5
1967	2.71	14.80	8.04	6.76	118.9	8.20	55.4
1968	2.80	14.10	7.76	6.34	122.4	7.90	56.0
1969	2.79	15.40	8.62	6.78	127.1	8.30	53.9
1970	2.97	16.50	9.12	7.38	123.6	9.20	55.8
1971	3.15	18.10	10.12	7.98	126.8	10.40	57.5
1972	3.35	18.70	10.35	8.35	124.0	10.90	58.3
1973	3.73	19.70	10.79	8.91	121.1	11.60	58.9
1974	4.05	20.10	10.95	9.15	119.7	11.80	58.7
1975	4.35	20.40	11.17	9.23	121.0	12.00	58.8
1976	4.65	20.90	11.31	9.59	117.9	12.30	58.9
1977	4.81	21.30	11.49	9.81	117.1	12.50	58.7
1978	4.86	21.90	11.97	9.93	120.5	12.90	58.9
1979	5.33	23.10	12.59	10.51	119.8	14.00	60.6
1980	5.72	24.10	12.91	11.19	115.4	14.83	61.5
1981	6.25	24.92	13.30	11.62	114.5	15.42	61.9
1982	6.96	26.62	14.23	12.39	114.9	16.07	60.4
1983	7.79	27.70	14.96	12.74	117.4	17.05	61.6
1984	7.75	28.23	14.97	13.26	112.9	18.06	64.0
1985	8.19	29.48	15.78	13.70	115.2	19.36	65.7
1986	8.69	30.40	16.25	14.15	114.8	20.18	66.4
1987	9.47	31.22	16.63	14.59	114.0	20.81	66.7
1988	42.01	166.00	86.85	79.15	109.7	30.08	18.1
1989	44.13	170.27	89.64	80.63	111.2	31.71	18.6
1990	44.34	178.36	92.93	85.43	108.8	32.43	18.2
1991	45.94	181.07	95.42	85.65	111.4	33.35	18.4
1992	50.78	183.34	96.01	87.33	109.9	35.91	19.6
1993	52.48	185.46	96.84	88.62	109.3	38.37	20.7
1994	75.42	298.66	155.38	143.28	108.4	47.26	15.8
1995	75.97	300.38	156.26	144.12	108.4	51.99	17.3
1996	77.62	303.52	157.76	145.76	108.2	54.54	18.0
1997	80.24	310.67	161.62	149.05	108.4	57.59	18.5
1998	81.56	313.09	162.95	150.14	108.5	59.62	19.0
1999	81.96	314.38	164.05	150.33	109.1	61.20	19.5
2000	84.11	313.69	162.89	150.80	108.0	63.46	20.2
2001	82.82	315.10	163.82	151.28	108.3	65.25	20.7
2002	85.99	317.30	166.41	150.89	110.3	66.23	20.9
2003	86.71	318.78	167.45	151.33	110.7	67.07	21.0
2004	94.78	320.46	166.02	154.44	107.5	68.01	21.2
2005	106.62	322.00	166.25	155.75	106.7	71.16	22.1
2006	107.20	323.39	167.13	156.26	107.0	71.25	22.0
2007	107.71	325.08	168.18	156.90	107.2	73.50	22.6
2008	108.57	326.92	170.08	156.84	108.4	73.17	22.4

注：1. 1987年及以前年份为原南阳市数据，1988年至1993年为原南阳市和邓州市数据，1994年以后为宛城、卧龙两区和邓州市数据。
2. 数据来源于历年《南阳经济统计年鉴》和调查推算数据。
3. 非农业人口为公安人口年报数据。

3-3 历年镇人口数

单位:万人

	总人口数	非农业人口		农业人口	
		人口数	占总人口(%)	人口数	占总人口(%)
1957	30.83	25.25	81.9	5.58	18.1
1958	43.56	29.01	66.6	14.55	33.4
1959	29.21	13.05	44.7	16.16	55.3
1960	24.34	13.48	55.4	10.86	44.6
1961	35.31	24.60	69.7	10.71	30.3
1962	26.83	15.19	56.6	11.64	43.4
1963	23.53	16.12	68.5	7.41	31.5
1964	28.84	16.51	57.2	12.33	42.8
1965	28.96	15.93	55.0	13.03	45.0
1966	28.87	16.34	56.6	12.53	43.4
1967	29.95	17.12	57.2	12.83	42.8
1968	31.07	17.93	57.7	13.14	42.3
1969	32.23	18.78	58.3	13.45	41.7
1970	33.43	19.68	58.9	13.75	41.1
1971	34.68	20.61	59.4	14.07	40.6
1972	37.31	21.77	58.3	15.54	41.7
1973	38.27	23.20	60.6	15.07	39.4
1974	39.26	23.87	60.8	15.39	39.2
1975	40.27	24.48	60.8	15.79	39.2
1976	41.31	24.98	60.5	16.33	39.5
1977	42.37	25.70	60.7	16.67	39.3
1978	43.46	24.43	56.2	19.03	43.8
1979	46.42	26.69	57.5	19.73	42.5
1980	49.58	29.17	58.8	20.41	41.2
1981	52.95	31.87	60.2	21.08	39.8
1982	56.55	34.83	61.6	21.72	38.4
1983	64.91	34.69	53.4	30.22	46.6
1984	107.18	48.32	45.1	58.86	54.9
1985	177.05	60.37	34.1	116.68	65.9
1986	244.20	51.13	20.9	193.07	79.1
1987	264.20	57.41	21.7	206.79	78.3
1988	274.19	54.26	19.8	219.93	80.2
1989	290.61	55.89	19.2	234.72	80.8
1990	307.92	57.58	18.7	250.34	81.3
1991	326.29	59.32	18.2	266.97	81.8
1992	345.74	61.11	17.7	284.63	82.3
1993	366.36	62.94	17.2	303.42	82.8
1994	388.13	64.84	16.7	323.29	83.3
1995	400.98	68.48	17.1	332.50	82.9
1996	428.22	70.96	16.6	357.26	83.4
1997	461.70	75.29	16.3	386.41	83.7
1998	536.01	78.86	14.7	457.15	85.3
1999	554.16	81.41	14.7	472.75	85.3
2000	586.80	85.53	14.6	501.27	85.4
2001	610.69	86.95	14.2	523.74	85.8
2002	614.87	89.97	14.6	524.90	85.4
2003	617.73	92.31	14.9	525.42	85.1
2004	620.91	93.78	15.1	527.13	84.9
2005	624.59	97.51	15.6	527.08	84.4
2006	628.13	101.89	16.2	526.24	83.8
2007	631.44	111.16	17.6	520.28	82.4
2008	635.16	115.81	18.2	519.35	81.8

注:1.非农业人口为公安人口年报数据。
2.镇是指建制镇,镇人口是指镇年末总人口。

3-4 历年人口自然变动情况

单位:万人

	年平均人口数	出生人口数	出生率(‰)	死亡人口数	死亡率(‰)	自然增长人口数	自然增长率(‰)
1949							
1950	506.00						
1951	529.90						
1952	537.50						
1953	542.20	5.80	10.70	2.80	5.16	3.00	5.53
1954	551.40	19.10	34.64	6.80	12.33	12.30	22.31
1955	561.80	13.40	23.85	5.60	9.97	7.80	13.88
1956	570.10	20.60	36.13	9.20	16.14	11.40	20.00
1957	577.00	15.00	26.00	6.50	11.27	8.50	14.73
1958	583.70	17.10	29.30	7.50	12.85	9.60	16.45
1959	588.70	16.50	28.03	8.00	13.59	8.50	14.44
1960	574.90	6.00	10.44	29.50	51.31	-23.50	-40.88
1961	559.50	7.30	13.05	3.90	6.97	3.40	6.08
1962	568.40	22.60	39.76	4.00	7.04	18.60	32.72
1963	582.60	20.80	35.70	4.30	7.38	16.50	28.32
1964	589.40	21.30	36.14	5.90	10.01	15.40	26.13
1965	597.80	18.40	30.78	4.30	7.19	14.10	23.59
1966	613.20	20.20	32.94	4.20	6.85	16.00	26.09
1967	626.00	17.60	28.12	4.50	7.19	13.10	20.93
1968	631.10	20.60	32.64	4.30	6.81	16.30	25.83
1969	649.40	25.70	39.57	4.80	7.39	20.90	32.18
1970	678.00	25.00	36.87	5.20	7.67	19.80	29.20
1971	696.90	20.30	29.13	5.20	7.46	15.10	21.67
1972	714.50	20.30	28.41	5.10	7.14	15.20	21.27
1973	734.10	20.00	27.24	5.30	7.22	14.70	20.02
1974	752.70	19.80	26.31	5.50	7.31	14.30	19.00
1975	768.20	18.20	23.69	5.60	7.29	12.60	16.40
1976	782.70	16.80	21.46	5.30	6.77	11.50	14.69
1977	798.00	17.90	22.43	5.80	7.27	12.10	15.16
1978	813.90	16.90	20.76	5.30	6.51	11.60	14.25
1979	829.60	14.70	17.72	5.70	6.87	9.00	10.85
1980	843.70	14.40	17.07	5.90	6.99	8.50	10.07
1981	857.30	16.00	18.66	6.20	7.23	9.80	11.43
1982	872.90	20.00	22.91	5.70	6.53	14.30	16.38
1983	888.30	20.00	22.51	6.40	7.20	13.60	15.31
1984	900.50	16.60	18.43	6.40	7.11	10.20	11.33
1985	910.30	15.80	17.36	6.50	7.14	9.30	10.22
1986	920.20	17.70	19.23	6.70	7.28	11.00	11.95
1987	932.10	20.00	21.46	6.80	7.30	13.20	14.16
1988	945.80	20.90	22.10	6.50	6.87	14.40	15.23
1989	961.30	23.20	24.13	6.00	6.24	17.20	17.89
1990	977.40	22.30	22.82	6.90	7.06	15.40	15.76
1991	990.90	18.50	18.67	6.50	6.56	12.00	12.11
1992	1001.00	11.70	11.69	7.00	6.99	4.70	4.70
1993	1009.70	11.40	11.29	6.40	6.34	5.00	4.95
1994	1017.10	12.50	12.29	6.70	6.59	5.80	5.70
1995	1022.80	12.13	11.86	6.50	6.36	5.63	5.50
1996	1028.00	11.90	11.58	7.07	6.88	4.83	4.70
1997	1035.32	10.06	9.72	6.73	6.50	3.33	3.22
1998	1039.92	9.68	9.31	6.85	6.59	2.83	2.72
1999	1043.53	9.68	9.28	6.59	6.32	3.09	2.96
2000	1047.12	12.22	11.67	6.68	6.38	5.54	5.29
2001	1052.06	12.52	11.90	6.38	6.06	6.14	5.84
2002	1057.71	11.65	11.01	6.33	5.98	5.32	5.03
2003	1062.69	11.74	11.04	6.27	5.90	5.47	5.14
2004	1067.28	11.55	10.82	6.67	6.24	4.88	4.58
2005	1072.03	11.81	11.02	6.72	6.26	5.09	4.76
2006	1077.29	11.93	11.07	6.49	6.02	5.44	5.05
2007	1082.75	10.96	11.01	5.93	5.96	5.03	5.05
2008	1088.40	12.36	11.36	6.47	5.94	5.89	5.42

3-5 历年市人口自然变动情况

单位:万人

	年平均人口数	出生人口数	出生率(‰)	死亡人口数	死亡率(‰)	自然增长人口数	自然增长率(‰)
1954	9.20	0.06	6.52	0.03	3.26	0.03	3.26
1955	9.55	0.07	7.33	0.02	2.09	0.05	5.24
1956	9.70	0.09	9.28	0.03	3.09	0.06	6.19
1957	10.00	0.15	15.00	0.03	3.00	0.12	12.00
1958	11.00	0.14	12.73	0.04	3.64	0.10	9.09
1959	12.40	0.14	11.29	0.03	2.42	0.11	8.87
1960	13.50	0.22	16.30	0.05	3.70	0.17	12.59
1961	13.55	0.26	19.19	0.12	8.86	0.14	10.33
1962	13.05	0.43	32.95	0.11	8.43	0.32	24.52
1963	13.15	0.33	25.10	0.17	12.93	0.16	12.17
1964	13.60	0.20	14.71	0.11	8.09	0.09	6.62
1965	13.95	0.53	37.99	0.11	7.89	0.42	30.11
1966	14.30	0.66	46.15	0.10	6.99	0.56	39.16
1967	14.65	0.51	34.81	0.27	18.43	0.24	16.38
1968	14.45	0.43	29.76	0.11	7.61	0.32	22.15
1969	14.75	0.42	28.47	0.11	7.46	0.31	21.02
1970	15.95	0.37	23.20	0.04	2.51	0.33	20.69
1971	17.30	0.43	24.86	0.10	5.78	0.33	19.08
1972	18.40	0.44	23.91	0.12	6.52	0.32	17.39
1973	19.20	0.49	25.52	0.11	5.73	0.38	19.79
1974	19.90	0.43	21.61	0.12	6.03	0.31	15.58
1975	20.25	0.44	21.73	0.12	5.93	0.32	15.80
1976	20.65	0.49	23.73	0.12	5.81	0.37	17.92
1977	21.20	0.43	20.28	0.12	5.66	0.31	14.62
1978	21.60	0.36	16.67	0.13	6.02	0.23	10.65
1979	22.50	0.32	14.22	0.15	6.67	0.17	7.56
1980	24.01	0.34	14.16	0.12	5.00	0.22	9.16
1981	24.47	0.31	12.67	0.14	5.72	0.17	6.95
1982	25.77	0.40	15.52	0.13	5.04	0.27	10.48
1983	27.16	0.40	14.73	0.15	5.52	0.25	9.20
1984	27.96	0.25	8.94	0.14	5.01	0.11	3.93
1985	28.86	0.23	7.97	0.15	5.20	0.08	2.77
1986	29.94	0.35	11.69	0.15	5.01	0.20	6.68
1987	30.81	0.40	12.98	0.15	4.87	0.25	8.11
1988	167.14	2.47	14.78	1.01	6.04	1.46	8.74
1989	168.13	2.69	16.00	1.04	6.19	1.65	9.81
1990	176.67	3.96	22.41	1.12	6.34	2.84	16.08
1991	179.89	3.23	17.96	1.10	6.11	2.13	11.84
1992	183.17	2.16	11.79	1.07	5.84	1.09	5.95
1993	186.51	2.26	12.12	1.24	6.65	1.02	5.47
1994	297.69	3.78	12.70	1.87	6.28	1.91	6.42
1995	299.12	3.51	11.73	1.89	6.32	1.62	5.42
1996	301.93	3.32	11.00	1.83	6.06	1.49	4.93
1997	309.09	3.21	10.39	1.86	6.02	1.35	4.37
1998	311.89	3.81	12.22	1.88	6.03	1.93	6.19
1999	313.74	3.71	11.83	1.88	5.99	1.83	5.83
2000	314.03	3.68	11.72	1.89	6.02	1.79	5.70
2001	314.43	3.67	11.36	1.87	5.95	1.80	5.07
2002	316.39	3.57	11.10	1.82	5.75	1.74	5.24
2003	318.04	3.52	11.06	1.88	5.91	1.64	5.15
2004	319.62	3.51	10.98	1.91	5.98	1.60	5.01
2005	321.05	3.59	11.18	1.05	3.27	2.54	7.91
2006	322.51	3.57	11.07	1.86	5.77	1.71	5.30
2007	324.23	3.34	10.30	1.73	5.34	1.61	4.97
2008	326.01	3.74	11.47	1.90	5.84	1.84	5.63

注:1.1987及以前年份为原南阳市人口,1988年至1993年为原南阳市和邓州市人口,1994年以后为邓州市和两区人口。
2.数据来源于历年《南阳经济统计年鉴》和调查推算数据。

3-6 历年县人口自然变动情况

单位:万人

	年平均人口数	出生人口数	出生率(‰)	死亡人口数	死亡率(‰)	自然增长人口数	自然增长率(‰)
1954	542.20	19.04	35.12	6.77	12.49	12.27	22.63
1955	552.25	13.33	24.14	5.58	10.10	7.75	14.03
1956	560.40	20.51	36.60	9.17	16.36	11.34	20.24
1957	567.00	14.85	26.19	6.47	11.41	8.38	14.78
1958	572.70	16.96	29.61	7.46	13.03	9.50	16.59
1959	576.30	16.36	28.39	7.97	13.83	8.39	14.56
1960	561.40	5.78	10.30	29.45	52.46	-23.67	-42.16
1961	545.95	7.04	12.89	3.78	6.92	3.26	5.97
1962	555.35	22.17	39.92	3.89	7.00	18.28	32.92
1963	569.45	20.47	35.95	4.13	7.25	16.34	28.69
1964	575.80	21.10	36.64	5.79	10.06	15.31	26.59
1965	583.85	17.87	30.61	4.19	7.18	13.68	23.43
1966	598.90	19.54	32.63	4.10	6.85	15.44	25.78
1967	611.35	17.09	27.95	4.23	6.92	12.86	21.04
1968	616.65	20.17	32.71	4.19	6.79	15.98	25.91
1969	634.65	25.28	39.83	4.69	7.39	20.59	32.44
1970	662.05	24.63	37.20	5.16	7.79	19.47	29.41
1971	679.60	19.87	29.24	5.10	7.50	14.77	21.73
1972	696.10	19.86	28.53	4.98	7.15	14.88	21.38
1973	714.90	19.51	27.29	5.19	7.26	14.32	20.03
1974	732.80	19.37	26.43	5.38	7.34	13.99	19.09
1975	747.95	17.76	23.74	5.48	7.33	12.28	16.42
1976	762.05	16.31	21.40	5.18	6.80	11.13	14.61
1977	776.80	17.47	22.49	5.68	7.31	11.79	15.18
1978	792.30	16.54	20.88	5.17	6.53	11.37	14.35
1979	807.10	14.38	17.82	5.55	6.88	8.83	10.94
1980	819.69	14.06	17.15	5.78	7.05	8.28	10.10
1981	832.83	15.69	18.84	6.06	7.28	9.63	11.56
1982	847.13	19.60	23.14	5.57	6.58	14.03	16.56
1983	861.14	19.60	22.76	6.25	7.26	13.35	15.50
1984	872.54	16.35	18.74	6.26	7.17	10.09	11.56
1985	881.44	15.57	17.66	6.35	7.20	9.22	10.46
1986	890.26	17.35	19.49	6.55	7.36	10.80	12.13
1987	901.29	19.60	21.75	6.65	7.38	12.95	14.37
1988	778.66	18.43	23.67	5.49	7.05	12.94	16.62
1989	793.17	20.51	25.86	4.96	6.25	15.55	19.60
1990	800.73	18.34	22.90	5.78	7.22	12.56	15.69
1991	811.01	15.27	18.83	5.40	6.66	9.87	12.17
1992	817.83	9.54	11.67	5.93	7.25	3.61	4.41
1993	823.19	9.14	11.10	5.16	6.27	3.98	4.83
1994	719.41	8.72	12.12	4.83	6.71	3.89	5.41
1995	723.68	8.62	11.91	4.61	6.37	4.01	5.54
1996	726.07	8.58	11.82	5.24	7.22	3.34	4.60
1997	726.23	6.85	9.43	4.87	6.71	1.98	2.73
1998	728.03	5.87	8.06	4.97	6.83	0.90	1.24
1999	729.79	5.97	8.18	4.71	6.45	1.26	1.73
2000	733.09	8.54	11.65	4.79	6.53	3.75	5.12
2001	737.63	8.85	12.00	4.51	6.11	4.35	5.88
2002	741.32	8.08	10.90	4.51	6.08	3.58	4.82
2003	744.66	8.22	11.04	4.39	5.90	3.83	5.14
2004	747.66	8.04	10.75	3.77	5.04	4.27	5.71
2005	750.98	8.22	10.95	3.67	4.89	4.55	6.06
2006	754.79	8.36	11.08	4.63	6.13	3.73	4.94
2007	758.52	7.62	10.05	4.20	5.54	3.42	4.51
2008	762.39	8.61	11.29	4.57	5.99	4.04	5.30

3-7 各县(市、区)总户数、总人口

(2008年底)

单位:人

	总户数(户)	总人口数	按性别分		按城乡分		按农业、非农业分		城镇化水平(%)	常住人口
			男	女	市镇	乡村	非农业人口	农业人口		
全市	**3419140**	**10913145**	**5685471**	**5227674**	**3819526**	**7093619**	**1791085**	**9122060**	**34.92**	**10042100**
宛城区	267374	828819	429057	399762	520334	308485	254911	573908	62.78	846093
卧龙区	282151	880312	454920	425392	548787	331525	309668	570644	62.34	902060
南召县	199082	631172	329623	301549	179000	452172	101016	530156	28.36	595234
方城县	320367	1028358	537459	490899	290614	737744	101204	927154	28.26	928319
西峡县	125670	442455	229930	212525	138488	303967	85947	356508	31.30	421217
镇平县	279228	971715	507140	464575	284421	687294	114741	856974	29.27	918081
内乡县	203979	650531	340640	309891	186377	464154	118807	531724	28.65	610495
淅川县	218289	746957	391622	355335	231631	515326	113210	633747	31.01	661465
社旗县	177273	654139	339398	314741	182374	471765	78855	575284	27.88	611161
唐河县	419342	1324976	689684	635292	402660	922316	134103	1190873	30.39	1130302
新野县	257924	752840	389009	363831	216140	536700	111474	641366	28.71	680127
桐柏县	132304	440823	230164	210659	128720	312103	100060	340763	29.20	412518
邓州市	536157	1560048	816825	743223	509980	1050068	167089	1392959	32.69	1325028

注:非农业人口数据来源于公安统计年报,其他数据为年度人口与城镇化抽样调查推算数据。

3-8 各县(市、区)人口自然变动情况

(2008年)

单位:人

	年平均人口	出生人口	死亡人口	自然增长人口	出生率(‰)	死亡率(‰)	自然增长率(‰)	人口密度(人/平方公里)
全市	**10883996**	**123594**	**64696**	**58898**	**11.36**	**5.94**	**5.42**	**412**
宛城区	826708	9159	4881	4278	11.08	5.91	5.17	854
卧龙区	877691	9756	4496	5260	11.12	5.13	5.99	866
南召县	629383	6957	3451	3506	11.05	5.48	5.57	215
方城县	1025495	11537	5771	5766	11.25	5.63	5.62	405
西峡县	441262	4906	2613	2293	11.12	5.92	5.20	128
镇平县	969221	10653	5678	4975	11.02	5.86	5.16	652
内乡县	648925	7855	4474	3381	12.10	6.89	5.21	283
淅川县	744858	8322	4494	3828	11.17	6.03	5.14	265
社旗县	652648	6870	3881	2989	10.53	5.95	4.58	568
唐河县	1321674	14875	8105	6770	11.25	6.13	5.12	531
新野县	750916	9196	5041	4155	12.25	6.71	5.54	713
桐柏县	439534	4994	2231	2763	11.36	6.05	5.31	230
邓州市	1555681	18514	9580	8934	11.90	6.16	5.74	658

3-9 各县(市、区)人口年龄结构

(2008年底)

单位:人、%

	总人口	0—14岁	15—64岁	65岁以上	百分比 0—14岁	百分比 15—64岁	百分比 65岁以上
全市	**10913145**	**2168195**	**7829517**	**915433**	**19.87**	**71.74**	**8.39**
宛城区	828819	144712	610756	73351	17.46	73.69	8.85
卧龙区	880312	168228	638138	73946	19.11	72.49	8.40
南召县	631172	116325	464101	50746	18.43	73.53	8.04
方城县	1028358	214824	723758	89776	20.89	70.38	8.73
西峡县	442455	85350	320912	36193	19.29	72.53	8.18
镇平县	971715	194926	700704	76085	20.06	72.11	7.83
内乡县	650531	136481	456933	57117	20.98	70.24	8.78
淅川县	746957	174574	516511	55872	23.37	69.15	7.48
社旗县	654139	129389	469344	55406	19.78	71.75	8.47
唐河县	1324976	238363	961138	125475	17.99	72.54	9.47
新野县	752840	138824	540991	73025	18.44	71.86	9.70
桐柏县	440823	88605	319377	32841	20.10	72.45	7.45
邓州市	1560048	337594	1106854	115600	21.64	70.95	7.41

注:数据来源于年度人口与城镇化抽样调查。

3-10 各县(市、区)人口抚养系数

(2008年底)

单位:%

	少年儿童系数	老年系数	老少比	少儿抚养系数	老年抚养系数	总抚养系数
合计	**19.87**	**8.39**	**42.22**	**27.70**	**11.65**	**39.35**
宛城区	17.46	8.85	50.69	23.70	12.01	35.72
卧龙区	19.11	8.40	43.96	26.36	11.58	37.94
南召县	18.43	8.04	43.62	25.06	10.93	36.00
方城县	20.89	8.73	41.79	29.68	12.41	42.09
西峡县	19.29	8.18	42.41	26.59	11.28	37.87
镇平县	20.06	7.83	39.03	27.83	10.86	38.69
内乡县	20.98	8.78	41.85	29.86	12.50	42.36
淅川县	23.37	7.48	32.00	33.83	10.82	44.65
社旗县	19.78	8.47	42.82	27.56	11.80	39.36
唐河县	17.99	9.47	52.64	24.80	13.06	37.86
新野县	18.44	9.70	52.60	25.66	13.50	39.16
桐柏县	20.10	7.45	37.06	27.74	10.29	38.03
邓州市	21.64	7.41	34.24	30.49	10.44	40.93

注:数据来源于年度人口与城镇化抽样调查。

3-11 南阳市五次人口普查基本情况

单位:万人

	1953	1964	1982	1990	2000
总人口(万人)	**590.52**	**582.93**	**870.21**	**975.66**	**957.78**
男			458.17	511.28	500.64
女			412.04	464.38	457.14
性别比(女=100)			111.21	110.1	109.52
家庭户规模(人/户)			4.7	4.08	3.41
各年龄组人口(%)					
0-14岁			35.68	29.86	22.66
15-64岁			58.78	64.16	70.35
65岁及以上			5.54	5.98	6.99
民族人口(万人、%)	590.52	582.93	870.21	975.66	957.78
汉族	582.32	572.98	854.91	954.88	936.97
占总人口比重	98.6	98.3	98.2	97.9	97.8
少数民族	8.2	9.95	15.3	20.78	20.81
占总人口比重	1.4	1.7	1.8	2.1	2.2
每十万人拥有的各种					
受教育程度人口(人)					
大专及以上			190	520	2076
高中和中专			5010	5690	8590
初中			17890	25350	41317
小学			32140	40800	35355
文盲人口及文盲率					
文盲人口(万人)			273.94	158.55	36.85
文盲率(%)			26.8	14.7	3.85
城乡人口(万人)			870.21	975.66	957.78
城镇人口			62.31	110.02	193.21
乡村人口			807.9	874.98	764.57

注:2000年数据是“五普”常住人口口径。

主要统计指标解释

人口数 指一定时点、一定地区范围内的有生命的个人的总和。年度统计的年末人口数指每年 12 月 31 日 24 时的人口数。

出生率(又称粗出生率) 指在一定时期内(通常为一年)平均每千人所出生的人数的比率,一般用千分率表示。计算公式为:

出生率=年出生人数/年平均人数×1000‰式中:出生人数指活产婴儿,即胎儿脱离母体时(不管怀孕月数),有过呼吸或其他生命现象。年平均人数指年初、年底人口数的平均数,也可用年中人口数代替。

死亡率(又称粗死亡率) 指在一定时期内(通常为一年)一定地区的死亡人数与同期平均人数(或期中人数)之比,一般用千分率表示。计算公式为:

死亡率=年死亡人数/年平均人数×1000‰

人口自然增长率 指在一定时期内(通常为一年)人口自然增加数(出生人数减死亡人数)与该时期内平均人数(或期中人数)之比,一般用千分率表示。计算公式为:

人口自然增长率=(本年出生人数-本年死亡人数)/年平均人数×1000‰=人口出生率-人口死亡率

性别比 总人口中男性人数与女性人数之比。通常用每 100 个女性人口相应有多少男性人口,表示。其计算公式为:

性别比=男性人口数/女性人口数×100%

常住人口 是指本年度末在本辖区居住半年以上的全部人口。

总抚养系数 指被抚养人口(0-14 岁和 65 岁以上人口)与 15-64 岁人口的比例。计算公式为:总抚养系数=被抚养人口/15-64 岁人口×100

老年抚养系数 指老年人口(65 岁以上人口)与 15-64 岁人口的比例。计算公式为:

老年抚养系数=老年人口/15-64 岁人口×100

少儿抚养系数 指少年儿童与 15-64 岁人口的比例。计算公式为:

少儿抚养系数=少年儿童人口/15-64 岁人口×100

4

从业人员和职工工资

资料整理：宋晓

4-1 重点年份从业人员

单位:人

	从业人员	按三次产业分			按城乡分	
		第一产业	第二产业	第三产业	城镇	乡村
1983	3539804	3071228	219073	249503	423209	3116595
1984	3738250	3222838	223799	291613	470618	3267632
1985	3909000	3004000	362000	543000	542000	3367000
1986	4144000	3247000	443000	454000	574000	3570000
1987	4298000	3289000	491000	518000	597000	3701000
1988	4396000	3228000	574000	594000	644000	3752000
1989	4456000	3349000	516000	591000	650000	3806000
1990	4566000	3453000	526000	587000	641000	3925000
1991	4813000	3694000	373000	746000	634000	4179000
1992	4994000	3703000	434000	857000	659000	4335000
1993	5022130	3371783	941322	709025	755997	4266133
1994	5193400	3361000	945000	887400	792200	4401200
1995	5700400	3814000	978200	908200	968000	4732400
1996	5396300	3299600	1000500	1096200	1029200	4367100
1997	5629300	3425400	1047400	1156500	1024900	4604400
1998	6017000	3610200	1143200	1263600	1444800	4572200
1999	6077200	3632200	1145200	1299800	752500	5324700
2000	6110800	4319400	826400	965000	747100	5363700
2001	5947317	4002320	946745	998252	717417	5229900
2002	5848170	4010011	790898	1047261	853070	4995100
2003	6077423	3773704	1043367	1260352	918923	5158500
2004	6178890	3777968	1067422	1333500	973190	5205700
2005	6270099	3581187	1250241	1438671	879587	5390512
2006	6387977	3538687	1375004	1474286	1031377	5356600
2007	6375106	3431101	1471600	1472405	992006	5383100
2008	6490720	3410636	1574859	1505225	1028420	5462300

4-2 按城乡分的从业人员

（2008年底） 单位：人

	合计	城镇	国有单位	集体单位	私营	个体	乡村
从业人员总计	**6490720**	**1028420**	**393736**	**68869**	**83079**	**252482**	**5462300**
按国民经济行业分							
农、林、牧、渔业	3410636	17236	6924	1416	2236	3230	3393400
工业	1144062	282262	70906	13532	35093	36509	861800
采掘业	107193	35842	29117	211	1033	2383	71351
制造业	944736	229432	29363	13107	33500	34046	715304
电力、燃气及水的生产和供应业	92133	16988	12426	214	560	80	75145
建筑业	430797	70397	8341	10608	2942	415	360400
交通运输、仓储和邮政业	200236	37636	12460	1882	1222	14621	162600
信息传输、计算机服务和软件业	28471	8771	4616		2523	411	19700
批发和零售业	487126	211226	21250	19207	25541	130191	275900
住宿和餐饮业	159145	42445	5074	1889	1259	32242	116700
金融业	17570	17570	2405	5910			
房地产业	10260	10260	2830	332	3362		
租赁和商务服务业	289461	17661	8810	844	2073	2111	271800
科学研究、技术服务和地质勘查业	13013	13013	11487	632	327		
水利、环境和公共设施管理业	12932	12932	12342	24	245		
居民服务和其他服务业	38181	38181	946	43	6097	30362	
教育	119551	119551	102553	11426			
卫生、社会保障和社会福利业	38534	38534	35302	651	100	616	
文化、体育和娱乐业	7391	7391	5200	248	59	1774	
公共管理和社会组织	83354	83354	82290	225			
按三次产业分							
第一产业	3410636	17236	6924	1416	2236	3230	3393400
第二产业	1574859	352659	79247	24140	38035	36924	1222200
第三产业	1505225	658525	307565	43313	42808	212328	846700

4-3 按经济类型分的在岗职工人数

单位:人

	职工年末人数				职工平均人数			
	合计	国有经济	集体经济	其他经济	合计	国有经济	集体经济	其他经济
1978	312858	264920	47938		302738	255288	47249	
1979	335991	281768	54223		324425	273344	51081	
1980	374430	321064	53366		360912	308703	51927	
1981	402629	344697	57932		386340	330795	55737	
1982	400530	342305	58225		396774	339686	56894	
1983	423985	362454	61531		407486	348329	59304	
1984	442985	344838	98147		428696	337371	91417	
1985	471878	367265	104613		457462	360123	97232	
1986	504246	389518	114728		487053	378475	108577	
1987	532037	406600	125437		510550	396566	114252	
1988	562414	427532	134882		546184	419512	126586	
1989	560218	421621	138597		553249	419575	133489	
1990	566853	423659	143194		558563	419698	139128	
1991	585412	442413	141943	1056	566782	432714	133462	1031
1992	631527	497362	133358	807	613425	484748	128727	932
1993	630696	487675	136816	6205	615409	475443	134235	6180
1994	671406	507268	137434	26704	656319	496622	134183	26679
1995	697092	533790	121028	42274	682986	522980	119175	42249
1996	714792	548521	119803	46468	695794	536614	114472	46443
1997	725429	503896	153117	68416	713271	496916	149602	68391
1998	736705	482390	154925	99390	730762	479333	153354	99365
1999	663260	446599	134256	82405	659950	444429	132318	83203
2000	658117	439629	134991	83497	658861	438633	135014	85214
2001	647210	434241	134771	78198	646212	436385	131982	77845
2002	650705	421905	131766	97034	651392	423041	131505	96846
2003	634259	379561	128228	126470	628140	375697	127462	124981
2004	630244	377218	123104	129922	619035	370422	121855	126758
2005	631381	373477	123829	134075	623200	368549	122223	132428
2006	660971	373928	75485	211558	650435	369837	74548	206050
2007	676381	378388	77802	220191	662241	373666	76916	211659
2008	678144	386712	67082	224350	675923	386335	67012	222576

4-4 按经济类型分的在岗职工工资和平均工资

	职工工资总额（万元）				职工平均工资（元）			
	合计	国有经济	集体经济	其他经济	合计	国有经济	集体经济	其他经济
1978	15924	13760	2164		510	539	458	
1979	18969	16403	2566		584	604	473	
1980	24145	21424	2721		669	694	524	
1981	26387	23288	3099		683	704	556	
1982	28290	24865	3425		713	732	602	
1983	29502	26264	3238		724	754	546	
1984	33524	28103	5421		782	833	593	
1985	41995	35004	6991		918	972	719	
1986	50897	42200	8697		1045	1115	801	
1987	58458	48381	10077		1145	1220	882	
1988	73571	61039	12532		1347	1455	990	
1989	81217	67174	14043		1468	1601	1052	
1990	92170	76469	15638		1649	1822	1124	
1991	102871	85461	17270	140	1815	1975	1294	1358
1992	130905	111686	19219	155	2134	2304	1493	1663
1993	154837	127704	25894	1239	2516	2686	1929	2005
1994	222492	183750	30889	7853	3390	3700	2302	2944
1995	282961	232569	35955	14437	4143	4447	3017	3417
1996	326884	267019	40775	19090	4698	4976	3562	4110
1997	342798	254620	61217	26961	4806	5124	4092	3942
1998	361362	260326	59946	41090	4945	5431	3909	4135
1999	379414	276786	61974	40655	5749	6228	4684	4886
2000	406096	303919	63867	38310	6164	6929	4730	4496
2001	440319	326243	70650	43425	6814	7476	5353	5578
2002	495996	351629	82576	61792	7614	8312	6279	6380
2003	551114	365245	92511	93359	8774	9722	7258	7464
2004	629024	413000	103500	112524	10164	11148	8496	8880
2005	736571	478692	120479	137400	11820	12984	9852	10380
2006	873877	551107	82161	240609	13440	14904	11016	11676
2007	1059675	675228	101438	283009	15996	18072	13188	13368
2008	1206299	783011	96148	327140	17847	20268	14348	14698

4-5 各县(市、区)年末在岗职工人数

单位:人

	1978	1980	1985	1990	1995	2000	2005	2007	2008
总计	**312858**	**374430**	**471878**	**567353**	**697092**	**658117**	**631381**	**676381**	**678144**
宛城区	19603	24875	35432	38328	30611	29029	33031	36299	36397
卧龙区	67964	78589	104352	126168	45875	30987	28790	31424	31491
南召县	18074	30221	37258	41797	29560	25160	23885	23711	23469
方城县	17433	20418	27884	31985	31254	33876	29522	31591	31376
西峡县	12277	14513	19227	27601	28861	26678	25290	31945	31031
镇平县	18658	25249	30787	37235	39376	37670	41434	41958	41722
内乡县	16167	17980	20534	25848	31540	31512	31183	31229	32899
淅川县	18467	21715	28280	35273	42251	40399	37496	39031	39078
社旗县	14943	15811	20099	21931	25186	23066	23652	23954	24092
唐河县	21311	24835	30042	36803	47744	43309	39749	37263	36009
新野县	20068	23393	28200	32419	46991	45777	40819	45055	44179
桐柏县	12861	13623	16129	20325	24505	24463	22479	22330	21569
邓州市	29125	34201	42721	54176	57544	57818	59485	58287	59480
市直					143132	150759	153640	183587	181412
军工油田					72662	57614	40926	38717	43940

4-6 各县(市、区)在岗职工工资总额

单位:万元

	1978	1980	1985	1990	1995	2000	2005	2007	2008
总计	**15924**	**24145**	**41996**	**92170**	**282961**	**406096**	**736571**	**1059675**	**1206299**
宛城区	1014	1481	2171	6124	12274	15652	32456	43398	55289
卧龙区	3837	5423	9505	21398	14777	16297	28041	41640	45836
南召县	901	2032	3619	7309	9184	11988	21861	30242	36028
方城县	890	1219	2275	4477	10711	18005	28338	39504	50275
西峡县	590	924	1678	4354	10374	15791	27797	54476	60060
镇平县	931	1581	2520	5346	13670	19976	38434	61460	75278
内乡县	808	1093	1870	3813	10352	15785	30795	43577	55418
淅川县	932	1278	2203	4861	13650	20469	34650	63105	72961
社旗县	716	983	1721	3116	8266	11360	20144	29998	37325
唐河县	1048	1500	2236	5482	15304	22319	36867	50571	55780
新野县	931	1246	2160	4393	15246	23177	35914	56486	60486
桐柏县	631	836	1387	3273	9320	12816	22093	29545	32576
邓州市	1354	2131	3646	7733	19542	28096	58543	82761	105370
市直					67779	109439	222140	325153	344604
军工油田	1341	2418	5005	10491	52512	64926	98498	107758	119013

4-7 各县(市、区)在岗职工平均工资

单位:元

	1978	1980	1985	1990	1995	2000	2005	2007	2008
总计	**526**	**669**	**918**	**1649**	**4143**	**6164**	**11820**	**15996**	**17847**
宛城区	517	654	672	1642	3907	5600	9924	13404	15194
卧龙区	565	711	943	1730	3264	5228	9768	13404	14908
南召县	499	697	975	1770	3167	4990	9204	12816	15355
方城县	511	621	853	1416	3528	5329	9636	12900	16029
西峡县	481	650	903	1609	3650	5901	11016	17700	19738
镇平县	499	645	841	1418	3531	5330	9312	14688	18001
内乡县	500	603	920	1497	3399	5105	10044	14136	16826
淅川县	505	614	826	1419	3362	5212	9312	16536	18641
社旗县	479	646	879	1401	3376	4955	8580	12540	15466
唐河县	492	614	791	1522	3286	5154	9396	13644	15489
新野县	464	572	785	1382	3280	5059	8952	12828	13698
桐柏县	491	627	871	1639	3867	5266	9960	13428	15112
邓州市	465	643	864	1428	3530	4893	10032	14268	18136
市直					4891	7078	14760	18144	18962
军工油田					7176	10993	24336	28068	27084

4-8 各种分组的在岗职工

（2008 年底）

单位：人

	合计	国有单位	城镇集体单位	其他单位
总计	**678144**	**386712**	**67082**	**224350**
#女性	254569	147780	26789	80000
按企业、事业、机关分				
企业	402422	129763	54975	217684
事业	212245	193570	12009	6666
机关	63477	63379	98	
按三次产业分				
第一产业	11269	6524	1315	3430
第二产业	270237	77984	23002	169251
#工业	206294	70118	13273	122903
第三产业	396638	302204	42765	51669
按国民经济行业分				
农、林、牧、渔业	11269	6524	1315	3430
农业	1642	1526	16	100
林业	1370	1160	4	206
畜牧业	1290	330	18	942
渔业	920	277	5	638
农、林、牧、渔服务业	6047	3231	1272	1544
采矿业	31493	29117	211	2165
石油和天然气开采业	27034	26249		785
有色金属矿采选业	2744	1840		904
非金属矿采选业	1715	1028	211	476
制造业	158929	29025	12848	117056
农副食品加工业	5053	1807	237	3009
食品制造业	1983		81	1902
饮料制造业	7266	927	42	6297
烟草制品业	1629	1629		
纺织业	28459	2726	1744	23989
纺织服装、鞋、帽制造业	3190	1208	455	1527
皮革、毛皮、羽毛(绒)及其制品业	892			892
木材加工及木、竹、藤、棕、草制品业	2208		1443	765
家具制造业	231		79	152
造纸及纸制品业	4989	257	394	4338
印刷业和记录媒介的复制	2473	711	941	821
文教体育用品制造业	480			480
石油加工、炼焦及核燃料加工业	951		951	

4—8 续表1　　(2008年)　　单位:人

	合计	国有单位	城镇集体单位	其他单位
化学原料及化学制品制造业	11080	3603	687	6790
医药制造业	8536	9	39	8488
化学纤维制造业				
橡胶制品业	739			739
塑料制品业	352	74	201	77
非金属矿物制品业	18501	3491	338	14672
黑色金属冶炼及压延加工业	5531			5531
有色金属冶炼及压延加工业	422			422
金属制品业	2643		1753	890
通用设备制造业	6090	1616	590	3884
专用设备制造业	12795	4929	959	6907
交通运输设备制造业	13857	3464	246	10147
电气机械及器材制造业	5897	749	726	4422
通信设备、计算机及其他电子设备制造业	896	320		576
仪器仪表及文化、办公用机械制造业	8569	1505	72	6992
工艺品及其他制造业	3217		870	2347
电力、燃气及水的生产和供应业	15872	11976	214	3682
电力、热力的生产和供应业	10792	8989	164	1639
燃气生产和供应业	1391		50	1341
水的生产和供应业	3689	2987		702
建筑业	63943	7866	9729	46348
房屋和土木工程建筑业	55941	7125	8674	40142
建筑安装业	4688	144	613	3931
建筑装饰业	1766		317	1449
其他建筑业	1548	597	125	826
交通运输、仓储和邮政业	21266	12204	1659	7403
铁路运输业				
道路运输业	13659	6308	1105	6246
城市公共交通业	2677	1535	62	1080
水上运输业	367	247	120	
装卸搬运和其他运输服务业	1110	738	372	
仓储业	1448	1371		77
邮政业	2005	2005		
信息传输、计算机服务和软件业	5837	4616		1221
电信和其他信息传输服务业	5820	4611		1209
计算机服务业				
软件业	17	5		12
批发和零售业	53320	19677	18948	14695
批发业	32241	13042	12117	7082
零售业	21079	6635	6831	7613
住宿和餐饮业	8742	4872	1889	1981
住宿业	7374	4536	1316	1522

4—8 续表 2 (2008 年) 单位:人

	合计	国有单位	城镇集体单位	其他单位
餐饮业	1368	336	573	459
金融业	17545	2405	5885	9255
银行业	11998	2197	5885	3916
保险业	5475	208		5267
其他金融活动	72			72
房地产业	6458	2749	330	3379
房地产开发经营	4676	1568	209	2899
物业管理	303	120	121	62
房地产中介服务	1479	1061		418
其他房地产活动				
租赁和商务服务业	13318	8697	805	3816
租赁业	907	289		618
商务服务业	12411	8408	805	3198
科学研究、技术服务和地质勘查业	12644	11445	632	567
研究与试验发展	1956	1798	35	123
专业技术服务业	6770	6096	532	142
科技交流和推广服务业	2776	2440	34	302
地质勘查业	1142	1111	31	
水利、环境和公共设施管理业	12432	12087	24	321
水利管理业	6277	6277		
环境管理业	3559	3259		300
公共设施管理业	2596	2551	24	21
居民服务和其他服务业	1719	943	43	733
居民服务业	1441	855	26	560
其他服务业	278	88	17	173
教育	119244	102270	11426	5548
初等教育	48253	41303	4831	2119
中等教育	61266	52552	6503	2211
高等教育	4096	4082	14	
卫生、社会保障和社会福利业	36505	34053	651	1801
卫生	34490	32239	565	1686
社会保障业	754	754		
社会福利业	1261	1060	86	115
文化、体育和娱乐业	5451	5093	248	110
新闻出版业	526	526		
广播、电视、电影和音像业	2180	1933	156	91
文化艺术业	2505	2436	50	19
体育	167	167		
娱乐业	73	31	42	
公共管理和社会组织	82157	81093	225	839
中国共产党机关	2742	2742		
国家机构	77546	76858	171	517
人民政协和民主党派	405	405		
群众团体、社会团体和宗教组织	1464	1088	54	322

4-9 各种分组的在岗职工工资总额

(2008年) 单位:万元

	合计	国有单位	城镇集体单位	其他单位
总计	**1206299**	**783011**	**96148**	**327140**
按企业、事业、机关分				
企业	638506	255758	69133	313615
事业	438903	398444	26934	13525
机关	128890	128809	81	
按三次产业分				
第一产业	12725	8269	1055	3401
第二产业	445495	177918	33486	234091
#工业	366436	168231	22086	176119
第三产业	748079	596824	61607	89648
按国民经济行业分				
农、林、牧、渔业	12725	8269	1055	3401
农业	1745	1610	18	117
林业	1361	1101	5	255
畜牧业	1492	423	16	1053
渔业	864	367	6	491
农、林、牧、渔服务业	7263	4768	1010	1485
采矿业	102032	98674	259	3099
石油和天然气开采业	94050	92959		1091
有色金属矿采选业	5362	3911		1451
非金属矿采选业	2620	1804	259	557
制造业	232311	46748	21537	164026
农副食品加工业	5711	2046	298	3367
食品制造业	1865		48	1817
饮料制造业	9494	1328	30	8136
烟草制品业	8747	8747		
纺织业	35928	2285	1816	31827
纺织服装、鞋、帽制造业	4925	2360	533	2032
皮革、毛皮、羽毛(绒)及其制品业	1151			1151
木材加工及木、竹、藤、棕、草制品业	2618		1573	1045
家具制造业	206		51	155
造纸及纸制品业	7177	384	1349	5444
印刷业和记录媒介的复制	2469	381	1220	868
文教体育用品制造业	760			760
石油加工、炼焦及核燃料加工业	2498		2498	
化学原料及化学制品制造业	17789	8767	1282	7740
医药制造业	12070	15	45	12010

4—9 续表 1　　(2008 年)　　单位:万元

	合　计	国有单位	城镇集体单　位	其他单位
化学纤维制造业				
橡胶制品业	663			663
塑料制品业	752	66	568	118
非金属矿物制品业	27746	4237	1350	22159
黑色金属冶炼及压延加工业	5341			5341
有色金属冶炼及压延加工业	500			500
金属制品业	3682		2592	1090
通用设备制造业	7180	2002	612	4566
专用设备制造业	22363	6855	1687	13821
交通运输设备制造业	21871	4768	489	16614
电气机械及器材制造业	10034	942	719	8373
通信设备、计算机及其他电子设备制造业	1484	468		1016
仪器仪表及文化、办公用机械制造业	12174	1097	98	10979
工艺品及其他制造业	5113		2679	2434
电力、燃气及水的生产和供应业	32093	22809	290	8994
电力、热力的生产和供应业	25340	18880	159	6301
燃气生产和供应业	1950		131	1819
水的生产和供应业	4803	3929		874
建筑业	79059	9687	11400	57972
房屋和土木工程建筑业	66264	8606	9669	47989
建筑安装业	8359	190	1126	7043
建筑装饰业	2369		429	1940
其他建筑业	2067	891	176	1000
交通运输、仓储和邮政业	29483	17252	2189	10042
铁路运输业				
道路运输业	18955	8968	1434	8553
城市公共交通业	3206	1736	73	1397
水上运输业	337	280	57	
装卸搬运和其他运输服务业	1363	738	625	
仓储业	2308	2215		93
邮政业	3315	3315		
信息传输、计算机服务和软件业	10106	7010		3096
电信和其他信息传输服务业	9951	6992		2959
计算机服务业				
软件业	155	18		137
批发和零售业	63184	29467	16796	16921
批发业	40763	20975	10776	9012
零售业	22421	8492	6020	7909
住宿和餐饮业	10571	5671	1925	2975
住宿业	8911	5329	1296	2286
餐饮业	1660	342	629	689
金融业	37879	7295	10112	20472

4—9 续表 2　　(2008 年)　　单位:万元

	合计	国有单位	城镇集体单位	其他单位
银行业	28783	6675	10112	11996
保险业	8888	620		8268
其他金融活动	207			207
房地产业	12450	5330	615	6505
房地产开发经营	9375	3163	299	5913
物业管理	760	260	316	184
房地产中介服务	2315	1907		408
其他房地产活动				
租赁和商务服务业	23437	12139	1082	10216
租赁业	1821	395		1426
商务服务业	21616	11744	1082	8790
科学研究、技术服务和地质勘查业	25036	22623	1146	1267
研究与试验发展	3855	3499	87	269
专业技术服务业	13665	12543	905	217
科技交流和推广服务业	5215	4344	90	781
地质勘查业	2301	2237	64	
水利、环境和公共设施管理业	23011	22336	33	642
水利管理业	11518	11518		
环境管理业	7202	6589		613
公共设施管理业	4291	4229	33	29
居民服务和其他服务业	2531	1390	80	1061
居民服务业	2083	1262	63	758
其他服务业	448	128	17	303
教育	258114	220011	26235	11868
初等教育	102790	86512	11640	4638
中等教育	132475	113072	14432	4971
高等教育	11073	11034	39	
卫生、社会保障和社会福利业	83390	79216	973	3201
卫生	78306	74436	816	3054
社会保障业	2279	2279		
社会福利业	2805	2501	157	147
文化、体育和娱乐业	9535	9138	222	175
新闻出版业	1276	1276		
广播、电视、电影和音像业	3280	3039	86	155
文化艺术业	4455	4355	80	20
体育	360	360		
娱乐业	164	108	56	
公共管理和社会组织	159352	157946	199	1207
中国共产党机关	7215	7215		
国家机构	148365	147373	145	847
人民政协和民主党派	1044	1044		
群众团体、社会团体和宗教组织	2728	2314	54	360

4—10 各种分组的在岗职工平均工资

(2008年) 单位:元

	合　　计	国有单位	城镇集体单位	其他单位
总　　计	**17847**	**20268**	**14348**	**14698**
按企业、事业、机关分				
企业	15928	19665	12590	14526
事业	20753	20655	22438	20271
机关	20277	20295	8265	
按三次产业分				
第一产业	11303	12696	8023	9915
第二产业	16588	22832	14565	13963
＃工业	17825	24016	16651	14405
第三产业	18886	19769	14426	17409
按国民经济行业分				
农、林、牧、渔业	11303	12696	8023	9915
农业	10595	10516	11250	11700
林业	10029	9599	12500	12379
畜牧业	11566	12818	8889	11178
渔业	9402	13297	12000	7696
农、林、牧、渔服务业	12015	14766	7940	9618
采矿业	33055	34633	12275	14314
石油和天然气开采业	35616	36281		13898
有色金属矿采选业	19576	21313		16051
非金属矿采选业	15224	17447	12275	11702
制造业	14619	15766	16775	14089
农副食品加工业	11320	11323	12574	11220
食品制造业	9414		5926	9563
饮料制造业	13099	14295	7143	12962
烟草制品业	53663	53663		
纺织业	12801	8355	10413	13493
纺织服装、鞋、帽制造业	15745	20557	11714	13325
皮革、毛皮、羽毛(绒)及其制品业	12904			12904
木材加工及木、竹、藤、棕、草制品业	11976		10901	14065
家具制造业	8918		6456	10197
造纸及纸制品业	14423	14942	34948	12564
印刷业和记录媒介的复制	9992	5359	12993	10572
文教体育用品制造业	15833			15833
石油加工、炼焦及核燃料加工业	26267		26267	
化学原料及化学制品制造业	16147	24892	18661	11369
医药制造业	14053	16667	11538	14062

4—10 续表 1 （2008 年） 单位:元

	合计	国有单位	城镇集体单位	其他单位
化学纤维制造业				
橡胶制品业	8972			8972
塑料制品业	21364	8919	28259	15325
非金属矿物制品业	15519	12127	39941	15775
黑色金属冶炼及压延加工业	9674			9674
有色金属冶炼及压延加工业	11848			11848
金属制品业	13952		14820	12247
通用设备制造业	11753	12297	10373	11735
专用设备制造业	16706	12124	17591	20406
交通运输设备制造业	15452	13678	19878	15941
电气机械及器材制造业	17542	12577	9876	19734
通信设备、计算机及其他电子设备制造业	15720	14625		16282
仪器仪表及文化、办公用机械制造业	13645	7323	13611	14933
工艺品及其他制造业	15830		30687	10327
电力、燃气及水的生产和供应业	20312	19154	13551	24454
电力、热力的生产和供应业	23531	21062	9695	38397
燃气生产和供应业	14019		26200	13565
水的生产和供应业	13195	13346		12557
建筑业	12551	12303	11720	12772
房屋和土木工程建筑业	12047	12065	11148	12242
建筑安装业	17884	13194	18399	17976
建筑装饰业	13437		13533	13416
其他建筑业	13353	14925	14080	12107
交通运输、仓储和邮政业	13882	14153	13203	13587
铁路运输业				
道路运输业	13897	14230	12989	13720
城市公共交通业	12021	11384	11774	12935
水上运输业	9183	11336	4750	
装卸搬运和其他运输服务业	12279	10000	16801	
仓储业	15917	16133		12078
邮政业	16534	16534		
信息传输、计算机服务和软件业	17213	15219		24474
电信和其他信息传输服务业	16999	15197		23615
计算机服务业				
软件业	91176	36000		114167
批发和零售业	11857	14912	8870	11596
批发业	12605	15955	8893	12738
零售业	10703	12837	8831	10521
住宿和餐饮业	12124	11569	10316	15249
住宿业	12122	11671	10023	15322
餐饮业	12135	10179	10977	15011
金融业	21722	30270	17288	22303

4—10 续表 2 (2008 年) 单位:元

	合计	国有单位	城镇集体单位	其他单位
银行业	24165	30313	17288	31078
保险业	16293	29808		15758
其他金融活动	28750			28750
房地产业	18417	17637	17422	19217
房地产开发经营	20011	20172	14104	20355
物业管理	23529	21667	22411	29677
房地产中介服务	13213	14295		9761
其他房地产活动				
租赁和商务服务业	17614	13964	13441	26828
租赁业	20099	13668		23112
商务服务业	17432	13974	13441	27546
科学研究、技术服务和地质勘查业	19815	19782	18133	22346
研究与试验发展	19749	19504	24857	21870
专业技术服务业	20188	20579	17011	15282
科技交流和推广服务业	18793	17811	26471	25861
地质勘查业	20202	20190	20645	
水利、环境和公共设施管理业	18319	18284	13750	20000
水利管理业	18306	18306		
环境管理业	19699	19633		20433
公共设施管理业	16422	16468	13750	13810
居民服务和其他服务业	14758	14803	18605	14475
居民服务业	14495	14830	24231	13536
其他服务业	16115	14545	10000	17514
教育	21801	21690	22979	21395
初等教育	21335	20980	24094	21971
中等教育	21877	21811	22224	22412
高等教育	27402	27400	27857	
卫生、社会保障和社会福利业	22883	23310	14946	17714
卫生	22747	23140	14442	18050
社会保障业	30225	30225		
社会福利业	22209	23550	18256	12783
文化、体育和娱乐业	17374	17813	8952	15909
新闻出版业	22705	22705		
广播、电视、电影和音像业	15046	15722	5513	17033
文化艺术业	17777	17870	16000	10526
体育	21557	21557		
娱乐业	22466	34839	13333	
公共管理和社会组织	19376	19457	8844	14386
中国共产党机关	26323	26323		
国家机构	19112	19154	8480	16383
人民政协和民主党派	25842	25842		
群众团体、社会团体和宗教组织	18621	21249	10000	11180

4-11 各县（市、区）分行业

（2008

	合计	农林牧渔业	采掘业	制造业	电力燃气及水的生产和供应业	建筑业	交通运输仓储和邮政业	信息传输计算机服务和软件业	批发和零售业
全市	**678144**	**11269**	**31493**	**158929**	**15872**	**63943**	**21266**	**5837**	**53320**
宛城区	36397	2165	454	5730	440	5699	438		3761
卧龙区	31491	72		2384	310	7006	118		2344
南召县	23469	817	6	2556	533	2351	98		1820
方城县	31376	629	321	2327	1124	1195	1573	12	1961
西峡县	31031	603	113	14495	505	44	810	94	1365
镇平县	41722	1266	170	8674	1023	2646	1132		4999
内乡县	32899	458	263	8875	947	1017	1347		3035
淅川县	39078	708		13133	1191	3290	491	42	1732
社旗县	24092	1385		2860	647	4476	37		2013
唐河县	36009	82		1761	670	2563	475		4991
新野县	44179	1125		17118	714	2600	780	60	5004
桐柏县	21569	522	1635	2375	537	1546	923	85	824
邓州市	59480	1139		11487	1455	3501	2088		9795
市直	181412	298	1568	50298	5776	23888	10956	5544	9676
军工油田	43940		26963	14856		2121			

4-12 各县（市、区）分行业

（2008

	合计	农林牧渔业	采掘业	制造业	电力燃气及水的生产和供应业	建筑业	交通运输仓储和邮政业	信息传输计算机服务和软件业	批发和零售业
全市	**1206299**	**12725**	**102032**	**232311**	**32093**	**79059**	**29483**	**10106**	**63184**
宛城区	55289	1756	579	6126	551	5952	990		3940
卧龙区	45836	43		2389	422	5980	101		2286
南召县	36028	1156	13	2678	825	2501	134		2424
方城县	50275	645	250	1946	2012	1338	1578	20	2744
西峡县	60060	661	113	22554	1071	67	1399	164	1280
镇平县	75278	2195	249	10321	2670	3664	2025		5294
内乡县	55418	673	202	11452	1493	803	1419		3293
淅川县	72961	572		13137	3364	3260	431	81	2283
社旗县	37325	898		2688	1133	5003	35		1900
唐河县	55780	69		1479	1526	2267	215		3958
新野县	60486	1300		19993	1163	2967	806	90	5091
桐柏县	32576	359	3191	3823	1446	1836	1110	81	622
邓州市	105370	1978		19518	2670	6432	3784		14705
市直	344604	420	3680	91893	11747	34045	15456	9670	13364
军工油田	119013		93755	22314		2944			

在岗职工人数

年 底）

单位:人

住宿和餐饮业	金融业	房地产业	租赁和商务服务业	科学研究技术服务和地质勘查业	水利环境和公共设施管理业	居民服务和其他服务业	教育	卫生社会保障和社会福利业	文化、体育和娱乐业	公共管理和社会组织
8742	**17545**	**6458**	**13318**	**12644**	**12432**	**1719**	**119244**	**36505**	**5451**	**82157**
617	627	722	201	180	59	83	7733	3024	191	4273
600	448	68	278	171	333	237	9162	2688	294	4978
154	321	59	103	771	584	14	7007	1545	92	4638
375	666	334	159	362	207	80	9446	2764	364	7477
295	376	180	142	251	362	14	5288	1347	51	4696
407	379	297	295	471	588	131	9471	2633	282	6858
453	336	195	390	503	462	45	7105	1771	373	5324
480	363	146	564	554	536	38	8691	2086	239	4794
117		87	322	254	182	20	5354	1565	215	4558
200	878	307	455	875	881	46	10233	2636	173	8783
508	621	27	280	484	302	329	7635	2266	38	4288
	265	56	228	511	531	7	5067	1394	263	4800
781	521	616	258	1572	1349	32	14281	3158	621	6826
3755	11744	3364	9643	5685	6056	643	12771	7628	2255	9864

在岗职工工资总额

年）

单位:万元

住宿和餐饮业	金融业	房地产业	租赁和商务服务业	科学研究技术服务和地质勘查业	水利环境和公共设施管理业	居民服务和其他服务业	教育	卫生社会保障和社会福利业	文化、体育和娱乐业	公共管理和社会组织
10571	**37879**	**12450**	**23437**	**25036**	**23011**	**2531**	**258114**	**83390**	**9535**	**159352**
387	1272	1749	313	487	98	115	17415	5420	316	7823
1078	876	161	384	310	532	382	15349	5765	477	9301
203	494	148	239	1045	801	38	13173	2386	167	7603
266	755	625	192	538	335	57	21469	4800	318	10387
288	903	531	200	731	774	21	14918	4645	99	9641
628	909	588	522	1229	1236	232	23155	5684	538	14139
354	310	211	538	781	751	37	15833	6279	462	10527
622	407	227	708	1134	898	42	26390	6930	321	12154
98		149	360	461	309	21	11159	5004	266	7841
108	1514	273	413	922	834	55	21869	5497	149	14632
451	1043	54	377	699	340	393	13826	3506	69	8318
	429	65	269	749	631	9	8030	2266	266	7394
1123	952	1465	531	3623	2818	54	24367	6393	1147	13810
4965	28015	6204	18391	12327	12654	1075	31161	18815	4940	25782

4-13 各县（市、区）分行业

（2008

	合计	农林牧渔业	采掘业	制造业	电力燃气及水的生产和供应业	建筑业	交通运输仓储和邮政业	信息传输计算机服务和软件业	批发和零售业
全市	**17847**	**11303**	**33055**	**14619**	**20312**	**12551**	**13882**	**17213**	**11857**
宛城区	15194	8116	12773	10705	12511	10443	22605		10475
卧龙区	14908	5972		10073	12785	9506	8658		9845
南召县	15355	14179	21667	10509	15512	10639	13622		13305
方城县	16029	10248	7788	8334	17719	11197	10033	16250	13999
西峡县	19738	10968	9956	16262	21762	15455	17267	19294	9425
镇平县	18001	17340	14635	11898	26101	13838	17885		10585
内乡县	16826	14692	7673	12846	15914	7910	10535		10827
淅川县	18583	8129		9927	28245	9908	8770	19405	13185
社旗县	15466	6483		9399	17505	11177	9541		9438
唐河县	15489	8378		8181	22941	9034	4525		7931
新野县	13698	11557		11679	16380	11412	10338	15000	10173
桐柏县	15112	6927	19575	15967	26686	11876	12027	9595	7551
邓州市	18136	17363		17665	18629	18382	18164		15215
市直	18962	14084	23381	18147	20537	14356	14136	17306	13645
军工油田	27084		35600	14403		13931			

4-14 各县（市、区）国有分行

（2008

	合计	农林牧渔业	采掘业	制造业	电力燃气及水的生产和供应业	建筑业	交通运输仓储和邮政业	信息传输计算机服务和软件业	批发和零售业
全市	**386712**	**6524**	**29117**	**29025**	**11976**	**7866**	**12204**	**4616**	**19677**
宛城区	14602		320	1207	390		332		450
卧龙区	20004	72		514	310	55			889
南召县	16978	817			533	135	98		780
方城县	17921	505			978	451	1452	12	988
西峡县	14687	603			460	13	645	94	508
镇平县	21265	869		286	726	221	679		2322
内乡县	19370	440		627	947	76	342		959
淅川县	21890	657		44	860	1714	350	42	989
社旗县	13975	347		413	647	8			1005
唐河县	27420	82		570	670		413		1497
新野县	17987	566		644	691		554	60	345
桐柏县	15849	522	1157		315		838	85	339
邓州市	42411	809		2250	1455	1875	1440		5626
市直	91081	235	1391	17447	2994	3318	5061	4323	2980
军工油田	31272		26249	5023					

在岗职工平均工资

年）

单位：元

住宿和餐饮业	金融业	房地产业	租赁和商务服务业	科学研究技术服务和地质勘查业	水利环境和公共设施管理业	居民服务和其他服务业	教育	卫生社会保障和社会福利业	文化、体育和娱乐业	公共管理和社会组织
12124	**21722**	**18417**	**17614**	**19815**	**18319**	**14758**	**21801**	**22883**	**17374**	**19376**
6279	20287	24229	15572	27033	16559	13892	22520	17923	16524	18307
16929	19536	23721	13778	18212	15884	16378	16804	21478	16228	18749
13169	15389	25085	23165	13550	13711	27143	18797	15446	18109	16389
7126	11312	18725	12494	14854	16005	7063	22781	17366	8742	13900
9759	24027	29522	14113	29357	21387	15143	28004	34051	19373	20535
15425	25827	19801	17712	26106	21019	17679	24399	21588	19078	20317
7989	9238	10841	13782	15525	16258	8178	22247	35514	12361	19766
12967	11215	15336	12626	20477	14365	11184	30364	33225	13452	25129
8359		17069	11189	18157	16967	10700	20838	31178	12377	17203
5385	17239	8896	9079	10533	9476	11957	21360	20862	8601	16641
8880	16799	20333	13457	14434	11265	11930	18153	15470	18263	19398
	16835	11661	11803	14659	11874	13000	15836	16529	10184	15389
14477	18278	23786	20558	23048	20956	16875	18010	20314	18464	20264
13374	23999	16922	19081	21707	20757	16723	24612	24921	21545	26143

业在岗职工人数

年底）

单位：人

住宿和餐饮业	金融业	房地产业	租赁和商务服务业	科学研究技术服务和地质勘查业	水利环境和公共设施管理业	居民服务和其他服务业	教育	卫生社会保障和社会福利业	文化、体育和娱乐业	公共管理和社会组织
4872	**2405**	**2749**	**8697**	**11445**	**12087**	**943**	**102270**	**34053**	**5093**	**81093**
73			81		50		5572	2244	50	3833
514			154	171	322	237	8967	2527	294	4978
154			53	771	584	14	6764	1545	92	4638
131		285	125	176	186	77	2512	2527	208	7308
120		114	121	251	362	14	5288	1347	51	4696
170		297	236	409	588	131	4960	2268	282	6821
340		93	330	503	462	45	6798	1711	373	5324
336		146	564	554	536	38	7983	2086	197	4794
117		24	288	254	182		4463	1549	215	4463
200		180	370	766	868	46	10166	2636	173	8783
132		18	280	484	302	108	7616	2254	38	3895
		20	196	511	527	7	4957	1362	263	4750
580		514	155	1572	1349	32	14213	3113	602	6826
2005	2405	1058	5744	5023	5769	194	12011	6884	2255	9984

4—15 各县（市、区）国有分行

（2008

	合计	农林牧渔业	采掘业	制造业	电力燃气及水的生产和供应业	建筑业	交通运输仓储和邮政业	信息传输计算机服务和软件业	批发和零售业
全市	**783011**	**8269**	**98674**	**46748**	**22809**	**9687**	**17252**	**7010**	**29467**
宛城区	27120		321	789	419		667		455
卧龙区	34953	43		454	422	100			1167
南召县	28751	1156			825	142	133		1366
方城县	28399	518			1873	488	1448	19	2028
西峡县	35112	661			1026	20	1197	164	514
镇平县	44785	1671		313	2026	355	1285		2696
内乡县	39602	657		391	1493	61	277		1769
淅川县	54700	531		28	3024	1828	356	81	1625
社旗县	26198	193		247	1133	4			1097
唐河县	48932	69		255	1526		179		2631
新野县	30247	675		732	1139		592	90	329
桐柏县	24442	359	2100		1191		1058	81	334
邓州市	77225	1399		4011	2670	3201	2627		9033
市直	183586	337	3294	33528	4042	3488	7433	6575	4423
军工油田	98959		92959	6000					

4—16 各县（市、区）国有分行

（2008

	合计	农林牧渔业	采掘业	制造业	电力燃气及水的生产和供应业	建筑业	交通运输仓储和邮政业	信息传输计算机服务和软件业	批发和零售业
全市	**20268**	**12696**	**34633**	**15766**	**19154**	**12303**	**14153**	**15219**	**14912**
宛城区	18581		10059	6571	10751		20078		10102
卧龙区	17489	5972		8858	12785	18255			13505
南召县	16932	14179			15512	10533	13622		17462
方城县	15851	10263			18918	10814	9974	16250	20524
西峡县	23850	10968			22960	15000	18557	19294	10041
镇平县	20941	19223		10944	27899	16077	18929		11607
内乡县	20447	14934		6228	15914	8026	8091		18357
淅川县	24896	8144		6386	35163	10666	10160	19405	16431
社旗县	18692	5553		5973	17505	4500			10916
唐河县	17839	8378		4468	22941		4333		17587
新野县	16837	11926		11363	16572		10686	15000	9536
桐柏县	15447	6927	18225		37822		12625	9595	9853
邓州市	18613	17313		18456	18629	17088	18305		16165
市直	20070	14319	23576	19226	13717	10481	14716	15209	14196
军工油田	31553		36281	10451					

业在岗职工工资总额

年）

单位:万元

住宿和餐饮业	金融业	房地产业	租赁和商务服务业	科学研究技术服务和地质勘查业	水利环境和公共设施管理业	居民服务和其他服务业	教育	卫生社会保障和社会福利业	文化、体育和娱乐业	公共管理和社会组织
5671	**7295**	**5330**	**12139**	**22623**	**22336**	**1390**	**220011**	**79216**	**9138**	**157946**
45			93		83		12919	4105	80	7144
1006			267	310	510	382	15009	5505	477	9301
203			134	1045	801	38	12749	2389	167	7603
125		568	172	244	306	55	5479	4549	232	10295
148		380	173	731	774	21	14918	4645	99	9641
291		588	420	1100	1236	232	12766	5189	538	14079
251		122	448	781	751	37	15448	6127	462	10527
441		224	708	1134	898	42	24535	6931	267	12047
98		35	305	461	309		9330	4991	266	7729
108		103	299	863	823	55	21743	5497	149	14632
116		37	377	699	340	150	13789	3483	69	7630
		29	215	749	626	9	7846	2225	266	7354
813		1184	362	3623	2819	54	24205	6286	1126	13812
2026	7295	2060	8166	10883	12060	315	29275	17294	4940	26152

业在岗职工平均工资

年）

单位:元

住宿和餐饮业	金融业	房地产业	租赁和商务服务业	科学研究技术服务和地质勘查业	水利环境和公共设施管理业	居民服务和其他服务业	教育	卫生社会保障和社会福利业	文化、体育和娱乐业	公共管理和社会组织
11569	**30270**	**17637**	**13964**	**19782**	**18284**	**14803**	**21690**	**23310**	**17813**	**19457**
6137			11519		16560		23185	18291	16060	18639
18249			17200	18212	15731	16378	16791	21818	16228	18749
13169			25151	13550	13711	27143	18845	15465	18109	16389
9511		19930	13784	13881	16277	7143	21940	18001	11163	14095
12333		33368	14281	29357	21387	15143	28004	34051	19373	20535
17112		19801	17797	26902	21019	17679	25640	22880	19078	20339
7603		13140	13588	15525	16258	8178	22684	35871	12361	19766
13125		15336	12626	20477	14365	11184	30734	33225	13508	25129
8359		14875	10601	18157	16967		20901	31410	12377	17318
5385		5700	8076	11264	9497	11957	21376	20862	8601	16641
8788		20333	13457	14434	11265	13917	18151	15454	18263	19588
		14400	10990	14659	11886	13000	15814	16617	10184	15466
14177		23035	23335	23048	20956	16875	17972	20265	18709	20264
10062	30270	15474	14221	21692	20760	16247	24659	25438	21545	25841

4−17 各县（市、区）城镇集体单

（2008

	合计	农林牧渔业	采掘业	制造业	电力燃气及水的生产和供应业	建筑业	交通运输仓储和邮政业	信息传输计算机服务和软件业	批发和零售业
全　市	**67082**	**1315**	**211**	**12848**	**214**	**9729**	**1659**		**18948**
宛城区	5748	108	26	1109	50	1443	30		1567
卧龙区	4182			856		1350	118		1136
南召县	2166			247		710			876
方城县	9023	30	79	426		270	121		329
西峡县	822			85	45				243
镇平县	9237			1935			453		1959
内乡县	2971	18		1221			95		1086
淅川县	2568			929	16	426	120		666
社旗县	3766	987				1921	7		529
唐河县	5105			133		420	62		3428
新野县	4798	34		1127		410	226		2126
桐柏县	761								446
邓州市	6677	138		1886		335	365		3260
市　直	6511		106	1332	103	1259	62		1297
军工油田	2747			1562		1185			

4−18 各县（市、区）城镇集体单位

（2008

	合计	农林牧渔业	采掘业	制造业	电力燃气及水的生产和供应业	建筑业	交通运输仓储和邮政业	信息传输计算机服务和软件业	批发和零售业
全　市	**96148**	**1055**	**259**	**21537**	**290**	**11400**	**2189**		**16796**
宛城区	7105	100	129	1165	131	1552	132		1609
卧龙区	3714			617		994	101		834
南召县	2184			269		586			811
方城县	17570	30	38	398		306	130		209
西峡县	1365			89	45				258
镇平县	15749			2029			739		1788
内乡县	7263	16		5816			81		847
淅川县	2453			832	11	479	57		610
社旗县	3943	656				2193	4		417
唐河县	3539			83		413	36		1287
新野县	5183	35		1196		420	214		2033
桐柏县	729								260
邓州市	9409	218		2574		611	621		4174
市　直	10204		92	2673	103	1904	74		1659
军工油田	5738			3796		1942			

位分行业在岗职工人数

年）

单位：人

住宿和餐饮业	金融业	房地产业	租赁和商务服务业	科学研究技术服务和地质勘查业	水利环境和公共设施管理业	居民服务和其他服务业	教育	卫生社会保障和社会福利业	文化、体育和娱乐业	公共管理和社会组织
1889	**5885**	**330**	**805**	**632**	**24**	**43**	**11426**	**651**	**248**	**225**
275	627						14	346	50	103
14	448		124		11		29	96		
	321		12							
88	666			186		3	6512	123	156	34
52	376		21							
126	379			9			4290	86		
113	336	102								
6	363								42	
							308			14
	878		68	78	13		25			
216	621					14				24
	265									50
69	521		103							
930	84	228	477	359		26	248			

分行业在岗职工工资总额

年）

单位：万元

住宿和餐饮业	金融业	房地产业	租赁和商务服务业	科学研究技术服务和地质勘查业	水利环境和公共设施管理业	居民服务和其他服务业	教育	卫生社会保障和社会福利业	文化、体育和娱乐业	公共管理和社会组织
1925	**10112**	**615**	**1082**	**1146**	**33**	**80**	**26235**	**973**	**222**	**199**
165	1272						40	640	80	90
11	875		118		22		22	120		
	494		24							
21	755			293		2	15225	56	86	21
42	903		28							
197	909			20			9910	157		
103	311	89								
2	407								55	
							659			14
	1514		96	47	11		52			
190	1045					16				34
	429									40
89	952		170							
1105	246	525	648	786		62	327			

4-19 各县(市、区)城镇集体单位

(2008

	合计	农林牧渔业	采掘业	制造业	电力燃气及水的生产和供应业	建筑业	交通运输仓储和邮政业	信息传输计算机服务和软件业	批发和零售业
全　市	**14348**	**8023**	**12275**	**16775**	**13551**	**11720**	**13203**		**8870**
宛城区	12362	9259	49615	10504	26240	10755	44100		10270
卧龙区	8877			7204		7361	8658		7326
南召县	10082			10903		8246			9252
方城县	19477	10000	4810	9294		11333	10744		6365
西峡县	16603			10506	9867				10626
镇平县	17098			10486			16320		9121
内乡县	24438	8778		47636			8526		7793
淅川县	9537			8916	7063	11251	4717		9153
社旗县	10471	6648				11417	5000		7892
唐河县	6932			6248		9840	5806		3754
新野县	10801	10353		10613		10244	9487		9562
桐柏县	9707								5823
邓州市	14131	15812		13650		18242	17014		12878
市　直	15711		8670	20264	10019	15120	11855		12781
军工油田	20919			24334		16416			

分行业在岗职工平均工资

年)

单位:元

住宿和餐饮业	金融业	房地产业	租赁和商务服务业	科学研究技术服务和地质勘查业	水利环境和公共设施管理业	居民服务和其他服务业	教育	卫生社会保障和社会福利业	文化、体育和娱乐业	公共管理和社会组织
10316	**17288**	**17422**	**13441**	**18133**	**13750**	**18605**	**22979**	**14946**	**8952**	**8844**
5985	20287						28429	18509	16060	8718
7643	19536		9500		20364		7655	12479		
	15389		20333							
2386	11312			15774		5000	23399	4553	5513	6147
8058	24027		13143							
15603	25827			22111			23100	18291		
9115	9238	8745								
2667	11215								13190	
							21396			9857
	17239		14265	6000	8077		20680			
8843	16799					11143				14250
	16835									8000
12942	18278		16379							
12185	29548	20932	13562	21889		24000	13381			

4－20 各县(市、区)按登记注册类型分组的在岗职工

(2008 年)　　单位:人

	在岗职工	国有经济	集体经济	股份合作经济	联营经济	港澳台经济	外商经济	其它
全　市	**678144**	**386712**	**67082**	**8380**	**5517**	**7859**	**8648**	**193946**
宛城区	36397	14602	5748	1506	491	530	300	13220
卧龙区	31491	20004	4182	300		206	226	6573
南召县	23469	16978	2166	251	38	6	342	3688
方城县	31376	17921	9023	613	267	190	3	3359
西峡县	31031	14687	822				113	15409
镇平县	41722	21265	9237	908	1193	26	550	8543
内乡县	32899	19370	2971	18	792	998		8750
淅川县	39078	21890	2568	301		1391	78	12850
社旗县	24092	13975	3766	101	17	613		5620
唐河县	36009	27420	5105	149		620		2715
新野县	44179	17987	4798	815	1540	640		18399
桐柏县	21569	15849	761		100	407		4452
邓州市	59480	42411	6677	8	110	108	24	10142
市　直	181412	91081	6511	3394	969	2080	7012	70365
军工油田	43940	31272	2747	16		44		9861

4-21 离开本单位仍保留劳动关系的职工

（2008 年底） 单位:人

	合计	国有单位	城镇集体单位	其他单位
总计	**32589**	**14727**	**5041**	**12821**
按企业、事业、机关分				
企业	28489	11472	4919	12098
事业	3166	2325	118	723
机关	934	930	4	
按国民经济行业分				
农、林、牧、渔业	475	320		155
工业	12732	3843	1451	7438
采掘业	1508	1421		87
制造业	10350	1599	1449	7302
电力、燃气及水的生产和供应业	874	823	2	49
建筑业	532	168	37	327
交通运输、仓储和邮政业	1339	599	200	540
信息传输、计算机服务和软件业				
批发和零售业	11892	6280	2869	2743
住宿和餐饮业	979	175	289	515
金融业	911	399	73	439
房地产业	71	71		
租赁和商务服务业	722	58		664
科学研究、技术服务和地质勘查业	438	438		
水利、环境和公共设施管理业	48	48		
居民服务和其他服务业	1	1		
教育	826	708	118	
卫生、社会保障和社会福利业	146	146		
文化、体育和娱乐业	141	141		
公共管理和社会组织	1336	1332	4	
按三次产业分				
第一产业	475	320		155
第二产业	13264	4011	1488	7765
第三产业	18850	10396	3553	4901

4-22 离开本单位仍保留劳动关系的职工生活费

(2008 年)　　单位:万元

	合　计	国有单位	城镇集体单位	其他单位
总　　计	**13948**	**7914**	**1153**	**4881**
按企业、事业、机关分				
企业	12087	6194	1026	4867
事业	1141	1000	127	14
机关	720	720		
按国民经济行业分				
农、林、牧、渔业	119	76	6	37
工业	6880	3381	337	3162
采掘业	1738	1714		24
制造业	4404	938	337	3129
电力、燃气及水的生产和供应业	738	729		9
建筑业	448	142	31	275
交通运输、仓储和邮政业	621	246	21	354
信息传输、计算机服务和软件业				
批发和零售业	2975	1886	519	570
住宿和餐饮业	125	30	47	48
金融业	948	447	66	435
房地产业	16	16		
租赁和商务服务业	24	24		
科学研究、技术服务和地质勘查业	174	174		
水利、环境和公共设施管理业	17	17		
居民服务和其他服务业	1	1		
教育	607	481	126	
卫生、社会保障和社会福利业	76	76		
文化、体育和娱乐业	27	27		
公共管理和社会组织	890	890		
按三次产业分				
第一产业	119	76	6	37
第二产业	7328	3523	368	3437
第三产业	6501	4315	779	1407

4-23 各县(市、区)离开本单位仍保留劳动关系的职工

(2008年底)

单位:人

	合计	按登记注册类型分					按三次产业分		
		国有单位	城镇集体单位	其他单位	内资	港澳台投资	第一产业	第二产业	第三产业
全　　市	**32589**	**14727**	**5041**	**12821**	**12217**	**604**	**475**	**13264**	**18850**
宛 城 区	217	166	17	34	34			167	50
卧 龙 区	4334	2355	1412	567	566	1		836	3498
南 召 县	533	429	104				4		529
方 城 县	1755	852	121	782	782			110	1645
西 峡 县	692	159	5	528	528		15	301	376
镇 平 县	6787	1711	1447	3629	3629		96	3452	3239
内 乡 县	973	379	105	489	487	2		125	848
淅 川 县	3996	1769	800	1427	928	499	344	1587	2065
社 旗 县	65	65							65
唐 河 县	783	504	279						783
新 野 县	2050	170	230	1650	1650			1007	1043
桐 柏 县	1629	1125	291	213	115	98		838	791
邓 州 市	375	298	26	51	51		16	110	249
市　　直	7546	3987	204	3355	3351	4		3877	3669
军工油田	854	758		96	96			854	

4-24 各县(市、区)城镇失业人数和失业率

	年底失业人数(人)		登记失业率(%)	
	2007	2008	2007	2008
全　　市	**36784**	**45431**	**3.1**	**3.7**
宛 城 区	1140	1140	3.3	3.1
卧 龙 区	1078	1617	3.6	3.6
南 召 县	754	740	3.2	3.1
方 城 县	1958	1009	3.7	4.0
西 峡 县	2587	850	2.2	2.4
镇 平 县	1930	1496	3.1	2.5
内 乡 县	839	969	2.6	3.8
淅 川 县	259	231	3.5	3.5
社 旗 县	1473	1635	3.5	3.4
唐 河 县	1615	1615	3.0	3.1
新 野 县	1816	1562	3.3	2.8
桐 柏 县	2047	2111	3.4	3.4
邓 州 市	1267	1584	2.0	2.5
市　　直	18021	28872	3.3	3.7

主要统计指标解释

经济活动人口 指在16岁以上，有劳动能力，参加或要求参加社会经济活动的人口；包括从业人员和失业人员。

从业人员 指从事一定社会劳动并取得劳动报酬或经营收入的人员，包括全部职工、再就业的离退休人员、私营业主、个体户主、私营和个体从业人员、乡镇企业从业人员、农村从业人员、其他从业人员（包括民办教师、宗教职业者、现役军人等）。这一指标反映了一定时期内全部劳动力资源的实际利用情况，是研究我国基本国情国力的重要指标。

各单位的从业人员 指在各级国家机关、政党机关、社会团体及企业、事业单位中工作，取得工资或其他形式的劳动报酬的全部人员。包括在岗职工、再就业的离退休人员、民办教师以及在各单位中工作的外方人员和港澳台方人员、兼职人员、借用的外单位人员和第二职业者。不包括离开本单位仍保留劳动关系的职工。各单位的从业人员反映了各单位实际参加生产或工作的全部劳动力。

城镇私营和个体从业人员 城镇私营从业人员指在工商管理部门注册登记，其经营地址设在县城关镇（含城关镇）以上的私营企业从业人员；包括私营企业投资者和雇工。城镇个体从业人员指在工商管理部门注册登记，并持有城镇户口或在城镇长期居住，经批准从事个体工商经营的从业人员；包括个体经营者和在个体工商户劳动的家庭帮工和雇工。

城镇登记失业人员 指有非农业户口，在一定的劳动年龄内，有劳动能力，无业而要求就业，并在当地就业服务机构进行求职登记的人员。

城镇登记失业率 指城镇登记失业人数同城镇从业人数与城镇登记失业人数之和的比。计算公式为：

城镇登记失业率＝城镇登记失业人数/（城镇从业人数＋城镇登记失业人数）×100％

职工 指在国有经济、城镇集体经济、联营经济、股份制经济、外商和港、澳、台投资经济、其他经济单位及其附属机构工作，并由其支付工资的各类人员，不包括返聘的离退休人员、民办教师、在国有经济单位工作的外方人员和港、澳、台人员（1998年以后的数据均为在岗职工数据，其他相关指标如职工工资总额，职工平均工资等指标也从1998年按此口径进行了相应调整）。

国有单位职工 指在国有经济单位及其附属机构工作，并由其支付工资的各类人员。

城镇集体单位职工 指在城镇集体经济单位及其管理部门工作，并由其支付工资的各类人员。

其他单位职工 指在联营经济、股份制经济、外商投资经济、港、澳、台投资经济单位工作，并由其支付工资的各类人员。

在岗职工 指在本单位工作并由单位支付工资的人员，以及有工作岗位，但由于学习、病伤产假等原因暂未工作，仍由单位支付工资的人员。

职工工资总额 指各单位在一定时期内直接支付给本单位全部职工的劳动报酬总额。工资总额的计算原则应以直接支付给职工的全部劳动报酬为根据。各单位支付给职工的劳动报酬以及其他根据有关规定支付的工资，不论是计入成本的还是不计入成本的，不论是按国家规定列入计征奖金税项目的，还是未列入计征奖金税项目的，不论是以货币形式支付的还是以实物形式支付的，均包括在工资总额内。

奖金 指支付给职工的超额劳动报酬和增收节支的劳动报酬。

津贴和补贴 指为了补偿职工特殊或额外的劳动消耗和因其他特殊原因支付给职工的津贴，以及为了保证职工工资水平不受物价影响支付给职工的物价补贴。

职工平均工资 指企业、事业、机关单位的职工在一定时期内平均每人所得的货币工资额。它表明一定时期职工工资收入的高低程度，是反映职工工资水平的主要指标。计算公式为：职工平均工资＝报告期实际支付的全部职工工资总额/报告期全部职工平均人数

职工平均工资指数 指报告期职工平均工资与基期职工平均工资的比率，是反映不同时期职工货币工资水平变动情况的相对数。计算公式为：

职工平均工资指数＝报告期职工平均工资/基期职工平均工资

职工平均实际工资指数 职工平均实际工资指扣除物价变动因素后的职工平均工资。

职工平均实际工资指数是反映实际工资变动情况的相对数，表明职工实际工资水平提高或降低的程度。计算公式为：

职工平均实际工资指数＝报告期职工平均工资指数/报告期城镇居民消费价格指数×100％。

5

固定资产投资

资料整理：陈喜祥　张书范　许珂　杜英

5-1 历年全社会固定资产投资总额

单位:万元

	全社会固定资产投资总额	#城镇投资	农村投资
1978	28827	28827	
1979	31411	31411	
1980	15126	15126	
"六五"时期	257070	160511	96559
1981	34435	18571	15864
1982	44949	33822	11127
1983	42984	20732	22252
1984	64522	46021	18501
1985	70180	41365	28815
"七五"时期	598395	339059	259336
1986	73288	37331	35957
1987	101462	56189	45273
1988	133663	84683	48980
1989	136295	83200	53095
1990	153687	77656	76031
"八五"时期	2110359	1417192	693167
1991	175593	98435	77158
1992	286796	192685	94111
1993	415466	282231	133235
1994	481708	314480	167228
1995	750796	529361	221435
"九五"时期	5359066	3485968	1873098
1996	921418	644312	277106
1997	1157083	808175	348908
1998	1124221	753409	370812
1999	980122	572722	407400
2000	1176222	707350	468872
"十五"时期	11583835	8261419	3322416
2001	1437977	928737	509240
2002	1623120	1079820	543300
2003	2078108	1468525	609583
2004	2671708	1930517	741191
2005	3772922	2853820	919102
"十一五"时期	21098977	16649940	4449037
2006	5144331	4022191	1122140
2007	6996308	5542295	1454013
2008	8958338	7085454	1872884

5-2 各种分组的全社会固定资产投资

	1978	1980	1985	1990	1995	2000	2005	2007	2008
投资总额(万元)	**28827**	**15126**	**70180**	**153687**	**750796**	**1176222**	**3772922**	**6996308**	**8958338**
按登记注册类型分									
国有经济	28648	14955	35357	68347	297855	566697	1383714	1880756	2993128
集体经济	179	171	4639	18704	111329	240495	514596	1221712	809216
#农村			3210	14040	88345	229024	408183	805126	335019
城乡个人			30184	66636	172297	279007	510919	648887	848226
#农村			25605	61991	133090	239848	510919	648887	736487
联营经济					80	472	2460	3641	3346
股份制经济					19230	38772	875752	1430113	1688681
外商投资经济					3581	2996	39232	96352	66452
港澳台投资经济						2537	24697	70296	56856
私营经济						2447	353966	1276544	2258612
其他经济					146324	42799	67586	368007	233821
按管理渠道分									
城镇投资	28827	15126	41365	77656	529361	707350	2853820	5542295	7085454
房地产开发				1293	7610	50421	165361	323646	425226
农村投资			28815	76031	221435	468872	919102	1454013	1872884
农村非农户			3210	14040	88345	229024	408183	805126	1136397
农村农户			25605	61991	133090	239848	510919	648887	736487
按隶属关系分									
中央	23750	7468	18373	44341	156433	200498	265396	502306	624908
地方	5077	7658	51807	109346	594363	975724	3507526	6494002	8333430
按资金来源分									
上年末结余资金					3860	33684	73750	202718	115083
国家预算内资金	26672	4172	3765	5563	5898	57139	84989	125263	196566
国内贷款		1725	4260	19395	135117	157571	619195	871893	571685
债券					912	3277			
利用外资		1700		5426	115415	10426	30405	29457	31655
自筹资金		5873	56097	122347	394069	268013	1756876	4157891	6756737
其他资金	2155	1656	6058	956	95525	646112	90667	2017716	1401695
按构成分									
建筑安装工程	20231	9236	38099	69361	426556	984630	2965765	5288407	6560734
设备工器具购置	1182	5861	15911	27799	279402	138258	471489	1341759	1981447
其他费用	7414	29	16170	56527	44838	53334	335668	366142	416157
房屋建筑面积(万平方米)									
施工面积	53.23	50.58	148.65	196.29	197.48	305.98	757.22	1039.94	1217.51
#住宅	16.14	19.99	93.38	103.23	56.17	188.81	324.43	450.69	529.10
竣工面积	26.77	39.78	123.23	172.63	129.75	161.1	305.68	451.81	328.57
#住宅	8.37	17.04	76.08	97.46	41.22	100.02	129.04	116.52	87.48

5-3 按登记注册类型分的全社会固定资产投资

（2008 年） 单位:万元

	合 计	国有经济	集体经济	农 村	个人投资	农村个人
投资总额	**8958338**	**2993128**	**809216**	**335019**	**848226**	**736487**
按隶属关系分						
中央	624908	617908				
地方	8333430	2375220	809216	335019	848226	736487
按资金来源分						
上年末结余资金	115083	51604	4440	1000	1405	
国家预算内资金	196566	167478	18933	11404	220	
国内贷款	571685	328196	4100	2100	1520	
利用外资						
债券	31655	8217	4248			
自筹资金	6756737	2245838	835493	321515	51105	
其他资金	1401695	243399	49593		795381	736487
按构成分						
建筑工程	6159543	2002030	693262	300163	831445	736487
安装工程	401191	96707	28426	11930	3559	
设备、工具、器具购置	1981447	740038	68665	13251	9786	
其他费用	416157	154353	18863	9675	3436	

5-3 续表

（2008 年） 单位:万元

	联营经济	股份制经济	港澳台投资	外商投资	私营经济	其他经济
投资总额	**3346**	**1688681**	**66452**	**56856**	**2258612**	**233821**
按隶属关系分						
中央				7000		
地方	3346	1688681	66452	49856	2258612	233821
按资金来源分						
上年末结余资金		31135	13858	2060	9921	660
国家预算内资金		600		3000	955	5380
国内贷款		187404	3000	3000	43465	1000
利用外资						
债券		5960		1500	10780	950
自筹资金	2624	1361295	29344	49046	1986841	195151
其他资金	722	133422	34108	310	113420	31340
按构成分						
建筑工程	1850	897398	49107	32647	1464430	187374
安装工程	831	111548	4793	6698	123191	25438
设备、工具、器具购置	640	559657	10852	16961	562942	11906
其他费用	25	120078	1700	550	108049	9103

5-4 重点年份各县(市、区)全社会固定资产投资

单位:万元

	1978	1980	1985	1990	1995	2000	2005	2007	2008
全　市	**28827**	**15126**	**70180**	**153687**	**750796**	**1176222**	**3772922**	**6996308**	**8958338**
宛城区	80	750	1791	1283	19192	52143	147080	324527	429293
卧龙区	2253	1970	7371	12222	20330	43423	132192	261388	364954
南召县	395	457	1082	1292	22664	56584	136208	244310	316037
方城县	126	265	1101	1274	18372	60807	194897	396324	546348
西峡县	299	468	1158	1308	17473	53080	175025	476403	661873
镇平县	553	491	1463	920	37363	97923	263761	492523	608295
内乡县	203	332	1884	1458	18480	63167	223211	425755	510433
淅川县	666	534	1038	502	25376	65971	236509	500540	681601
社旗县	41	321	715	991	17912	32647	123872	228025	339695
唐河县	85	538	1510	1669	21750	93631	250565	502546	607421
新野县	126	434	1030	1100	25220	81675	199671	450890	593654
桐柏县	228	529	872	5476	26073	49797	123072	322462	455517
邓州市	194	554	1827	1828	33612	74678	187745	529818	776615
市　直	23578	7312	18523	46333	306279	350696	1379114	1840797	2066602

注:分县市区投资中:1980 年不包括城镇集体投资;1985、1990 年不包括农村农户和农村非农户投资;1995 年不包括房地产开发和农村农户投资;2005 年以后年份为 50 万元及以上项目投资。

5-5 各县(市、区)全社会固定资产投资

单位:万元

	全社会固定资产投资			1. 城镇固定资产投资			#50万元及以上项目投资			房地产开发投资		
	2008	2007	增减%	2008	2007	增减%	2008	2007	增减%	2008	2007	增减%
全　市	**8958338**	**6996308**	**28.0**	**7085454**	**5542295**	**27.8**	**6660228**	**5218649**	**27.6**	**425226**	**323646**	**31.4**
宛城区	429293	324527	32.3	349341	246129	41.9	305921	218258	40.2	43420	27871	55.8
卧龙区	364954	261388	39.6	293640	199902	46.9	224359	175129	28.1	69281	24773	179.7
南召县	316037	244310	29.4	205108	146453	40.1	198845	143588	38.5	6263	2865	118.6
方城县	546348	396324	37.9	426047	290073	46.9	405435	274489	47.7	20612	15584	32.3
西峡县	661873	476403	38.9	543820	400374	35.8	533141	390249	36.6	10679	10125	5.5
镇平县	608295	492523	23.5	345999	275348	25.7	343319	273856	25.4	2680	1492	79.6
内乡县	510433	425755	19.9	425784	351887	21.0	423559	348817	21.4	2225	3070	-27.5
淅川县	681601	500540	36.2	549910	391107	40.6	531910	381382	39.5	18000	9725	85.1
社旗县	339695	228025	49.0	204542	140447	45.6	195667	137102	42.7	8875	3345	165.3
唐河县	607421	502546	20.9	312199	253776	23.0	286301	219345	30.5	25898	34431	-24.8
新野县	593654	450890	31.7	491680	360842	36.3	474746	349842	35.7	16934	11000	53.9
桐柏县	455517	322462	41.3	346939	252812	37.2	336765	249312	35.1	10174	3500	190.7
邓州市	776615	529818	46.6	523843	392348	33.5	488374	384148	27.1	35469	8200	332.5
市　直	879263	492983	78.4	879263	492983	78.4	724547	325318	122.7	154716	167665	-7.7
高新区	97105	140204	-30.7	97105	140204	-30.7	97105	140204	-30.7			
两　属	1090234	1207610	-9.7	1090234	1207610	-9.7	1090234	1207610	-9.7			

5-5 续表

单位:万元

	2. 农村固定资产投资			其中:农村非农户投资			其中:农村农户投资		
	2008	2007	增减%	2008	2007	增减%	2008	2007	增减%
全　市	**1872884**	**1454013**	**28.8**	**1136397**	**805126**	**41.1**	**736487**	**648887**	**13.5**
宛城区	79952	78398	2.0	28484	33171	-14.1	51468	45227	13.8
卧龙区	71314	61486	16.0	47594	40769	16.7	23720	20717	14.5
南召县	110929	97857	13.4	91680	80846	13.4	19249	17011	13.2
方城县	120301	106251	13.2	38020	33081	14.9	82281	73170	12.5
西峡县	118053	76029	55.3	96697	57362	68.6	21356	18667	14.4
镇平县	262296	217175	20.8	156070	123593	26.3	106226	93582	13.5
内乡县	84649	73868	14.6	25791	21580	19.5	58858	52288	12.6
淅川县	131691	109433	20.3	87497	71161	23.0	44194	38272	15.5
社旗县	135153	87578	54.3	92512	50045	84.9	42641	37533	13.6
唐河县	295222	248770	18.7	169455	129880	30.5	125767	118890	5.8
新野县	101974	90048	13.2	48717	43873	11.0	53257	46175	15.3
桐柏县	108578	69650	55.9	88943	52636	69.0	19635	17014	15.4
邓州市	252772	137470	83.9	164937	67129	145.7	87835	70341	24.9
市　直									
高新区									
两　属									

5-6 城镇50万元及以上项目固定资产投资

	1978	1980	1985	1990	1995	2000	2005	2007	2008
投资总额(万元)	**28827**	**15126**	**35479**	**71718**	**482344**	**581673**	**2688459**	**5218649**	**6660228**
按资金来源分									
上年末结余资金					2324	33684	32594	135532	62074
国家预算内资金	26672	4172	8871	4693	4871	57139	84989	125263	164924
国内贷款		1725	4260	13200	108777	157571	580871	835840	541043
债券					912	3277			
利用外资		1700		4578	107472	10426	30405	26597	31225
自筹资金		5873	21279	44471	206259	268013	1687309	4020379	5393768
其他资金	2155	1656	92	733	76030	77945	226223	385731	529268
按隶属关系分									
中央	23750	7468	19346	46723	156433	200498	265396	502306	624908
地方	5077	7658	16133	24995	325911	381175	2423063	4716343	6035320
按构成分									
建筑安装工程	20231	8826	22451	45445	207844	390081	1942540	3547532	4498142
设备、工器具购置	1182	5889	10106	22180	239164	138258	470498	1338347	1838739
其他费用	7414	411	2922	4093	35336	53334	275421	332770	323347
按建设性质分									
#新建	26438	12429	5063	20729	218753	275105	1804575	3793131	5088145
扩建	2147	2697	25402	43474	214111	160034	411243	947949	1144174
改建			3473	2706	41715	122172	403302	279867	316986
按三次产业分									
第一产业		985	1450	2682	4064	16321	81870	108635	268929
第二产业	26207	11512	27257	62809	381147	270125	1016414	3120135	4421897
#工业	26207	11479	27074	62650	373258	265353	1014734	3118225	4421452
第三产业	2620	2629	6772	6227	97133	295227	1590175	1989879	1969402
#交通运输邮电通信业	355	750	2443	2264	34377	155337	943861	783400	415877
新增固定资产(万元)	20259	13798	22061	49485	266370	350795	1931937	3664861	6110739
房屋建筑面积(万平方米)									
施工面积	54.25	50.58	83.34	58.88	171.84	206.69	497.81	435.41	509.23
#住宅	16.26	20.49	28.11		34.73	99.49	113.68	36.32	15.82
竣工面积	42.6	38.54	68.02	38.76	111.94	118.63	222.06	243.54	190.73
#住宅	15.01	16.11	24.94	13.43	26.69	60.74	55.77	11.74	9.07

5-7 按行业分的城镇50万元及以上项目固定资产投资

（2008年）　　　　单位:万元

	投资总额	按构成分				按建设性质分		
		建筑工程	安装工程	设备购置	其他费用	新建	扩建	改建
合　　计	**6660228**	**4159274**	**338868**	**1838739**	**323347**	**5088145**	**1144174**	**316986**
(一)农、林、牧、渔业	268929	209303	9242	22160	28224	231312	29488	1600
农业	48059	38239	2403	3181	4236	42979	5080	
林业	41305	36015	100		5190	34527	6778	
畜牧业	88107	63343	5144	5227	14393	81197	6910	
渔业	2050	1360	125	65	500	2050		
农、林、牧、渔服务业	89408	70346	1470	13687	3905	70559	10720	1600
(二)采矿业	538707	300972	20124	178446	39165	493927	35160	7300
煤炭开采和洗选业								
石油和天然气开采业	333183	181538	6473	116036	29136	332363		
黑色金属矿采选业	32326	11391	4389	14536	2010	25026	7300	
有色金属矿采选业	65810	43260	3030	17690	1830	52260	9750	2300
非金属矿采选业	101140	60185	5982	28984	5989	78030	18110	5000
其他采选业	6248	4598	250	1200	200	6248		
(三)制造业	3188173	1637214	188888	1257037	105034	2286654	725847	134479
农副食品加工业	204523	120150	13182	62618	8573	163769	24421	13813
食品制造业	70243	42506	6555	19096	2086	55122	12921	1600
饮料制造业	282114	117801	21454	132588	10271	253440	7115	19179
烟草制品业	4400	4100		200	100	4400		
纺织业	336143	91178	10991	226953	7021	155006	149508	15459
纺织服装、鞋、帽制造业	31210	15175	3335	11851	849	25210	6000	
皮革、毛皮、羽毛(绒)及其制品业	9182	8542	40	570	30	5812	3370	
木材加工及木、竹、藤、棕、草制品业	47876	27127	1748	17764	1237	41458	4265	2153
家具制造业	32929	27660	2290	2504	475	29429	3500	
造纸及纸制品业	60814	43226	2517	13060	2011	55464		5350
印刷业和记录媒介的复制	29478	15505	2603	10552	818	18560	10518	
文教体育用品制造业	10490	7000	325	2635	530	10490		
石油加工、炼焦即核燃料加工业	9000	4835	626	3179	360	9000		
化学原料及化学制品制造业	236256	106964	8400	108853	12039	163068	70358	2480
医药制造业	51575	42224	2445	5816	1090	35614	11450	4100
化学纤维制造业	2794	2444	350			2794		
橡胶制品业	11270	8205	1217	1467	381	6030	5240	
塑料制品业	89814	47480	4498	35348	2488	69169	19845	
非金属矿物制品业	585496	374993	39995	147867	22641	484319	80117	20180
黑色金属冶炼及压延加工业	92570	31960	7731	49365	3514	72020	20450	100
有色金属冶炼及压延加工业	138437	42134	11660	77570	7073	117185	14700	6552
金属制品业	80257	47853	5183	24466	2755	68017	9650	840
通用设备制造业	72272	49339	5598	15846	1489	56411	12930	2931
专用设备制造业	138091	66606	11247	58354	1884	47856	87529	2706
交通运输设备制造业	109182	58153	9951	32649	8429	88102	17060	1300
电气机械及器材制造业	113058	54764	4600	50145	3549	52059	41881	8556
通信设备、计算机及其他电子设备制造业	122675	74790	3561	43714	610	119475		3000
仪器仪表及文化、办公用机械制造业	144136	56378	2278	83968	1512	35497	108039	
工艺品及其他制造业	68005	46412	4193	16631	769	37995	4980	24180
废弃资源和废旧材料回收加工业	3883	1710	315	1408	450	3883		
(四)电力、燃气及水的生产和供应业	694572	351812	49920	245865	46975	549128	114676	24168
电力、热水的生产和供应业	587075	273002	45260	227804	41009	468592	92895	18988
燃气生产和供应业	7249	4310	680	2149	110	7249		
水的生产和供应业	100248	74500	3980	15912	5856	73287	21781	5180
(五)建筑业	445	120	80	245		260		
房屋和土木工程建筑业	185			185				
建筑安装业								
建筑装饰业	260	120	80	60		260		
其他建筑业								
(六)交通运输、仓储和邮政业	347680	307639	1778	14752	23511	259044	26301	53848
铁路运输业	16814	15474		1330	10	16814		
道路运输业	276404	251230	710	6578	17886	200107	18909	52998

5－7 续表　　　　(2008 年)　　　　单位:万元

	投资总额	按构成分				按建设性质分		
		建筑工程	安装工程	设备购置	其他费用	新建	扩建	改建
城市公共交通业	8029	5463	200	2307	59	6742		
水上运输业	13410	10000		2810	600	10600		
航空运输业	350	350					350	
管道运输业								
装卸搬运及其他运输服务业								
仓储业	31393	24042	868	1527	4956	24781	6262	350
邮政业	1280	1080		200			780	500
(七)信息传输、计算机服务和软件业	68197	40309	9221	15999	2668	28152	37589	1506
电信和其他信息传输服务业	68197	40309	9221	15999	2668	28152	37589	1506
计算机服务业								
软件业								
(八)批发和零售业	277595	230530	10770	21845	14450	237571	31504	6320
批发业	156852	134447	3177	15498	3730	131986	21966	1000
零售业	120743	96083	7593	6347	10720	105585	9538	5320
(九)住宿和餐饮业	104336	86030	5912	7558	4836	93456	5550	4430
住宿业	72750	59740	3520	5700	3790	67070	2850	2430
餐饮业	31586	26290	2392	1858	1046	26386	2700	2000
(十)金融业	1864	1366	131	107	260	1807		
银行业	57			57				
证券业	1700	1270	120	50	260	1700		
保险业	107	96	11			107		
其他金融活动								
(十一)房地产业	152989	132770	10322	2727	7170	131072	17515	4402
房地产业	152989	132770	10322	2727	7170	131072	17515	4402
(十二)租赁和商务服务业	20348	16898	530	1890	1030	20348		
租赁业								
商务服务业	20348	16898	530	1890	1030	20348		
(十三)科学研究、技术服务和地质勘查业	2572	1245	250	867	210	2100		410
研究与实验发展								
专业技术服务业	512	150	250	62	50	450		
科技交流和推广服务业	2060	1095		805	160	1650		410
地质勘查业								
(十四)水利、环境和公共设施管理业	572867	522096	7028	12059	31684	440880	81604	50303
水利管理业	48776	47330	468	978		22907	10660	15209
环境管理业	58376	50586	1190	6150	450	58176		120
公共设施管理业	465715	424180	5370	4931	31234	359797	70944	34974
(十五)居民服务和其他服务业	31485	24145	1128	2132	4080	29885	800	800
居民服务业	26235	19825	980	1730	3700	24635	800	800
其他服务业	5250	4320	148	402	380	5250		
(十六)教育	75911	64622	2967	6022	2300	56945	6945	8578
教育	75911	64622	2967	6022	2300	56945	6945	8578
(十七)卫生、社会保障和社会福利业	94887	66131	5620	20312	2824	69772	7310	4532
卫生	82562	55044	5485	19538	2495	57867	7310	4532
社会保障业	420			420				
社会福利业	11905	11087	135	354	329	11905		
(十八)文化、体育和娱乐业	80187	66858	3626	6803	2900	55022	15291	2510
新闻出版业								
广播、电视、电影和音像业	4595	1635	731	2229		745	3850	
文化艺术业	18902	15628	265	2824	185	9308	580	1650
体育	9080	8945	100		35	6569	2011	500
娱乐业	47610	40650	2530	1750	2680	38400	8850	360
(十九)公共管理与社会组织	138484	99214	11331	21913	6026	100810	8594	11800
国家机构	108281	74751	8836	20113	4581	76727	4974	9300
群众社团、社会团体和宗教组织	5279	4979	100	110	90	2459	2820	
基层群众自治组织	24924	19484	2395	1690	1355	21624	800	2500
(二十)国际组织								

5-8 按行业分的城镇50万元及以上项目个数、新增固定资产

(2008年)

	施工项目(个)	新开工	全部投产项目(个)	项目建成投产率(%)	新增固定资产(万元)	固定资产交付使用率(%)
合计	**3686**	**2733**	**2827**	**76.7**	**6110739**	**91.7**
(一)农、林、牧、渔业	220	185	163	74.1	185189	68.9
农业	40	29	34	85.0	43418	90.3
林业	36	31	26	72.2	30900	74.8
畜牧业	73	66	56	76.7	47134	53.5
渔业	5	4	3	60.0	1070	52.2
农、林、牧、渔服务业	66	55	44	66.7	62667	70.1
(二)采矿业	169	119	134	79.3	484595	90.0
煤炭开采和洗选业						
石油和天然气开采业	3	3	3	100.0	332522	99.8
黑色金属矿采选业	16	12	13	81.3	25800	79.8
有色金属矿采选业	47	30	35	74.5	38640	58.7
非金属矿采选业	98	71	80	81.6	83683	82.7
其他采选业	5	3	3	60.0	3950	63.2
(三)制造业	1743	1272	1291	74.1	2199335	69.0
农副食品加工业	187	150	144	77.0	171965	84.1
食品制造业	62	38	52	83.9	58853	83.8
饮料制造业	51	37	29	56.9	55673	19.7
烟草制品业	2	2	2	100.0	4400	100.0
纺织业	144	119	119	82.6	341782	101.7
纺织服装、鞋、帽制造业	19	14	12	63.2	26060	83.5
皮革、毛皮、羽毛(绒)及其制品业	7	5	4	57.1	6328	68.9
木材加工及木、竹、藤、棕、草制品业	44	34	36	81.8	43418	90.7
家具制造业	38	27	35	92.1	29101	88.4
造纸及纸制品业	27	17	18	66.7	37009	60.9
印刷业和记录媒介的复制	20	14	15	75.0	21748	73.8
文教体育用品制造业	9	7	5	55.6	6000	57.2
石油加工、炼焦即核燃料加工业	6	6	2	33.3	4500	50.0
化学原料及化学制品制造业	97	69	68	70.1	143390	60.7
医药制造业	42	27	33	78.6	40736	79.0
化学纤维制造业	2	1	1	50.0	350	12.5
橡胶制品业	9	7	9	100.0	10390	92.2
塑料制品业	52	40	32	61.5	61515	68.5
非金属矿物制品业	503	375	388	77.1	466722	79.7
黑色金属冶炼及压延加工业	40	26	26	65.0	54020	58.4
有色金属冶炼及压延加工业	47	28	31	66.0	68025	49.1
金属制品业	61	41	49	80.3	75862	94.5
通用设备制造业	49	34	38	77.6	54541	75.5
专用设备制造业	47	36	31	66.0	57726	41.8
交通运输设备制造业	69	43	44	63.8	73942	67.7
电气机械及器材制造业	35	19	23	65.7	72422	64.1
通信设备、计算机及其他电子设备制造业	16	11	7	43.8	137915	112.4
仪器仪表及文化、办公用机械制造业	16	11	6	37.5	18497	12.8
工艺品及其他制造业	35	28	25	71.4	50212	73.8
废弃资源和废旧材料回收加工业	7	6	7	100.0	6233	160.5
(四)电力、燃气及水的生产和供应业	141	100	107	75.9	394228	56.8
电力、热水的生产和供应业	94	62	73	77.7	304071	51.8
燃气生产和供应业	9	6	7	77.8	6214	85.7
水的生产和供应业	38	32	27	71.1	83943	83.7
(五)建筑业	1	1	1	100.0	260	58.4
房屋和土木工程建筑业						

注:本表不包含房地产开发数据。

5－8 续表 (2008 年)

	施工项目（个）	新开工	全部投产项目（个）	项目建成投产率（%）	新增固定资产（万元）	固定资产交付使用率（%）
建筑装饰业	1	1	1	100.0	260	100.0
(六)交通运输、仓储和邮政业	180	124	152	84.4	1501165	431.8
铁路运输业	3		3	100.0	11414	67.9
道路运输业	143	93	120	83.9	1446511	523.3
城市公共交通业	4	3	3	75.0	6057	75.4
水上运输业	5	4	4	80.0	13410	100.0
仓储业	22	21	20	90.9	22493	71.6
邮政业	2	2	2	100.0	1280	100.0
(七)信息传输、计算机服务和软件业	29	24	23	79.3	61149	89.7
电信和其他信息传输服务业	29	24	23	79.3	61149	89.7
(八)批发和零售业	213	171	167	78.4	226513	81.6
批发业	84	58	61	72.6	93163	59.4
零售业	129	113	106	82.2	133350	110.4
(九)住宿和餐饮业	98	74	78	79.6	78035	74.8
住宿业	63	43	47	74.6	47549	65.4
餐饮业	35	31	31	88.6	30486	96.5
(十)金融业	2	2	1	50.0	164	8.8
银行业					57	100.0
证券业	1	1				
保险业	1	1	1	100.0	107	100.0
其他金融活动						
(十一)房地产业	106	64	83	78.3	132580	86.7
房地产业	106	64	83	78.3	132580	86.7
(十二)租赁和商务服务业	13	11	7	53.8	13500	66.3
商务服务业	13	11	7	53.8	13500	66.3
(十三)科学研究、技术服务和地质勘查业	5	5	4	80.0	1722	67.0
研究与实验发展						
专业技术服务业	2	2	2	100.0	512	100.0
科技交流和推广服务业	3	3	2	66.7	1210	58.7
(十四)水利、环境和公共设施管理业	386	292	324	83.9	505732	88.3
水利管理业	37	27	32	86.5	55746	114.3
环境管理业	32	23	26	81.3	56873	97.4
公共设施管理业	317	242	266	83.9	393113	84.4
(十五)居民服务和其他服务业	27	20	19	70.4	23410	74.4
居民服务业	16	14	10	62.5	19930	76.0
其他服务业	11	6	9	81.8	3480	66.3
(十六)教育	87	67	70	80.5	69402	91.4
教育	87	67	70	80.5	69402	91.4
(十七)卫生、社会保障和社会福利业	66	45	48	72.7	71188	75.0
卫生	50	34	33	66.0	57243	69.3
社会保障业					420	100.0
社会福利业	16	11	15	93.8	13525	113.6
(十八)文化、体育和娱乐业	69	54	47	68.1	48612	60.6
广播、电视、电影和音像业	4	4	4	100.0	4595	100.0
文化艺术业	22	15	14	63.6	10362	54.8
体育	10	9	8	80.0	4235	46.6
娱乐业	33	26	21	63.6	29420	61.8
(十九)公共管理与社会组织	131	103	108	82.4	113960	82.3
国家机构	99	79	80	80.8	89330	82.5
群众社团、社会团体和宗教组织	6	4	5	83.3	4680	88.7
基层群众自治组织	26	20	23	88.5	19950	80.0

注：本表不包含房地产开发数据。

5−9 各县（市、区）城镇 50 万元

（2008

	投资总额	按三次产业分			按建
		第一产业	第二产业	第三产业	新建
全市	**6660228**	**268929**	**4421897**	**1969402**	**5088145**
宛城区	305921	4340	151853	149728	269923
卧龙区	224359	9520	103164	111675	171183
南召县	198845	10364	74300	114181	186175
方城县	405435	36314	224372	144749	344513
西峡县	533141	6350	400750	126041	499129
镇平县	343319	31284	164115	147920	341828
内乡县	423559	20130	318836	84593	271928
淅川县	531910	15600	372850	143460	370110
社旗县	195667	28243	95033	72391	159817
唐河县	286301	9750	186833	89718	197654
新野县	474746	50758	322708	101280	205840
桐柏县	336765	14658	201314	120793	301595
邓州市	488374	20016	316235	152123	428316
市直	724547	10147	483906	230494	492928
高新区	97105	1455	68609	27041	95155
两属	1090234		937019	153215	752051

注：本表不包括房地产开发投资数据。

5−10 各县（市、区）分行业城镇 50 万元

（2008

	投资总额	农林牧渔业	工业	采矿业	制造业	电力燃气水的生产和供应业	建筑业	交通运输、仓储和邮政业	信息传输、计算机服务和软件业
全市	**6660228**	**268929**	**4421452**	**538707**	**3188173**	**694572**	**445**	**347680**	**68197**
宛城区	305921	4340	151593	1120	149203	1270	260	3621	100
卧龙区	224359	9520	103164	2180	99994	990		23067	
南召县	198845	10364	74300	12250	59850	2200		1082	219
方城县	405435	36314	224372	38268	151504	34600		21510	2456
西峡县	533141	6350	400750	23759	354891	22100		10330	790
镇平县	343319	31284	164115	5085	144074	14956		17617	896
内乡县	423559	20130	318836	28250	279085	11501		9704	1200
淅川县	531910	15600	372850	26000	321250	25600		30590	
社旗县	195667	28243	95033	2722	82801	9510		3750	2150
唐河县	286301	9750	186833	9120	173725	3988		15393	3750
新野县	474746	50758	322708		288758	33950		22293	7850
桐柏县	336765	14658	201314	56720	136944	7650		31822	520
邓州市	488374	20016	316235	870	260262	55103		10690	5510
市直	724547	10147	483721		402496	81225	185	37102	
高新区	97105	1455	68609		36109	32500			1150
两属	1090234		937019	332363	247227	357429		109109	41606

注：本表不包括房地产开发投资数据。

及以上项目固定资产投资

年）

单位:万元

设性质分		按构成分				新增固定资产
扩建	改建	建筑工程	安装工程	设备购置	其他费用	
1144174	**316986**	**4159274**	**338868**	**1838739**	**323347**	**6110739**
10350	18317	166845	17494	90197	31385	319421
32981	15461	124424	35999	33737	30199	153811
12670		178010	12746	5599	2490	171445
33550	13474	278805	14010	106380	6240	425507
17800	12062	473587	36743	20571	2240	544241
1491		310376	2128	30695	120	140782
103680	45301	413204	1255	4928	4172	310708
149500	12300	184380	43700	264180	39650	299610
27697	6707	127802	57489	1884	8492	165888
72429	15918	261657	7010	16010	1624	104565
187141	41323	97626	2742	341927	32451	467123
26150	8020	205556	4097	101902	25210	229681
47788	8970	257403	17801	193524	19646	515716
123072	78825	468528	21299	202982	31738	332556
		62215	10590	20210	4090	44070
297875	40308	548856	53765	404013	83600	1885615

及以上项目固定资产投资

年）

单位:万元

批发和零售业	住宿和餐饮业	金融业	房地产业	租赁和商务服务业	科学研究、技术服务和地质勘查业	水利环境和公共设施管理业	居民服务和其他服务业	教育	卫生、社会保障和社会福利业	文化、体育和娱乐业	公共管理与社会组织
277595	**104336**	**1864**	**152989**	**20348**	**2572**	**572867**	**31485**	**75911**	**94887**	**80187**	**138484**
52720	13110		24870	3700		13706	10690	4540	7130	4960	10581
5912	13320	1700	17240	1200		7666	2870	14751	6152		17797
25690	4980		23416			17883		5806	2200	21620	11285
24437	2526	164	2010		62	51660	500	5214	8793	6755	18662
4630	25749		15402	5700		48110	7950	500	610	3770	2500
41048	781		2572	4248		32398	1055	7712	20188	5265	14140
16697	6850					36880	800	5662	4140	1000	1660
5400	19600		31600	4000		25700	4300	2700	1000	14350	4220
5672	4500				350	30628		1971	4153	3460	15757
16462	250		3430		850	37809	2800	4624	1550	2150	650
13770	2730				410	27705		796	6832	3692	15202
14490	5650		700		900	56241		3600	1450	2000	3420
10275	4290					91068	520	5780	13855	1790	8345
38262			22728			95413		6755	16834	9375	4025
2130			9021	1500				3000			10240
								2500			

5-11 按登记注册类型分的城镇50

(2008

	合　计	国有经济	集体经济	联营经济
投资总额	**6660228**	**2702996**	**474197**	**846**
按隶属关系分				
中央	624908	617908		
地方	6035320	2085088	474197	846
按资金来源分				
上年末结余资金	62074	49644	3440	
国家预算内资金	164924	148976	7529	
国内贷款	541043	326596	2000	
利用外资	31225	8217	4248	
债券				
自筹资金	5393768	2014128	462674	124
其他资金	529268	205079	-2254	722
按构成分				
建筑工程	4159274	1736377	393099	
安装工程	338868	92181	16496	821
设备、工具、器具购置	1838739	731074	55414	
其他费用	323347	143364	9188	25

5-12 按登记注册类型分的农村非农

(2008

	总　计	内　资	国　有	集　体	股份合作	国有联营
投资总额	**1136397**	**1114087**	**230598**	**324742**	**6663**	**1218**
按构成分						
建筑工程	899937	881807	210712	292385	4758	624
安装工程	48208	45953	4446	11196	540	194
设备工器具购置	139706	138735	8964	12086	765	400
其他费用	48546	47592	6476	9075	600	
按资金来源分						
本年资金来源合计	1225555	1203245	236325	393095	7660	1218
上年末结余资金	3580	3580		1000		
本年资金来源小计	1221975	1199665	236325	392095	7660	1218
国家预算内资金	31642	31642	18502	11220		184
国内贷款	8158	8158		1610	490	
债券						
利用外资	430	430				
自筹资金	1120104	1103787	205831	364425	6000	1034
其他资金来源	61641	55648	11992	14840	1170	

万元及以上项目固定资产投资

年）

股份制经济	港澳台投资	外商投资	私营经济	个体经济	其他经济
1348258	**50452**	**48056**	**1756359**	**89429**	**189635**
		7000			
1348258	50452	41056	1756359	89429	189635
5380	108	60	1377	1405	660
600		3000	850	220	3749
172150			38577	1520	200
5960		1500	10750		550
1133469	29344	43246	1516129	34788	159866
36079	21108	310	190053	52901	25270
616444	33807	25097	1126360	76828	151262
97272	4793	5448	98156	1304	22397
544203	10852	16961	461751	8815	9669
90339	1000	550	70092	2482	6307

户50万元及以上固定资产投资

年）

其他联营	其他有限责任公司	股份有限公司	私营	其他内资	个体经营	个体户	个人合伙
2500	**22720**	**55920**	**425540**	**44186**	**22310**	**12065**	**10245**
1850	13210	45698	276458	36112	18130	10531	7599
10	545	2080	23901	3041	2255	420	1835
640	7723	5598	100322	2237	971	504	467
	1242	2544	24859	2796	954	610	344
2500	23520	55920	437021	45986	22310	12065	10245
		300	2280				
2500	23520	55620	434741	45986	22310	12065	10245
			105	1631			
		500	4758	800			
			30	400			
2500	21620	54020	413072	35285	16317	8822	7495
	1900	1100	16776	7870	5993	3243	2750

5-13 按行业分的农村非农户50万元及以上固定资产投资

（2008年） 单位:万元

	投资总额	按构成分				按建设性质分		
		建筑工程	安装工程	设备购置	其他费用	新建	扩建	改建
合计	**1136397**	**899937**	**48208**	**139706**	**48546**	**1002928**	**111061**	**18516**
(一)农、林、牧、渔业	**222531**	**176400**	**11327**	**16955**	**17849**	**199494**	**18090**	**4947**
农业	23253	15542	3232	1718	2761	20973	2280	
林业	34244	31014	330	700	2200	33784	160	300
畜牧业	98247	71244	4449	11907	10647	93117	5130	
渔业	800	800				800		
农、林、牧、渔服务业	65987	57800	3316	2630	2241	50820	10520	4647
(二)采矿业	**47301**	**32266**	**2169**	**11664**	**1202**	**45151**	**2040**	
煤炭开采和洗选业	60	60				60		
石油和天然气开采业	1800	40	350	1260	150	1800		
黑色金属矿采选业	6626	3786	10	2830		6626		
有色金属矿采选业	12960	7725	820	3780	635	12460	500	
非金属矿采选业	25705	20505	989	3794	417	24055	1540	
其他采选业	150	150				150		
(三)制造业	**358080**	**233586**	**19849**	**90361**	**14284**	**318238**	**36527**	**1980**
农副食品加工业	48709	34804	2841	9294	1770	41164	5975	980
食品制造业	8558	7308	110	1140		7385	323	850
饮料制造业	1725	1552	95	47	31	1725		
烟草制品业	1158	1158				1158		
纺织业	27711	18436	386	8401	488	20056	7430	
纺织服装、鞋、帽制造业	1605	1605				1605		
皮革、毛皮、羽毛(绒)及其制品业	200	200				200		
木材加工及木、竹、藤、棕、草制品业	15005	8346	1050	4869	740	14325	680	
家具制造业	1780	1416	138	203	23	1780		
造纸及纸制品业	525	125	30	320	50	525		
印刷业和记录媒介的复制	3005	2907	92		6	3005		
文教体育用品制造业	3217	1912	156	1141	8	3217		
石油加工、炼焦即核燃料加工业	2600	500	130	1890	80	2600		
化学原料及化学制品制造业	7231	5321	41	1643	226	6811	420	
医药制造业	2600	2100		500		2600		
橡胶制品业	300	51	2	241	6	300		
塑料制品业	3775	2820	213	734	8	3275	500	
非金属矿物制品业	183338	113508	11696	48970	9164	171545	11793	
黑色金属冶炼及压延加工业	5170	2040	520	2260	350	4750	350	
有色金属冶炼及压延加工业	3450	1050	200	1800	400	3450		
金属制品业	7441	5261	805	1175	200	6271	1020	150
通用设备制造业	7827	6136	124	1333	234	6340	1487	
专用设备制造业	4681	2808	381	1362	130	2272	2409	
交通运输设备制造业	3840	3480	100	150	110	2260	1580	
电气机械及器材制造业	3006	1337	36	1403	230	846	2160	
通信设备、计算机及其他电子设备制造业	1378	940	418	20		1378		
仪器仪表及文化、办公用机械制造业	150		130	20		150		
工艺品及其他制造业	8095	6465	155	1445	30	7245	400	
(四)电力、燃气及水的生产和供应业	**38393**	**23307**	**3960**	**10848**	**278**	**35253**	**2650**	**200**
电力、热水的生产和供应业	15154	8402	2832	3710	210	13064	1600	200
燃气生产和供应业	3992	3872	50	70		3992		
水的生产和供应业	19247	11033	1078	7068	68	18197	1050	

5－13 续表 1　　　　(2008 年)　　　　单位:万元

	投资总额	按构成分				按建设性质分		
		建筑工程	安装工程	设备购置	其他费用	新建	扩建	改建
(五)建筑业	**650**	**120**	**10**	**480**	**40**	**200**		
房屋和土木工程建筑业	450			450				
其他建筑业	200	120	10	30	40	200		
(六)交通运输、仓储和邮政业	**29708**	**28053**	**33**	**1134**	**488**	**20818**	**8470**	**420**
铁路运输业	613	613				613		
道路运输业	27004	25864		750	390	18614	7970	420
城市公共交通业	550	550				550		
装卸搬运及其他运输服务业	491	491				491		
仓储业	1050	535	33	384	98	550	500	
邮政业								
(七)信息传输、计算机服务和软件业	**2200**	**657**	**1209**	**200**	**134**	**2200**		
电信和其他信息传输服务业	2200	657	1209	200	134	2200		
(八)批发和零售业	**60382**	**53687**	**2136**	**1825**	**2734**	**56532**	**3850**	
批发业	25333	22063	261	1450	1559	23033	2300	
零售业	35049	31624	1875	375	1175	33499	1550	
(九)住宿和餐饮业	**11473**	**9673**	**1150**	**330**	**320**	**9084**	**2179**	
住宿业	9503	8113	1040	120	230	7524	1979	
餐饮业	1970	1560	110	210	90	1560	200	
(十一)房地产业	**25862**	**25422**	**35**	**20**	**385**	**21974**	**3888**	
房地产业	25862	25422	35	20	385	21974	3888	
(十二)租赁和商务服务业	**2985**	**2580**	**50**	**305**	**50**	**2985**		
租赁业	485	280		205		485		
商务服务业	2500	2300	50	100	50	2500		
(十三)科学研究、技术服务和地质勘查业	**1370**	**934**	**30**	**391**	**15**	**1370**		
科技交流和推广服务业	1370	934	30	391	15	1370		
(十四)水利、环境和公共设施管理业	**230465**	**220755**	**1237**	**2415**	**6058**	**198083**	**24325**	**8057**
水利管理业	33437	32585	314	74	464	25257	7550	630
环境管理业	8724	7768	350	256	350	8724		
公共设施管理业	188304	180402	573	2085	5244	164102	16775	7427
(十五)居民服务和其他服务业	**2509**	**2167**	**2**	**338**	**2**	**1214**	**1210**	
居民服务业	2509	2167	2	338	2	1214	1210	
(十六)教育	**16182**	**14786**	**223**	**770**	**403**	**13474**	**1010**	**1078**
教育	16182	14786	223	770	403	13474	1010	1078
(十七)卫生、社会保障和社会福利业	**19381**	**18226**	**505**	**295**	**355**	**17026**	**1325**	**380**
卫生	11759	10899	455	180	225	10154	1175	380
社会福利业	7622	7327	50	115	130	6872	150	
(十八)文化、体育和娱乐业	**13249**	**12653**	**145**	**275**	**176**	**13249**		
广播、电视、电影和音像业	120	120				120		
文化艺术业	3996	3550	105	195	146	3996		
体育	2100	2100				2100		
娱乐业	7033	6883	40	80	30	7033		
(十九)公共管理与社会组织	**53676**	**44665**	**4138**	**1100**	**3773**	**46583**	**5497**	**1454**
国家机构	29018	23974	2773	10	2261	24683	3843	450
群众社团、社会团体和宗教组织	1665	1665				1665		
基层群众自治组织	22993	19026	1365	1090	1512	20235	1654	1004

5-14 按行业分的农村非农户50万元及以上项目个数、新增固定资产

（2008年）

	施工项目（个）	新开工	全部投产项目（个）	项目建成投产率（%）	新增固定资产（万元）	固定资产交付使用率（%）
合计	**2047**	**1628**	**1548**	**75.6**	**859557**	**75.6**
（一）农、林、牧、渔业	**442**	**365**	**357**	**80.8**	**179108**	**80.5**
农业	42	35	35	83.3	20491	88.1
林业	67	55	54	80.6	27567	80.5
畜牧业	227	194	187	82.4	79709	81.1
渔业	1		1	100.0	800	100.0
农、林、牧、渔服务业	105	81	80	76.2	50541	76.6
（二）采矿业	**58**	**45**	**49**	**84.5**	**35016**	**74.0**
煤炭开采和洗选业	1		1	100.0	60	100.0
石油和天然气开采业	1	1	1	100.0	1800	100.0
黑色金属矿采选业	6	4	3	50.0	3750	56.6
有色金属矿采选业	7	5	5	71.4	7760	59.9
非金属矿采选业	42	35	38	90.5	21496	83.6
其他采选业	1		1	100.0	150	100.0
（三）制造业	**580**	**458**	**423**	**72.9**	**259705**	**72.5**
农副食品加工业	89	72	64	71.9	37079	76.1
食品制造业	11	9	5	45.5	3107	36.3
饮料制造业	3	1	3	100.0	1725	100.0
烟草制品业	4	4	4	100.0	1158	100.0
纺织业	39	30	30	76.9	19630	70.8
纺织服装、鞋、帽制造业	1					
皮革、毛皮、羽毛(绒)及其制品业	1					
木材加工及木、竹、藤、棕、草制品业	36	30	32	88.9	15155	101.0
家具制造业	5	4	4	80.0	1760	98.9
造纸及纸制品业	1	1	1	100.0	525	100.0
印刷业和记录媒介的复制	3	2	3	100.0	3005	100.0
文教体育用品制造业	4	1	3	75.0	2700	83.9
石油加工、炼焦即核燃料加工业	2		2	100.0	3100	119.2
化学原料及化学制品制造业	12	8	8	66.7	4878	67.5
医药制造业	2	2	2	100.0	2600	100.0
橡胶制品业	1	1	1	100.0	300	100.0
塑料制品业	9	5	5	55.6	1880	49.8
非金属矿物制品业	290	236	211	72.8	133675	72.9
黑色金属冶炼及压延加工业	7	6	6	85.7	4750	91.9
有色金属冶炼及压延加工业	3	2	2	66.7	3450	100.0
金属制品业	12	11	6	50.0	3865	51.9
通用设备制造业	10	9	8	80.0	5400	69.0
专用设备制造业	9	7	6	66.7	2399	51.2
交通运输设备制造业	3	3	1	33.3	800	20.8
电气机械及器材制造业	5	4	3	60.0	1550	51.6
通信设备、计算机及其他电子设备制造业	5	3	3	60.0	548	39.8
仪器仪表及文化、办公用机械制造业	1	1	1	100.0	150	100.0
工艺品及其他制造业	12	6	9	75.0	4516	55.8
（四）电力、燃气及水的生产和供应业	**66**	**41**	**51**	**77.3**	**30533**	**79.5**
电力、热水的生产和供应业	21	11	13	61.9	10825	71.4
燃气生产和供应业	14	10	13	92.9	2645	66.3
水的生产和供应业	31	20	25	80.6	17063	88.7

5－14 续表 (2008 年)

	施工项目(个)	新开工	全部投产项目(个)	项目建成投产率(%)	新增固定资产(万元)	固定资产交付使用率(%)
(五)建筑业	**1**	**1**	**1**	**100.0**	**650**	**100.0**
房屋和土木工程建筑业					450	100.0
其他建筑业	1	1	1	100.0	200	100.0
(六)交通运输、仓储和邮政业	**127**	**100**	**78**	**61.4**	**23556**	**79.3**
铁路运输业	1	1				
道路运输业	117	90	75	64.1	22256	82.4
城市公共交通业	3	3	1	33.3	550	100.0
装卸搬运及其他运输服务业	1	1				
仓储业	5	5	2	40.0	750	71.4
(七)信息传输、计算机服务和软件业	**2**	**2**	**2**	**100.0**	**2200**	**100.0**
电信和其他信息传输服务业	2	2	2	100.0	2200	100.0
(八)批发和零售业	**88**	**69**	**62**	**70.5**	**48262**	**79.9**
批发业	30	24	20	66.7	22640	89.4
零售业	58	45	42	72.4	25622	73.1
(九)住宿和餐饮业	**21**	**14**	**15**	**71.4**	**10448**	**91.1**
住宿业	16	10	12	75.0	9488	99.8
餐饮业	5	4	3	60.0	960	48.7
(十一)房地产业	**29**	**22**	**21**	**72.4**	**19779**	**76.5**
房地产业	29	22	21	72.4	19779	76.5
(十二)租赁和商务服务业	**5**	**4**	**4**	**80.0**	**2785**	**93.3**
租赁业	3	2	2	66.7	285	58.8
商务服务业	2	2	2	100.0	2500	100.0
(十三)科学研究、技术服务和地质勘查业	**6**	**5**	**6**	**100.0**	**1890**	**138.0**
科技交流和推广服务业	6	5	6	100.0	1890	138.0
(十四)水利、环境和公共设施管理业	**324**	**275**	**237**	**73.1**	**171871**	**74.6**
水利管理业	59	49	49	83.1	24740	74.0
环境管理业	17	13	5	29.4	4476	51.3
公共设施管理业	248	213	183	73.8	142655	75.8
(十五)居民服务和其他服务业	**3**	**1**	**2**	**66.7**	**1299**	**51.8**
居民服务业	3	1	2	66.7	1299	51.8
(十六)教育	**63**	**44**	**56**	**88.9**	**13932**	**86.1**
教育	63	44	56	88.9	13932	86.1
(十七)卫生、社会保障和社会福利业	**68**	**49**	**51**	**75.0**	**11426**	**59.0**
卫生	37	29	27	73.0	5905	50.2
社会福利业	31	20	24	77.4	5521	72.4
(十八)文化、体育和娱乐业	**40**	**30**	**31**	**77.5**	**8045**	**60.7**
广播、电视、电影和音像业	1	1	1	100.0	120	100.0
文化艺术业	20	13	18	90.0	3349	83.8
体育	2	2	2	100.0	2100	100.0
娱乐业	17	14	10	58.8	2476	35.2
(十九)公共管理与社会组织	**124**	**103**	**102**	**82.3**	**39052**	**72.8**
国家机构	54	45	50	92.6	26808	92.4
群众社团、社会团体和宗教组织	3	2	1	33.3	152	9.1
基层群众自治组织	67	56	51	76.1	12092	52.6

5—15 各县(市、区)农村非农户50万元及以上项

(2008

	投资总额	按三次产业分			按建
		第一产业	第二产业	第三产业	新建
全　市	**1136397**	**222531**	**444424**	**469442**	**1002928**
宛城区	28484	18167	270	10047	23164
卧龙区	47594	10860	17275	19459	33471
南召县	91680	4860	28840	57980	90580
方城县	38020	4357	11429	22234	33532
西峡县	96697	14417	53424	28856	92527
镇平县	156070	24354	66757	64959	151657
内乡县	25791	6712	9537	9542	18184
淅川县	87497	15120	33537	38840	53187
社旗县	92512	30477	22860	39175	83621
唐河县	169455	43175	68563	57717	149753
新野县	48717	10167	27110	11440	38577
桐柏县	88943	10560	36573	41810	75308
邓州市	164937	29305	68249	67383	159367

5—16 各县(市、区)农村非农户50万元

(2008

	投资总额	农林牧渔业	工业	采矿业	制造业	电力燃气水的生产和供应业	建筑业	交通运输、仓储和邮政业	信息传输、计算机服务和软件业
全　市	**1136397**	**222531**	**443774**	**47301**	**358080**	**38393**	**650**	**29708**	**2200**
宛城区	28484	18167	70			70	200	452	
卧龙区	47594	10860	17275	1146	16129			250	
南召县	91680	4860	28840	10730	17610	500		1460	
方城县	38020	4357	11429	6303	4896	230		4830	
西峡县	96697	14417	53424	5270	42504	5650		1440	1100
镇平县	156070	24354	66757	4452	49933	12372		5639	
内乡县	25791	6712	9537	1350	8187				
淅川县	87497	15120	33537	1420	28337	3780		4950	
社旗县	92512	30477	22860	820	21840	200		285	1100
唐河县	169455	43175	68563	810	64551	3202		1928	
新野县	48717	10167	27110	600	26010	500		1090	
桐柏县	88943	10560	36123	14400	20254	1469	450	6644	
邓州市	164937	29305	68249		57829	10420		740	

目按三次产业和构成分的固定资产投资

年）

单位：万元

设 性 质 分		按	构	成	分	新增固定资产
扩　建	改　建	建筑工程	安装工程	设备购置	其他费用	
111061	**18516**	**899937**	**48208**	**139706**	**48546**	**859557**
2390	2930	17351	1396	5227	4510	28484
11574	1834	27523	5025	7367	7679	34618
1100		88220	1905	1400	155	80080
2493	1395	35079	136	2450	355	33850
2870	850	87383	4163	4531	620	96697
4413		152237	212	2783	838	31352
6987	500	24312		479	1000	21292
34310		56160	4810	21077	5450	70397
8849		60237	25349	40	6886	86197
16655	2757	164793	922	3386	354	85300
4190	5950	17589	316	25025	5787	49357
9660	2300	61720	937	18170	8116	78803
5570		107333	3037	47771	6796	163130

及以上项目分行业固定资产投资

年）

单位：万元

批发和零售业	住宿和餐饮业	房地产业	租赁和商务服务业	科学研究、技术服务和地质勘查业	水利环境和公共设施管理业	居民服务和其他服务业	教育	卫生、社会保障和社会福利业	文化、体育和娱乐业	公共管理与社会组织
60382	**11473**	**25862**	**2985**	**1370**	**230465**	**2509**	**16182**	**19381**	**13249**	**53676**
6600				500	2245				250	
1780	589				1813		505	1349		13173
2240	3470	15770			27770		970	1000	1850	3450
4400	800			870	8359		1322	800	750	103
2150	4118	3200			11466	850	1556	1000	766	1210
6788	636	5172			19075	364	3309	9186	3305	11485
650					8322		120	450		
2100		1600	500		23340		450	150	2000	3750
7930	150				8020		360	1315	230	19785
11790	710	120	200		31130	1210	3570	3061	3878	120
300					8960		660	280		150
1690	1000		2285		26136	85	2510	790	220	450
11964					53829		850			

5—17 各县（市、区）农户固定

（2008

	农村固定资产投资额	按投资构成分		
		建筑工程	设备工器具购置	其他
全　　市	**736487**	**635221**	**79753**	**21513**
宛城区	51468	39453	4055	7960
卧龙区	23720	23298	422	
南召县	19249	14036	4412	801
方城县	82281	75292	4344	2645
西峡县	21356	17571	3688	97
镇平县	106226	82112	23404	710
内乡县	58858	54218	1996	2644
淅川县	44194	41267	2927	
社旗县	42641	32410	4138	6093
唐河县	125767	121113	4654	
新野县	53257	35389	17868	
桐柏县	19635	13991	5081	563
邓州市	87835	85071	2764	

5—17 续表　　（2008

	按具体投资项			
	房屋	住宅	道路	设备
全　　市	**624257**	**617020**	**79752**	**8092**
宛城区	39453	35045	4055	
卧龙区	23298	22076	422	
南召县	10350	10179	4411	2540
方城县	75291	74071	4344	
西峡县	17571	17571	3688	
镇平县	82112	82112	23404	
内乡县	54068	54069	1996	150
淅川县	41267	41267	2927	
社旗县	27009	27009	4138	5402
唐河县	121113	121113	4654	
新野县	33663	33663	17868	
桐柏县	13991	13774	5081	
邓州市	85071	85071	2764	

资产投资完成情况

年）　　　　单位：万元

按投资方向分						
第一产业	第二产业	工业	第三产业	交通运输仓储及邮电业	文化教育事业	卫生体育福利和社会服务业
74391	**12402**	**12402**	**649694**	**22494**	**247**	**7963**
15009			36459			1414
422			23298			
7005	1229	1229	11015		115	335
7862	348	349	74071			
2015			19341	1770		
1216	6687	6687	98323	16210		
2554			56304	1959	132	
2927			41267			
11494	4138	4138	27009			
1486			124281			3168
19517			33740			77
120			19515	2555		2969
2764			85071			

年）　　　　单位：万元

目分	本年施工房屋面积（万平方米）		本年竣工房屋面积（万平方米）	
其他		住宅		住宅
24386	**1689**	**1625**	**1661**	**1579**
7960	195	153	195	153
	49	46	49	46
1948	60	60	60	60
2646	196	188	196	188
97	89	89	89	89
710	233	233	233	233
2644	114	114	114	114
	101	101	73	73
6092	60	60	60	60
	246	246	246	246
1726	84	84	84	84
563	57	46	57	46
	205	205	205	205

5-18 计划总投资亿元

(2008

单位名称	项目名称	计划总投资
南阳市移民局	南水北调中线移民工程	508200
河南岭南高速公路有限公司	新建高速公路	456569
南阳市宛坪高速公路有限公司	内乡一省界段建设	437751
南阳天益发电有限责任公司	鸭电二期项目	429083
南阳市宛坪高速公路有限公司	南阳一内乡段建设	243943
南阳市供电公司	高压试验示范工程	224170
河南石油勘探局	更新改造	190000
唐河县时代矿业有限公司	铜镍矿开采	189000
南阳热电有限责任公司	热电联产	179000
河南驿宛高速公路有限公司	新建高速公路	176770
桐柏安棚碱矿有限责任公司	三期工程年产 100 万吨纯碱项目	150000
河南天冠集团有限公司	30 万吨/年燃料乙醇项目	149833
河南天冠企业集团有限公司	30 万吨玉米综合加工项目	113600
河南中光学集团有限公司	数字微显光学引擎大规模生产能力建设	110000
唐河县王集昱鑫碱业有限公司	碱矿开采	100000
南阳金冠集团有限公司	MD 高清电视项目	81870
南阳市鸭河口灌区管理局	续建配套项目	79200
河南石油勘探局	基本建设	71600
淅川县铝业集团有限公司	年产 10 万吨 PS 板及铝箔毛料一期工程	70000
河南石油勘探局	其他投资	65000
方城县讯天宇科技开发有限公司	多晶硅项目	60000
河南龙成集团	技术改造	50000
南阳德美奥翔公司	建设光彩大世界	50000
河南中光学集团有限公司	光电新区一期工程建设项目	49390
南阳市建设委员会	仲景北路扩建工程	46500
内乡县仙鹤纸业有限公司	10 万吨高档文化用纸项目	45000
河南淅川水泥有限公司	日产 4500 吨新型干法水泥熟料生产线项目	45000
南阳市卧龙区银海市场开发有限公司	物流钢材市场建设	43000
乐凯集团第二胶片厂	数码版材生产线项目	40609
淅川县永煤集团有限公司	厂房修建及设施配套	40000
淅川县九信电化有限公司	4 台 25500KVA 电石炉工程	40000
科尔沁牛业南阳有限公司	十万头肉牛产业系列开发	39000
河南中南工业有限责任公司	高品级工业钻石技术改造项目	37600
南阳市建设委员会	白河以北区域热力管网建设	35494
西峡县龙成集团	边铸结晶器铜板项目	35300
南阳天羽有色金属压延有限公司	10 吨 ps 版基生产线	35000
大唐邓州生物热电公司	发电厂建设	32000
南阳中南金刚石有限公司	高品级工业钻石项目	30000
南召县旅游局	莲花温泉开发项目	30000
唐河泰隆水泥有限公司	泰隆水泥新型干法生产线项目	30000

及 以 上 项 目 情 况

年）

单位:万元

累计完成投资	本年完成投资	建筑工程	安装工程	设备购置	其他费用	本年新增固定资产
18060	18060	18060				
459469	81511	66553		1288	13670	459469
434944	9100	9100				434944
393388	40784	3560	7561	7856	21807	40784
235286	2307	2307				235286
222170	195563	78650	8835	96713	11365	
195763	195763	97172	5874	90540	2177	199365
6600	6600	6600				
167500	32500	10500	2400	19600		
164360	15841	15841				164360
90432	64784	24084		35700	5000	
149833	73094	30102	5000	37992		
113412	113412	29548	10056	65632	8176	
108013	104089	33400	1500	69189		
2500	2500	2500				
81870	80285	41820	2561	35904		80285
15400	1800	1800				
71600	71600	37376	599	24676	8949	69187
61100	36800	800	2800	32400	800	
65000	65000	46990			18010	63150
60000	20400	16000	100	4300		51000
25000	10500	9400	1100			10500
38793	38262	38262				
3100	3100	2100			1000	
24479	23975	18285			5690	
43325	27595	27595				
37000	14000	400	3200	9600	800	
8000	8000	4000			4000	
40609	40609	13591	1000	26018		38336
36800	21400	500	400	19800	700	
22100	22100	600	500	20600	400	
28898	28898	21858			7040	
35216	35066	18036		17030		
35696	35696	35696				35696
5200	5200	3200	800	1000	200	5200
14892	14892	4659	500	6500	3233	14892
32000	32000	10580	2420	18700	300	32000
2350	2350	1210			1140	
10000	10000	10000				
23050	10250	6200	300	3750		

5—18 续表 1 （2008

单位名称	项目名称	计划总投资
河南桂园公司桐柏方便面厂	方便面制造项目	30000
南阳市建设委员会	车站北路新建工程	29157
淅川县福森药业有限公司	新上镁粉、铝镁合金加工项目	29000
南阳飞龙汽车零部件有限公司	年产 300 万只汽车水泵、排气管	28000
新野纺织股份有限公司	10 万锭高支紧密纱纺织项目	27900
河南新野纺织股份有限公司	高档服装面料生产线	27600
南阳二机石油装备集团有限公司	大型数字化钻机开发项目	27500
南阳市公路局	S331 申营一草店段	26846
河南龙大牧原肉食品有限公司	高档肉食品加工项目	26000
南阳防爆集团有限公司	技术改造项目	26000
西峡县龙成集团	建成结晶器铜板生产线	25300
南召县云钢铸造有限公司	450 立方米高炉锰铁项目	25000
中电投南阳方城风力发电有限公司	南阳方城风电一期	24900
河南三色鸽豆业有限公司	河南三色鸽食品加工项目	22740
南阳市建设委员会	仲景大桥新建工程	22000
中国北方红阳工业有限公司	汽车车桥等生产线改造	21000
南阳裕祥纺织有限公司	5 万锭高支纱项目	21000
南阳市污水净化中心	污水处理厂 2 期工程	20985
南阳娃哈哈昌盛饮料有限公司	新建热灌装和奶饮料生产线项目	20904
乐凯集团第二胶片厂	新建市“发动机计划”项目	20680
南阳市公路局	S331 南召县城至宛洛界	20048
南阳红宇机电有限公司	专用车辆生产项目	20000
淅川县丹江疗养基地	疗养基地二期工程建设	20000
南阳市卧龙区金光数显有限公司	光显数字高清晰大屏幕电视及投影产业化建设	20000
淅川县腾达合金有限公司	工厂修建及生产设施装备	20000
南阳市体育局	体育中心馆场建设	19970
中国移动通讯有限公司南阳分公司	网络维护升级	19850
新野县华星棉纺厂	新上 6 万纱锭及 300 台织机	19600
河南天冠企业集团有限公司	酒精生产高效节能生产整体改造	19088
河南中南工业有限责任公司	人造金刚石生产线技术改造	19043
南阳高新区创业服务中心	光电孵化园	19000
南阳高新区管委会	创业大厦	18000
南阳市中心医院	综合病房楼	18000
南阳市建设委员会	张衡东路新建工程	17110
南阳市供电公司	西峡输变电工程	16248
南阳市沣润纸业有限公司	新建	16000
方城县宛北水泥有限责任公司	油井专用特种水泥技术改造项目	16000
南阳市海泳纺织制衣企业有限公司	新建 10 锭棉纺织品项目	16000
南阳市水利局	唐白河综合治理工程	15083
河南北方红阳工业有限公司	汽车整体车桥、液压破碎锤和汽车连杆项目	15011

年）

单位:万元

累计完成投资	本年完成投资	建筑工程	安装工程	设备购置	其他费用	本年新增固定资产
12000	2000			2000		
29157	26957	21750			5207	26957
27360	27360	800	2300	23460	800	
6700	6700	4400		100	2200	
27900	27900	1105	182	25798	815	27900
27600	19100		145	18955		27600
25408	24708	5126	1912	17670		
13300	5300	5300				5300
3016	3016	3016				
25147	24146	11130	709	12087	220	4466
5100	5100	4000	600	400	100	5100
6000	6000	2000		4000		
23900	23900	19797	100	4003		
5076	2800	2800				800
400	400				400	
21000	21000	11047	3200	6753		19885
11350	6050	3000	533	2517		6050
2396	2396				2396	
20904	20904	6500	933	12971	500	20904
15311	8126	3229		4897		6126
8442	5960	5960				5960
1650	1600	1000			600	
19550	7300	6800			500	
6550	3210	1260	800	850	300	
19650	1800	200	400	1200		
12711	2011	2011				
19850	12522	6767		3105	2650	12522
19600	12840		144	12696		19600
14922	12281	12281				
19274	18575	2483	7778	8314		18575
7650	6300	6300				
17440	7900	2000	5840	60		
12048	8658	7413	1245			
17110	15214	12214			3000	
16248	13448	6944	754	4000	1750	13448
16000	520	520				16000
7000	7000	2300		4200	500	
12000	7000	4120	300	2580		7000
15083	9979	9979				9979
5650	1950	1950				

5—18 续表 2 （2008

	项 目 名 称	计划总投资
方城县金红石选矿厂	选矿设备及生产线	15000
天瑞集团南召水泥有限公司	新建水泥粉磨站项目	15000
西峡灌河水泥有限责任公司	水泥粉磨生产线	15000
卧龙区凯盛公司	龙腾建设	15000
南召县恒基水泥有限公司	水泥制造二期工程	15000
西峡县通宇冶材集团有限公司	年产 2 万吨连铸迂轧配件	15000
河南天冠企业集团有限公司	3 万吨/年全降解塑料项目	15000
南阳市金鹏机电集团有限公司	年产 2 万吨高强度园环链条基地建设项目	15000
桐柏县安棚化工城铁路货运站	修化工城连接宁南铁路专线	15000
南阳市公路局	S249 内乡赤眉至板场	14964
邓州市惠康管理有限公司	复合管生产建设	13500
南阳市星康苑老年活动中心	新建活动中心	13000
唐河县麦龙食品有限公司	食品加工生产线建设项目	13000
南阳防爆集团有限公司	防爆电机项目	13000
南阳市水利局	农村饮水安全工程	12800
卧龙区交通局	节能环保冶材项目	12600
邓州市熙华纺织有限公司	二期工程建设	12260
南阳防爆集团重型电机有限公司	新建重型防爆电机生产项目	12000
淅川县天然纤维无公害饲料厂	新厂修建	12000
南阳华祥光学有限公司	新建合色棱镜、锥体棱镜及望远镜生产线项目	12000
西峡县宛药公司	绿色包装生产线	12000
南阳防爆集团有限公司	“发动机”项目	12000
南阳市纵横丝绸纺织有限责任公司	生产区搬迁扩建项目	12000
新野县财政局	设备采购	11600
邓州市华纺有限公司	二期工程建设	11303
唐河县王集乡移民办	移民安置	11200
南阳英宝电子有限公司社旗公司	电子产品生产线建设	11000
河南福森药业有限公司	年产 2000 万瓶盐酸氟桂利嗪氯化钠大输液项目	11000
唐河县福林先科航模有限公司	建先科航模有限公司	11000
西峡县鑫龙保温材料有限公司	镀铝锌钢带彩涂板生产线的升级和改造	11000
西峡县志城冶材公司	冶材加工	11000
新野纺织股份有限公司	气流纺高档 OE 纱项目设备购置	10970
南阳鸭河口发电有限责任公司	2×350 机组烟气脱硫项目	10700
新野县鼎盛电子科技有限公司	PCB 辅助材料生产线	10700
南阳知府衙门博物馆	修复工程	10700
南阳市供电公司	桐柏输变电工程	10195
镇平县中联水泥公司	余热发电项目	10135
南阳金冠电器有限公司	1440 台/年超特高压避雷器及互感器项目	10130
南阳太圣实业有限公司	药品包装生产线	10000

年）

单位:万元

累计完成投资	本年完成投资	建筑工程	安装工程	设备购置	其他费用	本年新增固定资产
10000	10000	4200	200	5600		
15000	6300	6300				6300
15000	1000	900	100			1000
15010	5200	2900	1330	500	470	15000
15000	7000	7000				7000
4500	4500	2800	500	1000	200	4500
10960	8666	1150		7516		
5020	5020	4439	30	551		
15000	15000	13660		1330	10	9600
12400	8020	8020				8020
13500	13500	3450	120	9580	350	13500
6400	6400	3400			3000	6400
4600	4600	4600				
16018	15437	7766	728	5671	1272	5037
12800	12800	12800				12800
1500	1500	500	400	300	300	
12260	12260	4240	1025	4865	2130	12260
8650	5100	5100				
12000	5700	200	300	4800	400	5700
7100	6500	6500				
10100	50	50				50
10715	9665	5969	5	3679	12	182
7055	5955	5955				
11600	11600			11600		11600
11303	11303	2397	65	8391	450	11303
250	250	250				
9000	5000	5000				
11000	800		200	200	400	800
9850	9850	6600	1800	1450		
2600	2600	2200	300	100		2600
11550	50	50				50
10970	10970			10970		10970
10700	8628		5122	3506		10700
10700	10700	600	92	9508	500	10700
7266	4670	4661			9	
10195	9045	7084	190	1221	550	9353
10052	9452	6422	30	3000		
10131	8556	8556				8556
10100	50	50				50

5-19 当年完成投资5000万

（2008

单位名称	项目名称	计划总投资
河南石油勘探局	更新改造	190000
南阳市供电公司	高压试验示范工程	224170
河南天冠企业集团有限公司	30万吨玉米综合加工项目	113600
河南中光学集团有限公司	数字微显光学引擎大规模生产能力建设	110000
河南岭南高速公路有限公司	新建高速公路	456569
南阳金冠集团有限公司	MD高清电视项目	81870
河南天冠集团有限公司	30万吨/年燃料乙醇项目	149833
河南石油勘探局	基本建设	71600
河南石油勘探局	其他投资	65000
桐柏安棚碱矿有限责任公司	三期工程年产100万吨纯碱项目	150000
南阳天益发电有限责任公司	鸭电二期项目	429083
乐凯集团第二胶片厂	数码版材生产线项目	40609
南阳德美奥翔公司	建设光彩大世界	50000
淅川县铝业集团有限公司	年产10万吨PS板及铝箔毛料一期工程	70000
南阳市建设委员会	白河以北区域热力管网建设	35494
河南中南工业有限责任公司	高品级工业钻石技术改造项目	37600
南阳热电有限责任公司	热电联产	179000
大唐邓州生物热电公司	发电厂建设	32000
科尔沁牛业南阳有限公司	十万头肉牛产业系列开发	39000
新野纺织股份有限公司	10万锭高支紧密纱纺织项目	27900
内乡县仙鹤纸业有限公司	10万吨高档文化用纸项目	45000
淅川县福森药业有限公司	新上镁粉、铝镁合金加工项目	29000
南阳市建设委员会	车站北路新建工程	29157
南阳二机石油装备集团有限公司	大型数字化钻机开发项目	27500
南阳防爆集团有限公司	技术改造项目	26000
南阳市建设委员会	仲景北路扩建工程	46500
中电投南阳方城风力发电有限公司	南阳方城风电一期	24900
淅川县九信电化有限公司	4台25500KVA电石炉工程	40000
淅川县永煤集团有限公司	厂房修建及设施配套	40000
中国北方红阳工业有限公司	汽车车桥等生产线改造	21000
南阳娃哈哈昌盛饮料有限公司	新建热灌装和奶饮料生产线项目	20904
方城县讯天宇科技开发有限公司	多晶硅项目	60000
河南新野纺织股份有限公司	高档服装面料生产线	27600
河南中南工业有限责任公司	人造金刚石生产线技术改造	19043
南阳市移民局	南水北调中线移民工程	508200
河南驿宛高速公路有限公司	新建高速公路	176770
南阳防爆集团有限公司	防爆电机项目	13000
南阳市建设委员会	张衡东路新建工程	17110
桐柏县安棚化工城铁路货运站	修化工城连接宁南铁路专线	15000
南阳天羽有色金属压延有限公司	10吨ps版基生产线	35000
河南淅川水泥有限公司	日产4500吨新型干法水泥熟料生产线项目	45000
邓州市惠康管理有限公司	复合管生产建设	13500

元及以上项目情况

年）

单位：万元

累计完成投资	本年完成投资	建筑工程	安装工程	设备购置	其他费用	本年新增固定资产
195763	195763	97172	5874	90540	2177	199365
222170	195563	78650	8835	96713	11365	
113412	113412	29548	10056	65632	8176	
108013	104089	33400	1500	69189		
459469	81511	66553		1288	13670	459469
81870	80285	41820	2561	35904		80285
149833	73094	30102	5000	37992		
71600	71600	37376	599	24676	8949	69187
65000	65000	46990			18010	63150
90432	64784	24084		35700	5000	
393388	40784	3560	7561	7856	21807	40784
40609	40609	13591	1000	26018		38336
38793	38262	38262				
61100	36800	800	2800	32400	800	
35696	35696	35696				35696
35216	35066	18036		17030		
167500	32500	10500	2400	19600		
32000	32000	10580	2420	18700	300	32000
28898	28898	21858			7040	
27900	27900	1105	182	25798	815	27900
43325	27595	27595				
27360	27360	800	2300	23460	800	
29157	26957	21750			5207	26957
25408	24708	5126	1912	17670		
25147	24146	11130	709	12087	220	4466
24479	23975	18285			5690	
23900	23900	19797	100	4003		
22100	22100	600	500	20600	400	
36800	21400	500	400	19800	700	
21000	21000	11047	3200	6753		19885
20904	20904	6500	933	12971	500	20904
60000	20400	16000	100	4300		51000
27600	19100		145	18955		27600
19274	18575	2483	7778	8314		18575
18060	18060	18060				
164360	15841	15841				164360
16018	15437	7766	728	5671	1272	5037
17110	15214	12214			3000	
15000	15000	13660		1330	10	9600
14892	14892	4659	500	6500	3233	14892
37000	14000	400	3200	9600	800	
13500	13500	3450	120	9580	350	13500

5－19 续表 1 （2008

单　位　名　称	项　目　名　称	计划总投资
南阳市供电公司	西峡输变电工程	16248
新野县华星棉纺厂	新上 6 万纱锭及 300 台织机	19600
南阳市水利局	农村饮水安全工程	12800
中国移动通讯有限公司南阳分公司	网络维护升级	19850
河南天冠企业集团有限公司	酒精生产高效节能生产整体改造	19088
邓州市熙华纺织有限公司	二期工程建设	12260
中国网通集团南阳分公司	本地网新扩建工程	9913
新野县财政局	设备采购	11600
邓州市华纺有限公司	二期工程建设	11303
新野纺织股份有限公司	气流纺高档 OE 纱项目设备购置	10970
新野县鼎盛电子科技有限公司	PCB 辅助材料生产线	10700
河南龙成集团	技术改造	50000
唐河泰隆水泥有限公司	泰隆水泥新型干法生产线项目	30000
方城县金红石选矿厂	选矿设备及生产线	15000
南召县旅游局	莲花温泉开发项目	30000
南阳市水利局	唐白河综合治理工程	15083
南阳市水利局	2008 年第一批饮水安全项目	9928
唐河县福林先科航模有限公司	建先科航模有限公司	11000
镇平县国际玉雕城	国际玉雕城建设工程	9960
南阳市水利局	零七年第二批农村饮水解困项目	9750
南阳防爆集团有限公司	“发动机”项目	12000
新野纺织股份有限公司	电机、锅炉节能改造一期工程	9489
镇平县中联水泥公司	余热发电项目	10135
南阳防爆集团有限公司	设备购置	9362
河南天工建设集团有限公司	年产 3×40 万立方预搅拌混凝土项目	9786
南阳市宛坪高速公路有限公司	内乡一省界段建设	437751
南阳市供电公司	桐柏输变电工程	10195
河南天冠企业集团有限公司	3 万吨/年全降解塑料项目	15000
南阳市中心医院	综合病房楼	18000
南阳鸭河口发电有限责任公司	2×350 机组烟气脱硫项目	10700
南阳金冠电器有限公司	1440 台/年超特高压避雷器及互感器项目	10130
乐凯集团第二胶片厂	新建市“发动机计划”项目	20680
南阳市公路局	S249 内乡赤眉至板场	14964
方城县城关南二环菜市场扩建工程	市场扩建	9890
南阳市卧龙区银海市场开发有限公司	物流钢材市场建设	43000
南阳高新区管委会	创业大厦	18000
河南天冠企业集团有限公司	优质高淀粉甘薯项目	9000
南阳普光电力有限公司	2×12.5 万千瓦脱硫项目	7500
南阳市水利局	2008 年第二批饮水安全项目	7500
南阳裕祥纺织有限公司	厂房扩建	7465
中国电信南阳市分公司	本地网扩容等	7417
淅川县丹江疗养基地	疗养基地二期工程建设	20000

年）

单位:万元

累计完成投资	本年完成投资	建筑工程	安装工程	设备购置	其他费用	本年新增固定资产
16248	13448	6944	754	4000	1750	13448
19600	12840		144	12696		19600
12800	12800	12800				12800
19850	12522	6767		3105	2650	12522
14922	12281	12281				
12260	12260	4240	1025	4865	2130	12260
11817	11817	7512	3305	1000		8965
11600	11600			11600		11600
11303	11303	2397	65	8391	450	11303
10970	10970			10970		10970
10700	10700	600	92	9508	500	10700
25000	10500	9400	1100			10500
23050	10250	6200	300	3750		
10000	10000	4200	200	5600		
10000	10000	10000				
15083	9979	9979				9979
9928	9928	9928				9928
9850	9850	6600	1800	1450		
9960	9820	9700			120	9820
9750	9750	9750				9750
10715	9665	5969	5	3679	12	182
9489	9489		98	9391		9489
10052	9452	6422	30	3000		
9362	9362			9362		9362
9786	9316	9316				9786
434944	9100	9100				434944
10195	9045	7084	190	1221	550	9353
10960	8666	1150		7516		
12048	8658	7413	1245			
10700	8628		5122	3506		10700
10131	8556	8556				8556
15311	8126	3229		4897		6126
12400	8020	8020				8020
8000	8000	4460	50	3490		7590
8000	8000	4000			4000	
17440	7900	2000	5840	60		
9000	7651	7651				7651
7500	7500	4480		3020		7500
7500	7500	7500				7500
7465	7465	3767	62	3466	170	7465
7417	7417	7417				7417
19550	7300	6800			500	

5—19 续表 2 (2008

单 位 名 称	项 目 名 称	计划总投资
中国联通南阳分公司	GSM 工程建设	7000
方城县凌海污水处理有限公司	厂房及设备	9000
方城县宛北水泥有限责任公司	油井专用特种水泥技术改造项目	16000
南召县恒基水泥有限公司	水泥制造二期工程	15000
南阳市海泳纺织制衣企业有限公司	新建 10 锭棉纺织品项目	16000
新野新新光电有限公司	新建光学仪器项目	6980
新野县电业局	新上输变电工程建设项目	6930
南阳恒泰木业有限公司	木业制造	6900
南阳市供电公司	麒麟变扩改工程	6850
南阳飞龙汽车零部件有限公司	年产 300 万只汽车水泵、排气管	28000
唐河县时代矿业有限公司	铜镍矿开采	189000
方城县电业局	变压器及其它设备购置	6600
南阳华祥光学有限公司	新建合色棱镜、锥体棱镜及望远镜生产线项目	12000
南阳市星康苑老年活动中心	新建活动中心	13000
南阳高新区创业服务中心	光电孵化园	19000
天瑞集团南召水泥有限公司	新建水泥粉磨站项目	15000
南阳防爆集团新普电机公司	搬迁改造	8184
南阳裕祥纺织有限公司	5 万锭高支纱项目	21000
南召县云钢铸造有限公司	450 立方米高炉锰铁项目	25000
方城县甲天下置业公司	丹参加工	7850
南阳市中心医院	大型医疗设备购置	5985
方城县吴府街改扩建二期工程	街道改扩建工程	5960
南阳市公路局	S331 南召县城至宛洛界	20048
河南新大地化工有限公司	节能降耗系统改造	5960
南阳市纵横丝绸纺织有限责任公司	生产区搬迁扩建项目	12000
河南天冠企业集团有限公司	酒精高效循环用水项目	9119
南阳市建设委员会	独山大道南延工程	9672
新野县建设局	步行街二期工程	5910
淅川县天然纤维无公害饲料厂	新厂修建	12000
方城县昌隆纸制品有限公司	新建厂房	8000
南阳市农机局	农机购置项目	5539
南阳市公路局	S331 申营一草店段	26846
卧龙区凯盛公司	龙腾建设	15000
西峡县龙成集团	边铸结晶器铜板项目	35300
南阳市第一人民医院	病房楼建设二期	8000
南阳防爆集团重型电机有限公司	新建重型防爆电机生产项目	12000
西峡县龙成集团	建成结晶器铜板生产线	25300
河南天冠企业集团有限公司	工业企业管控一体化建设	6500
南阳市金鹏机电集团有限公司	年产 2 万吨高强度园环链条基地建设项目	15000
南阳英宝电子有限公司社旗公司	电子产品生产线建设	11000
内乡县澳瑞得新型建材有限公司	年产 1.2 万块页岩砖项目	5000

年)　　　　　　　　　　　　　　　　　　　　　　　　单位:万元

累计完成投资	本年完成投资	建筑工程	安装工程	设备购置	其他费用	本年新增固定资产
7000	7000	5250	1200	550		7000
7000	7000	2600	100	4300		
7000	7000	2300		4200	500	
15000	7000	7000				7000
12000	7000	4120	300	2580		7000
6980	6980	176	28	6696	80	6980
6930	6930	71	31	6828		6930
6900	6900	2900	200	3800		6900
6850	6850	4840	86	1829	95	6850
6700	6700	4400		100	2200	
6600	6600	6600				
6600	6600			6600		6600
7100	6500	6500				
6400	6400	3400			3000	6400
7650	6300	6300				
15000	6300	6300				6300
8284	6157	1100		5057		8284
11350	6050	3000	533	2517		6050
6000	6000	2000		4000		
6000	6000	3000		3000		6000
5985	5985			5985		5985
5960	5960	4860	100		1000	5960
8442	5960	5960				5960
5960	5960		46	5914		5960
7055	5955	5955				
7977	5954	5954				
5933	5933	701			5232	
5910	5910	4050			1860	5910
12000	5700	200	300	4800	400	5700
5600	5600	1100		3700	800	
5539	5539			5539		5539
13300	5300	5300				5300
15010	5200	2900	1330	500	470	15000
5200	5200	3200	800	1000	200	5200
8000	5180		2640	1660	880	8000
8650	5100	5100				
5100	5100	4000	600	400	100	5100
6500	5069	2065		3004		2065
5020	5020	4439	30	551		
9000	5000	5000				
5000	5000	4000		1000		4800

5－20 城镇和农村新增生产能力

（2008 年）

	建设规模	本年施工规模	其中:本年新开工能力	累计新增生产能力	其中:本年新增能力
天然原油开采(万吨/年)	23.55	23.55	23.55	23.55	23.55
铁矿开采(原矿)(万吨/年)	39	39	39	33	33
生铁(万吨/年)	1	1	1	1	1
铁合金(折标吨/年)	11	11	11	11	11
铅锌选矿:(1)处理原矿(万吨/年)	9	9	9	9	9
(2)铅含量(吨/年)	1000	1000	1000	1000	1000
(3)锌含量(吨/年)	922	922	922	922	922
黄金(公斤/年)	385	385	385	285	285
银选矿:(1)处理原矿(吨/年)	365600	365600	365600	365600	365600
(2)银含量(公斤/年)	14660	14660	14660	14660	14660
水力发电(万千瓦)	2.1	2.1	2.1	2.1	2.1
火力发电(万千瓦)	162	162	42		
其他发电(万千瓦)	3.05	3.05	3.05	3.05	3.05
输电线路长度(11 万伏及以上)(公里)	703.3	703.3	271.1	641.2	641.2
水泥(万吨/年)	350	250	150	250	250
棉纺锭(锭)	802000	802000	729000	802000	802000
改建公路(公里)	778	778	756	778	778
城市自来水供水能力(万吨/日)	3.5	3.5	3.5	3.5	3.5
城市公共交通车辆购置(辆)	50	50	50	50	50
城市污水处理能力(万吨/日)	13	13	13	3	3
铁矿选矿处理量(万吨/年)	1.2	1.2	1.2	1.2	1.2

5-21 房地产开发企业基本情况

	1995	2000	2005	2007	2008
年末从业人员数(人)	1262	2794	4156	5929	6410
年平均从业人员数(人)	1157	2682		5203	6182
实收资本	6466	32320	58469	265418	325124
#国家资本		1432	7088	16116	21346
资产总计(万元)	19525	95983	415598	842740	1085412
固定资产累计折旧(万元)	245	1213	2749	9138	13211
#本年折旧	94	366	490	1919	2338
负债总计(万元)	15856	70554	122098	522861	654529
所有者权益合计(万元)	3669	25365	79746	319879	430882
主营收入总计(万元)	5159	28340	72506	305162	286571
土地转让收入	863	1137	96	1317	232
商品房屋销售收入	3539	26269	40174	291018	276708
房屋出租收入	11	52	420	293	409
其他收入	746	882	1313	11770	9222
税金及附加(万元)		1325	2228	20595	15462
利润总额(万元)	139	152	2390	17430	16193
商品房屋销售额(万元)	3167	26257	112404	332789	415200
#住宅	2054	19207	97302	266356	325941
商品房屋销售面积(万平方米)	5.36	28.92	82.9	215.17	203.72
住宅	4.17	26.65	77.83	187.02	187.67
#别墅、高档公寓		0.23	3.69	6.42	3.77
经济适用房		7.44	11.29	23.15	9.71
办公楼	0.16	0.33	0.72	2.21	1.16
商业营业用房	0.98	1.82	4.08	21.25	14.54
其他房屋	4	0.12	0.27	4.69	0.35
房屋销售价格(元)	579	908	1356	1547	2038
住宅	492	721	1250	1424	1736
#别墅、高档公寓			2518	1757	2926
经济适用房		588	1136	1106	1132
办公楼	562	670	652	1660	1000
商业营业用房	941	3708	3543	2693	6006
其他房屋	500	667	626	1182	2197

5-22 房地产开发投资完成情况

	1995	2000	2005	2007	2008
本年完成投资(万元)	**7610**	**50421**	**165361**	**323646**	**425226**
土地开发投资额	643	10610	25277	331	5577
按构成分					
建筑、安装工程	6118	38148	105903	286862	377860
设备、工器具购置	152	27	991	3412	3002
其他费用	1340	12246	58467	33372	44364
＃土地购置费	794	10389	34962	15720	21755
按工程用途分					
住宅	5779	37315	125005	247963	327831
＃别墅、高级公寓		60		7710	221
经济适用房		9858	16697	11779	29057
办公楼	194	2953	2958	3363	3108
商业营业用房	602	2831	10018	50595	76718
其他	1035	7322	27380	21725	17569
按资金来源分					
国家预算内资金		18			
国内贷款	2628	19229	38324	36053	22484
债券					
利用外资	625			2860	
＃外商直接投资				1860	
自筹资金	1646	15088	73725	137512	242865
其他资金	3638	19001	70743	177972	223479
新增固定资产(万元)	5431	30753	79983	160570	162503
本年购置土地面积(万平方米)	26.50	36.08	74.81	30.52	29.36
本年完成开发土地面积(万平方米)	12.64	22.10	64.65	37.49	29.28
本年正在开发的土地面积(万平方米)	3.57	35.62			
本年待开发的土地面积(万平方米)	6.23	24.32	20.91	87.72	26.18
自开始建设至本年底累计完成投资(万元)	13949	72955	313654	611129	882380
房屋建筑面积(万平方米)					
施工面积	25.64	99.3	259.41	502.99	613.29
＃住宅	21.44	89.72	210.75	410.27	505.92
竣工面积	17.81	42.5	83.62	135.74	97.22
＃住宅	14.53	39.69	73.27	103.12	78.41
商品房屋销售建筑面积(万平方米)	5.47	28.93	82.9	215.17	203.72
房屋空置面积(万平方米)	10.48	12.91	7.88	7.58	12.87
商品房屋竣工价值(万元)	7587	29276	69527	116169	107395
商品房屋销售额(万元)	3167	26257	112404	332789	415200

5-23 分县市、区房地产开发企业情况

(2008 年)　　单位:个

	合计	二级	三级	四级	暂定	其他
全市	**325**	**12**	**45**	**88**	**178**	**2**
宛城区	74		6	7	61	
卧龙区	82	1	5	5	69	2
南召县	7		1	2	4	
方城县	7		5	2		
西峡县	9			8	1	
镇平县	4		3	1		
内乡县	2		1	1		
淅川县	3			3		
社旗县	6		1	4	1	
唐河县	6		3	2	1	
新野县	4		1	2	1	
桐柏县	4			2	2	
邓州市	15			4	11	
市直	102	11	19	45	27	

5-23 续表　　(2008 年)　　单位:个

	内资			港澳台	外资
		国有	集体		
全市	**317**	**18**	**4**	**5**	**3**
宛城区	74				
卧龙区	82				
南召县	7				
方城县	7	1			
西峡县	9				
镇平县	4	3			
内乡县	2		1		
淅川县	3	1			
社旗县	6				
唐河县	6	1			
新野县	4	1			
桐柏县	4	1			
邓州市	15	2			
市直	94	8	3	5	3

5-24 房地产开发企业完成情况表

单位:万元

	2007	2008
计划总投资	**1131580**	**1476448**
自开始建设累计完成投资	611129	882380
本年完成投资	323646	425226
其中:土地开发投资额	331	5577
其中:配套工程投资	3103	677
建筑工程	261502	363095
安装工程	26360	14765
设备工器具购置	3412	3002
其他费用	33372	44364
其中:旧建筑物购置费	2240	2455
其中:土地购置费	15720	21755
其中:住宅投资	247963	327831
其中:90平米住房	63947	79685
其中:经济适用房	11779	29057
其中:别墅、高档公寓	7710	221
办公楼	3363	3108
商业营业用房	50595	76718
其他	21725	17569
本年新增固定资产	160570	162503
本年资金来源合计	421583	538257
上年末结余资金	67186	49429
本年资金来源小计	354397	488828
国内贷款	36053	22484
其中:银行贷款		16820
非银行金融机构贷款		5664
利用外资	2860	
其中:外商直接投资	1860	
自筹资金	137512	242865
企事业单位自有资金	67288	84614
其他资金来源	177972	223479
其中:定金及预付款	94261	147270
个人按揭贷款	23204	14851
本年各项应付款合计	17772	43009
其中:工程款	3118	36352
本年完成开发土地面积	374976	292772
待开发土地面积	877200	261812
本年购置土地面积	305168	293616
本年土地成交价款	15793	19154

5—24 续表

单位:万元

	2007	2008
流动资产合计	**714158**	**945109**
其中:存货	248829	382369
固定资产原价	54859	68944
固定资产累计折旧	9138	13211
本年折旧	1919	2338
资产总计	857640	1085412
负债总计	522861	654529
所有者权益合计	334779	430882
其中:实收资本	280318	325124
国家资本	16116	21346
集体资本	11134	3935
法人资本	37350	82380
个人资本	206994	206812
港澳台资本	5834	3220
外商资本	2890	7430
主营业务收入	304398	286571
土地转让收入	1317	232
商品房屋销售收入	291018	276708
房屋出租收入	293	409
其他收入	11770	9222
主营业务成本	240771	221017
主营业务税金及附加	20595	15462
主营业务利润	37023	43447
其他业务收入	764	38
其他业务利润	738	711
销售费用	6009	6673
管理费用	14850	19467
其中:税金	886	1495
差旅费	1171	1583
工会经费	114	123
财务费用	6260	8346
利息支出	4597	5640
营业利润	16651	16345
营业外收入	1245	249
营业外支出	1355	372
利润总额	16700	16193
应缴所得税	4650	3842
劳动失业、保险费	169	329
住房公积金及住房补贴	60	81
本年应付工资总额	7111	8324
本年应付福利费总额	905	1048
全部从业人员年平均人数	5330	6182

5-25 房地产开发面

（2008

	单位	合计	住宅	90平方米以下
房屋施工面积	平方米	6132874	5059228	915853
本年新开工面积	平方米	2857717	2456531	334482
房屋竣工面积	平方米	972179	784093	69003
不可销售面积	平方米	7380	7380	
商品住宅竣工套数	套		6030	832
竣工房屋价值	万元	107395	84282	7093
出租房屋面积	平方米	19304		
商品房销售面积	平方米	2037195	1876714	254974
现房销售面积	平方米	550170	513131	82294
期房销售面积	平方米	1487025	1363583	172680
商品房销售额	万元	415200	325941	45640
现房销售额	万元	90748	77607	13784
期房销售额	万元	324452	248334	31856
商品房销售套数	套		16131	3228
现房销售套数	套		4373	1002
期房销售套数	套		11758	2226
空置面积	平方米	128717	78214	2336
空置 1—3 年(含 1 年)	平方米	70541	48281	
空置 3 年以上(含 3 年)	平方米	27564	21432	

积　完　成　情　况

年）

140平方米以下	经济实用房	别墅、高档公寓	办公楼	商业营业用房	其他
529106	273558	37180	35158	873213	165275
209689	252326	37180	34398	301371	65417
62590	31232		760	177949	9377
379	212				
8583	5368		115	22081	917
			8113	11191	
226112	97104	37690	11570	145429	3482
72902	35604		11570	25469	
153210	61500	37690		119960	3482
41963	10994	11030	1157	87337	765
14745	4092		1157	11984	
27218	6902	11030		75353	765
1413	918	647			
411	320				
1002	598	647			
2449			3307	35763	11433
1984				22260	
				6132	

5-26 按登记注册类型分的

(2008

	总计	内资	国有	集体	国有独资公司	其他有限责任公司
本年完成投资	**425226**	**400426**	**57534**	**2396**	**2000**	**204088**
按资金来源分						
本年资金来源合计	538257	506957	61839	2930	2000	263532
上年末结余资金	49429	33679	1960			24351
本年资金来源小计	488828	473278	59879	2930	2000	239181
国内贷款	22484	16484	600		1000	14754
利用外资						
自筹资金	242865	237065	24879	1360	1000	115225
其他资金来源	223479	219729	34400	1570		109202
按构成分						
建筑工程	363095	340245	52941	2396	2000	171831
安装工程	14765	13515	80			11651
设备工器具购置	3002	3002				1633
其他费用	44364	43664	4513			18973

5-27 各县（市、区）按构成分

(2008

	本年完成投资	住宅投资	办公楼	商业营业用房	其他用房	建筑工程
全市	**425226**	**327831**	**3108**	**76718**	**17569**	**363095**
宛城区	43420	42460	50	610	300	43043
卧龙区	69281	23705	2668	38960	3948	50401
南召县	6263	1263			5000	2211
方城县	20612	16550		4062		9027
西峡县	10679	9696		273	710	9391
镇平县	2680	2680				2680
内乡县	2225	2115		30	80	2225
淅川县	18000	18000				18000
社旗县	8875	4718		47	4110	4765
唐河县	25898	24313		1585		25898
新野县	16934	16934				16927
桐柏县	10174	5127		4282	765	8377
邓州市	35469	35069		400		31835
市直	154716	125201	390	26469	2656	138315

房地产开发投资

年）

单位：万元

股份有限公司	私营独资	私营合伙	私营有限责任公司	港澳台投资	外商投资	外商合资经营	外商独资
57695	**500**	**980**	**75233**	**16000**	**8800**	**7550**	**1250**
62221	500	980	112955	18750	12550	9640	2910
1104			6264	13750	2000	1040	960
61117	500	980	106691	5000	10550	8600	1950
			130	3000	3000	3000	
36961	500	980	56160		5800	4200	1600
24156			50401	2000	1750	1400	350
49465	500	980	60132	15300	7550	7550	
650			1134		1250		1250
500			869				
7080			13098	700			

的房地产开发投资

年）

单位：万元

安装工程	新增固定资产	主营业务收入	土地转让收入	商品房屋销售收入	房屋出租收入	其他收入	其他业务收入
14765	**162503**	**286571**	**232**	**276708**	**409**	**9222**	**38**
	19530	26454		26454			
7792	9372	35066		34784	217	66	1
52		674		663		11	
4389	27219	11497		11317		180	
100	3482	9246	232	9014		1	
		5190				5190	
	1980	2319		2319			
	4620	3918		2381		1536	
	22	1830		1792		38	
		16554		16554			
2	4164	3754		2274		1480	
880	3800	4564		3900		664	
50	14470	15199		15143		56	
1500	73844	150306		150114	192		37

5—28 各县(市、区)按构成分的商品房施工面积

(2008 年) 单位:平方米

	商品房施工面积	住宅	经济适用房	办公楼	商业营业用房	其他用房
全市	**6132874**	**5059228**	**273558**	**35158**	**873213**	**165275**
宛城区	657176	587050	52815	12000	23686	34440
卧龙区	647472	388454	14432	18208	204297	36513
南召县	25100	25100				
方城县	428828	372616			56212	
西峡县	286831	263512			10832	12487
镇平县	48500	48500				
内乡县	50800	48200			1300	1300
淅川县	99928	99928	87272			
社旗县	70500	68500			2000	
唐河县	223044	209696			13348	
新野县	154800	154800				
桐柏县	76680	43943	6800		17822	14915
邓州市	257889	256289			1600	
市直	3105326	2492640	112239	4950	542116	65620

5—29 各县(市、区)按构成分的商品房竣工面积

(2008 年) 单位:平方米

	商品房竣工面积	住宅	经济适用房	办公楼	商业营业用房	其他用房
全市	**972179**	**784093**	**31232**	**760**	**177949**	**9377**
宛城区	19213	19213				
卧龙区	14432	14432	14432			
南召县						
方城县	198098	181691			16407	
西峡县						
镇平县						
内乡县	29800	27200			1300	1300
淅川县	49456	49456	16800			
社旗县						
唐河县						
新野县	30100	30100				
桐柏县						
邓州市	144853	143253			1600	
市直	486227	318748		760	158642	8077

5－30 各县(市、区)按构成分的商品房竣工价值

(2008 年)

单位:万元

	商品房竣工价值	住宅	经济适用房	办公楼	商业营业用房	其他用房
全市	**107395**	**84282**	**5368**	**115**	**22081**	**917**
宛城区	2300	2300				
卧龙区	3752	3752	3752			
南召县						
方城县	27100	22047			5053	
西峡县						
镇平县						
内乡县	1980	1790			110	80
淅川县	4620	4620	1616			
社旗县						
唐河县						
新野县	2694	2694				
桐柏县						
邓州市	14050	13795			255	
市直	50899	33284		115	16663	837

5－31 各县(市、区)按构成分的商品房销售面积

(2008 年)

单位:平方米

	商品房销售面积	住宅	期房	住宅	90平米以下住房	经济适用房	办公楼	商业营业用房	其他用房
全市	**2037195**	**550170**	**1487025**	**1876714**	**254974**	**97104**	**11570**	**145429**	**3482**
宛城区	173763		173763	173763	1100				
卧龙区	132516		132516	106582	42642			25934	
南召县	6978		6978	6978					
方城县	294397	161144	133253	262940	22990			31457	
西峡县	171941	6087	165854	169072	280			2869	
镇平县									
内乡县	26104		26104	26104	14444				
淅川县	50628	50628		50628	3009	35604			
社旗县	12587	12587		12317	178			270	
唐河县	109944	70816	39128	90914	63611		11570	7460	
新野县	18430	18430		18430	3300				
桐柏县	25870	11960	13910	16785	465			5603	3482
邓州市	108610	108110	500	108610	32546				
市直	905427	110408	795019	833591	70409	61500		71836	

5—32 各县(市、区)按构成分的商品房销售额

(2008 年)　　　　单位:万元

	商品房销售面积								
		住宅	期房	住宅	90平米以下住房	经济适用房	办公楼	商业营业用房	其他用房
全　　市	**415200**	**90748**	**324452**	**325941**	**45640**	**10994**	**1157**	**87337**	**765**
宛 城 区	32592		32592	32592	110				
卧 龙 区	72014		72014	22116	12782			49898	
南 召 县	663		663	663					
方 城 县	40319	22558	17761	32588	2759			7731	
西 峡 县	23988	817	23171	22768	46			1220	
镇 平 县									
内 乡 县	3115		3115	3115	1733				
淅 川 县	5899	5899		5899	346	4092			
社 旗 县	1471	1471		1409	26			62	
唐 河 县	22483	17947	4536	15626	10394		1157	5700	
新 野 县	2274	2274		2274	375				
桐 柏 县	5277	1435	3842	2223	100			2289	765
邓 州 市	13604	13566	38	13604	4112				
市　　直	191501	24781	166720	171064	12857	6902		20437	

5—33 各县(市、区)按构成分的商品房销售价格

(2008 年)　　　　单位:元/平方米

	商品房销售价格	住宅投资	经济适用房	办公楼	商业营业用房	其他用房
全　　市	**2038**	**1737**	**1132**	**1000**	**6005**	**2197**
宛 城 区	1876	1876				
卧 龙 区	5434	2075			19240	
南 召 县	950	950				
方 城 县	1370	1239			2458	
西 峡 县	1395	1347			4252	
镇 平 县						
内 乡 县	1193	1193				
淅 川 县	1165	1149	1149			
社 旗 县	1169	1144			2296	
唐 河 县	2045	1719		1000	7641	
新 野 县	1234	1234				
桐 柏 县	2040	1324			4085	2197
邓 州 市	1253	1253				
市　　直	2115	2052	1122		2845	

5-34 全年累计完成投资1000万元及以上房地产开发企业生产经营情况

（2008年）

	资质等级	全年累计完成投资（万元）	资产总计（万元）	期末从业人员（人）	施工面积（平方米）	实际销售面积（平方米）
南阳市兴达房地产开发有限公司	2	28331	52857	60	197460	63624
南阳市长安房地产开发有限公司	3	17064	13407	58	228176	44380
南阳市淯阳房地产开发公司	5	17000	25979	22	273000	
新野县宏业房地产开发公司	3	16790	522	28	153000	16630
南阳市万正房地产开发有限公司	2	16000	31209	131	204132	13616
南阳德美奥翔置业有限公司	4	13504	25689	53	260000	46500
河南省万家园房地产开发有限公司	2	10900	62257	88	364145	17806
邓州市住宅开发有限公司	4	9674	568	19	56000	12000
南阳市鑫东海置业有限公司	5	9016	20209	47	100364	16018
南阳市三川房地产开发有限公司	2	8809	43665	128	193813	32408
南阳市黄河房地产开发有限责任公	2	8400	14920	50	170400	33000
唐河县中信置业有限公司	4	7700	6820	20	38000	18714
南阳市向阳房地产开发有限责任公	2	7646	16137	45	40580	13908
南阳市裕邦佳合房地产开发有限公	3	7000	3500	35	68955	32392
邓州市房地产开发公司	4	6784	660	63	9063	4000
南阳市宏江房地产开发有限公司	4	6420	6267	22	142000	22200
淅川县永丰房地产开发有限责任公	4	6400	739	26	30100	16875
邓州市城市综合开发公司	4	6230	940	15	25080	6800
淅川县房地产开发有限公司	4	6000	3236	80	37172	25575
淅川县大民房地产开发有限公司	4	5600	4154	16	32656	8178
南阳市金广源房地产开发有限公司	2	5555	25154	38	162680	70000
南阳市鑫安房地产开发有限责任公	3	5370	16231	26	72200	48600
南阳市众龙房地产开发有限公司	3	5000	7454	20	52000	29000
南阳市三杰房地产开发有限公司	2	4950	16147	32	81000	13000
河南省宇信房地产开发有限公司	3	4853	19986	31	214270	169120
南阳市建发房地产有限公司	3	4600	3721	13	100000	22000
南阳东方房地产开发股份有限公司	3	4500	2634	41	43867	27100
南阳市明伦房地产开发有限公司	3	4100	8549	27	97876	37200
南阳市中实骏景房地产开发有限公	5	4058	20147	24	59510	52874

5－34 续表 （2008 年）

	资质等级	全年累计完成投资（万元）	资产总计（万元）	期末从业人员（人）	施工面积（平方米）	实际销售面积（平方米）
南阳市广厦实业开发有限公司	2	4005	20023	78	47160	14528
桐柏县瑞达房地产开发有限公司	5	3800	82	12	22000	4188
南阳市凯盛房地产开发有限公司	5	3530	9875	68	85000	74160
南阳市华安房地产开发有限公司	3	3500	9031	30	73644	20012
南阳市鸿达房地产开发有限公司	4	3420	5290	34	15200	13200
南阳市诚发房地产开发有限公司	5	3346	3700	30	28921	12460
唐河县恒基房地产开发有限公司	3	3340	7434	42	125811	60830
南阳海昌房地产开发有限责任公司	3	3247	22634	39	75490	13300
邓州市三贤置业有限公司	5	3200	2715	120	24000	23000
社旗县德运房地产开发有限公司	3	3180	7974	17	26700	7280
南阳市房地产开发公司	3	3100	2516	54	22300	16200
唐河县房地产开发公司	3	2958	3500	53	27348	5400
西峡县房地产开发有限责任公司	4	2883	5591	48	69309	25207
桐柏县佳泰房地产开发公司	5	2785	4602	32	14905	9722
南阳市有所为房地产开发有限公司	3	2600	8995	21	57000	4500
南阳市广苑房地产开发有限公司	3	2531	6976	20	20127	6500
南阳市亿安房地产开发公司	5	2500	2841	5	39670	33200
南阳市宝城房地产开发有限公司	4	2400	1268	6	95028	33500
西峡县鸿运房地产开发公司	4	2370	5054	30	33545	15150
南阳市新锦江房地产开发有限公司	3	2320	623	6	18200	15000
南阳市广宇房地产开发有限责任公	3	2300	5652	35	34600	15500
南阳市中达房地产开发有限公司	3	2300	15900	136	98600	27600
南阳市恒佳房地产开发有限公司	4	2300	9860	20	40800	23000
方城县新裕城市建设投资开发有限	3	2288	6449	13	28664	19434
西峡县华府置业有限公司	4	2211	3428	30	29167	27167
南阳中石房地产开发公司	4	2210	1909	25	58800	47417
邓州市龙海房地产开发有限公司	5	2184	1000	16	72000	47800
方城县方圆房地产开发有限公司	3	2100	660	15	38858	15470
南阳市星旺房地产开发有限责任公	4	2090	2626	17	50505	13300
桐柏县房地产开发公司	4	2090	815	11	39775	11960
南阳市佳泰房地产开发有限公司	4	2056	10024	25	34590	13000
南阳市住宅统建综合开发有限公司	4	2000	3965	52	31379	22000
南阳市新城房地产开发有限公司	3	1960	1380	48	11000	687
河南省惠众置业有限公司	5	1950	2343	14	72906	6000
方城县恒基房地产开发有限公司	3	1900	6408	21	24000	11000
方城县兴达房地产开发有限公司	4	1616	1885	18	29981	29381
南阳市经济适用住房开发中心	3	1600	1171	29	49160	39500
南阳市中意房地产开发有限公司	4	1500	3758	29	27350	3400
邓州市中鼎房地产开发有限公司	5	1430	1101	7	26374	12600
南阳市万事达房地产开发有限公司	4	1300	1546	36	85690	55690
南阳港岛房地产开发有限公司	4	1250	16300	40	17000	17000
内乡县宏达房地产实业开发公司	3	1200	2928	68	29800	11660
河南省华恩房地产开发公司	4	1130	8077	18	54180	15600
内乡县大鹏房地产开发有限公司	4	1025	1432	16	21000	14444
南阳市新经纬房地产开发有限公司	4	1000	1240	15	11000	11000
邓州市家园置业有限责任公司	5	1000	163	11	8372	2410

主要统计指标解释

固定资产投资 固定资产投资是社会固定资产再生产的主要手段。通过建造和购置固定资产的活动，国民经济不断采用先进技术装备，建立新兴部门，进一步调整经济结构和生产力的地区分布，增强经济实力，为改善人民物质文化生活创造物质条件。这对我国的社会主义现代化建设具有重要意义。

固定资产投资额 是以货币表现的建造和购置固定资产活动的工作量，它是反映固定资产投资规模、速度、比例关系和使用方向的综合性指标。全社会固定资产投资按经济类型可分为国有、集体、个体、联营、股份制、外商、港澳台商、其他等。按照管理渠道，全社会固定资产投资总额分为基本建设、更新改造、房地产开发投资和其他固定资产投资四个部分。

房地产开发投资 指房地产开发公司、商品房建设公司及其他房地产开发法人单位和附属于其他法人单位实际从事房地产开发或经营的活动单位统一开发的包括统代建、拆迁还建的住宅、厂房、仓库、饭店、宾馆、度假村、写字楼、办公楼等房屋建筑物和配套的服务设施，土地开发工程（如道路、给水、排水、供电、供热、通讯、平整场地等基础设施工程）的投资；不包括单纯的土地交易活动。

城镇和工矿区私人建房投资和农村个人投资 城镇和工矿区私人建房包括市、县城、镇、工矿区所辖范围内的全部私人建房，不论其房主是否系本地的常住户口均应包括。农村个人投资包括农村个人建房及购置生产性固定资产的投资。

固定资产投资的资金来源 根据固定资产投资的资金来源不同，分为国家预算内资金、国内贷款、利用外资、自筹资金和其他资金来源。

(1)国家预算内资金：指中央财政和地方财政中由国家统筹安排的基本建设拨款和更新改造拨款，以及中央财政安排的专项拨款中用于基本建设的资金和基本建设拨款改贷款的资金等。

(2)国内贷款：指报告期内企、事业单位向银行及非银行金融机构借入的用于固定资产投资的各种国内借款。包括银行利用自有资金及吸收的存款发放的贷款、上级主管部门拨入的国内贷款、国家专项贷款（包括煤代油贷款、劳改煤矿专项贷款等）、地方财政专项资金安排的贷款、国内储备贷款、周转贷款等。

(3)利用外资：指报告期内收到的用于固定资产投资的国外资金，包括统借统还、自借自还的国外贷款，中外合资项目中的外资，以及对外发行债券和股票等。国家统借统还的外资指由我国政府出面同外国政府、团体或金融组织签订贷款协议、并负责偿还本息的国外贷款。

(4)自筹资金：指建设单位报告期内收到的，用于进行固定资产投资的上级主管部门、地方和企、事业单位自筹资金。

(5)其他资金来源：指报告期内收到的除以上各种拨款、借款、自筹资金之外，其他用于固定资产投资的资金。

固定资产投资按国民经济行业分 建设项目归哪个行业，按其建成投产后的主要产品或主要用途及社会经济活动性质来确定。基本建设按建设项目划分国民经济行业，更新改造、国有单位其他固定资产投资及城镇集体投资根据整个企业、事业单位所属的行业来划分。一般情况下，一个建设项目或一个企业、事业单位只能属于一种国民经济行业。为了更准确地反映国民经济各行业之间的比例关系，联合企业（总厂）所属分厂属于不同行业的，原则上按分厂划分行业。

固定资产投资按建设性质分 建设项目的性质一般分为新建、扩建、改建、迁建、恢复。基本建设按建设项目划分建设性质，更新改造、国有单位其他固定资产投资及城镇集体投资等按整个企业、事业单位的建设情况确定建设性质，房地产开发单位、农村投资、城镇工矿区私人建房等投资不划分建设性质。

(1)新建：一般是指从无到有、“平地起家”新开始建设的单位。有的单位原有的基础很小，经过建设后其新增加的固定资产价值超过原有固定资产价值（原值）三倍以上的也算新建。

(2)扩建：一般是指为扩大原有产品的生产能力，在厂内或其他地点增建主要生产车间（或主要工程）、独立的生产线或分厂的企业；事业单位和行政单位在原单位增建业务用房（如学校增建教学用房、医院增建门诊部或病床用房、行政机关增建办公楼等）也作为扩建。

(3)改建：一般是指现有企业、事业单位为了技术进步，提高产品质量，增加花色品种，促进产品升级换代，降低消耗和成本，加强资源综合利用和三废治理、劳保安全等，采用新技术、新工艺、新设备、新材料等对现有设施、工艺条件进行技术改造或更新（包括相应配套的辅助性生产、生活福利设施）。有的企业为充分发挥现有生产能力，进行填平补齐而增建不增加本单位主要产品生产能力的车间等，也属于改建。

固定资产投资按构成分 固定资产投资活动按其工作内容和实现方式分为建筑安装工程，设备、工具、器具购置，其他费用三个部分。

(1)建筑安装工程（建筑安装工作量）：指各种房屋、建筑物的建造工程和各种设备、装置的安装工程。包括各种房屋建造工程，各种用途设备基础和各种工业窑炉的砌筑工程；为施工而进行的各种准备工作和临时工程以及完工后的清理工作等；铁路、道路的铺设，矿井的开凿及石油管道的架设等；水利工程；防空地下建筑等特殊工程；以及各种机械设备的安装工程；为测定安装工程质量，对设备进行的试运工作。在安装工程中，不包括被安装设备本身的价值。

(2)设备、工具、器具购置：指购置或自制达到固定资产标准的设备、工具、器具的价值，固定资产的标准按财务部门规定。新建单位、扩建单位的新建车间按照设计和计划要求购置或自制的全部设备、工具、器具，不论是否达到固定资产标准均计入"设备、工具、器具购置"中。

(3)其他费用：指在固定资产建造和购置过程中发生的，除建筑安装工程和设备、工具、器具购置以外的各种应摊入固定资产的费用。

施工项目 指报告期内曾进行建筑或安装工程施工活动的建设项目，包括报告期内新开工项目、报告期以前开工跨入报告期继续施工的项目以及报告期施过工并在报告期内全部建成投产或停缓建的项目。

全部建成投产项目 工业项目是指设计文件规定形成生产能力的主体工程及其相应配套的辅助设施全部建成，经负荷试运转，证明具备生产设计规定合格产品的条件，并经过验收鉴定合格或达到竣工验收标准，与生产性工程配套的生活福利设施可以满足近期正常生产的需要，正式移交生产的建设项目。非工业项目是指设计文件规定的主体工程和相应的配套工程全部建成，能够发挥设计规定的全部效益，经验收鉴定合格或达到竣工验收标准，正式移交使用的建设项目。

新增生产能力 指通过固定资产投资活动而增加的设计能力或工程效益，它是用实物形态表示的固定资产投资的成果。新增生产能力的计算，是以能独立发挥生产能力或工程效益的单项工程(或项目)为对象。当单项工程(或项目)建成，经有关部门鉴定合格，正式移交投入生产，即可计算新增生产能力。

新增生产能力或工程效益有以下几种表现形式：

(1)以建设项目或单项工程建成后的年产能力表示，如煤炭开采、石油开采等。

(2)以建设项目或单项工程建成后处理原料的能力表示，如选矿工程的年处理矿石能力、洗煤厂年洗原煤能力等。

(3)以新增的主要设备数量或容量表示，如棉纺锭锭数、发电机组容量等。

(4)以建筑物容积、容量、面积或长度表示，如水库容量、铁路公路里程等。

新增生产能力的数量一般按设计能力计算。设计能力是指设计文件中规定的在正常情况下能够达到的生产能力，而不论投产后的实际产量如何。以设备数量、建筑物容积、面积、长度等表示的新增生产能力或工程效益，则按建成的实际数量计算。

房屋建筑面积 指从房屋外墙线算起的各层平面面积的总和，包括可供使用的有效面积和房屋结构(如柱、墙)占用的面积。多层建筑按各层(包括地下室)面积总和计算。

住宅建筑面积 指施工和竣工房屋建筑面积中供居住用的施工和竣工房屋建筑面积。

施工面积 指报告期内施工的全部房屋建筑面积。包括本期新开工的面积、上期跨入本期继续施工的房屋面积、上期停缓建在本期恢复施工的房屋面积、本期竣工的房屋面积及本期施工后又停缓建的房屋面积。

竣工面积 指在报告期内房屋建筑按照设计要求已全部完工，达到住人和使用条件，经验收鉴定合格，正式移交使用单位的建筑面积。

房屋建筑面积竣工率 指一定时期内房屋竣工面积占同期房屋施工面积的比率。它是从房屋建筑施工速度的角度反映投资效果和建筑业经济效益的指标。

新增固定资产 指通过投资活动所形成的新的固定资产价值，包括已经建成投入生产或交付使用的工程价值和达到固定资产标准的设备、工具、器具的价值及有关应摊入的费用。它是以价值形式表示的固定资产投资成果的综合性指标，可以综合反映不同时期、不同部门、不同地区的固定资产投资成果。

建设项目投产率 指一定时期内全部建成投入生产项目个数与同期正式施工项目个数的比率。它是从项目建设速度的角度反映投资效果的指标。

固定资产交付使用率 指一定时期新增固定资产与同期完成投资额的比率。

它是反映各个时期固定资产动用速度，衡量建设过程中投资效果的一个综合性指标。

6

能　　源

资料整理：王秀英

6-1 综合能源消费情况

单位:万吨标准煤

	2005	2006	2007	2008
能源消费总量	**1437.3**	**1604.2**	**1701.6**	**1578.7**
第一产业	50.2	51.7	54.3	46.8
农林牧渔业	50.2	51.7	54.3	46.8
第二产业	1132.0	1292.0	1359.6	1074.8
工业	1118.4	1279.2	1348.0	1064.3
规模以上工业	718.7	718.9	1111.7	720.2
建筑业	13.6	12.8	11.6	10.5
第三产业	118.4	116.7	131.1	263.9
交通运输业	34.0	34.7	35.5	71.5
批零住宿业	31.6	32.4	33.2	66.8
其他	52.8	49.6	61.3	125.6
生活消费	136.7	143.9	156.6	193.1
城镇居民生活消费	69.8	75.9	80.1	98.8
农村居民生活消费	67.0	68.0	76.5	94.3
人均生活能耗(千克标准煤/万人)	136.5	133.2	144.3	177.9
其中:城镇居民	233.3	247.5	241.7	298.1
农村居民	86.3	100.6	101.5	125.1

注:2007年以前数据为等价值,2008年为当量值。

6-2 分行业能源消费构成

单位:%

	2005	2006	2007	2008
总计	**100.0**	**100.0**	**100.0**	**100.0**
第一产业	3.5	3.1	3.2	3.0
农林牧渔业	3.5	3.1	3.2	3.0
第二产业	78.1	80.5	79.9	68.1
工业	77.1	79.7	79.2	67.4
规模以上工业	64.3	55.9	66.2	45.6
建筑业	0.9	0.8	0.7	0.7
第三产业	8.2	7.3	7.7	16.7
交通运输业	2.4	2.2	2.0	4.5
批零住宿业	2.2	2.0	2.0	4.2
其他	3.7	3.1	3.6	8.0
生活消费	9.5	9.1	9.2	12.2
城镇居民生活消费	4.9	4.9	4.7	6.3
农村居民生活消费	4.7	4.2	4.5	6.0

6-3 万元 GDP 能耗

单位:吨标准煤/万元

	2005	2006	2007	2008
合计	**1.36**	**1.34**	**1.28**	**1.24**
第一产业	0.18	0.16	0.17	0.15
农林牧渔业	0.18	0.16	0.17	0.15
第二产业	2.12	2.11	1.97	1.83
工业	2.36	2.35	2.17	1.85
规模以上工业	2.46	2.36	2.18	2.05
建筑业	0.24	0.14	0.10	0.14
第三产业	0.53	0.42	0.42	0.68
交通运输业	0.93	0.70	0.57	0.71
批零住宿业	0.67	0.52	0.39	0.60
其他	0.38	0.30	0.40	0.49

6-4 各县(市、区)主要能耗指标

	单位GDP能耗(吨标准煤/万元)			
	2005	2006	2007	2008
全国	**1.22**	**1.21**	**1.16**	**1.10**
河南省	1.38	1.34	1.29	1.22
南阳市	1.36	1.34	1.28	1.24
宛城区	1.34	1.31	1.24	1.17
卧龙区	1.35	1.29	1.24	1.21
南召县	1.78	1.75	1.67	1.64
方城县	1.44	1.42	1.36	1.26
西峡县	2.23	2.21	2.12	1.99
镇平县	1.28	1.27	1.21	1.15
内乡县	1.49	1.45	1.39	1.34
淅川县	3.39	3.26	3.13	2.96
社旗县	1.31	1.3	1.23	1.17
唐河县	1.37	1.35	1.28	1.21
新野县	1.29	1.28	1.21	1.14
桐柏县	2.03	2.00	1.92	1.81
邓州县	1.67	1.60	1.52	1.45

6—4续表1

	单位GDP电耗（千瓦时/万元）			
	2005	2006	2007	2008
全国	**1358.5**	**1388.8**	**1422.2**	**1375.3**
河南省	1277.7	1257.5	1302.2	1266.2
南阳市	806.9	801.9	847.8	835.3
宛城区	791.5	759.7	804.6	843.8
卧龙区	909.4	872.0	923.5	987.8
南召县	431.8	436.3	440.7	351.8
方城县	376.7	354.0	354.8	360.7
西峡县	441.5	441.9	494.2	608.5
镇平县	183.7	222.6	331.1	420.0
内乡县	408.6	471.1	505.4	488.3
淅川县	3066.9	3004.6	3700.1	3343.4
社旗县	341.3	355.2	355.1	271.2
唐河县	283.9	277.4	242.2	214.7
新野县	612.4	601.0	524.0	486.6
桐柏县	478.0	499.3	333.1	342.4
邓州县	373.8	327.1	338.0	302.1

6—4续表2

	单位工业增加值能耗（吨标准煤/万元）			
	2005	2006	2007	2008
全国	**2.59**	**2.53**	**2.39**	**2.19**
河南省	4.02	3.78	3.45	3.08
南阳市	2.46	2.36	2.18	2.05
宛城区	1.71	1.64	1.49	1.35
卧龙区	1.02	0.91	0.96	1.11
南召县	1.98	1.94	1.66	1.58
方城县	1.81	1.65	1.53	1.34
西峡县	3.35	3.29	3.35	3.54
镇平县	1.21	1.16	1.03	1.07
内乡县	2.07	1.98	1.93	1.99
淅川县	4.04	3.98	3.52	3.30
社旗县	1.86	1.76	1.68	1.63
唐河县	1.48	1.42	1.31	1.22
新野县	0.94	0.90	0.88	0.82
桐柏县	4.41	4.28	4.05	3.82
邓州县	2.03	1.86	1.71	1.68

6-5 各县(市、区)高耗能行业情况

	企业数	2008			2007			2008与2007对比(%)		
		综合能源消费量(吨标准煤)	工业总产值(万元)	产值单耗(吨标准煤/万元)	综合能源消费量(吨标准煤)	工业总产值(万元)	产值单耗(吨标准煤/万元)	综合能源消费量比	工业总产值比	产值能耗比
全市	**267**	**5219513**	**5279590**	**0.99**	**4450010**	**3620521**	**1.23**	**17.3**	**45.8**	**-19.6**
市直	7	248359	443058	0.56	536052	461333	1.16	-53.7	-4.0	-51.7
宛城区	9	13067	63801	0.20	9714	45163	0.22	34.5	41.3	-6.9
卧龙区	28	67372	257047	0.26	57190	163997	0.35	17.8	56.7	-25.1
高新区	7	33877	29100	1.16	162	6565	0.02	20811.7	343.3	5721.0
南召县	22	8995	179572	0.05	11606	126547	0.09	-22.5	41.9	-44.3
方城县	17	22040	134013	0.16	158126	119050	1.33	-86.1	12.6	-87.6
西峡县	40	918674	1495468	0.61	729498	939750	0.78	25.9	59.1	-21.2
镇平县	20	290121	289925	1.00	188528	233372	0.81	53.9	24.2	23.5
内乡县	18	208767	258141	0.81	149258	199593	0.75	39.9	29.3	7.8
淅川县	21	626164	850527	0.74	381722	289514	1.32	64.0	193.8	-44.2
社旗县	13	8165	72799	0.11	53417	54895	0.97	-84.7	32.6	-88.4
唐河县	17	51538	102903	0.50	133627	93634	1.43	-61.4	9.9	-65.0
新野县	5	49287	72676	0.68	12684	62739	0.20	288.6	15.8	239.1
桐柏县	11	562434	222139	2.53	520776	201238	2.59	8.0	10.4	-2.2
邓州县	25	168672	311087	0.54	239916	275011	0.87	-29.7	13.1	-37.7
两属	7	1941979	497334	3.90	1267734	348121	3.64	53.2	42.9	7.3

6-6 规模以上工业企业分品种能源购进、消费及库存

(2008 年)

	年初库存	购进量		消费量	生产消费	
		实物量	金额(万元)		工业	非工业
原煤(吨)	386582	9605202	528418	9428813	9289439	139374
洗精煤(吨)	29193	120447	6362	152624	152624	
其他洗煤(吨)	3	12216	428	12192	12192	
煤制品(吨)		1		1		1
焦炭(吨)	7764	760855	86209	769271	769018	253
其他焦化产品(吨)	1476	7472	691	8142	8142	
天然气(万立方米)				3868	3868	
液化天然气(立方米)						
原油(吨)				679947	679947	
汽油(吨)	3330	14811	9002	21095	15200	5895
煤油(吨)	3	235	133	238	211	27
柴油(吨)	3024	34536	20581	91336	78214	13122
燃料油(吨)				90156	89724	432
液化石油气(吨)		80	60	800	800	
炼厂干气(吨)				12448	12448	
其他石油制品(吨)	1328	9153	1436	36148	36148	
热力(百万千焦)		1122909	5477	1122909	1122909	
电力(万千瓦时)		1143493	634695	1207307	1185967	21339
其他燃料(吨标准煤)		29372	1151	29577	29577	

6-7 规模以上工业企业分行业主要能源消费量

（2008 年）

	原煤（吨）	焦炭（吨）	原油（吨）	柴油（吨）	燃料油（吨）	热力（百万千焦）	电力（万千瓦时）
总计	**9428813**	**769271**	**679947**	**91336**	**90156**	**1122909**	**1207307**
采矿业	335729		679947	58083	90156		117425
煤炭开采和洗选业							
石油和天然气开采业	260686		679947	55828	90156		82116
黑色金属矿采选业	301			419			4700
有色金属矿采选业	1659			782			9732
非金属矿采选业	73083			1054			20877
制造业	3554056	769271		25007		1122909	906130
农副食品加工业	19518	310		308			28606
食品制造业	36880	560		238			7397
饮料制造业	671656	56		1823			39576
烟草制品业	15329						1486
纺织业	153603			52		18306	137269
纺织服装、鞋、帽制造业	887			7			1073
皮革、毛皮、羽毛(绒)及其制品业	4309						515
木材加工及木、竹、藤、棕、草制品业	21198	203		39			3737
家具制造业	70						1857
造纸及纸制品业	104063						13414
印刷业和记录媒介的复制	2684			173			2124
文教体育用品制造业	1795						134
石油加工、炼焦业及核燃料加工业	16						211
化学原料及化学制品制造业	1087132	39346		3325			124239
医药制造业	54959	6465		101		1104603	41918
化学纤维制造业	2156						1759
橡胶制品业	3192			168			7486
塑料制品业	1048287	30985		7698			159705
非金属矿物制品业	267186	681488		3539	5		161261
黑色金属冶练及压延加工业	3698	4932		5113			110226
有色金属冶练及压延加工业	146			67			2385
金属制品业	25919	1676		383			15423
通用设备制造业	13066	162		1014			8278
专用设备制造业	3668	261		357			9266
交通运输设备制造业	700	59		261			6146
电气机械及器材制造业	979			177			2313
通信设备、计算机及其它电子设备制造业	8930	2768		161			13736
仪器仪表及文化、办公用机械制造业	2030			4	1		4590
工艺品及其他制造业							
废弃资源和废旧材料回收加工业							
电力、燃气、及水的生产和供应业	5539028			8246			183752
电力、热力的生产和供应业	5539028			8246			180336
煤气生产和供应业							85
水的生产和供应业							3331

6−8 各县(市、区)规模以上工业企业分品种主要能源消费量

(2008年)

	原煤(吨)	焦炭(吨)	原油(吨)	柴油(吨)	燃料油(吨)	热力(百万千焦)	电力(万千瓦时)
南阳市	**9428813**	**769271**	**679947**	**91336**	**90156**	**1122909**	**1185967**
市直	741627	69	29	2240		1122909	162769
宛城区	108733	529	870	689			30999
卧龙区	230018	7084		210			28056
高新区	52762	318	75	2799			16530
南召县	19763	142510	143564	711			16136
方城县	42071			2745			29460
西峡县	251033	477532	555418	8240			85596
镇平县	363626			231			33509
内乡县	216380	499		431			65467
淅川县	273482	45840	66365	5309			249542
社旗县	62730						23261
唐河县	83017	876	2814	1017			34801
新野县	65983		8	12			127531
桐柏县	774208	36		3163			45878
邓州县	336038			39			59819
两属	5807342	269	137	63501	90156		176615

6−9 规模以上工业能源转换效率

单位:吨标准煤、%

	2008			2007		
	加工转换产出合计	加工转换投入合计	能源转换效率	加工转换产出合计	加工转换投入合计	能源转换效率
总计	**2122872**	**4340343**	**48.91**	**1710539**	**3527814**	**48.49**
按轻重工业分						
轻工业	35255	82284	42.85	24856	83913	29.62
重工业	2087617	4258060	49.03	1685683	3443901	48.95
按行业分						
采矿业	808952	821677	98.45	849821	856179	99.26
石油和天然气开采业	808952	821677	98.45	849821	856179	99.26
制造业	71389	371311	19.23	58046	534235	10.87
饮料制造业	35255	82284	42.85	24856	83913	29.62
化学原料及化学制品制造业	35829	289027	12.40	33191	450322	7.37
电力、煤气及水的生产和供应	1242531	3147355	39.48	802672	2137400	37.55
电力、热力的生产和供应业	1242531	3147355	39.48	802672	2137400	37.55

主要统计指标解释

能源生产总量 指一定时期内全国一次能源生产量的总和。该指标是观察全国能源生产水平、规模、构成和发展速度的总量指标。一次能源生产量包括原煤、原油、天然气、水电、核能及其他动力能(如风能、地热能等)发电量,不包括低热值燃料生产量、生物质能、太阳能等的利用和由一次能源加工转换而成的二次能源产量。

能源消费总量 指一定时期内全国物质生产部门、非物质生产部门和生活消费的各种能源的总和。该指标是观察能源消费水平、构成和增长速度的总量指标。能源消费总量包括原煤和原油及其制品、天然气、电力,不包括低热值燃料、生物质能和太阳能等的利用。能源消费总量分为终端能源消费量、能源加工转换损失量和能源损失量三部分。

工业企业能源消费量 包括工业企业在生产过程中作为燃料、动力、原料、辅助材料使用的能源以及工艺用能、非生产用能。作为能源加工转换企业,还要包括能源加工转换的投入量。

工业生产能源消费 指工业企业为进行工业生产活动所消费的能源。主要包括:

(1)用于本企业产品生产、工业性作业的能源,包括用作原料、材料、燃料、动力;作为能源加工转换企业,还包括用作加工转换的能源(这部分能源不能理解为用作原材料,用作原材料的概念见后面的解释)。

(2)产品生产过程中作为辅助材料使用的能源。

(3)生产工艺过程使用的能源。

(4)新技术研究、新产品试制、科学试验使用的能源。

(5)为了工业生产活动而在进行的各种修理过程中使用的能源。

(6)生产区内的劳动保护用能等

能源加工、转换消费 能源加工、转换是指为了特定的用途,将一种能源(一般为一次能源),经过一定的工艺,加工或转换成另外一种能源(二次能源)。

能源加工转换产出量 指各种能源经过加工转换后产出的各种二次能源产品(包括不作能源使用的其他副产品和联产品),比如火力发电产出的电力,热电联产同时产出的电力、蒸汽、热水,洗煤产出的洗精煤、洗中煤、煤泥等,炼焦产出的焦炭、焦炉煤气和其他焦化产品,炼油产出的汽油、煤油、柴油、燃料油、液化石油气、炼厂干气和其他石油制品(石脑油、各种原料油、溶剂油、石蜡、润滑油、石油沥青等),制气产出的是焦炉煤气、其他煤气、焦炭和其他焦化产品(煤焦油、粗苯等)。

综合能源消费量 指报告期内工业企业在工业生产活动中实际消费的各种能源的总和。计算综合能源消费量时,需要先将使用的各种能源折算成标准燃料后再进行计算。根据生产活动的性质,综合能源消费量在不同的企业有不同的计算方法。

非能源加工转换企业综合能源消费量,就是企业工业生产消费的各种一次能源和二次能源的总和,即:综合能源消费量=工业生产消费的能源合计。

能源加工转换企业综合能源消费量 是企业工业生产消费的各种一次能源和二次能源扣除加工转换产出的二次能源后的实际能源消费量。计算公式为:综合能源消费量=工业生产消费的能源合计-能源加工转换产出合计

标准煤 标准煤亦称煤当量,具有统一的热值标准。我国规定每千克标准煤的热值为7000千卡。将不同品种、不同含量的能源按各自不同的热值换算成每千克热值为7000千卡的标准煤。能源折标准煤系数=某种能源实际热值(千卡/千克)/7000(千卡/千克)。

单位GDP能耗=能源消耗总量/GDP

单位GDP电耗 指一定时期内,一个国家或地区每生产一个单位的国内生产总值所消耗的电力。计算公式为:

单位GDP电耗=全社会用电量/GDP

单位工业增加值能耗 指一定时期内,一个国家或地区每生产一个单位的工业增加值所消耗的能源。计算公式为:

单位工业增加值能耗=工业能源消耗量/工业增加值

7

物　　价

资料整理：王　勇

7-1 居民消费价格总指数和商品零售价格总指数

(以上年为 100)

	全市		城镇		#城区		农村	
	居民消费价格总指数	商品零售价格总指数	居民消费价格总指数	商品零售价格总指数	居民消费价格总指数	商品零售价格总指数	居民消费价格总指数	商品零售价格总指数
1984					102.0	101.6		
1985					107.1	106.5		
1986					106.0	105.4		
1987					107.6	107.4		
1988					121.8	123.5		
1989					116.1	115.9		
1990					103.5	102.5		
1991					106.4	106.2		
1992	105.3	105.0	107.4	107.4	106.9	106.8	103.4	102.9
1993	110.3	107.2	110.6	107.7	111.1	107.9	109.8	106.5
1994	123.6	119.9	123.5	119.6	124.3	117.9	123.8	120.0
1995	116.5	116.4	115.6	113.7	114.8	113.0	116.7	118.2
1996	110.8	109.2	110.3	107.3	110.4	107.4	110.9	109.8
1997	104.7	101.3	103.3	100.1	103.6	100.1	104.8	102.1
1998	96.9	96.2	96.8	95.3	96.8	95.3	97.0	96.7
1999	97.1	96.4	97.2	95.9	97.2	95.9	97.1	96.6
2000	98.7	98.0	98.9	99.3	98.9	99.3	98.4	97.5
2001	101.2	99.7	101.3	100.2	101.5	100.2	101.1	99.5
2002	100.9	99.1	100.0	98.5	99.9	98.3	101.6	99.3
2003	101.8	100.6	102.2	100.6	102.2	100.6	101.4	100.6
2004	105.3	104.8	105.7	104.5	105.7	104.5	105.0	104.9
2005	102.3	102.2	102.1	102.3	102.1	102.3	102.4	102.1
2006	101.0	101.1	100.7	100.7	100.7	100.7	101.4	101.3
2007	104.8	104.1	105.4	104.3	105.4	104.3	104.2	104.0
2008	106.5	106.4	106.8	107.6	106.8	107.6	105.8	105.8

注:"商品零售价格总指数"不包括"农业生产资料价格指数"。

7-2 居民消费价格总指数和商品零售价格总指数

(2008 年)

	全市		城镇		#城区		农村	
	居民消费价格总指数	商品零售价格总指数	居民消费价格总指数	商品零售价格总指数	居民消费价格总指数	商品零售价格总指数	居民消费价格总指数	商品零售价格总指数
以 1987 价格为 100					353.2	254.0		
以 1988 价格为 100					290.2	205.7		
以 1989 价格为 100					250.1	177.5		
以 1990 价格为 100					241.7	173.2		
以 1991 价格为 100	185.9	161.5	230.5	178.2	227.2	174.1	210.9	187.3
以 1992 价格为 100	194.7	153.8	214.7	166.0	212.6	163.1	204.0	182.1
以 1993 价格为 100	176.6	143.5	194.2	154.2	194.4	151.2	185.8	171.0
以 1994 价格为 100	142.9	139.3	157.3	129.3	154.0	128.3	150.1	142.5
以 1995 价格为 100	135.9	119.7	136.1	113.8	134.2	113.6	128.7	120.6
以 1996 价格为 100	122.7	109.6	123.4	106.1	121.6	105.8	116.1	109.9
以 1997 价格为 100	117.2	108.2	119.5	106.0	117.4	105.7	110.8	107.7
以 1998 价格为 100	120.9	112.5	120.0	111.3	121.3	111.0	114.3	111.4
以 1999 价格为 100	124.6	116.7	123.5	116.1	124.8	115.8	117.8	115.4
以 2000 价格为 100	126.2	119.1	126.5	117.0	126.2	116.7	119.8	118.4
以 2001 价格为 100	124.7	119.5	124.9	116.8	124.4	116.5	118.5	119.0
以 2002 价格为 100	123.6	120.6	124.6	118.6	124.6	118.6	116.7	119.9
以 2003 价格为 100	121.4	119.9	122.0	117.9	122.0	117.9	115.1	119.2
以 2004 价格为 100	115.3	114.5	115.5	115.4	115.5	115.4	109.7	113.7
以 2005 价格为 100	112.7	112.0	113.2	112.9	113.2	112.9	107.2	111.4
以 2006 价格为 100	111.6	110.8	112.5	112.2	112.5	112.2	110.2	110.0
以 2007 价格为 100	106.5	106.4	106.8	107.6	106.8	107.6	105.8	105.8

注:"商品零售价格总指数"不包括"农业生产资料价格指数"。

7-3 居民消费价格指数

（2008年）

	以上年价格为100			定基比		
	全市	城市	农村	全市	城市	农村
居民消费价格总指数	**106.5**	**106.8**	**105.4**	**112.1**	**112.6**	**111.2**
非食品价格指数	101.4	101.4	101.6	101.9	100.7	103.8
服务项目价格指数	100.5	100.5	100.7	99.0	97.6	102.2
工业品价格指数	101.9	101.9	102.0	103.7	102.9	104.6
扣除食品和能源价格指数	100.8	100.8	100.7	100.8	99.7	102.2
扣除鲜菜鲜果总指数	105.9	106.1	105.4	110.5	110.6	110.2
消费品价格指数	108.2	109.0	106.6	116.0	117.5	113.4
一、食品	**117.6**	**118.3**	**114.6**	**137.7**	**141.3**	**130.0**
1.粮食	109.2	110.6	105.6	122.9	127.1	116.6
大米	105.9	106.7	104.1	117.3	116.4	119.0
面粉	106.1	107.0	104.5	120.1	123.6	116.0
2.淀粉	108.2	106.6	106.0	108.6	105.8	106.3
3.干豆类及豆制品	130.8	133.9	126.4	143.2	142.7	145.5
4.油脂	131.6	125.6	137.4	139.2	135.3	143.7
食用植物油	132.4	137.2	127.5	139.7	149.9	131.0
植物油制品	111.6	108.0	129.0	113.9	113.0	120.8
5.肉禽及其制品	125.4	126.0	123.8	159.1	167.9	147.5
(1)食用畜肉及副产品	129.2	129.9	128.2	166.0	176.4	153.8
猪肉	128.1	127.8	128.1	161.5	165.9	155.1
牛肉	138.9	139.7	141.9	176.3	178.8	177.0
羊肉	127.2	111.3	139.3	132.6	113.7	147.5
(2)禽	99.7	90.9	114.1	128.6	115.9	153.6
(3)加工肉禽	125.2	133.8	106.8	143.5	163.2	111.3
6.蛋	108.1	110.2	103.8	113.6	119.6	104.2
鲜蛋	107.2	109.8	101.9	112.5	118.9	101.2
蛋制品	115.2	117.8	112.9	122.6	129.5	118.3
7.水产品	125.5	126.6	122.4	119.5	124.5	112.5
(1)鱼	129.4	130.4	125.8	117.4	120.6	114.0
(2)其他水产品	107.7	109.5	104.1	129.3	141.4	103.6
8.菜	124.5	128.1	113.0	140.3	141.0	133.5
鲜菜	125.6	129.1	111.0	146.7	144.2	142.4
9.调味品	105.6	106.1	103.8	127.0	134.2	118.0
10.糖	99.0	100.7	98.3	107.8	115.4	104.8
11.茶及饮料	101.6	102.1	101.0	103.8	105.1	102.6
12.干鲜瓜果	102.9	106.6	98.6	144.3	147.5	136.2
鲜瓜果	100.6	104.1	97.5	153.3	157.0	140.6
13.糕点饼干	106.3	107.4	102.2	117.0	122.4	103.3
14.液体乳及乳制品	111.8	111.3	117.8	115.8	115.3	122.3
15.在外用膳食品	114.5	114.7	110.3	139.0	141.6	128.7
16.其他食品	104.8	107.3	102.8	107.1	112.7	102.9
二、烟酒及用品	**101.7**	**102.4**	**100.7**	**105.6**	**107.6**	**103.5**
1.烟草	99.6	99.2	100.1	102.7	100.1	104.5
2.酒	104.3	106.3	101.4	109.5	117.0	102.2
3.吸烟、饮酒用品	100.2	100.0	100.7	100.9	100.0	103.4
三、衣着	**100.6**	**101.2**	**98.9**	**100.7**	**102.2**	**96.4**
1.服装	100.2	100.9	98.1	99.0	100.5	94.2
2.衣着材料	99.3	100.0	99.0	101.7	107.6	99.1
3.鞋袜帽	102.0	102.6	100.4	105.5	107.8	100.1
4.衣着加工服务费	102.3	100.0	103.1	104.0	100.0	105.4
四、家庭设备用品及维修服务	**101.8**	**102.0**	**101.4**	**105.5**	**107.7**	**102.1**
1.耐用消费品	101.2	101.7	100.3	104.2	106.6	100.4
(1)家具	100.1	100.0	100.4	99.5	99.5	100.2
(2)家庭设备	101.9	102.5	100.3	107.2	110.0	100.6

注：定基比是以2005年平均价格为100进行对比计算的指数。

7—3续表　　　　　　　　(2008年)

	以上年价格为100			定基比		
	全市	城市	农村	全市	城市	农村
洗衣机	101.3	101.6	101.1	106.1	107.8	104.3
电冰箱(柜)	104.3	105.6	100.2	116.2	121.6	103.0
空调器	100.7	100.7	100.6	105.3	105.5	104.0
2.室内装饰品	101.9	102.1	101.1	103.7	104.3	101.8
3.床上用品	100.0	100.1	99.9	100.0	100.7	99.2
4.家庭日用杂品	101.2	100.3	102.2	102.2	101.5	103.5
5.家庭服务及加工维修服务	109.8	110.9	107.1	133.4	144.0	111.1
五、医疗保健和个人用品	**101.3**	**101.4**	**101.3**	**101.3**	**99.5**	**103.9**
1.医疗保健	101.1	101.2	100.7	99.1	97.4	101.4
(1)医疗器具及用品	98.2	97.1	99.8	92.6	81.2	99.3
(2)中药材及中成药	106.5	106.9	105.3	108.9	106.5	112.6
(3)西药	100.5	100.7	99.3	94.6	92.3	97.7
(4)保健器具及用品	95.1	93.1	100.3	97.9	98.2	100.2
(5)医疗保健服务	99.0	98.2	100.2	98.6	97.6	100.3
2.个人用品及服务	101.8	101.6	102.4	106.1	104.3	109.2
(1)化妆美容用品	99.3	99.0	99.9	95.5	93.3	99.9
(2)清洁化妆用品	101.9	102.7	100.7	104.5	106.8	101.2
(3)个人饰品	104.0	106.3	101.5	106.4	110.9	102.5
(4)个人服务	102.1	100.4	105.4	114.7	108.0	125.0
六、交通和通信	**100.3**	**99.8**	**101.2**	**97.6**	**96.1**	**101.1**
1.交通	102.3	102.5	102.2	104.7	105.2	104.1
(1)交通工具	100.2	99.6	100.5	97.2	98.1	96.1
摩托车	100.4	100.0	100.7	95.2	100.6	89.0
轿车	96.2	96.1	100.0	83.2	83.0	100.0
(2)车用燃料及零配件	110.1	110.8	109.8	123.8	126.5	119.8
汽油	116.6	117.1	115.1	145.5	146.9	139.7
柴油	114.8	123.5	114.9	137.6	149.0	138.6
(3)车辆使用及维修费	104.9	108.2	100.5	105.6	108.9	101.5
(4)市区公共交通费	100.6	100.0	104.1	103.1	100.0	121.8
(5)城市间交通费	102.0	100.8	103.5	109.5	104.9	115.0
2.通信	98.5	98.6	98.5	92.1	91.9	93.6
(1)通信工具	89.5	87.3	94.1	50.1	43.2	73.8
(2)通信服务	100.0	100.0	99.9	100.6	100.7	100.3
七、娱乐教育文化用品及服务	**101.0**	**101.4**	**99.7**	**102.9**	**103.2**	**100.2**
1.文娱用耐用消费品及服务	96.3	93.5	98.8	91.4	83.5	98.2
电视机	96.0	88.9	99.7	90.8	75.0	98.9
电脑	99.9	100.0	95.9	97.2	97.8	82.2
2.教育	102.0	103.1	99.8	105.1	106.4	100.6
(1)教材及参考书	101.8	104.6	99.1	104.3	120.4	92.3
(2)学杂托幼费	102.0	103.0	99.9	105.2	105.2	101.8
3.文化娱乐类	101.1	101.3	100.2	104.1	105.1	100.6
(1)文化娱乐用品	100.8	100.9	100.4	102.0	102.4	101.0
(2)书报杂志	103.4	104.8	99.9	111.5	116.7	99.9
(3)文娱费	100.0	100.0	100.8	102.1	102.3	100.6
4.旅游	102.3	101.9	100.1	108.0	108.4	101.5
八、居住	**102.9**	**102.6**	**104.7**	**102.9**	**98.3**	**112.3**
1.建房及装修材料	103.4	103.2	103.7	111.9	110.1	112.7
2.租房	101.5	101.9	100.1	103.0	103.8	100.5
3.自有住房	100.7	101.9	99.2	90.1	89.6	95.3
4.水、电、燃料	107.3	105.3	112.0	115.6	111.3	125.2
其他燃料	130.4	139.6	127.9	159.4	175.8	155.3

7-4 各县(市、区)居民消费价格指数

(2008年,上年=100)

	中心城区	南召县	方城县	西峡县	镇平县	内乡县	淅川县	社旗县	唐河县	新野县	桐柏县	邓州市
居民消费价格总指数	**106.8**	**106.3**	**105.7**	**106.1**	**106.2**	**108.3**	**106.6**	**106.6**	**106.2**	**107.2**	**107.8**	**105.4**
非食品价格指数	101.4	102.4	103.1	102.4	102.8	102.7	103.6	103.9	103.1	103.5	104.0	102.0
服务项目价格指数	100.5	102.6	110.1	101.3	102.8	104.2	100.5	104.0	101.5	103.6	104.6	101.9
工业品价格指数	101.9	102.3	100.0	102.8	102.8	102.1	104.6	103.8	103.8	103.3	103.8	102.0
扣除食品和能源价格指数	100.8	101.5	102.7	101.8	102.4	101.7	101.3	103.0	102.0	102.4	103.3	101.3
扣除鲜菜鲜果总指数	106.1	105.8	105.5	106.3	106.1	108.3	106.3	106.8	106.2	107.0	107.4	105.5
消费品价格指数	109.0	107.1	104.5	107.4	106.9	109.4	107.8	107.2	107.4	108.1	108.6	106.2
一、食品	**118.3**	**115.9**	**111.1**	**115.0**	**114.1**	**120.8**	**112.9**	**112.4**	**113.0**	**115.7**	**116.2**	**112.8**
1.粮食	110.6	111.4	107.6	108.1	108.2	107.6	102.9	107.5	104.4	115.9	110.0	112.4
大米	106.7	112.9	108.0	106.1	103.2	105.5	99.8	104.0	100.0	98.1	123.9	111.4
面粉	107.0	112.1	97.1	117.9	105.7	106.6	104.8	106.4	106.4	100.6	100.1	110.2
2.淀粉	106.6	107.1	99.0	100.0	101.4	100.0	100.0	105.9	103.9	101.1	116.8	107.8
3.干豆类及豆制品	133.9	125.4	126.7	119.9	127.8	124.1	132.2	122.3	122.9	141.2	142.4	133.3
4.油脂	125.6	147.0	115.9	126.5	135.4	135.6	122.0	135.7	119.5	120.9	134.8	126.0
食用植物油	137.2	152.2	117.8	120.4	138.7	129.1	125.7	134.8	120.4	121.7	140.0	121.8
植物油制品	108.0	131.5	113.8	152.9	130.1	119.8	118.2	134.7	126.0	116.6	116.7	130.8
5.肉禽及其制品	126.0	119.4	119.1	127.6	120.3	133.9	126.3	120.4	119.5	123.6	121.2	122.6
(1)食用畜肉及副产品	129.9	124.1	129.7	132.1	124.1	137.9	130.8	124.0	126.2	128.8	126.6	127.2
猪肉	127.8	121.4	126.2	138.1	123.4	134.1	129.3	122.0	128.1	131.9	127.0	127.5
牛肉	139.7	141.4	191.7	122.3	143.6	145.7	143.5	139.5	130.9	144.8	149.2	126.8
羊肉	130.2	129.8	119.8	124.3	124.8	132.4	120.2	128.2	119.0	118.3	121.2	130.5
(2)禽	90.9	115.0	87.9	118.8	105.8	122.0	101.7	105.2	102.3	106.1	110.0	135.0
(3)加工肉禽	133.8	107.1	111.4	117.4	109.4	123.1	117.1	122.7	106.4	114.5	117.8	104.6
6.蛋	110.2	102.7	106.8	106.6	104.8	110.2	112.5	105.9	105.1	103.9	101.3	101.1
鲜蛋	109.8	103.3	106.8	106.2	103.3	105.4	110.9	105.2	104.4	103.4	100.2	101.9
蛋制品	117.8	100.8	117.1	116.0	110.2	125.9	113.7	111.5	107.1	110.7	105.2	100.0
7.水产品	126.6	123.1	112.3	120.9	114.9	124.9	112.6	118.3	106.9	131.0	119.2	140.3
(1)鱼	130.4	128.9	115.3	124.5	114.8	129.0	114.4	119.8	107.3	129.7	117.3	149.2
(2)其他水产品	109.5	100.3	99.9	107.5	116.1	101.5	106.8	111.4	105.1	136.7	122.8	100.0
8.菜	128.1	120.4	101.6	112.4	104.1	119.5	112.0	101.5	107.5	106.8	114.1	98.9
鲜菜	129.1	120.6	101.4	110.8	99.3	123.8	116.4	106.2	109.1	108.2	125.5	94.2
9.调味品	106.1	102.1	101.2	103.3	103.5	102.4	103.0	105.0	103.5	101.1	106.4	103.3
10.糖	100.7	101.1	98.3	113.8	103.4	101.7	99.3	100.3	100.1	98.7	101.6	100.0
11.茶及饮料	102.1	101.3	100.0	100.0	102.3	105.4	100.4	100.8	101.4	100.0	106.9	100.0
12.干鲜瓜果	106.6	109.1	118.8	84.7	127.2	87.5	111.2	96.7	103.3	118.5	112.1	110.1
鲜瓜果	104.1	108.0	120.6	76.8	128.2	80.6	100.1	93.3	102.8	116.6	110.7	108.8
13.糕点饼干	107.4	102.1	104.6	100.0	101.6	104.1	100.9	100.0	104.3	103.5	119.0	108.2
14.液体乳及乳制品	111.3	111.8	102.7	107.8	107.2	138.3	98.3	114.1	129.7	105.7	122.3	124.9
15.在外用膳食品	114.7	109.5	110.5	121.6	105.5	121.5	105.1	116.0	115.9	119.1	122.4	106.5
16.其他食品	107.3	101.8	108.5	105.7	103.2	104.4	99.2	100.0	100.0	103.6	99.4	100.0
二、烟酒及用品	**102.4**	**100.1**	**100.6**	**100.0**	**102.9**	**100.1**	**100.8**	**100.3**	**100.7**	**106.6**	**105.1**	**100.0**
1.烟草	99.2	100.0	100.0	100.0	101.4	100.0	102.0	100.0	100.0	104.6	100.0	100.0
2.酒	106.3	100.2	100.6	100.0	104.9	100.0	99.7	100.7	101.4	109.7	109.1	100.0
3.吸烟、饮酒用品	100.0	100.0	118.7	100.0	101.1	101.2	100.0	100.0	101.0	100.0	126.2	100.0
三、衣着	**101.2**	**98.7**	**100.5**	**97.9**	**100.0**	**99.5**	**99.2**	**101.1**	**106.5**	**100.5**	**101.5**	**100.4**
1.服装	100.9	99.0	101.0	96.7	99.1	99.3	98.1	100.9	106.1	100.3	101.8	100.4
2.衣着材料	100.0	101.8	100.4	100.0	99.4	100.0	100.7	100.0	100.1	100.0	100.0	100.0
3.鞋袜帽	102.6	96.9	99.9	100.0	100.6	99.9	101.4	102.8	108.7	100.0	100.8	101.9
4.衣着加工服务费	100.0	100.0	102.6	97.2	115.8	102.0	102.6	100.0	104.3	112.2	109.5	100.0
四、家庭设备用品及维修服务	**102.0**	**101.9**	**103.7**	**100.0**	**101.6**	**103.3**	**102.0**	**102.5**	**103.9**	**102.2**	**102.8**	**100.3**
1.耐用消费品	101.7	99.9	100.0	100.0	101.3	99.2	96.2	100.2	105.8	101.3	100.4	100.5
(1)家具	100.0	99.6	100.0	100.0	101.2	99.4	98.9	100.4	107.7	101.7	100.8	100.0
(2)家庭设备	102.5	100.3	99.9	100.0	101.5	99.1	95.7	100.1	103.7	100.8	99.9	100.9

7—4 续表

(2008 年,上年=100)

	中心城区	南召县	方城县	西峡县	镇平县	内乡县	淅川县	社旗县	唐河县	新野县	桐柏县	邓州市
洗衣机	101.6	103.4	100.0	100.0	104.4	100.0	90.5	100.0	106.1	100.0	100.0	101.6
电冰箱(柜)	105.6	100.3	100.0	101.3	99.7	100.4	96.6	100.5	103.6	100.7	100.0	100.4
空调器	100.7	100.1	101.2	100.4	103.8	98.3	107.9	100.0	104.7	101.8	100.1	100.8
2.室内装饰品	102.1	100.0	101.4	100.0	98.7	100.9	108.1	100.0	100.3	100.0	100.0	100.0
3.床上用品	100.1	100.0	100.0	100.0	100.5	100.2	98.9	100.0	100.0	100.0	100.0	100.0
4.家庭日用杂品	100.3	101.1	100.2	100.0	102.3	107.4	99.4	105.2	102.1	101.2	104.8	100.0
5.家庭服务及加工维修服务	110.9	118.7	135.1	100.0	103.4	118.5	147.0	111.3	107.3	117.6	118.5	100.0
五、医疗保健和个人用品	**101.4**	**103.8**	**96.7**	**100.5**	**103.3**	**104.0**	**102.0**	**104.2**	**101.5**	**101.8**	**105.2**	**101.8**
1.医疗保健	101.2	102.1	93.9	100.1	103.6	102.5	100.4	101.5	100.8	100.3	100.0	99.9
(1)医疗器具及用品	97.1	100.0	100.0	100.0	105.2	96.1	100.0	100.0	100.0	100.0	100.0	103.7
(2)中药材及中成药	106.9	108.3	94.6	102.3	112.7	111.6	100.9	106.0	105.1	100.0	105.8	101.7
(3)西药	100.7	101.9	83.2	98.9	99.4	97.9	100.0	100.5	98.8	100.7	96.5	99.0
(4)保健器具及用品	93.1	100.7	98.3	100.0	101.3	105.4	100.0	100.0	104.0	100.0	100.0	98.6
(5)医疗保健服务	98.2	100.0	100.0	100.0	102.4	100.0	100.5	100.1	100.0	100.0	100.0	100.0
2.个人用品及服务	101.6	106.9	103.2	101.2	102.8	106.8	104.7	108.7	102.9	105.1	115.3	105.2
(1)化妆美容用品	99.0	100.1	98.3	100.0	101.9	100.1	100.4	100.6	101.7	100.0	102.1	100.0
(2)清洁化妆用品	102.7	103.0	99.4	100.0	102.8	102.2	101.5	102.3	100.7	100.0	104.5	100.0
(3)个人饰品	106.3	116.8	102.6	105.2	101.9	115.7	104.1	106.8	107.2	108.1	112.0	103.0
(4)个人服务	100.4	105.0	107.4	100.0	103.8	109.8	108.1	120.0	102.7	110.2	131.5	112.8
六、交通和通信	**99.8**	**100.8**	**107.7**	**101.0**	**100.4**	**102.9**	**93.0**	**103.8**	**101.8**	**100.6**	**100.5**	**101.0**
1.交通	102.5	103.5	111.5	101.8	102.1	108.0	99.6	106.0	105.3	101.2	103.3	102.6
(1)交通工具	99.6	99.6	99.3	100.0	99.1	99.8	89.8	100.6	100.0	100.0	97.8	100.9
摩托车	100.0	99.4	100.0	100.0	98.6	99.7	88.3	101.5	100.0	100.0	100.0	100.9
轿车	96.1	100.0	100.0	100.0	100.0	100.0	100.0	100.0	100.0	100.0	100.0	100.0
(2)车用燃料及零配件	110.8	110.8	111.2	107.7	110.0	105.7	110.6	112.4	112.2	109.7	111.9	109.4
汽油	117.1	117.5	116.1	114.6	117.0	110.4	114.8	117.0	117.5	117.2	117.8	115.9
柴油	123.5	117.8	113.9	111.0	117.4	115.8	113.2	116.5	128.1	116.5	117.5	115.8
(3)车辆使用及维修费	108.2	100.0	101.4	100.0	100.0	105.2	100.0	98.0	110.9	100.9	121.9	100.0
(4)市区公共交通费	100.0	100.0	129.5	100.0	102.1	141.3	122.5	110.4	100.0	100.0	125.8	100.2
(5)城市间交通费	100.8	112.2	147.7	105.0	106.3	106.5	122.1	112.7	108.7	100.0	99.0	105.4
2.通信	98.6	96.9	99.4	99.9	97.8	97.8	84.2	100.0	97.4	100.0	96.5	99.2
(1)通信工具	87.3	88.2	97.7	99.2	90.1	84.3	74.6	100.0	86.4	100.0	81.0	95.9
(2)通信服务	100.0	100.0	99.8	100.0	100.0	100.0	87.3	100.0	100.0	100.0	100.5	100.0
七、娱乐教育文化用品及服务	**101.4**	**101.0**	**107.6**	**100.3**	**100.6**	**101.0**	**98.2**	**100.0**	**100.0**	**103.6**	**99.7**	**99.9**
1.文娱用耐用消费品及服务	93.5	98.3	99.3	101.4	99.4	95.5	90.3	100.0	99.7	100.0	97.9	99.7
电视机	88.9	96.3	98.4	101.8	99.3	100.2	89.2	100.0	99.4	100.0	92.6	99.3
电脑	100.0	99.3	98.9	110.2	100.0	91.1	70.5	100.0	99.5	100.0	89.6	100.0
2.教育	103.1	102.4	110.2	100.0	100.8	102.9	98.9	99.9	99.7	105.9	99.6	100.0
(1)教材及参考书	104.6	100.4	101.0	99.9	106.7	104.3	98.1	98.2	97.2	103.4	100.3	99.3
(2)学杂托幼费	103.0	102.3	110.7	100.0	100.2	102.7	99.0	100.0	100.0	105.9	99.5	100.0
3.文化娱乐类	101.3	100.0	101.2	100.0	102.6	102.3	100.0	101.0	101.4	100.6	103.9	100.0
(1)文化娱乐用品	100.9	100.0	103.7	100.0	102.3	102.4	100.0	100.0	101.0	100.0	107.4	100.0
(2)书报杂志	104.8	100.0	98.5	100.0	101.8	100.4	100.0	100.0	101.8	100.0	100.0	100.0
(3)文娱费	100.0	100.0	100.4	100.0	105.1	106.0	100.0	102.8	101.8	101.9	100.0	100.0
4.旅游	101.9	100.5	100.0	100.0	99.9	100.0	100.0	100.0	99.9	100.0	100.0	100.0
八、居住	**102.6**	**106.1**	**102.3**	**109.7**	**106.9**	**106.1**	**116.5**	**109.4**	**105.9**	**107.8**	**108.6**	**107.5**
1.建房及装修材料	103.2	103.8	100.0	109.7	106.2	100.8	112.9	106.2	102.0	103.6	108.8	105.8
2.租房	101.9	102.7	108.6	131.1	100.0	101.5	100.0	100.0	100.0	100.0	100.0	100.0
3.自有住房	101.9	104.4	101.4	104.0	116.7	105.6	99.8	107.3	100.8	104.6	103.0	107.1
4.水、电、燃料	105.3	112.7	107.4	108.1	106.1	114.3	133.5	115.4	113.5	115.8	110.9	108.4
其他燃料	139.6	127.6	115.3	117.9	108.9	132.2	177.9	124.0	129.6	138.4	129.0	120.5

7-5 商品零售价格指数

（2008年）

	以上年价格为100			定基比		
	全市	城市	农村	全市	城市	农村
商品零售价格总指数	**106.4**	**107.6**	**105.9**	**112.3**	**113.9**	**111.6**
一、食品	**114.9**	**118.0**	**113.5**	**132.1**	**139.8**	**129.0**
1.粮食	107.5	109.0	106.8	119.7	124.6	117.6
大米	106.0	106.7	105.5	118.4	116.4	119.2
面粉	105.4	107.0	104.6	117.2	123.6	114.3
2.淀粉	106.5	106.6	106.6	109.1	105.8	109.4
3.干豆类及豆制品	129.3	134.3	126.6	142.1	143.4	140.8
4.油脂	128.0	128.4	127.8	132.6	138.9	130.6
食用植物油	129.8	137.2	127.5	135.5	149.9	131.4
植物油制品	118.6	108.0	125.3	115.4	113.0	116.8
5.肉禽及其制品	124.4	126.2	123.8	151.1	162.6	147.6
(1)食用畜肉及副产品	129.7	129.9	129.6	159.1	167.0	156.6
猪肉	128.3	127.8	128.5	156.9	165.9	154.2
牛肉	142.6	139.7	142.2	174.5	178.8	172.3
羊肉	124.9	130.2	122.6	149.4	154.5	147.1
(2)禽	109.5	91.5	115.6	146.6	116.1	155.6
(3)肉禽加工制品	115.3	135.1	109.1	126.4	168.3	114.8
6.蛋	105.2	110.6	103.0	109.8	120.0	105.4
鲜蛋	104.6	109.8	102.4	109.2	118.9	104.7
蛋制品	109.9	117.8	107.6	113.8	129.5	109.3
7.水产品	122.0	125.7	119.4	118.9	127.0	114.2
(1)鱼	126.0	130.8	123.1	117.7	120.7	116.0
(2)其他水产品	110.0	112.1	108.0	122.4	143.6	108.3
8.菜	115.1	126.4	109.9	134.3	139.9	131.5
鲜菜	118.5	129.1	112.8	144.8	144.2	144.3
9.调味品	104.2	106.8	103.6	120.9	137.5	117.4
10.糖	98.7	100.3	98.4	106.9	113.5	105.8
11.干鲜瓜果	101.0	106.4	98.6	136.7	147.9	131.7
鲜瓜果	98.3	104.1	95.9	148.6	157.0	143.9
12.糕点饼干面包	104.2	107.2	102.9	109.2	122.3	103.5
13.液体乳及乳制品	113.4	110.7	119.1	116.6	114.1	122.2
14.在外用膳食品	112.1	113.9	111.2	130.6	141.4	125.4
15.其他食品	102.8	107.3	101.9	103.7	112.7	102.0
二、饮料、烟酒	**101.5**	**102.3**	**101.3**	**104.9**	**106.7**	**104.4**
1.茶及饮料	101.5	102.0	101.3	103.5	104.5	103.1
2.烟草	100.0	99.5	100.2	103.9	100.1	104.9
3.酒	102.9	105.7	102.3	106.3	115.7	104.4
三、服装、鞋帽	**99.6**	**101.5**	**98.7**	**98.1**	**103.1**	**95.7**
1.服装	99.0	101.0	98.1	96.4	101.1	94.1
2.鞋袜帽	101.4	102.6	100.8	102.9	107.9	100.4
3.其他	96.9	100.0	96.2	93.7	100.0	92.3
四、纺织品	**99.1**	**100.1**	**98.8**	**99.1**	**103.0**	**98.1**
1.衣着材料	98.3	100.0	98.1	98.8	108.5	97.5
2.床上用品	100.0	100.1	99.9	99.4	100.3	99.0
五、家用电器及音像器材	**98.8**	**97.5**	**99.2**	**98.9**	**95.3**	**100.1**
1.家庭设备	100.6	102.4	100.1	103.8	109.6	102.0

注：定基比是以2005年平均价格为100进行对比计算的指数。

7—5 续表 (2008 年)

	以上年价格为100			定基比		
	全市	城市	农村	全市	城市	农村
洗衣机	101.0	101.6	100.9	105.4	107.8	104.9
电冰箱(柜)	101.6	105.6	100.0	108.0	121.6	103.0
空调器	100.7	100.7	100.7	104.5	105.5	103.7
2.文娱用耐用消费品	96.4	90.8	98.4	92.3	78.4	97.8
电视机	96.9	88.9	99.5	92.7	75.0	99.0
3.音像器材	90.7	96.6	81.9	86.7	93.3	77.1
六、文化办公用品	**100.5**	**100.5**	**100.7**	**100.6**	**100.1**	**101.4**
电脑及配件	99.5	100.0	97.0	98.5	100.0	90.5
打印机及配件	100.0	100.0	99.8	103.0	104.0	99.5
七、日用品	**100.8**	**100.6**	**100.9**	**101.6**	**101.3**	**101.7**
1.日用百货	100.9	101.3	100.8	101.2	101.5	101.0
2.日用杂品	100.2	100.0	100.3	100.3	100.0	100.5
3.洗涤用品	101.6	100.4	102.1	103.7	101.6	104.6
4.其他日用品	100.0	100.0	100.0	100.4	101.4	100.0
八、体育娱乐用品	**97.6**	**94.9**	**100.0**	**96.7**	**93.1**	**100.0**
1.体育用品	100.1	100.3	100.0	100.3	100.7	100.0
2.娱乐用品	94.1	90.5	100.0	91.9	87.0	100.2
九、交通、通信用品	**96.7**	**95.3**	**97.7**	**82.7**	**78.7**	**86.2**
1.交通运输机械	98.7	97.4	100.5	92.0	91.8	91.6
轿车	96.1	96.1	100.0	79.7	79.7	100.0
摩托车	100.5	100.0	100.7	91.7	100.6	88.3
2.通信器材	94.2	89.9	95.7	72.0	51.9	82.5
固定电话机	98.4	100.0	98.2	94.3	100.0	93.6
移动电话机	87.7	85.9	89.2	48.2	39.1	59.4
十、家具	**100.2**	**100.0**	**100.2**	**97.6**	**99.6**	**97.1**
十一、化妆品	**99.9**	**99.9**	**99.9**	**98.0**	**96.2**	**99.4**
十二、金银珠宝	**121.0**	**126.9**	**116.2**	**148.8**	**157.2**	**141.9**
金饰品	117.1	114.2	120.3	150.3	139.0	162.9
银饰品	122.5	166.7	100.3	134.3	200.0	101.1
铂金饰品	140.3	149.5	131.2	187.5	195.3	177.8
十三、中西药品及医疗保健用品	**102.7**	**102.2**	**103.0**	**100.8**	**97.1**	**103.0**
1.医疗器具及用品	98.9	97.1	100.1	90.4	81.2	97.6
2.中药材及中成药	108.7	107.3	109.4	113.3	106.4	117.6
3.西药	99.7	100.5	99.4	94.1	92.1	95.1
4.保健品及器具	97.5	94.0	99.9	98.6	97.1	98.7
十四、书报杂志及电子出版物	**101.2**	**104.4**	**99.4**	**102.2**	**114.9**	**95.5**
1.教材及参考书	99.9	104.0	98.3	97.3	113.9	91.2
2.书报杂志	102.6	105.5	100.6	107.7	118.5	100.6
3.电子音像制品	100.0	100.0	100.0	100.0	100.0	100.0
十五、燃料	**120.0**	**119.1**	**120.4**	**143.4**	**141.8**	**143.6**
1.煤炭及制品	126.4	120.1	128.3	150.0	135.5	154.3
2.石油及制品	116.6	118.8	114.6	138.3	142.9	134.0
汽油	116.5	117.1	115.3	144.8	146.9	141.0
柴油	122.2	123.5	121.0	149.4	149.0	149.1
十六、建筑材料及五金电料	**105.2**	**108.5**	**104.3**	**112.2**	**113.2**	**111.8**
1.建筑装璜材料	106.4	110.7	105.3	115.1	116.4	114.6
2.五金电料	100.0	101.8	99.2	99.5	103.9	97.7

7-6 各县(市、区)商品零售价格指数

(2008年,上年=100)

	中心城区	南召县	方城县	西峡县	镇平县	内乡县	淅川县	社旗县	唐河县	新野县	桐柏县	邓州市
商品零售价格总指数	**107.6**	**107.0**	**105.1**	**106.4**	**106.2**	**106.5**	**105.1**	**106.6**	**106.4**	**106.2**	**106.9**	**105.1**
一、食品	**118.0**	**114.7**	**112.2**	**115.5**	**113.7**	**117.8**	**113.4**	**113.1**	**112.6**	**114.4**	**117.7**	**113.6**
1.粮食	109.0	111.6	106.3	110.3	108.2	107.5	103.0	107.2	105.0	106.7	113.0	112.0
大米	106.7	112.9	108.0	106.1	103.2	105.5	99.8	104.0	100.0	98.1	123.9	111.4
面粉	107.0	112.1	97.1	117.9	105.7	106.6	104.8	106.4	106.4	100.6	100.1	110.2
2.淀粉	106.6	107.1	99.0	100.0	101.4	100.0	100.0	105.9	103.9	101.1	116.8	107.8
3.干豆类及豆制品	134.3	125.3	127.4	120.2	126.7	124.9	130.1	121.8	122.9	138.2	138.6	131.6
4.油脂	127.3	145.5	116.4	126.8	135.5	127.5	123.6	134.3	121.9	122.6	130.2	125.4
食用植物油	137.2	152.2	117.8	120.4	138.7	129.1	125.7	134.8	120.4	121.7	140.0	121.8
植物油制品	108.0	131.5	113.8	152.9	130.1	119.8	118.2	134.7	126.0	116.6	116.7	130.8
5.肉禽及其制品	126.2	119.7	121.5	128.5	119.2	132.0	124.9	122.5	120.2	123.2	125.9	125.6
(1)食用畜肉及副产品	129.9	124.4	130.4	133.9	124.1	136.1	128.5	124.1	126.2	128.7	130.7	128.7
猪肉	127.8	121.4	126.2	138.1	123.4	134.1	129.3	122.0	127.0	131.9	127.0	127.5
牛肉	139.7	141.4	191.7	122.3	143.6	145.7	143.5	139.5	131.4	144.8	149.2	126.8
羊肉	130.2	129.8	119.8	124.3	124.8	132.4	120.2	128.2	119.7	118.3	121.2	130.5
(2)禽	91.5	113.9	89.3	120.4	105.8	124.0	104.9	108.1	103.4	105.8	109.4	138.3
(3)肉禽加工制品	135.1	106.4	111.5	117.4	109.4	120.9	117.3	124.0	106.0	114.5	118.4	104.5
6.蛋	110.6	103.0	107.7	107.8	104.6	107.3	111.5	105.7	104.7	104.8	101.0	101.5
鲜蛋	109.8	103.3	106.8	106.2	103.3	105.4	110.9	105.2	104.4	103.4	100.2	101.9
7.水产品	125.7	123.2	113.5	115.3	114.6	127.9	113.5	118.6	105.5	127.3	119.1	131.9
(1)鱼	130.8	128.9	116.9	124.3	114.6	130.7	114.6	120.2	105.9	129.8	115.5	144.0
(2)其他水产品	112.1	100.4	99.3	104.2	115.2	112.0	104.7	108.3	104.3	122.5	126.4	100.0
8.菜	126.4	115.9	101.5	111.6	104.1	118.8	112.0	104.1	107.2	106.0	115.7	97.9
鲜菜	129.1	120.6	101.4	110.8	99.3	123.8	116.4	106.2	109.1	108.2	125.5	94.2
9.调味品	106.8	102.2	101.2	103.8	103.0	102.4	102.8	104.9	103.2	100.9	105.7	103.7
10.糖	100.3	101.0	96.9	112.6	102.9	101.5	99.5	100.2	100.1	97.9	102.2	100.0
11.干鲜瓜果	106.4	109.7	118.5	84.9	127.2	89.2	109.0	95.6	103.5	118.5	111.9	110.0
鲜瓜果	104.1	108.0	120.6	76.8	128.2	80.6	100.1	93.3	102.8	116.6	110.7	108.8
12.糕点饼干面包	107.2	102.2	104.2	100.0	101.6	104.3	100.9	100.0	104.3	102.6	117.2	107.8
13.液体乳及乳制品	110.7	113.6	101.2	110.1	107.1	135.2	98.8	111.9	130.4	104.5	116.3	125.0
14.在外用膳食品	113.9	109.1	109.2	119.2	104.7	119.1	106.9	113.7	116.3	116.3	121.6	105.6
15.其他食品	107.3	101.8	108.5	105.7	103.2	104.4	99.2	100.0	100.0	103.6	99.4	100.0
二、饮料、烟酒	**102.3**	**100.3**	**100.3**	**100.0**	**103.0**	**101.2**	**100.5**	**100.5**	**100.9**	**104.9**	**106.3**	**100.0**
1.茶及饮料	102.0	101.7	100.0	100.0	102.5	108.0	100.4	101.0	101.3	100.0	107.9	100.0
2.烟草	99.5	100.0	100.0	100.0	101.4	100.0	101.2	100.0	100.0	104.0	100.0	100.0
3.酒	105.7	100.2	100.6	100.0	104.7	100.0	99.9	100.8	101.5	109.9	110.3	100.0
三、服装、鞋帽	**101.5**	**98.6**	**101.1**	**98.3**	**99.5**	**99.2**	**99.8**	**101.1**	**105.9**	**100.2**	**102.0**	**100.8**
1.服装	101.0	99.2	101.6	97.0	99.1	99.4	98.7	100.4	104.9	100.2	102.5	100.3
2.鞋袜帽	102.6	97.0	99.9	100.0	100.6	99.9	102.2	102.7	108.8	100.0	101.0	102.1
3.其他	100.0	100.0	100.0	100.0	98.2	91.8	100.8	100.0	100.0	100.0	100.0	100.0
四、纺织品	**100.1**	**101.0**	**100.1**	**100.0**	**99.9**	**100.1**	**99.3**	**100.0**	**100.1**	**100.0**	**100.0**	**100.0**
1.衣着材料	100.0	101.7	100.1	100.0	99.4	100.0	101.2	100.0	100.1	100.0	100.0	100.0
2.床上用品	100.1	100.0	100.0	100.0	100.5	100.1	99.0	100.0	100.0	100.0	100.0	100.0
五、家用电器及音像器材	**97.5**	**99.1**	**99.5**	**100.4**	**100.6**	**98.0**	**94.7**	**100.1**	**101.7**	**100.3**	**94.9**	**100.4**
1.家庭设备	102.4	100.3	99.9	100.0	101.4	99.3	96.9	100.1	103.4	100.4	99.8	100.9
洗衣机	101.6	103.4	100.0	100.0	104.4	100.0	90.5	100.0	106.1	100.0	100.0	101.6

7—6 续表

(2008 年,上年=100)

	中心城区	南召县	方城县	西峡县	镇平县	内乡县	淅川县	社旗县	唐河县	新野县	桐柏县	邓州市
电冰箱(柜)	105.6	100.3	100.0	101.3	99.7	100.4	96.6	100.5	103.6	100.7	100.0	100.4
空调器	100.7	100.1	101.2	100.4	103.8	98.3	107.9	100.0	104.7	101.8	100.1	100.8
2.文娱用耐用消费品	90.8	97.3	99.0	101.0	99.2	96.5	90.6	100.0	99.7	100.0	91.3	99.6
电视机	88.9	96.3	98.4	101.8	99.3	100.2	89.2	100.0	99.4	100.0	92.6	99.3
3.音像器材	96.6	99.7	100.0	100.0	100.0	82.1	100.0	100.0	100.0	100.0	90.2	100.0
六、文化办公用品	**100.5**	**99.9**	**103.9**	**101.3**	**103.6**	**101.7**	**94.7**	**100.0**	**99.9**	**100.0**	**105.9**	**100.0**
电脑及配件	100.0	99.3	98.9	110.2	100.0	91.1	70.5	100.0	99.5	100.0	89.6	100.0
打印机及配件	100.0	99.4	99.5	100.0	98.1	100.0	87.7	100.0	100.0	100.0	100.0	100.0
七、日用品	**100.6**	**102.5**	**100.1**	**100.0**	**103.0**	**102.5**	**98.7**	**104.9**	**102.0**	**100.5**	**103.0**	**100.2**
1.日用百货	101.3	104.7	99.9	100.0	103.3	103.9	99.0	101.6	104.4	100.0	98.9	100.5
2.日用杂品	100.0	100.1	101.0	100.0	104.6	100.7	96.2	101.9	100.4	100.0	100.0	100.0
3.洗涤用品	100.4	102.8	100.0	100.0	104.0	103.7	100.0	114.8	101.0	101.5	112.6	100.0
4.其他日用品	100.0	100.0	100.0	100.0	100.3	100.0	100.0	100.0	100.5	100.0	100.0	100.0
八、体育娱乐用品	**94.9**	**100.1**	**100.0**	**100.0**	**100.0**	**100.0**	**100.5**	**100.0**	**100.1**	**100.0**	**100.0**	**100.0**
1.体育用品	100.3	100.0	100.0	100.0	100.1	100.0	101.2	100.0	100.0	100.0	100.0	100.0
2.娱乐用品	90.5	100.3	100.0	100.0	99.9	100.0	100.0	100.0	100.3	100.0	100.0	100.0
九、交通、通信用品	**95.3**	**94.3**	**98.8**	**99.6**	**93.7**	**90.9**	**86.1**	**100.7**	**92.4**	**100.0**	**91.2**	**98.1**
1.交通运输机械	97.4	100.1	100.0	100.0	98.6	99.7	92.6	101.4	100.0	100.0	100.0	100.8
轿车	96.1	100.0	100.0	100.0	100.0	100.0	100.0	100.0	100.0	100.0	100.0	100.0
摩托车	100.0	99.4	100.0	100.0	98.6	99.7	88.3	101.5	100.0	100.0	100.0	100.9
2.通信器材	89.9	91.2	98.2	99.2	90.1	86.7	78.1	100.0	84.9	100.0	81.7	96.4
固定电话机	100.0	100.0	100.0	100.0	96.0	93.2	80.5	100.0	100.0	100.0	90.0	100.0
移动电话机	85.9	81.4	96.7	97.0	87.7	80.8	71.7	100.0	80.7	100.0	69.7	94.1
十、家具	**100.0**	**99.5**	**100.0**	**100.0**	**101.2**	**99.4**	**97.4**	**100.4**	**107.5**	**101.5**	**100.8**	**100.0**
十一、化妆品	**99.9**	**100.3**	**99.3**	**100.0**	**102.2**	**100.1**	**100.2**	**100.0**	**101.2**	**100.0**	**100.5**	**100.0**
十二、金银珠宝	**126.9**	**136.2**	**121.9**	**110.4**	**104.9**	**135.8**	**100.8**	**129.8**	**118.6**	**132.0**	**128.8**	**127.8**
金饰品	114.2	133.5	112.9	115.4	104.7	138.0	101.5	134.2	118.6	134.9	114.9	123.7
银饰品	166.7	133.7	124.1	100.0	100.0	100.0	100.0	103.7	100.0	100.0	100.0	100.0
铂金饰品	149.5	144.5	140.9	107.5	103.3	139.7	100.2	131.4	123.2	132.6	153.1	138.6
十三、中西药品及医疗保健用品	**102.2**	**105.6**	**88.0**	**100.2**	**104.7**	**106.0**	**100.2**	**101.6**	**101.9**	**100.3**	**100.0**	**99.4**
1.医疗器具及用品	97.1	100.0	100.0	100.0	105.2	96.1	100.0	100.0	100.0	100.0	100.0	103.7
2.中药材及中成药	107.3	111.8	92.1	102.4	112.7	118.2	101.2	105.0	105.1	100.0	105.6	100.3
3.西药	100.5	102.0	81.9	98.8	99.4	97.3	100.0	100.3	99.5	100.5	97.3	98.7
4.保健品及器具	94.0	100.7	98.7	100.0	101.3	104.7	100.0	100.0	104.2	100.0	100.0	98.8
十四、书报杂志及电子出版物	**104.4**	**100.2**	**100.5**	**99.6**	**104.9**	**101.4**	**99.2**	**99.3**	**101.1**	**100.8**	**100.1**	**99.8**
1.教材及参考书	104.0	100.4	100.9	99.3	107.3	102.1	98.3	98.3	98.0	102.0	100.4	99.5
2.书报杂志	105.5	100.0	100.1	100.0	102.5	100.6	100.0	100.0	104.5	100.0	100.0	100.0
3.电子音像制品	100.0	100.0	100.0	100.0	101.4	100.0	100.0	100.0	100.0	100.0	100.0	100.0
十五、燃料	**119.1**	**124.9**	**126.0**	**117.3**	**112.3**	**119.4**	**154.3**	**119.3**	**120.0**	**119.0**	**111.6**	**114.9**
1.煤炭及制品	120.1	134.2	133.3	121.2	106.2	125.6	173.4	120.7	118.9	122.0	103.3	117.4
2.石油及制品	118.8	117.5	115.3	113.3	116.7	113.9	114.0	118.2	120.5	116.3	115.1	112.9
液化石油气	120.0	117.7	114.0	114.1	120.7	115.7	114.6	126.8	113.4	114.3	101.8	106.7
汽油	117.1	117.5	116.1	114.6	117.0	110.4	114.8	117.0	117.5	117.2	117.8	115.9
柴油	123.5	117.8	113.9	111.0	117.4	115.8	113.2	116.5	128.1	116.5	117.5	115.8
十六、建筑材料及五金电料	**108.5**	**105.7**	**100.4**	**106.4**	**105.9**	**100.2**	**104.9**	**107.5**	**103.9**	**101.9**	**107.7**	**104.3**
1.建筑装璜材料	110.7	106.8	100.5	110.2	106.7	102.4	114.3	109.9	104.7	102.7	110.3	105.3
2.五金电料	101.8	100.0	100.0	100.0	101.7	99.2	100.0	100.0	101.6	100.0	101.1	100.0

7-7 农业生产资料价格指数

(2008年)

	以上年价格为100	定基比
农业生产资料价格指数	**110.0**	**118.8**
一、农用手工工具	**101.3**	**102.3**
农用手工工具	101.3	102.3
二、饲料	**103.7**	**109.6**
混合饲料	103.9	109.1
其他	102.6	112.1
三、产品畜	**112.0**	**116.2**
幼禽家畜	112.0	116.2
四、半机械化农具	**100.6**	**105.3**
半机械化农具	100.6	105.3
五、机械化农具	**101.1**	**105.0**
农用机械	101.1	105.0
六、化学肥料	**121.2**	**136.7**
氮肥	120.6	133.2
磷肥	118.8	134.8
钾肥	118.5	129.2
复合肥料	129.1	166.2
七、农药及农药械	**103.8**	**109.5**
1.化学农药	104.3	110.8
杀虫剂	104.7	110.9
杀菌剂	103.4	107.2
除草剂	103.4	113.9
2.农药器械	100.6	102.8
农药器械	100.6	102.8
八、农用机油	**108.7**	**118.1**
农用机油	108.7	118.1
九、其他农业生产资料	**103.2**	**112.6**
1.农用种子	103.5	114.0
农用种子	103.5	114.0
2.其他	102.5	109.1
农用薄膜	104.1	118.8
其他	101.2	101.5
十、农业生产服务	**100.4**	**101.6**
排灌费	100.0	100.0
机械作业费	101.5	105.8
其他	100.0	100.0

注:定基比是以2005年平均价格为100进行对比计算的指数。

7-8 各县(市、区)农业生产资料价格指数

(2008年,上年=100)

	南召县	方城县	西峡县	镇平县	内乡县	淅川县	社旗县	唐河县	新野县	桐柏县	邓州市
农业生产资料价格指数	**118.9**	**115.2**	**105.9**	**114.2**	**113.8**	**105.2**	**120.3**	**111.4**	**110.9**	**108.4**	**105.9**
一、农用手工工具	**100.1**	**100.0**	**100.0**	**101.1**	**105.7**	**100.0**	**105.0**	**100.0**	**100.0**	**100.0**	**100.0**
二、饲料	**123.2**	**109.5**	**101.6**	**113.4**	**114.1**	**100.0**	**113.1**	**103.6**	**101.9**	**100.2**	**103.6**
混合饲料	123.9	106.0	101.5	116.6	114.8	100.0	109.1	103.5	100.0	100.3	103.2
三、产品畜	**180.3**	**100.0**	**101.4**	**126.1**	**145.2**	**118.8**	**121.4**	**124.2**	**111.7**	**110.8**	**101.3**
四、半机械化农具	**100.0**	**100.0**	**100.0**	**104.2**	**100.0**	**99.5**	**100.0**	**104.6**	**100.0**	**108.9**	**100.0**
五、机械化农具	**100.8**	**100.0**	**100.0**	**102.7**	**100.0**	**109.2**	**100.5**	**103.6**	**100.0**	**101.4**	**100.2**
六、化学肥料	**122.7**	**128.3**	**113.3**	**124.7**	**116.7**	**105.1**	**142.8**	**118.3**	**120.4**	**113.7**	**117.2**
氮肥	110.8	128.4	119.3	125.4	119.9	105.3	114.9	111.2	121.8	113.5	120.7
磷肥	131.4	132.7	104.0	127.6	107.0	104.0	108.4	119.7	143.9	104.7	108.9
钾肥	137.1	120.2	104.6	110.4	102.6	100.0	192.0	130.1	100.0	145.8	106.8
复合肥料	141.8	127.6	107.7	124.4	120.7	107.1	155.2	120.0	100.0	111.9	119.7
七、农药及农药械	**107.0**	**104.3**	**100.8**	**104.8**	**110.9**	**100.4**	**105.3**	**104.0**	**100.7**	**159.4**	**102.7**
1.化学农药	107.4	104.9	101.0	105.2	111.5	99.8	106.1	104.7	100.8	162.8	103.2
2.农药器械	100.0	100.0	100.0	100.0	101.6	112.0	100.0	100.0	100.0	101.3	100.0
八、农用机油	**108.7**	**134.8**	**100.0**	**108.5**	**121.1**	**80.8**	**106.4**	**112.5**	**107.1**	**108.7**	**102.2**
九、其他农业生产资料	**114.1**	**106.5**	**100.0**	**104.3**	**106.6**	**102.2**	**110.3**	**100.5**	**106.8**	**101.8**	**101.4**
1.农用种子	118.1	106.4	100.0	103.3	107.5	101.6	109.0	100.0	109.5	100.0	101.7
2.其他	104.8	106.8	100.0	106.3	104.1	103.0	116.0	101.9	100.0	103.5	100.7
农用薄膜	110.7	104.4	100.0	104.5	106.7	104.2	131.7	104.8	100.0	106.7	101.0
十、农业生产服务	**100.0**	**100.0**	**110.8**	**109.1**	**102.9**	**100.0**	**100.0**	**100.0**	**113.9**	**100.0**	**100.0**
排灌费	100.0	100.0	100.0	105.9	100.0	100.0	100.0	100.0	100.0	100.0	100.0
机械作业费	100.0	100.0	146.9	118.3	109.5	100.0	100.0	100.0	114.3	100.0	100.0
其他	100.0	100.0	100.0	100.0	100.0	100.0	100.0	100.0	116.1	100.0	100.0

7-9 各月全市居民消费、商品零售、农资价格指数

(2008年,上年同月=100)

	1月	2月	3月	4月	5月	6月	7月	8月	9月	10月	11月	12月
居民消费价格总指数(%)	**106.2**	**107.5**	**108.1**	**108.1**	**107.1**	**106.9**	**106.6**	**106.3**	**106.4**	**106.4**	**105.1**	**103.1**
＃城市	106.2	107.9	108.3	108.3	107.5	107.0	106.9	106.5	106.9	107.1	105.9	103.3
农村	106.2	106.5	107.7	107.6	106.5	106.3	105.7	105.5	105.1	104.8	103.3	102.5
1.食品	120.5	124.7	126.2	126.3	121.7	119.3	115.9	115.2	113.7	113.7	110.4	106.8
2.烟酒及用品	100.1	100.1	100.2	100.3	100.4	101.9	102.1	102.1	102.2	103.6	103.9	103.9
3.衣着	96.4	97.2	97.1	97.1	97.5	99.1	101.5	101.6	103.5	104.7	106.4	106.3
4.家庭设备用品及维修服务	101.4	101.4	101.5	101.0	100.7	100.8	101.5	101.6	101.6	102.9	103.0	103.1
5.医疗	100.9	101.0	101.2	100.8	101.0	100.7	102.3	102.2	102.0	101.5	101.3	101.5
6.交通和通讯	99.5	99.7	99.7	99.6	100.7	101.1	101.5	100.6	100.7	100.6	100.2	100.0
7.娱乐教育文化用品及服务	98.7	98.7	98.6	98.8	99.5	99.7	99.8	100.1	103.5	104.7	104.9	105.0
8.居住	102.7	102.4	103.6	103.9	103.9	104.8	105.9	105.7	105.4	103.3	100.4	95.4
商品零售价格总指数(%)	**105.9**	**106.5**	**107.4**	**107.4**	**106.8**	**107.2**	**107.1**	**106.9**	**106.7**	**106.6**	**104.9**	**103.8**
农业生产资料价格指数(%)	**106.7**	**107.3**	**111.8**	**110.7**	**110.4**	**110.7**	**111.4**	**111.6**	**110.8**	**110.2**	**109.7**	**108.9**

主要统计指标解释

商品零售价格指数 是反映城乡商品零售价格变动趋势的一种经济指数。零售物价的调整变动直接影响到城乡居民的生活支出和国家的财政收入,影响居民购买力和市场供需平衡,影响消费与积累的比例。因此,计算零售价格指数,可以从一个侧面对上述经济活动进行观察和分析。

消费价格指数 是反映一定时期内城乡居民所购买的生活消费品价格和服务项目价格变动趋势和程度的相对数,是对城市居民消费价格指数和农村居民消费价格指数进行综合汇总计算的结果。利用居民消费价格指数,可以观察和分析消费品的零售价格和服务价格变动对城乡居民实际生活费支出的影响程度。

城市居民消费价格指数 是反映城市居民家庭所购买的生活消费品价格和服务项目价格变动趋势和程度的相对数。城市居民消费价格指数可以观察和分析消费品的零售价格和服务项目价格变动对职工货币工资的影响,作为研究职工生活和确定工资政策的依据。

农村居民消费价格指数 是反映农村居民家庭所购买的生活消费品价格和服务项目价格变动趋势和程度的相对数。农村居民消费价格指数可以观察农村消费品的零售价格和服务项目价格变动对农村居民生活消费支出的影响,直接反映农民生活水平的实际变化情况,为分析和研究农村居民生活问题提供依据。

8

人民生活

资料整理：王文泽　朱芸萍　宋池廉　张　季　王同刚　李　磊

8-1 居民消费水平及指数

	居民消费水平(元)			城乡消费水平对比农民=1	居民消费水平指数(以上年为100)		
	全体居民	农村居民	城镇居民		全体居民	农村居民	城镇居民
1980	147	130	428	3.29			
1981	181	164	456	2.78	109.4	111.4	94.3
1982	187	168	468	2.79	101.2	101.4	101.0
1983	228	206	534	2.59	121.8	122.2	114.0
1984	245	225	521	2.32	109.0	110.4	98.7
1985	286	255	664	2.60	108.2	105.0	117.8
1986	317	277	779	2.81	108.4	106.6	114.9
1987	391	344	918	2.67	113.6	114.7	108.9
1988	396	343	972	2.83	90.4	88.8	94.5
1989	401	342	1017	2.97	95.8	94.3	98.0
1990	476	420	1046	2.49	110.3	113.9	96.2
1991	499	416	1314	3.16	102.1	96.5	122.1
1992	591	513	1343	2.62	114.6	119.1	98.7
1993	678	575	1594	2.77	108.8	106.5	112.8
1994	914	767	2113	2.75	111.5	109.9	110.5
1995	1086	883	2615	2.96	105.4	103.7	105.4
1996	1429	1210	2999	2.48	119.2	123.6	104.8
1997	1534	1273	3336	2.62	104.6	102.9	108.1
1998	1567	1279	3464	2.71	104.9	103.4	106.1
1999	1644	1346	3554	2.64	108.2	108.3	106.2
2000	1688	1359	3739	2.75	103.4	101.8	106.2
2001	1795	1434	3984	2.78	105.6	104.7	105.8
2002	1956	1531	4467	2.92	108.6	106.1	112.4
2003	2056	1608	4660	2.90	103.6	103.6	102.6
2004	2583	1701	5057	2.97	108.1	107.9	107.4
2005	2957	1843	5902	3.20	112.1	106.1	114.3
2006	4059	2244	8566	3.82	135.8	120.2	143.8
2007	4770	2643	9632	3.64	111.4	111.6	106.7
2008	5196	3081	9038	2.93	108.9	116.6	93.8

注:本表绝对数按当年价格计算,指数按可比价格计算。

8-2 城乡居民收支及恩格尔系数

单位:元

	城镇居民家庭人均					农民家庭人均				
	可支配收入	可支配收入指数	消费性支出	食品	恩格尔系数(%)	纯收入	纯收入指数	生活消费支出	食品	恩格尔系数(%)
1985	602	116.0	545	258	47.3	317	111.0	270	153	56.7
1986	723	120.2	646	309	47.9	325	123.5	304	164	53.9
1987	808	111.8	706	354	50.2	357	103.6	283	156	55.1
1988	867	107.3	793	392	49.5	353	107.4	320	169	52.8
1989	1084	125.0	935	451	48.2	395	116.5	372	193	51.9
1990	1265	116.7	970	497	51.2	487	112.2	455	248	54.5
1991	1382	109.3	1097	518	47.3	511	94.2	434	248	57.1
1992	1577	114.1	1112	556	50.0	546	122.4	482	274	56.8
1993	1690	107.2	1282	647	50.5	633	112.3	541	316	58.4
1994	2158	127.7	1765	885	50.1	874	139.5	751	434	57.8
1995	2773	128.5	2245	1101	49.0	1124	114.7	870	545	62.6
1996	3376	121.8	2735	1300	47.5	1499	149.0	1230	728	59.2
1997	3713	110.0	3057	1372	44.9	1777	105.6	1378	798	57.9
1998	3860	103.9	3149	1364	43.3	1846	101.8	1266	715	56.5
1999	4144	107.4	3169	1355	42.8	1886	92.8	1201	680	56.6
2000	4430	106.9	3403	1345	39.5	1889	118.0	1179	562	47.7
2001	4752	107.3	3693	1230	33.3	1940	106.6	1360	683	50.2
2002	5659	119.1	4118	1366	33.2	2020	107.7	1453	700	48.2
2003	6109	108.0	4253	1460	34.3	2122	99.8	1532	694	45.3
2004	6919	113.3	4591	1573	34.2	2495	112.1	1714	816	47.6
2005	7831	113.2	5283	1813	34.3	2894	103.0	2006	921	45.9
2006	8913	113.8	6630	2032	30.6	3386	115.8	2397	998	41.6
2007	10713	120.2	7276	2460	33.8	4014	112.3	2837	1136	40.0
2008	12395	115.7	8362	2864	34.3	4570	107.8	3256	1291	39.7

注:农民人均纯收入指数为计算现金纯收入、实物纯收入及扣除物价因素后得出。

8-3 各县(市、区)城乡居民收支及恩格尔系数

(2008年)　　单位:元

	城镇居民人均				农村居民人均			
	可支配收入	消费性支出	食品	恩格尔系数(%)	纯收入	生活费支出	食品	恩格尔系数(%)
全市	**12395**	**8362**	**2864**	**34.3**	**4570**	**3256**	**1291**	**39.7**
宛城区	13546	9130	3196	35.0	5168	4285	1756	41.0
卧龙区	13586	9031	2993	33.1	4792	3582	1802	50.3
南召县	10803	5746	1908	33.2	3604	2504	1164	46.5
方城县	11034	7413	2725	36.8	4296	2980	1292	43.4
西峡县	11754	7778	2426	31.2	5002	3258	1009	31.0
镇平县	10956	7179	2593	36.1	5039	3717	1382	37.2
内乡县	11268	6907	2532	36.7	4542	3586	1140	31.8
淅川县	11291	8548	2863	33.5	3916	3046	1568	51.5
社旗县	9852	5919	2592	43.8	3416	2858	1524	53.3
唐河县	11190	7066	2649	37.5	4998	2928	1059	36.2
新野县	11655	7074	2502	35.4	5210	4010	1310	32.7
桐柏县	10683	7524	3037	40.4	3158	2787	1117	40.1
邓州市	11818	8936	2640	29.5	5089	3198	1075	33.6

8-4 城镇居民家庭基本情况

	单位	1985	1990	1995	2000	2005	2007	2008
一、调查户数	**户**	**130**	**130**	**300**	**650**	**650**	**650**	**650**
二、家庭人口数	**人**	**514**	**471**	**1034**	**2130**	**1976**	**1937**	**1885**
平均每户家庭人口数	人	3.95	3.62	3.45	3.28	3.04	2.98	2.90
三、就业人口数	**人**	**285**	**249**	**551**	**1152**	**1125**	**1144**	**1060**
平均每户就业人口数	人	2.19	1.91	1.84	1.77	1.73	1.76	1.63
平均每一就业人口负担人数	人	1.80	1.89	1.88	1.85	1.76	1.69	1.78
四、平均每人全年家庭总收入	**元**	**604**	**1269**	**2775**	**4436**	**8154**	**11177**	**12828**
#可支配收入	元	602	1265	2773	4430	7831	10713	12395
五、平均每人全年家庭总支出	**元**	**627**	**1270**	**2551**	**3945**	**7556**	**9548**	**10199**
#消费性支出	元	545	970	2245	3403	5283	7276	8362
六、现住房总使用面积	**平方米**	**4893**	**6653**	**13755**	**42340**	**56711**	**54251**	**52365**
平均每户总使用面积	平方米	37.64	51.18	76.00	65.14	87.25	83.46	80.56
平均每人总使用面积	平方米	9.52	14.11	13.30	19.95	28.70	28.01	27.78
现住房总辅助面积	平方米	1884	1411	5025	13583	13812	17903	
平均每户总辅助面积	平方米	14.49	10.85	16.75	20.90	21.25	27.55	
平均每人总辅助面积	平方米	3.67	3.00	4.86	6.38	6.99	9.24	

8-5 城镇居民家庭平均每人现金收支情况

单位:元

	1985	1990	1995	2000	2005	2007	2008
一、期初手存现金	**64.03**	**95.15**	**152.40**	**159.64**	**494.15**	**584.29**	**279.28**
二、家庭总收入	**603.56**	**1268.91**	**2774.66**	**4435.63**	**8154.00**	**11177.23**	**12828.21**
其中:可支配收入	601.63	1264.85	2772.61	4429.54	7830.69	10713.03	12395.25
(一)工薪收入	490.92	814.38	2048.93	2731.88	5712.04	8071.53	8934.01
1.工资及补贴收入	488.02	805.07	2035.90	2663.77	5472.76	7910.07	8699.12
2.其他劳动收入	2.90		13.03	68.11	239.28	161.46	234.90
(二)经营净收入		9.31	50.67	540.76	1003.73	957.82	1336.50
(三)财产性收入			52.98	287.79	142.38	249.17	250.40
1.利息收入			30.46	25.25	51.39	16.19	4.54
2.股息与红利收入			12.09	5.77	12.82	87.09	79.89
3.保险收益					0.97	2.82	1.46
4.其它投资收入			1.40	50.35	16.41	54.70	24.86
5.出租房屋收入			8.12	205.41	56.93	83.71	113.47
6.知识产权收入							
7.其他财产性收入			0.90	1.00	3.87	4.66	26.17
(四)转移性收入	65.64	216.86	493.59	859.25	1295.84	1898.70	2307.30
1.养老金或离退休金	14.68	113.92	412.80	729.10	977.46	1576.90	1981.37
2.社会救济收入	1.10	1.34	1.57	3.36	3.31	0.17	0.29
3.辞退金						1.44	
4.赔偿收入					0.73	1.47	2.98
5.保险收入					0.91	3.91	0.46
其中:失业保险金					0.08	0.40	
6.赡养收入	8.96	22.21	40.58	47.80	55.12	72.45	111.30
7.捐赠收入	14.57	42.34	35.00	76.10	212.16	200.90	189.81
8.亲友搭伙费	3.72	10.61	0.45	0.30	2.06		
9.提取住房公积金					5.50		
10.记帐补贴	5.92	8.65	3.27	3.15	22.66	31.54	15.23
11.其他转移性收入	15.37	15.46	0.40	2.47	15.94	9.90	5.86
三、出售财物收入	**2.42**	**3.67**	**1.02**	**0.32**	**9.39**	**9.27**	**11.82**
1.出售住房收入					2.73	6.14	7.60
2.出售其他物品收入					6.66	3.12	4.22
四、借贷收入	**151.04**	**178.48**	**392.68**	**484.22**	**1744.28**	**1506.57**	**948.25**
1.提取储蓄存款	54.63	112.21	260.68	349.56	1611.41	1172.81	906.80
2.借入款	79.83	47.42	107.54	113.92	113.31	271.81	22.27
3.收回借出款			18.72	16.16	16.21	27.40	11.76
4.收回储蓄性保险本金						0.65	
5.兑售有价证券			7.08	2.98		8.82	
6.收回投资本金					0.94	3.51	5.92
7.住房贷款						20.06	
8.汽车贷款							

8—5 续表 单位:元

	1985	1990	1995	2000	2005	2007	2008
9.教育贷款					0.79		
10.其他贷款					0.95	1.50	0.80
11.其他借贷收入	1.33	3.68	6.74	1.57	0.68		0.70
五、家庭总支出	**627.15**	**1269.88**	**2551.47**	**3944.82**	**7555.64**	**9548.30**	**10199.30**
(一)消费支出	545.35	970.42	2245.07	3402.94	5283.14	7276.00	8362.10
其中:服务性消费支出					1290.01	1724.20	2052.40
(二)购房与建房支出		24.55	26.45	51.29	1071.50	652.80	167.50
1.购房					1057.83	651.90	167.50
2.建房					13.67	0.90	
(三)转移性支出	81.80	274.91	277.78	487.03	917.52	1193.60	1267.90
1.交纳的个人收入税			0.30	0.16	19.60	11.50	21.50
2.捐赠支出	49.89	185.8	199.99	407.71	595.02	918.70	939.20
3.购买彩票					1.64	0.70	3.40
4.赡养支出	31.91	89.11	56.00	39.20	234.39	205.20	260.80
其中:在外就学子女费用					153.05	104.10	179.00
5.各种非储蓄性保险支出			0.97	4.50	18.94	18.40	14.40
其中:车辆保险支出					0.09	0.30	
6.其他转移性支出			20.52	35.46	47.93	39.10	28.70
(四)财产性支出		1.98	2.17	3.56	2.45	4.70	5.70
1.非生产性利息支出		1.98	2.17	3.56	2.19	4.70	5.50
2.其他					0.26		0.20
(五)社会保障支出					281.04	418.40	396.20
1.个人交纳的养老基金					118.88	182.34	177.20
2.个人交纳的住房公积金					83.99	123.54	110.27
3.个人交纳的医疗基金					60.22	87.39	95.74
4.个人交纳的失业基金					17.75	24.73	12.56
5.其他社会保障支出					0.20	0.42	0.44
六、借贷支出	**116.56**	**258.25**	**612.59**	**728.27**	**1944.49**	**2600.91**	**2755.96**
1.存入储蓄款	62.10	177.62	481.08	563.92	1570.85	1972.97	2514.40
2.借出款	7.76	16.27	23.38	38.15	100.58	137.60	33.80
3.归还借款	33.68	43.88	67.07	59.31	107.19	86.21	83.24
4.储蓄性保险支出			2.76	55.07	97.75	117.08	65.17
5.购买有价证券			6.67	1.57	1.37	91.44	2.66
6.其它投资支出					15.74	57.06	1.85
7.归还住房贷款			1.93		46.48	134.63	53.35
8.归还汽车贷款						2.22	
9.归还教育贷款							
10.归还其他贷款					4.18		
11.其他借贷支出	6.84	8.83	5.95	9.22	0.35	1.70	1.49
七、期末手存现金	**42.55**	**68.00**	**155.38**	**406.40**	**528.11**	**1145.94**	**1143.83**

8-6 各县(市、区)城镇居民家庭平均每人现金收支情况

(2008 年)　　单位:元

	市　区	宛城区	卧龙区	南召县	方城县	西峡县	镇平县
一、期初手存现金	**303.51**	**322.06**	**251.47**	**41.94**	**296.98**	**124.02**	**527.51**
二、家庭总收入	**14259.37**	**13933.68**	**14005.82**	**10869.97**	**11325.56**	**12036.22**	**11268.51**
其中:可支配收入	13601.24	13545.58	13586.36	10802.56	11033.52	11754.15	10956.29
(一)工薪收入	10518.05	10247.98	10382.81	7863.06	6927.94	9026.38	6078.63
1.工资及补贴收入	10421.58	10137.51	10334.80	6936.90	5899.94	9007.00	5856.98
2.其他劳动收入	96.47	56.47	48.02	926.16	1028.00	19.38	221.65
(二)经营净收入	714.76	683.09	784.06	2280.58	2565.97	1775.40	1265.92
(三)财产性收入	277.03	450.60	84.01	53.87	518.53	64.18	360.79
1.利息收入					25.37	4.31	7.50
2.股息与红利收入	118.18	237.21	2.69		24.69		220.80
3.保险收益					30.86		
4.其它投资收入					197.06		
5.出租房屋收入	126.11	213.38	64.33	53.87	188.83	59.88	132.49
6.知识产权收入							
7.其他财产性收入	32.74		76.98		51.72		
(四)转移性收入	2749.53	2706.01	2754.94	672.45	1313.12	1170.26	3563.17
1.养老金或离退休金	2445.80	2309.68	2609.36	667.61	1223.93	1028.78	2327.74
2.社会救济收入				1.61	0.93		3.92
3.辞退金							
4.赔偿收入							
5.保险收入							
其中:失业保险金							
6.赡养收入	172.77	270.96	73.51		2.47		133.19
7.捐赠收入	112.73	105.96	51.67		64.69	103.70	1066.77
8.提取住房公积金							
9.记帐补贴	18.22	19.42	20.40		21.11	37.78	
10.其他转移性收入				3.23			31.55
三、出售财物收入	**9.71**	**11.91**	**8.77**		**4.32**		**34.77**
1.出售住房收入	5.86	4.56					
2.出售其他物品收入	3.86	7.35	8.77		4.32		34.77
四、借贷收入	**1046.91**	**1322.65**	**767.93**	**16.13**	**354.32**	**551.85**	**1369.22**
1.提取储蓄存款	1035.52	1322.65	741.16	16.13	198.15	551.85	1050.09
2.借入款	0.54		1.27		131.48		136.02
3.收回借出款	10.84		25.50		24.69		45.78
4.收回储蓄性保险本金							
5.兑售有价证券							
6.收回投资本金							130.79
7.住房贷款							
8.汽车贷款							
9.教育贷款							

8—6 续表 1　　　　(2008 年)　　　　单位:元

	市　区	宛城区	卧龙区	南召县	方城县	西峡县	镇平县
10. 其他贷款							
11. 其他借贷收入							6.54
五、家庭总支出	**11476.27**	**11273.79**	**10868.90**	**6498.06**	**8573.01**	**9784.60**	**9202.91**
(一)消费支出	9319.31	9130.40	9031.06	5746.42	7413.43	7777.54	7179.25
其中:服务性消费支出	2502.25	2650.53	2136.58	984.20	1649.32	1780.09	1304.38
(二)购房与建房支出	253.01	514.71					
1. 购房	253.01	514.71					
2. 建房							
(三)转移性支出	1299.06	1106.12	1441.40	684.23	837.20	1777.64	1711.44
1. 交纳的个人收入税	40.39	1.41	3.56		0.28	17.22	
2. 捐赠支出	815.29	812.17	780.08	663.58	712.30	1499.44	1254.51
3. 购买彩票	5.78		1.61	0.84	3.11		2.62
4. 赡养支出	397.98	249.63	614.08	16.13	57.35	228.09	405.58
其中:在外就学子女费用	288.13	191.18	456.52	6.45		150.31	336.78
5. 各种非储蓄性保险支出	7.55	5.58	11.30			1.83	14.49
其中:车辆保险支出							
6. 其他转移性支出	32.07	37.33	30.76	3.68	64.16	31.07	34.24
(四)财产性支出	5.37	10.12	0.93		51.74	2.35	
1. 非生产性利息支出	5.37	10.12	0.93		51.74	2.35	
2. 其他							
(五)社会保障支出	599.52	512.44	395.50	67.40	270.64	227.08	312.22
1. 个人交纳的养老基金	254.93	274.35	107.39	32.07	127.84	63.99	154.13
2. 个人交纳的住房公积金	188.63	102.12	152.35	3.56	54.35	102.24	84.74
3. 个人交纳的医疗基金	135.97	115.92	126.78	29.49	85.22	60.51	66.33
4. 个人交纳的失业基金	19.16	20.05	7.02	2.22	3.23		7.02
5. 其他社会保障支出	0.83		1.95	0.06		0.33	
六、借贷支出	**2945.68**	**2621.41**	**3768.78**	**4282.90**	**183.32**	**1859.50**	**3339.84**
1. 存入储蓄款	2626.25	2124.80	3591.70	4274.00	72.80	1604.94	2558.94
2. 借出款	34.70	69.85	0.85		58.02		116.40
3. 归还借款	133.01	150.74	138.53	3.23	15.43	18.52	186.07
4. 储蓄性保险支出	78.80	127.68	37.71	5.68	7.78	188.67	148.64
5. 购买有价证券							58.86
6. 其它投资支出							
7. 归还住房贷款	72.92	148.35			29.28	47.37	238.04
8. 归还汽车贷款							
9. 归还教育贷款							
10. 归还其他贷款							
11. 其他借贷支出							32.89
七、期末手存现金	**1267.63**	**1735.49**	**627.51**	**205.80**	**3248.32**	**1068.00**	**669.57**

8－6 续表 2 (2008 年) 单位:元

	内乡县	淅川县	社旗县	唐河县	新野县	桐柏县	邓州市
一、期初手存现金	**145.27**	**458.77**	**266.00**		**326.85**		**492.23**
二、家庭总收入	**11432.96**	**11556.82**	**10009.82**	**11441.10**	**11954.14**	**10861.70**	**11885.95**
其中:可支配收入	11267.86	11290.97	9852.11	11190.08	11655.12	10683.32	11817.80
(一)工薪收入	8244.11	7645.60	5447.85	7192.56	8864.73	6382.07	7032.25
1.工资及补贴收入	8244.11	7543.60	5263.55	6321.18	8678.21	6382.07	6684.95
2.其他劳动收入		102.00	184.30	871.38	186.52		347.30
(二)经营净收入	562.58	1388.24	2958.83	1363.58	670.52	3399.63	3139.77
(三)财产性收入	171.23	638.29	182.30	59.69	222.43	66.26	139.05
1.利息收入	4.79		10.73	4.62	16.16		21.20
2.股息与红利收入	54.11	127.15		9.73	14.41		1.27
3.保险收益				2.03			
4.其它投资收入	34.25	216.00		2.70	109.69		
5.出租房屋收入	78.08	273.81	171.58	39.26	36.04	66.26	52.06
6.知识产权收入							
7.其他财产性收入		21.33		1.35	46.13		64.51
(四)转移性收入	2455.05	1884.68	1420.84	2825.28	2196.46	1013.74	1574.88
1.养老金或离退休金	2236.42	1157.88	1154.26	2312.80	1644.89	1013.74	1488.28
2.社会救济收入							
3.辞退金							
4.赔偿收入					72.07		
5.保险收入				8.43			
其中:失业保险金							
6.赡养收入	16.44		71.35	269.93	21.62		
7.捐赠收入	201.51	722.00	194.61	200.95	402.81		33.33
8.亲友搭伙费							
9.提取住房公积金		4.80	0.62	32.84	9.08		19.81
10.记帐补贴	0.68			0.34	45.98		33.46
11.其他转移性收入		100.00		6.05	4.56		
三、出售财物收入		**100.00**					
1.出售住房收入				6.05	4.56		
2.出售其他物品收入	347.95	1976.67	75.64	1703.97	945.59	490.61	889.21
四、借贷收入	**347.95**	**1756.67**	**48.14**	**1703.97**	**873.51**	**490.61**	**883.17**
1.提取储蓄存款		216.67					
2.借入款		3.33			72.07		0.63
3.收回借出款							
4.收回储蓄性保险本金							
5.兑售有价证券							
6.收回投资本金							
7.住房贷款							
8.汽车贷款							

8—6 续表 3　　　　(2008 年)　　　　单位:元

	内乡县	淅川县	社旗县	唐河县	新野县	桐柏县	邓州市
9.教育贷款							
10.其他贷款			27.51				
11.其他借贷收入							5.40
五、家庭总支出	**8527.87**	**10825.04**	**6804.42**	**9046.01**	**8919.74**	**9065.29**	**9696.08**
(一)消费支出	6907.00	8547.84	5918.80	7065.81	7073.84	7524.26	8935.85
其中:服务性消费支出	1422.70	2542.66	1296.94	1307.60	1597.06	1881.34	1729.41
(二)购房与建房支出		666.67		101.35	95.14		
1.购房		666.67		101.35	95.14		
2.建房							
(三)转移性支出	1454.66	1349.72	728.52	1660.80	1451.25	1361.02	718.07
1.交纳的个人收入税	0.17	0.23		0.14	1.03	2.91	6.17
2.捐赠支出	1387.73	1066.33	681.70	1353.93	1228.28	1340.61	653.73
3.购买彩票		1.90		0.64	1.18		
4.赡养支出	43.15	134.24	25.03	239.86	130.88		55.49
其中:在外就学子女费用	20.55	77.44		126.69	50.44		
5.各种非储蓄性保险支出	1.69	121.13	6.60	32.78	49.90		1.03
其中:车辆保险支出							
6.其他转移性支出	21.91	25.89	15.19	33.45	39.98	17.50	1.64
(四)财产性支出	1.28				10.60	4.54	
1.非生产性利息支出	1.28				10.60		
2.其他						4.54	
(五)社会保障支出	164.93	260.82	157.09	218.05	288.91	175.47	42.17
1.个人交纳的养老基金	52.49	209.90	102.34	96.70	194.56	89.73	11.02
2.个人交纳的住房公积金	35.69	9.46	0.45	18.82	25.55		20.97
3.个人交纳的医疗基金	69.54	32.52	54.18	100.96	62.08	57.20	8.74
4.个人交纳的失业基金	7.21	8.78	0.12	1.56	6.71	28.54	1.44
5.其他社会保障支出		0.17					
六、借贷支出	**2808.81**	**2909.87**	**2473.69**	**3841.32**	**3688.34**	**1217.79**	**1631.75**
1.存入储蓄款	2694.14	2797.19	2424.18	3757.68	3330.01	1217.79	1626.67
2.借出款		54.67	22.01		128.29		1.27
3.归还借款	5.48	31.07	27.51		99.46		
4.储蓄性保险支出	85.22			49.86	120.49		
5.购买有价证券							
6.其它投资支出				33.78			
7.归还住房贷款	23.97	26.95			10.09		3.81
8.归还汽车贷款							
9.归还教育贷款							
10.归还其他贷款							
11.其他借贷支出							
七、期末手存现金	**586.58**	**390.04**	**1032.30**	**287.48**	**668.40**	**823.05**	**1915.49**

8-7 按收入等级分的城镇居民家庭人均现金收支情况

（2008年）

单位:元

	最低 10%	更低 5%	低 10%	较低 20%	中间 20%	较高 20%	高 10%	最高 10%	更高 5%
一、期初手存现金	**262.53**	**359.98**	**240.14**	**208.66**	**252.97**	**270.72**	**348.66**	**417.94**	**387.60**
二、家庭总收入	**6184.77**	**5652.78**	**7998.63**	**9602.63**	**11263.80**	**13851.08**	**17139.98**	**23818.21**	**27033.19**
其中:可支配收入	5867.32	5243.45	7583.32	9240.33	11014.65	13457.60	16445.46	23083.84	26330.84
(一)工薪收入	4864.49	3689.37	5966.11	7386.18	7380.84	9224.45	12975.78	14896.88	15907.04
1.工资及补贴收入	4802.07	3604.46	5718.20	7270.64	7198.46	8929.15	12674.59	14411.98	15370.79
2.其他劳动收入	62.42	84.91	247.91	115.55	182.38	295.30	301.19	484.90	536.25
(二)经营净收入	618.18	814.39	997.41	821.40	1285.06	1378.43	1413.77	3052.02	3448.37
(三)财产性收入	113.42	170.18	53.11	126.57	134.20	253.53	276.30	883.92	1139.89
1.利息收入			2.44	1.94	5.59	11.20	3.99	1.63	3.09
2.股息与红利收入			7.07	14.57	20.47	32.18	25.71	563.56	1012.43
3.保险收益						2.63		8.20	1.88
4.其它投资收入	5.00	10.24	6.82	9.89	28.93	41.75	19.28	51.59	2.51
5.出租房屋收入	107.87	158.81	35.90	100.16	63.07	120.07	136.71	240.07	112.43
6.知识产权收入									
7.其他财产性收入	0.56	1.14	0.88		16.14	45.69	90.61	18.88	7.55
(四)转移性收入	588.68	978.84	982.01	1268.48	2463.70	2994.67	2474.13	4985.38	6537.90
1.养老金或离退休金	423.49	772.49	830.57	1160.36	2311.33	2655.88	2144.34	3766.02	4788.08
2.社会救济收入	1.65			0.39				0.36	0.69
3.辞退金									
4.赔偿收入								26.60	50.54
5.保险收入			2.84					1.98	3.76
其中:失业保险金									
6.赡养收入	37.84	23.43	36.53	41.03	33.90	115.61	79.07	506.49	828.18
7.捐赠收入	111.63	168.24	100.18	43.96	105.35	203.52	222.44	644.99	808.45
8.亲友搭伙费									
9.提取住房公积金									
10.记帐补贴	14.07	14.68	11.89	12.12	12.57	18.57	17.30	19.72	21.70
11.其他转移性收入				10.63	0.56	1.09	10.97	19.22	36.50
三、出售财物收入	**8.15**	**12.80**	**1.65**	**2.65**	**0.68**	**9.45**	**38.68**	**29.03**	**23.30**
1.出售住房收入							36.02	26.24	19.09
2.出售其他物品收入	8.15	12.80	1.65	2.65	0.68	9.45	2.67	2.79	4.22
四、借贷收入	**579.80**	**757.12**	**577.82**	**502.88**	**792.16**	**802.58**	**864.66**	**2929.18**	**4490.82**
1.提取储蓄存款	517.75	639.16	536.01	485.66	774.67	743.60	805.00	2882.89	4402.89
2.借入款	60.14	117.96	20.73	13.65	11.41	7.24	58.46	3.97	7.54
3.收回借出款			21.09	0.24	6.09	41.19	1.20	2.65	5.03
4.收回储蓄性保险本									
5.兑售有价证券									
6.收回投资本金						7.24		39.68	75.38
7.住房贷款									
8.汽车贷款									

8－7 续表 (2008 年) 单位:元

	最低 10%	更低 5%	低 10%	较低 20%	中间 20%	较高 20%	高 10%	最高 10%	更高 5%
9.教育贷款									
10.其他贷款	1.91			3.33					
11.其他借贷收入						3.30			
五、家庭总支出	**5580.37**	**5521.73**	**7088.61**	**7567.48**	**8969.02**	**10807.95**	**13284.95**	**18610.52**	**21557.62**
(一)消费支出	4679.89	4556.59	5920.53	6335.61	7354.87	9062.41	10816.62	14574.96	16985.75
其中:服务性消费支出	984.96	852.08	1145.24	1308.16	1636.50	2020.70	2928.61	4696.84	6052.97
(二)购房与建房支出					31.32	19.24	240.10	1133.88	2154.09
1.购房					31.32	19.24	240.10	1133.88	2154.09
2.建房									
(三)转移性支出	597.84	572.01	767.29	855.26	1346.77	1383.47	1636.20	2211.31	1737.75
1.交纳的个人收入税	0.74	1.52	2.63	0.19	0.55	34.69	85.69	25.89	3.69
2.捐赠支出	515.86	468.00	649.99	720.55	1025.69	1052.35	970.54	1546.85	1577.92
3.购买彩票	0.20	0.42	0.30	14.18	0.31	0.48	0.75	3.91	7.43
4.赡养支出	52.21	62.52	79.05	102.61	264.82	264.80	495.75	574.82	73.39
其中:在外就学子女费用	28.65	48.13	4.78	49.80	231.35	198.48	327.50	379.05	24.87
5.各种非储蓄性保险支出	22.42	37.88	7.30	6.53	31.83	10.05	6.86	13.77	25.02
其中:车辆保险支出									
6.其他转移性支出	6.41	1.68	28.02	11.20	23.57	21.10	76.63	46.07	50.29
(四)财产性支出				26.61	0.02	2.62	0.49	1.62	3.08
1.非生产性利息支出				25.58	0.02	2.62	0.49	1.62	3.08
2.其他				1.03					
(五)社会保障支出	302.64	393.13	400.79	349.99	236.03	340.22	591.54	688.75	676.96
1.个人交纳的养老基金	191.07	275.25	207.20	241.02	111.22	101.83	197.10	254.31	244.50
2.个人交纳的住房公积金	33.15	60.08	101.27	32.22	51.92	123.74	231.21	248.30	203.82
3.个人交纳的医疗基金	72.97	47.93	80.89	67.87	62.68	108.60	141.84	150.44	178.38
4.个人交纳的失业基金	5.45	9.86	11.43	8.85	10.16	6.04	21.34	31.97	43.18
5.其他社会保障支出				0.04	0.05		0.04	3.73	7.08
六、借贷支出	**624.43**	**511.62**	**1004.79**	**1524.18**	**2333.14**	**2813.05**	**3890.36**	**7418.22**	**9390.86**
1.存入储蓄款	576.50	437.67	870.17	1399.04	2153.70	2586.56	3537.38	6720.11	8458.21
2.借出款	1.73	3.55	49.16	25.83	80.81	26.81	26.39	13.32	7.04
3.归还借款	7.51	7.04	25.50	13.35	8.00	52.89	225.53	325.13	617.66
4.储蓄性保险支出	38.69	63.37	10.75	32.18	86.24	108.00	83.16	53.98	85.86
5.购买有价证券								23.81	20.10
6.其它投资支出							14.26		
7.归还住房贷款			42.17	53.73	4.38	38.79	3.63	273.94	202.00
8.归还汽车贷款									
9.归还教育贷款									
10.归还其他贷款									
11.其他借贷支出			7.03	0.05				7.94	
七、期末手存现金	**883.58**	**743.58**	**677.08**	**1238.40**	**1050.54**	**1295.49**	**1314.78**	**1263.93**	**1090.20**

8-8 城镇居民家庭平均每人全年消费支出

单位:元

	1985	1990	1995	2000	2005	2007	2008
消 费 支 出	**545.35**	**970.42**	**2245.07**	**3402.94**	**5283.14**	**7275.99**	**8362.07**
其中:服务性消费支出					1290.01	1724.15	2052.35
一、食品	**258.20**	**496.68**	**1101.08**	**1345.42**	**1813.15**	**2459.56**	**2864.15**
(一)粮油类	81.03	122.06	383.79	381.72	404.86	462.58	577.31
1.粮食	69.57	98.68	299.03	270.70	265.40	290.46	341.72
(1)大米	20.79	41.85	56.62	53.34	72.98	66.07	94.42
(2)面粉	25.42	51.15	85.46	83.38	66.97	63.21	86.00
(3)其他粮食	23.36	5.68	6.01	8.32	12.77	161.17	161.31
2.淀粉及薯类			15.80	23.93	22.78	18.92	24.20
3.干豆类及豆制品	3.14	9.53	18.45	25.46	29.18	35.42	44.75
4.油脂类	8.32	13.85	50.51	61.63	87.50	117.78	166.64
(1)食用植物油	8.32	13.82	50.50	59.12	87.08	117.59	164.71
(2)食用动物油			0.01	2.51	0.42	0.20	1.93
(二)肉禽蛋水产品类	68.14	129.98	290.76	321.73	479.53	598.88	723.62
1.肉类	52.10	92.30	213.01	214.59	294.85	365.26	464.43
(1)猪肉	30.25	64.40	137.76	121.25	160.38	173.99	251.17
(2)牛肉	4.31	10.32	13.16	21.28	37.97	63.89	68.70
(3)羊肉	7.35	17.58	22.41	36.23	61.00	81.56	101.93
2.禽类	4.07	6.33	7.66	31.42	67.13	79.91	103.71
(1)鸡	3.66	5.70	6.59	28.28	40.39	51.23	65.28
(2)鸭	0.41	0.63	0.67	3.14	6.59	7.99	12.46
3.蛋类	11.97	31.35	77.09	75.72	86.29	110.70	110.60
(1)鲜蛋	10.83	26.47	56.43	74.23	82.89	107.02	107.56
4.水产品类	4.93	7.54	14.61	24.40	31.25	43.00	44.87
(1)鱼	3.08	6.61	13.71	21.45	26.59	33.11	37.11
(2)虾				1.78	1.20	3.70	3.08
(三)菜类	28.55	63.35	107.82	131.19	216.64	307.40	341.85
1.鲜菜	25.86	56.29	102.05	114.90	198.60	282.89	317.65
2.干菜	2.69	7.06	4.21	12.25	13.37	11.73	13.82
(四)调味品	5.21	12.26	16.47	29.32	27.74	41.25	38.44
(五)糖烟酒饮料类	49.94	83.61	149.87	245.21	253.13	407.58	430.32
1.糖类	7.04	13.14	16.12	16.76	14.74	19.78	16.53
2.烟草类	19.35	42.61	64.80	104.33	103.88	188.68	189.15
3.酒类	11.20	21.45	53.09	88.33	101.10	136.30	169.60
4.饮料	3.35	6.41	15.86	35.79	33.41	62.82	55.05
(六)干鲜瓜果类	12.48	29.06	51.84	41.17	74.44	118.24	119.95
(七)糕点、奶及奶制品	11.85	19.97	33.96	50.35	115.05	165.28	153.24
(八)其他食品			1.73	4.71	26.74	41.38	38.11
(九)饮食服务	5.01	10.72	39.07	91.94	215.02	316.96	441.30
#在外饮食					214.62	316.21	439.50
二、衣着	**72.23**	**146.64**	**351.41**	**428.48**	**784.32**	**1112.80**	**1195.69**

8－8 续表 1

单位:元

	1985	1990	1995	2000	2005	2007	2008
(一)服装	29.55	61.94	231.55	290.42	578.80	829.09	907.74
(二)衣着材料	28.50	52.80	42.77	22.28	3.19	3.55	4.05
(三)鞋类	10.89	24.63	54.05	85.23	156.97	232.67	240.07
(四)其他衣着用品	3.21	7.27	15.96	23.01	42.35	44.16	40.43
(五)衣着加工服务费			7.08	7.53	3.01	3.34	3.40
三、家庭设备用品及服务	**44.52**	**104.87**	**183.61**	**228.50**	**284.26**	**439.35**	**578.09**
(一)耐用消费品	26.29	67.75	103.24	109.83	129.28	229.19	293.19
1.家具	2.17	11.87	24.83	33.34	33.24	54.71	52.65
2.家庭设备	18.81	50.57	63.41	65.21	96.03	129.45	240.54
(二)室内装饰品		1.13	5.63	15.46	9.36	6.33	9.48
(三)床上用品	1.30	2.00	11.59	22.85	26.80	29.99	44.43
(四)家庭日用杂品	4.21	8.19	43.93	54.17	104.88	157.39	217.43
(五)家具材料	10.31	20.00	2.03	10.07	1.53	3.57	1.42
(六)家庭服务	2.41	6.00	17.20	16.12	12.41	12.87	12.15
四、医疗保健	**10.53**	**45.17**	**95.29**	**261.63**	**370.24**	**512.21**	**669.80**
(一)医疗器具			0.39	0.71	1.78	28.81	2.67
(二)保健器具	0.50	0.80	1.45	2.59	12.77	8.49	15.80
(三)药品费	7.97	36.00	81.55	229.96	251.67	280.94	384.87
(四)滋补保健品	0.63	2.40	1.05	0.61	25.44	23.96	24.92
(五)医疗费	1.43	5.98	7.58	26.73	71.76	155.11	234.32
(六)其他			3.27	1.04	6.82	14.89	7.21
五、交通和通讯	**0.43**	**20.83**	**91.62**	**209.19**	**568.10**	**822.90**	**903.72**
(一)交通	9.16	20.30	44.18	78.71	164.72	299.36	392.40
1.家庭交通工具	5.29	13.46	22.63	31.87	75.37	109.78	166.81
2.车辆用燃料及零配件			0.03	4.32	21.98	47.71	37.74
3.交通工具服务支出			4.43	8.79	15.13	26.10	16.98
4.交通费	3.87	6.84	17.10	33.72	52.23	115.77	170.86
(二)通信	0.27	0.53	47.43	130.49	403.38	523.55	511.32
1.通信工具			5.04	17.17	48.71	69.84	76.78
2.通信服务	0.27	0.53	42.39	113.32	354.68	453.70	434.55
(1)电信费			15.95	109.72	347.91	447.82	432.17
(2)邮费	0.27	0.53	3.24	2.10	2.03	0.85	0.73
(3)其他			23.20	1.50	4.74	5.04	1.64
六、教育文化娱乐服务	**31.50**	**61.87**	**182.35**	**315.24**	**713.96**	**935.11**	**1004.90**
(一)文化娱乐用品	16.30	26.69	40.13	69.08	138.04	181.43	235.27
(二)文化娱乐服务	10.03	15.12	35.29	89.01	198.38	309.71	324.81
1.参观游览			5.50	31.44	25.22	17.31	33.54
2.健身活动					3.06	4.79	11.41
3.团体旅游				4.00	98.75	126.19	169.75
4.其它文娱活动	1.31	1.65	11.05	24.21	69.30	156.85	105.49
5.文娱用品修理服务费	0.72	3.74	6.73	7.35	2.04	4.16	4.62

8—8 续表 2

单位:元

	1985	1990	1995	2000	2005	2007	2008
(三)教育	13.17	27.06	118.94	179.15	377.55	443.97	444.82
1.教材	1.50	2.00	8.47	13.30	30.07	134.43	19.55
(1)课本及参考书	1.50	2.00	8.47	13.30	24.05	81.14	15.35
(2)教育软件					1.35		0.04
2.教育费用	11.67	25.06	110.47	165.85	347.47	309.55	425.27
(1)非义务教育学杂费	2.77	7.67	34.54	49.11	100.06	88.12	162.92
(2)义务教育学杂费	4.58	12.67	56.89	81.15	50.35	57.90	26.67
(3)托幼费	2.32	2.58	3.05	4.78	31.70	32.04	44.41
(4)成人教育费			5.11	8.55	66.18	7.11	31.58
(5)家教费					3.18	5.63	10.83
(6)培训班					39.39	69.14	84.02
(7)学校住宿费					9.24	1.48	2.90
(8)其他	2.00	2.14	10.68	22.27	47.38	38.59	61.94
七、居住	**31.89**	**65.04**	**175.32**	**522.65**	**571.11**	**753.57**	**870.17**
(一)住房					114.64	229.66	172.47
1.租赁房房租	2.33	4.49	8.20	7.49	14.39	25.89	7.84
2.自有房租金折算							
3.住房装潢支出					65.39	64.71	93.49
4.维修用建筑材料	15.34	26.47	65.11	102.61	24.45	35.66	50.99
5.其他	0.81	1.51	6.72	17.23	10.41	103.41	20.15
(二)水电燃料及其他	13.41	32.57	87.29	185.32	427.40	478.01	631.03
1.水	0.98	3.83	9.96	29.61	48.40	62.18	72.51
2.电	2.13	8.84	22.26	78.17	198.01	237.94	282.20
3.燃料	10.30	19.90	54.37	76.30	165.00	171.33	267.10
4.其他			0.70	1.02	15.99	0.80	4.11
(三)居住服务费					29.08	45.90	66.66
1.物业管理费					7.21	8.81	17.00
2.维修服务费					4.62	7.39	18.78
3.其它					17.25	29.69	30.89
八、杂项商品和服务	**26.09**	**45.89**	**64.39**	**91.83**	**177.99**	**240.07**	**275.56**
(一)杂项商品	18.23	35.06	45.46	62.96	120.39	158.59	179.00
1.金银珠宝饰品	4.23	4.83	5.48	5.57	24.14	15.32	35.11
2.手表	0.35	0.62	0.59	0.27	1.40	5.51	11.02
3.理发美容用具	0.24	0.45	0.63	0.23	0.93	0.68	1.03
4.化妆品	5.85	8.15	16.17	25.24	47.50	72.89	67.45
5.其他杂品	7.56	21.01	22.50	31.65	46.41	63.99	64.39
(二)服务	1.86	10.83	18.93	28.81	57.61	81.49	96.56
1.旅馆住宿费	0.83	0.91	1.00	1.06	2.42	7.06	10.21
2.理发洗澡费	3.55	4.65	8.00	9.36	29.53	52.24	47.77
3.美容费	2.00	2.10	3.42	4.10	18.38	8.77	23.15
4.其他服务	1.48	3.17	6.51	14.35	7.28	13.32	15.43

8-9 各县(市、区)城镇居民家庭平均每人全年消费支出

(2008年)　　　　单位:元

	市　区	宛城区	卧龙区	南召县	方城县	西峡县	镇平县
消　费　支　出	**9319.31**	**9130.40**	**9031.06**	**5746.42**	**7413.43**	**7777.54**	**7179.25**
#服务性消费支出	2502.25	2650.53	2136.58	984.20	1649.32	1780.09	1304.38
一、食品	**3132.72**	**3196.22**	**2993.13**	**1907.91**	**2724.52**	**2426.41**	**2592.62**
(一)粮油类	638.12	665.26	640.24	515.51	535.52	485.32	456.16
1.粮食	362.95	346.16	385.75	358.84	343.78	303.70	248.75
(1)大米	102.28	95.21	106.91	145.62	49.58	53.84	47.84
(2)面粉	91.74	89.46	105.96	70.77	85.42	38.32	51.67
(3)其他粮食	168.94	161.49	172.88	142.45	208.78	211.54	149.24
2.淀粉及薯类	34.30	32.54	38.69	12.05	16.89	10.20	37.06
3.干豆类及豆制品	47.76	58.57	38.99	29.23	44.66	45.42	46.79
4.油脂类	193.11	227.99	176.81	115.40	130.19	126.01	123.56
(1)食用植物油	192.84	227.99	176.79	115.40	130.19	125.41	123.53
(2)食用动物油	0.27		0.02			0.59	0.03
(二)肉禽蛋水产品类	796.48	796.49	772.97	599.53	653.82	607.83	666.04
1.肉类	505.40	484.95	496.94	366.84	399.11	461.45	387.81
(1)猪肉	280.96	239.07	296.51	220.18	221.11	286.57	218.30
(2)牛肉	73.68	66.26	81.46	31.46	67.42	7.30	39.92
(3)羊肉	102.81	126.62	76.14	104.10	51.60	106.59	90.75
2.禽类	112.59	117.69	116.11	110.77	130.17	57.77	99.08
(1)鸡	65.49	72.84	62.77	96.78	77.75	21.74	52.56
(2)鸭	13.55	11.12	16.88	13.03	0.56	0.53	4.63
3.蛋类	127.83	148.78	100.67	64.69	84.45	70.04	148.47
(1)鲜蛋	125.10	146.57	97.24	63.63	80.78	68.42	143.62
4.水产品类	50.66	45.07	59.24	57.23	40.08	18.57	30.68
(1)鱼	39.30	36.10	44.53	56.61	35.45	13.96	25.11
(2)虾	4.46	5.65	3.23	0.15	2.85		1.23
(三)菜类	397.46	339.36	446.08	263.32	346.85	279.62	262.18
1.鲜菜	367.64	302.62	424.71	246.10	319.65	269.89	242.19
2.干菜	17.46	19.70	12.51	15.39	14.01	3.60	15.50
(四)调味品	38.21	31.68	49.31	45.77	33.66	25.07	39.96
(五)糖烟酒饮料类	422.99	469.36	411.11	331.42	372.01	246.90	375.70
1.糖类	15.73	13.16	17.11	12.68	13.10	17.28	17.71
2.烟草类	188.45	217.80	179.86	128.60	159.56	113.86	149.13
3.酒类	168.72	191.10	157.18	175.13	144.54	93.36	157.44
4.饮料	50.10	47.30	56.95	15.01	54.82	22.40	51.41
(六)干鲜瓜果类	135.94	145.96	113.77	56.30	112.89	92.24	122.55
(七)糕点、奶及奶制品	166.37	170.57	142.82	33.54	168.45	139.02	192.97
(八)其他食品	37.44	24.55	42.75	6.25	120.19	39.03	14.89
(九)饮食服务	499.71	552.99	374.07	56.26	381.13	511.36	462.17
#在外饮食	497.98	551.09	372.21	56.13	380.24	511.35	460.77
二、衣着	**1398.01**	**1522.56**	**1205.07**	**1075.02**	**1149.84**	**1129.72**	**903.58**

8—9 续表 1　　　　(2008 年)　　　　单位:元

	市　区	宛城区	卧龙区	南召县	方城县	西峡县	镇平县
(一)服装	1075.45	1127.96	948.03	864.91	802.23	882.07	699.75
(二)衣着材料	5.94	7.88	3.01		2.78		3.33
(三)鞋类	264.97	329.35	205.27	194.05	270.59	236.50	176.54
(四)其他衣着用品	48.32	52.61	48.62	14.08	69.52	7.68	16.41
(五)衣着加工服务费	3.33	4.76	0.13	1.99	4.73	3.49	7.56
三、家庭设备用品及服务	**602.87**	**402.12**	**840.01**	**367.73**	**552.07**	**767.94**	**515.56**
(一)耐用消费品	288.59	258.93	330.85	86.13	234.37	460.83	256.22
1.家具	48.69	47.13	60.00	5.16	97.69	51.90	53.30
2.家庭设备	239.91	211.79	270.85	80.97	136.68	408.93	202.93
(二)室内装饰品	3.81	2.21	4.08	9.16	37.49		53.07
(三)床上用品	42.72	50.91	31.80	47.75	30.69	125.91	39.96
(四)家庭日用杂品	258.26	77.56	466.27	222.00	225.41	133.61	158.26
(五)家具材料				1.94			
(六)家庭服务	9.49	12.51	7.02	0.75	24.12	47.59	8.04
四、医疗保健	**841.63**	**751.46**	**985.56**	**337.66**	**383.68**	**575.72**	**556.79**
(一)医疗器具	0.07	0.15		1.03			32.66
(二)保健器具	10.84		25.50		16.67	13.46	11.03
(三)药品费	439.29	215.71	712.55	295.42	259.20	516.62	365.80
(四)滋补保健品	18.13	13.45	20.96	27.10	1.23		61.18
(五)医疗费	363.96	516.58	211.46	14.11	104.60	44.91	83.48
(六)其他	9.33	5.58	15.10		1.99	0.72	2.66
五、交通和通讯	**991.72**	**950.79**	**885.27**	**584.17**	**898.93**	**780.05**	**652.49**
(一)交通	417.52	316.92	428.83	197.42	391.18	305.76	331.44
1.家庭交通工具	137.36	62.21	116.11	32.26	221.45	180.99	157.36
2.车辆用燃料及零配件	36.53	38.85	32.01	5.02	80.19	47.96	62.76
3.交通工具服务支出	18.26	31.04	4.63	12.30	20.40	22.30	15.45
4.交通费	225.36	184.82	276.09	147.85	69.15	54.51	95.87
(二)通信	574.20	633.87	456.43	386.75	507.75	474.29	321.05
1.通信工具	87.60	122.93	27.09	74.84	67.21	35.15	84.58
2.通信服务	486.60	510.94	429.34	311.91	440.54	439.14	236.48
(1)电信费	484.25	507.72	427.85	310.26	434.91	437.05	230.95
(2)邮费	0.79	0.68	1.07	1.26	0.51	1.53	0.72
(3)其他	1.57	2.54	0.42	0.39	5.12	0.56	4.81
六、教育文化娱乐服务	**1175.92**	**1127.19**	**1042.94**	**676.66**	**768.56**	**957.40**	**696.31**
(一)文化娱乐用品	231.93	233.90	185.29	276.42	96.31	222.67	317.60
(二)文化娱乐服务	447.60	321.52	519.07	191.50	237.08	328.59	161.25
1.参观游览	38.63	0.28	18.61	7.48	66.46	31.40	3.30
2.健身活动	21.95	44.56	0.10	3.23			
3.团体旅游	273.90	136.40	418.73	76.13	32.72	262.05	83.75
4.其它文娱活动	108.54	134.49	77.80	102.15	137.41	35.15	68.58
5.文娱用品修理服务费	4.58	5.79	3.83	2.52	0.49		5.62

8—9 续表 2　　(2008 年)　　单位:元

	市区	宛城区	卧龙区	南召县	方城县	西峡县	镇平县
(三)教育	496.39	571.78	338.58	208.74	435.17	406.13	217.46
1.教材	22.86	31.11	9.58	11.97	0.67	8.76	8.69
(1)课本及参考书	17.04	19.45	9.38	7.04		8.09	4.20
(2)教育软件						0.33	0.14
2.教育费用	473.53	540.66	329.00	196.77	434.50	397.37	208.77
(1)非义务教育学杂费	164.76	236.10	113.48	75.55	132.13	31.54	32.66
(2)义务教育学杂费	29.35	40.43	12.00		4.94	3.14	9.40
(3)托幼费	70.66	126.32	3.08	4.36	5.43	58.43	42.19
(4)成人教育费	8.67	17.65		49.68	16.05	189.26	51.11
(5)家教费	8.48	9.63		5.65			0.98
(6)培训班	121.48	86.18	85.16	57.16		97.38	68.64
(7)学校住宿费	3.25	6.62					
(8)其他	66.88	17.74	115.27	4.37	275.95	17.63	3.78
七、居住	**876.76**	**797.14**	**901.88**	**560.88**	**720.68**	**791.79**	**947.50**
(一)住房	68.32	64.64	66.71	12.07	83.57	206.47	278.00
1.租赁房房租	1.63	0.71	0.81		7.03		4.19
2.自有房租金折算							
3.住房装潢支出	14.10	25.29	3.91	4.52	44.16		80.18
4.维修用建筑材料	28.19	9.55	38.24	7.55	0.91	206.47	193.64
5.其他	24.40	29.09	23.75		31.46		
(二)水电燃料及其他	703.32	649.01	732.97	539.27	588.88	559.35	582.52
1.水	95.33	85.73	106.41	44.03	38.07	27.65	35.82
2.电	333.02	293.54	346.21	196.35	225.22	303.39	257.98
3.燃料	260.25	243.42	277.08	298.89	324.57	228.31	258.56
4.其他	4.55	8.46			1.03		30.17
(三)居住服务费	105.13	83.49	102.19	9.53	48.23	25.97	86.97
1.物业管理费	30.33	21.98	27.89		10.12	8.32	0.54
2.维修服务费	28.77	2.94	38.24	0.40	3.27		69.30
3.其它	46.02	58.57	36.06	9.13	34.84	17.65	17.13
八、杂项商品和服务	**299.68**	**382.92**	**177.21**	**236.39**	**215.15**	**348.51**	**314.39**
(一)杂项商品	188.68	226.99	109.89	168.90	164.87	187.97	181.93
1.金银珠宝饰品	35.58	31.84		17.42	51.13	57.17	46.75
2.手表	15.69	31.91					0.37
3.理发美容用具	0.18		0.42	3.28			1.36
4.化妆品	49.05	67.49	26.39	123.69	112.33	105.35	52.83
5.其他杂品	88.18	95.75	83.08	24.50	1.41	25.45	80.62
(二)服务	111.00	155.93	67.32	67.49	50.28	160.54	132.46
1.旅馆住宿费	12.29	25.00		1.68	3.06	24.71	3.92
2.理发洗澡费	52.14	54.41	48.62	26.01	38.36	88.19	26.86
3.美容费	38.46	75.22	2.45	38.39	8.21	6.78	19.02
4.其他服务	8.11	1.29	16.25	1.42	0.65	40.85	82.66

8—9 续表 3　　(2008 年)　　单位:元

	内乡县	淅川县	社旗县	唐河县	新野县	桐柏县	邓州市
消费支出	**6907.00**	**8547.84**	**5918.80**	**7065.81**	**7073.84**	**7524.26**	**8935.85**
#服务性消费支出	1422.70	2542.66	1296.94	1307.60	1597.06	1881.34	1729.41
一、食品	**2532.45**	**2862.66**	**2591.97**	**2648.83**	**2502.40**	**3036.79**	**2640.01**
(一)粮油类	466.25	423.48	608.65	548.37	424.00	697.28	533.31
1.粮食	281.66	250.70	368.13	356.28	238.26	410.88	352.90
(1)大米	64.99	66.23	68.35	57.94	74.34	216.70	100.26
(2)面粉	93.21	58.20	87.20	73.05	72.37	102.27	123.54
(3)其他粮食	123.47	126.27	212.59	225.29	91.55	91.91	129.10
2.淀粉及薯类	15.39		21.15	18.49	16.37	6.51	5.72
3.干豆类及豆制品	42.38	29.17	41.83	61.08	45.82	52.68	26.38
4.油脂类	126.81	143.60	177.54	112.53	123.55	227.22	148.31
(1)食用植物油	126.33	143.60	177.51	112.43	122.50	227.22	124.02
(2)食用动物油	0.48		0.03	0.10	1.06		24.29
(二)肉禽蛋水产品类	553.08	556.40	635.14	737.58	586.00	768.26	721.66
1.肉类	368.64	351.46	400.61	484.23	357.70	464.54	535.10
(1)猪肉	185.83	231.92	220.17	274.99	189.27	294.96	138.31
(2)牛肉	27.53	50.10	47.87	99.98	61.03	119.00	105.10
(3)羊肉	139.02	41.26	127.22	73.60	67.86	25.80	224.35
2.禽类	58.52	78.91	110.33	109.71	78.05	140.26	76.86
(1)鸡	48.44	66.81	103.85	61.84	50.04	97.95	52.12
(2)鸭	3.92	12.09	1.41	24.80	2.73	42.31	11.53
3.蛋类	109.20	97.22	92.17	101.32	106.62	73.59	78.55
(1)鲜蛋	105.03	86.29	91.32	99.59	103.06	73.59	75.32
4.水产品类	16.72	28.82	32.03	42.33	43.63	89.86	31.14
(1)鱼	15.42	23.98	30.68	36.88	33.05	86.47	28.12
(2)虾	0.29	4.11	0.66	0.34	2.13	3.39	2.62
(三)菜类	268.76	259.41	350.28	284.13	266.79	301.10	285.31
1.鲜菜	244.72	234.31	327.70	270.51	233.30	301.09	271.03
2.干菜	15.99		21.28	9.90	5.98	0.01	11.45
(四)调味品	31.83	37.36	44.98	36.29	35.28	38.59	49.99
(五)糖烟酒饮料类	320.27	496.90	448.24	308.04	308.73	831.52	655.89
1.糖类	33.11	18.16	13.75	22.93	13.60	13.76	13.62
2.烟草类	151.91	264.46	215.31	155.92	133.02	258.13	295.56
3.酒类	90.55	148.09	116.62	96.85	120.33	484.46	219.23
4.饮料	44.69	66.20	102.55	32.34	41.78	75.17	127.47
(六)干鲜瓜果类	110.09	131.30	78.37	156.66	124.25	100.87	59.49
(七)糕点、奶及奶制品	204.37	178.00	76.97	163.97	223.34	44.50	106.47
(八)其他食品	14.04	61.96	23.38	35.20	69.80		38.56
(九)饮食服务	563.78	717.84	325.96	378.59	464.19	254.67	189.35
#在外饮食	563.27	709.92	325.84	378.15	463.46	254.67	183.93
二、衣着	**955.87**	**1103.80**	**705.24**	**920.38**	**1008.04**	**936.99**	**978.44**

8—9 续表 4　　(2008 年)　　单位:元

	内乡县	淅川县	社旗县	唐河县	新野县	桐柏县	邓州市
(一)服装	720.94	772.08	499.21	653.86	709.98	738.40	747.11
(二)衣着材料	10.72	0.21	3.56		1.70		2.03
(三)鞋类	178.60	301.13	175.72	190.52	240.02	180.39	215.04
(四)其他衣着用品	43.22	27.72	26.17	69.79	52.13	18.20	11.31
(五)衣着加工服务费	2.38	2.65	0.58	6.21	4.22		2.95
三、家庭设备用品及服务	**403.62**	**559.12**	**286.26**	**511.01**	**438.84**	**625.43**	**845.89**
(一)耐用消费品	133.22	380.94	112.02	309.60	285.33	368.60	497.61
1. 家具	25.48	131.47	36.86		81.80	47.91	81.27
2. 家庭设备	107.74	249.47	75.16	309.60	203.52	320.68	416.34
(二)室内装饰品					1.48		43.68
(三)床上用品	50.42	47.91	20.29	29.86	34.29		72.06
(四)家庭日用杂品	176.62	109.44	153.94	162.89	110.42	225.18	224.74
(五)家具材料						31.64	
(六)家庭服务	43.36	20.82		8.66	7.33		7.80
四、医疗保健	**719.48**	**587.40**	**330.62**	**476.76**	**581.22**	**371.59**	**499.51**
(一)医疗器具	5.55	9.79		3.38			3.19
(二)保健器具	0.88	6.00	13.20	1.97			111.67
(三)药品费	634.78	295.13	231.35	409.59	333.49		283.14
(四)滋补保健品	32.63	1.02	12.17	28.65	157.98		26.47
(五)医疗费	45.64	275.46	73.14	22.03	87.65	371.59	52.48
(六)其他			0.76	11.14	2.09		22.57
五、交通和通讯	**794.00**	**972.87**	**585.98**	**615.16**	**721.32**	**791.82**	**1264.14**
(一)交通	427.67	457.27	188.38	254.98	291.55	366.06	624.94
1. 家庭交通工具	283.23	200.53	111.64	136.96	144.72		491.14
2. 车辆用燃料及零配件	26.41	76.30	16.08	37.58	22.41		41.86
3. 交通工具服务支出	8.35	26.93	2.61	15.23	10.46	1.42	26.46
4. 交通费	109.67	153.51	58.05	65.21	113.97	364.64	65.49
(二)通信	366.33	515.59	397.60	360.18	429.77	425.76	639.19
1. 通信工具	66.58	79.87	39.13	79.91	64.20		94.53
2. 通信服务	299.75	435.73	358.47	280.27	365.57	425.76	544.67
(1)电信费	298.17	434.84	357.96	277.67	362.13	425.76	542.73
(2)邮费	0.55	0.89	0.17		2.45		
(3)其他	1.03		0.34	2.60	0.98		1.94
六、教育文化娱乐服务	**755.30**	**1375.76**	**535.47**	**688.25**	**890.60**	**573.93**	**1044.04**
(一)文化娱乐用品	135.11	340.96	100.49	155.10	287.05	14.25	488.26
(二)文化娱乐服务	128.26	231.50	73.62	145.70	195.50	246.48	245.35
1. 参观游览	6.85	139.65		51.38			0.32
2. 健身活动				4.73			
3. 团体旅游					125.67		129.84
4. 其它文娱活动	118.71	91.85	73.55	89.01	66.78	216.85	109.33
5. 文娱用品修理服务费	2.71		0.07	0.57	3.04	29.63	5.86

8—9 续表 5　　　　(2008 年)　　　　单位:元

	内乡县	淅川县	社旗县	唐河县	新野县	桐柏县	邓州市
(三)教育	491.93	803.30	361.35	387.45	408.05	313.20	310.43
1.教材	62.54		2.19	3.26	13.80	64.93	7.09
(1)课本及参考书	61.04		0.63	3.18	12.88	55.61	3.31
(2)教育软件	0.41						
2.教育费用	429.39	803.30	359.16	384.19	394.25	248.26	303.33
(1)非义务教育学杂费	279.69	489.32	134.30	148.89	132.68	34.60	203.07
(2)义务教育学杂费	44.50	93.30	31.64	9.26	2.52	65.24	8.06
(3)托幼费	25.64	21.67	20.36	10.14	29.05		
(4)成人教育费	38.73	31.65	36.41	146.07	42.92	18.40	4.86
(5)家教费		18.67	1.72	2.70	3.60	116.17	2.51
(6)培训班	35.89	78.52	36.72	44.41	103.75	6.13	8.57
(7)学校住宿费			11.69	8.11	3.82	2.45	3.05
(8)其他	4.92	70.17	86.32	14.63	75.91	5.26	73.22
七、居住	**555.64**	**844.78**	**659.78**	**1057.52**	**637.83**	**1045.28**	**1293.87**
(一)住房	97.15	366.56	77.36	438.35	127.49	293.96	694.31
1.租赁房房租	15.07	2.70	74.96	13.85	57.08	0.61	5.02
2.自有房租金折算							
3.住房装潢支出	32.10	235.07		313.58	51.53	123.93	625.04
4.维修用建筑材料	45.88	128.19		70.64	1.48	169.42	16.63
5.其他	4.10	0.60	2.41	40.29	17.40		47.62
(二)水电燃料及其他	438.84	450.23	559.44	598.93	478.34	747.07	584.39
1.水	42.48	58.29	60.03	55.81	44.08	71.35	59.81
2.电	202.87	223.20	215.88	253.54	197.26	211.84	245.36
3.燃料	193.49	168.75	283.12	287.94	229.74	463.88	278.79
4.其他				1.65	7.26		0.42
(三)居住服务费	19.65	27.99	22.98	20.23	32.01	4.25	15.17
1.物业管理费	5.09	13.07	0.54	1.52	0.07		1.10
2.维修服务费			1.38	6.01	14.70	0.02	1.02
3.其它	14.56	14.93	21.06	12.70	17.23	4.22	13.05
八、杂项商品和服务	**190.64**	**241.45**	**223.49**	**147.90**	**293.58**	**142.44**	**369.96**
(一)杂项商品	164.45	136.29	113.15	116.81	217.62	101.03	256.65
1.金银珠宝饰品		45.07		3.38	19.06	6.75	95.87
2.手表		4.87			0.33	21.04	28.70
3.理发美容用具		0.05		0.71	0.99	4.29	6.67
4.化妆品	112.18	67.48	59.50	50.07	139.34	60.01	76.17
5.其他杂品	52.27	18.82	53.65	62.65	57.91	8.93	49.24
(二)服务	26.19	105.17	110.33	31.08	75.96	41.42	113.31
1.旅馆住宿费	0.21		1.72		6.41		34.86
2.理发洗澡费	24.47	44.87	55.74	28.99	24.21	41.42	74.29
3.美容费			0.69	0.74	9.08		3.71
4.其他服务	1.51	60.29	52.19	1.35	36.25		0.46

8—10 按收入等级分的城镇居民家庭平均每人全年消费性支出

(2008 年)

	最低 10%	更低 5%	低 10%	较低 20%	中间 20%	较高 20%	高 10%	最高 10%	更高 5%
消费支出	**4679.89**	**4556.59**	**5920.53**	**6335.61**	**7354.87**	**9062.41**	**10816.62**	**14574.96**	**16985.75**
#服务性消费支出	984.96	852.08	1145.24	1308.16	1636.50	2020.70	2928.61	4696.84	6052.97
一、食品	**2035.72**	**2145.72**	**2388.00**	**2375.50**	**2576.77**	**3070.63**	**3421.06**	**4262.43**	**4617.20**
(一)粮油类	501.65	494.84	514.87	540.20	551.53	600.73	572.49	762.19	774.49
1.粮食	287.44	288.87	299.18	326.81	320.54	351.77	358.70	446.15	471.28
(1)大米	70.27	60.34	92.95	84.17	92.25	97.72	97.59	129.50	146.02
(2)面粉	83.97	91.50	72.00	83.71	78.05	88.46	88.35	107.60	113.44
(3)其他粮食	133.20	137.02	134.24	158.94	150.24	165.59	172.76	209.06	211.81
2.淀粉及薯类	25.34	28.22	21.94	22.62	22.03	25.59	23.65	28.93	24.67
3.干豆类及豆制品	38.49	41.22	35.99	40.71	44.53	46.84	44.58	60.80	56.15
4.油脂类	150.37	136.53	157.76	150.06	164.42	176.52	145.56	226.31	222.39
(1)食用植物油	150.00	136.12	152.30	148.82	161.52	173.92	144.71	225.90	222.39
(2)食用动物油	0.38	0.41	5.46	1.24	2.90	2.60	0.85	0.41	
(二)肉禽蛋水产品类	523.03	551.38	601.08	591.23	708.77	783.53	809.10	1043.47	1129.27
1.肉类	299.57	311.64	397.73	361.28	454.98	509.79	524.09	707.35	766.34
(1)猪肉	184.69	188.76	223.32	222.85	234.99	273.29	249.13	370.63	385.16
(2)牛肉	30.04	28.81	42.73	49.02	76.24	68.28	84.68	128.48	126.67
(3)羊肉	57.72	63.45	92.27	66.27	105.77	114.65	125.87	153.88	184.38
2.禽类	68.68	64.26	77.58	86.04	101.18	120.19	109.81	153.24	173.44
(1)鸡	48.19	44.75	53.28	58.34	66.67	76.12	59.00	87.54	92.58
(2)鸭	7.90	10.27	9.28	14.33	12.93	14.61	9.52	14.92	17.47
3.蛋类	124.04	142.84	92.90	105.81	101.87	102.25	126.74	129.29	137.52
(1)鲜蛋	121.85	140.88	90.75	103.23	98.09	100.30	122.11	125.04	132.87
4.水产品类	30.74	32.64	32.87	38.10	50.74	51.30	48.47	53.58	51.97
(1)鱼	28.00	28.61	28.74	34.90	40.03	40.51	37.92	44.12	42.03
(2)虾	1.14	2.16	1.13	1.58	3.23	5.43	3.35	4.06	4.42
(三)菜类	256.65	280.54	278.27	295.88	295.26	371.89	382.17	520.02	507.26
1.鲜菜	240.35	259.16	261.35	276.11	277.78	347.12	355.88	468.20	442.54
2.干菜	10.36	12.58	10.99	13.33	10.40	13.90	14.72	24.30	33.92
(四)调味品	30.21	30.58	35.53	32.15	41.99	39.91	42.61	45.90	46.77
(五)糖烟酒饮料类	253.98	261.21	357.96	329.86	355.38	502.39	486.86	742.46	802.50
1.糖类	10.76	11.84	15.53	16.20	21.08	17.94	15.35	14.96	12.09
2.烟草类	119.70	133.70	166.60	158.83	138.38	223.16	200.95	327.68	334.15
3.酒类	89.72	85.75	118.37	111.83	147.50	202.83	207.64	311.04	344.84
4.饮料	33.79	29.91	57.46	43.01	48.42	58.45	62.92	88.78	111.42
(六)干鲜瓜果类	86.64	103.78	89.60	98.29	113.70	127.85	148.87	172.72	173.66
(七)糕点、奶及奶制品	94.90	90.63	146.07	145.84	160.49	167.02	166.93	174.59	175.55
(八)其他食品	19.38	25.11	37.26	20.13	26.96	29.71	100.05	47.85	70.57
(九)饮食服务	269.31	307.65	327.35	321.91	322.69	447.61	711.97	753.24	937.12
#在外饮食	267.95	305.27	325.00	320.25	319.44	446.96	709.87	751.69	936.37
二、衣着	**682.35**	**597.01**	**857.17**	**949.45**	**960.43**	**1367.00**	**1483.76**	**2078.37**	**2475.81**

8—10 续表 1　　　　　　　　　　　　（2008 年）

	最低 10%	更低 5%	低 10%	较低 20%	中间 20%	较高 20%	高 10%	最高 10%	更高 5%
（一）服装	485.68	398.55	627.31	708.13	711.01	1060.38	1154.98	1601.97	1905.88
（二）衣着材料	1.18	2.22	7.12	3.96	6.11	1.88	5.21	4.04	6.53
（三）鞋类	171.57	173.37	186.63	201.72	206.33	254.31	266.24	406.79	484.52
（四）其他衣着用品	23.25	22.06	33.12	29.89	33.10	48.47	52.71	62.65	74.95
（五）衣着加工服务费	0.67	0.81	2.98	5.76	3.88	1.96	4.61	2.92	3.93
三、家庭设备用品及服务	**147.23**	**148.65**	**308.00**	**425.76**	**509.14**	**589.73**	**901.84**	**1161.59**	**1441.16**
（一）耐用消费品	42.47	47.05	148.93	249.00	203.54	280.54	532.32	604.36	833.41
1.家具	1.86		28.22	21.03	31.35	73.15	82.84	133.68	195.53
2.家庭设备	40.61	47.05	120.70	227.97	172.19	207.39	449.49	470.68	637.88
（二）室内装饰品	0.58	1.16	11.51	4.71	17.09	9.22	9.21	13.15	14.04
（三）床上用品	9.15	10.54	22.13	23.63	43.09	36.12	64.08	124.21	129.63
（四）家庭日用杂品	93.15	87.52	117.69	142.15	231.93	249.07	279.76	384.03	427.03
（五）家具材料				1.59	4.86	0.27	1.60		
（六）家庭服务	1.88	2.38	7.75	4.68	8.63	14.51	14.86	35.83	37.06
四、医疗保健	**350.34**	**383.14**	**425.43**	**370.41**	**597.89**	**694.83**	**693.65**	**1697.73**	**2569.74**
（一）医疗器具	0.33			0.21	0.01	0.91	4.33	16.52	25.69
（二）保健器具	4.03	8.26		0.43	19.87	50.84	1.03	11.18	12.33
（三）药品费	266.45	253.62	263.70	258.56	420.36	461.80	493.59	477.08	541.19
（四）滋补保健品	11.00	22.52	29.03	11.91	8.33	37.11	24.96	60.73	98.46
（五）医疗费	65.12	94.05	127.07	95.03	140.13	131.69	162.86	1127.65	1885.54
（六）其他	3.41	4.70	5.64	4.27	9.19	12.49	6.87	4.57	6.52
五、交通和通讯	**357.13**	**356.62**	**633.14**	**716.74**	**756.26**	**985.90**	**1374.33**	**1481.76**	**1519.84**
（一）交通	109.53	118.63	295.12	254.81	316.90	412.83	678.56	716.78	820.49
1.家庭交通工具	33.26	29.11	182.22	117.94	172.23	217.03	252.92	164.83	246.02
2.车辆用燃料及零配件	17.97	25.96	21.01	24.63	33.10	32.83	59.06	82.76	68.95
3.交通工具服务支出	8.23	10.13	17.99	9.11	11.42	8.42	17.60	61.43	89.74
4.交通费	50.07	53.43	73.90	103.14	100.14	154.55	348.99	407.77	415.79
（二）通信	247.59	237.99	338.03	461.93	439.36	573.06	695.77	764.98	699.35
1.通信工具	14.74	20.76	30.72	122.51	37.06	95.28	96.63	101.33	33.74
2.通信服务	232.85	217.23	307.31	339.42	402.30	477.78	599.13	663.65	665.61
（1）电信费	231.97	217.23	306.79	338.01	399.24	473.93	595.82	661.72	662.08
（2）邮费	0.62		0.20	0.49	1.18	1.05	0.56	0.59	0.97
（3）其他	0.26		0.32	0.91	1.89	2.81	2.76	1.35	2.56
六、教育文化娱乐服务	**511.75**	**343.49**	**559.96**	**684.47**	**762.71**	**1025.61**	**1534.44**	**2077.63**	**2376.90**
（一）文化娱乐用品	75.21	54.79	183.77	170.44	132.71	276.08	369.61	467.63	486.23
（二）文化娱乐服务	135.34	49.02	98.18	169.35	247.50	329.40	561.15	775.70	1093.79
1.参观游览	0.64		5.69	24.61	5.62	12.93	44.83	169.62	230.58
2.健身活动	0.80			0.31	3.20	41.46		12.03	18.46
3.团体旅游	73.89		9.93	57.62	136.69	169.66	360.98	399.32	594.66
4.其它文娱活动	59.72	48.43	82.09	85.05	95.54	100.96	143.45	179.50	243.32

8—10 续表 2　　　　　　　　　　(2008 年)

	最低 10%	更低 5%	低 10%	较低 20%	中间 20%	较高 20%	高 10%	最高 10%	更高 5%
5.文娱用品修理服务费	0.29	0.58	0.47	1.77	0.46	4.39	11.89	15.24	6.77
(三)教育	301.21	239.68	278.01	344.68	382.50	420.12	603.68	834.30	796.87
1.教材	19.87	29.26	12.50	27.73	16.10	15.94	18.83	23.90	20.76
2.教育费用	281.34	210.43	265.51	316.95	366.41	404.19	584.85	810.40	776.11
(1)非义务教育学杂费	155.66	59.68	78.60	104.05	137.29	95.14	267.43	374.28	348.40
(2)义务教育学杂费	23.12	34.67	26.05	42.95	30.20	13.38	7.70	44.17	75.09
(3)托幼费	33.66	13.23	50.76	18.72	57.93	67.50	37.58	36.91	3.32
(4)成人教育费	6.77	2.98	23.06	11.15	43.90	52.24	31.47	38.69	
(5)家教费	2.51	4.19	14.19	13.87	6.37	6.95	28.79	4.57	4.38
(6)培训班	24.47	35.92	42.19	81.87	43.91	121.60	111.95	138.86	247.99
(7)学校住宿费	0.19			1.78	0.76	1.67	12.60	3.96	7.52
(8)其他	34.95	59.76	30.65	42.57	46.04	45.71	87.32	168.96	89.41
七、居住	**460.82**	**485.57**	**588.01**	**590.82**	**972.46**	**1042.72**	**1072.47**	**1228.71**	**1270.62**
(一)住房	22.85	27.12	49.66	49.94	277.80	290.72	174.64	227.17	168.38
1.租赁房房租	3.95		4.48	14.66	10.36	10.63	1.38	1.25	2.38
2.自有房租金折算									
3.住房装潢支出	9.81	20.10	0.92	17.56	137.69	206.34	89.90	97.81	41.42
4.维修用建筑材料	8.26	5.41	4.98	8.64	106.74	55.33	70.79	78.01	30.20
5.其他	0.83	1.61	39.28	9.08	23.02	18.41	12.57	50.10	94.38
(二)水电燃料及其他	416.40	437.69	507.59	515.67	630.17	660.21	781.16	896.06	941.64
1.水	39.45	36.86	47.98	55.25	63.98	77.79	102.93	120.01	128.48
2.电	173.05	173.01	190.34	229.23	265.93	304.99	392.56	400.59	409.16
3.燃料	200.15	220.14	268.96	227.61	297.90	262.21	284.25	335.95	329.22
4.其他	3.75	7.68	0.31	2.92	1.76	12.85	1.42	0.16	
(三)居住服务费	21.58	20.77	30.76	25.21	64.49	91.80	116.67	105.48	160.60
1.物业管理费	2.92	0.99	9.23	6.94	10.43	19.40	32.11	41.55	57.42
2.维修服务费	1.51	2.87	3.10	4.00	33.13	28.79	42.81	2.92	3.70
3.其它	17.15	16.91	18.44	14.27	20.93	43.61	41.75	61.01	99.48
八、杂项商品和服务	**134.55**	**96.40**	**160.81**	**222.46**	**219.22**	**285.99**	**335.07**	**586.75**	**714.46**
(一)杂项商品	89.88	65.61	116.71	166.42	156.01	196.89	211.55	298.51	277.53
1.金银珠宝饰品			17.54	43.93	33.42	13.14	36.29	108.91	44.95
2.手表	0.09	0.18	0.38	32.67	3.88	18.48	3.52		
3.理发美容用具	0.33	0.13	0.54	1.43	1.45	0.95	0.94	0.98	1.54
4.化妆品	43.16	36.42	64.00	51.26	64.70	89.48	83.68	65.59	60.62
5.其他杂品	46.30	28.88	34.25	37.14	52.56	74.84	87.11	123.02	170.42
(二)服务	44.67	30.79	44.10	56.04	63.20	89.11	123.52	288.24	436.94
1.旅馆住宿费	0.27	0.56	2.57	0.87	0.59	5.14	37.84	33.51	61.95
2.理发洗澡费	36.24	23.02	34.84	29.82	37.51	62.56	59.77	73.65	83.07
3.美容费	1.59		4.26	14.02	14.84	8.01	9.28	130.07	224.80
4.其他服务	6.56	7.21	2.43	11.32	10.26	13.40	16.62	51.01	67.13

8-11 城镇居民家庭平均每人全年购买的主要商品量

	单 位	1985	1990	1995	2000	2005	2007	2008
粮食	千克	155.14	159.70	141.92	136.90	108.57	113.68	127.18
大米	千克	30.15	31.13	28.38	28.40	26.45	21.03	28.68
面粉	千克	59.99	62.34	59.92	57.60	33.30	29.57	38.47
油脂类	千克	4.41	4.44	5.04	7.00	8.98	9.16	10.22
食用植物油	千克	4.11	4.14	4.90	6.60	8.93	9.14	10.10
食用动物油	千克	0.30	0.30	0.14	0.40	0.05	0.20	0.12
猪肉	千克	11.69	10.05	12.57	12.40	11.64	9.53	10.23
牛肉	千克	0.60	0.80	0.92	1.60	2.25	3.00	2.25
羊肉	千克	1.40	1.60	1.81	2.60	3.00	3.18	3.01
鸡	千克	1.90	2.20	2.40	3.50	3.79	3.91	4.68
禽制品	千克				0.40	1.04	1.05	1.84
鲜蛋	千克	5.35	6.80	12.50	17.70	14.68	16.14	16.05
蛋制品	千克	0.12	0.14	0.15	0.20	0.48	0.37	3.04
鱼	千克	0.61	1.43	1.75	3.10	3.39	4.18	3.72
虾	千克	0.07	0.05	0.05	0.10	0.06	0.21	0.18
鲜菜	千克	130.58	132.88	116.30	108.00	139.52	155.13	161.94
干菜	千克	0.45	10.37	0.34	0.60	0.69	1.29	13.82
白酒	千克	2.41	2.28	3.16	3.40	3.64	3.10	3.17
果酒	千克	0.10	0.10	0.10	0.10	0.08	0.09	0.15
啤酒	千克	1.04	2.29	3.30	6.20	3.66	3.55	2.82
碳酸饮料	千克	0.40	0.60	0.80	1.30	0.79	0.94	0.21
果蔬饮料	千克	0.13	0.14	0.15	0.18	0.55		
鲜果	千克	12.40	13.60	14.70	17.80	17.94	26.80	20.72
鲜瓜	千克	6.30	7.30	8.80	9.20	10.43	6.04	9.85
干果	千克	0.20	0.20	0.25	0.30	0.96	1.50	
瓜果制品	千克	1.20	1.40	1.80	1.90	0.19	0.36	37.83
坚果及果仁	千克	1.40	2.60	3.00	4.00	1.06		
糕点	千克	2.25	2.23	2.49	2.10	3.16	3.50	3.18
鲜乳品	千克	5.64	5.36	1.93	5.70	15.50	25.08	18.29
服装	件	1.61	2.33	5.03	4.20	6.57	6.50	6.31
鞋类	双	2.25	2.30	2.40	2.50	2.83	2.98	2.69

8-12 按收入等级分的城镇居民家庭平均每人全年购买的主要商品

（2008 年）

	单位	最低 10%	更低 5%	低 10%	较低 20%	中间 20%	较高 20%	高 10%	最高 10%	更高 5%
粮食	千克	106.97	107.51	111.34	121.63	119.29	130.92	133.49	166.04	175.39
大米	千克	21.15	18.28	28.17	26.20	28.78	30.01	28.73	37.79	42.86
面粉	千克	38.52	42.66	32.49	37.87	35.10	39.34	38.73	47.32	49.21
油脂类	千克	10.43	10.01	15.24	10.73	12.55	12.95	9.74	13.43	13.10
食用植物油	千克	10.05	9.59	9.78	9.49	9.65	10.35	8.89	13.02	13.10
食用动物油	千克	0.38	0.41	5.46	1.24	2.90	2.60	0.85	0.41	
猪肉	千克	7.82	8.14	9.29	9.07	9.56	11.20	10.00	14.68	15.35
牛肉	千克	0.96	0.93	1.41	1.66	2.44	2.27	2.82	4.05	4.00
羊肉	千克	1.71	1.92	2.69	2.11	3.09	3.32	3.80	4.35	5.12
鸡	千克	3.73	3.21	3.87	4.26	4.70	5.25	4.30	6.25	6.59
禽制品	千克	0.89	0.66	1.07	0.95	1.53	2.09	2.93	3.60	4.48
鲜蛋	千克	17.64	19.61	13.95	15.45	14.76	15.03	17.99	18.76	20.08
蛋制品	千克	0.33	0.29	0.32	0.39	0.56	0.31	0.69	0.64	0.69
鱼	千克	2.96	3.05	2.96	3.53	4.06	4.00	3.64	4.39	4.12
虾	千克	0.12	0.21	0.07	0.10	0.23	0.29	0.19	0.17	0.22
鲜菜	千克	133.80	145.12	126.11	145.06	141.02	174.45	182.63	230.27	224.96
干菜	千克	10.36	12.58	10.99	13.33	10.40	13.90	14.72	24.30	33.92
白酒	千克	1.96	1.79	2.70	2.24	2.67	3.70	4.84	4.12	4.63
果酒	千克			0.10	0.02	0.06	0.05	0.82	0.05	0.05
啤酒	千克	2.20	1.87	2.53	2.60	2.43	3.73	2.98	2.83	2.35
碳酸饮料	千克	0.17	0.04	0.39	0.16	0.09	0.13	0.55	0.12	0.01
鲜果	千克	17.74	23.20	18.63	18.61	20.71	19.87	20.79	30.13	29.76
鲜瓜	千克	6.27	7.95	6.86	8.38	10.31	9.00	15.42	12.32	14.59
干果	千克									
瓜果制品	千克									
糕点	千克	2.25	2.46	3.12	3.23	3.26	3.56	3.3	3.07	3.25
鲜乳品	千克	8.52	7.85	17.06	16.52	19.74	18.68	21.68	24.66	21.96
服装	件	4.64	4.29	5.52	5.91	5.66	6.65	7.1	8.65	8.83
鞋类	双	2.45	2.83	2.41	2.57	2.42	2.81	2.96	3.2	3.21

8-13 城镇居民家庭平均每百户年末主要耐用消费品拥有量

	单 位	1985	1990	1995	2000	2005	2007	2008
1. 成套家具	套	8.00	15.00	19.00	20.00	60.69		
2. 摩托车	辆		2.50	3.20	20.73	42.29	52.19	48.60
3. 自行车	辆	200.88	245.21	258.05	209.64	175.87		
4. 助力车	辆			2.30	3.20	22.06	38.63	56.49
5. 家用汽车	辆				0.48	0.51	2.12	1.09
6. 洗衣机	台	33.11	79.53	91.05	91.38	98.30	99.78	99.47
7. 电风扇	台	86.64	166.66	212.60	199.20	202.30		
8. 电冰箱	台	5.00	23.36	28.85	61.62	77.80	85.85	86.01
9. 冰柜	台		1.10	2.30	6.00	9.93		
10. 彩色电视机	台	14.64	39.78	66.00	101.40	120.21	123.00	118.77
11. 影碟机	台	11.21	13.21	16.38	29.31	55.63		
12. 录音机	台	28.49	30.15	33.35	24.65	32.40		
13. 录放像机	台		1.21	3.75	5.57	3.57		
14. 家用电脑	台				2.20	25.22	39.87	35.55
15. 组合音响	套		3.41	6.25	11.01	9.70	13.79	11.33
16. 摄像机	架				0.70	1.35	2.78	3.90
17. 照相机	架	2.50	8.92	14.25	15.61	31.13	36.10	18.59
18. 钢琴	架				0.70	1.42	2.15	1.27
19. 其他中高档乐器	件		5.90	6.15	1.62	5.90	4.13	1.65
20. 微波炉	台		0.58	1.80	2.20	21.63	37.39	30.05
21. 空调器	台		4.81	8.10	30.35	87.71	104.86	111.73
22. 取暖器	台	18.00	19.00	20.00	23.00	32.69		
23. 电炊具	台	2.31	4.46	25.80	25.11	46.76		
24. 淋浴热水器	台		5.10	8.90	11.79	30.70	46.92	44.89
25. 排油烟机	台		7.30	10.05	19.89	29.00		
26. 消毒碗柜	台				3.80	8.18	7.93	6.15
27. 洗碗机	台					0.14	0.30	1.05
28. 饮水机	台			9.50	14.20	19.39		
29. 吸尘器	台		0.80	0.90	1.95	2.44		
30. 健身器材	套	1.10	1.80	2.20	2.34	1.89	3.13	2.76
31. 普通电话	部	10.21	24.00	34.00	75.00	88.89	84.74	72.93
32. 移动电话	部		5.00	15.00	45.11	112.49	150.57	149.24
33. 传真机	部					0.52		

8-14 城镇居民家庭主要收支指标构成

	1985		1990		1995		2000	
	总量	构成	总量	构成	总量	构成	总量	构成
一、家庭总收入	**603.60**	**100.0**	**1268.90**	**100.0**	**2774.70**	**100.0**	**4435.60**	**100.0**
其中:可支配收入	601.60		1264.90		2772.60		4429.50	
(一)工薪收入	490.90	81.3	942.70	74.3	2148.90	77.5	2747.80	62.0
(二)经营净收入			9.30	0.7	50.70	1.8	540.80	12.2
(三)财产性收入					53.00	1.9	287.80	6.5
(四)转移性收入	112.60	18.7	316.90	25.0	522.10	18.8	859.30	19.4
二、家庭总支出	**627.20**	**100.0**	**1269.90**	**100.0**	**2551.50**	**100.0**	**3944.80**	**100.0**
(一)消费支出	545.40	87.0	970.40	76.4	2245.10	88.0	3402.90	86.3
1.食品	289.20	53.0	496.70	51.2	1101.10	49.0	1345.40	39.5
2.衣着	72.20	13.2	146.60	15.1	351.40	15.7	428.50	12.6
3.设备用品及服务	49.50	9.1	98.30	10.1	183.60	8.2	228.50	6.7
4.医疗保健	20.50	3.8	45.20	4.7	95.30	4.2	261.60	7.7
5.交通通讯	14.40	2.6	20.80	2.2	91.60	4.1	209.20	6.2
6.娱乐文教服务	31.50	5.8	61.90	6.4	182.40	8.1	315.20	9.3
7.居住	41.90	7.7	65.00	6.7	175.30	7.8	522.70	15.4
8.杂项商品和服务	26.10	4.8	35.90	3.7	64.40	2.9	91.80	2.7
(二)购房与建房支出			24.60	1.9	26.50	1.0	51.30	1.3
(三)转移性支出	81.80	13.0	274.90	21.7	277.80	10.9	487.00	12.4
(四)财产性支出			2.00		2.20	0.1	3.60	0.1
(五)社会保障支出								

8-14 续表

	2005		2007		2008	
	总量	构成	总量	构成	总量	构成
一、家庭总收入	**8154.00**	**100.0**	**11177.20**	**100.0**	**12828.20**	**100.0**
其中:可支配收入	7830.70		10713.00		12395.30	
(一)工薪收入	5712.00	70.1	8071.50	72.2	8934.00	69.6
(二)经营净收入	1003.70	12.3	1041.50	9.3	1336.50	10.4
(三)财产性收入	142.40	1.8	165.50	1.5	250.40	2.0
(四)转移性收入	1295.80	15.9	1898.70	17.0	2307.30	18.0
二、家庭总支出	**7555.60**	**100.0**	**9548.30**	**100.0**	**10199.30**	**100.0**
(一)消费支出	5283.10	69.9	7276.00	76.2	8362.10	82.0
1.食品	1813.20	34.3	2459.60	33.8	2864.20	34.3
2.衣着	784.30	14.9	1112.80	15.3	1195.70	14.3
3.设备用品及服务	284.30	5.4	439.40	6.0	578.10	6.9
4.医疗保健	370.20	7.0	512.20	7.0	669.80	8.0
5.交通通讯	568.10	10.8	822.90	11.3	903.70	10.8
6.娱乐文教服务	714.00	13.5	935.10	12.9	1004.90	12.0
7.居住	571.10	10.8	753.60	10.4	870.20	10.4
8.杂项商品和服务	178.00	3.4	240.10	3.3	275.60	3.3
(二)购房与建房支出	1071.50	14.2	652.80	6.8	167.50	1.6
(三)转移性支出	917.50	12.1	1193.60	12.5	1267.90	12.4
(四)财产性支出	2.50		4.70		5.70	
(五)社会保障支出	281.00	3.7	418.40	4.4	396.20	3.9

8-15 市城区按收入等级分的城镇居民家庭人均现金收支情况

（2008年）

单位:元

	最低10%	更低5%	低10%	较低20%	中间20%	较高20%	高10%	最高10%	更高5%
一、期初手存现金	**234.41**	**316.25**	**238.33**	**259.49**	**308.69**	**306.70**	**482.61**	**443.98**	**345.00**
二、家庭总收入	**6694.83**	**6035.51**	**8720.07**	**11271.93**	**14502.21**	**17226.40**	**20623.40**	**27573.80**	**31798.87**
其中:可支配收入	6005.49	5541.86	8456.27	10731.91	13862.84	16368.96	19789.50	26655.46	30523.05
(一)工薪收入	5876.12	4910.75	6649.03	7414.95	11707.01	12627.39	14796.41	17860.59	21514.21
1.工资及补贴收入	5876.12	4910.75	6649.03	7403.93	11519.73	12507.02	14664.05	17686.68	21114.21
2.其他劳动收入				11.02	187.27	120.38	132.35	173.91	400.00
(二)经营净收入	102.94		481.70		512.73	505.66	2391.18	3069.57	
(三)财产性收入	168.62	208.31	311.00	19.54	305.72	91.76	666.18	1189.61	2606.10
1.利息收入									
2.股息与红利收入			40.00	4.29	38.53	33.27		1189.61	2606.10
3.保险收益									
4.其它投资收入									
5.出租房屋收入	167.65	206.25	271.00	15.25	194.00	58.49	445.59		
6.知识产权收入									
7.其他财产性收入	0.97	2.06			73.19		220.59		
(四)转移性收入	547.15	916.45	1278.33	3837.44	1976.75	4001.59	2769.64	5454.04	7678.56
1.养老金或离退休金	328.92	648.95	1201.67	3728.29	1552.39	3837.99	2269.78	4170.13	5204.56
2.社会救济收入									
3.辞退金									
4.赔偿收入									
5.保险收入									
其中:失业保险金									
6.赡养收入	58.82	31.25	23.33	50.85	105.45	125.47	346.32	1165.22	2450.00
7.捐赠收入	143.53	217.50	35.33	44.07	298.18	18.87	132.35	97.83	
9.提取住房公积金									
10.记帐补贴	15.88	18.75	18.00	14.24	20.73	19.26	21.18	20.87	24.00
11.其他转移性收入									
三、出售财物收入	**5.47**	**9.44**		**8.47**	**5.53**	**1.45**	**44.12**	**26.97**	
1.出售住房收入									
2.出售其他物品收入	5.47	9.44		8.47	5.53	1.45	44.12	26.97	
四、借贷收入	**502.94**	**593.75**	**258.67**	**977.63**	**392.73**	**424.53**	**1310.51**	**5308.70**	**3840.00**
1.提取储蓄存款	498.53	584.38	258.67	926.78	392.73	424.53	1310.51	5308.70	3840.00
2.借入款	4.41	9.38							
3.收回借出款				50.85					
4.收回储蓄性保险本									
5.兑售有价证券									
6.收回投资本金									
7.住房贷款									
8.汽车贷款									

8—15 续表　　(2008 年)　　单位:元

	最低 10%	更低 5%	低 10%	较低 20%	中间 20%	较高 20%	高 10%	最高 10%	更高 5%
五、家庭总支出	**6169.99**	**5874.15**	**6938.59**	**9217.54**	**11419.19**	**12751.46**	**16443.88**	**23380.24**	**25655.17**
(一)消费支出	5053.52	4877.18	5889.83	7528.35	9475.18	10816.81	12287.31	17904.34	22346.27
其中:服务性消费支出	1166.65	1118.17	1271.95	1473.99	2341.51	2800.92	3602.95	7383.07	10299.49
(二)购房与建房支出								3043.48	
1.购房								3043.48	
2.建房									
(三)转移性支出	445.36	522.07	804.81	1140.36	1394.09	1209.52	3393.73	1535.82	2059.08
1.交纳的个人收入税	2.35		1.85	0.27	68.73	113.25	49.88	5.22	12.00
2.捐赠支出	393.68	450.31	535.00	742.56	846.27	741.59	1483.68	1422.57	1906.90
3.购买彩票			39.67					8.26	19.00
4.赡养支出	32.35	50.00	207.33	369.24	456.40	268.68	1826.47	28.70	30.00
其中:在外就学子女费用			60.67	356.53	354.58	120.75	1350.00	15.65	
5.各种非储蓄性保险支出	16.12	21.76	10.37	12.97	6.04	0.38		10.09	23.20
其中:车辆保险支出									
6.其他转移性支出	0.85		10.60	15.32	16.65	85.63	33.71	60.99	67.98
(四)财产性支出				23.32		0.19		4.35	10.00
1.非生产性利息支出				23.32		0.19		4.35	10.00
2.其他									
(五)社会保障支出	671.11	474.90	243.95	525.51	549.91	724.94	762.83	892.26	1239.82
1.个人交纳的养老基金	388.32	295.29	103.30	358.72	150.58	255.72	257.48	319.35	369.21
2.个人交纳的住房公积金	139.19	97.52	67.70	61.17	222.77	288.96	342.87	273.77	371.87
3.个人交纳的医疗基金	125.89	64.74	67.75	93.55	166.99	153.89	146.59	228.13	380.59
4.个人交纳的失业基金	17.71	17.35	5.20	12.07	9.58	26.38	15.90	61.00	95.14
5.其他社会保障支出								10.00	23.00
六、借贷支出	**140.59**	**173.75**	**1075.24**	**2041.32**	**2305.91**	**4015.66**	**4742.65**	**9181.37**	**10306.90**
1.存入储蓄款	117.65	125.00	1000.00	1762.71	2087.69	3634.53	4169.12	8150.98	8070.00
2.借出款			33.33	118.64	20.00	9.43			
3.归还借款					36.36	303.77	114.71	700.00	1610.00
4.储蓄性保险支出	22.94	48.75	41.90	75.80	161.85	67.92	17.65	103.91	106.00
5.购买有价证券									
6.其它投资支出									
7.归还住房贷款				84.17			441.18	226.48	520.90
8.归还汽车贷款									
9.归还教育贷款									
10.归还其他贷款									
11.其他借贷支出									
七、期末手存现金	**1213.37**	**907.05**	**1363.47**	**1274.17**	**1381.20**	**1419.83**	**1229.12**	**983.73**	**464.53**

8-16 市城区按收入等级分的城镇居民家庭平均每人全年消费性支出

（2008 年）

	最低 10%	更低 5%	低 10%	较低 20%	中间 20%	较高 20%	高 10%	最高 10%	更高 5%
消费支出	**5053.52**	**4877.18**	**5889.83**	**7528.35**	**9475.18**	**10816.81**	**12287.31**	**17904.34**	**22346.27**
#服务性消费支出	1166.65	1118.17	1271.95	1473.99	2341.51	2800.92	3602.95	7383.07	10299.49
一、食品	**2210.70**	**2164.14**	**2381.26**	**2708.35**	**3255.39**	**3464.39**	**4052.93**	**4615.02**	**5697.84**
（一）粮油类	521.11	496.80	619.22	662.89	616.64	623.48	816.66	669.05	799.56
1.粮食	281.45	261.53	347.13	363.21	334.78	383.04	473.56	408.21	441.98
（1）大米	67.90	47.13	82.21	97.59	103.78	110.39	144.60	123.83	136.01
（2）面粉	87.33	106.86	97.78	90.82	75.64	98.85	126.42	80.62	104.47
（3）其他粮食	126.22	107.54	167.14	174.80	155.36	173.80	202.54	203.77	201.50
2.淀粉及薯类	33.05	36.01	48.43	34.40	29.87	31.32	43.80	20.69	15.00
3.干豆类及豆制品	45.39	46.87	38.22	50.37	48.21	47.82	51.57	51.92	60.55
4.油脂类	161.21	152.39	185.44	214.91	203.78	161.30	247.73	188.23	282.03
（二）肉禽蛋水产品类	525.88	495.20	589.84	751.14	812.62	857.23	1089.27	1138.59	1413.02
1.肉类	298.00	241.12	332.32	469.89	514.75	548.07	763.51	771.34	1000.96
（1）猪肉	199.73	160.10	202.00	280.01	265.66	288.77	428.88	396.77	489.41
（2）牛肉	17.82	8.69	23.78	76.39	71.94	84.63	150.26	117.83	161.60
（3）羊肉	48.16	39.97	87.58	82.09	121.77	109.33	122.07	177.27	228.03
2.禽类	56.04	41.19	95.51	91.07	132.62	113.12	160.29	183.17	257.12
（1）鸡	35.58	27.70	61.00	54.78	89.45	56.48	95.26	82.84	85.18
（2）鸭	5.63	9.43	22.84	11.64	16.74	11.81	8.50	19.45	17.47
3.蛋类	140.57	182.42	116.93	137.86	103.51	143.16	103.16	144.89	131.52
（1）鲜蛋	138.89	180.48	115.10	135.13	102.01	138.80	100.98	139.70	125.78
4.水产品类	31.27	30.48	45.07	52.33	61.75	52.88	62.31	39.19	23.42
（1）鱼	25.66	24.83	39.33	38.57	47.21	40.53	50.48	28.50	13.30
（2）虾	1.77	3.51	2.53	3.62	7.95	5.73	0.55	5.69	1.58
（三）菜类	294.65	310.96	311.83	333.00	427.70	414.23	620.47	506.95	522.46
1.鲜菜	273.23	287.38	285.76	313.25	396.58	389.57	576.40	439.97	418.35
2.干菜	13.72	11.93	19.60	16.46	15.43	15.62	22.76	26.00	27.30
（四）调味品	25.72	24.57	24.52	38.62	44.52	42.82	47.78	37.00	36.55
（五）糖烟酒饮料类	201.87	213.80	309.06	255.32	528.48	477.95	605.83	779.97	721.47
1.糖类	12.27	10.18	18.44	21.56	15.04	16.22	14.00	7.97	9.00
2.烟草类	96.31	115.81	164.72	116.80	224.49	197.17	305.47	317.80	233.75
3.酒类	70.36	65.56	92.73	84.99	231.92	208.25	230.66	331.78	392.10
4.饮料	22.92	22.25	33.17	31.97	57.03	56.31	55.70	122.41	86.62
（六）干鲜瓜果类	99.70	113.55	123.34	115.97	133.19	154.05	186.86	171.09	180.72
（七）糕点、奶及奶制品	131.90	92.94	152.59	210.27	145.86	169.80	156.53	172.46	144.19
（八）其他食品	23.55	20.93	3.56	8.08	24.02	98.33	17.89	88.58	87.54
（九）饮食服务	386.33	395.39	247.32	333.05	522.36	626.52	511.64	1051.34	1792.33
#在外饮食	384.86	392.64	244.55	329.63	520.21	626.20	511.29	1051.34	1792.33
二、衣着	**770.55**	**634.04**	**911.27**	**993.12**	**1856.42**	**1388.43**	**1842.57**	**2378.17**	**2860.85**
（一）服装	532.96	421.23	651.13	742.65	1507.48	1056.52	1441.24	1788.06	2198.93

8—16 续表 1　　　　(2008 年)

	最低 10%	更低 5%	低 10%	较低 20%	中间 20%	较高 20%	高 10%	最高 10%	更高 5%
(二)衣着材料	8.26	4.03	2.50	12.38	0.49	5.62	10.19		
(三)鞋类	202.26	175.25	214.85	195.02	286.97	268.90	319.20	525.22	591.70
(四)其他衣着用品	25.03	33.41	38.22	36.11	61.29	52.81	71.81	62.77	66.82
(五)衣着加工服务费	2.03	0.13	4.57	6.97	0.18	4.58	0.13	2.13	3.40
三、家庭设备用品及服务	**104.88**	**150.31**	**123.97**	**708.88**	**424.32**	**885.87**	**647.45**	**1289.88**	**1166.10**
(一)耐用消费品	34.56	73.44	49.90	389.17	81.56	500.13	223.10	661.78	454.10
1.家具				64.41	28.73		116.91		
2.家庭设备	34.56	73.44	49.90	324.76	52.84	500.13	106.19	661.78	454.10
(二)室内装饰品	0.59	1.25	11.00			5.38		18.26	42.00
(三)床上用品	3.76	5.81	10.40	49.66	28.96	51.07	36.04	144.87	268.00
(四)家庭日用杂品	65.82	69.51	51.60	269.40	308.65	309.90	375.47	423.79	397.30
(五)家具材料									
(六)家庭服务	0.15	0.31	1.07	0.65	5.15	19.40	12.84	41.17	4.70
四、医疗保健	**436.74**	**510.32**	**363.57**	**734.50**	**397.48**	**1050.68**	**704.14**	**3490.87**	**6671.15**
(一)医疗器具								0.87	2.00
(二)保健器具						56.60			
(三)药品费	345.70	405.34	194.31	517.73	236.30	766.15	498.11	578.35	1077.85
(四)滋补保健品	13.97	13.44	22.00	0.42	7.16	22.23	0.34	98.96	125.60
(五)医疗费	72.88	84.38	137.23	196.97	149.15	199.89	202.60	2804.00	5445.70
(六)其他	4.19	7.16	10.02	19.37	4.87	5.81	3.09	8.70	20.00
五、交通和通讯	**309.10**	**315.13**	**531.66**	**684.58**	**1079.52**	**1430.24**	**1380.70**	**1580.09**	**1614.00**
(一)交通	62.38	93.38	156.70	158.25	441.10	700.68	654.12	893.39	730.00
1.家庭交通工具			79.00	37.29	214.22	279.47		188.70	56.00
2.车辆用燃料及零配件	15.41	32.75	6.67	27.88	24.64	48.26	88.48	78.46	149.45
3.交通工具服务支出	7.75	14.72	23.13	9.44	3.56	10.47	5.87	115.41	259.65
4.交通费	39.22	45.91	47.90	83.64	198.68	362.48	559.76	510.83	264.90
(二)通信	246.72	221.75	374.96	526.32	638.42	729.56	726.59	686.70	884.00
1.通信工具	14.71	31.25	112.67	128.27	30.55	84.68	26.47		
2.通信服务	232.01	190.50	262.29	398.05	547.87	644.88	700.12	686.70	884.00
(1)电信费	230.93	190.50	261.29	395.54	544.92	641.69	700.12	682.09	873.40
(2)邮费	1.09		1.00	0.81	1.41			1.13	2.60
(3)其他				1.69	1.55	3.19		3.48	8.00
六、教育文化娱乐服务	**652.56**	**583.38**	**805.87**	**546.00**	**1295.31**	**1215.95**	**2138.19**	**2660.71**	**1893.32**
(一)文化娱乐用品	103.83	34.74	186.20	65.44	354.38	202.20	482.59	564.96	526.60
(二)文化娱乐服务	179.59	51.66	132.50	228.34	417.15	563.27	769.90	1116.27	885.92
1.参观游览	1.12				2.73	22.08	186.97	221.35	4.00
2.健身活动				13.56	60.22			26.09	60.00
3.团体旅游	117.65		73.33	136.27	231.64	404.53	484.32	581.74	500.00

8－16 续表 2 (2008 年)

	最低 10%	更低 5%	低 10%	较低 20%	中间 20%	较高 20%	高 10%	最高 10%	更高 5%
4.其它文娱活动	60.82	51.66	57.83	78.05	118.56	122.31	98.60	277.53	312.92
5.文娱用品修理服务费			1.33	0.46	4.00	14.36		9.57	9.00
(三)教育	369.14	496.99	487.17	252.22	523.79	450.48	885.71	979.48	480.80
1.教材	27.85	43.93	50.40	14.21	20.35	13.04	33.79	19.61	5.20
2.教育费用	341.29	453.06	436.77	238.02	503.44	437.43	851.91	959.87	475.60
(1)非义务教育学杂费	207.44	323.00	128.33	11.86	101.82	170.75	423.53	423.04	
(2)义务教育学杂费	27.65	41.25	83.93	28.56	4.73	5.23	22.06	84.35	90.00
(3)托幼费	53.62	15.81	108.00	80.51	115.09	37.83	61.76		
(4)家教费	2.35	5.00	5.00	1.36	18.18	19.55			
(5)培训班	18.82	27.50	105.33	62.20	204.64	124.53	18.97	341.48	350.50
(6)其他	31.41	40.50	6.17	12.85	58.98	62.57	325.59	111.00	35.10
七、居住	**408.72**	**377.63**	**564.61**	**906.11**	**882.58**	**1106.04**	**1043.20**	**1210.45**	**1189.77**
(一)住房	1.47		14.53	106.61	117.11	47.26	18.09	120.37	108.85
1.租赁房房租	1.47		1.20	1.02	4.73	0.85			
2.自有房租金折算									
3.住房装潢支出					54.55	8.68	18.09	1.30	3.00
4.维修用建筑材料			1.33	76.27	21.82	37.74		2.54	5.85
5.其他			12.00	29.32	36.02			116.52	100.00
(二)水电燃料及其他	367.60	358.76	512.75	718.61	622.36	915.41	895.24	948.91	937.72
1.水	38.61	35.28	50.25	92.99	90.37	127.63	147.09	130.39	156.62
2.电	150.79	142.28	248.90	319.28	315.23	446.71	432.44	445.95	437.50
3.燃料	178.21	181.19	211.37	305.46	212.29	317.10	315.35	266.91	268.60
4.其他					2.91	20.57	0.35		
(三)居住服务费	39.65	18.88	37.33	80.90	143.11	143.37	129.87	141.17	143.20
1.物业管理费	16.03	1.69	13.91	12.78	34.09	43.18	39.12	70.70	71.70
2.维修服务费				45.42	36.36	56.60	1.32	2.61	
3.其它	23.62	17.19	23.42	22.69	72.65	43.59	89.43	67.87	71.50
八、杂项商品和服务	**160.26**	**142.23**	**207.63**	**246.80**	**284.16**	**275.20**	**478.13**	**679.14**	**1253.24**
(一)杂项商品	103.56	82.66	144.71	185.05	199.73	177.78	371.40	199.82	218.19
1.金银珠宝饰品	3.82		58.43	31.86	11.82	18.87	176.47		
2.手表				53.56	21.45				
4.化妆品	35.09	27.78	30.54	21.09	70.89	57.07	87.50	56.89	96.05
5.其他杂品	64.64	54.88	55.74	78.53	95.56	101.84	105.23	142.93	122.14
(二)服务	56.71	59.56	62.92	61.75	84.43	97.42	106.72	479.33	1035.05
1.旅馆住宿费						26.42		86.96	200.00
2.理发洗澡费	51.38	50.25	13.78	29.01	69.82	58.71	69.18	88.41	143.45
3.美容费			40.77	18.64	6.36	7.32	30.88	299.13	688.00
4.其他服务	5.32	9.31	8.37	14.10	8.25	4.97	6.66	4.83	3.60

8-17 农民家庭基本情况

	单位	1985	1990	1995	2000	2005	2007	2008
调查户数	户	700	1190	1280	1410	1340	1340	1340
调查户常住人口	人	3596	5694	5735	5633	5398	5374	5369
平均每户常住人口	人	5.14	4.78	4.48	4.00	4.03	4.01	4.01
平均每户整、半劳动力	人	2.83	2.75	3.00	2.72	2.93	2.94	2.94
平均每个劳动力负担人口	人	1.81	1.74	1.50	1.47	1.37	1.36	1.36
平均每百个劳动力文化状况								
1.文盲半文盲人数	人	23.21		15.60	3.91	3.33	2.21	2.33
2.小学程度人数	人	35.57		28.25	24.90	16.11	14.01	13.64
3.初中程度人数	人	33.80		42.59	59.29	67.68	68.34	68.19
4.高中程度人数	人	6.96		12.68	10.46	9.57	12.26	12.42
5.中专程度人数	人	0.40		0.76	1.23	2.01	2.01	2.23
6.大专以上程度人数	人	0.05		0.13	0.21	1.30	1.17	1.19
平均每百人经营耕地面积	公顷	10.98	10.73	9.96	9.96	10.61	11.92	12.04
平均每百人经营山地面积	公顷	2.19	1.73	4.04	1.58	0.55	0.58	0.68
平均每人年内新建(购)住房面积	平方米	0.84		0.64	1.21	1.42	2.03	1.98
#砖木结构	平方米	0.56		0.13	0.17	0.18	0.41	0.46
钢筋混凝土结构	平方米	0.05		0.48	0.97	1.23	1.62	1.52
年内平均每平方米新建(购)房屋价值	元	36.78		155.06	218.08	356.61	448.76	413.14
年内平均每人新建(购)房屋中楼房面积	平方米	0.03		0.01	0.56	1.03	1.61	1.38
平均每人年末住房面积	平方米	11.57	14.01	17.98	23.49	25.97	29.27	29.84
#砖木结构	平方米	6.69		9.11	10.60	8.24	10.26	9.93
钢筋混凝土结构	平方米	0.42		4.78	10.83	16.97	17.21	18.09

8–18 农民家庭平均每人总收入

单位:元

	1985	1990	1995	2000	2005	2007	2008
全年总收入	**443.72**	**647.31**	**1760.16**	**2467.46**	**3840.64**	**5402.83**	**6301.24**
工资性收入	**27.43**	**40.02**	**108.82**	**404.08**	**747.89**	**1136.61**	**1323.11**
在非企业组织中劳动得到的收入			21.80	104.59	89.09	117.13	131.79
在本地企业中劳动得到的收入				106.50	74.97	493.97	560.12
#在本地乡镇企业得到的收入				61.70	43.14	54.04	
常住人口外出从业得到的收入				125.01	339.68	525.51	631.20
家庭经营收入	**405.06**	**588.77**	**1563.11**	**1921.62**	**2930.38**	**4032.58**	**4658.76**
农业收入	302.45	411.20	1142.80	1385.43	2182.07	2996.92	3434.92
林业收入	4.98	4.41	6.90	11.96	27.18	28.77	35.90
牧业收入	48.79	85.61	250.07	321.85	468.09	626.30	743.66
渔业收入	0.49	1.11	0.34	7.82	3.39	3.72	2.98
工业收入	0.28	6.43	17.62	52.76	71.48	94.57	108.98
建筑业收入	4.47	6.95	22.04	20.61	28.80	64.03	80.19
交通运输、邮电业收入	2.94	7.67	12.18	24.94	35.38	53.21	65.74
批发和零售贸易、餐饮业收入	4.31	5.58	29.49	36.69	59.02	64.29	82.27
社会服务业收入	4.56	5.00	7.19	16.85	22.89	28.26	33.64
文教卫生业收入				4.92	8.01	15.90	13.81
其他家庭经营收入	4.59	6.19	32.39	34.78	23.60	55.35	56.36
财产性收入			**33.72**	**19.18**	**36.35**	**39.24**	**31.99**
转移性收入			**54.51**	**122.57**	**126.03**	**194.40**	**287.38**
#家庭非常住人口寄回和带回	7.21	4.92	24.69	55.15	27.20	32.08	37.35
亲友赠送收入				39.20	61.82	50.32	51.96
退耕还林还草补贴收入					2.71	2.24	1.49
粮食直接补贴收入					18.69	68.67	125.70

8—19 农民家庭人均现金收入构成

单位:元

	1985	1995	2000	2005	2007	2008
全年现金收入	**274.49**	**962.47**	**1506.55**	**2551.74**	**3696.24**	**4385.37**
1.工资性收入		**108.70**	**391.33**	**746.99**	**1136.60**	**1320.87**
2.家庭经营现金收入		**742.80**	**998.81**	**1649.76**	**2340.55**	**2748.34**
#农业现金收入	127.32	410.98	555.41	960.38	1395.96	1612.95
林业现金收入	4.35	4.44	3.69	26.52	26.79	30.53
牧业现金收入	39.27	177.52	224.77	409.88	538.37	662.31
渔业现金收入	0.45	0.20	6.43	3.33	3.35	2.94
工业现金收入	1.36	8.56	12.73	71.48	94.57	108.98
建筑业现金收入	4.45	22.04	20.61	28.80	64.03	79.34
交通、运输、邮电业现金收入	2.88	12.18	24.94	35.38	53.21	65.74
批零贸易业、饮食业现金收入		6.54		59.02	64.29	82.27
社会服务业现金收入	4.56	7.19	16.85	22.89	28.26	33.64
文教卫生业收入				8.01	15.90	13.81
其他家庭经营现金收入	2.42	32.86	31.43	23.60	54.55	55.52
3.转移性收入		**65.30**	**97.79**	**119.14**	**185.92**	**284.17**
4.财产性收入		**45.67**	**18.62**	**35.83**	**33.18**	**31.99**

8—20 农民家庭人均总支出构成

单位:元

	1985	1990	1995	2000	2005	2007	2008
全年总支出	**412.33**	**617.13**	**1518.44**	**1802.20**	**3091.24**	**4507.21**	**5290.58**
一、家庭经营费用支出	**92.14**	**148.21**	**534.35**	**380.41**	**815.88**	**1256.90**	**1558.53**
1.农业生产支出	62.77	98.32	346.72	219.62	553.06	863.18	1083.88
2.林业生产支出	0.35	2.00	3.33	0.52	5.82	5.96	8.64
3.牧业生产支出	22.56	34.29	141.50	116.69	190.21	269.45	333.95
4.渔业生产支出	1.25	0.17	0.21	0.98	0.98	2.18	1.59
5.工业生产支出	0.10	0.38	4.10		24.10	40.84	47.21
6.建筑业支出	0.04	1.34	1.68	7.21	10.23	24.75	27.91
7.交通运输邮电业支出	0.47	2.10	3.75	6.03	10.87	14.95	16.99
8.批零贸易业、饮食业支出		0.44	8.40		12.72	23.31	26.43
9.文教卫生业					1.19	4.48	3.98
10.社会服务业支出	0.62	0.65	0.86	0.65	5.19	6.64	7.24
11.其他经营支出	1.03	4.89	13.94	4.55	1.50	1.16	0.72
二、购置生产性固定资产支出	**18.29**	**12.21**	**50.60**	**36.93**	**106.01**	**167.36**	**170.17**
三、建造生产性固定资产雇工支出					**0.20**	**6.30**	**6.82**
四、缴纳税款	**5.36**	**7.59**	**11.10**	**102.08**	**2.92**	**3.68**	**1.86**
五、生活消费支出	**269.95**	**400.13**	**870.13**	**1178.91**	**2005.75**	**2837.12**	**3281.67**

8-21 农民家庭人均纯收入构成

单位:元

	1985	1990	1995	2000	2005	2007	2008
全年纯收入	**317**	**439**	**1124**	**1889**	**2894**	**4014**	**4570**
一、按来源分							
1.工资性收入			109	404	748	1137	1313
2.家庭经营纯收入		388	933	1379	2033	2684	2985
3.转移性收入			49	87	76	154	240
4.财产性收入			33	19	36	39	32
二、按性质分							
生产性纯收入		398	1035	1767	2781	3821	4298
非生产性纯收入		41	89	122	113	193	272

8-22 农民家庭人均纯收入分组户数构成

单位:%

	1985	1990	1995	2000	2005	2007	2008
100元以下的户	**0.7**	**0.1**					
100—200元的户	11.7	1.3			0.1		0.2
200—300元的户	37.6	11.5	0.8				
300—400元的户	30.4	22.1	0.4	0.1	0.1	0.2	0.1
400—500元的户	12.0	23.3	2.1	0.4		0.2	0.3
500—600元的户	4.6	18.6	2.8	1.0	0.1	0.2	0.4
600—800元的户	2.4	16.4	14.5	3.4	0.9	0.3	0.8
800—1000元的户	0.4	3.9	19.7	5.7	1.9	1.2	0.7
1000—1200元的户	0.1	2.3	44.1	9.6	1.9	0.8	0.4
1200—1300元的户				5.3	1.0	0.3	0.2
1300—1500元的户				13.1	3.7	1.2	0.6
1500—1700元的户		0.5	11.5	11.4	5.1	1.4	0.9
1700—2000元的户				13.4	9.3	3.1	2.1
2000—2500元的户		0.2	4.2	15.7	18.7	8.7	5.8
2500—3000元的户				9.6	18.1	10.9	9.2
3000—3500元的户				5.1	14.3	11.3	11.6
3500—4000元的户				2.8	9.2	12.6	11.0
4000—4500元的户				1.6	5.4	10.9	12.0
4500—5000元的户				1.0	3.4	8.4	8.5
5000元以上的户				1.1	7.1	28.5	35.0

8-23 农民家庭人均生活消费支出

单位:元

	1980	1985	1990	1995	2000	2005	2007	2008
全年生活消费支出	**133.70**	**269.95**	**400.13**	**870.13**	**1178.91**	**2005.75**	**2837.12**	**3256.26**
#货币性消费	74.60	144.88		473.37	830.13	1477.65	2230.38	2621.12
一、食品	**77.30**	**153.14**	**363.08**	**544.89**	**562.33**	**921.34**	**1135.90**	**1291.35**
#货币性消费	25.70	47.99		177.21	270.25	494.61	668.11	772.86
二、衣着	**17.20**	**27.34**	**36.89**	**70.56**	**69.98**	**112.24**	**164.79**	**182.84**
#货币性消费	16.80	26.35		68.56	69.15	111.60	164.43	180.87
三、居住				**100.70**	**218.27**	**437.54**	**728.45**	**884.54**
#货币性消费				73.62	162.41	337.33	590.88	770.27
四、家庭设备、用品及服务				**37.25**	**51.12**	**80.85**	**120.66**	**148.07**
#货币性消费				37.25	51.10	80.34	119.63	147.65
五、医疗保健				**30.46**	**54.56**	**103.98**	**181.71**	**201.21**
#货币性消费				30.46	54.56	103.98	181.71	201.21
六、交通和通讯				**14.23**	**47.91**	**150.91**	**272.13**	**308.59**
#货币性消费				14.23	47.91	150.91	272.13	308.59
七、文化、教育、娱乐用品及服务				**59.57**	**130.20**	**157.07**	**150.63**	**157.60**
#货币性消费				59.57	130.20	157.07	150.63	157.60
八、其他商品和服务				**12.47**	**44.55**	**41.82**	**82.85**	**82.05**
#货币性消费				12.47	44.55	41.82	82.85	82.05

8-24 农民家庭主要消费品人均消费量

	单位	1980	1985	1990	1995	2000	2005	2007	2008
粮食	千克	225.30	258.47	277.05	244.41	282.96	236.76	261.28	275.18
#小麦	千克	101.20	189.22		175.91	216.42	166.72	181.43	197.32
稻谷	千克	5.35	11.75		22.07	20.61	26.22	27.90	28.14
玉米	千克					36.35	37.41	45.09	43.20
薯类	千克					8.95	1.99	1.69	1.32
豆类及豆制品	千克					4.22	3.80	3.53	3.37
#大豆	千克					2.16	1.96	1.66	1.13
杂豆	千克					0.06	1.12	1.16	1.53
蔬菜及菜制品	千克	58.55	68.69	76.27	55.93	146.42	121.79	125.40	121.88
油脂类	千克	1.16	17.15	2.90	2.88	4.93	3.38	3.84	3.95
#植物油	千克	0.90	16.66	2.09	2.26	4.25	2.86	3.50	3.68
动物油	千克	0.26	0.49	0.81	0.62	0.68	0.52	0.35	0.28
肉禽及其制品	千克	4.15	5.43	5.76	5.07	12.98	11.00	12.57	10.88
#猪肉	千克	3.55	4.86	5.31	4.59	10.54	8.36	10.16	8.28
牛肉	千克					0.65	0.42	0.53	0.37
羊肉	千克					0.49	0.27	0.32	0.30
家禽	千克		0.35		0.15	1.17	1.58	1.27	1.62
肉禽制品	千克					0.05	0.38	0.29	0.31
蛋类及制品	千克	1.55	2.60	3.26	2.61	10.94	10.91	13.54	14.44
奶及奶制品	千克				0.09	0.11	0.73	1.15	2.28
水产品	千克	0.01	0.13		0.21	0.70	1.12	1.45	1.30
食糖	千克	0.60	1.24	1.70	1.94	1.43	1.18	1.13	1.10
酒和饮料	千克	1.00	1.74	2.77	3.09	5.58	6.83	7.51	7.04
瓜类	千克						1.98	2.48	2.70
水果类	千克						4.00	4.47	5.09
茶叶	千克						0.07	0.08	0.09
坚果	千克						0.19	0.20	0.30

8－25 农民家庭年末平均每百户主要耐用消费品拥有量

	单位	1980	1985	1990	1995	2000	2005	2007	2008
大型家具	件		108.86	169.50	583.20	158.72	165.22		
洗衣机	台			2.10	4.45	23.55	54.40	64.70	66.64
电风扇	台		1.14	20.25	67.89	128.44	162.24		
电冰箱	台				0.86	4.47	9.70	13.58	16.64
空调机	台					0.14	5.45	10.07	12.54
抽油烟机	台					0.50	0.90	1.87	1.49
吸尘器	台						0.15	0.15	0.07
微波炉	台					0.07	0.60	2.46	3.36
热水器	台					0.92	1.64	4.33	5.82
自行车	辆	37.50	91.29	119.92	136.33	145.46	130.22	127.91	127.24
摩托车	辆		0.14		0.55	12.06	43.06	54.78	56.34
汽车(生活用)	辆								
电话机	部					22.48	54.70	53.73	52.16
移动电话	部					0.43	40.75	80.97	90.52
寻呼机	部					1.49	0.75		
彩色电视机	台			2.10	5.55	37.09	73.66	86.12	88.21
黑白电视机	台		0.29	22.44	68.98	60.64	33.73	22.54	18.66
录放像机	台					0.99	0.75		
摄像机	台						0.45	0.37	0.67
影碟机	台					6.31	21.04	23.28	23.06
组合音响	套					3.40	3.51		
收录机	台		0.86	7.98	14.53	12.41	5.45		
照相机	架		0.29	0.34	0.39	0.92	0.90	1.94	1.64
家用计算机	台					1.28	0.52	0.67	0.90
中高挡乐器	件					0.43	0.52	0.75	0.60

8-26 各县(市、区)农民人均现金收入

单位:元

	1995	2000	2001	2002	2003	2004	2005	2006	2007	2008
全　市	**962**	**1507**	**1567**	**1661**	**1757**	**2093**	**2552**	**3014**	**3696**	**4351**
宛城区	1246	1879	1953	2057	2144	2470	2895	3441	4282	5157
卧龙区	1132	1976	2037	2119	2220	2475	3062	3517	4338	5177
南召县	832	940	969	1009	1101	1726	2057	2474	2845	3189
方城县	714	1351	1416	1497	1630	1855	2263	2675	3187	3634
西峡县	700	1832	1891	1991	2075	2335	2996	3425	4296	5135
镇平县	1170	1750	1867	1982	2080	2406	2853	3373	3995	4535
内乡县	1042	1594	1693	1806	1898	2237	2698	3169	3765	4316
淅川县	751	1120	1132	1180	1239	1600	2122	2305	2853	3509
社旗县	742	1142	1198	1248	1338	1600	2152	2428	3441	4815
唐河县	1091	1683	1663	1760	1900	2262	2722	3237	3939	4371
新野县	1427	1517	1639	1741	1856	2307	2869	3479	4232	5101
桐柏县	717	920	954	1007	1073	1262	1471	1850	2367	2707
邓州市	387	1496	1630	1745	1799	2149	2546	3122	3837	4722

8-27 各县（市、区）农民

	1978	1980	1985	1990(老)	1990(新)	1995
全　　市	**65**	**148**	**317**	**439**	**487**	**1124**
宛 城 区	78	170	364	487	552	1458
卧 龙 区	90	108	371	770	801	1070
南 召 县	55	62	186	351	393	1040
方 城 县	65	71	292	386	413	999
西 峡 县	53	58	256		370	983
镇 平 县	87	139	357	510	588	1355
内 乡 县	42	134	296	420	471	1144
淅 川 县	41	48	126	321	355	925
社 旗 县	70	92	341	493	471	1038
唐 河 县	91	111	341	441	482	1203
新 野 县	60	84	309	430	462	1239
桐 柏 县	63	60	149		417	1123
邓 州 市	50	152	280	417	474	1080

注释：1. 卧龙、宛城两区 1993 年以前数据分别为原南阳市、南阳县数据；
2. 1990 年以后数据为新口径数据。

人均纯收入

单位:元

2000	2001	2002	2003	2004	2005	2006	2007	2008
1889	**1940**	**2020**	**2122**	**2495**	**2894**	**3386**	**4014**	**4570**
2122	2193	2327	2454	2779	3153	3712	4447	5168
2002	2049	2127	2213	2536	2956	3477	4146	4792
1461	1466	1490	1621	2100	2448	2869	3257	3604
1901	1954	1963	2060	2296	2685	3143	3716	4296
1938	1975	2136	2271	2646	3004	3540	4267	5002
2192	2285	2385	2468	2800	3281	3808	4453	5039
1976	2109	2175	2265	2603	2955	3416	4035	4542
1369	1370	1446	1538	2015	2356	2781	3357	3916
1477	1472	1508	1557	1976	2290	2638	3082	3416
2097	2056	2180	2323	2723	3189	3748	4444	4998
1960	2105	2232	2389	2810	3240	3759	4483	5210
1365	1370	1419	1511	1701	1929	2277	2732	3158
1989	2072	2155	2220	2658	3104	3647	4347	5089

8-28 各县（市、区）农民

（2008年

	全 市	宛城区	卧龙区	南召县	方城县	西峡县
一、总收入	**6252.45**	**7873.08**	**7356.14**	**4550.70**	**5476.58**	**6477.65**
（一）工资性收入	1312.86	1071.67	2264.00	855.20	1310.62	1508.79
1.在非企业组织中劳动得到收入	130.77	237.58	407.75	77.19	93.62	168.92
（1）乡村干部收入	52.36	37.42	114.48	7.59	22.42	148.23
（2）乡村教师收入	66.94	194.68	251.49	69.60	71.20	7.26
（3）行政事业单位等职工收入	11.47	5.47	41.78			13.44
2.在本乡地域内劳动得到收入	555.78	221.68	1425.76	469.84	308.48	1046.53
（1）在企业中劳动得到收入	113.08	56.03	845.20	185.07	16.02	100.03
（2）在国家投资基建项目得到收入	7.80	3.95	102.24		0.75	
（3）提供其他劳务收入	434.90	161.71	478.32	284.77	291.71	946.50
3.外出从业得到收入	626.31	612.41	430.49	308.17	908.51	293.33
（1）在乡外县内从业得到收入	44.10	221.62		9.88	31.90	
（2）在县外省内从业得到收入	61.69	39.00	6.74	110.58	73.42	2.69
（3）在省外国内从业得到收入	520.52	351.79	423.75	187.71	803.19	290.65
（4）在国外从业得到收入						
（二）家庭经营收入	4622.69	6331.84	4583.08	3580.99	3856.95	4479.21
1.第一产业收入	4184.81	5269.76	3935.34	2963.23	3704.71	4461.41
（1）农业收入	3408.33	3759.36	2835.44	2042.38	2805.63	3891.43
#粮食收入	1876.14	2436.48	1588.22	793.19	1855.42	808.37
棉花收入	372.91	260.50	122.36		92.66	
油料收入	492.23	373.20	670.92	754.58	454.73	6.03
烟草收入	76.87	11.84			145.01	125.18
蔬菜收入	341.69	354.13	261.75	293.61	141.66	2105.65
（2）林业收入	35.62	25.39	23.96	235.55	13.98	60.96
（3）牧业收入	737.90	1484.84	1075.94	642.94	885.09	500.42
#成龄家畜收入	559.51	1392.22	842.40	499.97	838.17	156.89
其中：猪收入	433.58	1255.67	647.68	339.53	816.16	147.71
菜羊收入	24.52	8.22	38.92	121.10		2.73
肉牛收入	101.21	128.32	155.80	39.34	22.01	6.45
成龄家禽收入	12.57	29.34	6.06	24.14	5.50	14.57
蛋类收入	72.85	48.31	173.79	14.68	21.86	27.88
奶类收入	12.09		10.96			
（4）渔业收入	2.96	0.17		42.36		8.60
#淡水产品收入	2.79	0.17		42.36		8.60
2.第二产业收入	187.70	540.19	405.46	300.16	35.67	
（1）工业收入	108.13		28.62	254.60	35.67	
（2）建筑业收入	79.57	540.19	376.84	45.56		
3.第三产业收入	250.18	521.89	242.28	317.60	116.57	17.80

家 庭 总 收 支 情 况

人均数据）

单位:元/人

镇平县	内乡县	淅川县	社旗县	唐河县	新野县	桐柏县	邓州市
6162.34	**6064.05**	**5916.57**	**6259.09**	**6796.20**	**7339.71**	**3880.77**	**6419.37**
1526.57	1855.95	1386.08	704.55	897.37	1975.92	951.60	1202.23
93.82	142.32	151.75	17.11	72.24	105.53	40.43	151.19
24.53	70.47	111.94	15.58	60.43	34.39	40.43	48.77
50.24	34.55	15.18	1.53	11.81	39.48		102.42
19.05	37.29	24.63			31.65		
749.59	515.26	936.21	219.02	285.05	1028.61	640.43	267.87
119.39	21.53	5.57	84.12	20.92	184.29	37.77	38.04
2.41	15.26						
627.80	478.47	930.64	134.90	264.13	844.32	602.67	229.84
683.16	1198.37	298.12	468.43	540.08	841.79	270.74	783.16
80.55	176.96	38.74					37.64
155.76	227.49	78.09		45.89	3.07	21.28	34.32
446.84	793.92	181.30	468.43	494.19	838.72	249.47	711.20
4407.71	3839.02	4280.14	5272.62	5625.98	5081.91	2616.05	4860.19
3516.28	3578.30	3730.84	4520.61	5382.26	4965.08	2012.39	4635.00
2955.68	2923.90	2672.38	4252.80	4367.11	4489.54	1663.42	4023.50
1651.21	1236.73	1390.64	3096.35	2142.12	2140.90	1073.97	2502.86
261.97	75.54	8.04	601.31	981.89	995.41		516.72
267.45	292.81	865.41	169.93	443.52	1099.49	437.53	492.11
	472.74	58.85		176.79			18.01
537.94	359.70	144.12	281.05	280.91	103.57	89.78	283.42
44.65	8.17	21.28	4.03	22.66	24.54	54.84	17.32
515.95	645.89	1034.75	263.78	992.50	451.00	292.32	594.18
306.17	323.35	860.84	254.20	868.62	326.32	149.46	261.23
218.12	266.63	836.99	131.56	452.39	155.31	99.58	216.02
21.30	40.18	8.69	18.03	26.34	12.13	23.02	24.20
66.75	16.55	15.17	104.60	388.64	158.34	26.86	21.02
22.58	30.35	2.03	0.40	1.26	2.44	11.93	20.04
82.15	231.55	2.36		54.25	114.56	11.62	119.14
							75.17
	0.33	2.42				1.81	
	0.33					1.81	
671.54		167.38	204.38	38.68		147.60	70.11
671.54		133.42	0.10	38.68		59.83	65.79
		33.96	204.28			87.77	4.32
219.88	260.72	381.92	547.63	205.04	116.83	456.06	155.08

8—28续表1 (2008年

	全　市	宛城区	卧龙区	南召县	方城县	西峡县
＃交通.运输.邮电业收入	65.23	236.08	141.68	53.78	52.29	6.72
批零贸易业.饮食业收入	81.63	131.34	65.39	154.63	19.05	
社会服务业收入	33.38	96.71	10.00	87.25	39.35	5.38
文教卫生业收入	13.70	22.89			5.27	
(三)财产性收入	31.75	157.21	36.51	7.00	19.43	222.97
＃利息	2.18	5.53	2.03			2.12
集体分配股息和红利	5.04	50.66				45.16
租金(包括农业机械)	3.04	4.03	17.90	1.20	0.61	1.61
土地征用补偿收入	10.68		15.36	3.75	10.75	145.16
转让承包土地经营权收入	2.02		1.21		7.52	
(四)转移性收入	285.15	312.37	472.56	107.51	289.58	266.69
＃家庭非常住人口寄回和带回收入	37.06	21.05	282.26	2.41	39.76	95.00
城市亲友赠送收入	4.93	1.32	4.58	2.41	11.76	13.44
农村亲友赠送收入	46.63	26.84	34.77	28.27	26.58	36.45
粮食直接补贴收入	124.72	200.50	82.12	43.65	127.78	30.96
二、总支出	**5249.62**	**7350.71**	**6372.84**	**3475.55**	**4433.25**	**5405.89**
(一)家庭经营费用支出	1546.47	2581.27	2431.05	806.68	1053.75	1413.70
1.第一产业生产费用支出	1417.01	2303.11	2074.29	676.81	1028.21	1309.39
(1)农业生产费用支出	1075.49	1240.78	1291.84	444.12	615.46	1207.34
(2)林业生产费用支出	8.57	26.11	7.92	28.52	5.41	1.84
(3)牧业生产费用支出	331.37	1035.28	774.53	178.20	407.34	100.21
(4)渔业生产费用支出	1.58	0.94		25.98		
2.第二产业生产费用支出	74.54	156.67	181.60	63.61	8.59	90.59
(1)工业生产费用支出	46.84	18.92	53.07	52.43	8.37	0.81
(2)建筑业生产费用支出	27.70	137.75	128.53	11.18	0.22	89.78
3.第三产业生产费用支出	54.92	121.48	175.16	66.27	16.96	13.72
(1)交通运输邮电业生产费用支出	16.86	67.59	87.51	10.61	8.73	7.45
(2)批零贸易餐饮业生产费用支出	26.22	36.58	58.68	27.76	5.92	
(3)社会服务业生产费用支出	7.18	15.18	28.95	26.77	2.28	2.22
(4)文教卫生业生产费用支出	3.95		0.02		0.02	
(5)其他行业生产费用支出	0.71	2.13		1.12		4.06
(二)购置生产性固定资产支出	168.85	195.29	104.57	107.48	93.39	427.53
(三)建造生产性固定资产雇工支出	6.76	7.76				
(四)税费支出	1.84	1.32			6.61	20.02
(五)生活消费支出	3256.26	4284.79	3582.39	2504.03	2979.76	3257.56
其中:服务性支出	816.80	1161.73	879.31	432.34	917.42	950.47
1.食品消费支出	1291.35	1755.51	1802.18	1163.92	1292.19	1009.14
2.衣着消费支出	182.84	210.47	284.89	226.91	201.24	114.17

人均数据）

单位:元/人

镇平县	内乡县	淅川县	社旗县	唐河县	新野县	桐柏县	邓州市
139.41	30.44	5.42	8.77	43.05		185.05	33.26
80.47	193.70	236.84	1.60	98.67	11.25	177.26	21.94
	16.56	33.30	16.31	43.86	58.01	93.75	0.92
	2.02	1.45					75.75
13.39	12.58	0.00		2.04	5.25	105.69	10.65
	1.56			0.92	3.24	5.03	6.49
						0.24	
3.37						31.14	
	0.44					68.54	
2.24	8.15			0.79		0.74	2.54
214.68	356.51	250.35	281.92	270.81	276.62	207.43	346.30
	21.58	67.80	33.86	12.80	0.77		2.49
	11.16	18.64			0.51		4.62
51.31	170.66	19.37	32.38	22.12	49.24	31.19	75.24
34.23	123.95	86.95	197.78	169.03	113.89	78.78	192.10
5479.08	**5351.89**	**5057.38**	**5793.11**	**5103.81**	**6589.41**	**3888.50**	**4823.30**
1026.97	1303.65	1815.10	2736.51	1660.13	1969.76	606.76	1184.54
723.64	1162.50	1588.61	2658.59	1623.19	1963.09	519.29	1119.08
582.48	912.30	1112.62	2575.47	1174.60	1756.65	379.57	956.59
2.70	1.78	25.71	6.17	7.04	2.27	3.17	3.33
138.46	248.42	450.27	76.95	441.47	204.18	135.06	159.07
				0.08		1.49	0.10
254.63	14.60	140.90	75.72	7.62	1.02	17.14	28.75
252.31		135.91	1.76	7.62	1.02	7.16	27.37
2.31	14.60	4.99	73.96			9.97	1.39
48.70	126.56	85.59	2.20	29.32	5.64	70.34	36.70
20.73	11.15	2.28	1.43	6.01	2.24	23.86	4.85
27.97	113.00	82.57	0.77	10.28	1.73	18.06	6.05
	2.03	0.05		12.99	0.06	23.43	
		0.48					25.75
	0.38	0.20		0.04	1.61	4.99	0.05
346.49	65.13	84.50	82.77	191.28	334.15	205.43	97.36
	2.68	80.15				11.31	
			0.43	1.40		1.54	0.23
3717.33	3585.81	3046.11	2857.93	2927.65	4009.56	2787.23	3197.95
806.03	1777.09	231.02	386.43	611.59	938.56	692.36	957.51
1382.42	1140.47	1568.39	1524.28	1058.83	1309.70	1117.06	1075.08
214.63	260.90	134.51	125.59	165.45	215.77	218.85	115.63

8—28 续表 2　　　　　　　　　　　　　　　　(2008 年

	全　市	宛城区	卧龙区	南召县	方城县	西峡县
3.居住消费支出	884.54	871.73	603.53	458.52	728.64	1148.15
4.家庭设备.用品消费支出	148.07	261.12	192.81	140.85	103.62	215.73
5.交通和通讯消费支出	308.59	441.05	309.39	287.81	262.72	202.90
6.文化教育.娱乐消费支出	157.60	364.89	179.93	79.96	122.37	290.35
7.医疗保健消费支出	201.21	306.35	197.15	104.28	247.21	242.23
8.其他商品和服务消费支出	82.05	73.67	12.51	41.77	21.78	34.90
(六)财产性支出	6.92				3.82	0.08
(七)转移性支出	262.53	280.28	254.82	57.35	295.92	287.00
农村住户纯收入来源						
一、全年纯收入	**4570.00**	**5168.22**	**4792.30**	**3603.85**	**4296.09**	**5001.89**
(一)工资性收入	1312.86	1071.67	2264.00	855.20	1310.62	1508.79
1.在非企业组织中劳动得到收入	130.77	237.58	407.75	77.19	93.62	168.92
(1)乡村干部收入	52.36	37.42	114.48	7.59	22.42	148.23
(2)乡村教师收入	66.94	194.68	251.49	69.60	71.20	7.26
(3)行政事业单位等职工收入	11.47	5.47	41.78			13.44
2.在本乡地域内劳动得到收入	555.78	221.68	1425.76	469.84	308.48	1046.53
(1)在企业中劳动得到收入	113.08	56.03	845.20	185.07	16.02	100.03
(2)在国家投资基建项目得到收入	7.80	3.95	102.24		0.75	
(3)提供其他劳务收入	434.90	161.71	478.32	284.77	291.71	946.50
3.外出从业得到收入	626.31	612.41	430.49	308.17	908.51	293.33
(1)在乡外县内从业得到收入	44.10	221.62		9.88	31.90	
(2)在县外省内从业得到收入	61.69	39.00	6.74	110.58	73.42	2.69
(3)在省外国内从业得到收入	520.52	351.79	423.75	187.71	803.19	290.65
(4)在国外从业得到收入						
(二)家庭经营纯收入	2985.06	3653.81	2054.00	2662.41	2702.80	3020.00
1.第一产业纯收入	2683.61	2875.47	1781.38	2198.30	2577.87	3108.14
(1)农业收入	2254.30	2451.02	1466.93	1524.21	2106.23	2643.25
(2)林业收入	26.03	-0.72	16.04	194.97	8.50	58.18
(3)牧业收入	401.90	425.95	298.40	462.73	463.14	398.10
(4)渔业收入	1.38	-0.78		16.39		8.60
2.第二产业纯收入	110.92	383.38	218.09	232.38	26.94	-92.14
(1)工业收入	59.71	-18.92	-25.10	198.00	27.16	-1.43
(2)建筑业收入	51.21	402.30	243.19	34.38	-0.22	-90.70
3.第三产业纯收入	190.54	394.96	54.54	231.73	97.99	4.01
(1)交通.运输.邮电业收入	45.58	163.14	41.59	42.37	41.94	-0.73
(2)批零贸易业.饮食业收入	54.63	94.66	6.71	123.42	13.12	
(3)社会服务业收入	25.26	81.53	-18.95	46.18	37.07	3.16
(4)文教卫生业收入	9.74	22.89	-0.02		5.26	
(5)其他行业收入	55.33	32.73	25.21	19.77	0.61	1.58

人均数据）

单位:元/人

镇平县	内乡县	淅川县	社旗县	唐河县	新野县	桐柏县	邓州市
1229.98	612.26	1016.70	720.26	764.80	1665.92	591.88	938.96
164.91	121.89	23.28	68.07	206.49	195.73	99.50	137.20
309.05	274.47	159.09	239.42	400.01	281.38	269.23	393.95
175.18	230.86	99.45	81.54	96.78	122.97	187.88	164.74
192.10	201.34	27.65	69.89	174.59	154.38	247.92	337.46
49.06	743.61	17.04	28.89	60.70	63.71	54.91	34.93
7.17	31.63			18.58	4.09	0.53	9.14
381.13	362.99	31.52	115.46	304.77	271.84	275.70	334.08
5039.09	**4541.74**	**3915.55**	**3416.03**	**4997.70**	**5209.68**	**3157.69**	**5088.58**
1526.57	1855.95	1386.08	704.55	897.37	1975.92	951.60	1202.23
93.82	142.32	151.75	17.11	72.24	105.53	40.43	151.19
24.53	70.47	111.94	15.58	60.43	34.39	40.43	48.77
50.24	34.55	15.18	1.53	11.81	39.48		102.42
19.05	37.29	24.63			31.65		
749.59	515.26	936.21	219.02	285.05	1028.61	640.43	267.87
119.39	21.53	5.57	84.12	20.92	184.29	37.77	38.04
2.41	15.26						
627.80	478.47	930.64	134.90	264.13	844.32	602.67	229.84
683.16	1198.37	298.12	468.43	540.08	841.79	270.74	783.16
80.55	176.96	38.74					37.64
155.76	227.49	78.09		45.89	3.07	21.28	34.32
446.84	793.92	181.30	468.43	494.19	838.72	249.47	711.20
3325.26	2487.37	2298.49	2461.93	3849.60	3001.13	1924.17	3604.63
2754.44	2369.86	1975.68	1787.84	3648.11	2891.99	1432.06	3448.58
2335.91	1966.89	1398.77	1603.15	3083.07	2623.58	1225.31	3004.35
41.95	6.39	-8.84	-2.14	15.62	22.28	51.67	13.99
376.57	396.25	583.32	186.83	549.51	246.13	154.75	430.35
	0.33	2.42		-0.08		0.32	-0.10
409.56	-14.60	26.48	128.66	26.17	-1.02	123.12	41.36
413.48		-2.49	-1.66	26.17	-1.02	49.28	38.43
-3.92	-14.60	28.97	130.32			73.84	2.93
161.26	132.10	296.33	545.43	175.32	110.16	368.99	114.69
109.64	18.29	3.14	7.34	37.04	-2.24	149.67	27.48
52.34	79.72	154.26	0.83	87.99	9.53	158.14	13.12
-0.72	14.45	33.25	16.31	30.87	57.94	68.33	0.92
	2.02	0.97				-0.27	50.00
0.00	17.62	104.71	520.95	19.42	44.94	-6.89	23.17

8—28 续表 3 (2008 年

	全 市	宛城区	卧龙区	南召县	方城县	西峡县
(三)财产性纯收入	31.75	157.21	36.51	7.00	19.43	222.97
#利息	2.18	5.53	2.03			2.12
集体分配股息和红利	5.04	50.66				45.16
租金(包括农业机械)	3.04	4.03	17.90	1.20	0.61	1.61
土地征用补偿收入	10.68		15.36	3.75	10.75	145.16
转让承包土地经营权收入	2.02		1.21		7.52	
(四)转移性纯收入	240.32	285.53	437.79	79.23	263.25	250.13
#粮食直接补贴收入	124.72	200.50	82.12	43.65	127.78	30.96
二、全年现金纯收入	**2963.78**	**3267.52**	**4075.08**	**2481.81**	**2518.81**	**3673.32**
三、全年实物纯收入	**1606.22**	**1900.69**	**717.22**	**1122.03**	**1777.28**	**1328.57**
四、直接计算的全年纯收入	**4570.00**	**5168.22**	**4792.30**	**3603.85**	**4296.09**	**5001.89**
其中:家庭经营纯收入	2985.06	3653.81	2054.00	2662.41	2702.80	3020.00
农村住户可支配收入来源结构						
全年可支配收入	**4345.38**	**4914.78**	**4572.24**	**3574.77**	**4022.69**	**4731.37**
一、工资性收入	**1312.86**	**1071.67**	**2264.00**	**855.20**	**1310.62**	**1508.79**
1.在非企业组织中劳动得到收入	130.77	237.58	407.75	77.19	93.62	168.92
(1)乡村干部收入	52.36	37.42	114.48	7.59	22.42	148.23
(2)乡村教师收入	66.94	194.68	251.49	69.60	71.20	7.26
(3)行政事业单位等职工收入	11.47	5.47	41.78			13.44
2.在本乡地域内劳动得到收入	555.78	221.68	1425.76	469.84	308.48	1046.53
(1)在企业中劳动得到收入	113.08	56.03	845.20	185.07	16.02	100.03
(2)在国家投资基建项目得到收入	7.80	3.95	102.24		0.75	
(3)提供其他劳务收入	434.90	161.71	478.32	284.77	291.71	946.50
3.外出从业得到收入	626.31	612.41	430.49	308.17	908.51	293.33
(1)在乡外县内从业得到收入	44.10	221.62		9.88	31.90	
(2)在县外省内从业得到收入	61.69	39.00	6.74	110.58	73.42	2.69
(3)在省外国内从业得到收入	520.52	351.79	423.75	187.71	803.19	290.65
(4)在国外从业得到收入						
二、家庭经营收入	**2985.06**	**3653.81**	**2054.00**	**2662.41**	**2702.80**	**3020.00**
1.第一产业收入	2683.61	2875.47	1781.38	2198.30	2577.87	3108.14
(1)农业收入	2254.30	2451.02	1466.93	1524.21	2106.23	2643.25
(2)林业收入	26.03	-0.72	16.04	194.97	8.50	58.18
(3)牧业收入	401.90	425.95	298.40	462.73	463.14	398.10
(4)渔业收入	1.38	-0.78		16.39		8.60
2.第二产业收入	110.92	383.38	218.09	232.38	26.94	-92.14
3.第三产业收入	190.54	394.96	54.54	231.73	97.99	4.01
三、财产性收入	**24.83**	**157.21**	**36.51**	**7.00**	**15.61**	**222.88**
四、转移性收入	**22.62**	**32.09**	**217.73**	**50.15**	**-6.33**	**-20.31**

人均数据）　　　　单位：元/人

镇平县	内乡县	淅川县	社旗县	唐河县	新野县	桐柏县	邓州市
13.39	12.58	0.00		2.04	5.25	105.69	10.65
	1.56			0.92	3.24	5.03	6.49
						0.24	
3.37						31.14	
	0.44					68.54	
2.24	8.15			0.79		0.74	2.54
173.87	185.84	230.98	249.54	248.69	227.38	176.24	271.06
34.23	123.95	86.95	197.78	169.03	113.89	78.78	192.10
3455.54	**3077.01**	**1591.49**	**2008.60**	**2858.13**	**3763.97**	**2035.74**	**3446.38**
1583.55	**1464.73**	**2324.06**	**1407.43**	**2139.57**	**1445.72**	**1121.95**	**1642.20**
5039.09	**4541.74**	**3915.55**	**3416.03**	**4997.70**	**5209.68**	**3157.69**	**5088.58**
3325.26	2487.37	2298.49	2461.93	3849.60	3001.13	1924.17	3604.63
4691.60	**4317.78**	**3903.40**	**3332.94**	**4696.46**	**4982.99**	**2912.65**	**4820.59**
1526.57	**1855.95**	**1386.08**	**704.55**	**897.37**	**1975.92**	**951.60**	**1202.23**
93.82	142.32	151.75	17.11	72.24	105.53	40.43	151.19
24.53	70.47	111.94	15.58	60.43	34.39	40.43	48.77
50.24	34.55	15.18	1.53	11.81	39.48		102.42
19.05	37.29	24.63			31.65		
749.59	515.26	936.21	219.02	285.05	1028.61	640.43	267.87
119.39	21.53	5.57	84.12	20.92	184.29	37.77	38.04
2.41	15.26						
627.80	478.47	930.64	134.90	264.13	844.32	602.67	229.84
683.16	1198.37	298.12	468.43	540.08	841.79	270.74	783.16
80.55	176.96	38.74					37.64
155.76	227.49	78.09		45.89	3.07	21.28	34.32
446.84	793.92	181.30	468.43	494.19	838.72	249.47	711.20
3325.26	**2487.37**	**2298.49**	**2461.93**	**3849.60**	**3001.13**	**1924.17**	**3604.63**
2754.44	2369.86	1975.68	1787.84	3648.11	2891.99	1432.06	3448.58
2335.91	1966.89	1398.77	1603.15	3083.07	2623.58	1225.31	3004.35
41.95	6.39	-8.84	-2.14	15.62	22.28	51.67	13.99
376.57	396.25	583.32	186.83	549.51	246.13	154.75	430.35
	0.33	2.42		-0.08		0.32	-0.10
409.56	-14.60	26.48	128.66	26.17	-1.02	123.12	41.36
161.26	132.10	296.33	545.43	175.32	110.16	368.99	114.69
6.22	**-19.05**	**0.00**		**-16.54**	**1.16**	**105.16**	**1.51**
-166.45	**-6.48**	**218.83**	**166.46**	**-33.96**	**4.78**	**-68.27**	**12.22**

8-29 各县(市、区)农民家

(2008年

	全 市	宛城区	卧龙区	南召县	方城县	西峡县
一、期内现金收入	**4351.42**	**5156.85**	**5177.12**	**3188.77**	**3634.34**	**5135.16**
(一)工资性收入	1310.65	1071.67	2264.00	855.20	1288.37	1508.79
1.在非企业组织中劳动得到收入	130.77	237.58	407.75	77.19	93.62	168.92
(1)乡村干部收入	52.36	37.42	114.48	7.59	22.42	148.23
(2)乡村教师收入	66.94	194.68	251.49	69.60	71.20	7.26
(3)行政事业单位等职工收入	11.47	5.47	41.78			13.44
2.在本乡地域内劳动得到收入	555.54	221.68	1425.76	469.84	306.00	1046.53
(1)在企业中劳动得到收入	113.08	56.03	845.20	185.07	16.02	100.03
(2)在国家投资基建项目得到收入	7.80	3.95	102.24		0.75	
(3)提供其他劳务收入	434.66	161.71	478.32	284.77	289.23	946.50
3.外出从业得到收入	624.34	612.41	430.49	308.17	888.75	293.33
(1)在乡外县内从业得到收入	43.57	221.62		9.88	26.56	
(2)在县外省内从业得到收入	61.36	39.00	6.74	110.58	70.16	2.69
(3)在省外国内从业得到收入	519.41	351.79	423.75	187.71	792.03	290.65
(4)在国外从业得到收入						
(二)家庭经营现金收入	2727.06	3615.61	2404.06	2238.25	2036.95	3136.72
1.第一产业现金收入	2290.85	2553.53	1783.28	1620.48	1884.71	3118.92
(1)农业现金收入	1600.46	1115.80	1137.83	817.17	1024.89	2599.36
(2)林业现金收入	30.30	6.89	23.96	233.92	4.22	58.78
(3)牧业现金收入	657.18	1430.67	621.49	527.82	855.60	452.18
(4)渔业现金收入	2.91	0.17		41.57		8.60
2.第二产业现金收入	186.86	540.19	391.98	300.16	35.67	
(1)工业收入	108.13		28.62	254.60	35.67	
(2)建筑业收入	78.73	540.19	363.36	45.56		
3.第三产业现金收入	249.34	521.89	228.80	317.60	116.57	17.80
(1)交通.运输.邮电业收入	65.23	236.08	141.68	53.78	52.29	6.72
(2)批零贸易业.饮食业收入	81.63	131.34	65.39	154.63	19.05	
(3)社会服务业收入	33.38	96.71	10.00	87.25	39.35	5.38
(4)文教卫生业收入	13.70	22.89			5.27	
(5)其他行业收入	55.09	32.35	11.73	21.94	0.61	5.70
(三)财产性收入	31.75	157.21	36.51	7.00	19.43	222.97

庭现金收支情况

人均数据）　　　　　　　　　　　　　　　　　　　　　　　单位：元/人

镇平县	内乡县	淅川县	社旗县	唐河县	新野县	桐柏县	邓州市
4535.08	**4315.55**	**3509.24**	**4814.80**	**4371.08**	**5100.87**	**2707.11**	**4721.73**
1526.57	1855.95	1386.08	704.55	897.37	1975.92	951.60	1202.23
93.82	142.32	151.75	17.11	72.24	105.53	40.43	151.19
24.53	70.47	111.94	15.58	60.43	34.39	40.43	48.77
50.24	34.55	15.18	1.53	11.81	39.48		102.42
19.05	37.29	24.63			31.65		
749.59	515.26	936.21	219.02	285.05	1028.61	640.43	267.87
119.39	21.53	5.57	84.12	20.92	184.29	37.77	38.04
2.41	15.26						
627.80	478.47	930.64	134.90	264.13	844.32	602.67	229.84
683.16	1198.37	298.12	468.43	540.08	841.79	270.74	783.16
80.55	176.96	38.74					37.64
155.76	227.49	78.09		45.89	3.07	21.28	34.32
446.84	793.92	181.30	468.43	494.19	838.72	249.47	711.20
2780.44	2112.09	1872.80	3828.32	3200.86	2843.94	1452.30	3165.30
1889.02	1851.37	1323.51	3076.31	2957.14	2727.12	848.64	2940.10
1389.31	1237.04	424.41	2809.88	1998.76	2281.50	524.20	2402.81
44.65	1.60	1.65	2.65	19.09	18.52	53.98	15.82
455.06	612.40	895.03	263.78	939.29	427.10	268.66	521.47
	0.33	2.42				1.81	
671.54		167.38	204.38	38.68		147.60	70.11
671.54		133.42	0.10	38.68		59.83	65.79
		33.96	204.28			87.77	4.32
219.88	260.72	381.92	547.63	205.04	116.83	456.06	155.08
139.41	30.44	5.42	8.77	43.05		185.05	33.26
80.47	193.70	236.84	1.60	98.67	11.25	177.26	21.94
	16.56	33.30	16.31	43.86	58.01	93.75	0.92
	2.02	1.45					75.75
	15.35	104.91	520.95	19.46	47.57		23.21
13.39	12.58			2.04	5.25	105.69	10.65

8—29 续表 1　　(2008 年

	全　市	宛城区	卧龙区	南召县	方城县	西峡县
＃利息	2.18	5.53	2.03			2.12
集体分配股息和红利	5.04	50.66				45.16
租金(包括农业机械)	3.04	4.03	17.90	1.20	0.61	1.61
土地征用补偿收入	10.68		15.36	3.75	10.75	145.16
转让承包土地经营权收入	2.02		1.21		7.52	
(四)转移性收入	281.97	312.37	472.56	88.32	289.58	266.69
＃家庭非常住人口寄回和带回	37.06	21.05	282.26	2.41	39.76	95.00
城市亲友赠送	4.93	1.32	4.58	2.41	11.76	13.44
农村亲友赠送	43.45	26.84	34.77	9.08	26.58	36.45
离退休金.养老金	6.68	6.05	0.81		38.24	38.79
报销医疗费	10.74	31.63	11.32		9.91	
粮食直接补贴收入	124.72	200.50	82.12	43.65	127.78	30.96
二、非收入现金所得	**632.35**	**789.94**	**158.74**	**64.16**	**309.71**	**1087.45**
(一)非借贷性现金所得	114.05	263.09	65.21	59.20	115.23	282.13
(二)借贷性现金所得	518.30	526.84	93.53	4.96	194.48	805.32
＃银行、信用社贷款	3.42					10.75
借入款	162.48	225.26	80.59	4.58	148.38	120.43
收回借出款	52.46	0.26	4.04	0.39	2.49	128.17
取回存款	299.02	301.32	8.89		43.61	536.99
三、期内现金支出	**4367.48**	**5597.08**	**3953.11**	**2615.09**	**3901.15**	**4951.81**
(一)生产费用支出	1475.10	2016.51	1122.83	749.41	1129.07	1840.05
1.家庭经营费用支出	1299.49	1813.45	1018.26	641.92	1035.68	1412.52
(1)第一产业生产费用支出	1196.34	1668.26	946.61	512.04	1010.14	1308.21
农业生产费用支出	943.89	831.54	740.21	374.10	609.37	1207.34
林业生产费用支出	8.57	26.11	7.92	28.45	5.41	1.84
牧业生产费用支出	242.36	810.52	198.47	83.52	395.35	99.03
渔业生产费用支出	1.52	0.09		25.98		
(2)第二产业生产费用支出	58.98	57.61	32.54	63.61	8.59	90.59
工业生产费用支出	43.91	18.92	5.90	52.43	8.37	0.81
建筑业生产费用支出	15.08	38.68	26.64	11.18	0.22	89.78
(3)第三产业生产费用支出	44.16	87.59	39.11	66.27	16.96	13.72

人均数据）　　　　　　　　　　　　　　　　　　单位:元/人

镇平县	内乡县	淅川县	社旗县	唐河县	新野县	桐柏县	邓州市
	1.56			0.92	3.24	5.03	6.49
						0.24	
3.37						31.14	
	0.44					68.54	
2.24	8.15			0.79		0.74	2.54
214.68	334.93	250.35	281.92	270.81	275.75	197.51	343.55
	21.58	67.80	33.86	12.80	0.77		2.49
	11.16	18.64			0.51		4.62
51.31	149.09	19.37	32.38	22.12	48.37	21.28	72.48
					6.39	0.65	2.54
0.39	10.36		3.59	16.32	21.47	6.45	15.50
34.23	123.95	86.95	197.78	169.03	113.89	78.78	192.10
1827.86	**253.23**	**561.50**	**144.05**	**387.01**	**784.86**	**487.87**	**909.52**
179.43	79.48	33.66	22.38	89.18	63.46	223.09	118.96
1648.43	173.75	527.85	121.66	297.83	721.40	264.78	790.55
		4.84		19.69		5.32	
569.16	116.55		39.64	123.62	307.37	148.14	119.63
35.90		121.07	20.46	14.76	51.86	6.12	182.79
1043.37	55.72	401.94	60.03	139.76	357.06	105.20	488.13
4803.02	**4405.78**	**4357.26**	**4969.64**	**4473.14**	**5210.09**	**3400.10**	**4260.73**
1357.48	1133.25	1979.75	2819.29	1623.29	1567.17	823.49	1264.59
1010.99	1065.45	1815.10	2736.51	1432.01	1233.02	606.76	1167.24
707.66	924.29	1588.61	2658.59	1395.07	1228.41	519.29	1101.78
582.48	748.96	1112.62	2575.47	1101.08	1087.83	379.57	956.59
2.70	1.78	25.71	6.17	7.04	2.27	3.17	3.33
122.48	173.56	450.27	76.95	286.86	138.32	135.06	141.77
				0.08		1.49	0.10
254.63	14.60	140.90	75.72	7.62	1.02	17.14	28.75
252.31		135.91	1.76	7.62	1.02	7.16	27.37
2.31	14.60	4.99	73.96			9.97	1.39
48.70	126.56	85.59	2.20	29.32	3.59	70.34	36.70

8－29 续表 1 （2008 年

	全　市	宛城区	卧龙区	南召县	方城县	西峡县
交通运输邮电业生产费用支出	11.26	47.11	18.85	10.61	8.73	7.45
批零贸易餐饮业生产费用支出	22.73	23.16	18.25	27.76	5.92	
社会服务业生产费用支出	5.51	15.18	2.00	26.77	2.28	2.22
文教卫生业生产费用支出	3.95		0.02		0.02	
其他行业生产费用支出	0.71	2.13		1.12		4.06
2.购置生产性固定资产支出	168.85	195.29	104.57	107.48	93.39	427.53
3.建造生产性固定资产雇工支出	6.76	7.76				
（二）税费支出	1.84	1.32			6.61	20.02
（三）生活消费支出	2621.12	3298.98	2575.45	1808.33	2465.74	2804.66
其中：服务性支出	816.80	1161.73	879.31	432.34	917.42	950.47
1.食品	772.86	1068.64	885.80	565.58	879.52	589.30
2.衣着	180.87	207.76	256.72	226.91	201.24	114.17
3.居住	770.27	575.51	541.13	361.17	627.27	1115.08
4.家庭设备、用品及服务	147.65	261.12	192.81	140.85	103.62	215.73
5.交通和通讯	308.59	441.05	309.39	287.81	262.72	202.90
6.文化教育、娱乐用品及服务	157.60	364.89	179.93	79.96	122.37	290.35
7.医疗保健	201.21	306.35	197.15	104.28	247.21	242.23
8.其他商品和服务	82.05	73.67	12.51	41.77	21.78	34.90
（四）财产性支出	6.92				3.82	0.08
（五）转移性支出	262.50	280.28	254.82	57.35	295.92	287.00
四、非消费性支出	**677.60**	**537.91**	**183.94**	**278.09**	**277.32**	**165.97**
（一）非借贷性支出	106.07	214.61	126.74	266.89	106.66	36.06
（二）储蓄.借贷性支出	571.53	323.30	57.20	11.20	170.67	129.91
＃归还借款	74.88	97.37	53.91	6.39	91.99	3.56
存款	490.58	215.83			60.85	126.34
五.期末金融资产余额	**2707.88**	**2312.51**	**1231.22**	**453.23**	**1342.80**	**7058.11**
＃手存现金	547.86	831.17	521.94	448.41	431.44	840.53
存款余额	2152.81	1402.39	709.28	4.82	911.36	6217.58
六、期末债务余额	**135.34**				**460.45**	**10.75**
＃银行、信用社贷款	19.89				117.65	
个人借（欠）款	108.10				292.09	10.75

人均数据）

单位:元/人

镇平县	内乡县	淅川县	社旗县	唐河县	新野县	桐柏县	邓州市
20.73	11.15	2.28	1.43	6.01	1.91	23.86	4.85
27.97	113.00	82.57	0.77	10.28		18.06	6.05
	2.03	0.05		12.99	0.06	23.43	
		0.48					25.75
	0.38	0.20		0.04	1.61	4.99	0.05
346.49	65.13	84.50	82.77	191.28	334.15	205.43	97.36
	2.68	80.15				11.31	
			0.43	1.40		1.54	0.23
3057.24	2877.91	2346.00	2034.46	2525.10	3367.38	2298.84	2652.68
806.03	1777.09	231.02	386.43	611.59	938.56	692.36	957.51
947.01	596.63	884.44	700.80	736.18	766.89	656.90	697.87
214.63	260.10	134.51	125.59	165.45	215.77	218.85	115.63
1005.30	456.23	1000.54	720.26	684.91	1566.55	563.65	770.89
164.91	114.67	23.28	68.07	206.49	195.73	99.50	137.20
309.05	274.47	159.09	239.42	400.01	281.38	269.23	393.95
175.18	230.86	99.45	81.54	96.78	122.97	187.88	164.74
192.10	201.34	27.65	69.89	174.59	154.38	247.92	337.46
49.06	743.61	17.04	28.89	60.70	63.71	54.91	34.93
7.17	31.63			18.58	4.09	0.53	9.14
381.13	362.99	31.52	115.46	304.77	271.45	275.70	334.08
2264.56	**270.24**	**93.80**	**122.01**	**204.22**	**347.15**	**546.00**	**1788.29**
199.01	15.12	0.82	115.47	48.90	4.40	485.26	42.22
2065.54	255.12	92.98	6.54	155.32	342.75	60.74	1746.07
156.39	127.81	0.97	6.27	47.06	240.56	29.86	58.96
1909.16	124.57	92.01		108.27	70.08	26.60	1683.60
7360.27	**1508.73**	**1155.26**	**359.86**	**2913.65**	**4202.42**	**1880.92**	**2839.99**
564.88	652.93	348.92	359.86	538.45	834.64	134.22	597.68
6795.39	855.80	806.34		2375.20	3337.08	1746.70	2242.31
	265.59	**38.01**		**13.78**	**641.94**	**518.62**	**21.94**
	0.08	2.42				212.77	
	265.51	31.48		13.78	641.94	252.66	21.94

主要统计指标解释

城镇居民家庭全部收入 指被调查城镇居民家庭全部的实际收入，包括经常或固定得到的收入和一次性收入。不包括周转性收入，如提取银行存款、向亲友借款、收回借出款以及其他各种暂收款。

城镇居民家庭可支配收入 指被调查的城镇居民家庭在支付个人所得税、财产税及其他经常性转移支出后所余下的实际收入。

城镇居民家庭消费性支出 指被调查的城镇居民家庭用于日常生活的全部支出，包括购买商品支出和文化生活、服务等非商品性支出。不包括罚没、丢失款和缴纳的各种税款(如个人所得税、牌照税、房产税等)，也不包括个体劳动者生产经营过程中发生的各项费用。

城镇居民家庭购买商品支出 指被调查的城镇居民家庭为自用或赠送亲友而购买商品的全部支出，包括从商店、工厂、饮食业、工作单位食堂、集市以及直接从农民手中购买各种商品的开支。商品支出分为以下八类：食品；衣着；家庭设备用品及服务；医疗保健；交通与通信；娱乐、教育、文化服务；居住；杂项商品和服务。

农村居民家庭纯收入 指农村常住居民家庭总收入中，扣除从事生产和非生产经营费用支出、缴纳税款和上交承包集体任务金额以后剩余的，可直接用于进行生产性、非生产性建设投资、生活消费和积蓄的那一部分收入。农村居民家庭纯收入包括从事生产性和非生产性的经营收入，取自在外人口寄回带回和国家财政救济、各种补贴等非经营性收入；既包括货币收入，又包括自产自用的实物收入。但不包括向银行、信用社和向亲友借款等属于借贷性的收入。

农村居民家庭生活消费支出 指农村常住居民家庭用于日常生活的全部开支，是反映和研究农民家庭实际生活消费水平高低的重要指标。

农民家庭总收入 是指调查期内农村住户和住户成员从各种来源渠道得到的收入总和。按收入的性质划分为工资性收入、家庭经营收入、财产性收入和转移性收入。

农民家庭现金收入 指农村住户和住户成员在调查期内得到以现金形态表现的收入。按来源分成工资性收入、家庭经营现金收入、财产性收入、转移性收入。

9

城市建设

资料整理：宋　秋　鲁　路

9-1 南阳中心城区建设基本情况

	2000	2005	2006	2007	2008
城区人口数(万人)	59.8	70	75.84	83.29	88.07
城区暂住人口(万人)		9	22.5	17.04	17.18
城区面积(平方公里)	70	70	208.81	208.81	217.51
#城区面积	37	58	70	74.59	80.72
成区人口密度(人/平方公里)		10000	3632	4805	4839
城市建设用地面积(平方公里)	36.31	58.87	64.73	68.28	71.06
#居住用地	5.38	12.16	13.68	15.22	16.52
本年征用土地面积(平方公里)	1.52		2.18	1.39	1.53
年底供水综合生产能力(万立方米/日)	34.14	32.1	35.4	36.4	36.4
全年供水总量(万立方米)	7741	5458	5462	4265	4045
#居民家庭用水量	2401	2024	1934	1236	1316
人均日生活用水量(升)	123.05	99.31	90.66	78.28	82.34
用水普及率(%)	83.75	91	91.77	71.17	68.61
公共交通标准运营车辆(标台)	171	348	314	400	449
每万人拥有公交车辆(标台)	1.04	4.97	4.51	3.99	4.27
用气人口(万人)	37.5	51.48	47.84	61.35	65.87
燃气普及率(%)	63	73.54	63.08	61.15	62.58
集中供热面积(万平方米)	44.87	50	58	58	58
道路长度(千米)	200	222	274	469	482
道路面积(万平方米)	278	531	637	812	892
人均道路面积(平方米)		7.59	8.4	8.09	8.48
排水管道长度(千米)	320	468.63	476	499	566
污水处理率(%)		43.09	43.52	50.74	60.01
建成区绿化覆盖面积(公顷)	872	2134	2213	2532	2566
建成区绿化覆盖率(%)	23.57	36.8	31.61	33.95	31.79
公园绿地面积(公顷)	652.5	969.81	1218	1226	1237
人均公园绿地面积(平方米)	10.92	13.85	16.06	12.22	11.75
公园个数(个)	28	31	6	6	6
公园面积(公顷)	464.06	470.12	748	748	748
生活垃圾清运量(万吨)	23.2	25	26.5	24.7	27.54
生活垃圾无害化处理率(%)	100	100	100	100	100

注：1.本部分资料来源于南阳市建设委员会城市建设年报。

2.本部分资料中中心城区不含市辖建制镇。

3.按照建设部要求，南阳市城区面积，2000－2005年为北起312国道、南至长江路、西至北京路、东至机场路的闭合区域；2006年－2007年为全市十五个办事处和一个七里园乡所辖的全部土地面积，2008年为十五个办事处、七里园乡和宛城区生态园区面积之和。

4.绿化覆盖面积不含水域，绿地面积含水域。2005年以前公园个数含面积在400平方米以上，宽度不小于8米的小游园。2006年起指综合公园、专类公园和带状公园。

5.2006年以前统计人均指标不含暂住人口，2007年－2008年报中人均指标含有暂住人口。

9-2 城市市政公

(2008

	人口密度（人/平方公里）	人均日生活用水量（升）	用水普及率（%）	燃气普及率（%）	每万人拥有公共交通车辆（标台）	人均道路面积（平方米）
中心城区	4839	82.34	68.61	62.58	4.27	8.48
南召县	2567	127.00	69.48	36.36		10.52
方城县	3765	230.93	90.42	42.73	4.04	18.24
西峡县	1308	90.12	67.50	50.78	1.25	15.83
镇平县	7750	86.07	94.26	32.77	1.81	14.71
内乡县	2277	110.39	90.48	30.01	4.25	16.69
淅川县	589	100.45	76.65	14.15	0.88	6.53
社旗县	2256	135.21	73.48	17.62	2.56	13.39
唐河县	5564	218.06	54.74	22.22	3.43	11.93
新野县	6760	72.70	67.46	34.57	0.74	8.63
桐柏县	652	100.52	92.02	37.08	2.25	15.06
邓州市	5013	87.48	87.78	39.00	1.05	13.77

9-3 人口和

(2008

	城区面积（平方公里）	城区人口（万人）	城区暂住人口	建成区面积（平方公里）	城市		
					合计	居住用地	公共设施用地
中心城区	217.51	88.07	17.18	80.72	71.06	16.52	16.07
南召县	30.00	7.30	0.40	12.00	7.69	3.52	0.77
方城县	23.00	8.25	0.41	14.29	11.77	4.20	1.55
西峡县	128.00	14.40	2.34	14.30	17.91	5.67	1.94
镇平县	20.00	14.61	0.89	17.60	17.00	4.74	3.07
内乡县	30.00	6.30	0.53	9.34	8.28	3.25	1.13
淅川县	387.50	21.58	1.25	18.42	12.90	2.95	0.84
社旗县	50.30	11.07	0.28	12.14	12.14	3.04	2.12
唐河县	33.00	10.66	7.70	17.52	10.78	4.15	0.99
新野县	30.00	15.60	4.68	18.00	18.04	4.42	2.90
桐柏县	136.50	8.60	0.30	9.20	11.58	3.30	1.50
邓州市	40.00	17.55	2.50	21.00	15.33	4.80	1.61

用　设　施　水　平（含暂住人口）

年）

排水管道密度(公里/平方公里)	建成区	污水处理率(%)	污水处理厂集中处理率	人均公共绿地面积(平方米)	建成区绿化覆盖率(%)	建成区绿地率(%)	生活垃圾无害化处理率(%)
2.60	7.01	60.01	60.01	11.75	31.79	27.69	100.00
1.83	4.58	75.24	75.24	2.60	4.50	3.67	85.02
4.91	7.91	50.00	50.00	3.12	7.07	5.53	34.09
0.98	8.81	15.32	15.32	13.62	37.83	29.79	55.51
4.90	5.57	19.06	19.06	2.00	7.33	6.14	15.73
2.33	7.49	52.22	52.22	1.02	8.67	7.28	77.27
0.17	3.58	50.00	50.00	18.53	13.63	29.37	71.44
1.91	7.91	68.99	68.99	0.18	5.44	2.47	59.14
2.61	4.91	68.22	68.22	0.38	6.91	3.31	20.00
3.10	5.17	45.00	45.00	2.17	3.78	3.61	70.15
0.64	9.46	98.77	98.77	15.06	50.54	40.43	90.91
3.03	5.76	67.07	67.07	6.53	18.19	13.05	81.76

建　设　用　地

年）

建设用地面积(平方公里)							本年征用土地面积(平方公里)	
工业用地	仓储用地	对外交通用地	道路广场用地	市政公用设施用地	绿地	特殊用地		#耕地
14.88	2.57	3.03	8.45	4.68	4.86		1.53	1.30
0.51	0.23	0.69	1.08	0.41	0.30	0.18	0.17	0.01
1.15	0.30	0.40	2.25	0.57	1.05	0.30	0.50	0.40
2.50	0.46	1.71	2.24	0.53	1.85	1.01	1.20	
3.36	0.46	0.99	1.92	0.92	1.41	0.13	0.30	0.20
1.16	0.21	0.51	0.96	0.41	0.58	0.07	0.10	0.05
1.97	0.43	0.35	2.37	2.96	0.93	0.10	0.04	
1.47	0.92	1.07	1.71	0.82	0.94	0.05	0.57	0.57
0.83	0.52	0.52	2.26	0.63	0.68	0.20	0.03	0.01
4.80	0.93	0.69	2.15	0.91	1.13	0.11	0.22	
1.00	0.20	0.50	1.45	0.60	2.73	0.30	0.10	0.10
2.40	1.42	0.91	2.22	0.19	1.78			

9-4 城 市 供

(2008

	供水综合生产能力（万立方米/日）	地下水	供水管道长度（公里）	全年供水总量（万立方米）	生产运营用水
中心城区	36.40	31.60	580.12	4044.72	1450.37
南召县	1.70	1.10	52.50	473.10	172.10
方城县	3.60	3.60	150.00	1141.00	318.00
西峡县	5.90	5.55	112.54	1990.49	1594.08
镇平县	4.90	1.10	155.00	1095.00	552.00
内乡县	3.50	2.90	63.90	1010.00	612.00
淅川县	2.90	2.80	114.80	1308.00	496.30
社旗县	2.11	2.11	98.05	628.61	172.00
唐河县	3.50	3.50	68.50	1284.70	352.50
新野县	3.71	1.50	66.48	770.00	368.00
桐柏县	5.72	0.77	95.10	643.42	300.20
邓州市	7.50	2.50	457.45	620.00	1900.00

9-5 城 市 道 路 桥 梁、公

(2008

	道路长度（公里）	道路面积（万平方米）	#人行道	桥梁数（座）	道路照明灯盏数（盏）
中心城区	482.0	892	306	79	21250
南召县	53.3	81	24	23	1062
方城县	89.0	158	45	12	1780
西峡县	87.9	265	78	21	2214
镇平县	89.0	228	73	42	11000
内乡县	63.0	114	27	9	8667
淅川县	78.0	149	43	33	6130
社旗县	81.0	152	20	3	4287
唐河县	78.9	219	64	37	3627
新野县	82.0	175	65	18	2513
桐柏县	75.7	134	18	34	4036
邓州市	146.2	276	40	45	8122

水、 排 水

年）

公共服务用水	居民家庭用水	用水户数（户）	#家庭用户	用水人口（万人）	排水管道长度（公里）	#污水管道
711.77	1316.34	102796	99821	72.21	566	113
58.00	190.00	13370	13040	5.35	55	12
200.00	460.00	26700	26240	7.83	113	34
126.20	245.51	38495	33183	11.30	126	19
99.00	360.00	44765	41757	14.61	98	18
63.00	186.00	13636	12950	6.18	70	
163.30	478.30	28642	26786	17.50	66	12
83.00	328.60	19220	18679	8.34	96	20
213.40	586.50	24021	23172	10.05	86	15
140.00	203.00	33987	32270	13.68	93	
174.00	121.10	14075	13272	8.19	87	32
146.00	282.00	33250	32695	14.50	121	15

共 交 通、出 租 汽 车

年）

安装路灯的道路长度（公里）	公共汽车				出租汽车	
	运营车数（辆）	标准运营车数（标台）	运营线路网长度（公里）	客运总量（万人次）	运营车数（辆）	客运总量（万人次）
236	390	449	171	5850	1201	4204
16					70	163
71	50	35	78	163	80	231
48	25	21	48	127	335	882
60	28	28	14	25	310	1101
54	42	29	36	160	80	190
56	28	20	25	166	130	257
72	42	29	21	66	43	91
30	90	63	47	80	125	165
13	21	15	18	50	120	134
72	28	20	57	153	96	253
71	30	21	66	164	200	223

9-6 城市园林绿化

(2008年)

	绿化覆盖面积(公顷)	#建成区	园林绿地面积(公顷)	#建成区	公园绿地面积(公顷)	公园个数(个)	公园面积(公顷)
中心城区	2566	2566	2243	2235	1237	6	748
南召县	56	54	44	44	20	2	39
方城县	109	101	79	79	27		
西峡县	541	541	426	426	228	1	180
镇平县	263	129	108	108	31		
内乡县	103	81	68	68	7	1	2
淅川县	251	251	541	541	423	1	420
社旗县	79	66	32	30	2	1	1
唐河县	143	121	68	58	7	1	2
新野县	101	68	69	65	44	1	23
桐柏县	741	465	372	372	134	1	2
邓州市	396	382	286	274	131	1	35

9-7 城市燃气及集中供热

(2008年)

	煤气供气量(万立方米)	#居民家庭	液化气供气总量(吨)	#居民家庭	用气户数(户)	家庭用户	用气人口(万人)	集中供热面积(万平方米)	住宅
中心城区	1642	1130	11612.0	11542	190949	190788	65.87	58	47.3
南召县			630.0	630	7100	7100	2.80		
方城县			1550.0	1200	12700	12500	3.70		
西峡县			2281.0	2021	24408	22455	8.50		
镇平县			1308.0	1305	14514	14514	5.08	20	0.6
内乡县			535.0	500	5890	5830	2.05		
淅川县			1600.0	938	11040	10420	3.23		
社旗县			475.0	450	5600	5000	2.00		
唐河县			985.4	942	10825	10257	4.08		
新野县			1514.1	1500	16645	16645	7.01		
桐柏县			680.0	680	7502	7502	3.30		
邓州市			3000.0	2850	18976	18890	7.82		

注:上表为液化石油气。中心城区还有人工煤气,供气管道长度251公里,全年供气总量1642万立方米,用气户数62705户,用气人口21.61万人,其中居民家庭用户62544户,全年用气1108万立方米。

9-8 城市污水及市容环境卫生

(2008年)

	污水处理能力(万吨/日)	污水排放量(万吨)	污水处理量(万吨)	全年COD削减量(万吨)	道路清扫保洁面积(万平方米)	#机械化	生活垃圾清运量(万吨)	密闭车(箱)清运量
中心城区	10.0	3833	2300	1.00	1262	36	27.54	27.30
南召县	2.0	412	310	0.09	59		4.74	
方城县	2.5	900	450	0.10	140		13.20	13.20
西峡县	1.0	1958	300	0.09	172	2	9.62	
镇平县	1.5	876	167	0.05	213		4.26	
内乡县	1.5	900	470	0.13	114	20	2.20	
淅川县	2.5	800	400	0.08	103		9.70	7.50
社旗县	1.0	503	347	0.10	131		5.58	
唐河县	2.0	1070	730	0.21	164		15.00	1.27
新野县	3.0	640	288	0.05	188		4.12	
桐柏县	2.0	570	563	0.10	124		5.50	
邓州市	3.0	817	548		245	16	1.25	

9-8续表 (2008)

	生活垃圾无害化处理厂(场)数(座)	生活垃圾无害化处理能力(吨/日)	生活垃圾无害化处理量(万吨)	粪便清运量(万吨)	粪便处理量(万吨)	公共厕所(座)	三类以上	市容环卫专用车辆设备总数(辆)
中心城区	1	765	27.54	7.00		648	315	132
南召县	1	110	4.03	2.52		17	6	7
方城县	1	145	4.50	1.32		24	13	25
西峡县	1	140	5.34	1.55	0.85	47	36	20
镇平县	1	170	0.67	1.98		102	66	32
内乡县	1	140	1.70	2.40		52	11	18
淅川县	1	190	6.93	3.00		28	8	9
社旗县	1	120	3.30	2.80		117	15	22
唐河县	1	180	3.00	3.60		30	8	18
新野县	1	241	2.89	2.20		55	16	25
桐柏县	1	130	5.00			48	48	5
邓州市	1	280	10.22	6.00		70	40	20

主要统计指标解释

年末自来水生产能力 指年底城建部门管理的自来水厂和自备水源的社会单位取水、净化、送水、出厂输水干管等环节的实际生产能力。

年末供水管道长度 指从送水泵到用户水表之间所有管道的长度。

全年供水总量 指公用自来水厂和自备水源的社会单位全年的供水总量，包括有效供水量及损失水量。

生活用水量 指居民日常生活与公共福利设施的用水量，包括居民、饮食店、旅馆、医院、理发店、浴池、洗衣店、游泳池、商店、学校、机关、部队等单位的用水量。

用水普及率 指报告期末城区用水人口与总人口的比率。计算公式为：

用水普及率＝城区用水人口/(城区人口＋城区暂住人口)×100％

人工煤气生产能力 指城市煤气厂制气、净化、输送等环节的综合实际生产能力。

输气管道长度 指由压缩机、鼓风机、储气罐的出口到用户煤气表之间的全部管道长度。

全年供气总量 指全年售给各类用户的全部煤气量，包括工业用量、家庭用量和其他用量。

燃气普及率 指报告期末城区使用燃气的人口与总人口的比率。计算公式为：

燃气普及率＝城区用气人口/(城区人口＋城区暂住人口)×100％

城市供热能力 指热电厂、热力公司和达到标准的集中采暖锅炉房向城市输送的供热源的设计能力，即每小时向城市输送蒸汽、热水的能力。

城市供热总量 指热电厂、热力公司和达到标准的集中采暖锅炉房向城市输送的全部蒸汽、热水量。

城市供热管道长度 指热电厂、热力公司和达到标准的集中采暖锅炉房管理的集中供热热源到用户之间的全部供气、供热水的管道长度。

年底实有铺装道路长度 指除土路外，路面经过铺装宽度在3.5米以上的道路，包括高级、次高级道路和普通道路。

城市桥梁 指城市范围内，修建在河道上的桥梁和道路与道路立交、道路跨越铁路的立交桥及人行天桥。包括永久性桥和半永久性桥，不包括临时性桥、铁路桥、涵洞。

城市下水道总长度 指所有排水总管、干管、支管及暗渠、检查井、连接井进出水口等长度之和。

城市污水日处理能力 指污水处理厂每昼夜处理污水量的设计能力。

年末实有公共汽(电)车 指年底可参加营运的全部车辆数，包括营运车辆数和库存查封未参加营运的车辆。不包括非营运车辆，如架线车、油罐车、工程车、货车及其他专用车辆和借人的客运车辆。

城市绿地面积 指报告期末用作园林和绿化的各种绿地面积，包括公园绿地、生产绿地、防护绿地、附属绿地和其他绿地的面积。

公园绿地 指城市中向公众开放的、以游憩为主要功能，有一定的游憩设施和服务设施，同时兼有健全生态、美化景观、防灾减灾等综合作用的绿化用地，它是城市建设用地、城市绿地系统和城市市政公用设施的重要组成部分。

10

农村经济

资料整理:常任申　杨海金　李磊

10—1 农村基本情况

（年底数）

	1990	1995	2000	2005	2007	2008
农村基层组织（个）						
乡镇	224	227	227	206	206	201
＃镇	54	78	117	115	114	114
村民委员会	4638	4669	4651	4622	4540	4620
农村基础设施（个）						
自来水受益村数		980	1365	2227	2433	2518
通汽车村数		4319	4485	4622	4622	4605
通电话村数		1955	4635	4622	4637	4620
乡村人口和从业人员						
乡村户数（万户）	216.00	228.76	230.51	236.16	237.95	237.87
乡村人口数（万人）	881.81	921.58	896.59	910.99	920.28	925.17
乡村劳动力资源数（万人）	391.13	424.43	536.37	577.24	587.69	594.24
＃劳动力年龄内（万人）			486.34	528.04	543.21	549.42
乡村从业人员（万人）	391.13	424.43	536.37	526.25	538.31	546.23
＃劳动力年龄内（万人）			486.34	495.85	504.66	511.63
按性别分						
男	218.11	228.92	286.67	283.13	288.49	292.52
女	173.02	195.51	249.7	243.12	249.82	253.71
按国民经济行业分						
农业	327.93	322.01	431.61	355.93	341.31	339.34
工业	17.44	30.99	37.38	66.74	85.15	86.18
建筑业	14.97	20.74	14.51	27.91	32.91	36.04
交运仓储及邮电通讯业	4.91	8.58	9.14	14.51	15.64	16.26
信息传输、计算机服务和软件业						1.97
批零贸易及餐饮业	6.39	11.02	16.56	22.18	25.58	27.59
住宿与餐饮业						11.67
其他	19.47	31.09	27.17	38.98	37.72	27.18

注：1. 乡镇、镇、村民委员会个数以农业普查口径（不含城关镇和居委会）（10—2 表同）。

2. 1995 年以前的乡村实有劳动力数与乡村从业人员数相等，分行业以乡村实有劳动力进行分解。

10－2 各县(市、区)农村基本情况

(2008 年底)

	乡镇(个)	镇	村委会个数	自来水村收益村数	通汽车村数	通公路村数	乡村户数(万户)	乡村人口数(万人)	乡村劳动力资源数(万人)	劳动力年龄内	乡村从业人员(万人)
全市	**201**	**109**	**4620**	**2518**	**4605**	**4620**	**237.87**	**925.17**	**594.24**	**549.42**	**546.23**
宛城区	10	4	220	101	220	220	15.65	59.17	37.27	34.67	32.28
卧龙区	11	7	224	115	224	224	14.93	57.97	37.33	33.16	33.28
南召县	15	7	333	212	333	333	13.23	51.55	32.91	31.34	31.85
方城县	15	6	561	188	547	561	24.66	92.97	61.52	56.10	58.30
西峡县	16	7	288	244	288	288	10.68	37.56	27.19	23.75	25.17
镇平县	19	11	409	342	408	409	22.32	86.37	49.34	44.93	46.86
内乡县	15	8	288	131	288	288	14.97	54.71	33.45	30.57	30.26
淅川县	15	11	514	320	514	514	16.82	66.18	42.14	41.24	38.35
社旗县	14	7	236	177	236	236	14.90	59.23	39.58	35.88	36.41
唐河县	19	12	505	280	505	505	29.38	115.84	67.35	63.66	61.28
新野县	13	8	262	173	262	262	16.53	67.11	46.16	43.85	42.87
桐柏县	15	8	209	60	209	209	9.58	34.99	22.77	21.27	20.95
邓州市	24	13	571	175	571	571	34.22	141.52	97.23	89.00	88.37

10－2 续表

(2008 年底)

	乡村从业人员										
	劳动力年龄内	男	女	农业	工业	建筑业	交通仓储及邮电运输业	信息传输、计算机服务和软件业	批零贸易及餐饮业	住宿与餐饮业从业人员	其他
全市	**511.63**	**292.52**	**253.71**	**339.34**	**86.18**	**36.04**	**16.26**	**1.97**	**27.59**	**11.67**	**27.18**
宛城区	30.63	17.81	14.47	21.21	3.86	2.35	0.92	0.15	1.66	0.68	1.45
卧龙区	30.32	17.85	15.43	22.92	3.18	2.78	0.99	0.07	1.16	0.46	1.72
南召县	28.92	18.18	13.67	22.08	4.74	0.99	0.56	0.13	0.88	0.51	1.96
方城县	55.07	31.01	27.29	40.28	6.56	3.07	1.60	0.21	3.03	1.17	2.38
西峡县	22.34	13.62	11.55	17.61	3.02	1.03	0.79	0.05	0.98	0.55	1.14
镇平县	42.09	25.09	21.77	26.72	9.73	2.75	1.39	0.39	2.57	0.68	2.63
内乡县	28.46	16.14	14.12	17.28	4.18	2.67	1.38	0.02	1.73	0.90	2.10
淅川县	37.19	20.13	18.22	24.38	7.54	1.88	1.23	0.14	1.62	0.24	1.32
社旗县	35.00	19.58	16.83	26.15	3.27	2.24	0.98	0.11	1.56	0.67	1.43
唐河县	58.12	32.34	28.94	40.64	7.06	5.08	1.38	0.16	2.97	1.40	2.59
新野县	41.01	22.68	20.19	26.45	6.98	2.42	1.32		1.98	0.64	3.08
桐柏县	20.30	11.35	9.60	12.59	3.16	2.09	0.61	0.04	0.89	0.57	1.00
邓州市	82.18	46.74	41.63	41.03	22.90	6.69	3.11	0.50	6.56	3.20	4.38

10—3 农村劳动力就业、外出、转移情况

	单　位	2008	2007	增　减	增　减%
一、农村劳动力就业总人数	**万人**	**546.20**	**538.31**	**7.89**	**1.47**
(一)就业的产业分布					
1.第一产业	万人	390.56	386.70	3.86	1.00
2.第二产业	万人	86.85	83.61	3.24	3.88
3.第三产业	万人	68.79	68.01	0.78	1.15
(二)就业地点					
1.乡内	万人	428.47	423.51	4.96	1.17
2.县内乡外	万人	8.13	7.80	0.33	4.23
3.省内县外	万人	22.33	20.80	1.53	7.36
4.国内省外	万人	87.13	86.07	1.06	1.23
5.国外	万人	0.14	0.14		
(三)年平均从业时间	月/人	10.09	9.62	0.47	4.89
#从事农业的时间	月/人	6.05	5.84	0.21	3.60
(四)本地企业职工人数	万人	5.65	4.93	0.72	14.60
二、农村劳动力外出从业人数	**万人**	**183.47**	**178.00**	**5.47**	**3.07**
(一)外出从业的劳动力人数分布					
1.举家外出住户的劳动力人数	万人	9.63	9.40	0.23	2.45
2.常住户外出从业劳动力人数	万人	173.84	168.60	5.24	3.11
#从业6个月以上	万人	146.96	143.80	3.16	2.20
(二)外出劳动力就业的产业分布					
1.第一产业	万人	5.24	4.40	0.84	19.09
2.第二产业	万人	87.01	85.80	1.21	1.41
3.第三产业	万人	91.23	87.80	3.43	3.91
(三)外出劳动力地区分布					
1.到东部地区	万人	129.78	126.06	3.72	2.95
2.到中部地区	万人	47.43	46.31	1.12	2.42
#外省	万人	4.22	4.07	0.15	3.69
3.到西部地区	万人	5.53	5.05	0.48	9.50
4.其他	万人	0.73	0.58	0.15	25.86
(四)外出劳动力平均外出时间	月/人	11.05	9.40	1.65	17.55
(五)外出劳动力年平均总收入	元/人	12105.29	9955.90	2149.39	21.59
三、农村劳动力转移人数	**万人**	**206.13**	**201.72**	**4.41**	**2.19**
(一)行业分布					
1.第一产业	万人	4.28	4.18	0.10	2.39
2.第二产业	万人	101.10	99.58	1.52	1.53
3.第三产业	万人	100.76	97.96	2.80	2.86
(二)地域分布(按地域分,不含行业转移)					
1.东部地区	万人	109.60	107.76	1.84	1.71
2.中部地区	万人	41.80	40.74	1.06	2.60
#外省	万人	8.39	7.26	1.13	15.56
3.西部地区	万人	3.46	3.21	0.25	7.79
4.其他地区	万人	1.65	1.49	0.16	10.74
(三)行业转移人数(乡内)	万人	49.63	48.52	1.11	2.29
1.转移到第二产业的劳动力人数	万人	20.13	19.85	0.28	1.41
2.转移到第三产业的劳动力人数	万人	29.50	28.67	0.83	2.90
(四)地域转移人数(按产业分)	万人	156.51	153.20	3.31	2.16
1.第一产业	万人	4.28	3.82	0.46	12.04
2.第二产业	万人	80.97	79.45	1.52	1.91
3.第三产业	万人	71.26	69.93	1.33	1.90

10-4 历年农林牧渔业总产值

单位:万元

	农林牧渔业	农业	林业	牧业	渔业	农林牧渔服务业
1949	31561	26298	702	4521	40	
1950	34011	29212	831	3904	64	
1951	39148	33981	937	4156	74	
1952	40981	35115	979	4804	83	
1953	44882	38153	1166	5466	97	
1954	49906	43092	1365	5345	104	
1955	52710	45724	1488	5383	115	
1956	57260	49872	2030	5240	118	
1957	53783	46564	1952	5157	110	
1958	62475	54403	2948	4967	157	
1959	47943	41928	1450	4381	184	
1960	45595	41012	1174	3242	167	
1961	33944	30047	689	3144	64	
1962	41324	35191	581	5488	64	
1963	45142	37895	900	6274	73	
1964	48846	41120	1481	6172	73	
1965	57182	48699	1735	6646	102	
1966	64359	51323	1907	11024	105	
1967	73600	63351	2164	7959	126	
1968	75141	64325	2227	8459	130	
1969	64653	53943	2640	7953	117	
1970	70701	59565	3168	7830	138	
1971	79981	68041	3255	8526	159	
1972	88422	72620	3685	11934	183	
1973	93266	77311	3658	12128	169	
1974	107715	88198	4664	14648	205	
1975	115569	95271	5234	14638	426	
1976	125923	107888	4107	13640	288	
1977	113909	93995	3935	15768	211	
1978	125189	104069	4326	16548	246	
1979	126598	106640	3000	16645	313	
1980	150948	128594	3341	18631	382	
1981	194587	169273	5950	18803	561	
1982	194648	163887	6995	23301	465	
1983	261462	228610	8200	24119	533	
1984	276081	236919	10103	28289	770	
1985	320742	268293	11595	39693	1161	
1986	330291	273874	12084	43403	930	
1987	420311	356293	11795	50663	1560	
1988	453789	363534	15036	72865	2354	
1989	520100	384774	17998	113636	3692	
1990	617951	480468	18085	115029	4369	
1991	635537	472098	19990	138334	5115	
1992	663259	478572	23471	155549	5667	
1993	823308	583764	30288	201797	7459	
1994	1239925	853732	39815	337238	9140	
1995	1686216	1107992	50586	518317	9321	
1996	2073870	1465656	62216	533434	12564	
1997	2403665	1645837	71919	668881	17028	
1998	2613323	1760515	73933	755770	23105	
1999	2661641	1754322	86522	792908	27889	
2000	2640999	1695177	94017	820189	31616	
2001	2909214	1894958	101341	875810	37105	
2002	3126350	2007482	111523	967389	39956	
2003	3367155	1906982	109428	1206935	36967	106843
2004	4140282	2533469	129710	1316519	44398	116186
2005	4401820	2641086	144621	1426544	53005	136564
2006	4689328	2843918	140668	1536316	55717	112709
2007	5136678	3120000	166000	1614193	96380	140105
2008	5863075	3464532	198410	1978199	70350	151584

10－5 历年农林牧渔业总产值指数

（1952＝100）

	农林牧渔业	农 业	林 业	牧 业	渔 业	农林牧渔服务业
1949	77.1	75.0	71.8	93.9	47.9	
1950	83.0	83.2	84.9	81.0	77.5	
1951	97.1	98.3	97.3	87.8	91.6	
1952	100.0	100.0	100.0	100.0	100.0	
1953	108.5	107.6	118.0	112.9	116.9	
1954	121.3	122.2	138.9	111.3	125.4	
1955	128.3	129.8	151.7	112.5	139.4	
1956	134.0	137.0	200.2	106.3	138.0	
1957	125.6	126.7	190.8	103.8	128.2	
1958	139.9	143.2	254.0	92.6	181.7	
1959	107.7	110.7	125.4	82.2	214.1	
1960	104.3	110.0	103.2	62.8	198.6	
1961	77.6	80.6	60.6	61.0	76.1	
1962	94.5	94.4	51.0	104.7	76.1	
1963	100.8	99.3	77.3	117.0	84.5	
1964	109.1	107.7	127.3	115.5	84.5	
1965	127.9	127.8	149.4	124.3	118.3	
1966	144.3	145.0	164.4	135.3	122.5	
1967	164.7	166.3	186.2	148.9	145.1	
1968	168.3	169.1	191.8	158.4	150.7	
1969	147.9	144.7	232.2	152.1	139.4	
1970	161.7	159.7	278.7	150.7	163.4	
1971	157.3	156.9	246.3	141.8	162.0	
1972	150.0	145.6	217.7	165.3	173.2	
1973	173.9	170.6	237.5	183.2	174.7	
1974	178.5	172.9	269.2	197.6	188.7	
1975	191.6	187.0	302.1	196.2	393.0	
1976	208.7	211.7	237.0	184.3	260.6	
1977	188.8	184.5	227.2	210.9	194.9	
1978	207.3	203.9	249.5	222.6	226.8	
1979	210.3	210.0	173.6	221.9	290.1	
1980	214.4	215.9	165.2	216.1	301.4	
1981	272.9	283.8	188.4	223.5	350.7	
1982	256.9	258.2	208.4	261.1	273.2	
1983	341.8	356.7	242.0	271.2	309.9	
1984	362.1	370.4	299.1	320.3	449.3	
1985	379.2	377.7	309.5	403.7	611.3	
1986	359.3	354.2	296.7	408.7	450.7	
1987	420.0	423.4	266.1	440.4	694.4	
1988	367.8	348.7	275.1	516.2	849.3	
1989	414.1	399.3	293.7	542.1	907.0	
1990	451.1	442.5	274.5	557.0	945.1	
1991	453.9	429.3	266.2	641.2	1028.2	
1992	464.4	425.8	289.0	716.7	1083.1	
1993	546.3	493.6	363.8	872.4	1254.9	
1994	622.7	529.0	473.8	1144.6	1362.3	
1995	734.8	586.4	511.3	1554.7	1563.9	
1996	832.3	698.8	581.9	1583.8	1987.6	
1997	962.1	808.4	658.7	1826.7	2561.2	
1998	1056.8	871.0	690.7	2090.3	3375.4	
1999	1119.2	892.8	779.8	2339.0	3989.7	
2000	1175.2	924.9	839.9	2505.1	4412.6	
2001	1271.5	1019.2	870.1	2610.3	5709.9	
2002	1372.0	1091.6	963.2	2853.0	5932.6	
2003	1411.8	1057.8	1058.6	3212.5	6608.9	104.6
2004	1595.3	1240.8	1126.4	3447.0	6985.6	115.7
2005	1707.0	1311.5	1225.5	3729.7	7837.8	132.6
2006	1843.6	1429.5	1286.8	3983.3	8315.9	142.0
2007	1919.2	1498.1	1362.7	4070.9	8881.4	147.0
2008	2028.6	1571.5	1456.7	4359.9	9218.9	155.2

说明：本表按可比价格计算。

10-6 历年农林牧渔业总产值指数

（上年＝100）

	农林牧渔业	农业	林业	牧业	渔业	农林牧渔服务业
1949						
1950	107.7	111.0	118.3	86.3	161.8	
1951	116.9	118.1	114.5	108.4	118.2	
1952	103.0	101.7	102.8	113.9	109.2	
1953	108.5	107.6	118.0	112.9	116.9	
1954	111.8	113.6	117.7	98.5	107.2	
1955	105.8	106.2	109.2	101.1	111.2	
1956	105.1	105.6	132.0	94.5	99.0	
1957	93.0	92.5	95.3	97.7	92.9	
1958	108.8	108.0	118.5	113.0	104.4	
1959	77.0	77.3	49.4	88.7	117.8	
1960	96.8	99.5	82.3	76.4	92.5	
1961	74.4	73.2	58.7	97.1	38.1	
1962	121.7	117.2	84.3	171.6	100.0	
1963	106.7	105.2	151.4	111.8	112.5	
1964	108.2	108.5	164.6	98.7	100.0	
1965	117.2	118.6	117.3	107.6	139.7	
1966	112.8	113.5	110.1	108.9	103.4	
1967	114.1	114.7	113.3	110.0	118.7	
1968	102.2	101.6	103.0	106.4	103.7	
1969	87.9	85.6	121.0	96.0	92.0	
1970	109.4	110.4	120.0	99.1	117.5	
1971	97.3	98.2	88.4	94.1	99.2	
1972	131.7	130.4	145.4	136.2	122.5	
1973	115.9	117.2	109.1	110.8	101.3	
1974	102.7	101.3	113.3	107.9	108.2	
1975	107.3	108.2	112.3	99.2	207.6	
1976	108.9	113.2	78.4	94.0	66.4	
1977	90.5	87.2	95.8	114.4	74.7	
1978	109.8	110.5	109.9	105.5	116.4	
1979	101.4	103.0	69.6	99.7	127.7	
1980	101.9	102.8	95.2	97.4	104.2	
1981	137.4	136.0	211.9	133.0	171.9	
1982	94.1	91.0	110.7	116.8	78.1	
1983	133.0	138.1	116.1	103.9	113.3	
1984	105.9	103.9	123.6	118.1	145.0	
1985	104.7	102.0	103.5	126.1	135.9	
1986	94.7	93.8	95.9	101.2	73.7	
1987	116.9	119.5	89.7	107.7	154.1	
1988	87.6	82.4	103.4	117.2	122.4	
1989	112.6	114.5	106.7	105.0	106.8	
1990	109.0	110.8	93.5	102.7	104.1	
1991	194.4	182.7	221.6	250.1	283.5	
1992	102.3	99.2	108.5	111.8	105.3	
1993	117.6	115.9	125.9	121.7	115.9	
1994	114.0	107.2	130.2	131.2	108.6	
1995	118.0	110.9	107.9	135.8	114.8	
1996	113.3	119.2	113.8	101.9	127.1	
1997	115.6	115.7	113.2	115.3	128.9	
1998	109.9	107.7	104.9	114.4	131.8	
1999	105.9	102.5	112.9	111.9	118.2	
2000	105.0	103.6	107.7	107.1	110.6	
2001	108.2	110.2	103.6	104.2	129.4	
2002	107.9	107.1	110.7	109.3	103.9	
2003	102.9	96.9	109.9	112.6	111.4	104.6
2004	113.0	117.3	106.4	107.3	105.7	110.6
2005	107.0	105.7	108.8	108.2	112.2	114.6
2006	108.0	109.0	105.0	106.8	106.1	107.1
2007	104.1	104.8	105.9	102.2	106.8	103.5
2008	105.7	104.9	106.9	107.1	103.8	105.6

说明：本表按可比价格计算。

10－7 农林牧渔业增加值

	1990	1995	2000	2005	2007	2008
农林牧渔业增加值(万元)	**362737**	**988260**	**1532610**	**2757621**	**3020447**	**3444770**
农业	287890	681559	1034184	1681471	1996065	2215461
林业	13415	37525	66003	105038	121938	144858
牧业	58216	262316	410092	885708	777000	971296
渔业	3216	6860	22331	37443	69398	51005
农林牧渔服务业				47961	56046	62150
农林牧渔业增加值占总产值比重(%)	**58.7**	**58.6**	**58.0**	**57.9**	**58.8**	**58.8**
农业	59.9	61.5	61.0	63.7	63.9	63.9
林业	74.2	74.2	70.2	72.6	73.5	73.0
牧业	50.6	50.6	50.0	49.8	48.1	49.1
渔业	73.6	73.6	70.6	70.6	72.0	72.5
农林牧渔服务业				35.1	40.0	41.0

注：本表按当年价格计算。

10－8 农林牧渔业分项产值

	绝 对 数（万元）		构 成（%）		2008年比2007年增 长%
	2007	2008	2007	2008	
农林牧渔业总产值	**5136678**	**5863075**	**100.0**	**100.0**	**5.7**
农业产值	**3120000**	**3464532**	**60.7**	**59.1**	**4.9**
谷物及其它作物	1666890	1853992	32.5	31.6	6.6
＃谷物	767271	883573	14.9	15.1	
薯类	121817	79820	2.4	1.4	
油料	426186	556203	8.3	9.5	
豆类	63227	62707	1.2	1.1	
棉花	176233	187825	3.4	3.2	
麻类	213	135	0.0	0.0	
糖类	984	389	0.0	0.0	
烟草	70865	69886	1.4	1.2	
其他农作物	40094	13454	0.8	0.2	
蔬菜园艺作物	1195830	1280309	23.3	21.8	-0.5
蔬菜（含菜用瓜）	1194912	1252892	23.3	21.4	
花卉	874	11420	0.0	0.2	
其他园艺作物	44	15997	0.0	0.3	
水果、坚果、饮料和香料作物	189179	226304	3.7	3.9	22.1
水果、坚果（含果用瓜）	179736	213596	3.5	3.6	
茶及其饮料	9443	12708	0.2	0.2	
中药材	68101	103927	1.3	1.8	10.0
林业产值	**166000**	**198410**	**3.2**	**3.4**	**6.9**
林木的培育和种植	68179	99344	1.3	1.7	6.2
竹木采运	26225	12882	0.5	0.2	8.4
林产品	71596	86184	1.4	1.5	7.0
牧业产值	**1614193**	**1978199**	**31.4**	**33.7**	**7.1**
牲畜饲养	759654	760304	14.8	13.0	6.4
＃牛的饲养	562998	508444	11.0	8.7	
羊的饲养	105320	154295	2.1	2.6	
其他牲畜饲养	9029	11903	0.2	0.2	
奶产品	55841	78412	1.1	1.3	
毛绒产品	26466	7250	0.5	0.1	
猪的饲养	520392	804312	10.1	13.7	9.0
家禽的饲养	214195	256941	4.2	4.4	6.0
肉禽	54145	64338	1.1	1.1	
狩猎和捕捉动物	15889	18112	0.3	0.3	6.1
其他畜牧业	104063	138530	2.0	2.4	5.2
渔业产值	**96380**	**70350**	**1.9**	**1.2**	**3.8**
农林牧渔服务业	**140105**	**151584**	**2.7**	**2.6**	**5.6**

说明：本表绝对数、构成按当年价格计算，速度按可比价格计算。

10—9 各县(市、区)农林牧渔业总产值及指数

(2008 年)

	农林牧渔业总产值(万元)	农业	林业	牧业	渔业	农林牧渔服务业
全市	**5863075**	**3464532**	**198410**	**1978199**	**70350**	**151584**
宛城区	383407	280961	3026	74001	3867	21552
卧龙区	263715	157474	6948	76581	3383	19329
南召县	212752	108927	26582	65745	10020	1478
方城县	447467	323812	14668	81961	3277	23749
西峡县	295465	175519	36693	75288	5883	2082
镇平县	367673	251214	6373	96562	5116	8408
内乡县	410638	182105	22397	200913	2821	2402
淅川县	421277	219311	16013	169209	15463	1281
社旗县	400527	228051	4268	157456	3012	7740
唐河县	845522	511194	11227	310600	4799	7702
新野县	550410	308921	8326	215799	3462	13893
桐柏县	245383	129596	36078	71826	5212	2671
邓州市	1018848	571481	5812	382226	4036	55293

10—9 续表

(2008 年)

	农林牧渔业指数(上年=100)	农业	林业	牧业	渔业	农林牧渔服务业
全市	**105.7**	**104.9**	**106.9**	**107.1**	**103.8**	**105.6**
宛城区	105.6	105.5	106.3	106.1	103.5	106.4
卧龙区	105.7	105.0	106.1	107.3	103.9	107.1
南召县	105.0	105.2	105.5	104.3	105.4	105.0
方城县	105.3	104.9	103.1	107.1	104.8	107.4
西峡县	105.2	104.1	108.3	107.1	104.0	108.9
镇平县	105.0	104.8	109.8	105.4	103.8	106.3
内乡县	106.2	105.4	101.1	108.2	100.1	106.4
淅川县	106.0	105.2	109.2	107.6	104.8	105.8
社旗县	106.1	105.0	107.8	107.6	106.5	107.4
唐河县	105.9	105.2	101.3	107.3	105.0	107.4
新野县	105.8	104.7	118.1	107.0	106.3	106.9
桐柏县	105.7	104.5	110.9	106.4	100.3	107.4
邓州市	105.9	105.5	104.4	107.1	104.0	102.9

说明:本表绝对数按当年价格计算,指数按可比价格计算。

10—10 各县(市、区)农林牧渔业增加值

(2008 年)　　单位:万元

	农林牧渔业	农 业	林 业	牧 业	渔 业	农林牧渔服务业
全 市	**3444770**	**2215461**	**144858**	**971296**	**51005**	**62150**
宛 城 区	225266	178108	2208	34375	2815	7760
卧 龙 区	154942	100077	4843	40894	2402	6726
南 召 县	125000	69825	19351	27774	7164	886
方 城 县	262903	204649	10649	35837	2340	9428
西 峡 县	173596	108655	26896	32900	4200	945
镇 平 县	216021	159049	4600	45284	3724	3364
内 乡 县	241265	119219	16921	102178	2032	915
淅 川 县	247516	144601	11550	79711	11133	521
社 旗 县	235324	147583	3116	78708	2169	3748
唐 河 县	496775	319497	7911	163424	3455	2488
新 野 县	323381	202217	6082	106717	2515	5850
桐 柏 县	144171	80392	26445	32491	3753	1090
邓 州 市	598610	376855	4276	191220	2936	23323

说明:本表按当年价格计算。

10—11 各县(市、区)农林牧渔业增加值占总产值的比重

(2008 年,各业总产值=100)

	农林牧渔业	农 业	林 业	牧 业	渔 业	农林牧渔服务业
全 市	**58.8**	**63.9**	**73.0**	**49.1**	**72.5**	**41.0**
宛 城 区	58.8	63.4	73.0	46.5	72.8	36.0
卧 龙 区	58.7	63.6	69.7	50.4	71.0	34.8
南 召 县	58.7	64.1	72.8	42.2	71.5	50.9
方 城 县	58.8	63.2	72.6	43.7	71.4	39.7
西 峡 县	58.8	61.9	73.3	43.7	71.4	45.4
镇 平 县	58.8	63.3	72.2	46.9	72.8	40.0
内 乡 县	58.6	64.5	74.6	50.9	72.0	38.1
淅 川 县	58.8	64.9	72.1	47.1	72.0	40.7
社 旗 县	58.8	64.7	73.0	50.0	72.0	48.4
唐 河 县	58.7	62.5	70.5	50.6	72.0	32.3
新 野 县	58.7	64.5	73.0	49.5	72.6	42.1
桐 柏 县	58.8	62.0	73.3	45.2	72.0	40.8
邓 州 市	58.7	64.9	73.6	50.0	72.7	42.2

10-12 历年年末耕地面积

单位:千公顷

	年末实有耕地面积	水田	旱地	机耕地面积	有效灌溉面积
1949	878.27	23.33	854.94		
1950	1026.13	21.20	1004.93		
1951	1082.33	35.60	1046.73		
1952	1096.27	25.80	1070.47		
1953	1091.53	26.33	1065.20		
1954	1092.20	27.33	1064.87		
1955	1090.47	27.87	1062.60	0.53	
1956	1086.33	33.93	1052.40	6.93	
1957	1081.67	35.60	1046.07	19.53	
1958	1047.40	44.73	1002.67	28.67	
1959	1030.60	38.67	991.93	38.00	
1960	1017.67	33.53	984.14	47.33	
1961	1010.93	27.67	983.26	56.67	
1962	1007.27	26.13	981.14	66.87	
1963	1004.07	26.87	977.20	100.00	
1964	1004.40	28.00	976.40	132.47	
1965	993.20	31.27	961.93	125.73	
1966	987.67	31.60	956.07	170.00	
1967	975.27	34.13	941.14	192.00	
1968	993.33	43.13	950.20	213.73	
1969	987.67	43.13	944.54	249.20	
1970	943.33	65.00	878.33	310.20	
1971	942.47	55.93	886.54	307.60	
1972	940.73	55.07	885.66	284.33	
1973	937.40	51.53	885.87	315.73	
1974	931.93	48.13	883.80	299.20	
1975	928.60	41.53	887.07	343.60	
1976	924.40	35.47	888.93	332.60	
1977	922.13	32.67	889.46	319.80	
1978	920.67	32.67	888.00	357.67	
1979	919.27	32.60	886.67	390.87	
1980	918.27	30.53	887.74	420.00	
1981	917.07	31.87	885.20	278.73	
1982	915.20	27.93	887.27	183.73	
1983	913.80	26.47	887.33	145.07	
1984	912.20	26.73	885.47	155.20	
1985	908.87	25.60	883.27	161.13	241.00
1986	904.67	25.20	879.47	289.80	239.56
1987	903.20	25.33	877.87	312.47	261.93
1988	902.27	26.87	875.40	353.80	271.25
1989	900.80	25.87	874.93	496.53	283.91
1990	899.40	28.00	871.40	525.20	297.00
1991	897.07	44.20	852.87	551.07	305.04
1992	884.07	58.47	825.60	559.20	321.55
1993	880.00	51.00	829.00	572.00	336.00
1994	873.51	54.55	818.96	580.00	343.67
1995	871.00	53.31	817.69	595.36	347.93
1996	873.24	54.72	818.52	615.41	365.88
1997	872.14	66.94	805.19	682.01	372.12
1998	874.29	56.76	817.53	674.69	398.95
1999	874.29	57.95	816.78	733.28	421.54
2000	874.42	61.72	812.70	765.93	431.54
2001	891.94	67.69	824.25	759.11	432.27
2002	951.50	40.25	911.25	783.31	433.38
2003	940.66	40.20	900.46	758.41	437.02
2004	939.77	41.88	897.89	758.41	437.02
2005	939.16	40.16	899.00	817.65	442.55
2006	941.25	40.21	901.14	821.05	449.55
2007	941.15	40.10	901.06	904.84	450.73
2008	941.79	54.63	887.15	1262.74	456.07

注:2002年起耕地面积口径改为常用耕地面积。

10—13 耕地面积变动情况

	1985	1990	1995	2000	2005	2006	2007
年底实有耕地面积(千公顷)	908.88	899.40	871.00	874.42	939.16	941.15	941.79
水田	25.59	28.00	53.31	61.72	40.16	40.10	54.63
占年底耕地面积比重(%)	2.80	3.10	6.10	7.10	4.30	4.26	5.80
旱地	883.29	871.40	817.69	812.70	899.00	901.05	887.15
占年底耕地面积比重(%)	97.20	96.90	93.90	92.90	95.70	95.74	94.20
当年增加耕地面积(千公顷)	0.11	0.27	1.79	0.94	0.90	1.10	0.97
#新开荒地面积	0.07	0.25	0.48	0.70	0.43	0.80	0.86
占增加耕地面积比重(%)	60.60	95.00	26.80	73.70	47.80	72.73	88.66
当年减少耕地面积(千公顷)	3.45	1.68	4.30	1.26	1.51	1.20	0.34
#国家基建占地	0.78	0.41	0.53	0.87	0.81	1.20	0.33
占减少耕地面积比重(%)	22.60	24.60	12.30	69.10	53.60	100.00	97.06

10—14 各县(市、区)耕地面积变动情况

(2008 年)

单位:千公顷

	年初耕地总资源	当年增加耕地面积	新开荒	当年减少耕地面积	国家基建占地	年末耕地总资源	常用耕地面积	水田	水浇地	临时性耕地面积
南阳市	**994.23**	**0.97**	**0.86**	**0.34**	**0.33**	**994.86**	**941.79**	**54.63**	**401.44**	**53.07**
宛城区	63.45	0.02	0.02	0.04	0.04	63.42	62.09	4.00	37.87	1.34
卧龙区	57.08	0.04	0.04	0.05	0.05	57.08	54.99	0.75	29.98	2.08
南召县	31.11	0.43	0.43	0.02	0.02	31.52	27.33	5.19	10.09	4.19
方城县	109.52					109.52	105.32		36.09	4.20
西峡县	20.85	0.16	0.16	0.03	0.03	20.99	16.06	1.42	5.85	4.93
镇平县	78.70	0.01		0.01	0.01	78.70	75.18	1.46	43.51	3.52
内乡县	62.84	0.02	0.02	0.02	0.02	62.84	55.37	0.70	20.15	7.47
淅川县	63.71	0.03		0.02	0.02	63.71	57.56	0.94	15.96	6.15
社旗县	84.17					84.17	79.78		28.58	4.39
唐河县	146.52	0.04	0.02	0.04	0.04	146.52	141.13	14.49	38.67	5.39
新野县	67.86	0.11	0.10	0.05	0.05	67.93	65.97	0.60	48.51	1.95
桐柏县	45.76	0.05	0.05			45.80	39.43	21.66	1.21	6.38
邓州市	162.66	0.07	0.01	0.06	0.06	162.66	161.58	3.42	84.97	1.08

10－15 农用机械和农产品加工机械拥有量

	1985	1990	1995	2000	2005	2007	2008
农用机械总动力(万千瓦)	**112.46**	**152.91**	**177.97**	**354.24**	**608.07**	**791.95**	**1044.42**
＃柴油发动机动力		107.88	125.22	291.92	534.8	715.28	959.07
汽油发动机动力		4.64	5.12	7.15	7.42	8.69	9.17
电动机动力		40.39	47.63	55.17	65.85	67.98	76.18
大中型拖拉机(万台)	0.34	0.24	0.27	0.37	0.81	1.08	1.85
(万千瓦)				10.05	21.84	39.93	58.37
小型拖拉机(万台)	2.29	5.77	7.05	18.94	43.92	58.40	91.80
(万千瓦)				165.58	357.56	502.95	731.27
大中型拖拉机配套农具(万部)	0.45	0.26	0.37	0.76	1.49	2.12	5.50
小型拖拉机配套农具(万部)	1.69	6.31	10.27	40.31	95.62	123.08	153.65
农用排灌机械(万台)				5.70	7.62	8.29	7.69
(万千瓦)	25.60	29.53	34.63	42.92	55.03	61.82	51.75
＃柴油机(万台)				2.29	3.53	4.03	2.94
(万千瓦)	13.57	15.07	15.95	21.34	29.94	37.03	25.55
电动机(万台)				3.41	4.09	4.27	4.74
(万千瓦)	12.03	14.46	18.68	21.58	25.09	24.79	26.20
农用水泵(万台)	2.58	3.26	4.74	9.19	14.46	16.38	15.15
节水灌溉类机械(万套)				1.02	1.36	2.97	1.39
联合收获机(台)	30	15	28	300	2690	4090	4610
(万千瓦)				1.52	10.16	16.71	21.26
机动脱粒机(万台)	2.35	2.65	2.48	3.84	3.24	3.57	3.00
机动喷雾(粉)机(万台)				8.58	4.42	4.99	5.24
(万千瓦)				3.44	7.42	8.69	9.17
农副产品加工作业机械(万台)	3.58	3.89	3.63	3.31	3.97	4.23	4.88
＃粮食加工机械	2.67	3.09	2.92	2.63	2.92	3.16	3.52
棉花加工机械	0.41	0.32	0.27	0.24	0.33	0.37	0.46
油料加工机械	0.50	0.48	0.43	0.44	0.72	0.70	0.90
农用运输车(辆)	0.22	0.30	0.31	5.53	6.89	6.97	7.10
农用运输车(万千瓦)				62.94	91.34	95.26	99.91

10－16 各县(市、区)农用机械和

(2008

	农用机械总动力(万千瓦)	柴油发动机	汽油发动机	电 动 机	大中型拖拉机	
					(台)	(万千瓦)
全 市	**1044.42**	**959.07**	**9.17**	**76.18**	**18230**	**58.37**
宛 城 区	107.49	87.36	0.73	19.40	2000	6.49
卧 龙 区	52.07	47.80	0.19	4.08	340	1.33
南 召 县	21.08	22.31	0.05	1.73	240	0.67
方 城 县	90.41	85.60	0.08	4.72	6900	13.19
西 峡 县	9.94	7.19	0.16	2.59	80	0.31
镇 平 县	74.33	70.88	0.29	3.16	500	2.30
内 乡 县	48.11	43.28	0.23	4.60	100	1.92
淅 川 县	46.97	38.53	0.10	8.34	500	1.48
社 旗 县	61.99	59.27	0.50	2.22	460	2.02
唐 河 县	166.85	161.27	0.86	4.72	1510	5.52
新 野 县	135.06	128.53	1.71	4.82	2300	12.33
桐 柏 县	67.42	62.96	0.08	4.38	460	0.95
邓 州 市	159.72	144.11	4.19	11.42	2840	9.87

10－16 续表

(2008

	农用水泵(万台)	节水灌溉机械(套)	联合收获机		机动割晒机(台)	机动脱粒机(台)
			(台)	(千瓦)		
全 市	**15.15**	**13870**	**4610**	**212600**	**4690**	**30030**
宛 城 区	3.30		400	20000	1200	9700
卧 龙 区	0.69	100	270	10500	300	700
南 召 县	0.31	500	110	4500		1000
方 城 县	1.49	1000	270	10820		3300
西 峡 县	0.29		50	2600		1300
镇 平 县	0.86	2180	240	11330		2000
内 乡 县	0.56	800	210	5200	30	1500
淅 川 县	0.45	860	130	4400	150	4000
社 旗 县	0.55	3900	380	17100		200
唐 河 县	0.84	700	1000	41000	1500	3200
新 野 县	1.72	300	160	8850		2200
桐 柏 县	0.64	1030	400	25400	1510	930
邓 州 市	3.45	2500	1000	50900		

农产品加工机械拥有量

年底)

小型拖拉机 (万台)	小型拖拉机 (万千瓦)	大中型拖拉机配套农具 (台)	小型拖拉机配套农具 (万台)	农用排灌机械 (万台)	农用排灌机械 (万千瓦)	#电动机 (万台)	#电动机 (万千瓦)
91.80	**731.27**	**55020**	**153.65**	**7.69**	**51.75**	**4.74**	**26.20**
7.54	63.92	5100	21.49	1.00	7.32	0.65	4.25
5.45	34.30	1000	4.20	0.47	3.72	0.28	2.05
1.57	11.90	400	2.87	0.36	0.51	0.31	0.23
6.23	60.21	20600	8.88	0.68	3.60	0.58	2.92
0.23	1.92	300	0.46	0.12	0.89	0.08	0.49
8.62	57.08	1320	11.50	0.97	4.39	0.63	1.79
4.74	33.68	9000	8.90	0.42	3.02	0.33	2.08
3.42	23.10	1400	5.85	0.35	2.92	0.29	2.32
6.20	47.68	800	9.06	0.25	1.72	0.16	0.82
18.22	132.36	3000	32.33	0.33	2.47	0.28	1.76
8.26	103.27	4600	13.70	0.76	6.35	0.36	1.98
6.50	52.40	1800	13.41	0.42	3.28	0.42	3.28
14.82	109.45	5700	21.00	1.56	11.56	0.38	2.23

年底)

机动喷雾(粉)机 (部)	机动喷雾(粉)机 (千瓦)	农副产品加工作业机械 (台)	粮食加工	棉花加工	油料加工	农用运输车 (辆)	农用运输车 (万千瓦)
5.24	**9.17**	**48820**	**35220**	**4630**	**8970**	**71010**	**99.91**
0.64	0.73	7800	6400	400	1000	6500	9.51
0.03	0.19	1500	1000	300	200	4000	8.12
0.03	0.05	2730	2500	180	50	6910	7.85
0.08	0.08	5500	4060	450	990	7540	8.28
0.06	0.16	1570	1300	70	200	1300	2.64
0.20	0.29	6450	2450	800	2900	6460	7.45
0.12	0.23	2400	1800	300	300	2800	4.78
0.07	0.10	4500	3900	200	700	8400	11.30
0.19	0.50	3100	2100	500	500	6700	6.43
0.71	0.86	3300	2500	500	300	9400	16.45
0.57	1.71	2100	1300	300	500	2900	4.19
0.06	0.08	3070	2410	630	30	2700	5.15
2.48	4.19	4800	3500		1300	5400	7.76

10—17 农业机械化、能源、主要物资消耗及水利建设情况

	1985	1990	1995	2000	2005	2007	2008
农业机械化情况							
当年实际机耕面积(千公顷)	161.00	525.00	595.36	765.93	817.65	904.84	1262.74
为耕地面积%	17.3	58.3	68.4	87.6	87.1	96.1	134.1
当年机械播种面积(千公顷)	5.00	26.00	109.03	512.04	638.97	732.36	1061.86
为农作物播种面积%	0.3	1.7	7.0	30.3	33.7	38.7	57.8
当年机械收获面积(千公顷)	31.00	125.00	178.07	353.37	511.44	613.06	702.55
为农作物播种面积%	2.1	8.2	11.4	20.9	26.9	32.4	38.3
农村能源情况							
农村用电量(万千瓦小时)	16962	32519	63251	94521	129129	151605	161958
乡、村水电站数(个)				152	153	46	46
装机容量(千千瓦)				9.92	11.82	20.53	20.53
实际发电量(万千瓦小时)				1097	2375	5427	5507
农业主要物资消耗情况							
农用化肥施用折纯量(吨)	203000	260000	394513	529475	704943	759741	753472
每公顷耕地平均施用量(千克)	226	289	453	606	750	807	800
农用塑料薄膜使用量(吨)		3641	7045	12239	19328	24299	25892
农药施用实物量(吨)		5311	10111	14111	16949	18534	18591
农用柴油使用量(吨)			53792	97953	112916	120484	125091
农田水利建设情况							
农田有效灌溉面积(千公顷)	241.00	297.00	347.93	431.54	442.55	450.73	456.07
有效灌溉面积占耕地面积比重(%)	26.0	33.0	39.9	49.4	47.1	47.9	48.4
机电井数(万眼)	3.39	3.24	4.69	7.21	7.45	7.34	7.51
旱涝保收农田面积(千公顷)	201.00	211.00	252.70	284.16	311.25	323.92	326.87

注:本表中2002年后"占耕地面积%"指标更名为"占常用耕地面积%"。

10-18 水库、灌区情况

	1985	1990	1995	2000	2005	2007	2008
年底水库数(座)	508	505	495	496	494	491	494
大型水库(1亿立方米以上)	1	1	1	2	2	2	2
中型水库(1千万至1亿立方米)	19	19	19	18	20	22	22
小型水库(10万至1千万立方米)	488	485	475	476	472	467	470
水库库容量(万立方米)	227625	227880	235329	236467	245709	290014	291701
大型水库	122000	122500	131600	142250	142250	142250	142250
中型水库	66457	66457	66457	56742	67345	69418	69418
小型水库	39168	38923	37272	37475	36114	33881	34949
水库灌溉面积(公顷)	152527	131300	135984	137705	138443	138443	156757
#大型水库	101033	88407	89034	97605	97904	97904	81560
中型水库	29000	26020	29566	21906	22735	22556	30660
年底灌区数(处)	4495	3305	3302	3301	3301	3301	3301
#3.3万公顷以上	2	2	2	2	2	2	2
灌区有效灌溉面积(公顷)	204233	184567	193358	199985	203591	213630	214080
#3.3万公顷以上	126860	122107	124820	119886	120885	167510	167510

10－19 除涝、治水、治碱情况

	1985	1990	1995	2000	2005	2007	2008
易涝面积(千公顷)	223.35	224.69	224.69	224.69	224.69	224.69	224.69
除涝面积(千公顷)	190.96	178.00	182.91	185.25	210.65	212.60	213.60
占易涝面积比重(%)	85.5	79.2	81.4	82.5	93.8	94.6	95.1
水土流失面积(平方公里)	12547	12547	12547	12547	12547	12547	12605
水土流失治理面积(平方公里)	7963	8947	6626	7338	8052	8275	8893
占水土流失面积比重(%)	63.5	71.3	52.8	58.5	67.8	66.0	70.6
堤防长度(公里)	832	834	834	842	846	846	846
堤防保护面积(千公顷)	136.17	133.38	133.38	132.50	105.10	105.10	105.10

10－20 各县(市、区)农业机械化和能源情况

(2008 年)

	农业机械化情况				农村能源情况			
						乡、村及村以下办水电站		
	机耕面积(千公顷)	机械深耕面积(千公顷)	机收面积(千公顷)	机播面积(千公顷)	农村用电量(万千瓦小时)	个数	装机容量(千千瓦)	发电量(万千瓦小时)
全市	**1262.74**	**488.46**	**702.55**	**1061.86**	**161958**	**46**	**20.53**	**5506.80**
宛城区	70.68	34.16	47.42	61.85	7900			
卧龙区	62.97	39.82	43.61	48.50	11153			
南召县	47.43	6.22	10.67	28.18	3700	6	2.30	768.80
方城县	97.18	43.33	56.65	114.74	10000			
西峡县	13.38		1.49	2.31	16649	27	15.20	4076.00
镇平县	98.82		46.61	94	10052			
内乡县	57.50	18.00	33.30	32.50	11600	5	0.66	130.00
淅川县	56.57	11.03	27.01	22.94	22600	8	2.37	532.00
社旗县	66.10	74.50	78.80	120.80	5694			
唐河县	232.30	160.00	117.97	177.80	13997			
新野县	100.00	16.00	70.00	63.30	18600			
桐柏县	54.96	8.00	34.28	20.80	6800			
邓州市	304.85	77.40	134.74	274.14	23213			

10—20 续表 1

(2008 年)

	精少量播种面积（千公顷）	机械深施化肥面积（千公顷）	机械脱粒粮食数量（万吨）	机械初加工农副产品数量（万吨）	加工粮食数量	加工棉花数量	加工油料数量	农机运输作业量（万吨\公里）
全　　市	**475.63**	**163.35**	**282.28**	**682.47**	**502.81**	**99.36**	**80.48**	**86160**
宛 城 区	49.13	11.43	20.18	53.66	23.16	28.90	1.60	8100
卧 龙 区	35.00	22.00	21.55	62.67	52.26	0.96	9.45	8300
南 召 县	6.57		9.44	13.15	6.99	5.80	0.36	160
方 城 县	51.62	6.76	24.33	69.07	66.61	0.52	1.94	23200
西 峡 县		8.01		7.79	4.85	2.89	0.23	400
镇 平 县	40.50	21.00	65.92	46.09	33.37	11.64	1.08	5900
内 乡 县	33.00	16.00	9.50	29.50	28.50	0.30	0.70	3000
淅 川 县	4.60	11.25	18.26	23.07	22.70	0.05	0.32	14900
社 旗 县		0.47		167.70	116.90	24.80	26.00	1200
唐 河 县	106.00	4.23	46.00	108.00	77.00	7.00	24.00	6800
新 野 县	35.00	16.00	46.70	69.60	43.90	15.30	10.40	7300
桐 柏 县	7.50		20.40	17.57	14.07		3.50	1100
邓 州 市	106.71	46.20		14.60	12.50	1.20	0.90	8800

10—20 续表 2

(2008 年)

	跨区机收小麦（千公顷）	小麦机播面积（千公顷）	玉米机播面积（千公顷）	小麦机收面积（千公顷）	玉米机收面积（千公顷）	机械化秸秆还田面积（千公顷）	农田机械节水灌溉面积（千公顷）	机械植保面积（千公顷）
全　　市	**101.66**	**603.48**	**213.09**	**577.01**	**47.66**	**139.81**	**87.58**	**417.40**
宛 城 区	14.79	44.17	23.11	38.45	6.37	2.25	0.35	32.80
卧 龙 区	11.23	38.00	9.50	35.61	8.00	8.00	8.40	10.50
南 召 县	0.04	7.86	2.71	7.19	0.01	0.04	1.99	1.73
方 城 县	6.18	57.36	23.34	55.44	1.20	12.08	2.67	30.45
西 峡 县	0.07	2.22	0.09	1.49				2.07
镇 平 县	4.00	52.00	30.00	45.76	0.85	45.00		29.60
内 乡 县	10.00	28.50	2.00	28.30	4.00	11.00	7.00	31.00
淅 川 县	12.18	14.24	3.70	25.60	0.14	0.43	2.47	12.45
社 旗 县	6.00	49.70	38.30	44.10	4.20	0.62	19.10	0.75
唐 河 县	10.00	130.00	30.00	113.30	0.67	22.30	5.60	80.00
新 野 县	1.10	40.00	20.00	40.00	20.00	33.00	40.00	49.10
桐 柏 县	2.80	7.50		12.25		0.09		21.63
邓 州 市	23.27	131.93	30.34	129.52	2.22	5.00		115.32

10—21 各县(市、区)农用物资消耗情况

(2008 年)

	农用化肥使用折纯量(吨)	氮肥	磷肥	钾肥	复合肥	农用塑膜使用量(吨)	地膜施用量(吨)	地膜覆盖面积(千公顷)	农用柴油使用量(吨)	农药使用量(吨)
全市	**753472**	**277765**	**152551**	**91425**	**231731**	**25892**	**14067**	**174.45**	**125091**	**18591**
宛城区	53434	26305	7339	6037	13753	957	192	3.62	8112	621
卧龙区	41567	16113	7059	3637	14758	741	331	6.40	11847	915
南召县	14555	7644	3081	995	2835	701	547	0.05	1788	320
方城县	86519	22925	12662	12250	38682	3427	2247	40.69	8910	1255
西峡县	29816	13143	7322	3700	5651	1738	583	4.16	5163	589
镇平县	41791	16557	13252	3328	8654	927	587	9.78	7605	870
内乡县	27901	6974	4424	5268	11235	795	411	8.58	5479	658
淅川县	44641	15333	8868	6797	13643	1133	557	8.03	3113	640
社旗县	62533	22804	13798	7036	18895	1134	664	8.33	9035	1277
唐河县	99378	34049	20339	14022	30968	1830	1090	12.87	21785	3937
新野县	103291	35369	18144	14227	35551	8219	4200	34.71	9110	3056
桐柏县	40685	20731	12347	1910	5697	708	388	5.56	8215	473
邓州市	107361	39818	23916	12218	31409	3582	2270	31.67	24929	3980

10—22 各县(市、区)农田水利情况

(2008 年)

	农田有效灌溉面积(千公顷)	机电灌	有效灌溉面积占常用耕地面积%	机电灌溉面积占有效灌溉面积%	旱涝保收农田面积(千公顷)
全市	**456.07**	**263.27**	**48.43**	**57.73**	**326.87**
宛城区	41.87	14.50	67.43	34.63	34.41
卧龙区	30.73	27.37	55.88	89.07	24.37
南召县	15.28	5.47	55.91	35.80	12.67
方城县	36.09	20.29	34.27	56.22	30.25
西峡县	7.27	1.63	45.30	22.42	5.62
镇平县	44.97	30.43	59.82	67.67	35.60
内乡县	20.85	8.00	37.66	38.37	16.52
淅川县	16.90	12.71	29.36	75.21	9.75
社旗县	28.58	20.41	35.82	71.41	19.22
唐河县	53.16	29.66	37.67	55.79	33.08
新野县	49.11	31.68	74.44	64.51	36.89
桐柏县	22.87	10.70	58.00	46.79	14.05
邓州市	88.39	50.42	54.71	57.04	54.44

10－23 各县(市、区)水利设施和除涝面积

(2008年)

	水库数(座)	水库库容量(万立方米)	易涝耕地面积(千公顷)	除涝面积(千公顷)	除涝面积占易涝面积%
全市	**494**	**246617**	**224.69**	**213.57**	**95.05**
宛城区			45.33	38.37	84.65
卧龙区	29	19090	13.33	12.56	94.22
南召县	86	8666			
方城县	101	8765	12.95	12.95	100.00
西峡县	66	15980			
镇平县	19	19696	10.47	10.47	100.00
内乡县	48	9518	10.20	10.20	100.00
淅川县	23	1733			
社旗县	9	1239	21.15	20.20	95.51
唐河县	22	13977	23.67	23.62	99.79
新野县			44.00	41.67	94.70
桐柏县	72	11967			
邓州市	18	4386	43.59	43.53	99.86
市直	1	131600			

10－24 农民家庭平均每户生产性固定资产原价

(年底数) 单位:元

	1985	1995	2000	2005	2007	2008
合计	**139.06**	**2157.53**	**3524.56**	**4585.06**	**5214.73**	**5361.87**
农业			2958.53	4081.73	4662.16	4907.49
＃房屋及建筑物			802.60	928.19	1057.60	1099.22
役畜及产品畜	81.91	1149.46	460.42	454.75	470.90	476.14
大中型铁木农具	4.93	79.87	381.61	391.85	573.81	839.24
农林牧渔业机械	7.07	335.14	1183.64	2193.37	2466.03	2369.35
工业			240.53	88.21	125.55	86.25
＃房屋及建筑物			80.53	13.96	25.45	9.78
生产设备	2.36	33.29	142.94	51.72	85.85	54.16
建筑业			13.87	25.37	61.79	49.10
交通运输业	15.89	114.52	211.84	203.01	216.94	187.16
批发和零售、餐饮业			65.32	85.10	38.58	41.42
社会服务业			17.78	85.97	94.93	79.25
文教卫生体育业			5.53	1.57	1.34	0.37
其他	4.36	178.07	11.17	14.10	13.43	10.82

说明:本表为农村住户抽样调查资料(下表同)。

10—25 农民家庭平均每百户拥有主要生产性固定资产数量

（年底数） 单位:元

	1985	1995	2000	2005	2007	2008
房屋及建筑物(平方米)	884.43		865.17	1006.34	1126.87	977.24
汽车(辆)		0.16	0.28	0.82	0.82	0.45
大中型拖拉机(台)	0.14	2.96	3.40	4.85	4.55	5.90
小型和手扶拖拉机(台)	1.84	8.52	31.28	50.97	58.06	57.09
动力三轮车(台)					8.36	9.25
机动脱粒机(台)		1.02	5.18	5.37	5.00	5.52
收割机(台)			1.35	2.61	1.49	1.49
农用动力机械(台)			9.29	5.82	6.79	7.46
胶轮大车(辆)		1.17	18.87	24.85	13.88	14.40
水泵(台)		7.27	22.27	20.97	30.90	31.12
役畜(头)	64.19	54.06	25.46	22.69	17.09	15.82
产品畜(头)	15.36	39.84	34.26	9.93	30.67	31.12

10-26 农作物播种面积

单位:千公顷

	1985	1990	1995	2000	2005	2007	2008
播种面积总计	**1499.77**	**1530.58**	**1559.33**	**1692.92**	**1897.91**	**1891.52**	**1836.96**
粮食作物	1155.95	1176.86	1067.47	991.48	1029.91	1090.66	1101.55
#谷物	779.02	831.00	798.26	785.49	850.56	949.07	958.96
粮食作物占总播种面积%	77.07	76.88	68.46	58.59	54.27	57.66	59.97
夏收粮食	589.93	606.51	579.56	585.59	607.97	652.49	659.16
小麦	560.01	584.75	568.01	580.54	601.61	646.25	654.07
夏杂粮	29.92	21.76	11.55	5.05	6.36	6.24	5.09
秋收粮食	566.02	570.35	487.91	405.89	421.94	438.17	442.39
稻谷	25.65	29.81	46.62	54.19	50.72	50.86	48.65
玉米	146.10	171.77	163.33	143.20	193.72	248.79	254.20
大豆	115.80	97.00	84.61	62.30	68.82	59.25	60.24
薯类	158.42	169.23	150.51	119.33	88.98	60.06	60.96
高粱	16.97	11.67	5.04	2.33	1.46	0.77	0.82
谷子	20.37	10.55	3.71	1.82	1.26	0.80	0.47
其他秋杂粮(含绿豆)	82.71	80.32	34.09	22.72	16.98	17.64	17.05
经济作物	344.00	354.00	491.86	701.44	852.69	800.86	735.41
占总播种面积%	22.93	23.12	31.54	41.51	44.93	42.34	40.03
棉花	104.75	112.99	175.23	144.72	142.93	137.86	118.03
油料	122.51	133.56	166.17	213.36	301.52	285.04	291.41
#花生	24.75	40.77	89.10	129.27	183.11	183.60	188.03
油菜籽	17.10	26.97	24.84	20.44	48.16	44.57	46.02
芝麻	80.52	65.81	52.23	63.58	70.08	56.86	57.36
麻类	16.47	3.80	1.36	0.61	0.16	0.18	0.10
#黄红麻	11.99	2.71	1.32	0.31	0.16	0.18	0.10
烟叶	34.13	32.83	27.19	29.07	24.24	20.89	21.19
#烤烟	31.97	31.19	25.80	27.65	22.78	20.89	21.19
糖料	0.38	0.33	0.37	0.38	0.18	0.08	0.08
#甘蔗	0.37	0.33	0.37	0.38	0.18	0.08	0.08
药材	2.44	0.33	0.95	9.62	45.37	22.70	23.87
花卉				0.96	16.72	4.56	4.88
#温室花卉				0.10			
其他农作物	5.55	8.57	0.39	3.24	15.31	9.24	8.44
占总播种面积%	0.33	0.59	0.03	0.19	0.80	0.49	0.46
#蔬菜	37.01	50.03	81.60	264.17	303.93	288.05	237.55
果用瓜	14.07	6.26	11.25	35.31	34.36	36.82	34.74
青饲料	2.47	7.58	0.39	0.62	7.55	1.74	1.65

10—27 主要农产品产量

单位:吨

	1985	1990	1995	2000	2005	2007	2008
粮食	3443870	3975157	3596428	3780463	4658800	5504000	5696640
#谷物	2829820	3301661	2813942	403376	4062543	5032231	5218243
夏收粮食	2137815	2289275	1636931	2023285	2855000	3337000	3500140
小麦	2073205	2233461	1613259	2009131	1831929	3316461	3486253
夏杂粮	64610	55814	23672	14154	23071	20539	13887
秋收粮食	1306055	1685882	1959497	1757198	1803800	2167000	2196500
稻谷	123360	192218	333236	403376	314440	320006	311346
玉米	424100	686810	734829	660109	902542	1388158	1415626
大豆	125755	153541	173102	117551	146029	101615	118979
薯类	488295	519955	641784	530557	409814	324420	316495
高粱	25915	24002	12387	6718	3576	1211	1240
谷子	29065	19943	9432	4498	2213	2283	1376
其他秋杂粮(含绿豆)	89565	89413	54727	34389	25186	29307	31438
棉花	83958	92951	151598	118487	118495	122367	109150
油料	121875	177146	370464	533434	904617	988662	1019817
#花生	44570	84932	282475	444382	698175	785561	803828
油菜籽	27020	46701	35008	31260	120742	120226	133305
芝麻	50120	45513	52961	57542	85010	82845	82684
麻类	24235	6937	3432	1413	540	789	456
#黄红麻	17260	5597	3302	730	540	789	456
烟叶	64705	58265	44562	46503	54854	52972	54352
#烤烟	6051	55384	42623	45647	50903	52972	54352
糖料	16865	17639	21231	20354	10015	5321	4420
#甘蔗	16865	17639	21231	20354	10015	5321	4420
蔬菜	824960	887362	2478718	6784708	10000000	9760132	8783120
果用瓜	262480	137572	376232	1333204	1546683	1866403	1946537

10—28 按乡村人口平均的主要农产品产量

单位:千克/人

	1985	1990	1995	2000	2005	2007	2008
粮食	412.68	450.80	390.25	421.65	511.40	598.08	613.75
#谷物	339.10	374.42	305.34	345.01	445.94	546.82	562.21
棉花	10.06	10.54	16.45	13.22	13.00	13.30	11.76
油料	14.60	20.09	40.20	59.50	99.30	107.43	109.87
猪、牛、羊肉	9.20	16.14	31.51	49.27	59.13	64.88	61.01
水产品	0.65	1.38	2.02	5.26	8.07	9.26	9.75
蔬菜	98.85	100.63	268.96	756.72	1097.71	1060.56	946.28
果用瓜	31.45	15.60	40.86	148.70	169.78	202.81	209.72
水果	3.77	3.20	9.49	23.10	41.71	50.34	61.04

10-29 主要农产品单位面积产量(按播种面积计算)

单位:千克/公顷

	1985	1990	1995	2000	2005	2007	2008
粮食	2979.13	3377.36	3369.11	3812.95	4523.50	5046.49	5171.48
#谷物	3541.70	3973.12	3525.09	513.53	4776.32	5302.28	5441.56
夏收粮食	3623.42	3771.46	2824.44	3455.12	4695.96	5114.25	5310.00
小麦	3702.15	3817.88	2840.19	3460.80	4707.25	5131.85	5330.09
夏杂粮	2153.67	2537.00	2049.52	2802.77	3627.52	3291.51	2728.29
秋收粮食	2307.52	2957.69	4016.10	4329.25	4275.02	4945.57	4965.08
稻谷	4744.62	6407.27	7147.92	7443.74	6199.53	6291.90	6399.71
玉米	2904.79	4016.43	4499.04	4609.70	4659.00	5579.64	5568.95
大豆	1084.09	1582.90	2045.88	1886.85	2121.90	1715.02	1975.08
薯类	3090.47	3076.66	4264.06	4446.13	4605.69	5401.60	5191.85
高粱	1524.41	2000.17	2457.74	2883.26	2449.32	1572.73	1512.20
谷子	1453.25	1813.00	2542.32	2471.43	1756.35	2853.75	2927.66
其他秋杂粮(含绿豆)	1079.10	1117.66	1605.37	404.39	1483.27	1661.39	1843.87
棉花	799.60	822.58	865.14	818.73	829.04	887.62	924.76
油料	990.85	1321.99	2229.43	2500.16	3000.19	3468.50	3499.60
#花生	1800.00	2085.00	3170.31	3437.63	3812.87	4278.65	4275.00
油菜籽	1582.50	1725.00	1409.34	1529.35	2507.10	2697.46	2896.68
芝麻	622.50	690.00	1014.00	905.03	1213.04	1457.00	1441.49
麻类	1514.69	1734.25	2523.53	2316.39	3375.00	4383.33	4560.00
#黄红麻	1440.00	2070.00	2501.52	2354.84	3375.00	4383.33	4560.00
烟叶	1903.09	1765.61	1638.91	1599.69	2262.95	2535.76	2564.98
#烤烟	1890.00	1770.00	1652.05	1650.89	2234.55	2535.76	2564.98
糖料	44385.00	52920.00	57381.08	53563.16	55638.89	66512.50	55250.00
#甘蔗	44385.00	52920.00	57381.08	53563.16	55638.89	66512.50	55250.00
蔬菜	21709.47	17747.24	30376.45	25683.11	32902.31	33883.46	36973.77
果用瓜	18748.57	22928.67	33442.84	37757.12	45014.06	50689.92	56031.58

10—30 各县（市、区）主要农

（2008

	农作物播种面积	粮食作物	夏收粮食	小麦	秋收粮食	稻谷	玉米	大豆	薯类
全市	**1836.96**	**1101.55**	**659.16**	**654.07**	**442.39**	**48.65**	**254.20**	**60.24**	**60.96**
宛城区	115.45	64.89	40.46	40.35	24.43	1.59	15.37	4.18	2.37
卧龙区	97.40	61.05	34.46	33.88	26.59	1.13	18.61	2.11	3.90
南召县	62.05	38.43	16.54	16.18	21.89	7.87	9.56	1.08	3.10
方城县	194.11	114.13	62.48	62.24	51.65	0.06	29.98	11.63	8.19
西峡县	36.65	24.52	10.86	10.83	13.66	3.18	7.09	1.08	2.10
镇平县	138.49	97.37	50.93	50.13	46.44	0.59	40.55	1.17	3.17
内乡县	81.15	48.69	25.01	25.01	23.68	0.31	16.06	0.11	7.03
淅川县	124.29	61.04	34.26	33.45	26.78	3.51	16.37	0.05	3.75
社旗县	134.15	86.87	51.55	51.41	35.32		19.59	7.16	6.05
唐河县	307.58	213.63	135.27	134.36	78.36	13.19	35.34	14.96	13.67
新野县	133.32	57.91	41.53	41.53	16.38		12.13	1.56	1.75
桐柏县	71.90	44.71	20.36	20.22	24.35	16.26	2.45	3.45	1.38
邓州市	340.42	188.31	135.45	134.48	52.86	0.96	31.10	11.70	4.50

10—31 各县（市、区）主要

（2008

	粮食作物	夏收粮食	小麦	秋收粮食	稻谷	玉米	大豆	薯类
全市	**5696640**	**3500140**	**3486253**	**2196500**	**311346**	**1415626**	**118979**	**316495**
宛城区	377928	243856	243486	134072	10537	101491	8373	12001
卧龙区	296218	160555	159146	135663	7585	100357	4368	22187
南召县	198110	70791	69984	127319	53495	53617	1585	18011
方城县	538174	311957	311337	226217	300	170359	18247	33802
西峡县	106893	38529	38469	68364	19964	34550	1760	11480
镇平县	518540	274281	272031	244259	3450	220066	2548	16918
内乡县	243210	122215	122215	120995	1603	79885	155	39067
淅川县	260676	137145	135087	123531	19941	81664	100	15468
社旗县	438200	274556	274050	163644		116684	20317	21941
唐河县	1130675	770358	767648	360317	75108	173824	24866	84070
新野县	334310	249191	249191	85119		69962	3510	9612
桐柏县	222959	86244	85894	136715	113160	11550	3881	7528
邓州市	1030747	760462	757715	270285	6203	201617	29269	24410

作物播种面积

年)　　　　　　　　　　　　　　　　　　　　　　单位：千公顷

油 料	#花 生	油菜籽	芝 麻	棉 花	麻 类	烟 叶	烤 烟	蔬 菜	果用瓜
291.41	**188.03**	**46.02**	**57.36**	**118.03**	**0.10**	**21.19**	**21.19**	**237.55**	**34.74**
6.73	3.87	0.75	2.11	15.76				24.93	2.64
14.4	12.24	1.02	1.14	5.17		0.01	0.01	14.27	1.23
9.98	9.07	0.48	0.43					6.60	0.78
43.41	30.68	6.74	5.99	3.97		3.96	3.96	25.59	2.03
2.06	0.96	0.46	0.64			1.29	1.29	2.85	0.45
20.01	13.51	3.48	3.02	5.43		1.33	1.33	10.60	1.60
13.35	8.31	1.89	3.15	1.43		3.00	3.00	12.74	1.33
34.65	9.83	12.63	12.19	1.00	0.02	3.26	3.26	20.30	0.61
14.34	6.29	2.94	5.11	13.67		2.42	2.42	14.85	1.16
24.56	14.54	5.00	5.02	21.00	0.03	1.68	1.68	30.10	11.49
24.17	20.58	1.71	1.88	18.00	0.05			29.34	3.20
19.85	15.45	2.32	2.08	0.28				3.96	1.09
63.90	42.70	6.60	14.60	32.32		4.24	4.24	41.42	7.13

农产品产量

年)　　　　　　　　　　　　　　　　　　　　　　单位：吨

油 料	#花 生	油菜籽	芝 麻	棉 花	麻 类	烟 叶	烤 烟	蔬 菜	果用瓜
1019817	**803828**	**133305**	**82684**	**109150**	**456**	**54352**	**54352**	**8783120**	**1946537**
20544	16172	2332	2040	15206				1080530	158164
47598	43649	2580	1369	4800		12	12	628515	47592
39379	37676	950	753					253235	18601
155038	128200	17594	9244	3858		8419	8419	722313	94991
5227	2673	1150	1404			3921	3921	179319	15320
55234	41513	11381	2340	5080		2394	2394	499046	94035
46581	39549	4780	2252	1171		5805	5805	340647	35256
99287	39804	35943	23540	800	85	9580	9580	260399	13725
48295	35031	6940	6324	11580		5981	5981	368936	65193
95790	73760	14728	7302	19348	175	4284	4284	610699	727730
87245	79220	6317	1708	17034	196			1788083	187119
64003	56353	5550	2100	195				95200	45496
255596	210228	23060	22308	30078		13956	13956	1956198	443315

10—32 各县(市、区)主要农产品单位面积产量

(2008年,按播种面积计算) 单位:千克/公顷

	粮食作物	夏收粮食		秋收粮食					油料
			小麦		稻谷	玉米	大豆	薯类	
全　　市	**5171.48**	**5310.00**	**5330.09**	**4965.08**	**6399.71**	**5568.95**	**1975.08**	**5191.85**	**3499.60**
宛城区	5824.13	6027.09	6034.35	5488.01	6627.04	6603.19	2003.11	5063.71	3052.60
卧龙区	4852.06	4659.17	4697.34	5102.03	6712.39	5392.64	2070.14	5688.97	3305.42
南召县	5155.09	4279.99	4325.34	5816.31	6797.33	5608.47	1467.59	5810.00	3945.79
方城县	4715.45	4992.91	5002.20	4379.81	5000.00	5682.42	1568.96	4127.23	3571.48
西峡县	4359.42	3547.79	3552.08	5004.69	6277.99	4873.06	1629.63	5466.67	2537.38
镇平县	5325.46	5385.45	5426.51	5259.67	5847.46	5427.03	2177.78	5336.91	2760.32
内乡县	4995.07	4886.65	4886.65	5109.59	5170.97	4974.16	1409.09	5557.18	3489.21
淅川县	4270.58	4003.06	4038.48	4612.81	5681.20	4988.64	2000.00	4124.80	2865.43
社旗县	5044.32	5326.01	5330.67	4633.18		5956.30	2837.57	3626.61	3367.85
唐河县	5292.68	5694.97	5713.37	4598.23	5694.31	4918.62	1662.17	6149.96	3900.24
新野县	5772.92	6000.26	6000.26	5196.52		5767.68	2250.00	5492.57	3609.64
桐柏县	4986.78	4235.95	4247.97	5614.58	6959.41	4714.29	1124.93	5455.07	3224.33
邓州市	5473.67	5614.34	5634.41	5113.22	6461.46	6482.86	2501.62	5424.44	3999.94

10—32 续表 (2008年,按播种面积计算) 单位:千克/公顷

	#花生	油菜籽	芝麻	棉花	麻类	烟叶	烤烟	蔬菜	果用瓜
全　　市	**4275.00**	**2896.68**	**1441.49**	**924.76**	**4560.00**	**2564.98**	**2564.98**	**36973.77**	**56031.58**
宛城区	4178.81	3109.33	966.82	964.85				43342.56	59910.61
卧龙区	3566.09	2529.41	1200.88	928.43		1200.00	1200.00	44044.50	38692.68
南召县	4153.91	1979.17	1751.16					38368.94	23847.44
方城县	4178.62	2610.39	1543.24	971.79		2126.01	2126.01	28226.38	46793.60
西峡县	2784.38	2500.00	2193.75			3039.53	3039.53	62918.95	34044.44
镇平县	3072.76	3270.40	774.83	935.54		1800.00	1800.00	47079.81	58771.88
内乡县	4759.21	2529.10	714.92	818.88		1935.00	1935.00	26738.38	26508.27
淅川县	4049.24	2845.84	1931.09	800.00	4250.00	2938.65	2938.65	12827.54	22500.00
社旗县	5569.32	2360.54	1237.57	847.11		2471.49	2471.49	24844.18	56200.86
唐河县	5072.90	2945.60	1454.58	921.33	5833.33	2550.00	2550.00	20289.00	63335.94
新野县	3849.37	3694.15	908.51	946.33	3920.00			60943.52	58474.69
桐柏县	3647.44	2392.24	1009.62	696.43				24040.40	41739.45
邓州市	4923.37	3493.94	1527.95	930.63		3291.51	3291.51	47228.34	62176.02

10－33 茶园、果园面积和茶叶、蚕茧、水果产量

	1985	1990	1995	2000	2005	2006	2007
面　　积							
茶园面积(千公顷)	3.02	1.46	1.49	1.52	1.77	1.78	1.90
果园面积(千公顷)	12.62	22.01	44.64	46.68	68.9	71.38	74.93
苹果园	6.02	10.37	29.75	16.76	10.33	10.67	10.13
梨园	1.17	1.05	5.23	8.16	9.30	10.81	11.78
葡萄园	0.21	0.28	0.81	1.54	1.36	1.68	2.11
枣园	3.70	1.01	0.44	1.66	7.90	6.47	7.46
柿园	0.11	0.35	1.12	2.57	6.75	4.05	4.17
桃园	0.19	1.48	2.85	5.72	16.38	14.30	15.26
柑桔园	1.04	6.03	2.89	4.77	9.04	9.64	9.79
其他果园	0.18	1.44	1.55	5.50	7.84	13.76	14.23
产　　量							
茶叶产量(吨)	60	116	267	616	874	1344	1526
蚕茧产量(吨)	3325	3905	10765	9620	13293	16318	19960
＃桑蚕茧	95	367	8646	7259	8921	11350	14742
柞蚕茧	3229	3538	2119	2361	4372	4968	5218
水果产量(万吨)	3.15	2.84	8.75	20.71	38.00	46.33	56.65
苹果	1.08	1.06	4.6	7.12	4.86	5.32	5.98
梨	0.38	0.26	0.93	4.29	6.76	7.43	8.40
葡萄	0.02	0.08	0.64	1.04	1.18	1.45	1.99
鲜枣	0.53	0.30	0.44	0.63	1.86	2.58	3.06
柿	0.88	0.55	0.70	1.30	1.61	2.77	3.14
桃	0.08	0.22	1.13	2.55	7.24	9.17	11.00
柑桔	0.02	0.13	0.23	1.85	3.47	3.71	3.89
其他水果	0.16	0.24	0.08	1.93	11.02	13.91	23.10

10—34 各县（市、区）果园面积

（2008 年）　　　　单位：千公顷

	年末果园面积（千公顷）	苹果园	梨园	柑桔园	桃园	猕猴桃园	葡萄园	枣园	柿园
全市	**74.93**	**10.13**	**11.78**	**9.79**	**15.26**	**7.89**	**2.11**	**7.46**	**4.17**
宛城区	3.07	0.01	1.40		1.29		0.31	0.01	0.06
卧龙区	2.40	0.21	0.33	0.08	0.45	0.01	0.10	0.22	0.53
南召县	5.82	2.28	0.25		1.61			0.02	
方城县	7.11	1.34	1.28		1.59	0.14	0.06	0.60	1.30
西峡县	15.71	2.06	2.13	0.23	1.02	7.53	0.25	0.09	0.74
镇平县	0.71	0.13	0.11	0.01	0.09	0.01	0.02	0.01	0.03
内乡县	5.35	0.58	0.48	0.47	3.02	0.04	0.08	0.07	0.19
淅川县	13.51	0.66	0.61	8.42	0.66		0.09	2.75	0.32
社旗县	4.48	0.56	1.77		0.83		0.27	0.19	0.24
唐河县	6.02	0.09	1.98		1.94		0.36	0.90	0.33
新野县	2.76	0.66	0.98		0.69	0.14	0.16	0.08	0.05
桐柏县	2.14	0.90	0.14		0.57	0.02	0.06	0.42	0.03
邓州市	5.85	0.65	0.32	0.58	1.50		0.35	2.10	0.35

10－35 各县（市、区）水果产量

（2008 年）　　单位：吨

	园林水果（吨）	苹果	红富士苹果	国光苹果	梨	雪花梨	鸭梨
全　　市	**566547**	**59805**	**18705**	**9372**	**83973**	**15084**	**6310**
宛 城 区	45760	85	50		28956	40	400
卧 龙 区	17668	2288	24		5308	2520	1
南 召 县	12635	4976			750		
方 城 县	32492	12081	3526	4080	2669	30	26
西 峡 县	200232	9067	2827	133	1439		
镇 平 县	7880	1877	895	777	2187	23	3
内 乡 县	43592	8308	286	1513	3383	16	57
淅 川 县	44821	1427	155		1223	869	354
社 旗 县	4246	699	47	23	1630	83	39
唐 河 县	74141	1694		17	26539	6539	2344
新 野 县	21012	4165	3013	693	3886	826	2256
桐 柏 县	16023	3778	3562	216	483	343	140
邓 州 市	46045	9360	4320	1920	5520	3795	690

10－35 续表　　（2008 年）　　单位：吨

	柑桔	其他园林水果	桃	猕猴桃	葡萄	红枣	柿
全　　市	**38930**	**383839**	**109955**	**172661**	**19873**	**30593**	**31351**
宛 城 区		16719	11771		4333	76	539
卧 龙 区	7	10065	4143		976	278	2415
南 召 县		6909	111	45	80	88	1662
方 城 县	6	17736	8290	16	365	2103	6099
西 峡 县	1063	188663	5416	168326	1070	458	9760
镇 平 县	2	3814	304	10	103	952	214
内 乡 县	1143	30758	25593	238	813	490	3451
淅 川 县	27739	14432	2661		4350	6911	510
社 旗 县		1917	832		298	199	202
唐 河 县		45908	29497		4202	5439	4215
新 野 县		12961	3891	4020	1092	1496	782
桐 柏 县		11762	9971	6	351	603	122
邓 州 市	8970	22195	7475		1840	11500	1380

10－36 林业生产情况

	1990	1995	2000	2005	2007	2008
营林情况						
当年造林面积(千公顷)	32	31.37	29.33	28.88	5.83	46.49
人工造林	29	27.67	25.87	25.22	4.97	45.20
飞机播种造林	3	3.7	3.46	2.66		
按用途分的造林面积(千公顷)						
用材林	19	13.78	7.35	18.18	0.49	9.03
#速生丰产林面积	3.9	2.6	1.37	2.37		1.50
经济林	10	10.12	14.38	4.44	0.33	3.96
防护林	1	6.88	7.6	5.26	5.02	33.50
薪炭林	2	0.59				
迹地更新面积(千公顷)	3	4.92	2.12			
零星(四旁)植树(万株)	3119	2997	3443	6854	6437	6462.20
育苗面积(千公顷)	3	1.93	1.85	3.72	3.77	4.05
幼林抚育作业面积(千公顷次)	59	257.65	318.04	424.87	419.57	477.78
成林抚育面积(千公顷)	31	113.08	207.88	284.6	350.46	315.80
主要林产品产量						
生漆(吨)	26	57	448	811	1144	1050
油桐籽(吨)	7089	10676	20566	28547	29438	31020
油茶籽(吨)		39	301	729	377	405
乌桕籽(吨)	532	475	1573	2659	3880	4105
五倍子(吨)		88	558	1989	2327	2560
核桃(吨)	571	1579	3184	6855	9424	15070
木耳(按干重计算)(吨)		791				
板栗(吨)	592	4037	22432	31567	37869	40186
猕猴桃(吨)		3954			66771	74713
山楂(吨)		1662				
花椒(吨)		2789	999		9622	8606
白果(吨)		114			685	764
村及村以下竹木采伐量						
木材(万立方米)	11.73	14.99	11.63	4.41	5.05	3.46
竹材(万根)	6.8	34.25	4			

10—37 各县(市、区)林业生产情况

(2008年)　　　　　　　　　　　　　　　　　单位:公顷

	当年造林面积	按造林方式分		按林种用途分		
		人工造林	飞播造林	用材林	经济林	防护林
全　　市	**46489**	**45197**		**9028**	**3957**	**33504**
宛城区	2566	2566		798		1768
卧龙区	3402	3402		432	140	2830
南召县	3888	2796		68	50	3770
方城县	3083	3083		422	265	2396
西峡县	5904	5904		3990	1181	733
镇平县	2506	2506				2506
内乡县	2499	2499		750	500	1249
淅川县	8187	7987			67	8120
社旗县	3462	3462		612		2850
唐河县	2833	2833			966	1867
新野县	1971	1971		591		1380
桐柏县	3810	3810		1365	788	1657
邓州市	2378	2378				2378

10—37 续表　　　　　　　(2008年)　　　　　　　　　　单位:公顷

	薪炭林	迹地更新面积	零星(四旁)植树(万株)	育苗面积	幼林抚育作业面积(千公顷次)	成林抚育面积
全　　市			**6462**	**4048**	**477783**	**333110**
宛城区			230	329	6280	6990
卧龙区			1545	590	17500	16600
南召县			270	686	94710	96850
方城县			375	200	38500	23210
西峡县			395	310	27793	49410
镇平县			858	278	30000	13000
内乡县			310	233	61500	40000
淅川县			60	238	3410	6500
社旗县			620	202	21000	10000
唐河县			620	300	19500	14500
新野县			29	170	33240	31500
桐柏县			300	272	120000	20000
邓州市			850	240	4350	1550

注:涉及市直的指标数据直接在总计中反映。

10—38 畜牧业生产情况

	1990	1995	2000	2005	2007	2008
牲畜年底头数						
大牲畜(万头)	153.17	160.08	165.29	168.54	168.05	167.21
牛	147.54	152.66	154.71	160.22	160.83	160.05
黄牛	145.44	149.10	152.30	153.90	153.67	
良种及改良乳牛	0.06	0.27	0.92	2.92	4.32	4.92
水牛	2.04	3.29	1.49	3.40	2.84	
马	1.77	2.72	3.76	3.46	2.66	2.60
驴	3.81	3.97	5.65	3.97	3.92	4.04
骡	0.05	0.73	1.17	0.89	0.64	0.52
猪(万头)	207.85	286.60	433.60	467.98	498.22	528.10
羊(万只)	143.61	205.68	253.62	271.38	277.68	285.04
山羊	123.94	189.60	236.89	252.28	270.00	274.63
绵羊	19.67	16.08	16.73	19.10	7.68	10.41
家禽(万只)	2543.12	3566.23	4112.92	5316.23	5531.62	5699.17
家兔(万只)	38.12	157.01	283.13	415.94	278.98	300.58
畜产品产量						
猪牛羊出栏头(只)数						
猪(万头)	130.00	233.01	389.38	521.26	482.59	522.60
牛(万头)	30.00	70.29	83.97	84.46	90.00	91.89
羊(万只)	86.00	178.31	243.27	298.32	318.52	329.24
肉类总产量(吨)	151347	327237	496814	610681	597091	639484
猪肉	96002	174391	307139	396158	360669	395934
牛肉	33497	93092	105891	107265	130617	131234
羊肉	12824	22885	28704	35201	36634	39108
禽肉	8240	33717	39383	48244	52062	55177
兔肉	323	2156	4691	7786	5528	5903
其他畜产品产量						
奶类产量(吨)	4965	16031	46987	153000	223367	265802
#牛奶	935	9211	29022	107266	170148	205879
山羊毛(吨)	342	874	874	1084	1557	1552
绵羊毛(吨)	551	593	541	576	383	414
羊绒(吨)	1	30	129	104	126	396
蜂蜜(吨)	2024	3802	11581	13605	25742	27704
禽蛋(吨)	78020	176007	247959	268302	275000	295900

10－39 各县(市、区)牲畜期末存栏情况

(2008 年)

	猪(万头)	能繁母猪	牛(万头)	肉牛	奶牛	役用
全市	**528.10**	**59.50**	**160.05**	**81.86**	**4.92**	**73.27**
宛城区	23.57	3.42	2.57	0.61	1.56	0.40
卧龙区	23.55	2.76	2.10	0.41	0.88	0.81
南召县	22.10	1.57	7.73	3.13	0.01	4.59
方城县	26.45	5.63	5.61	1.68	0.11	3.82
西峡县	29.05	2.39	6.38	3.05	0.03	3.30
镇平县	30.50	5.12	6.01	3.35	0.28	2.38
内乡县	46.92	8.50	10.62	3.98	0.18	6.46
淅川县	40.43	3.42	18.46	7.89	0.04	10.53
社旗县	42.44	4.51	12.98	4.07	0.34	8.57
唐河县	81.49	7.73	34.48	23.75	0.44	10.29
新野县	34.36	4.23	14.32	7.49	0.38	6.45
桐柏县	19.39	1.34	8.68	3.13	0.04	5.51
邓州市	107.85	8.88	30.11	19.32	0.63	10.16

10－39 续表

(2008 年)

	羊(万头)	山羊	绵羊	家禽(万只)	其它大牲畜(万头)	马	驴	骡	兔(万只)
全市	**285.04**	**274.63**	**10.41**	**5699.17**	**7.16**	**2.60**	**4.04**	**0.52**	**300.58**
宛城区	3.71	3.37	0.34	219.06					24.07
卧龙区	2.85	2.40	0.45	312.46					4.54
南召县	6.21	5.98	0.23	203.85	0.16		0.16		
方城县	10.69	9.54	1.15	290.56	0.51	0.19	0.24	0.08	5.91
西峡县	35.65	35.35	0.30	234.28	0.07	0.04	0.03		1.24
镇平县	3.89	3.20	0.69	421.85	0.60	0.20	0.37	0.03	4.16
内乡县	23.53	22.12	1.41	401.68	0.01	0.01			7.62
淅川县	49.67	49.66	0.01	474.61	0.98	0.57	0.41		3.49
社旗县	20.83	19.88	0.95	333.35	1.67	0.65	0.76	0.26	52.38
唐河县	39.97	38.88	1.09	893.36	2.95	0.92	1.90	0.13	137.26
新野县	20.43	19.09	1.34	476.71					27.97
桐柏县	7.09	6.87	0.22	215.42	0.07	0.01	0.06		1.91
邓州市	60.52	58.29	2.23	1221.98	0.14	0.01	0.11	0.02	30.03

10—40 各县(市、区)畜产品产量

(2008年)

	猪牛羊出栏				肉类总产量(吨)				
	猪(万头)	牛(万头)	羊(万只)	禽(万只)		猪肉	牛肉	羊肉	禽肉
全市	**522.60**	**91.89**	**329.24**	**4731.31**	**639484**	**395934**	**131234**	**39108**	**55177**
宛城区	26.46	1.73	6.73	136.99	26387	20156	2465	799	1628
卧龙区	20.01	1.35	6.38	245.54	21056	14972	1899	753	2845
南召县	18.31	2.64	15.89	115.98	22066	14309	3781	1877	1334
方城县	22.56	2.57	25.29	316.97	28417	17019	3642	2989	3666
西峡县	23.67	3.26	21.06	121.44	26608	17556	4689	2488	1396
镇平县	25.42	2.66	16.09	407.43	30293	19083	3744	1901	4696
内乡县	70.94	7.57	58.15	375.09	77872	55145	10613	6900	4424
淅川县	42.94	9.15	25.21	352.8	53718	32337	13180	2979	4107
社旗县	48.69	8.02	18.45	242.39	54912	35449	11550	2179	2847
唐河县	81.93	17.74	36.82	687.60	103756	62639	24710	4401	7937
新野县	26.05	7.81	29.14	515.95	42000	19099	11319	3513	6313
桐柏县	19.34	3.56	13.19	233.63	24527	14515	5361	1538	2687
邓州市	96.28	23.83	56.84	979.50	127872	73655	34281	6791	11297

10—40 续表

(2008年)

	奶类总产量(吨)	牛奶	蜂蜜(吨)	禽蛋(吨)	鸡蛋	绵羊毛(吨)	细羊毛	半细毛	山羊毛(吨)
全市	**265802**	**205879**	**27704**	**295900**	**260915**	**414**	**57**	**333**	**1552**
宛城区	80163	67790	604	11374	10029	19		18	
卧龙区	75334	45397		16223	14305	28		26	
南召县	711	711	87	10584	9333	30		28	179
方城县	7423	6386	893	15086	13302	55		52	259
西峡县	1320	1320	145	12164	10726	18		17	
镇平县	14052	13827	337	21906	19316	38		36	79
内乡县	8659	7492	1170	20855	18389	61	57	27	208
淅川县	750	750		24641	21728	1		1	
社旗县	17040	16003	3519	17307	15261	38		36	147
唐河县	18143	15120	2697	46383	40899	28			416
新野县	25589	16542	10307	24750	21824	54		51	
桐柏县	1740	1515	6199	11184	9862	26		24	30
邓州市	14878	13026	1746	63443	55941	18		17	234

10—41 各县(市、区)渔业生产情况

(2008年)

	水产品产量(吨)						
	合计	天然生产	人工养殖	鱼类	虾蟹类	贝类	其他
全市	**90500**	**4950**	**85550**	**83934**	**351**	**150**	**1265**
宛城区	5300	20	5280	5030	190		60
卧龙区	5000	200	4800	4800			
南召县	15200	580	14620	14612			8
方城县	4500	240	4260	4240			20
西峡县	3450	180	3270	3025	45		200
镇平县	5900	230	5670	5320			350
内乡县	4050	100	3950	3870	44		36
淅川县	18000	2880	15120	14600			520
社旗县	4100	20	4080	4075			5
唐河县	6900	350	6550	6507	7	150	36
新野县	4650		4650	4620			30
桐柏县	7600	50	7550	7485	65		
邓州市	5850	100	5750	5750			

10—42 农民家庭平均每人出售的主要农产品

单位:千克

	1985	1995	2000	2005	2007	2008
粮食	130.66	81.97	150.02	289.94	466.72	530.55
棉花	9.87	10.71	15.13	32.32	43.55	33.04
油料	9.81	19.97	37.86	47.72	41.56	31.85
烟叶	7.11	2.97	3.74	5.25	2.76	5.16
蔬菜	19.83	77.79	143.92	120.64	137.05	139.77
瓜果水果	0.11	2.62	127.58	13.36	16.87	22.02

说明:本表为农村住户抽样调查资料(下表同)。

10—43 农民家庭平均每人出售畜禽产品情况

	1985	1995	2000	2005	2007	2008
肉猪(头)	0.08	0.4	0.24	0.31	0.32	0.29
猪肉(公斤)	5.95	0.47	0.92	21.98	26.58	24.04
肉牛(头)	0.004	0.02	0.02	0.04	0.09	0.03
牛肉(公斤)	0.44	0.02	0.06	5.89	7.22	4.72
菜羊(只)	0.06	0.08	0.07	0.08	0.11	0.05
羊肉(公斤)	0.94	0.01	0.09	1.88	2.31	1.02
家禽(公斤)	0.36	0.4	0.69	0.63	0.88	0.94
蛋类(公斤)	1.69	0.91	2.45	4.86	4.03	4.58
奶类(公斤)					0.25	3.25
水产品(公斤)	0.19	0.03	1.3	0.41	0.43	0.43

主要统计指标解释

粮食产量 指全社会的产量。包括国有经济经营的、集体统一经营的和农民家庭经营的粮食产量，还包括工矿企业办的农场和其他生产单位的产量。粮食除包括稻谷、小麦、玉米、高粱、谷子及其他杂粮外，还包括薯类和豆类。其产量计算方法，豆类按去豆荚后的干豆计算；薯类(包括甘薯和马铃薯，不包括芋头和木薯)1963 年以前按每 4 公斤鲜薯折 1 公斤粮食计算，从 1964 年开始改为按 5 公斤鲜薯折 1 公斤粮食计算。城市郊区作为蔬菜的薯类(如马铃薯等)按鲜品计算，并且不作粮食统计。其他粮食一律按脱粒后的原粮计算。

油料产量 指全部油料作物的生产量。包括花生、油菜籽、芝麻、向日葵籽、胡麻籽(亚麻籽)和其他油料。不包括大豆、木本油料和野生油料。花生以带壳干花生计算。

水产品产量 指人工养殖的水产品和天然生长的水产品的捕捞量。包括海水的鱼类、虾蟹类、贝类和藻类以及内陆水域的鱼类、虾蟹类和贝类，不包括淡水生植物。

猪、牛、羊肉产量 指当年出栏并已屠宰、除去头蹄下水后带骨肉(即胴体重)的重量。

期初(末)畜禽存栏头(只)数 指报告期初(末)农村各种合作经济组织和国营农场、农民个人、机关、团体、学校、工矿企业、部队等单位以及城镇居民饲养的大牲畜、猪、羊、家禽等畜禽的存栏数。

常用耕地 是指耕地总资源中专门种植农作物并经常进行耕种、能够正常收获的土地。包括当年实际耕种的熟地；弃耕、休闲不满三年，随时可以复耕的地；开荒利用三年以上的地。不包括临时种植农作物的坡度在 25 度以上的陡坡地；在河套、湖畔、库区临时开发的成片或零星土地；也不包括已列为国家和省(区、市)退耕计划但临时耕种的土地。

农作物播种面积 指实际播种或移植有农作物的面积。凡是实际种植有农作物的面积，不论种植在耕地上还是种植在非耕地上，均包括在农作物播种面积中。在播种季节基本结束后，因遭灾而重新改种和补种的农作物面积，也包括在内。

有效灌溉面积 指具有一定的水源，地块比较平整，灌溉工程或设备已经配套，在一般年景下当年能够进行正常灌溉的耕地面积。

农用化肥施用量 指本年内实际用于农业生产的化肥数量，包括氮肥、磷肥、钾肥和复合肥。化肥施用量要求按折纯量计算数量。折纯量是指把氮肥、磷肥、钾肥分别按含氮、含五氧化二磷、含氧化钾的百分之一百成份进行折算后的数量。复合肥按其所含主要成分折算。

农业机械总动力 指主要用于农、林、牧、渔业的各种动力机械的动力总和。包括耕作机械、排灌机械、收获机械、农用运输机械、植物保护机械、牧业机械、林业机械、渔业机械和其他农业机械〔内燃机按引擎马力折成瓦(特)计算、电动机按功率折成瓦(特)计算〕。不包括专门用于乡镇、村、组办工业、基本建设、非农业运输、科学试验和教学等非农业生产方面用的动力机械与作业机械。

农林牧渔业劳动力 指全社会直接参加农林牧渔业生产活动的劳动力。

乡村从业人员 指乡村人口中劳动年龄在 16 周岁以上实际参加生产经营活动并取得实物或货币收入的人员，包括劳动年龄内经常参加劳动的人员，也包括超过劳动年龄但经常参加劳动的人员，但不包括户口在家的在外学生、现役军人和丧失劳动能力的人，也不包括待业人员和家务劳动者。从业人员按从事主业时间最长(时间相同按收入)分为农业从业人员、工业从业人员、建筑从业人员、交运仓储及邮电业从业人员、批零贸易及餐饮业从业人员、其它从业人员。

11

工　业

资料整理：马协龙　陈庆伟　王涛　张祎　焦静琴

11-1 历年工业企业单位数

单位:个

	总计	国有工业	集体工业	城乡个体工业	城乡合作工业	其他经济类型工业	轻工业	重工业
1949	22	8		14				
1952	66	43		23				
1957	232	78		154				
1962	685	178	507					
1965	515	153	362					
1970	753	231	522					
1975	1007	314	693					
1978	1299	362	937					
1979	1367	373	994					
1980	1445	383	1062					
1981	1443	379	1064					
1982	1484	397	1087					
1983	3096	416	1127	1553				
1984	70359	350	4147	65862				
1985	36553	369	3697	27695	4791	1		
1986	65275	386	3951	52817	8121			
1987	90982	421	6404	76041	8110	6		
1988	101597	431	6692	85216	9256	2		
1989	93768	443	5800	84017	3504	4	58499	35269
1990	99427	474	5029	85745	8173	6	65451	33976
1991	97955	445	5056	92323	128	3	60684	37271
1992	118719	433	5318	111637	1322	9	92256	26463
1993	170367	500	6186	160694	2892	95	78927	91440
1994	201462	438	6432	189674	4654	264	129784	71678
1995	188576	481	6186	161755	19697	457	132861	55715
1996	189189	525	6933	162212	19151	368	133043	56146
1997	161564	403	7723	41973	110977	488	127065	34499
1998	137295	201	4883	128399		3812	107353	29942
1999	132393	302	4755	123617		3719	104928	27465
2000	132020	252	4695	123043		4030	102709	29311
2001	131098	250	4378	121063		5407	100020	31078
2002	135407	300	3419	126361		5327	105847	29560
2003	141032	283	2960	131989		5800	106038	34994
2004	138412	236	2113	129040		7023	104562	33850
2005	131093	222	2085	121579		7207	97909	33184
2006	120514	179	991	110050		9294	91875	28639
2007	117833	167	921	105582		11163	90115	27718
2008	117614	106	228	105011		12269	88114	29500

11-2 各县(市、区)全部工业企业单位数

(2008年) 单位:个

	合计	规模以上企业	规模以下企业	个体经营单位	轻工业	重工业
总计	**117614**	**1260**	**11343**	**105011**	**88114**	**29500**
宛城区	7046	67	964	6015	4306	2740
卧龙区	5686	68	853	4765	3313	2373
南召县	6967	72	299	6596	5693	1274
方城县	8688	73	920	7695	6405	2283
西峡县	6563	77	611	5875	5280	1283
镇平县	21286	131	840	20315	18630	2656
内乡县	5215	54	978	4183	3328	1887
淅川县	10685	42	698	9945	9368	1317
社旗县	5756	75	626	5055	4502	1254
唐河县	13996	130	1228	12638	9634	4362
新野县	6673	165	1256	5252	4599	2074
桐柏县	5029	55	696	4278	3108	1921
邓州市	13905	132	1374	12399	9920	3985
市直	34	34			12	22
高新区	59	59			11	48
两属	26	26			5	21

11-2续表 (2008年) 单位:个

	公有制企业	国有及国有控股	集体及集体控股	非公有制企业	#大型企业	#中型企业
总计	**365**	**111**	**254**	**117249**	**14**	**94**
宛城区	40	6	34	7006		6
卧龙区	92	12	80	5594		3
南召县	20	6	14	6947		2
方城县	4	1	3	8684		4
西峡县	4	4		6559	4	6
镇平县	53	6	47	21233		5
内乡县	7	5	2	5208		4
淅川县	30	8	22	10655	1	6
社旗县	19	5	14	5737		3
唐河县	9	6	3	13987		4
新野县	9	5	4	6664	1	4
桐柏县	6	4	2	5023		8
邓州市	24	3	21	13881		10
市直	23	21	2	11	4	10
高新区	10	8	2	49	1	7
两属	15	11	4	11	3	12

11-3 工业企业增加值

单位:万元

	2000	2005	2006	2007	2008
全部工业总计	**2115251**	**4681756**	**5465568**	**6413271**	**7681965**
按注册类型分					
内资企业	1285855	3007695	3635724	4407473	5586711
国有	532429	1000804	1063772	783128	999644
集体	351111	393842	248073	269949	222937
股份合作	135874	99846	80292	71607	75782
股份制工业	192013	852516	1259853	1661997	2195492
私营企业	171388	1189638	1643392	2124585	2774402
外商及港澳台商投资	52212	90161	95664	147098	191631
按控股经济分					
公有制		1459003	1406337	1598126	1701162
国有工业		1000636	1063772	1192636	1523031
集体工业		458367	342565	405490	172131
非公有制		3222753	4059321	2956445	4077180
按轻重工业分					
轻工业	1050163	2441102	2780655	3277347	3732545
重工业	1065088	2240654	2684913	3135924	3949419
按企业规模分					
大型企业	385992	695435	798710	1010820	1410631
中型企业	72185	463034	555843	817663	972087
小型企业	879890	1939187	2379215	2726055	3395623
一、规模以上工业企业总计	**983721**	**2251156**	**2811568**	**3513171**	**4681764**
按注册类型分					
内资企业	932617	2165319	2717233	3370259	4492721
国有	532429	732855	702936	783128	998162
集体	212580	250730	128517	134911	152040
股份合作	80912	61372	57194	45524	59537
股份制工业	186631	828694	1211925	1576240	2143696
私营企业	30173	590449	951080	1342811	1840420
外商及港澳台商投资	51104	85837	94335	142912	189043

11－3续表

单位:万元

	2000	2005	2006	2007	2008
按控股经济分					
公有制		1225783	1275556	1450412	1668233
国有工业		998642	1060485	1188924	1516193
集体工业		227141	215071	261488	152040
非公有制		1025373	1536102	2062759	3013531
按轻重工业分					
轻工业	356699	912311	1131506	1473891	1884299
重工业	627022	1338845	1680062	2039280	2797465
按企业规模分					
大型企业	385992	695435	798710	1010820	1410631
中型企业	72185	463034	555843	817663	972087
小型企业	74252	1092687	1457015	1684688	2299045
二、规模以下工业企业总计	**354346**	**846500**	**922200**	**1041400**	**1096578**
按注册类型分					
内资企业	353238	842376	918491	1037214	1093990
国有企业					1482
集体企业	138531	161367	119556	135038	70897
股份合作企业	54962	38474	23098	26083	16245
股份制工业	5382	38011	34267	45757	51796
私营企业	141215	599189	692312	781774	933982
外商及港澳台商投资企业	1108	4124	3709	4186	2588
按控股经济分					
公有制		233220	130781	147714	32929
国有工业		1994	3287	3712	6838
集体工业		231226	127494	144002	20091
非公有制		613280	791419	893686	1063649
按轻重工业分					
轻工业	141923	335712	370630	418556	429209
重工业	212423	510788	551570	622844	667368
三、城乡个体工业合计	**777184**	**1584100**	**1731800**	**1858700**	**1903623**
轻工业	551541	1172259	1278519	1384900	1419037
重工业	225643	431643	453281	473800	484586

注:本表按当年价格计算。

11-4 工业企业增加值指数

（上年＝100）

	2000	2005	2006	2007	2008
全部工业总计	**107.6**	**117.2**	**116.7**	**116.3**	**115.1**
按注册类型分					
内资企业				120.1	118.0
国有		107.1	110.4	113.9	109.9
集体		110.9	93.1	112.8	119.0
股份合作				112.5	101.5
股份制工业		133.2	124.4	130.7	125.8
私营企业		113.5	119.9	123.7	122.9
外商及港澳台商投资		102.1	117.9	119.3	116.1
按控股经济分					
公有制				113.1	110.6
国有工业		107.1	110.3	113.0	112.8
集体工业			93.1	113.2	103.4
非公有制			135.6	124.4	124.1
按轻重工业分					
轻工业		122.5	115.7	117.1	113.2
重工业		111.5	116.0	115.4	117.0
按企业规模分					
大型企业		112.2	114.1	122.4	119.5
中型企业		112.1	111.9	120.4	117.8
小型企业		128.6	123.8	119.2	117.3
一、规模以上工业企业总计	**116.9**	**123.6**	**122.9**	**123.0**	**120.1**
按注册类型分					
内资企业			123.1	123.1	120.2
国有		101.4	110.7	113.9	110.1
集体		127.8	122.4	114.3	115.2
股份合作			130.6	113.2	111.7
股份制工业		139.9	124.4	127.4	126.0
私营企业				132.2	122.7
外商及港澳台商投资		99.6	117.6	119.6	116.8

11－4 续表 （上年＝100）

	2000	2005	2006	2007	2008
按控股经济分					
公有制			111.7	113.3	112.3
国有工业		107.1	110.3	113.0	112.5
集体工业				114.2	115.2
非公有制				131.0	124.6
按轻重工业分					
轻工业		131.0	126.3	127.1	119.8
重工业		119.1	120.7	120.2	120.4
按企业规模分					
大型企业		112.2	114.1	122.4	119.5
中型企业		112.1	111.9	120.4	117.8
小型企业		128.6	123.8	124.7	121.5
二、规模以下工业企业总计	**106.7**	**111.7**	**110.7**	**111.3**	**108.6**
按注册类型分					
内资企业			110.8	111.3	108.8
国有企业					
集体企业		109.7	75.2	111.3	54.1
股份合作企业			61.0	111.3	64.2
股份制工业		114.3	91.6	246.8	116.7
私营企业		112.2	117.4	111.3	123.2
外商及港澳台商投资企业		107.4	91.4	111.3	63.8
按控股经济分				0.0	
公有制		48.2	57.0	111.3	23.0
国有工业		66.9	167.5	111.3	190.0
集体工业		48.1	56.0	111.3	14.4
非公有制		226.3	131.1	111.3	122.8
按轻重工业分					
轻工业		113.5	110.4	114.1	105.8
重工业		110.5	108.0	109.4	110.5
三、城乡个体工业合计	**109.0**	**112.6**	**111.1**	**107.9**	**106.7**
轻工业		119.9	110.8	108.9	106.8
重工业		96.0	111.9	105.1	106.5

注：本表按可比价格计算。

11-5 各县(市、区)工业增加值及指数

	工业增加值(万元)				
	2000	2005	2006	2007	2008
全　　市	**2115251**	**4681762**	**5465568**	**6413271**	**7681965**
市　　直	143747	835219	323912	299125	350190
宛 城 区	74390	159339	188418	221249	272282
卧 龙 区	104793	230213	243730	267899	351746
南 召 县	93194	262130	304646	342021	278166
方 城 县	72843	180548	212369	247504	329811
西 峡 县	89214	271584	358899	471396	645124
镇 平 县	323621	744293	809307	887059	864736
内 乡 县	101502	228842	261270	305456	367758
淅 川 县	116261	301191	345310	418886	505095
社 旗 县	37171	105495	136495	174723	261856
唐 河 县	153661	320907	384378	479921	558642
新 野 县	166458	419320	484725	598741	720324
桐 柏 县	76890	203144	241663	288609	331799
邓 州 市	185029	419530	505064	623230	830384
两　　属	369549		621566	679642	876154
高 新 区			50314	107812	137915

注:本表增加值按当年价格计算,指数按可比价格计算。

11-5 续表

	工业增加值指数(上年=100)				
	2000	2005	2006	2007	2008
全　　市	**107.6**	**117.2**	**116.7**	**116.3**	**115.1**
市　　直	95.1	100.0	123.8	115.2	113.1
宛 城 区	98.6	116.3	119.8	114.1	113.6
卧 龙 区	109.7	118.5	115.8	113.2	112.9
南 召 县	103.8	117.5	115.7	112.5	108.6
方 城 县	108.7	120.0	120.0	114.2	113.5
西 峡 县	111.6	136.5	124.9	122.8	118.3
镇 平 县	109.9	119.5	115.4	114.4	107.8
内 乡 县	110.2	118.2	117.0	112.2	111.0
淅 川 县	109.1	123.3	119.4	121.1	115.1
社 旗 县	65.1	119.7	120.0	114.6	112.8
唐 河 县	106.7	118.7	118.4	118.9	114.2
新 野 县	99.7	124.0	119.6	119.7	116.1
桐 柏 县	112.5	119.0	116.3	115.2	114.3
邓 州 市	105.2	118.7	118.5	118.0	115.1
两　　属	138.5		105.1	115.5	113.6
高 新 区			126.9	138.8	122.5

11－6 各县(市、区)全部工业增加值

(2008 年)

	全部工业		限额以上工业		限额以下企业		城乡个体	
	增加值(万元)	比上年增长(%)	增加值(万元)	比上年增长(%)	增加值(万元)	比上年增长(%)	增加值(万元)	比上年增长(%)
全　　市	**7681965**	**15.1**	**4681764**	**20.1**	**1096578**	**8.6**	**1903622**	**6.7**
市　　直	350190	13.1	350190	13.1				
宛城区	272282	13.6	111282	22.1	74886	8.1	86114	7.5
卧龙区	351746	12.9	128046	22.0	80398	7.3	143302	7.9
南召县	278166	8.6	193166	13.9	24175	-6.3	60825	-2.6
方城县	329811	13.5	160811	20.0	74365	7.7	94635	7.2
西峡县	645124	18.3	460124	22.5	68337	7.6	116663	8.3
镇平县	864736	7.8	422236	19.0	95513	-3.1	346987	-2.6
内乡县	367758	11.0	131758	17.4	136271	7.6	99729	7.3
淅川县	505095	15.1	253595	22.4	85081	7.6	166419	8.1
社旗县	261856	12.8	125856	18.6	46304	9.3	89696	7.0
唐河县	558642	14.2	253642	22.2	90665	10.6	214335	6.4
新野县	720324	16.1	444524	21.3	148132	9.3	127668	6.1
桐柏县	331799	14.3	169699	20.7	71390	7.2	90710	7.8
邓州市	830384	15.1	462784	21.3	101060	10.6	266540	6.2
两　　属	876154	13.6	876154	13.6				
高新区	137915	22.5	137915	22.5				

注:本表增加值按当年价格计算,增长速度按可比价格计算。

11-7 限额以上工业企业分行业单位数、总产值、增加值及销售产值

（2008 年）

	单位数(个)	工业总产值（万元）	工业增加值（万元）	比上年增长（%）	工业销售产值（万元）
总计	**1260**	**15481057**	**4681764**	**20.1**	**15321859**
煤炭开采和洗选业					
石油和天然气开采业	2	1163256	535319	7.2	1436809
黑色金属矿采选业	27	166403	52465	12.7	203552
有色金属矿采选业	20	149111	42565	31.8	149821
非金属矿采选业	48	306961	119732	25.1	300603
其他采矿业	1	13950	4206	14.9	13851
农副食品加工业	158	1007075	292203	22.5	963681
食品制造业	38	282991	89435	26.2	295442
饮料制造业	25	564826	155545	26.6	599960
烟草制品业	2	154478	88089	6.2	154400
纺织业	206	2118570	575517	22.3	2148688
纺织服装、鞋、帽制造业	16	67579	22088	38.4	67648
皮革、毛皮、羽毛(绒)及其制品业	7	52113	16996	13.6	51692
木材加工及木、竹、藤、棕、草制品业	42	284321	87009	25.0	279653
家具制造业	7	47242	13902	34.9	46633
造纸及纸制品业	24	177025	53802	7.1	198922
印刷业和记录媒介的复制	12	41802	13651	32.9	41040
文教体育用品制造业	8	62905	22558	29.1	61957
石油加工、炼焦及核燃料加工业	5	285837	55281	-4.6	21708
化学原料及化学制品制造业	57	746774	203569	13.4	679744
医药制造业	50	651519	209981	21.6	716240
化学纤维制造业	2	10076	2555	-29.2	10042
橡胶制品业	4	15245	4159	20.6	14595
塑料制品业	43	258908	72271	24.6	250502
非金属矿物制品业	174	1766059	563809	14.6	2568923
黑色金属冶炼及压延加工业	10	787726	213339	30.7	176437
有色金属冶炼及压延加工业	7	684768	151241	65.1	426044
金属制品业	26	111311	34567	24.2	112587
通用设备制造业	31	219085	64943	25.0	188410
专用设备制造业	41	616033	152494	16.0	587309
交通运输设备制造业	25	250527	57971	23.1	179241
电气机械及器材制造业	18	268282	74289	43.8	262425
通信设备、计算机及其他电子设备制造业	14	121806	35707	17.0	118726
仪器仪表及文化、办公用机械制造业	40	332333	108157	20.0	334018
工艺品及其他制造业	42	503293	181715	12.1	496514
废弃资源和废旧材料回收加工业					
电力、热力的生产和供应业	23	1182505	307475	25.0	1156084
燃气生产和供应业	1	1816	399	145.2	1409
水的生产和供应业	4	6547	2761	-8.5	6547

注：本表产值按当年价格计算，增长速度按可比价格计算。

11-8 各县(市、区)限额以上工业企业单位数

(2008 年底)　　　　单位:个

	合计	#国有及国有控股企业	集体企业	非公有制工业	#外商及港澳台投资企业	轻工业	重工业	大型企业	中型企业	小型企业
总计	**1260**	**82**	**112**	**1066**	**43**	**671**	**589**	**14**	**94**	**1152**
宛城区	67	3	16	48	1	40	27		6	61
卧龙区	68	2	24	42	4	28	40		3	65
南召县	72	2	9	61	2	15	57		2	70
方城县	73	1	2	70	2	30	43		4	69
西峡县	77	3		74	2	15	62	4	6	67
镇平县	131	4	21	106	4	78	53		5	126
内乡县	54	4	2	48	3	18	36		4	50
淅川县	42	4	2	36	1	16	26	1	6	35
社旗县	75	2	10	63	1	50	25		3	72
唐河县	130	6	2	122	4	98	32		4	126
新野县	165	4	3	158	2	150	15	1	4	160
桐柏县	55	4	1	50	2	16	39		8	47
邓州市	132	3	12	117	3	89	43		10	122
市直	34	21	2	11	3	12	22	4	10	20
高新区	59	8	2	49	7	11	48	1	7	51
两属	26	11	4	11	2	5	21	3	12	11

11-9 各县(市、区)限额以上工业总产值

(2008 年)　　　　单位:万元

	总产值	国有及国有控股企业	集体企业	非公有制工业	#外商及港澳台投资企业	轻工业	重工业	大型企业	中型企业	小型企业
总计	**15481057**	**4259218**	**467765**	**10347153**	**645712**	**6264108**	**9216950**	**4587646**	**3369238**	**7524174**
宛城区	384787	61636	24757	212210	16323	229950	154837		112812	271975
卧龙区	419417	40378	49322	264963	30032	139413	280004		75721	343696
南召县	605807	23803	78620	492132	7434	130133	475673		54405	551402
方城县	529752	12918	14054	502780	4963	212057	317694		30338	499414
西峡县	1717769	21161		1696608	5003	145759	1572010	1580408	53449	83912
镇平县	1281448	95283	145183	966468	40580	723918	557530		69634	1211814
内乡县	434885	28428	8918	387453	28675	136643	298243		106399	328487
淅川县	1012557	185900	2564	821942	47864	80213	932344	182000	700035	130522
社旗县	419590	8102	42691	341844	12963	291860	127730		63459	356131
唐河县	830256	27465	4236	797714	28282	647099	183157		46009	784247
新野县	1643257	255562		1357073	43137	1500296	142961	215735	72303	1355219
桐柏县	547538	133867		372634	9299	181435	366103		213806	333732
邓州市	1533603	41030	74149	1351031	32720	1034047	499557		439311	1094292
市直	1363597	948984	14257	400356	42632	596887	766710	774241	532842	56514
高新区	514699	83829	5008	425863	249843	33115	481584	182082	112570	220047
两属	2282187	2179165	9235	93599	39848	288843	1993344	1653180	616683	12324

注:本表按当年价格计算。

11-10 各县(市、区)限额以上工业总产值指数

(2008年)

单位:%

	合　计	国有及国有控股企业	集体企业	非公有制工　业	#外商及港澳台投资企业	轻工业	重工业	大中型企　业	#国有企业
总　　计	**121.3**	**113.7**	**113.9**	**125.6**	**118.6**	**120.3**	**122.1**	**121.1**	**113.8**
宛　城　区	122.4	105.1	103.6	130.0	91.6	131.2	111.0	116.2	92.9
卧　龙　区	122.9	142.6	122.1	128.5	96.0	112.3	129.1	151.5	100.0
南　召　县	112.7	93.4	145.6	110.3	245.3	124.7	109.5	82.9	87.8
方　城　县	116.3	106.6	97.4	117.3	120.5	106.8	124.0	69.3	106.6
西　峡　县	128.5	48.2	100.0	130.3	39.7	123.4	129.0	138.8	40.0
镇　平　县	119.0	142.4	117.0	117.5	122.8	116.9	121.8	120.5	150.9
内　乡　县	117.2	101.7	112.8	119.5	102.5	129.8	111.9	116.6	103.7
淅　川　县	122.3	125.3	134.2	122.4	145.1	84.6	127.1	120.2	125.8
社　旗　县	118.3	82.1	120.6	118.9	126.9	118.7	117.4	96.0	83.0
唐　河　县	122.1	97.7	109.6	123.5	119.4	122.9	119.1	100.9	113.9
新　野　县	121.7	115.5	100.0	123.1	231.0	121.9	119.8	116.9	116.1
桐　柏　县	120.9	119.2	100.0	123.8	91.4	128.4	117.3	124.1	99.8
邓　州　市	121.5	101.3	92.7	126.4	129.1	124.3	115.7	120.6	103.7
市　　　直	112.5	106.2	132.8	129.1	112.3	115.6	110.2	115.2	109.5
高　新　区	121.6	118.8	108.6	122.3	114.4	108.9	122.5	110.5	101.7
两　　　属	116.0	116.2	64.9	121.3	93.9	110.3	117.1	116.4	116.3

注:本表按可比价格计算。

11-11 各县(市、区)限额以上工业销售产值

(2008年)

单位:万元

	合　计	国有及国有控股企业	集体企业	非公有制工　业	#外商及港澳台投资企业	轻工业	重工业	大型企业	中型企业	小型企业
总　　计	**15321859**	**4225685**	**462762**	**10232153**	**631445**	**6357380**	**8964479**	**4560988**	**3321564**	**7439307**
宛　城　区	376352	60624	24329	207501	16130	224894	151458		109990	266362
卧　龙　区	421971	40186	48600	269645	29500	145863	276108		74725	347246
南　召　县	595042	23679	77537	482712	7434	128573	466468		54532	540510
方　城　县	519347	12918	13164	493265	4811	206420	312927		30338	489010
西　峡　县	1713421	21167		1692254	4957	237815	1475606	1580126	53056	80239
镇　平　县	1266853	95050	143371	954415	40805	715143	551710		69301	1197552
内　乡　县	448623	28853	9226	400230	29122	143503	305119		105351	343271
淅　川　县	1002339	185601	2352	812099	47528	99182	903157	182000	693322	127017
社　旗　县	418096	8102	42430	341096	12954	291046	127050		65321	352775
唐　河　县	817819	27263	4195	785558	27813	637289	180530		45794	772026
新　野　县	1633136	249037		1353478	43137	1488436	144700	209334	68058	1355744
桐　柏　县	539111	133867		365286	9153	179190	359921		211390	327721
邓　州　市	1489089	41741	73266	1307176	31606	1021375	467713		433866	1055223
市　　　直	1358069	939804	15180	403086	43161	631278	726791	773510	525017	59543
高　新　区	494466	82327	5010	407128	237113	31959	462507	171500	106305	216660
两　　　属	2264469	2164823	9171	90286	39882	282924	1981545	1644518	606854	13097

注:本表按当年价格计算。

11－12 各县(市、区)限额以上工业增加值

(2008年)　　　　单位:万元

	合计	＃国有及国有控股企业	集体企业	非公有制工业	外商及＃港澳台投资企业	轻工业	重工业	大型企业	中型企业	小型企业
总计	**4681764**	**1391269**	**276964**	**3013531**	**189043**	**1884299**	**2797465**	**1410631**	**972087**	**2299045**
宛城区	111282	16815	31517	62950	4330	65310	45972		31932	79351
卧龙区	128046	8736	35526	83784	11201	43814	84232		22441	105605
南召县	193166	6439	30565	156162	2241	42367	150799		12856	180310
方城县	160811	2732	4067	154012	1456	62145	98666		8126	152685
西峡县	460124	5223	1	454900	1535	45902	414222	421118	14205	24800
镇平县	422236	26468	74235	321533	14640	234236	188001		19012	403224
内乡县	131758	7164	6673	117921	10220	43856	87902		27838	103920
淅川县	253595	40003	1310	212282	10798	25062	228533	38493	176823	38278
社旗县	125856	1795	20035	104026	3365	87080	38776		18485	107372
唐河县	253642	6971	1499	245172	8085	197587	56055		12176	241465
新野县	444524	66235	8108	370181	12663	406018	38506	57234	17842	369448
桐柏县	169699	44364	11490	113845	3371	60428	109272		58694	111006
邓州市	462784	9574	48543	404667	10791	311926	150858		130522	332262
市直	350190	235822	4423	109945	11169	154902	195289	201626	132159	16405
高新区	137915	26314	1118	110483	65155	9068	128847	45320	31574	61021
两属	876154	844809	2330	29015	14943	117762	758392	646839	225790	3524

注:本表按当年价格计算

11－13 各县(市、区)限额以上工业增加值率

(2008年)　　　　单位:%

	合计	＃国有及国有控股企业	＃集体企业	非公有制企业	＃外商及港澳台投资企业	轻工业	重工业	大型企业	中型企业	小型企业
总计	**30.2**	**32.7**	**32.5**	**29.1**	**29.3**	**30.1**	**30.4**	**30.7**	**28.9**	**30.6**
宛城区	28.9	27.3	29.3	29.7	26.5	28.4	29.7		28.3	29.2
卧龙区	30.5	21.6	32.6	31.6	37.3	31.4	30.1		29.6	30.7
南召县	31.9	27.1	34.6	31.7	30.2	32.6	31.7		23.6	32.7
方城县	30.4	21.2	28.9	30.6	29.3	29.3	31.1		26.8	30.6
西峡县	26.8	24.7		26.8	30.7	31.5	26.3	26.6	26.6	29.6
镇平县	32.9	27.8	34.0	33.3	36.1	32.4	33.7		27.3	33.3
内乡县	30.3	25.2	33.7	30.4	35.6	32.1	29.5		26.2	31.6
淅川县	25.0	21.5	28.8	25.8	22.6	31.2	24.5	21.2	25.3	29.3
社旗县	30.0	22.2	29.1	30.4	26.0	29.8	30.4		29.1	30.1
唐河县	30.5	25.4	30.3	30.7	28.6	30.5	30.6		26.5	30.8
新野县	27.1	25.9		27.3	29.4	27.1	26.9	26.5	24.7	27.3
桐柏县	31.0	33.1		30.6	36.3	33.3	29.8		27.5	33.3
邓州市	30.2	23.3	33.1	30.0	33.0	30.2	30.2		29.7	30.4
市直	25.7	24.9	31.0	27.5	26.2	26.0	25.5	26.0	24.8	29.0
高新区	26.8	31.4	22.3	25.9	26.1	27.4	26.8	24.9	28.0	27.7
两属	38.4	38.8	24.7	31.0	37.5	40.8	38.0	39.1	36.6	28.6

11－14 各县(市、区)高新技术产业增加值及占限额以上工业增加值比重

	2007 (万元)	2008 (万元)	2007年比重 (%)	2008年比重 (%)	2008年比2007年 增减百分点
全　　市	**318490**	**407934**	**9.1**	**8.7**	**-0.4**
市　　直	31860	26881	10.7	7.7	-3.0
宛 城 区	6888	17167	11.2	15.4	4.2
卧 龙 区	14811	19991	16.8	15.6	-1.2
南 召 县	458	574	0.3	0.3	
方 城 县	5687	11429	4.9	7.1	2.2
西 峡 县	20538	34330	6.4	7.5	1.1
镇 平 县	53334	68711	15.1	16.3	1.2
内 乡 县	9639	17043	10.8	12.9	2.1
淅 川 县	17962	17855	8.9	7.0	-1.9
社 旗 县	4488	6338	5.8	5.0	-0.8
唐 河 县	26726	34144	13.9	13.5	-0.5
新 野 县	10712	18155	3.1	4.1	1.0
桐 柏 县	18374	6412	13.4	3.8	-9.6
邓 州 市	27674	40679	9.0	8.8	-0.2
两　　属	51717	58720	8.2	6.7	-1.5
高 新 区	17623	29821	16.3	21.6	5.3

11-15 主 要 工 业

	单 位	1952	1957	1965	1970	1978
纱	吨			199	167	44800
布	万米	5	534	109	296	2157
#化纤布	万米					134
丝	吨					29
丝织品	万米	11	76	177		317
皮鞋	万双					21
卷烟	万箱	3	2	4	7	13
饮料酒	吨	450	1310	4579	9343	24210
啤酒	吨					
塑料制品	吨					1939
灯泡	万只				24	
原油	万吨					167
天然汽	万立方米					
发电量	万千瓦时	6	151	2415	4877	12723
铁矿石	吨				66080	185941
生铁	吨	202	583		713	38890
钢	吨					2950
硫酸	吨					1597
烧碱	吨				17	1577
合成氨	吨					36556
化肥	吨				22964	126436
氮肥	吨					109618
磷肥	吨					16818
油漆	吨					421
水泥	万吨			1	5	24
交流电动机	万千瓦				3	17
酒精	吨	431	2399	3518	8303	16257
脱粒机	台					862
机砖	万块	1229	905	2250		61327
家具	万件					
铁合金	吨					636
大理石板	平方米					9220
服装	万件					

产　品　产　量

1980	1985	1990	1995	2000	2005	2007	2008
5968	13410	25271	52210	94455	281247	598451	760439
2986	3898	6232	13275	13643	23075	32804	32706
258	225	381	1358	478	690	4978	2165
34	23	60	557	871	519	59	
391	545	522	725	971	327	285	312
	37	23	114	4	2	2	17
21	39	39	44	40	151	126	129
33486	72178	88671	121828	78394	173863	251990	250883
	7657	17394	27061	38526	135372	196875	189739
3476	6544	9880	29884	23321	64585	133250	234047
283	543	203	5600	3	162	17	19
231	243	252	192	185	187	180	181
	4389	3781	3560	5332	10131	7043	6100
9900	11478	16225	10089	461180	577519	661570	1049098
155527		159438	324091	186654	531696	528552	733616
46597	54453	126461	186152	47864	159068	1475127	1368351
2161	4334	3735	5166		4226	1226121	1246837
2413	4049	15469	23241	13435	6707		
3316	7078	10666	25954	28877	66840	74133	51835
67654	90542	185595	225831	154686	240650	499743	287297
46524	62894	159315	195904	136346	202786	335844	272870
45503	61258	132420	171252	116122	202388	335844	272870
1021	16363	26895	24652	18044	398		
752	1455	4284	33166	26373	22090	23004	22857
28	73	106	285	417	912	1219	1333
17	36	50	48	93	332	632	965
18092	30744	66090	105938	76082	191256	56590	62453
2718	8600	5852					
71433	153212	85982	1010662	126929	125280	165409	433083
	23	29	33	3	4	3	4
308	4535	12705	16067	9047	92147	104683	107549
11246		176963	6792340	4082809	3628548	3745918	3148435
		181	865	621	974	2558	2266

11－16 各 县 （市、 区） 主 要

（2008

	原油（万吨）	铁矿石（吨）	饮料酒（吨）	啤酒（吨）	酒精（吨）	卷烟（箱）
总计	**181**	**733616**	**250883**	**189739**	**62453**	**1291072**
宛城区						
卧龙区						
南召县		200982				
方城县		352830	13345		6669	
西峡县		24100	1479			
镇平县						
内乡县						
淅川县						
社旗县			14072		43661	
唐河县			26906	17010		
新野县		31074	1999		9423	
桐柏县		124630	4114			
邓州市			156750	142374		
市直			32217	30355	2700	
高新区						
两属	181					1291072

11－16 续表

（2008

	烧碱（吨）	合成氨（吨）	化肥（折纯吨）	氮肥（折纯吨）	油漆（吨）	塑料制品（吨）
总计	**51835**	**287297**	**272870**	**272870**	**22857**	**234047**
宛城区						
卧龙区					12050	
南召县						
方城县						279
西峡县						
镇平县					4012	
内乡县		146187	110624	110624		
淅川县	18331	18561	18561	18561		
社旗县						39501
唐河县						67597
新野县			76872	76872		3151
桐柏县						50512
邓州市		50203	37429	37429	6795	70435
市直	33504	72346	29384	29384		2175
高新区						
两属						397

工 业 产 品 产 量

年）

纱 （吨）	布 （万米）	化纤布 （万米）	丝 （吨）	丝织品 （万米）	服装 （万件）	家俱 （件）
760439	**32706**	**2165**		**312**	**2266**	**39700**
46059	761					
	515	515			218	20150
					615	
					269	
					87	
5849					204	18129
17056	8				471	
560496	14845					
74857	8715	1650			381	1421
56122	7863			312		
					22	

年）

水泥 （万吨）	砖 （万块）	大理石板材 （平方米）	生铁 （吨）	铁合金 （吨）	交流电动机 （万千瓦）	发电量 （万千瓦时）	天然气 （万立方米）
1333	**433083**	**3148435**	**1368351**	**107549**	**965**	**1049098**	**6100**
35	7925						
	126083	43772					
45		2442211	195891			521	
4	30365						
68		502400	1137627			2839	
235							
130	175321	160052					
75				107549		3328	
39						1400	
27	87319						
74							
30			34833			29153	
255	2894						
316	3176				656	19085	
					309	2709	
						990063	6100

11—17 限额以上工业企

(2008

	合计	#国有及国有控股企业	集体工业	非公有制工业
企业单位数(个)	1260	82	112	1066
#亏损企业	31	13	3	15
平均从业人员(人)	306923	84843	22382	199698
工业总产值(现价)	15481057	4259218	874686	10347153
#新产品产值	1477484		1477484	
工业增加值	4681764	1391269	276964	3013531
工业销售产值	15321859	4225685	864021	10232153
#出口交货值	683906		683906	
资产总计	9679044	4800626	313637	4564781
应收帐款净额	862785	262867	39958	559960
存货	1233818	420564	45817	767437
#产成品	443047	129795	20525	292727
流动资产年平均余额	3903609	1583225	149957	2170427
#本年折旧	385654	211768	17483	156403
负债合计	5539999	2893514	158483	2488002
产品销售收入	14634140	4198134	855842	9580164
#产品销售成本	11953779	3328833	702408	7922538
产品销售费用	530579	60087	46032	424460
产品销售税金及附加	340346	266304	6155	67887
管理费用	534280	268292	26644	239344
财务费用	212247	92602	4049	115596
#利息支出	198725	90934	2863	104928
利润总额	1061578	181043	69744	810791
亏损企业的亏损总额	-96150	-91364	-1543	-3243
税利总额	2093413	668353	112896	1312164
本年应交增值税	691489	221006	36997	433486
本年应付工资额	512126	210209	30094	271823

业主要经济指标

年）

单位:万元

#外商及港澳台投资企业	轻工业	重工业	大型企业	中型企业	小型企业
43	671	589	14	94	1152
3	5	26		11	20
16127	136479	170444	70687	72806	163430
645712	6264108	9216950	4587646	3369238	7524174
189043	1884299	2797465	1410631	972087	2299045
631445	6357380	8964479	4560988	3321564	7439307
499848	2892742	6786302	3655161	3348538	2675346
97527	162834	699951	343392	255742	263652
112785	545659	688159	527134	335965	370719
48211	145535	297512	186798	117880	138369
317585	1487393	2416216	1324253	1221019	1358337
25775	100808	284846	111113	192132	82408
281612	1591954	3948045	1850274	2262092	1427633
626936	6287372	8346769	3890222	3360086	7383832
518326	5148900	6804880	2926916	2882729	6144134
23907	266919	263660	119526	83002	328051
1234	113420	226926	201725	84842	53779
30438	171906	362373	204255	161773	168252
8335	94582	117665	66310	71539	74397
7935	88285	110440	67381	69055	62289
50675	473577	588001	370126	104693	586759
-248	-832	-95319		-88777	-7374
74955	848550	1244864	777034	363730	952649
23046	261553	429936	205184	174195	312111
28534	182027	330099	189007	135144	187974

11—18 限额以上工业企业分行业主要经济指标

（2008年） 单位：万元

	企业单位数（个）	资产总计	流动资产年平均余额	产品销售收入	产品销售费用	产品销售税金及附加	利润总额	利税总额	从业人员数
总计	**1260**	**9679044**	**3903609**	**14634140**	**530579**	**340346**	**1061578**	**2093413**	**306923**
一、总计中：(按轻重工分)									
轻工业	671	2892742	1487393	6287372	266919	113420	473577	848550	136479
以农产品为原料	524	2343186	1208152	4983578	216222	107599	378969	691390	105701
以非农产品为原料	147	549556	279241	1303794	50697	5821	94608	157160	30778
重工业	589	6786302	2416216	8346769	263660	226926	588001	1244864	170444
采掘工业	100	1503508	297557	2024238	23720	194806	234616	568382	36521
原料工业	138	2362642	718818	2698518	58490	13486	59176	218236	38178
加工工业	351	2920152	1399842	3624013	181450	18634	294210	458245	95745
二、总计中：(按规模分组)									
大型企业	14	3655161	1324253	3890222	119526	201725	370126	777034	70687
中型企业	94	3348538	1221019	3360086	83002	84842	104693	363730	72806
小型企业	1152	2675346	1358337	7383832	328051	53779	586759	952649	163430
三、按国民经济行业分									
煤炭开采和洗选业									
石油和天然气开采业	2	1283062	196866	1392435	5858	189334	181393	482800	21300
黑色金属矿采选业	27	63189	30916	201468	5736	2078	15189	24244	2949
有色金属矿采选业	20	82060	31148	111750	1839	673	11411	16432	4585
非金属矿采选业	48	69838	36273	292213	9064	2660	24259	41211	7186
其他采矿业	1	1255	251	8113	36	30	323	638	152
农副食品加工业	158	243234	126848	942225	32361	5870	74443	122640	15852
食品制造业	38	94836	45884	280914	9884	942	30855	46648	5949
饮料制造业	25	508011	272931	548587	24272	6764	15396	30331	8256
烟草制品业	2	113793	65763	167952	4122	67743	17594	104176	1395
纺织业	206	1001060	514220	2271762	96107	22262	189766	301484	50079
纺织服装、鞋、帽制造业	16	24833	12652	73540	2586	158	3324	6020	3154
皮革、毛皮、羽毛(绒)及其制品业	7	24638	14877	54360	3716	275	3888	6325	1408
木材加工及木、竹、藤、棕、草制品业	42	47434	23950	277910	14305	1059	21255	34253	5746
家具制造业	7	8156	3828	51144	1331	313	3690	5650	994
造纸及纸制品业	24	70548	27431	170891	6361	672	8958	16812	4128
印刷业和记录媒介的复制	12	15798	10898	43289	665	213	2582	4079	1327
文教体育用品制造业	8	11061	6685	58331	2160	928	6939	10818	1190
石油加工、炼焦及核燃料加工业	5	17493	12448	26306	1638	114	-41	1051	1058
化学原料及化学制品制造业	57	544323	222253	620399	27740	5419	56470	95355	13826
医药制造业	50	407319	174508	633025	42357	3051	48583	79843	17407
化学纤维制造业	2	2645	1465	9412	563	15	898	1535	232
橡胶制品业	4	8746	5597	13125	334	51	1847	2715	822
塑料制品业	43	72284	38474	250766	8836	1934	21436	36981	5594
非金属矿物制品业	174	1404549	403636	2057521	117828	13553	192310	312182	35722
黑色金属冶炼及压延加工业	10	78101	38927	163292	8905	854	16354	30021	3412
有色金属冶炼及压延加工业	7	174596	100903	433724	3809	594	20061	37532	2202
金属制品业	26	34526	18455	108088	4470	698	8546	13577	1794
通用设备制造业	31	96974	47946	170525	7276	1054	10071	18198	8938
专用设备制造业	41	635074	382652	629751	19771	2385	36899	56396	18349
交通运输设备制造业	25	108815	76448	176067	7376	360	12136	23357	5884
电气机械及器材制造业	18	188679	109888	258882	14287	1202	25930	35881	5234
通信设备、计算机及其他电子设备制造业	14	232109	185416	112113	6128	561	9364	13067	4248
仪器仪表及文化、办公用机械制造业	40	295395	181404	360250	16085	994	19968	30330	17528
工艺品及其他制造业	42	89543	47269	467197	19606	1049	32549	50182	13146
废弃资源和废旧材料回收加工业									
电力、热力的生产和供应业	23	1572767	422696	1186162	723	4446	-60530	2768	13001
燃气生产和供应业	1	21160	5677	3103	1393	5	-1989	-1969	1196
水的生产和供应业	4	31143	6124	7553	1055	36	-547	-147	1680

11-19 各县(市、区)限额以上工业企业主要经济指标

(2008年)

单位:万元

	企业单位数(个)	资产总计	流动资产年平均余额	产品销售收入	产品销售费用	产品销售税金及附加	利润总额	利税总额
总计	**1260**	**9679044**	**3903609**	**14634140**	**530579**	**340346**	**1061578**	**2093413**
宛城区	67	176036	81805	383147	8883	1030	28206	43607
卧龙区	68	157336	66342	438798	24672	2271	26331	41605
南召县	72	156606	74335	609704	20532	3991	27661	48425
方城县	73	141056	72841	383719	18947	2175	33436	52021
西峡县	77	1093466	377997	1296764	89864	10054	127055	206458
镇平县	131	406437	174309	1181730	69892	2501	120658	191609
内乡县	54	130522	45439	264739	4216	610	10105	19572
淅川县	42	556391	294654	922526	17495	2175	62009	118928
社旗县	75	93884	32053	434092	13998	4096	16496	37612
唐河县	130	298741	159168	873543	24813	5179	78898	133235
新野县	165	713015	364442	1769920	88275	24903	174610	263629
桐柏县	55	392613	103166	530411	17552	8137	64065	101654
邓州市	132	310164	124018	1295658	49263	7009	85377	151346
市直	34	1449744	579423	1316744	35669	4308	41088	79319
高新区	59	785809	511350	510944	19783	1303	26288	37037
两属	26	2817223	842268	2421701	26727	260605	139296	567358

11－20 限额以上国有控股工业企业分行业主要经济指标

（2008 年） 单位:万元

	企业单位数（个）	资产总计	流动资产年平均余额	产品销售收入	产品销售费用	产品销售税金及附加	利润总额	利税总额
总计	**82**	**4800626**	**1583225**	**4198134**	**60087**	**266304**	**181043**	**668353**
一、总计中:(按轻重工分)								
轻工业	27	1033631	529815	1061314	28995	69783	34461	136315
以农产品为原料	18	803315	411181	761094	21689	68930	25888	119766
以非农产品为原料	9	230316	118635	300221	7307	853	8573	16550
重工业	55	3766996	1053410	3136819	31092	196521	146582	532037
采掘工业	4	1320180	207340	1414309	6068	189360	181774	485306
原料工业	23	1430135	372005	1209997	6221	5006	-55911	8376
加工工业	28	1016681	474065	512513	18803	2154	20719	38355
二、总计中:(按规模分组)								
大型企业	6	2254283	720418	2306264	28177	191453	203127	528832
中型企业	32	1904570	584714	1496889	22267	73100	-30626	118807
小型企业	44	641773	278093	394980	9643	1751	8542	20714
三、按国民经济行业分								
煤炭开采和洗选业								
石油和天然气开采业	1	1273013	192244	1379246	5696	189040	180126	480673
黑色金属矿采选业								
有色金属矿采选业	2	41149	11925	15891	26	181	1074	2179
非金属矿采选业	1	6017	3171	19172	347	139	574	2454
其他采矿业								
农副食品加工业	9	14445	7484	27439	461	114	91	364
食品制造业								
饮料制造业	1	419271	231112	360607	12649	842	1608	3271
烟草制品业	2	113793	65763	167952	4122	67743	17594	104176
纺织业	4	251077	103469	199657	4297	201	5975	11047
纺织服装、鞋、帽制造业								
皮革、毛皮、羽毛(绒)及其制品业								
木材加工及木、竹、藤、棕、草制品业								
家具制造业								
造纸及纸制品业	1	4283	3141	4887	157	28	594	857
印刷业和记录媒介的复制	1	447	212	552	3	1	26	51
文教体育用品制造业								
石油加工、炼焦及核燃料加工业								
化学原料及化学制品制造业	2	131008	86781	135469	5132	776	6962	14138
医药制造业	2	60000	20000	48049	832	26	2000	2212
化学纤维制造业								
橡胶制品业	1	1325	792	1901	105	7	3	109
塑料制品业								
非金属矿物制品业	9	270621	47432	180580	10194	1426	13631	24802
黑色金属冶炼及压延加工业								
有色金属冶炼及压延加工业								
金属制品业								
通用设备制造业	3	25948	10822	11095	288	20	378	601
专用设备制造业	8	329107	151460	249353	6373	1236	10883	20398
交通运输设备制造业	2	4469	754	8218	19	22	366	423
电气机械及器材制造业	1	3040	3007	6703	607	35	-66	314
通信设备、计算机及其他电子设备制造业	1	177438	150359	25517	1909	10	1199	1330
仪器仪表及文化、办公用机械制造业	4	143545	85816	108503	3808	84	4368	5795
工艺品及其他制造业	2	8165	5730	109150	288	16	157	347
废弃资源和废旧材料回收加工业								
电力、热力的生产和供应业	20	1470164	389952	1127539	329	4315	-63965	-5070
燃气生产和供应业	1	21160	5677	3103	1393	5	-1989	-1969
水的生产和供应业	4	31143	6124	7553	1055	36	-547	-147

11-21 各县(市、区)限额以上国有控股工业企业主要经济指标

(2008年)

单位:万元

	企业单位数(个)	资产总计	流动资产年平均余额	产品销售收入	产品销售费用	产品销售税金及附加	利润总额	利税总额
总计	**82**	**4800626**	**1583225**	**4198134**	**60087**	**266304**	**181043**	**668353**
宛城区	3	24599	11639	50800	744	290	943	4413
卧龙区	2	10127	5793	43943	97	219	3841	5632
南召县	2	11065	3344	24507	645	140	269	1592
方城县	1	9768	2914	14034		40	11	511
西峡县	3	30064	15927	41310	588	156	3696	6294
镇平县	4	147594	24093	105943	3613	845	9380	15851
内乡县	4	13341	4418	25879	76	82	198	1337
淅川县	4	102176	55845	169175	121	481	7859	18708
社旗县	2	6155	1237	8631	209	128	-89	568
唐河县	6	25111	10734	25386	132	84	91	1364
新野县	4	259879	107773	228952	4327	398	8036	14612
桐柏县	4	54592	16287	138011	98	251	1218	3301
邓州市	3	31217	13845	42006	300	167	2315	4094
市直	21	1049131	342879	938280	22518	2905	7278	32602
高新区	8	397757	211833	69286	2884	338	914	2491
两属	11	2628053	754666	2271991	23736	259779	135083	554982

11－22 限额以上集体工业企业分行业主要经济指标

（2008 年）　　　　单位：万元

	企业单位数（个）	资产总计	流动资产年平均余额	产品销售收入	产品销售费用	产品销售税金及附加	利润总额	利税总额
总计	**112**	**313637**	**149958**	**855843**	**46032**	**6155**	**69744**	**112897**
一、总计中：(按轻重工分)								
轻工业	51	166847	83080	411262	18602	3250	36120	58610
以农产品为原料	43	144021	70786	347831	15142	3052	31957	50663
以非农产品为原料	8	22826	12294	63431	3461	197	4163	7947
重工业	61	146790	66878	444581	27429	2906	33624	54287
采掘工业	10	11452	7672	60922	2356	884	4359	8605
原料工业	12	70524	22433	113902	5173	1282	11448	19107
加工工业	39	64814	36772	269757	19900	740	17817	26575
二、总计中：(按规模分组)								
大型企业								
中型企业	8	130337	50439	158223	8700	3170	26585	40335
小型企业	104	183300	99518	697620	37332	2985	43159	72562
三、按国民经济行业分								
煤炭开采和洗选业								
石油和天然气开采业								
黑色金属矿采选业								
有色金属矿采选业	2	1236	725	16077	21	22	557	743
非金属矿采选业	8	10216	6947	44844	2335	862	3802	7862
其他采矿业								
农副食品加工业	11	15731	7250	71512	2998	286	4408	7519
食品制造业	6	47062	21314	74603	2941	21	14300	18636
饮料制造业	2	14673	4916	35905	3963	1888	4930	8437
烟草制品业								
纺织业	10	27735	12340	84215	3365	646	6257	10953
纺织服装、鞋、帽制造业	4	6103	2982	21159	119	26	299	807
皮革、毛皮、羽毛(绒)及其制品业								
木材加工及木、竹、藤、棕、草制品业	3	2743	1628	22809	1138	46	1663	2511
家具制造业	1	1100	96	9069	912	24	531	785
造纸及纸制品业	3	9844	7174	18814	762	58	402	999
印刷业和记录媒介的复制	3	6524	4777	6208	256	9	81	186
文教体育用品制造业								
石油加工、炼焦及核燃料加工业	2	10339	8897	6180	962	84	-1541	-1156
化学原料及化学制品制造业	5	54734	13386	51330	1277	1032	8762	13957
医药制造业	1	1475	457	306				2
化学纤维制造业								
橡胶制品业								
塑料制品业	4	13665	6530	30045	959	156	2099	3819
非金属矿物制品业	18	26653	14317	170355	14872	310	11541	17030
黑色金属冶炼及压延加工业	1	2372	1309	4698	114	5	472	521
有色金属冶炼及压延加工业								
金属制品业	5	8918	5052	27558	938	76	1391	2045
通用设备制造业	3	10656	5391	22125	2273	64	1833	3078
专用设备制造业	2	1040	810	1780	60	5	50	60
交通运输设备制造业	1	891	562	10683	166	14	766	915
电气机械及器材制造业	4	6316	5284	20489	531	211	81	1540
通信设备、计算机及其他电子设备制造业	1	782	214	10776	2	11	754	870
仪器仪表及文化、办公用机械制造业	4	6680	4652	25194	1884	37	1428	2225
工艺品及其他制造业	7	21691	12623	64421	2811	135	4739	8265
废弃资源和废旧材料回收加工业								
电力、热力的生产和供应业	1	4457	328	4691	374	128	141	290
燃气生产和供应业								
水的生产和供应业								

11-23 各县(市、区)限额以上集体工业企业主要经济指标

(2008年)

单位:万元

	企业单位数(个)	资产总计	流动资产年平均余额	产品销售收入	产品销售费用	产品销售税金及附加	利润总额	利税总额
总计	**112**	**313637**	**149958**	**855843**	**46032**	**6155**	**69744**	**112897**
宛城区	16	54994	26182	113467	3452	113	15285	19867
卧龙区	24	44376	26821	105289	5426	952	4462	7736
南召县	9	14122	7946	92493	8995	186	3686	6162
方城县	2	4655	3307	12490	450	209	698	2024
西峡县								
镇平县	21	50441	30255	194591	12625	407	20179	32165
内乡县	2	5853	2763	14026	57	4	259	666
淅川县	2	4145	1090	3997	194	25	44	316
社旗县	10	9746	2376	71928	2202	431	3337	6606
唐河县	2	1875	913	5623	462	56	396	502
新野县	3	17277	8495	35599	2313	425	3362	5375
桐柏县	1	43374	7001	35754	783	995	8533	13194
邓州市	12	24766	9529	132356	7425	1971	10407	17752
市直	2	12534	7909	16736	253	28	347	685
高新区	2	5223	1003	5919	397	130	160	340
两属	4	20259	14368	15577	1000	224	-1410	-492

11-24 限额以上外商及港澳台投资企业分行业主要经济指标

(2008 年)　　单位:万元

	企业单位数(个)	资产总计	流动资产年平均余额	产品销售收入	产品销售费用	产品销售税金及附加	利润总额	利税总额
总计	**43**	**499848**	**317585**	**626936**	**23907**	**1234**	**50675**	**74955**
一、总计中:(按轻重工分)								
轻工业	27	79682	36904	218432	8383	1103	16746	24067
以农产品为原料	21	63942	29088	164836	6352	1019	10532	14684
以非农产品为原料	6	15740	7816	53595	2031	85	6214	9383
重工业	16	420166	280681	408504	15524	130	33929	50888
采掘工业								
原料工业	2	94608	31914	67731	2463	8	4537	9183
加工工业	14	325558	248767	340773	13061	122	29392	41705
二、总计中:(按规模分组)								
大型企业	2	209338	164800	221158	6734	46	19410	22373
中型企业	9	214791	109021	189646	5670	128	12678	26308
小型企业	32	75719	43765	216132	11504	1059	18588	26273
三、按国民经济行业分								
煤炭开采和洗选业								
石油和天然气开采业								
黑色金属矿采选业								
有色金属矿采选业								
非金属矿采选业								
其他采矿业								
农副食品加工业	6	12827	8161	76771	3829	764	7217	9161
食品制造业	4	10942	5392	23944	1079		1255	1881
饮料制造业	1	4115	2334	5480		39	6	49
烟草制品业								
纺织业	4	26868	8914	30757	63	21	1005	1521
纺织服装、鞋、帽制造业								
皮革、毛皮、羽毛(绒)及其制品业	1	3734	2216	3518			228	516
木材加工及木、竹、藤、棕、草制品业	3	2735	1030	21944	3595	8	1286	1736
家具制造业	2	3339	2039	19388	179	253	1366	2596
造纸及纸制品业								
印刷业和记录媒介的复制								
文教体育用品制造业								
石油加工、炼焦及核燃料加工业								
化学原料及化学制品制造业								
医药制造业	2	4103	2621	4861	516		1666	2099
化学纤维制造业								
橡胶制品业								
塑料制品业	1	3585	1279	3528	18		906	906
非金属矿物制品业	1	2507	919	785	265	7		24
黑色金属冶炼及压延加工业								
有色金属冶炼及压延加工业								
金属制品业	1	182	181	294	65		-55	-42
通用设备制造业								
专用设备制造业	1	148817	126318	181538	5347	46	16221	18709
交通运输设备制造业	4	61845	48147	83665	4496		7084	14922
电气机械及器材制造业								
通信设备、计算机及其他电子设备制造业	1	33324	24842	14043	1078		1753	2337
仪器仪表及文化、办公用机械制造业	5	75299	47081	56921	1794	69	3484	4849
工艺品及其他制造业	5	12244	4389	46242	1585	27	3962	6188
废弃资源和废旧材料回收加工业								
电力、热力的生产和供应业	1	93385	31722	53258			3293	7503
燃气生产和供应业								
水的生产和供应业								

11－25 各县(市、区)限额以上外商及港澳台投资企业主要经济指标

(2008年)

单位:万元

	企业单位数(个)	资产总计	流动资产年平均余额	产品销售收入	产品销售费用	产品销售税金及附加	利润总额	利税总额
总计	**43**	**499848**	**317585**	**626936**	**23907**	**1234**	**50675**	**74955**
宛城区	1	17580	4290	16368			67	400
卧龙区	4	8436	5805	32396	1334	195	2516	3344
南召县	2	1512	838	7471	1133		42	56
方城县	2	770	245	3150	341		47	53
西峡县	2	3713	1914	9104	409	7		24
镇平县	4	9720	5124	31608	1533	27	3077	5067
内乡县	3	5423	2052	14255	117		674	891
淅川县	1	32120	21605	42284	2231		5827	11857
社旗县	1	5214	4200	13502	370	69	407	1286
唐河县	4	14869	7527	30132	159	78	2950	3954
新野县	2	5152	2344	44938	1774	758	6331	8036
桐柏县	2	6381	2943	6178	11	39	12	56
邓州市	3	4927	1402	25426	3409	15	1896	2889
市直	3	69845	43481	44670	1811		3321	4064
高新区	7	220619	181913	251902	9212	46	20271	25518
两属	2	93567	31903	53551	65		3238	7461

11－26 限额以上工业企业主要经济效益指标

（2008年）

	总资产贡献率（%）	成本费用利润率（%）	资产负债率（%）	产品销售率（%）	资本保值增值率（%）	销售收入利税率（%）	资金利税率（%）	流动资产周转次数（次/年）	全员劳动生产率（元/人年）
总计	**26.2**	**8.0**	**57.2**	**99.0**	**116.5**	**14.3**	**53.6**	**3.7**	**161800**
一、总计中：(按轻重工分)									
轻工业	33.6	8.3	55.0	98.8	102.8	13.5	57.0	4.2	151109
以农产品为原料	34.3	8.5	55.6	99.1	101.3	13.9	57.2	4.1	151046
以非农产品为原料	31.1	7.9	52.4	97.7	109.2	12.1	56.3	4.7	151323
重工业	22.7	7.8	58.2	99.1	124.1	14.9	51.5	3.5	170360
采掘工业	41.5	14.9	31.8	99.5	131.6	28.1	191.0	6.8	232256
原料工业	13.6	2.3	72.4	99.2	103.4	8.1	30.4	3.8	208544
加工工业	19.6	8.8	60.3	98.9	132.2	12.6	32.7	2.6	131525
二、总计中：(按规模分组)									
大型企业	25.3	11.2	50.6	99.4	128.0	20.0	58.7	2.9	197565
中型企业	14.5	3.3	67.6	98.7	103.7	10.8	29.8	2.8	145321
小型企业	41.4	8.7	53.4	98.9	113.9	12.9	70.1	5.4	153672
三、按国民经济行业分									
煤炭开采和洗选业									
石油和天然气开采业	41.1	18.1	28.5	99.8	132.8	34.7	245.2	7.1	277155
黑色金属矿采选业	42.3	8.2	54.4	99.2	102.8	12.0	78.4	6.5	229530
有色金属矿采选业	24.6	11.4	56.9	100.5	165.2	14.7	52.8	3.6	101414
非金属矿采选业	63.7	9.2	40.7	97.9	112.3	14.1	113.6	8.1	182015
其他采矿业	52.7	4.2	97.7	99.3	58.8	7.9	254.0	32.3	302270
农副食品加工业	55.1	8.7	48.7	98.7	103.2	13.0	96.7	7.4	195711
食品制造业	58.0	12.5	47.3	97.1	134.0	16.6	101.7	6.1	170150
饮料制造业	11.1	2.9	80.4	99.6	109.0	5.5	11.1	2.0	209614
烟草制品业	95.4	21.3	39.3	99.9	112.8	62.0	158.4	2.6	689806
纺织业	33.6	9.3	46.7	98.7	91.1	13.3	58.6	4.4	126199
纺织服装、鞋、帽制造业	28.2	4.7	64.0	100.1	122.4	8.2	47.6	5.8	76502
皮革、毛皮、羽毛(绒)及其制品业	33.6	7.8	43.0	99.2	252.6	11.6	42.5	3.7	131864
木材加工及木、竹、藤、棕、草制品业	75.2	8.4	45.7	98.4	104.5	12.3	143.0	11.6	165417
家具制造业	71.1	7.8	46.8	98.7	93.5	11.0	147.6	13.4	152790
造纸及纸制品业	31.0	5.6	49.9	104.5	142.0	9.8	61.3	6.2	151649
印刷业和记录媒介的复制	28.6	6.4	70.7	98.2	90.5	9.4	37.4	4.0	112376
文教体育用品制造业	95.1	13.8	34.1	98.5	101.4	18.5	161.8	8.7	207082
石油加工、炼焦及核燃料加工业	5.3	-0.2	59.6	100.2	71.9	4.0	8.4	2.1	43250
化学原料及化学制品制造业	20.6	10.1	51.0	97.6	125.8	15.4	42.9	2.8	144741
医药制造业	24.0	8.3	63.6	97.6	123.8	12.6	45.8	3.6	138641
化学纤维制造业	31.0	10.6	32.4	99.7	44.8	16.3	104.7	6.4	120319
橡胶制品业	37.8	16.5	57.1	95.7	219.0	20.7	48.5	2.3	55269
塑料制品业	50.1	9.5	50.5	98.2	83.6	14.7	96.1	6.5	138484
非金属矿物制品业	27.7	10.3	51.6	99.6	135.3	15.2	77.3	5.1	224777
黑色金属冶炼及压延加工业	45.1	11.1	42.7	99.4	155.7	18.4	77.1	4.2	151920
有色金属冶炼及压延加工业	25.1	4.9	80.7	99.0	111.6	8.7	37.2	4.3	507904
金属制品业	43.9	8.6	55.2	101.2	106.3	12.6	73.6	5.9	210336
通用设备制造业	22.5	6.3	54.2	98.3	117.8	10.7	38.0	3.6	69055
专用设备制造业	10.9	6.1	65.0	96.3	128.3	9.0	14.7	1.6	86466
交通运输设备制造业	24.9	7.2	75.0	98.2	126.1	13.3	30.6	2.3	82657
电气机械及器材制造业	22.1	11.1	68.2	97.8	102.0	13.9	32.7	2.4	140406
通信设备、计算机及其他电子设备制造	8.0	9.2	62.9	98.3	170.9	11.7	7.0	0.6	91002
仪器仪表及文化、办公用机械制造业	11.4	5.8	49.6	99.9	103.9	8.4	16.7	2.0	67302
工艺品及其他制造业	53.7	7.5	49.6	99.2	86.3	10.7	106.2	9.9	150223
废弃资源和废旧材料回收加工业									
电力、热力的生产和供应业	3.5	-4.9	83.7	100.0	90.0	0.2	0.7	2.8	248585
燃气生产和供应业	-9.4	-31.3	105.8	127.7	-193.3	-63.4	-34.7	0.5	2212
水的生产和供应业	0.7	-6.3	63.9	100.0	105.1	-1.9	-2.4	1.2	17955

11-27 各县(市、区)限额以上工业企业主要经济效益指标

(2008 年)

	总资产贡献率(%)	成本费用利润率(%)	资产负债率(%)	产品销售率(%)	资本保值增值率(%)	销售收入利税率(%)	资金利税率(%)	流动资产周转次数(次/年)	全员劳动生产率(元/人年)
总计	**26.2**	**8.0**	**57.2**	**99.0**	**116.5**	**14.3**	**53.6**	**3.7**	**161800**
宛城区	29.8	8.0	46.1	97.8	131.0	11.4	53.3	4.7	117098
卧龙区	29.7	6.4	40.6	100.6	142.6	9.5	62.7	6.6	197686
南召县	35.5	4.8	60.3	98.2	112.4	7.9	65.1	8.2	242960
方城县	42.0	9.6	61.0	98.0	126.4	13.6	71.4	5.3	158392
西峡县	24.6	10.8	58.3	99.6	146.4	15.9	54.6	3.4	193570
镇平县	46.2	11.4	43.9	98.9	88.5	16.2	109.9	6.8	109216
内乡县	18.4	4.0	66.7	103.2	105.2	7.4	43.1	5.8	176915
淅川县	26.8	7.2	72.2	99.0	144.3	12.9	40.4	3.1	175191
社旗县	47.0	4.0	35.4	99.6	134.4	8.7	117.3	13.5	166502
唐河县	49.4	10.0	53.6	98.5	104.4	15.3	83.7	5.5	180266
新野县	43.7	11.2	41.9	99.4	106.9	14.9	72.3	4.9	160876
桐柏县	31.1	13.9	49.2	98.5	134.7	19.2	98.5	5.1	170938
邓州市	46.6	7.2	49.9	97.1	66.8	11.7	122.0	10.4	176312
市直	8.8	3.2	74.1	99.1	100.5	6.0	13.7	2.3	118587
高新区	6.8	5.3	70.2	96.1	154.6	7.2	7.2	1.0	88640
两属	24.6	6.9	51.2	99.6	121.8	23.4	67.4	2.9	216309

11-28 限额以上国有及国有控股工业企业主要经济效益指标

(2008年)

	总资产贡献率(%)	成本费用利润率(%)	资产负债率(%)	产品销售率(%)	资本保值增值率(%)	销售收入利税率(%)	资金利税率(%)	流动资产周转次数(次/年)	全员劳动生产率(元/人年)
总计	**19.3**	**5.5**	**59.7**	**99.4**	**118.2**	**15.5**	**45.1**	**2.9**	**161895**
一、总计中:(按轻重工分)									
轻工业	19.9	5.3	62.9	98.7	110.3	13.2	31.8	2.4	150338
以农产品为原料	22.6	5.9	65.8	98.9	107.4	15.4	35.4	2.3	151487
以非农产品为原料	10.5	3.6	51.8	98.2	118.7	6.7	18.7	2.8	146742
重工业	19.1	5.6	58.7	99.6	120.6	16.4	52.3	3.2	167141
采掘工业	40.6	17.3	30.0	99.7	133.1	33.5	229.7	6.9	262650
原料工业	5.5	-3.3	81.8	99.8	78.9	2.1	7.0	3.4	211684
加工工业	8.3	5.1	62.0	99.2	140.2	8.3	12.7	1.5	74581
二、总计中:(按规模分组)									
大型企业	27.1	10.7	46.4	99.6	125.0	22.9	73.4	3.2	208292
中型企业	11.7	-0.3	71.9	99.2	99.1	9.6	25.1	2.6	143752
小型企业	14.5	5.0	66.0	99.2	140.7	8.5	24.7	2.9	122796
三、按国民经济行业分									
煤炭开采和洗选业									
石油和天然气开采业	41.2	18.2	28.2	99.8	132.9	34.9	250.0	7.2	284942
黑色金属矿采选业									
有色金属矿采选业	9.3	5.3	74.2	99.5	173.1	9.1	23.1	2.5	58575
非金属矿采选业	64.9	7.4	52.9	98.7	116.3	16.1	102.0	6.3	180470
其他采矿业									
农副食品加工业	26.8	4.8	64.5	98.6	135.2	8.0	53.5	6.7	127724
食品制造业	49.4	23.5	43.6	98.3	155.8	25.0	87.4	3.5	154537
饮料制造业	8.0	1.7	84.5	99.5	97.3	3.0	5.0	1.7	259842
烟草制品业	95.4	21.3	39.3	99.9	112.8	62.0	158.4	2.6	689806
纺织业	11.1	4.5	53.5	97.7	111.2	7.8	19.0	2.5	74280
纺织服装、鞋、帽制造业	15.4	1.4	63.7	99.9	92.3	3.8	27.0	7.1	95479
皮革、毛皮、羽毛(绒)及其制品业									
木材加工及木、竹、藤、棕、草制品业	99.0	8.1	63.7	97.6	124.5	11.0	154.3	14.0	196352
家具制造业	79.5	6.2	49.1	99.5	100.0	8.7	817.2	94.5	136764
造纸及纸制品业	13.5	4.4	52.7	99.8	96.8	7.8	18.0	2.3	118728
印刷业和记录媒介的复制	3.6	1.6	80.8	96.9	74.3	3.5	4.7	1.4	69829
文教体育用品制造业									
石油加工、炼焦及核燃料加工业	-8.7	-19.9	48.3	102.0	72.3	-18.7	-13.0	0.7	7906
化学原料及化学制品制造业	16.0	9.2	42.3	99.8	111.4	15.0	28.0	1.9	128990
医药制造业	4.3	4.3	67.3	87.5	230.1	4.6	10.8	2.4	109003
化学纤维制造业									
橡胶制品业	12.3	0.2	82.1	85.5	342.7	5.7	13.7	2.4	41075
塑料制品业	30.4	7.5	56.5	98.9	130.9	12.7	58.5	4.6	90237
非金属矿物制品业	16.6	7.7	44.8	99.2	99.5	11.9	67.7	5.7	193717
黑色金属冶炼及压延加工业	23.6	11.2	42.2	98.6	101.4	11.1	39.8	3.6	240070
有色金属冶炼及压延加工业									
金属制品业	28.7	5.2	87.0	101.1	281.5	7.4	40.5	5.5	259662
通用设备制造业	10.7	7.0	59.0	97.7	118.8	11.1	22.7	2.0	24419
专用设备制造业	8.3	4.4	61.5	99.8	140.3	8.1	13.4	1.6	60260
交通运输设备制造业	20.0	6.4	40.9	98.8	83.2	7.1	101.6	14.4	116862
电气机械及器材制造业	18.9	0.1	90.2	95.1	36.5	6.8	22.4	3.3	118963
通信设备、计算机及其他电子设备制造业	2.4	5.7	63.0	97.3	208.7	6.1	1.5	0.2	52927
仪器仪表及文化、办公用机械制造业	6.2	4.4	56.7	99.7	102.6	6.0	8.9	1.5	55921
工艺品及其他制造业	26.6	2.9	45.6	99.5	64.1	5.0	46.9	9.5	174074
废弃资源和废旧材料回收加工业									
电力、热力的生产和供应业	3.0	-5.4	86.1	100.0	87.9	-0.4	-1.2	2.9	244003
燃气生产和供应业	-9.4	-31.3	105.8	127.7	-193.3	-63.4	-34.7	0.5	2212
水的生产和供应业	0.7	-6.3	63.9	100.0	105.1	-1.9	-2.4	1.2	17955

11－29 各县(市、区)限额以上国有及国有控股工业企业主要经济效益指标

(2008 年)

	总资产贡献率(%)	成本费用利润率(%)	资产负债率(%)	产品销售率(%)	资本保值增值率(%)	销售收入利税率(%)	资金利税率(%)	流动资产周转次数(次/年)	全员劳动生产率(元/人年)
总计	**19.3**	**5.5**	**59.7**	**99.4**	**118.2**	**15.5**	**45.1**	**2.9**	**161895**
宛城区	35.0	10.9	46.8	97.8	119.0	14.8	64.2	4.3	132800
卧龙区	25.4	6.0	62.5	98.6	111.4	9.0	41.0	4.6	168986
南召县	32.8	3.5	62.2	98.8	118.4	6.6	68.7	10.4	216991
方城县	20.8	2.8	72.3	96.7	116.7	9.6	40.7	4.3	67068
西峡县	22.6	9.9	58.9	100.0	123.6	15.2	39.5	2.6	238474
镇平县	25.8	10.9	44.7	99.2	82.6	16.0	88.3	5.5	110342
内乡县	12.8	1.2	86.9	102.0	104.8	5.0	27.9	5.6	108325
淅川县	23.0	4.8	74.7	99.8	104.0	11.0	33.4	3.0	163043
社旗县	47.8	4.2	55.9	99.0	108.2	8.9	198.6	22.3	142073
唐河县	8.1	1.6	60.5	99.1	102.0	6.0	16.0	2.7	50864
新野县	10.3	4.5	50.8	97.7	114.6	7.6	17.2	2.3	75969
桐柏县	19.4	5.9	59.4	99.4	124.7	9.5	70.8	7.5	185348
邓州市	39.6	8.2	59.5	99.6	73.2	12.5	93.5	7.5	129239
市直	6.7	0.8	81.5	99.2	97.7	3.5	9.5	2.7	151363
高新区	1.8	1.4	70.2	98.3	256.9	3.8	1.3	0.4	59734
两属	25.8	7.1	50.9	99.8	122.7	24.2	72.1	3.0	223521

11-30 限额以上集体工业企业主要经济效益指标

(2008年)

	总资产贡献率(%)	成本费用利润率(%)	资产负债率(%)	产品销售率(%)	资本保值增值率(%)	销售收入利税率(%)	资金利税率(%)	流动资产周转次数(次/年)	全员劳动生产率(元/人年)
总计	**37.8**	**9.0**	**50.5**	**98.8**	**108.6**	**13.2**	**75.3**	**5.7**	**135179**
一、总计中:(按轻重工分)									
轻工业	38.2	9.7	44.9	98.8	112.2	14.3	70.5	5.0	124948
以农产品为原料	38.4	10.2	43.4	98.9	113.7	14.6	71.6	4.9	127959
以非农产品为原料	36.8	7.1	54.2	98.6	102.1	12.5	64.6	5.2	110810
重工业	37.3	8.3	56.9	98.7	103.8	12.2	81.2	6.6	145710
采掘工业	75.6	7.8	51.3	99.3	123.8	14.1	112.2	7.9	186016
原料工业	27.1	11.3	53.6	98.2	100.0	16.8	85.2	5.1	88340
加工工业	42.1	7.2	61.6	98.8	105.4	9.9	72.3	7.3	170936
二、总计中:(按规模分组)									
大型企业									
中型企业	32.0	20.1	43.7	97.9	103.6	25.5	80.0	3.1	106965
小型企业	41.9	6.7	55.4	99.0	113.6	10.4	72.9	7.0	144266
三、按国民经济行业分									
煤炭开采和洗选业									
石油和天然气开采业									
黑色金属矿采选业									
有色金属矿采选业	60.9	3.6	48.6	99.0	120.0	4.6	102.4	22.2	390333
非金属矿采选业	77.3	9.5	51.7	99.4	124.3	17.5	113.2	6.5	167950
其他采矿业									
农副食品加工业	49.1	6.6	51.7	98.5	117.3	10.5	103.7	9.9	142536
食品制造业	49.4	23.5	43.6	98.3	155.8	25.0	87.4	3.5	154537
饮料制造业	55.7	16.5	34.5	99.3	93.3	23.5	171.6	7.3	280122
烟草制品业									
纺织业	49.5	8.1	30.0	99.0	175.8	13.0	88.8	6.8	148811
纺织服装、鞋、帽制造业	15.4	1.4	63.7	99.9	92.3	3.8	27.0	7.1	95479
皮革、毛皮、羽毛(绒)及其制品业									
木材加工及木、竹、藤、棕、草制品业	99.0	8.1	63.7	97.6	124.5	11.0	154.3	14.0	196352
家具制造业	79.5	6.2	49.1	99.5	100.0	8.7	817.2	94.5	136764
造纸及纸制品业	10.9	2.2	51.8	100.2	105.6	5.3	13.9	2.6	132223
印刷业和记录媒介的复制	3.0	1.3	79.9	97.1	74.6	3.0	3.9	1.3	82657
文教体育用品制造业									
石油加工、炼焦及核燃料加工业	-8.7	-19.9	48.3	102.0	72.3	-18.7	-13.0	0.7	7906
化学原料及化学制品制造业	27.0	20.3	47.1	97.2	117.3	27.2	104.3	3.8	103652
医药制造业	0.7	0.0	94.8	100.6	129.6	0.5	0.3	0.7	29893
化学纤维制造业									
橡胶制品业									
塑料制品业	30.4	7.5	56.5	98.9	130.9	12.7	58.5	4.6	90237
非金属矿物制品业	58.7	7.5	62.1	99.0	68.9	10.0	119.0	11.9	175562
黑色金属冶炼及压延加工业	23.6	11.2	42.2	98.6	101.4	11.1	39.8	3.6	240070
有色金属冶炼及压延加工业									
金属制品业	28.7	5.2	87.0	101.1	281.5	7.4	40.5	5.5	259662
通用设备制造业	29.2	9.0	61.5	98.2	157.2	13.9	57.1	4.1	130539
专用设备制造业	9.7	2.9	19.6	97.5	101.4	3.3	7.4	2.2	76279
交通运输设备制造业	105.9	7.7	13.8	97.9	99.9	8.6	162.7	19.0	205125
电气机械及器材制造业	24.4	0.4	88.4	93.6	101.8	7.5	29.1	3.9	123313
通信设备、计算机及其他电子设备制造业	146.4	7.5	7.8	98.1	191.0	8.1	407.3	50.5	287385
仪器仪表及文化、办公用机械制造业	33.1	6.0	75.1	99.7	85.4	8.8	47.8	5.4	201714
工艺品及其他制造业	32.6	7.9	34.1	99.1	63.2	12.8	65.5	5.1	81672
废弃资源和废旧材料回收加工业									
电力、热力的生产和供应业	8.4	3.2	88.0	100.1	111.2	6.2	88.2	14.3	41605
燃气生产和供应业									
水的生产和供应业									

11-31 各县(市、区)限额以上集体工业企业主要经济效益指标

(2008年)

	总资产贡献率(%)	成本费用利润率(%)	资产负债率(%)	产品销售率(%)	资本保值增值率(%)	销售收入利税率(%)	资金利税率(%)	流动资产周转次数(次/年)	全员劳动生产率(元/人年)
总计	**38.5**	**6.7**	**53.4**	**98.9**	**98.9**	**10.8**	**67.6**	**6.3**	**132771**
宛城区	26.6	5.3	50.2	97.3	97.7	7.3	41.9	5.7	138855
卧龙区	24.0	4.7	55.7	98.3	116.7	8.1	35.2	4.4	214170
南召县	45.7	4.2	61.9	98.6	111.0	6.7	79.6	11.9	269238
方城县	46.2	6.7	69.0	94.5	133.8	16.5	63.6	3.9	113614
西峡县	8.3	0.1	95.0	100.0	24.7	3.1	48.8	15.7	326806
镇平县	57.4	11.7	43.7	98.9	77.6	16.5	106.3	6.4	96592
内乡县	11.5	1.9	108.9	102.8	227.6	4.7	24.1	5.1	146002
淅川县	10.1	0.4	84.6	91.8	93.0	9.0	14.7	1.6	113288
社旗县	75.4	5.0	24.8	98.9	112.2	9.2	284.9	30.8	244210
唐河县	26.1	7.7	39.3	98.4	100.9	8.9	54.9	6.2	200875
新野县	50.1	10.5	11.4	100.0	240.1	15.1	71.4	4.7	200212
桐柏县									
邓州市	140.2	7.3	79.4	98.8	27.1	10.9	990.8	90.8	171702
市直	6.0	2.0	76.5	106.4	104.3	4.1	8.7	2.1	118176
高新区	7.8	2.5	87.8	100.0	99.1	5.1	20.5	4.0	52327
两属	-2.5	-8.7	57.2	99.3	89.1	-3.7	-3.9	1.1	24591

11-32 限额以上外商及港澳台投资企业主要经济效益指标

（2008 年）

	总资产贡献率(%)	成本费用利润率(%)	资产负债率(%)	产品销售率(%)	资本保值增值率(%)	销售收入利税率(%)	资金利税率(%)	流动资产周转次数(次/年)	全员劳动生产率(元/人年)
总计	**16.7**	**8.7**	**56.3**	**97.9**	**104.5**	**12.0**	**23.6**	**2.0**	**124850**
一、总计中：(按轻重工分)									
轻工业	30.3	8.4	41.8	99.1	97.4	11.0	65.2	5.9	136234
以农产品为原料	23.6	6.9	41.4	98.9	95.0	8.9	50.5	5.7	118113
以非农产品为原料	57.5	13.2	43.4	99.6	109.4	17.5	120.1	6.9	204667
重工业	13.9	8.9	59.1	97.1	106.6	12.5	18.1	1.5	117624
采掘工业									
原料工业	11.1	7.2	45.0	99.3	100.3	13.6	28.8	2.1	379602
加工工业	14.8	9.3	63.2	96.7	109.5	12.2	16.8	1.4	98351
二、总计中：(按规模分组)									
大型企业	11.8	9.5	56.0	94.8	114.2	10.1	13.6	1.3	108666
中型企业	14.6	7.0	60.3	98.7	100.7	13.9	24.1	1.7	104473
小型企业	35.3	9.4	46.1	99.9	93.9	12.2	60.0	4.9	163059
三、按国民经济行业分									
煤炭开采和洗选业									
石油和天然气开采业									
黑色金属矿采选业									
有色金属矿采选业									
非金属矿采选业									
其他采矿业									
农副食品加工业	59.7	10.6	36.7	98.9	67.6	11.9	112.3	9.4	364752
食品制造业	18.0	5.5	44.1	98.9	112.6	7.9	34.9	4.4	105468
饮料制造业	1.2	0.1	72.0	98.3	100.6	0.9	2.1	2.3	69534
烟草制品业									
纺织业	6.4	3.4	43.2	98.8	92.8	4.9	17.1	3.5	57850
纺织服装、鞋、帽制造业									
皮革、毛皮、羽毛(绒)及其制品业	15.6	6.9	15.5	112.5	282.3	14.7	23.3	1.6	21598
木材加工及木、竹、藤、棕、草制品业	69.2	6.2	35.3	98.0	105.5	7.9	168.5	21.3	213194
家具制造业	69.1	7.6	35.2	98.4	74.9	13.4	127.3	9.5	213785
造纸及纸制品业									
印刷业和记录媒介的复制									
文教体育用品制造业									
石油加工、炼焦及核燃料加工业									
化学原料及化学制品制造业									
医药制造业	59.9	52.5	21.1	94.3	119.0	43.2	80.1	1.9	178510
化学纤维制造业									
橡胶制品业									
塑料制品业	26.4	34.6	56.9	98.5	97.1	25.7	70.9	2.8	35338
非金属矿物制品业	2.2	0.0	48.9	95.8	55.6	3.1	2.6	0.9	20359
黑色金属冶炼及压延加工业									
有色金属冶炼及压延加工业									
金属制品业	-19.7	-15.6	103.7	183.6	-14.6	-14.1	-22.9	1.6	12641
通用设备制造业									
专用设备制造业	14.1	9.7	69.8	94.2	125.3	10.3	14.8	1.4	213272
交通运输设备制造业	28.6	8.8	84.3	98.3	110.6	17.8	31.0	1.7	93154
电气机械及器材制造业									
通信设备、计算机及其他电子设备制造业	10.1	14.4	77.9	98.2	113.4	16.6	9.4	0.6	130307
仪器仪表及文化、办公用机械制造业	7.2	6.5	27.1	101.2	101.2	8.5	10.3	1.2	42615
工艺品及其他制造业	48.3	9.4	50.4	99.7	123.3	13.4	141.0	10.5	176597
废弃资源和废旧材料回收加工业									
电力、热力的生产和供应业	9.5	6.6	45.0	100.0	100.5	14.1	23.7	1.7	361005
燃气生产和供应业									
水的生产和供应业									

11－33 各县(市、区)限额以上外商及港澳台投资企业主要经济效益指标

(2008年)

	总资产贡献率(%)	成本费用利润率(%)	资产负债率(%)	产品销售率(%)	资本保值增值率(%)	销售收入利税率(%)	资金利税率(%)	流动资产周转次数(次/年)	全员劳动生产率(元/人年)
总计	**16.7**	**8.7**	**56.3**	**97.9**	**104.5**	**12.0**	**23.6**	**2.0**	**124850**
宛城区	3.5	0.4	41.3	98.8	92.0	2.4	9.3	3.8	88208
卧龙区	45.0	8.4	46.3	98.2	139.2	10.3	57.6	5.6	288449
南召县	4.1	0.6	26.7	100.0	119.9	0.7	6.7	8.9	91336
方城县	7.7	1.5	61.8	96.9	188.3	1.7	21.6	12.9	317792
西峡县	1.8	0.0	40.0	99.1	65.5	0.3	1.3	4.8	166657
镇平县	49.4	10.8	26.5	100.6	182.9	16.0	98.9	6.2	109962
内乡县	20.8	5.0	79.1	101.6	90.5	6.2	43.4	6.9	275893
淅川县	43.4	15.8	93.8	99.3	173.6	28.0	54.9	2.0	95079
社旗县	28.4	3.1	54.0	99.9	78.9	9.5	30.6	3.2	57595
唐河县	25.3	10.9	48.7	98.3	86.3	13.1	52.5	4.0	66254
新野县	90.9	16.9	24.6	100.0	45.1	17.9	342.8	19.2	348102
桐柏县	1.1	0.2	70.6	98.4	90.1	0.9	1.9	2.1	62492
邓州市	61.3	8.1	41.2	96.6	94.3	11.4	206.1	18.1	179239
市直	6.5	7.9	24.2	101.5	103.4	9.1	9.3	1.0	33192
高新区	13.3	8.6	69.9	94.9	119.6	10.1	14.0	1.4	159828
两属	9.4	6.4	45.1	100.3	100.4	13.9	23.4	1.7	337939

11－34 限额以上国有工业企业主要财务指标

单位:万元

	企业数(个)	#亏损	销售收入	亏损企业亏损额	盈亏相抵后的利润	实现利税总额	年末固定资产原值
1975	242	70		2476	-100		32427
1980	309	70	99818	1316	7725	7279	114833
1981	317	91	113515	1631	9627	9086	142069
1982	319	90	126052	1894	8247	8509	152155
1983	321	30	129331	430	11107	7833	147537
1984	377	26	126016	616	10973	22309	166997
1985	308	29	158005	1020	14877	10656	185563
1986	326	41	225966	2570	14825	13874	265263
1987	337	40	300081	2128	25224	14435	299302
1988	340	32	348271	4012	22018	9243	340115
1989	330	48	352982	16342	5467	8845	387879
1990	345	78	369859	31608	-13115	8191	455557
1991	340	78	413139	32392	-15206	5119	519897
1992	347	77	481448	41363	-16906	8320	608070
1993	376	82	715648	17240	11479	65570	800921
1994	351	63	814485	11469	20183	104846	963789
1995	371	91	1082451	15156	27037	127917	1248706
1996	382	60	1109116	19960	10065	121469	1297325
1997	255	40	1105376	10720	25794	193007	1390921
1998	184	48	1079342	12055	13921	122040	1439248
1999	201	47	1046628	21326	4727	118081	1570276
2000	201	52	1215587	22922	53358	170017	1368104
2001	196	47	1367887	16392	46901	174534	1499997
2002	181	39	1446809	10171	49749	179592	1595290
2003	164	35	1436866	10063	60430	199584	1518992
2004	133	25	1482471	11078	91920	231337	1197114
2005	116	35	2155444	13505	206456	387238	1534884
2006	110	22	2442833	6870	273543	542873	1621406
2007	71	11	2777087	14535	208659	529835	1608885
2008	63	9	3125428	4667	254481	715938	

11－35 限额以下工业企业主要经济指标

（2008 年）

	单位数（个）	总产值（万元）	增加值（万元）	从业人员（人）
总计	**11343**	**3583367**	**1096578**	**316403**
在总计中：(按控股情况分组)				
国有控股	29	22345	6838	1973
集体控股	142	65653	20091	5797
非公有制控股经济	11172	3495369	1069649	308633
在总计中：(按登记注册类型分组)				
国有企业	24	4262	1482	1373
集体企业	116	223659	70897	4879
股份合作企业	29	52088	16245	142
集体联营企业	6	5242	1628	359
其他联营企业	31	11138	3343	95
其他有限责任公司	407	164576	50955	52151
股份有限公司	9	2662	841	1169
私营独资企业	8995	2516244	765709	223098
私营合伙企业	1136	382650	118066	14394
私营有限责任公司	331	129195	39517	6054
私营股份有限公司	98	38436	11731	1355
其他企业	138	45426	13683	10885
港、澳、台与大陆合资经营企业	10	3445	1075	129
港、澳、台商独资经营企业	4	1626	494	130
中外合资经营企业	6	1963	680	40
外资企业	3	755	232	150
在总计中：(按隶属关系分组)				
市(地区)属	38	10570	3138	1392
县(区)、县级市属	88	52783	16458	3821
街道属	60	2522	759	4669
镇属	252	49226	15392	14003
乡属	66	28131	8956	4597
居委会属	26	14472	4305	800
村属	413	237002	75008	28134
其他属	10400	3188661	972562	258987
在总计中：(按轻重工业分组)				
轻工业	4505	1420311	429209	124622
以农产品为原料	3600	1132719	340983	100189

11－35 续表 （2008 年）

	单位数（个）	总产值（万元）	增加值（万元）	从业人员（人）
以非农产品为原料	905	287593	88227	24433
重工业	6838	2163055	667368	191781
采掘工业	1148	394184	119875	34634
原料工业	1048	322601	99749	23446
加工工业	4642	1446270	447745	133701
在总计中：(按国民经济行业分组)				
黑色金属矿采选业	210	116703	34590	5963
有色金属矿采选业	95	55651	19730	3247
非金属矿采选业	723	218968	64574	18579
其他采矿业	7	2382	732	415
农副食品加工业	1521	458899	131680	34824
食品制造业	231	76925	22785	6153
饮料制造业	160	50236	16861	4140
纺织业	438	133982	38541	19435
纺织服装、鞋、帽制造业	92	22593	6739	3672
皮革、毛皮、羽毛(绒)及其制品业	47	17653	5278	1395
木材加工及木、竹、藤、棕、草制品业	738	213195	63755	17736
家具制造业	480	131836	40109	10222
造纸及纸制品业	66	24094	7471	1853
印刷业和记录媒介的复制	133	41420	13071	2932
文教体育用品制造业	16	3411	964	936
石油加工、炼焦及核燃料加工业	22	10114	3447	705
化学原料及化学制品制造业	245	76244	22417	7139
医药制造业	53	14668	5098	1749
化学纤维制造业	5	454	150	336
橡胶制品业	28	6927	2054	716
塑料制品业	272	83191	24118	6825
非金属矿物制品业	3807	1161623	366764	100211
黑色金属冶炼及压延加工业	38	17388	4774	1300
有色金属冶炼及压延加工业	33	9190	2500	989
金属制品业	322	75322	22064	8006
通用设备制造业	172	52646	15786	5222
专用设备制造业	173	59127	17080	4701
交通运输设备制造业	182	63107	17800	5459
电气机械及器材制造业	87	21454	6230	2544
通信设备、计算机及其他电子设备制造业	18	4212	1439	845
仪器仪表及文化、办公用机械制造业	30	11393	3277	986
工艺品及其他制造业	741	317954	101459	33047
废弃资源和废旧材料回收加工业	25	4916	1640	581
电力、热力的生产和供应业	51	11382	5503	1224
燃气生产和供应业	7	2376	882	210
水的生产和供应业	75	11731	5216	2106

11—36 各县(市、区)限额以下工业企业主要经济指标

(2008年)

	单位数(个)	总产值(万元)	增加值(万元)	从业人员(人)
南阳市	**11343**	**3583367**	**1096578**	**303612**
宛城区	964	247604	74886	20971
卧龙区	853	265258	80398	14813
南召县	299	78021	24175	10491
方城县	920	242765	74365	24880
西峡县	611	225077	68337	21816
镇平县	840	300870	95513	40925
内乡县	978	439858	136271	24277
淅川县	698	269843	85081	24405
社旗县	626	154825	46304	9944
唐河县	1228	296916	90665	27669
新野县	1256	494196	148132	26352
桐柏县	696	234923	71390	19556
邓州市	1374	333211	101060	37514

11－37 个体工业主要经济指标

（2008 年）

	单位数（个）	总产值（万元）	增加值（万元）	从业人员（人）
总计	**105011**	**6269782**	**1903623**	**390751**
在总计中：（按轻重工业分组）				
轻工业	85411	4667971	1419037	260590
以农产品为原料	58002	2848774	833707	170511
以非农产品为原料	27408	1819197	585330	90080
重工业	19600	1601811	484586	130161
采掘工业	2085	207936	61323	21027
原料工业	5525	385121	117441	23256
加工工业	11991	1008754	305822	85878
在总计中：（按国民经济行业分组）				
黑色金属矿采选业	141	39073	11506	2000
有色金属矿采选业	16	12118	4305	181
非金属矿采选业	1153	153576	44544	8143
其他采矿业	61	3169	968	408
农副食品加工业	40292	1786604	513942	141018
食品制造业	6114	274371	80648	19611
饮料制造业	796	38640	13048	3836
纺织业	2198	96120	27825	11202
纺织服装、鞋、帽制造业	2969	174348	54690	11197
皮革、毛皮、羽毛（绒）及其制品业	506	47180	14028	1778
木材加工及木、竹、藤、棕、草制品业	5104	303638	91625	23763
家具制造业	4689	345592	104257	17134
造纸及纸制品业	106	9056	2789	348
印刷业和记录媒介的复制	342	18791	5897	1372
文教体育用品制造业	41	845	236	125
化学原料及化学制品制造业	500	38222	11397	1756
医药制造业	57	1639	596	312
橡胶制品业	75	1036	307	348
塑料制品业	270	40843	12006	1452
非金属矿物制品业	4610	566681	179517	29593
黑色金属冶炼及压延加工业	34	5383	1415	148
有色金属冶炼及压延加工业	14	4115	1139	39
金属制品业	4938	212087	61755	18021
通用设备制造业	1634	105326	31872	5363
专用设备制造业	2658	73749	20281	8756
交通运输设备制造业	2011	123746	35168	6910
电气机械及器材制造业	32	6326	1795	243
通信设备、计算机及其他电子设备制造业	9	2283	556	27
仪器仪表及文化、办公用机械制造业	32	3109	890	84
工艺品及其他制造业	23095	1754643	564855	73969
废弃资源和废旧材料回收加工业	412	18280	6064	1380
燃气生产和供应业	19	2869	1058	58
水的生产和供应业	83	6324	2645	176

11－38 各县(市、区)个体工业主要经济指标

(2008年)

	单位数(个)	营业收入(万元)	增加值(万元)	从业人员(人)
南阳市	**105011**	**6261978**	**1903622**	**390751**
宛城区	6015	286412	86114	24426
卧龙区	4765	467718	143302	18988
南召县	6596	192530	60825	17017
方城县	7695	321681	94635	19929
西峡县	5875	389009	116663	33596
镇平县	20315	1092635	346987	49742
内乡县	4183	330001	99729	11155
淅川县	9945	542550	166419	51727
社旗县	5055	303211	89696	22722
唐河县	12638	713933	214335	44855
新野县	5252	427520	127668	14067
桐柏县	4278	300111	90710	36745
邓州市	12399	894667	266540	45782

11－39 部分重点工业企业主要指标

（2008 年）　　　　单位：万元

	职工平均人数（人）	工业总产值（现价）	资产总计	流动资产平均余额	产品销售收入	利税总额
1. 中国石化集团河南石油勘探局	20580	1427433	1273013	192244	1379246	480673
2. 河南龙成集团有限公司	5100	880773	459609	20545	561284	111911
3. 河南省淅川铝业(集团)有限公司	1460	426610	156226	90107	395566	33923
4. 南阳天冠集团有限公司	3835	397959	419271	231112	360607	3271
5. 南阳市电业局	1452	389526	313628	28865	387734	16789
6. 河南省西峡县保护材料集团	3306	362489	168736	120932	251882	45285
7. 南阳鸭河口发电有限责任公司	711	283803	679081	197484	264877	-66864
8. 河南省宛西制药股份有限公司	6965	216318	185096	76568	177930	21432
9. 河南新野纺织股份有限公司	8469	215735	236248	96076	191356	10668
10. 南阳二机石油装备(集团)有限公司	2125	182082	148817	126318	181538	18709
11. 淅川县电业局	2015	182000	88010	53352	165500	18523
12. 南阳防爆集团有限公司	2841	172687	138962	80107	162499	30297
13. 南阳卷烟厂	803	165815	104508	61009	164302	102446
14. 乐凯集团第二胶片厂	2659	136195	131008	86781	135469	14138
15. 南阳纺织集团有限公司	5200	129997	162780	94394	132316	10982
16. 西峡县通宇保护材料有限公司	2016	120828	76357	46490	76889	5922
17. 邓州市永泰棉纺有限公司	893	109946	31124	2548	92108	7275
18. 桐柏县安棚碱矿有限责任公司	570	108483	211720	52620	105094	34421
19. 桐柏县鑫泓银制品有限责任公司	52	104192	3122	2769	107273	174
20. 淅川县玉典化冶公司	2100	97657	52172	29510	75945	20483
21. 河南中南工业有限责任公司	1837	87620	122603	26640	86000	16375
22 河南福森药业有限公司	1492	81504	78334	38184	70951	10727
23. 河南中光学集团有限公司	4973	80764	122133	75567	92318	5297
24. 邓州市老廷实业有限总公司	851	75851	9129	1899	55618	3709
25. 邓州市雪阳棉纺集团有限公司	1868	74887	35877	25148	67747	7183
26. 河南北方红阳工业有限公司	2584	72551	106733	60853	74086	1559
27. 中国联合水泥有限公司南阳分公司	545	68285	115920	15368	68505	11029
28. 南阳普康药业有限公司	1500	57049	60000	20000	48049	2212
29. 南阳娃哈哈生产基地	617	53776	37149	16219	52868	15447
30. 南阳普光电力有限公司	550	52905	93385	31722	53258	7503
31. 南阳中澳科生生物制品有限责任公司	260	51497	3180	2134	36340	3136
32. 河南金星集团南阳啤酒有限公司	410	48919	12873	3816	35360	8344
33. 南阳淅减汽车减振器公司淅川汽车减	1150	48467	32120	21605	42284	11857
34. 河南赊店酒业公司	1097	46384	12563	5205	45689	3469
35. 南阳德润化工有限责任公司	633	45889	7352	1048	17371	214
36. 新野嘉元脱水食品公司	280	44215	4500	2180	44215	8010
37. 河南南阳市油田机械制造公司	1017	44101	47754	26667	50425	1924
38. 南阳市鼎鑫钢铁有限公司	550	43668	6000	1600	43668	6269
39. 南召云阳铸造有限公司	747	42404	30909	16017	33155	-335
40. 桐柏县海晶碱业有限责任公司	1285	41915	43374	7001	35754	13194
41. 南阳市供电公司西郊农电公司	390	40864	4315	2207	40864	5604

11－39 续表　　(2008 年)　　单位:万元

	职工平均人数(人)	工业总产值(现价)	资产总计	流动资产平均余额	产品销售收入	利税总额
42.邓州市北园木业有限公司	288	40526	2316	888	39035	3521
43.南阳金冠王码信息产业股份有限公司	2709	39452	177438	150359	25517	1330
44.南阳利达光电有限公司	2992	39369	60522	38482	39620	3664
45.河南淅川淅水集团有限公司	582	38871	51879	15996	33498	9849
46.南阳市供电公司东郊农电公司	298	36198	5913	2482	23573	1770
47.镇平县电业局	505	35960	16988	6537	35229	4648
48.新野县电业局	670	35486	18980	9538	33233	3919
49.方城县四里店乡维么寺铅锌选厂	120	35104	2000	860	11109	1290
50.南阳红宇机电有限公司	1289	35013	23624	21829	35050	558
51.南阳市神威民爆有限公司	499	34602	13905	3381	13142	994
52.内乡县泰隆建材有限公司	565	32708	11852	1752	18612	1445
53.西峡县内燃机排气管厂	1270	32308	16010	8403	31263	3948
54.南阳中光学机电装备有限公司	1226	31498	20334	16661	36999	765
55.河南北方星光机电有限责任公司	2260	30566	47439	23226	30061	1485
56.邓州市佳丽来涂料有限公司	78	30292	970	594	25553	1934
57.南阳市恒新水泥有限公司	306	28544	50754	8710	27593	5084
58.西峡县电业局	315	27985	20799	11583	30174	6005
59.南召县石门乡大理石板材中心	75	27528	900	50	27002	1457
60.内乡县地方国营内乡县万沟金矿	156	27522	2812	1122	9126	1222
61.方城县广源生态有机肥厂	40	25619	1750	755	4619	62
62.邓州市裴营乡丰奇集团公司	280	25059	532	120	18578	1865
63.南阳防爆集团重型电机有限公司	350	24887	5373	755	25168	983
64.邓州市电业局	1084	24734	20675	8890	24932	2338
65.邓州市华纺企业有限公司	258	24659	7619	2787	19508	2711
66.河南英威东风机械制造有限公司	1146	24343	16953	14875	24487	1024
67.邓州市彭桥矿产品开发公司	520	24165	1029	170	25332	2156
68.南阳裕祥纺织有限公司	250	23733	7021	2275	18386	1611
69.南阳市寅兴实业有限公司	136	23584	1600	1401	11560	862
70.内乡县全宇制药有限公司	180	23217	1965	626	6879	287
71.南阳市正大有限公司	136	22593	2607	2407	21907	619
72.南阳银乔面粉厂	216	22049	1745	624	5403	139
73.南阳市陆德筑路机械制造有限公司	380	22012	28013	22737	19749	993
74.内乡县宝隆治金辅料有限责任公	124	21647	2991	1047	3281	221
75.新野县华星棉纺厂	1000	21570	19506	6794	14609	535
76.内乡县三泰石材厂	142	21417	852	211	5523	616
77.邓州玉华针织服饰有限公司	318	21250	3040	1214	28819	2185
78.唐河县电业局	850	21181	10797	1910	16212	883
79.方城县天元轴承有限公司	350	20922	1851	1610	2448	14
80.内乡县电业局	787	20651	10629	2875	18599	1138
81.南阳热电有限责任公司	377	20350	184849	46520	16250	-114
82.南阳市南石力天传动件有限公司	299	20000	11512	9400	15625	1605

11－40 利税总额超2000万元的工业企业情况

（2008年） 单位:万元

	利税总额	资产总计	产品销售收入
1.中国石化集团河南石油勘探局	480673	1273013	1379246
2.河南龙成集团有限公司	111911	459609	561284
3.南阳卷烟厂	102446	104508	164302
4.河南省西峡县保护材料集团	45285	168736	251882
5.桐柏县安棚碱矿有限责任公司	34421	211720	105094
6.河南省淅川铝业(集团)有限公司	33923	156226	395566
7.南阳防爆集团有限公司	30297	138962	162499
8.河南省宛西制药股份有限公司	21432	185096	177930
9.淅川县玉典化冶公司	20483	52172	75945
10.南阳二机石油装备(集团)有限公司	18709	148817	181538
11.淅川县电业局	18523	88010	165500
12.南阳市电业局	16789	313628	387734
13.河南中南工业有限责任公司	16375	122603	86000
14.南阳娃哈哈生产基地	15447	37149	52868
15.乐凯集团第二胶片厂	14138	131008	135469
16.桐柏县海晶碱业有限责任公司	13194	43374	35754
17.南阳淅减汽车减振器公司淅川汽车减振	11857	32120	42284
18.中国联合水泥有限公司南阳分公司	11029	115920	68505
19.南阳纺织集团有限公司	10982	162780	132316
20.河南福森药业有限公司	10727	78334	70951
21.河南新野纺织股份有限公司	10668	236248	191356
22.河南淅川淅水集团有限公司	9849	51879	33498
23.河南金星集团南阳啤酒有限公司	8344	12873	35360
24.新野嘉元脱水食品公司	8010	4500	44215
25.南阳普光电力有限公司	7503	93385	53258
26.邓州市永泰棉纺有限公司	7275	31124	92108
27.邓州市雪阳棉纺集团有限公司	7183	35877	67747

11－40续表　　(2008年)　　单位:万元

	利税总额	资产总计	产品销售收入
28.南阳市鼎鑫钢铁有限公司	6269	6000	43668
29.西峡县电业局	6005	20799	30174
30.西峡县通宇保护材料有限公司	5922	76357	76889
31.南阳市供电公司西郊农电公司	5604	4315	40864
32.河南中光学集团有限公司	5297	122133	92318
33.南阳市恒新水泥有限公司	5084	50754	27593
34.镇平县电业局	4648	16988	35229
35.新野县华裕棉业有限公司	4189	3600	18290
36.新野县航天水泥粉磨厂	4019	5811	17484
37.西峡县内燃机排气管厂	3948	16010	31263
38.新野县电业局	3919	18980	33233
39.南召隆源花生米制品有限公司	3808	1591	12642
40.邓州市老廷实业有限总公司	3709	9129	55618
41.南阳利达光电有限公司	3664	60522	39620
42.邓州市恒业针织有限公司	3574	1860	16254
43.邓州市北园木业有限公司	3521	2316	39035
44.河南赊店酒业公司	3469	12563	45689
45.新野县泰丰纺织有限公司	3403	5335	16152
46.锦桥纸制品有限公司	3386	6009	16736
47.南阳天冠集团有限公司	3271	419271	360607
48.南阳市御龙管道有限公司	3186	1681	10895
49.新野县天使棉业有限公司	3180	1317	14253
50.南阳中澳科生生物制品有限责任公司	3136	3180	36340
51.新野县歪子镇第一小麦淀粉厂	3131	4333	12999
52.新野县隆丰棉业有限公司	3040	4507	13544
53.河南省淅川县力强有限公司	3026	2065	15462
54.新野县城郊锦隆纺织公司	3020	1900	16040
55.河南省新野县色织有限公司	3003	13948	20820

11-41 利润总额超2000万元的工业企业情况

(2008年)　　单位:万元

	实现利润总额	资产总计	产品销售收入
1.中国石化集团河南石油勘探局	180126	1273013	1379246
2.河南龙成集团有限公司	71186	459609	561284
3.河南省西峡县保护材料集团	31506	168736	251882
4.南阳防爆集团有限公司	23621	138962	162499
5.桐柏县安棚碱矿有限责任公司	22351	211720	105094
6.河南省淅川铝业(集团)有限公司	17810	156226	395566
7.南阳卷烟厂	16335	104508	164302
8.南阳二机石油装备(集团)有限公司	16221	148817	181538
9.淅川县玉典化冶公司	12474	52172	75945
10.南阳娃哈哈生产基地	12306	37149	52868
11.河南省宛西制药股份有限公司	11291	185096	177930
12.河南中南工业有限责任公司	10050	122603	86000
13.桐柏县海晶碱业有限责任公司	8533	43374	35754
14.淅川县电业局	7856	88010	165500
15.河南福森药业有限公司	7064	78334	70951
16.乐凯集团第二胶片厂	6962	131008	135469
17.南阳纺织集团有限公司	6608	162780	132316
18.中国联合水泥有限公司南阳分公司	6497	115920	68505
19.新野嘉元脱水食品公司	6319	4500	44215
20.河南新野纺织股份有限公司	5929	236248	191356
21.南阳淅减汽车减振器公司淅川汽车减振	5827	32120	42284
22.河南金星集团南阳啤酒有限公司	4853	12873	35360
23.河南淅川淅水集团有限公司	4758	51879	33498
24.河南中光学集团有限公司	4256	122133	92318
25.邓州市雪阳棉纺集团有限公司	4031	35877	67747
26.南阳市供电公司西郊农电公司	3841	4315	40864
27.西峡县电业局	3664	20799	30174
28.西峡县通宇保护材料有限公司	3377	76357	76889
29.邓州市永泰棉纺有限公司	3335	31124	92108
30.南阳普光电力有限公司	3293	93385	53258
31.南阳利达光电有限公司	3190	60522	39620
32.新野县华裕棉业有限公司	2858	3600	18290
33.镇平县电业局	2856	16988	35229
34.新野县航天水泥粉磨厂	2795	5811	17484
35.南阳市恒新水泥有限公司	2708	50754	27593
36.新野县城郊锦隆纺织公司	2309	1900	16040
37.新野县泰丰纺织有限公司	2272	5335	16152
38.邓州市恒业针织有限公司	2247	1860	16254
39.新野县歪子镇第一小麦淀粉厂	2221	4333	12999
40.南阳市鼎鑫钢铁有限公司	2203	6000	43668
41.新野县天使棉业有限公司	2121	1317	14253
42.新野县隆丰棉业有限公司	2092	4507	13544
43.新野县电业局	2082	18980	33233
44.新野县博太棉织有限公司	2030	1265	14619
45.锦桥纸制品有限公司	2005	6009	16736
46.南阳普康药业有限公司	2000	60000	48049

主要统计指标解释

工业 指从事自然资源的开采，对采掘品和农产品进行加工和再加工的物质生产部门。具体包括：(1)对自然资源的开采，如采矿、晒盐、森林采伐等(但不包括禽兽捕猎和水产捕捞)；(2)对农副产品的加工、再加工，如粮油加工、食品加工、轧花、缫丝、纺织、制革等；(3)对采掘品的加工、再加工，如炼铁、炼钢、化工生产、石油加工、机器制造、木材加工等，以及电力、自来水、煤气的生产和供应等；(4)对工业品的修理、翻新，如机器设备的修理、交通运输工具(包括小卧车)的修理等。

工业统计调查单位 工业统计调查单位分为两类：独立核算法人工业企业和工业活动单位。

(1)**独立核算法人工业企业** 是指从事工业生产经营活动的单位。独立核算法人工业企业应同时具备以下条件：①依法成立，有自己的名称、组织机构和场所，能够承担民事责任；②独立拥有和使用资产，承担负债，有权与其他单位签订合同；③独立核算盈亏，并能够编制资产负债表。

(2)**工业活动单位** 是指在一个场所从事一种或主要从事一种工业生产活动的经济单位。它包括独立核算工业企业按主营业务活动(即工业生产活动)划分的主营业务活动单位和非工业企业所属的工业生产活动单位(即原非独立核算工业生产单位)。工业活动单位，一般应同时具备以下三个条件：①具有一个场所，从事一种或主要从事一种工业活动；②单独组织工业生产、经营或业务活动；③单独核算收入和支出。

企业登记注册类型 本年鉴中涉及的企业登记注册类型：

(1)**国有及国有控股企业** 指国有企业加上国有控股企业。国有企业(即过去的全民所有制工业或国营工业)是指企业全部资产归国家所有，并按《中华人民共和国企业法人登记管理条例》规定登记注册的非公司制的经济组织。包括国有企业、国有独资公司和国有联营企业。1957年以前的公私合营和私营工业，后均改造为国营工业，1992年改为国有工业，这部分工业的资料不单独分列时，均包括在国有企业内。国有控股企业是对混合所有制经济的企业进行的“国有控股”分类。它是指这些企业的全部资产中国有资产(股份)相对其他所有者中的任何一个所有者占资(股)最多的企业。该分组反映了国有经济控股情况。

(2)**集体企业** 指企业资产归集体所有，并按《中华人民共和国企业法人登记管理条例》规定登记注册的经济组织。是社会主义公有制经济的组成部分。包括城乡所有使用集体投资举办的企业，以及部分个人通过集资自愿放弃所有权并依法经工商行政管理机关认定为集体所有制的企业。

(3)**股份合作企业** 指以合作制为基础，由企业职工共同出资入股，吸收一定比例的社会资产投资组建，实行自主经营，自负盈亏，共同劳动，民主管理，按劳分配与按股分红相结合的一种集体经济组织。

(4)**联营企业** 指两个及两个以上相同或不同所有制性质的企业法人或事业单位法人，按自愿、平等、互利的原则，共同投资组成的经济组织。联营企业包括：

国有联营企业 指国有企业与国有企业间的联营；

集体联营企业 指集体企业与集体企业间的联营；

国有与集体联营企业 指国有企业与集体企业间的联营。

(5)**有限责任公司** 指根据《中华人民共和国公司登记管理条例》规定登记注册，由两个以上，五十个以下的股东共同出资，每个股东以其所认缴的出资额对公司承担有限责任，公司以其全部资产对其债务承担责任的经济组织。

有限责任公司包括国有独资公司以及其他有限责任公司。

(6)**股份有限公司** 指根据《中华人民共和国企业法人登记管理条例》规定登记注册，其全部注册资本由等额股份构成并通过发行股票筹集资本，股东以其认购的股份对公司承担有限责任，公司以其全部资产对其债务承担责任的经济组织。

(7)**私营企业** 指由自然人投资设立或由自然人控股，以雇佣劳动为基础的营利性经济组织。包括按照《公司法》、《合伙企业法》、《私营企业暂行条例》规定登记注册的私营有限责任公司、私营股份有限公司、私营合伙企业和私营独资企业。

(8)**港、澳、台商投资企业** 指企业注册登记类型中的港、澳、台资合资、合作、独资经营企业和股份有限公司之和。

(9)**外商投资企业** 指企业注册登记类型中的中外合资、合作经营企业、外资企业和外商投资股份有限公司之和。

“三资”企业系指港、澳、台商投资企业和外资企业的简称。

轻工业 指主要提供生活消费品和制作手工工具的工业。按其所使用的原料不同，可分为两大类：(1)以农产品为原料的轻工业，是指直接或间接以农产品为基本原料的轻工业。主要包括食品制造、饮料制造、烟草加工、纺织、缝纫、皮革和毛皮制作、造纸以及印刷等工业；(2)以非农产品为原料的轻工业，是指以工业品为原料的轻工业。主要包括文教体育用品、化学药品制造、合成纤维制造、日用化学制品、日用玻璃制品、日用金属制品、手工工具制造、医疗器械制造、文化和办公用机械制造等工业。

重工业 是指为国民经济各部门提供物质技术基础的

主要生产资料的工业。按其生产性质和产品用途，可以分为下列三类：(1)采掘(伐)工业，是指对自然资源的开采，包括石油开采、煤炭开采、金属矿开采、非金属矿开采和木材采伐等工业；(2)原材料工业，指向国民经济各部门提供基本材料、动力和燃料的工业。包括金属冶炼及加工、炼焦及焦炭、化学、化工原料、水泥、人造板以及电力、石油和煤炭加工等工业；(3)加工工业，是指对工业原材料进行再加工制造的工业。包括装备国民经济各部门的机械设备制造工业、金属结构、水泥制品等工业，以及为农业提供的生产资料如化肥、农药等工业。

根据上述划分原则，修理业中以重工业产品为修理作业对象的划为重工业，反之划为轻工业。

工业增加值 是指工业行业在报告期内以货币表现的工业生产活动的最终成果。

实收资本 指企业实际收到的投资人投入的资本。按投资主体可分为国家资本、集体资本、法人资本、个人资本、港澳台资本和外商资本等。

资产合计 指企业拥有或控制的能以货币计量的经济资源。包括各种财产、债权和其他权利。资产按其流动性划分为流动资产、长期投资、固定资产、无形及递延资产和其他资产。

(1)流动资产 指企业可以在一年内或者超过一年的一个生产周期内变现或耗用的资产合计。包括现金及各种存款、短期投资、应收及预付款项、存货等。

(2)固定资产 指企业固定资产净值、固定资产清理、在建工程、待处理固定资产损失所占用的资金合计。

(3)无形资产 指企业长期使用而没有实物形态的资产。包括专利权、非专利技术、商标权、著作权、土地使用权、商誉等。

负债合计 指企业承担的能以货币计量，将以资产或劳务偿付的债务。负债一般按偿还期长短分为流动负债和长期负债、递延税项等。

(1)流动负债 指企业在一年内或者超过一年的一个营业周期内需要偿还的债务合计，其中包括短期借款、应付及预收款项、应付工资、应交税金和应交利润等。

(2)长期负债 指企业在一年以上或者超过一年的一个营业周期以上需要偿还的债务合计，其中包括长期借款、应付债务、长期应付款项等。

所有者权益 指企业投资人对企业净资产的所有权。企业净资产等于企业全部资产减去全部负债后的余额，其中包括投资者对企业的最初投入，以及资本公积金、盈余公积金和未分配利润，对股份制企业即为股东权益。

固定资产原价 指企业在建造、购置、安装、改建、扩建、技术改造某项固定资产时所支出的全部货币总额。它一般包括买价、包装费、运杂费和安装费等。

固定资产净值 是指固定资产原价减去历年已提折旧额后的净额。

流动资产 是指可以在一年或者超过一年的一个营业周期内变现或者耗用的资产，包括现金及各种存款、短期投资、应收及预付货款、存货等。

产品销售收入 指企业销售产品和提供劳务等主要经营业务取得的收入总额。

品销售成本 指企业销售产品和提供劳务等主要经营业务的实际成本。

产品销售税金及附加 指企业销售产品和提供工业性劳务等主要经营业务应负担的城市维护建设税、消费税、资源税和教育费附加。

产品销售利润 指企业销售产品和提供工业性劳务等主要经营业务收入扣除其成本、费用、税金后的利润。

利润总额 指企业实现的利润。

应交增值税 指企业在报告期内应交纳的增值税额。

总资产贡献率 反映企业全部资产的获利能力，是企业经营业绩和管理水平的集中体现，是评价和考核企业盈利能力的核心指标。计算公式为：

总资产贡献率＝(利润总额＋税金总额＋利息支出)/平均资产总额×100％

资产负债率 该指标既反映企业经营风险的大小，也反映企业利用债权人提供的资金从事经营活动的能力。计算公式为：

资产负债率＝负债总额/资产总额×100％

工业成本费用利润率 指在一定时期内实现的利润与成本费用之比，是反映工业生产成本及费用投入的经济效益指标，同时也是反映降低成本的经济效益的指标。计算公式为：

工业成本费用利润率(％)＝利润总额/成本及费用总额×100％

工业增加值率 指在一定时期内工业增加值占同期工业总产值的比重，反映降低中间消耗的经济效益。计算公式为：

工业增加值率(％)＝工业增加值(现价)/工业总产值×100％

流动资产周转次数 指在一定时期内流动资产完成的周转次数，反映流动资产的周转速度。计算公式为：

流动资产周转次数＝产品销售收入/全部流动资产平均余额

产品销售率 指报告期工业销售产值与同期全部工业总产值之比，是反映工业产品已实现销售的程度，分析工业产销衔接情况，研究工业产品满足社会需求程度的指标。计算公式为：

产品销售率(％)＝工业销售产值/工业总产值(现价)×100％

全员劳动生产率 指根据产品的价值量指标计算的平均每一个就业人员在单位时间内的产品生产量。是考核企业经济活动的重要指标，是企业生产技术水平、经营管理水平、职工技术熟练程度和劳动积极性的综合表现。目前我国的全员劳动生产率是将工业企业的工业增加值除以同一时期全部就业人员的平均人数来计算的。计算公式为：

全员劳动生产率(％)＝工业增加值/全部从业人员年平均人数×100％

12

建 筑 业

资料整理:李秀云

12-1 建筑企业基本情况

	企业单位数（个）	国有	集体	建筑业总产值（万元）	国有	集体	房屋建筑面积（万平方米）施工面积	竣工面积	年末从业人员（人）
1985	26	12	14	5059	3109	1950	49.62	26.49	10758
1986	24	13	11	6898	4702	2196	54.08	28.93	11621
1987	25	12	13	9415	5624	3791	66.13	38.51	14051
1988	31	12	13	21378	6988	4483	123.27	52.64	20309
1989	27	12	9	22466	7027	3151	90.41	40.44	18568
1990	26	17	9	22186	18500	3686	89.65	40.82	17584
1991	45	20	25	31189	21749	9440	130.43	61.57	25800
1992	47	20	27	45940	32753	13187	181.70	201.00	30100
1993	64	32	32	57439	44139	13300	86.50	96.00	21488
1994	126	53	70	111086	79102	28314	339.00	135.00	39221
1995	124	52	69	123229	88713	31964	362.00	210.00	49397
1996	263	68	180	200726	110300	84479	475.80	231.90	49495
1997	195	61	122	199347	97105	86892	468.40	227.00	46930
1998	210	62	124	192013	92390	79013	504.70	218.30	75506
1999	204	61	121	192878	91807	78895	444.70	197.50	69502
2000	198	61	115	212922	106437	76768	448.50	192.40	70884
2001	215	57	125	229032	119494	93975	471.96	119.35	64284
2002	136	46	32	361483	183756	46001	598.86	240.74	76972
2003	145	47	32	414397	192415	35474	626.49	289.33	77191
2004	212	30	31	529537	200237	63963	734.29	363.98	91170
2005	214	25	28	757030	144240	80197	874.82	409.99	102647
2006	256	20	33	982220	187858	98872	1063.95	490.46	116694
2007	255	19	31	1393454	300652	145561	1234.48	587.73	131743
2008	285	24	21	1454636	226588	152003	1141.36	530.97	143301
年平均增长（%）									
“七五”时期	1.61	5.51	-3.93	34.4	42.86	13.58	12.56	9.03	10.33
“八五”时期	36.68	25.05	50.29	40.91	36.82	50.04	32.2	38.76	22.95
“九五”时期	9.81	3.24	10.76	11.56	3.71	19.15	4.38	-1.74	7.49
“十五”时期	1.57	-16.34	-24.61	28.88	6.27	0.88	14.3	16.34	7.69
2006～2008	10.02	-1.35	-9.14	24.32	16.25	23.76	9.27	9.00	11.76

12-2 按登记注册类型分的建筑业生产情况

（2008年）

	合计	内资企业		
			国有	集体
企业个数(个)	285	285	24	21
建筑业合同情况				
签订的合同额(万元)	1758045	1758045	252738	177073
1.上年结转合同额	411384	411384	41839	48275
2.本年新签合同额	1346661	1346661	210899	128797
承包工程完成情况				
直接从建设单位承揽工程完成的产值(万元)	1464734	1464734	226588	151893
1.自行完成的产值	1442099	1442099	226588	151893
2.分包出去的产值	22635	22635		
从建设单位以外承揽工程完成的产值(万元)	12537	12537		109
建筑业总产值(万元)	1454636	1454636	226588	152003
其中:装饰装修产值	46204	46204	187	6934
其中:在外省完成的产值	70132	70132	6855	
1.建筑工程产值	1300977	1300977	214082	136340
2.安装工程产值	99624	99624	12506	11356
3.其他产值	54035	54035		4306
竣工产值(万元)	1116401	1116401	158891	112514
房屋建筑施工面积(平方米)	11413585	11413585	442480	1881138
#本年新开工面积	6375304	6375304	420890	675187
#实行投标承包面积	8639515	8639515	425265	1402848
#本年新开工面积	5215398	5215398	415775	610630
年末自有施工机械设备				
年末自有机械设备净值(万元)	87927	87927	13583	6680
年末自有机械设备总台数(台)	35941	35941	5134	2886
年末自有机械设备总功率(千瓦)	518849	518849	109799	30347
从业人员情况				
计算建筑业劳动生产率的平均人数(人)	143755	143755	19747	19176
期末从业人数(人)	143301	143301	18768	18842
其中:管理人员	11640	11640	1214	1321
其中:工程技术人员	14779	14779	1788	1643
其中:一级建造师	453	453	37	57
其中:现场施工工人	94168	94168	12330	15501
其中:持证上岗人员	81062	81062	10726	11851
主要建筑消耗材料消耗量				
1.钢材(吨)	657383	657383	15508	38345
2.木材(立方米)	210395	210395	17598	19863
3.水泥(吨)	2819123	2819123	335208	229058
4.平板玻璃:重量箱	167570	167570	2030	40214
平方米	1575874	1575874	235899	246328
5.铝材(吨)	42543	42543	3433	940
补充资料				
企业总产值(万元)	1472831	1472831	226826	156003
在境外完成的营业额	7057	7057	6855	
主要能源消费量				
1.煤炭(吨)	19327	19327	8361	30
2.汽油(吨)	3453	3453	467	234
3.柴油(吨)	10486	10486	2456	283
4.电力(千瓦时)	52129018	52129018	5785733	3393965
房屋建筑竣工面积(平方米)	5309652	5309652	232180	607207
建筑业增加值(万元)	430023	430023	64206	51700
全员劳动生产率				
按总产值计算(元/人)	101189	101189	114745	79267
按增加值计算(元/人)	29914	29914	32515	26961
技术装备率(元/人)	6116	6116	6878	3484
动力装备率(千瓦/人)	3.6	3.6	5.56	1.58

注:本表统计范围为具有资质等级及以上的独立核算建筑业企业(下同)。

12—3 按国民经济行业分的建筑业生产情况

（2008 年）

	合 计	房屋和土木工程建筑业			建筑安装业	装修装饰业	其他建筑业
			房屋工程建筑	土木工程建筑业			
企业个数(个)	285	150	76	74	25	101	9
建筑业合同情况							
签订的合同额(万元)	1758045	1396816	863310	533506	273318	63836	24074
1.上年结转合同额	411384	377562	285016	92546	23662	5326	4834
2.本年新签合同额	1346661	1019254	578294	440961	249656	58510	19240
承包工程完成情况							
直接从建设单位承揽工程完成的产值(万元)	1464734	1163797	682333	481464	233621	46317	20999
1.自行完成的产值	1442099	1163442	681978	481464	211679	46317	20661
2.分包出去的产值	22635	355	355		21942		338
从建设单位以外承揽工程完成的产值(万元)	12537	5809	851	4958	6407	321	
建筑业总产值(万元)	1454636	1169251	682829	486422	218086	46638	20661
其中:装饰装修产值	46204	16360	15492	868	5061	24783	
其中:在外省完成的产值	70132	11533		11533	58598		
1.建筑工程产值	1300977	1127926	659206	468720	132980	20326	19745
2.安装工程产值	99624	26974	13133	13841	57314	14499	837
3.其他产值	54035	14350	10490	3861	27792	11814	79
竣工产值(万元)	1116401	873097	544393	328703	204157	29253	9895
房屋建筑施工面积(平方米)	11413585	10755233	10333002	422231	496507		161845
#本年新开工面积	6375304	5893129	5518891	374238	332407		149768
#实行投标承包面积	8639515	8097380	7729116	368264	392367		149768
#本年新开工面积	5215398	4807763	4442119	365644	267850		139785
年末自有施工机械设备							
年末自有机械设备净值(万元)	87927	73248	33531	39717	11318	1581	1781
年末自有机械设备总台数(台)	35941	31227	23053	8174	3408	528	778
年末自有机械设备总功率(千瓦)	518849	399250	189313	209937	95503	5571	18525
从业人员情况							
计算建筑业劳动生产率的平均人数(人)	143755	120141	76930	43211	16699	5155	1760
期末从业人数(人)	143301	119010	75758	43252	16799	5403	2089
其中:管理人员	11640	9521	6408	3113	1084	734	301
其中:工程技术人员	14779	12121	7430	4691	1401	910	347
其中:一级建造师	453	317	196	121	61	71	4
其中:现场施工工人	94168	80779	56228	24551	7556	4290	1543
其中:持证上岗人员	81062	70860	49121	21739	5377	3857	968
主要建筑消耗材料消耗量							
1.钢材(吨)	657383	562792	402423	160369	89798	3277	1516
2.木材(立方米)	210395	170922	136465	34457	3925	27440	8108
3.水泥(吨)	2819123	2426786	1586499	840287	61608	189150	141579
4.平板玻璃:重量箱	167570	137449	128647	8802	4299	25482	340
平方米	1575874	1263698	909355	354343	44364	251612	16200
5.铝材(吨)	42543	39751	35070	4681	863	1369	560
补充资料							
企业总产值(万元)	1472831	1187302	691781	495521	218227	46642	20661
在境外完成的营业额	7057	6855		6855	202		
主要能源消费量							
1.煤炭(吨)	19327	18966	1235	17731	341	20	
2.汽油(吨)	3453	2610	1490	1121	668	123	52
3.柴油(吨)	10486	9140	3635	5506	1217	88	40
4.电力(千瓦时)	52129018	42999502	32971055	10028447	5628429	1429160	2071927
房屋建筑竣工面积(平方米)	5309652	5002347	4763270	239077	253407		53898
建筑业增加值(万元)	430023	353838	218449	135388	57013	13041	6131
全员劳动生产率							
按总产值计算(元/人)	101189	97323	88760	112569	107376	90472	117393
按增加值计算(元/人)	29914	29452	28396	31332	34142	25298	12227
技术装备率(元/人)	6116	6097	4359	9191	6778	3067	10118
动力装备率(千瓦/人)	3.6	3.3	2.5	4.9	5.7	1.1	10.5

12-4 按登记注册类型分的建筑业主要经济指标

（2008 年）

单位:万元

	合计	内资企业		
			国有	集体
一、年初存货	**89199**	**89199**	**16999**	**2138**
二、年末资产负债				
资产合计	777490	777490	140759	63464
流动资产合计	505149	505149	100334	37850
#存货	108220	108220	22092	10654
长期投资	14648	14648	150	1072
固定资产合计	224155	224155	38877	17292
固定资产原价	269072	269072	54216	18312
#生产经营用	205031	205031	36735	13080
累计折旧	77669	77669	18230	4499
#本年折旧	37201	37201	10829	2261
在建工程	20238	20238	1339	426
无形及递延资产合计	32232	32232	1291	7243
#无形资产	30103	30103	1001	7239
其他资产	1307	1307	107	6
负债合计	401900	401900	91873	30259
流动负债合计	388443	388443	86504	29981
长期负债合计	13457	13457	5370	278
所有者权益合计	375590	375590	48885	33205
#实收资本	274407	274407	32447	24811
#国家资本	61117	61117	32447	
集体资本	66265	66265		24508
法人资本	46637	46637		303
个人资本	100388	100388		
港澳台资本				
外商资本				
三、损益及分配				
工程结算收入	1444827	1444827	225156	148304
工程结算成本	1213475	1213475	199073	130669
工程结算税金及附加	47277	47277	8530	4670
工程结算利润	167013	167013	15504	12113
其他业务收入	15244	15244	2049	320
其他业务利润	6188	6188	459	248
经营费用	17061	17061	2050	852
管理费用	51905	51905	9527	2620
#税金	6357	6357	887	161
财产保险费	814	814	230	2
差旅费	4119	4119	831	163
工会经费	2772	2772	698	69
财务费用	4817	4817	799	720
#利息支出	1802	1802	370	121
营业利润	116480	116480	5636	9021
营业外收入	9043	9043	195	292
营业外支出	1046	1046	274	19
利润总额	56968	56968	5244	8839
#应交所得税	11799	11799	1016	2300
应付利润	10699	10699	1773	984
劳动、失业保险费	8941	8941	1054	321
住房公积金及住房补贴	7655	7655	748	380
四、工资、福利费				
本年应付工资总额	232572	232572	32101	30795
其中:主营业务应付工资总额	230076	230076	31912	29858
本年应付福利费总额	29095	29095	3812	4187
其中:主营业务应付工资总额	28853	28853	3809	4057
五、补充资料				
应收工程款	37341	37341	7794	3333
#竣工工程	27051	27051	5380	2262
六、全部从业人员年平均人数(人)	**147494**	**147494**	**20282**	**19665**

12—5 按国民经济行业分的建筑业主要经济指标

(2008年) 单位:万元

	合计	房屋和土木工程建筑业	房屋工程建筑	土木工程建筑业	建筑安装业	装修装饰业	其他建筑业
一、年初存货	**89199**	**71131**	**40959**	**30172**	**12667**	**5315**	**86**
二、年末资产负债							
资产合计	777490	542975	269253	273722	182707	42267	9541
流动资产合计	505149	324532	159524	165007	142535	31669	6414
#存货	108220	87158	48082	39077	14068	6708	286
长期投资	14648	11975	10652	1323	2265	309	100
固定资产合计	224155	176598	79215	97384	34740	10075	2741
固定资产原价	269072	209806	83506	126300	45851	9808	3607
#生产经营用	205031	154334	65142	89193	41163	6839	2695
累计折旧	77669	57950	22480	35470	16576	2274	868
#本年折旧	37201	27859	10129	17730	8202	762	378
在建工程	20238	14346	11703	2643	4364	1529	
无形及递延资产合计	32232	28971	19614	9357	2855	119	287
#无形资产	30103	27268	18797	8471	2493	97	245
其他资产	1307	900	248	652	312	95	
负债合计	401900	249919	115457	134463	137388	10546	4047
流动负债合计	388443	239549	112499	127050	134623	10460	3812
长期负债合计	13457	10371	2958	7413	2765	87	235
所有者权益合计	375590	293056	153797	139259	45320	31721	5494
#实收资本	274407	205632	112029	93603	36926	27646	4203
#国家资本	61117	49130	1447	47683	10367	93	1527
集体资本	66265	46451	29703	16748	18544	151	1120
法人资本	46637	32569	23302	9267	1281	12686	102
个人资本	100388	77483	57578	19905	6734	14716	1454
港澳台资本							
外商资本							
三、损益及分配							
工程结算收入	1444827	1135574	659181	476394	244304	44331	20618
工程结算成本	1213475	945563	570931	374632	213835	36195	17882
工程结算税金及附加	47277	38693	22219	16474	5950	2138	497
工程结算利润	167013	141752	59957	81795	18959	4222	2081
其他业务收入	15244	9838	6818	3021	4324	968	114
其他业务利润	6188	2999	1761	1238	2646	430	114
经营费用	17061	9568	6075	3493	5561	1776	158
管理费用	51905	33468	15495	17973	15076	2505	855
#税金	6357	5406	2129	3276	473	463	16
财产保险费	814	640	249	391	76	54	44
差旅费	4119	3085	1437	1647	563	406	64
工会经费	2772	2482	1293	1189	82	191	16
财务费用	4817	3756	1946	1810	663	360	37
#利息支出	1802	1211	481	730	455	124	13
营业利润	116480	107527	44277	63250	5865	1786	1302
营业外收入	9043	6952	93	6859	2086	5	
营业外支出	1046	334	72	262	703	8	
利润总额	56968	48650	33758	14892	5669	1491	1158
#应交所得税	11799	10589	6333	4256	895	195	120
应付利润	10699	8499	4313	4186	1277	434	488
劳动、失业保险费	8941	6237	3328	2909	2358	287	59
住房公积金及住房补贴	7655	5943	2671	3272	1395	154	163
四、工资、福利费							
本年应付工资总额	232572	193405	126222	67183	29207	6606	3355
其中:主营业务应付工资总额	230076	191448	124517	66931	28779	6495	3355
本年应付福利费总额	29095	24246	16322	7924	3551	857	440
其中:主营业务应付工资总额	28853	24019	16100	7919	3551	843	440
五、补充资料							
应收工程款	37341	31278	17874	13404	3563	1705	796
#竣工工程	27051	22365	12405	9959	2969	1471	247
六、全部从业人员年平均人数(人)	**147494**	**123452**	**79276**	**44176**	**16744**	**5461**	**1837**

12-6 主要年份建筑业企业房屋建筑竣工面积

单位:万平方米

	1985	1995	2000	2005	2007	2008
竣工房屋建筑面积	**10.50**	**209.64**	**192.38**	**409.99**	**587.73**	**530.97**
厂房	6.18	26.93	16.63	22.22	50.71	100.28
住宅	1.87	62.02	103.87	246.37	377.49	318.70
办公用房	0.15	80.96	30.18	37.52	68.28	44.19
商业、居民服务业用房	0.24	12.94	11.51	13.33	17.23	15.25
文化教育用房	0.15	6.31	16.54	66.63	47.86	35.32
医疗用房	0.35	0.70	3.62	10.55	7.82	3.52
科研用房	0.16	2.03	0.24	4.13		0.31
其他	1.40	17.75	9.79	9.25	18.34	13.40

12-7 各县(市、区)建筑业企业个数、从业人员

(2008年)

单位:个、人

	企业个数	国有单位	集体单位	期末从业人员	国有单位	集体单位	计算建筑业劳动生产率的平均人数	国有单位	集体单位
全市	**285**	**24**	**21**	**143301**	**18768**	**18842**	**143755**	**19747**	**19176**
宛城区	38	1	1	23835	2362	2016	26573	3560	2603
卧龙区	91	2	3	15513	1366	3550	14987	1361	3335
南召县	9		1	3013		320	2877		290
方城县	5			2400			2510		
西峡县	10			9320			8983		
镇平县	9	3		3001	617		2874	569	
内乡县	10	2		3023	739		3062	737	
淅川县	9	3		3917	1300		3943	1330	
社旗县	10		2	4660		1484	4666		1450
唐河县	9		2	11466		3603	11441		3602
新野县	8	3	1	5760	1310	780	5761	1317	781
桐柏县	9			2778			2772		
邓州市	17	3	1	11505	5169	1790	11462	5139	1790
市直	51	7	10	43110	5905	5299	41844	5734	5325

12-8 各县(市、区)建筑业企业房屋建筑竣工面积

(2008年)　　单位:平方米

	房屋建筑竣工面积	厂房、仓库	住宅	办公用房	批发和零售用房	住宿和餐饮用房
全市	**5309652**	**1002831**	**3186944**	**441921**	**76109**	**45996**
宛城区	1596932	517997	910566	133023		9800
卧龙区	323240	8700	198210	11145	52306	
南召县	298387		244322	32265		
方城县	262107	1900	218844	1770		7050
西峡县	305575	51971	189955	21366		
镇平县	129902	13876	50098	17332	8560	
内乡县	108909		95776	11733		
淅川县	108000	53000	55000			
社旗县	169648	12922	79042	38544		3870
唐河县	276929	45200	131450	35000	2300	15000
新野县	88137	22109	33328	8800	7150	
桐柏县	79157	1800	51596	3741		
邓州市	393729	79781	104132	46229		1173
市直	1169000	193575	824625	80973	5793	9103

12-8续表　　(2008年)　　单位:平方米

	居民服务业用房	教育用房	文化、体育和娱乐用房	卫生医疗用房	科研用房	其他用房
全市	**30408**	**326296**	**26920**	**35189**	**3140**	**133898**
宛城区		21282	1057	2167		1040
卧龙区		5100				47779
南召县		17300		3500	1000	
方城县	3057	21430		6810		1246
西峡县	9491	8162	3035			21595
镇平县	1460	15314	6597	4396		12269
内乡县		1400				
淅川县						
社旗县	11400	10038	3880	4796		5156
唐河县	5000	35000	1000	835		6144
新野县		16750				
桐柏县		4850	4000			13170
邓州市		135617		4907		21890
市直		34053	7351	7778	2140	3609

12-9 各县(市、区)建筑业企业签订合同及产值完成情况

(2008年)　　单位:万元

	签订的合同额	上年结转合同额	本年新签合同额	直接从建设单位承揽工程完成的产值	自行完成施工产值	分包出去工程的产值	从建设单位以外承揽工程完成的产值
全市	**1758045**	**411384**	**1346661**	**1464734**	**1442099**	**22635**	**12537**
宛城区	250001	64527	185474	184054	184054		
卧龙区	137280	50971	86309	114227	114227		
南召县	31124	10812	20313	23959	23959		1280
方城县	35301	4850	30452	32194	32194		
西峡县	103892	19947	83944	88338	88338		3016
镇平县	20681	3806	16876	17550	17550		
内乡县	52529	6697	45832	51863	51863		
淅川县	78979	3910	75069	78367	78367		
社旗县	43980	4904	39076	42254	41899	355	767
唐河县	158565	1507	157058	153492	153492		62
新野县	54268	16159	38109	47514	47514		
桐柏县	48265	22884	25380	48467	48467		496
邓州市	154889	18458	136431	134851	134851		
市直	588292	181953	406339	447604	425324	22280	6917

12-10 各县(市、区)建筑业总产值

(2008年)　　单位:万元

	建筑业总产值	国有	集体	建筑工程产值	国有	集体
全市	**1454636**	**226588**	**152003**	**1300977**	**214082**	**136341**
宛城区	184054	31899	21212	169802	31899	21212
卧龙区	114227	10175	24758	92662	9825	20838
南召县	25239		1764	21416		1764
方城县	32194			31614		
西峡县	91354			91021		
镇平县	17550	5763		14482	5763	
内乡县	51863	13215		47058	8673	
淅川县	78367	26636		78367	26636	
社旗县	42666		9407	32151		9164
唐河县	153554		40657	149871		38077
新野县	47514	16286	4320	41914	10686	4320
桐柏县	48963			47206		
邓州市	134851	67325	7326	130273	67098	5362
市直	432241	55289	42559	353141	53503	35604

12-11 各县(市、区)建筑业增加值、竣工产值

(2008年)

单位:万元

	建筑业增加值	国有	集体	建筑业竣工产值	国有	集体
全市	**430023**	**64206**	**51700**	**1116401**	**158891**	**112515**
宛城区	58982	7871	4886	162277	31899	6454
卧龙区	35170	2896	8424	72024	3920	15132
南召县	9752		579	24616		1203
方城县	9679			21494		
西峡县	29272			36935		
镇平县	5550	1016		17373	5683	
内乡县	13311	4076		20360	2775	
淅川县	22512	7417		63154	22002	
社旗县	14107		3974	40875		8221
唐河县	40531		14321	140328		39657
新野县	17041	4333	2025	33262	13870	1429
桐柏县	13812			6896		
邓州市	38691	18343	4196	119441	60895	7123
市直	121614	18254	13296	357366	17848	33296

12-12 各县(市、区)建筑业企业房屋建筑施工、竣工面积

(2008年)

单位:平方米

	房屋施工面积	国有	集体	房屋竣工面积	国有	集体
全市	**11413585**	**442480**	**1881138**	**5309652**	**232180**	**607207**
宛城区	2724692		344228	1596932		73946
卧龙区	996487		390454	323240		72410
南召县	376928		19740	298387		18030
方城县	421530			262107		
西峡县	468370			305575		
镇平县	164980			129902		
内乡县	308885	51620		108909	25159	
淅川县	645300	123300		108000	20500	
社旗县	190975		77775	169648		77775
唐河县	1087357		380765	276929		29600
新野县	398277	51200	56120	88137	5276	15370
桐柏县	246941			79157		
邓州市	475670	216360	78810	393729	181245	68167
市直	2907193		533246	1169000		251909

12-13 各县(市、区)建筑业年末自有机械总功率、净值

(2008 年)

	自有机械设备年末净值(万元)	国有	集体	自有机械设备年末总功率(千瓦)	国有	集体
全市	**518849**	**109799**	**30347**	**87927**	**13583**	**6680**
宛城区	55037	6872	3385	12399	3031	450
卧龙区	39114	12379	6693	6801	428	2018
南召县	16936		2204	1476		19
方城县	5495			690		
西峡县	35470			7304		
镇平县	17580	9648		1295	313	
内乡县	30402	3762		3711	454	
淅川县	14379	339		1903	329	
社旗县	19582		3678	5259		624
唐河县	10291		1164	6895		2798
新野县	37358	5196	3641	5383	299	215
桐柏县	22553			5714		
邓州市	48478	31172	2700	2905	2176	35
市直	166174	40431	6882	26192	6554	521

12-14 各县(市、区)建筑业企业技术装备情况

(2008 年)

	自有机械设备年末总台数(台)	自有机械设备年末总功率(千瓦)	自有机械设备年末净值(万元)	技术装备率(元/人)	动力装备率(千瓦/人)
全市	**35941**	**518849**	**87927**	**6116**	**3.6**
宛城区	3523	55037	12399	4666	2.1
卧龙区	3758	39114	6801	4538	2.6
南召县	1616	16936	1476	5132	5.9
方城县	862	5495	690	2748	2.2
西峡县	1822	35470	7304	8131	3.9
镇平县	1036	17580	1295	4505	6.1
内乡县	1888	30402	3711	12118	9.9
淅川县	947	14379	1903	4827	3.6
社旗县	1373	19582	5259	11271	4.2
唐河县	2528	10291	6895	6027	0.9
新野县	3098	37358	5383	9344	6.5
桐柏县	793	22553	5714	20614	8.1
邓州市	4719	48478	2905	2535	4.2
市直	7978	166174	26192	6259	4.0

12－15 各县(市、区)国有建筑业企业技术装备情况

(2008 年)

	自有机械设备年末总台数(台)	自有机械设备年末总功率(万千瓦)	自有机械设备年末净值(万元)	技术装备率(元/人)	动力装备率(千瓦/人)
南阳市	**5134**	**109799**	**13583**	**6878**	**5.56**
宛城区	88	6872	3031	8513	1.93
卧龙区	350	12379	428	3148	9.10
南召县					
方城县					
西峡县					
镇平县	198	9648	313	5497	16.96
内乡县	269	3762	454	6159	5.10
淅川县	65	339	329	2473	0.25
社旗县					
唐河县					
新野县	252	5196	299	2270	3.95
桐柏县					
邓州市	2144	31172	2176	4234	6.07
市直	1768	40431	6554	11429	7.05

12－16 各县(市、区)建筑业企业实收资本、资产合计

(2008 年) 单位:万元

	实收资本	国有	集体	资产合计	国有	集体
全市	**274407**	**32447**	**24811**	**777490**	**140759**	**63465**
宛城区	43472	3068	3000	77919	7518	8280
卧龙区	38507	5000	4430	77868	9542	9894
南召县	5705		800	17435		1794
方城县	2953			6169		
西峡县	18926			48974		
镇平县	5300	2153		16226	5218	
内乡县	8611	1689		17494	4033	
淅川县	10767	2168		33009	12694	
社旗县	7759		1246	17482		3511
唐河县	8818		1200	28857		7910
新野县	10854	2293	730	22229	5709	1514
桐柏县	5761			18639		
邓州市	22440	2907	2174	68985	41017	2286
市直	84534	13168	11232	326203	55028	28277

12－17 各县(市、区)建筑业企业流动资产、固定资产

(2008年) 单位:万元

	流动资产小计	国有	集体	固定资产小计	国有	集体
全市	**505149**	**100334**	**37851**	**224155**	**38877**	**17292**
宛城区	52350	4487	6777	22178	3031	1463
卧龙区	46151	2931	6217	24167	6612	2323
南召县	10680		246	5509		847
方城县	2655			2583		
西峡县	28321			14486		
镇平县	10149	2049		5467	3169	
内乡县	8759	3296		6895	715	
淅川县	16535	8639		13660	3105	
社旗县	9378		2718	6639		654
唐河县	15966		3650	11873		4110
新野县	8712	4075	789	13259	1634	725
桐柏县	9989			8427		
邓州市	45723	30785	1754	21398	9997	511
市直	239782	44073	15700	67614	10615	6660

12－18 各县(市、区)建筑业全员劳动生产率

(2008年) 单位:元/人

	全员劳动生产率		国有		集体	
	按总产值计算	按增加值计算	按总产值计算	按增加值计算	按总产值计算	按增加值计算
全市	**101188**	**29914**	**114745**	**32515**	**79267**	**26961**
宛城区	69264	22196	89604	22110	81492	18770
卧龙区	76217	23467	74761	21280	74238	25258
南召县	87727	33897			60828	19953
方城县	128264	38562				
西峡县	101697	32586				
镇平县	61065	19311	101278	17859		
内乡县	169375	43471	179307	55300		
淅川县	198750	57093	200271	55769		
社旗县	91440	30233			64876	27405
唐河县	134214	35426			112872	39759
新野县	82475	29579	123657	32899	55314	25928
桐柏县	176632	49825				
邓州市	117651	33756	131009	35693	40927	23443
市直	103298	29064	96423	31835	79923	24968

12—19 各县(市、区)建筑业工程结算收入、负债合计

(2008年)

单位:万元

	工程结算收入	国有	集体	负债合计	国有	集体
全市	**1444827**	**225156**	**148305**	**401900**	**91873**	**30259**
宛城区	183630	31899	21212	21729	3168	5232
卧龙区	114263	10476	23904	28101	1668	4911
南召县	23978		1680	8676		92
方城县	31246			2437		
西峡县	89524			20609		
镇平县	16875	5205		9088	2142	
内乡县	49953	13214		6590	2335	
淅川县	69751	24410		14324	8701	
社旗县	41964		9196	6712		1782
唐河县	154527		40657	12096		1415
新野县	47514	16286	4320	8299	2594	751
桐柏县	48154			6650		
邓州市	127564	65678	5326	42566	35040	113
市直	445883	57988	42010	214026	36226	15964

12—20 各县(市、区)建筑业利润总额、工程结算利润

(2008年)

单位:万元

	利润总额	国有	集体	工程结算利润	国有	集体
全市	**56968**	**5244**	**8839**	**167013**	**15504**	**12114**
宛城区	1971	59	259	7016	1572	362
卧龙区	3580	207	316	6026	252	670
南召县	3174		73	4588		84
方城县	1640			2552		
西峡县	1869			52995		
镇平县	353	46		1245	130	
内乡县	3353	1140		4641	1333	
淅川县	803	188		6408	1951	
社旗县	1104		134	5070		824
唐河县	15947		6620	22829		6756
新野县	1586	709	173	3706	1243	599
桐柏县	6571			7266		
邓州市	4004	1177	199	11282	3128	599
市直	11012	1718	1066	31391	5895	2220

12-21 全年产值5000万元及以上建筑施工企业主要指标

(2008年)

	建筑业总产值(万元)	房屋建筑施工面积(平方米)	期末从业人数(人)	资产合计(万元)	利润总额(万元)	应付工资(万元)
河南油田油建工程建设有限责任公司	88539	11740	3528	67930	808	6538
南阳市飞龙电力集团有限公司	73648		6103	66069	2239	12238
河南天工建设集团有限公司	71477	1466003	7509	31072	467	12642
河南省中州公路工程有限公司	54470		5236	16112	1445	8511
邓州市市政工程公司	50363	96350	3455	20974	721	6219
唐河县南阳宛东建筑安装工程公司	45568	450592	2600	9053	6643	3770
唐河路达公路工程有限公司	43229		2392	7407		3473
唐河县恒远建筑安装工程有限公司	38077	380765	3183	5490	6333	4615
南阳市路通公路工程有限公司	31899		2362	7518	59	5260
河南省中原路桥建设(集团)有限公司	30537		4054	31299	986	5976
南阳市恒康建筑有限责任公司	26927	489436	3642	11587	273	4807
南阳市建工集团	23326	285593	2892	12841	249	5553
南阳市建发工程有限公司	23256	220070	2826	12454	495	5426
南阳市宛城区黄河建筑工程有限公司	21865	299650	1680	6875	328	5466
南阳建设集团总公司	21212	344228	2016	8280	259	3364
邓州市公路工程有限责任公司	20722		821	7933	405	1445
南阳市宛城建筑有限责任公司	20321	365586	2681	6621	180	4808
南阳市卧龙建筑工程有限责任公司	18677	148954	2642	5682	1520	4439
唐河县天昱建筑有限公司	17839	256000	1700	1375	2630	2431
桐柏县淮安建筑有限公司	16740	111096	820	1437	2511	1276
邓州市豪瑞建设工程有限公司	16620	138650	1260	6541	1007	2091
南阳市三亚建筑有限公司	16115	294607	2210	4831	299	3845
内乡县宛西公路工程有限公司	16007		580	7173	216	609
南阳市卓城建设工程有限公司	15860	415452	2800	3599	177	6158
南阳市市政工程总公司	14243		1090	13820	143	1648
邓州市粮食局建筑安装公司	12865	120010	850	15597	420	1476
南阳市豫南建设有限公司	12200	283300	2020	3683	861	955
桐柏县鸿运路桥建设有限公司	12158		710	6774	1903	767
河南新恒通公路工程有限责任公司	11000		648	8579	421	1208
南阳市广顺建筑工程有限公司	10703	36511	1278	866	211	2224
南阳市源正水利水电建筑工程公司	10635		3072	8366	148	3766
南阳市远大道路桥梁工程有限公司	9825		1050	6870	198	1827
河南省宛南建筑有限公司	9699	197647	1780	4289	155	3261
河南淅川县鼎力建设集团有限公司	9636	130600	601	8113	64	1019
南阳市盛华建筑有限公司	9405	146974	800	7870	9	936
方城县第二建筑有限责任公司	9350	161845	960	1892	546	1695
南阳市豫阳建筑有限公司	9326	238861	1820	4336	217	3058
淅川县路桥工程有限公司	9070	1300	500	9455	97	1037
方城县宏兴建筑安装有限公司	8980	106000	960	1607	612	1526
淅川县新泰建设工程有限公司	8847	130000	460	1532	284	881

12—21续表　　　　　　　　(2008年)

	建筑业总产值（万元）	房屋建筑施工面积（平方米）	期末从业人数（人）	资产合计（万元）	利润总额（万元）	应付工资（万元）
淅川县渠首电力建设公司	8838	1100	533	3608	19	977
淅川县恒信建筑工程有限公司	8826	132000	360	2903	5	671
南召县新世纪建设工程有限公司	8808	186250	650	735	1066	2146
淅川县水利水电建筑工程公司	8806		370	1167	46	736
淅川县丹东建筑安装工程有限公司	8773	128300	380	1979	175	631
淅川县长健市政工程有限公司	8760	122000	430	2071	45	826
内乡县菊龙市政工程有限公司	8673	51620	371	2194	611	668
南阳市宛通公路工程技术有限公司	8526		930	560	961	777
南阳市绿城建筑安装有限公司	8517	140945	1358	3097	34	2129
南阳御龙建筑水利水电工程有限公司	8505		1100	3410	1218	2021
南阳市淯鑫建筑工程有限公司	8394	109492	1586	3161	158	2373
内乡县湍东建筑安装有限公司	8323	123660	480	1257	1209	602
南阳市住宅建筑工程有限公司	8297	247653	1100	4914	29	853
南阳市建筑公司	8210	95847	1250	4624	16	2250
南阳市凌云建筑工程有限公司	7917	491718	1920	3123	32	2764
新野县市政工程有限责任公司	7860		460	2358	134	885
内乡县第二建筑安装有限公司	7810	69290	400	1857	413	750
河南省西峡县金林建筑工程有限公司	7655	89385	1200	906	19	1728
桐柏县恒信建筑工程有限公司	7439	48030	560	2024	1055	1008
邓州市西城建筑安装公司	7326	78810	1790	2286	199	3222
南阳引丹建筑工程有限责任公司	7235	41850	1480	3476	800	2664
邓州市水利工程建设有限责任公司	7024		431	3570	153	770
淅川县宏塬装饰工程有限公司	6811		283	2180	68	553
南阳市教育建筑工程有限公司	6680	186127	1913	4988	124	2672
南阳市永泰建筑装修服务有限公司	6229		1256	2500	4	1812
南阳引丹山水施工有限公司	6123		388	843	130	698
西峡县第二建筑集团有限责任公司	6122	114000	635	11561	61	907
西峡县刘巷建筑公司	5649	104354	320	3495	16	480
新野县电业局电力工程安装有限公司	5600		396	2426	448	790
桐柏县鸿鑫建设有限公司	5497	20681	161	1050	617	259
南召县通达公路工程有限公司	5425		393	7266	1533	468
社旗县鸿运建筑有限公司	5420	38600	518	1294	211	980
河南省宛北公路工程有限公司	5194		648	13849	18	933

主要统计指标解释

建筑业统计单位 指从事房屋、构筑物建造和设备安装活动的法人企业。建筑业法人企业应同时具备的条件是:①依法成立,有自己的名称、组织机构和场所,能够承担民事责任;②独立拥有和使用资产,承担负债,有权与其他单位签订合同;③独立核算盈亏,能够编制资产负债表。

建筑业总产值(即自行完成施工产值) 是以货币表现的建筑安装企业在一定时期内生产的建筑业产品的总和。建筑业总产值包括:

(1)建筑工程产值: 指列入建筑工程预算内的各种工程价值。

(2)设备安装工程产值 :指设备安装工程价值,不包括被安装设备本身价值。

(3)房屋、构筑物修理产值: 指房屋、构筑物修理所完成的价值,但不包括被修理房屋、构筑物本身的价值和生产设备的修理价值。

(4)非标准设备制造产值: 指加工制造没有定型的、非标准的生产设备的加工费和原材料价值,以及附属加工厂为本企业承建工程制作的非标准设备的价值。

建筑业增加值 指建筑业企业在报告期内以货币表现的建筑业生产经营活动的最终成果。目前建筑业增加值采用分配法(收入法)计算,即从收入的角度出发,根据生产要素在生产过程中应得的收入份额计算。具体计算公式为:

建筑业增加值=本年提取的固定资产折旧+应付工资+应付福利费+管理费用中的劳动待业保险金、税金+工程结算税金及附加+工程结算利润

房屋建筑施工面积 指在报告期内施工的全部房屋建筑面积,包括本期新开工的房屋面积、上期施工跨入本期继续施工的房屋面积、上期停缓建在本期恢复施工的房屋面积、本期竣工的房屋面积及本期施工后又停缓建的房屋面积。

房屋建筑竣工面积 指在报告期内房屋建筑按照设计要求全部完工,达到了住人和使用条件,经验收鉴定合格,正式移交使用单位的房屋建筑面积。

自有机械设备年末总台数 指归本企业所有,属于本企业固定资产的生产性机械设备年末总台数。包括施工机械、生产设备、运输设备以及其他设备。

自有机械设备年末总功率 指本企业自有施工机械、生产设备、运输设备以及其他设备等列为在册固定资产的生产性机械设备年末总功率,按设定能力或查定能力计算。包括机械本身的动力和为该机械服务的单独动力设备,如电动机等。计算单位用千瓦,动力换算可按1马力=0.735千瓦折合成千瓦数。电焊机、变压器、锅炉不计算动力。

工程结算收入 指企业承包工程实现的工程价款结算收入,以及向发包单位收取的除工程价款以外的按规定列作营业收入的各种款项,如临时设施费、劳动保险费、施工机械调迁费等以及向发包单位收取的各种索赔款。

工程结算利润 指已结算工程实现的利润,如亏损以"一"号表示。计算公式为:

工程结算利润=工程结算收入一工程结算成本一工程结算税金及附加

企业总收入 指与企业生产经营直接有关的各项收入,包括工程结算收入和其他业务收入。计算公式为:

企业总收入=工程结算收入+其他业务收入

13

交通运输和邮电

资料整理:张　铭

13-1 历年旅客、货物周转量

	旅客周转量（万人公里）	公路	水运	货物周转量（万吨公里）	公路	水运
1952				3016	1039	1977
1957	2801	2801		9148	3245	5903
1962	10630	10627	3	12612	7322	5290
1965	11554	11544	10	19094	13332	5762
1970	23804	21800	962	24283	15629	4143
1975	32324	29571	1222	24183	18695	4277
1978	39114	37744	949	25567	21093	3912
1980	51558	49125	1772	19288	15936	3010
1981	61561	58788	1973	25550	21614	3518
1982	71027	68529	1707	32968	27832	4825
1983	80106	77377	2060	37325	32259	4829
1984	93005	89969	2383	41413	36081	5033
1985	105194	101506	2877	53618	48902	4289
1986	121488	117846	2526	70930	64663	5930
1987	134026	130508	2283	65786	58687	6719
1988	175346	171163	2858	68982	61659	6950
1989	201836	197042	3465	67056	58688	8059
1990	183800	178641	3793	61110	52818	7998
1991	222163	217475	3195	78400	69708	8413
1992	257400	252519	3694	81001	71472	9202
1993	251935	247487	3313	142515	130739	11466
1994	231795	229217	1521	181815	173852	7688
1995	267795	265300	2114	287689	280192	7268
1996	279695	276709	2775	278698	264396	14150
1997	301632	298509	3077	260431	247506	12860
1998	318928	317346	1453	264518	253290	11162
1999	316307	313718	2547	275270	262304	12950
2000	353735	351185	2550	338270	325270	13000
2001	357434	354857	2577	315008	302902	12106
2002	362713	361288	1425	351697	339274	12423
2003	319600	318600	1000	345570	329500	16070
2004	372183	370849	1334	371360	350134	21226
2005	431307	429600	1707	416927	390000	26927
2006	500387	498803	1584	483506	456800	26706
2007	574681	573124	1557	589481	560837	28644
2008	1032973	1031052	1921	2218295	2160734	57561

注：1. 客、货周转量指标不含铁路运量。
2. 2008年核算周转量时的道路里程标准有变动，与以往年度不可比。

13-2 历年旅客、货物运输量

	客运量（万人）	公路	水运	货运量（万吨）	公路	水运
1952				12	7	5
1957	43	43		65	46	19
1962	150	150		126	111	15
1965	232	232		214	188	25
1970	451	400	20	323	254	31
1975	680	595	34	694	627	50
1978	763	716	27	857	801	46
1980	1060	979	51	638	584	47
1981	1370	1277	57	665	615	41
1982	1619	1533	49	740	675	58
1983	1750	1661	59	795	722	69
1984	2106	2009	68	811	740	65
1985	2340	2221	85	991	915	68
1986	2847	2726	72	853	790	57
1987	2865	2744	65	854	790	56
1988	3922	3776	84	875	823	45
1989	4203	4037	99	765	707	52
1990	3953	3778	108	698	640	53
1991	4740	4574	91	1174	1110	60
1992	4934	4769	91	1219	1146	68
1993	5025	4886	82	2220	2138	77
1994	4407	4298	56	2384	2190	190
1995	4682	4606	56	3446	3380	63
1996	5377	5293	70	3608	3516	90
1997	5651	5562	87	3576	3471	104
1998	5892	5864	22	3569	3487	81
1999	6886	6833	51	4144	4063	81
2000	6113	6058	55	4381	4301	80
2001	6013	5959	54	4835	4747	88
2002	6793	6749	44	4894	4802	92
2003	6233	6200	33	4739	4650	89
2004	7025	6991	34	5125	4997	128
2005	8347	8300	47	6770	6600	170
2006	9224	9176	48	7437	7269	168
2007	10044	10005	39	8835	8672	163
2008	11285	11231	54	9974	9739	235

注:货运量指标不含铁路运量。

13-3 各县(市、区)公路线路里程

(2008年底) 单位:公里

	等级公路	高速	一级	二级	三级	四级
全市	**25765.58**	**546.90**		**2441.58**	**2524.30**	**20252.80**
宛城区	2018.88	66.53		111.15	86.96	1754.24
卧龙区	1188.24	71.30		46.66	250.98	819.30
南召县	2094.30	42.00		175.19	121.03	1756.07
方城县	2382.27	55.13		202.51	195.73	1928.90
西峡县	1954.30	82.00		194.03	254.93	1423.34
镇平县	1572.30	46.00		198.12	204.62	1123.55
内乡县	1561.55	24.00		292.76	129.02	1115.77
淅川县	3593.73			165.56	380.28	3047.89
社旗县	1430.44			126.83	241.67	1061.94
唐河县	1961.15	60.00		249.01	313.73	1338.41
新野县	952.10	18.00		159.71	134.16	640.23
桐柏县	2340.55	53.00		173.72	140.73	1973.10
邓州市	2714.85	28.00		278.56	138.22	2270.07

13-3 续表 (2008年底) 单位:公里

	等外公路	有铺装路面里程			简易铺装路面里程	未铺装路面里程
		合计	沥青混装土	水泥混装土		
全市	**10875.85**	**15251.15**	**2661.10**	**12590.04**	**4794.01**	**16049.37**
宛城区	6.35	542.96	102.14	440.82	554.99	860.75
卧龙区	685.13	842.30	66.34	775.96	253.07	706.70
南召县	1019.09	1201.01	179.60	1021.41	119.17	1751.20
方城县	748.34	758.38	229.59	528.79	1449.99	867.10
西峡县	458.98	1345.72	308.45	1037.27	159.57	825.99
镇平县	1248.12	1248.53	156.06	1092.47	202.96	1322.93
内乡县	1328.90	1469.58	242.89	1226.70	14.62	1382.24
淅川县		160.06	160.06		28.23	
社旗县	782.40	1025.88	150.36	875.52	222.27	964.68
唐河县	1485.64	1409.02	241.18	1167.84	453.06	1524.72
新野县	537.82	554.57	125.37	429.21	336.01	581.33
桐柏县	1021.18	1108.11	211.98	896.13	100.04	2100.59
邓州市	1282.01	1460.95	390.31	1070.64	817.53	1690.37

说明:2008年公路线路里程包括村道。

13-4 公路、内河通车通航里程

单位:公里

	公路		内河	
	合计	晴雨通车	合计	通机动船
1952	609		464	
1957	1543	508	523	
1962	3107	977	261	
1965	2777	733		
1970	3243	1243	401	
1975	3606	1880	259	120
1978	4256	2620	257	
1980	4936	2457	267	83
1981	4907	2531	267	83
1982	4920	2544	259	198
1983	4919	2543	287	161
1984	4919	2542	287	226
1985	4922	2547	287	226
1986	5296	2792	260	134
1987	5297	2824	293	167
1988	5291	3091	230	169
1989	5292	3081	125	125
1990	5559	3390	230	169
1991	5566	3422	230	169
1992	5578	3458	230	169
1993	5578	3463	195	169
1994	5695	3590	195	169
1995	5768	3662	195	169
1996	5816	3765	198	169
1997	5987	3955	198	169
1998	6192	4524	198	169
1999	6286	4633	198	169
2000	6529	3059	198	169
2001	7314	6314	198	169
2002	7492	6573	198	169
2003	7592	6724	198	169
2004	7664	6817	241	194
2005	7829	6896	248	194
2006	36172	14617	194	194
2007	36504	19431	194	194
2008	36641	20691	194	394

13-5 民用汽车拥有量

单位:辆

	总计	货车			客车			特种车
			大货车	小货车		大客车	小客车	
1952	58	58						
1957								
1962	783	783						
1965	720	645	645		75	75		
1970	1783	1486	1470	16	218	130	88	79
1975	3124	2317	2295	22	472	173	299	335
1978	4629	4071	3693	378	302	297	5	256
1980	7117	5114	5071	43	1179	402	777	824
1981	8136	5768	5709	59	1539	462	1077	829
1982	8726	6097	5921	176	1682	537	1145	947
1983	10016	7161	6921	240	1908	622	1286	947
1984	12145	8953	8554	399	2164	659	1505	1028
1985	14160	10197	9565	632	2959	847	2112	1004
1986	13854	9970	9027	943	3711	963	2748	173
1987	12835	9368	8492	876	3197	819	2378	270
1988	17475	12535	10451	2084	4758	1201	3557	182
1989	20688	14529	12030	2499	5296	1278	4018	863
1990	20078	13105	10342	2763	5468	1115	4353	931
1991	22516	14046	10960	3086	6636	1297	5339	343
1992	22163	12834	9435	3399	7371	1545	5826	746
1993	23283	12609	8878	3731	8505	1622	6883	856
1994	25895	13901	10231	3670	10033	1898	8135	1029
1995	27024	13625	9865	3760	11689	1975	9714	547
1996	25793	11313	8078	3235	12814	2015	10799	500
1997	34028	16819	11116	5703	15538	2411	13127	541
1998	40795	19710	12087	7623	19547	2592	16955	1538
1999	44683	21105	13122	7983	21854	2757	19097	1724
2000	43721	20937	10699	10238	21606	2391	19215	1178
2001	49643	19994	10699	9295	26818	5415	21403	2831
2002	52643	16152	8201	7951	32663	2633	30030	3828
2003	64725	22173	8710	13463	40181	3018	37163	2371
2004	73824	24563	9884	14679	45697	3225	42472	3564
2005	81108	27897			53211			
2006	98161	31995			66166			
2007	119203	36679			82524			
2008	141452	41996			99456			

13－6 邮电通信行业基本情况

（年底数）

	2000	2001	2002	2003	2004	2005	2006	2007	2008
局所及通信网络									
邮政局所(处)	387	332	321	307	307	309	292	276	271
电信局所(处)	769	284	297	342	501	1088	373	776	577
邮路总长度(公里)	4818	4818	4916	5101	5168	5263	5535	5515	5519
#汽车邮路总长度(公里)	4312	4312	4410	5101	5168	5263	5535	5515	5519
铁路邮路总长度(公里)									
农村投递线路总长度(公里)	28103	28078	28071	27561	27936	27936	28041	27964	27512
长途业务电路(路)	15398	73476	74344	80490	6851	3314	6389	8600	
长途电话业务电路(路)	10582	73476	74344	76740	2077	3060	6389	8102	
数据通信网长途电路(路)	1056	1056	1056		4850	11645	15124	17360	
邮电业务总量(万元)	130463	156175	162251	221395	324955	418756	265859	377816	382980
邮政业务总量(万元)	11776	18940	19697	22372	23252	25636	30380	37316	39074
电信业务总量(万元)	118687	137235	142554	199023	301703	393120	235479	340500	343906
函件(万件)	1842	2964	1689	1854	1496	1557	1471	1629	1235
包裹(万件)	43	59	40	31	32	29	28	24	21
特快专递(万件)	72	75	88	128	154	156	146	127	111
汇票(万张)	43	40	35	35	24	21	47	74	105
集邮业务(万枚)	1267	1270	1024	984	872	663	513	557	397
报刊期发数(万份)	110	107	145	105	72	73	71	72	84
长途电话(万次)	4951	4916	4887	4532	3937	3133	3176	3254.11	4199.77
移动电话用户期末数(万户)	21	37	53	81	113	127	223.7	224.66	251.66
无线寻呼用户期末数(万户)	18	15	7	2	8	8			
国际互联网宽带用户(户)		5536	6465	20008	76567	102093	136018	144797	228656
分组交换用户(户)	425	322	252		228	223		98	
数字数据用户(户)		3524	4188		1512	1511	136018	18247	22968
本地电话用户(万户)	80	98	113	134	163.13	132487	200.87	181.81	136.42
#城市	35	43	48	56	67.82	78	85.39	61.51	49.89
住宅电话用户(万户)	29	34	39	113	123.65	100160	177.56	151.96	113.36
公用电话(万户)	2	4	5	6	8.24	28360	14.94	15.27	8.13
电信主要通信能力									
长途电话交换机容量(路端)	10000	10000	10000	21000	800	800	800	800	917
局用电话交换机容量(万门)	107	116	129	156	165.41	185.75	180.73	181.03	173.16
中央国有	44	48	55	64	58.69	57.42	61.64	61.64	
地方国有	63	68	74	92	98.82	114.36	115.09	115.48	
移动电话交换机容量(万户)	57	165	195	89	129	170	321.23	310.89	656
电话机(万部)	80	98	113	134	160.45	170	151.21	159.62	136.46
中央国有	35	43	48	57	67.82		55.04	61.59	
地方国有	45	54	65	79	85.72		96.17	98.03	

说明：1. 国际互联网、分组交换、数字数据用户全改为 ADSL 用户。

2. 长途业务电路、长途电话业务电路 2004 年由路改为条，长途电话交换机容量由路端改为个，与以前年份不可比。

13-7 重点年份邮电通信网

	邮电局、所（处）	邮路与农村投递路线长度（公里）	长话电路（路）	市内电话机（部）	农村电话机（部）
1949	170	1019		80	
1952	266	2059		482	193
1957	285	5845		1334	1754
1962	233	23716	46	2125	6200
1965	225	25556	56	2388	6520
1970	243	26573	64	2708	7131
1975	257	28545	88	3982	8341
1978	276	27233	105	6385	8896
1980	274	27183	122	6749	8546
1985	276	29112	165	10718	7579
1986	281	28808	168	11568	7740
1987	281	29517	183	13550	7732
1988	280	29734	211	15820	7554
1989	273	29770	239	18963	7888
1990	289	29884	383	22848	9252
1991	292	30069	609	28968	9630
1992	300	30073	689	39432	10935
1993	315	29804	984	54358	12742
1994	361	29975	1252	75627	16373
1995	367	30130	1406	102307	24849
1996	370	30468	3515	148776	38855
1997	708	31803	5042	204801	63629
1998	1430	32093	5859	275562	110606
1999	2208	33516	5800	517496	18787
2000	1156	32921	15398	795738	
2001	616	32896	73476	977062	
2002	618	32987	74344	1127323	
2003	649	32662	76740	1386942	761479
2004	808	33104	6851	1853768	879800
2005	1397	33199	3314	2183109	936158
2006	665	33576	6389	3268670	977089
2007	1038	33479	8600	3072383	992236
2008	848	33031		2777648	877152

13-8 全市邮电业务总量

	邮电业务总量（万元）	函件（万件）	报刊发行（万份）	电报（万份）	长途电话（万次）	市话期末达到数（户）	农话期末达到数（户）
1949	9	93				14	
1952	70	163	637	3	5	217	214
1957	122	430	1384	5	12	1299	2681
1962	247	603	1169	27	33	2096	7695
1965	276	651	2544	20	38	2328	5739
1970	397	906	5478	34	46	2503	7954
1975	516	1187	7186	60	67	3297	9592
1978	545	1106	8426	63	63	3606	10032
1980	595	1216	9344	72	81	4129	10508
1985	1031	1395	13130	108	124	5782	11932
1986	1078	1411	12697	102	132	6028	12219
1987	1280	1507	13350	120	136	6534	7012
1988	1526	1676	13710	140	151	7431	6822
1989	1820	1384	9853	134	159	9228	6808
1990	3132	1324	8399	125	178	11942	7017
1991	4305	1200	9317	129	242	15755	7378
1992	5830	1161	10501	138	473	20877	7878
1993	8685	1496	10972	131	747	34153	10300
1994	12588	1801	10133	117	1123	50850	14191
1995	18832	1679	9859	82	2026	73925	22667
1996	29175	1684	10686	56	2660	109088	37785
1997	42267	1370	10766	36	3565	150596	62020
1998	71477	1071	11593	27	4676	228381	109523
1999	83396	1490	12082	21	3878	513737	18042
2000	130463	1842	10912	96	4951	795738	
2001	156175	2964	10412	13	4916	429446	
2002	162251	1689	10397	6	4887	1342126	
2003	221395	1854	9700		4532	571865	761479
2004	324955	1496	8065		3937	1853768	879800
2005	418756	1557	7601		1778	2048402	947982
2006	265859	1471	7442		5900	3268670	977089
2007	377816	1629	6850		6875	3072383	992236
2008	382980	1235	7670		4200	2777648	877152

13-9 各县(市、区)邮电业务总量

(2008年)

	邮电业务总量 (万元)	函件 (万件)	邮路与农村投递路线长度 (公里)	报刊发行 (万份)
总计	**382980**	**1235**	**33031**	**7670**
南阳城区	93152	363	2272	1925
南阳郊区	50916	134	2391	396
南召县	22904	33	2476	446
方城县	23320	45	4259	515
西峡县	17440	79	2027	525
镇平县	27679	114	2261	443
内乡县	17377	83	2324	476
淅川县	18422	28	3044	378
社旗县	14724	112	1479	368
唐河县	28401	80	3771	580
新野县	19399	19	1642	412
桐柏县	14975	22	1589	439
邓州市	34271	123	3496	767

主要统计指标解释

铁路营业里程　又称营业长度(包括正式营业和临时营业里程)，指办理客货运输业务的铁路正线总长度。凡是全线或部分建成双线及以上的线路，以第一线的实际长度计算；复线、站线、段管线、岔线和特殊用途线以及不计算运费的联络线都不计算营业里程。铁路营业里程是反映铁路运输业基础设施发展水平的重要指标，也是计算客货周转量、运输密度和机车车辆运用效率等指标的基础资料。

公路里程　指在一定时期内实际达到《公路工程技术标准 JTJ01－88》规定的等级公路，并经公路主管部门正式验收交付使用的公路里程数。包括大中城市的郊区公路以及通过小城镇街道部分的公路里程和桥梁、渡口的长度，不包括大中城市的街道、厂矿、林区生产用道和农业生产用道的里程。两条或多条公路共同经由同一路段，只计算一次，不得重复计算里程长度。它是反映公路建设发展规模的重要指标，也是计算运输网密度等指标的基础资料。

货(客)运量　指在一定时期内，各种运输工具实际运送的货物(旅客)数量。它是反映运输业为国民经济和人民生活服务的数量指标，也是制定和检查运输生产计划、研究运输发展规模和速度的重要指标。货运按吨计算，客运按人计算。货物不论运输距离长短、货物类别，均按实际重量统计。旅客不论行程远近或票价多少，均按一人一次客运量统计；半价票、小孩票也按一人统计。

货物(旅客)周转量　指在一定时期内，由各种运输工具运送的货物(旅客)数量与其相应运输距离的乘积之总和。它是反映运输业生产总成果的重要指标，也是编制和检查运输生产计划，计算运输效率、劳动生产率以及核算运输单位成本的主要基础资料。计算货物周转量通常按发出站与到达站之间的最短距离，也就是计费距离计算。计算公式为：

货物(旅客)周转量＝∑货物(旅客)运输量×运输距离

铁路货运机车日产量　指在一定时期内，平均每台货运机车在一昼夜内所完成的总重吨公里数，包括载运货物的重量和车辆本身的自重。它从时间和牵引能力两方面反映了机车运用效率。计算公式为：

货运机车平均日产量＝货运总重吨公里数/货运机车台日数

邮电业务总量　指以价值量形式表现的邮电通信企业为社会提供各类邮电通信服务的总数量。邮电业务量按专业分类包括函件、包件、汇票、报刊发行、邮政快件、特快专递、邮政储蓄、集邮、公众电报、用户电报、传真、长途电话、出租电路、市话无线寻呼、移动电话、分组交换数据通信、出租代维等。计算方法为各类产品乘以相应的平均单价(不变价)之和，再加上出租电路和设备、代用户维护电话交换机和线路等的服务收入。它综合反映了一定时期邮电业务发展的总成果，是研究邮电业务量构成和发展趋势的重要指标。计算公式为：

邮电业务总量＝∑(各类邮电业务量×不变单价)＋出租代维及其他业务收入。

14

国内贸易

资料整理:张　群　丁　茹

14—1 国内贸易基本情况

	1985	1990	1995	2000	2005	2007	2008
法人机构(个)			1596	1987	2984	3477	4673
批发零售贸易业			1478	1650	2406	2625	3399
住宿餐饮业			118	337	578	852	1274
产业活动单位(个)			183	131	2608	3067	3142
批发零售贸易业			183	52	2397	2749	2762
住宿餐饮业				79	211	318	380
从业人员(人)			191826	76463	158101	100443	103612
批发零售贸易业			172113	73585	130154	78732	76848
住宿餐饮业			19713	2878	27947	21711	26764
社会消费品零售总额(万元)	177544	318568	930487	1831085	3396538	4621499	5686093
按销售单位所在地分							
市	31603	83042	334576	534304	1054144	1432073	1801796
县	50245	83818	239207	516170	972583	1541343	1902623
县以下	95696	151708	356704	780611	1369811	1648083	1981674
按行业分							
批发零售贸易业	127178	210171	547143	1037627	2870012	3860467	4700518
餐饮业	7972	13496	57853	153041	459925	676332	876631
制造业	23552	52465	190701	370383			
农业生产者	12463	26249	76274	170390			
其他行业	6379	16187	58516	99644	66600	84700	108944

注:1.1998年及以后批发零售贸易业商品购进、库存总额为限额以上批发零售贸易业数据。
2.2003年及以后社会消费品零售总额不含制造业和农业生产者零售额。
3.2004年社会消费品零售总额及分项数是根据经济普查结果调整数。
4.2005年以前住宿餐饮业项只是“餐饮业”数据,不包括“住宿业”。

14-2 社会消费品零售总额

(按销售单位所在地分)　　单位:万元

	社会消费品零售总额	市	县	县以下
1978	71182	10962	18650	41570
1980	94772	14974	21418	58380
1985	177544	31603	50245	95696
1990	318568	83042	83818	151708
1995	930487	334576	239207	356704
2000	1831085	534304	516170	780611
2001	2030632	588969	571754	869909
2002	2249942	653807	633924	962211
2003	2500852	730525	705947	1064380
2004	2968357	887491	830995	1249871
2005	3396538	1054144	972583	1369811
2006	3924733	1198212	1298427	1428094
2007	4621499	1432073	1541343	1648083
2008	5686093	1801796	1902623	1981674
宛城区	554990	553509		1481
卧龙区	663734	663734		
南召县	299376		151971	147405
方城县	385219		182383	202836
西峡县	257436		148908	108528
镇平县	517189		268184	249005
内乡县	304209		155517	148692
淅川县	325784		203652	122132
社旗县	224469		118491	105978
唐河县	492603		229197	263406
新野县	407985		184068	223917
桐柏县	283572		147931	135641
邓州市	504182	249086		255096
市直	545884	545884		

注:因为方法制度原因,总计数据不等于分县市数据之和(下同)。

14-3 社会消费品零售总额

（按行业分）

单位：万元

	总计	批发零售贸易业	住宿餐饮业	制造业	农业生产者	其他行业
1978	71182	62123	2400	4598	1354	707
1980	94772	76075	2943	10062	3822	1870
1985	177544	127178	7972	23552	12463	6379
1990	318568	210171	13496	52465	26249	16187
1995	930487	547143	57853	190701	76274	58516
2000	1831085	1037627	153041	370383	170390	99644
2001	2030632	1162291	169441	400651	189971	108278
2002	2249942	1304354	186438	433841	207478	117831
2003	2500852	2131735	242598			126519
2004	2968357	2510983	399170			58204
2005	3396538	2870013	459925			66600
2006	3924733	3330849	503892			89992
2007	4621499	3860467	676332			84700
2008	5686093	4700518	876631			108944
宛城区	554990	442220	106858			5912
卧龙区	663734	533334	119464			10936
南召县	299376	262654	33357			3365
方城县	385219	306645	70689			7885
西峡县	257436	203577	46438			7421
镇平县	517189	422188	85425			9576
内乡县	304209	258783	39806			5620
淅川县	325784	251563	70178			4043
社旗县	224469	183656	37365			3448
唐河县	492603	401856	83167			7580
新野县	407985	320904	77743			9338
桐柏县	283572	228733	48939			5900
邓州市	504182	403992	91246			8944
市直	545884	480413	46495			18976

14—4 限额以上批发零售贸易、住宿餐饮业基本情况

（2008 年，按登记注册类型分）

	法人企业（个）	产业活动单位数（个）	从业人数（人）
批发零售贸易总计	**588**	**2270**	**44320**
（一）批发业	150	456	20614
＃内资企业	150	455	20614
1. 国有企业	29	158	8392
2. 集体企业	24	62	4956
3. 股份合作企业	1	183	148
4. 有限责任公司	34	20	2285
5. 股份有限公司	15	16	2913
6. 私营企业	47	16	1920
（二）零售业	438	1814	23706
＃内资企业	438	1814	23706
1. 国有企业	43	530	4160
2. 集体企业	146	361	6374
3. 股份合作企业	16	320	877
4. 有限责任公司	49	270	3077
5. 股份有限公司	32	208	2549
6. 私营企业	152	125	6669
住宿餐饮业总计	**350**	**63**	**14002**
一、住宿业	**83**	**32**	**6721**
其中：国有及国有控股	17	14	2217
（一）按登记注册类型分组			
＃内资企业	83	32	6721
1. 国有企业	17	14	2340
2. 集体企业	6	4	692
3. 股份合作企业	3		248
4. 股份有限公司	1	1	12
5. 私营企业	56	11	3429
（二）按住宿行业中类分组			
旅游饭店	46	12	5142
一般旅馆	37	20	1579
其他住宿服务			
二、餐饮业	**267**	**31**	**7281**
其中：国有及国有控股	9	8	452
（一）按登记注册类型分组			
＃内资企业	267	30	7281
1. 国有企业	10	8	517
2. 集体企业	9	7	450
3. 股份合作企业	2	2	112
4. 有限责任公司	6	10	446
5. 私营企业	229	3	5378
6. 其他企业	11		378
（二）按国民经济行业分组			
正餐服务业	239	24	6702
快餐服务业	19	4	340
饮料及冷饮服务业	1		30
其他餐饮服务业	8	2	209

14－5 限额以上批发零售贸易业商品销售总额

（2008年）

单位：万元

	购进总额	销售总额			年末库存总额
		合计	批发	零售	
限额以上企业总计	**2616720**	**3189697**	**2050916**	**1138781**	**562881**
一、批发业	**1862314**	**2345693**	**1987621**	**358072**	**459536**
其中：国有及国有控股	1127356	1566318	1267897	298421	373660
按注册登记类型					
内资	1862314	2345693	1987621	358072	459536
国有	969220	1089275	1066646	22629	358540
集体	153087	189364	177523	11841	27715
股份合作	3084	2912	2453	459	648
联营企业					
有限责任公司	316225	331856	297430	34426	17555
股份有限公司	198226	486134	206018	280116	9022
私营企业	210922	235098	226497	8601	45505
其他	11550	11054	11054		551
港澳台商投资企业					
按国民经济行业					
农畜产品批发	586827	580750	579780	970	264150
食品、饮料及烟草制品批	670358	867655	837738	29917	157259
纺织、服装及日用品批发	35871	37840	33261	4579	4575
文化、体育用品及器材批发	7625	9419	7263	2156	765
医药及医疗器材批发	152093	154810	133351	21459	5201
矿产品、建材及化工产品批发	310237	591605	306371	285234	19704
机械设备、五金交电及电子产品批发	91860	93248	80385	12863	7500
其他批发	7443	10366	9472	894	382
二、零售业	**754406**	**844004**	**63295**	**780709**	**103345**
其中：国有及国有控股	90804	99994	5564	94430	13836
按注册登记类型					
内资	754406	844004	63295	780709	103345
国有	75661	85688	4915	80773	12733
集体	243340	256461	50158	206303	21788
股份合作	9288	14776	3625	11151	1400
有限责任公司	117026	134003	841	133162	20394
股份有限公司	85298	90901	20	90881	5697
私营企业	211434	249583	3736	245847	40246
其他	12359	12592		12592	1861
按国民经济行业					
综合零售	351129	372848	51804	321044	47365
食品、饮料及烟草制品专门零售	26181	28534	2104	26430	3180
纺织、服装及日用品专门零售	44782	61464	2062	59402	5118
文化、体育用品及器材专门零售	24688	24250	2515	21735	6848
医药及医疗器材专门零售	23536	25344	2140	23204	3457
汽车、摩托车、燃料及零配件专门零售	183191	222733	1413	221320	26601
家用电器及电子产品专门零售	70971	76068	859	75209	7280
五金、家具及室内装修材料专门零售	17215	18849	288	18561	1919
无店铺及其他零售	12713	13914	110	13804	1577

14-6 各县(市、区)限额以上批发零售贸易业商品销售总额

(2008年)

单位:万元

	法人企业单位数(个)	产业活动单位数(个)	从业人数(人)	商品购进总额	商品销售总额	批发	对居民和社会集团商品零售	期末库存
全市	**588**	**2270**	**44320**	**2616720**	**3189697**	**2050916**	**1138781**	**562881**
宛城区	40	46	2578	100440	123144	52557	70587	11973
卧龙区	58	66	3170	140616	160949	89250	71699	20355
南召县	26	66	984	67172	71237	49104	22133	4204
方城县	25	5	1608	79181	101138	72839	28299	8992
西峡县	52	169	2031	95512	110706	63219	47487	23859
镇平县	42	524	3899	128456	149906	53536	96370	5042
内乡县	37	88	1886	104111	124035	56930	67105	10490
淅川县	37	56	2187	68303	81192	35510	45682	6933
社旗县	29	92	1079	55823	67359	27878	39481	7311
唐河县	56	93	5575	130265	170720	107385	63335	27868
新野县	46	678	3597	62825	99738	72133	27605	35562
桐柏县	37		952	67102	81386	52911	28475	5597
邓州市	38	277	4283	275437	245051	198918	46133	183618
市直	65	110	10491	1241477	1603136	1118746	484390	211077

14-7 各县(市、区)限额以下批发零售贸易业基本情况及销售额

(2008年)

单位:万元

	法人企业单位数(个)	产业活动单位数(个)	从业人数(人)	商品销售总额	批发	对居民和社会集团商品零售
全市	**2811**	**492**	**32528**	**1359012**	**806095**	**552917**
宛城区	170	70	2454	59269	27780	31489
卧龙区	464	53	3528	210383	119926	90457
南召县	136		1508	99528	83438	16090
方城县	257	43	3645	97323	39954	57369
西峡县	109		3364	23124	19818	3306
镇平县	89	146	2046	72436	44674	27762
内乡县	145		1503	33851	14013	19838
淅川县	131		971	25997	16460	9537
社旗县	212	24	2160	64598	30076	34522
唐河县	233		2614	56579	29950	26629
新野县	122	16	1750	50385	21314	29071
桐柏县	188		2054	61721	24045	37676
邓州市	184	68	2666	79735	34110	45625
市直	371	72	2265	424083	300537	123546

14－8 各县(市、区)限额以上批发零售贸易业批发总额

(2008 年)　　　　单位:万元

	批发总额	#食品饮料烟草类	日用品类	纺织服装鞋帽类	文化体育用品类	家用电器类	医用类	书报杂志类
全　　市	**2050916**	**839842**	**9778**	**33261**	**270982**	**57368**	**135491**	**1935**
宛城区	52557	16967	1206				8970	
卧龙区	89250	11249	4371	82	57	5144	26557	671
南召县	49104	34033	333	664				
方城县	72839	69288					319	153
西峡县	63219	17508	3868					
镇平县	53536	34732		2301				
内乡县	56930	32107						
淅川县	35510						48	
社旗县	27878	15546						
唐河县	107385	7763						
新野县	72133	29072		2200				
桐柏县	52911	26050						
邓州市	198918	43565						
市　　直	1118746	501962		28014	270925	52224	99597	1111

14－9 各县(市、区)限额以上批发零售贸易业零售总额

(2008 年)　　　　单位:万元

	零售总额	食品饮料烟草类	日用品类	纺织服装鞋帽类	文化体育用品类	家用电器类	医用类	书报杂志类
全　　市	**1138781**	**192699**	**45440**	**96512**	**14794**	**83144**	**44663**	**17214**
宛城区	70587	1054	3997	2187	1560	11884	5730	
卧龙区	71699	6993	5220	2699	160	10369	10737	2364
南召县	22133	15470	919	1587	2092	5170	3072	2092
方城县	28299	5087	7150	10253		4503	2018	2059
西峡县	47487	5196	899	1652	1	1373	820	954
镇平县	96370	10042	3409	7590	165	22552	3173	905
内乡县	67105	32086	1427	1265	1002	5016	750	1001
淅川县	45682	8512	1436	2429	206	1466	808	1805
社旗县	39481	12208	1975	3097	470	782	1626	717
唐河县	63335	20607	3745	1056	388	6062	2801	133
新野县	27605	7433	3142	5120	446	2564	3510	1523
桐柏县	28475	6880	1259	5016	12	1584	1453	4
邓州市	46133	9829	2466	4251	344	1981	1087	3137
市　　直	484390	51302	8396	48310	7948	7838	7078	520

14—10 限额以上批发零售贸易企业主要经济指标

(2008 年) 单位:万元

	总计	国有及国有控股	内资企业	国有企业	集体企业	股份合作
年末资产负债						
流动资产合计	935016	544527	935016	506047	122623	1339
#存货	510713	380005	510713	365232	52389	699
固定资产原价	447803	141920	447803	85248	221804	720
累计折旧	118020	42308	118020	30584	58559	176
#本年提取折旧	11695	62394	11695	3904	1811	64
资产总计	1451333	683217	1451333	579459	334667	2028
负债总计	930099	496428	930099	449353	118261	1267
所有者权益合计	521234	186788	521234	130107	216407	761
#实收资本	395434	77459	395434	38311	203972	690
损益及分配						
营业收入合计	2785890	1460028	2785890	1029800	385609	12948
主营业务收入	2777741	1457596	2777741	1027515	384205	12450
主营业务成本	2503898	1267421	2503898	873249	357446	11530
主营业务税金及附加	14522	5382	14522	5614	2255	84
主营业务利润	259321	184793	259321	148652	24504	837
其他业务利润	5574	1066	5574	1285	834	258
营业费用	69684	37464	69684	27282	4094	392
管理费用	77469	55298	77469	45442	8319	398
#税金	4749	2035	4749	1749	552	44
差旅费	2768	904	2768	828	344	127
财务费用	25542	18266	25542	16688	1411	15
#利息支出	21829	17294	21829	16142	673	4
营业利润	92201	74831	92201	60526	11514	289
利润总额	111800	91655	111800	77575	13036	200
应缴所得税	21940	19035	21940	17153	1927	28
工资福利及增值税						
本年应付工资总额	72417	45594	72417	38898	10377	818
本年应付福利费总额	5793	4401	5793	3974	490	11
本年应缴增值税	38138	28293	38138	23698	5680	29
全部从业人员年平均人数(人)	**42648**	**15832**	**42648**	**12171**	**10766**	**923**

14－10续表　　（2008年）　　单位：万元

	有限责任公司	股份有限公司	私营企业	批发业	国有及国有控股	零售业	国有及国有控股
年末资产负债							
流动资产合计	143837	32821	122399	764888	514488	170128	30039
＃存货	30452	10576	47483	446430	373679	64283	6326
固定资产原价	46081	44255	47675	344655	117130	103149	24791
累计折旧	7130	9952	11119	97522	38098	20498	4211
＃本年提取折旧	1628	1851	2021	8067	5371	3628	869
资产总计	208976	102093	216056	1168023	626840	283310	56376
负债总计	169485	37035	149443	724903	445386	205196	51042
所有者权益合计	39491	65058	66613	443119	181454	78114	5334
＃实收资本	58139	31295	61258	295309	54927	100125	22532
损益及分配							
营业收入合计	416353	479116	438760	2090507	1371612	695383	88416
主营业务收入	413702	478700	437930	2086430	1369905	691312	87691
主营业务成本	392464	445806	401678	1871047	1193718	632851	73703
主营业务税金及附加	635	2245	3526	8467	2540	6055	2842
主营业务利润	20603	30649	32727	206915	173647	52406	11146
其他业务利润	2390	30649	643	2349	628	3225	438
营业费用	15139	12524	9941	47655	33445	22029	4019
管理费用	7219	7895	7917	60376	50526	17093	4771
＃税金	892	384	1064	2571	1760	2179	274
差旅费	680	202	582	1495	618	1273	286
财务费用	1998	636	4599	22159	17238	3383	1028
＃利息支出	1448	536	2998	20194	16927	1636	367
营业利润	-1362	9744	10913	79075	73065	13126	1766
利润总额	-288	8627	12267	102132	92433	9668	-777
应缴所得税	265	590	1922	20558	18968	1382	68
工资福利及增值税							
本年应付工资总额	7902	5463	8614	49970	40857	22447	4736
本年应付福利费总额	311	337	669	4555	4246	1239	154
本年应缴增值税	1985	1923	4759	32450	26944	5688	1350
全部从业人员年平均人数(人)	**6080**	**4762**	**7592**	**19804**	**11171**	**22844**	**4661**

14－11 各县(市、区)限额以上批发零售贸易企业主要经济指标

(2008 年) 单位:万元

	流动资产合计	存货	固定资产原价	累计折旧	本年	资产总计	负债总计
全市	**935016**	**510713**	**447803**	**118020**	**11695**	**1451333**	**930099**
宛城区	49727	8577	28703	9026	2062	83117	61678
卧龙区	24178	7599	5698	1437	118	30231	24571
南召县	6991	910	4337	601	57	11335	7477
方城县	13061	8127	8815	2953	1468	20173	15120
西峡县	12905	5391	8039	1819	263	20151	13217
镇平县	8708	942	22500	7280	1240	31259	13743
内乡县	24388	15613	14631	3041	420	36413	19054
淅川县	16284	5681	5923	1154	94	23052	15325
社旗县	14404	10588	5638	1612	275	20313	7779
唐河县	48306	33435	191690	53999	1484	225540	23325
新野县	29321	8591	9158	1058	229	39336	24750
桐柏县	9405	3492	9462	1071	241	18495	5027
邓州市	252072	185608	25759	7631	295	274989	251199
市直	425266	216159	107450	25338	3449	616929	447834

14－11 续表 1

(2008 年) 单位:万元

	所有者权益合计	实收资本	国家资本	集体资本	法人资本	营业收入合计	主营业务收入
全市	**521234**	**395434**	**74825**	**228787**	**6882**	**2785890**	**2777741**
宛城区	21438	16620	148	2318		116310	116310
卧龙区	5660	5167	922	1030	230	112244	112244
南召县	3858	1988	484	799	300	68144	68144
方城县	5053	7615	1884	2274	486	93524	93524
西峡县	6934	5436	1231	1273	409	102960	102960
镇平县	17516	9280	3482	2040		43740	43740
内乡县	17359	6379	1467	2961	1569	115549	115381
淅川县	7727	6487	2117	1491	1570	74036	74036
社旗县	12534	4723	944	2038	30	66841	66841
唐河县	20222	19258	4591	18273	23	147385	147263
新野县	14586	10366	2629	3593		90413	90413
桐柏县	13468	7872	183	491	720	79566	79566
邓州市	23790	16016	7494	2595		231183	231183
市直	351089	278227	47249	187611	1545	1443995	1436136

14－11续表2 (2008年) 单位:万元

	主营业务成本	主营业务税金及附加	主营业务利润	其他业务利润	营业费用	管理费用	财务费用
全市	**2503898**	**14522**	**259321**	**5574**	**69684**	**77469**	**25542**
宛城区	83913	664	31733	3	4198	7409	1151
卧龙区	97210	203	14831	245	8270	3539	249
南召县	63884	130	4130		313	545	252
方城县	74986	3533	15005	1471	2287	3342	1182
西峡县	93349	338	9272		2326	2401	456
镇平县	35934	170	7636	32	474	1792	39
内乡县	104938	180	10263	442	2044	3379	541
淅川县	67902	143	5991	157	2308	2046	271
社旗县	50630	740	15472	33	661	1997	230
唐河县	131295	2173	13795	117	2578	3650	1390
新野县	80803	168	9442	350	2212	2686	914
桐柏县	68196	1924	9446	3	1073	1781	469
邓州市	214451	495	16237	855	4993	5520	9794
市直	1336407	3661	96068	1866	35947	37382	8604

14－11续表3 (2008年) 单位:万元

	营业利润	利润总额	应缴所得税	本年应付工资总额	本年应付福利费总额	本年应交增值税	人员年平均人数(人)
全市	**92201**	**111800**	**21940**	**72417**	**5793**	**38138**	**42648**
宛城区	20244	20387	463	3593	230	4585	2590
卧龙区	3018	3079	113	3897	63	561	2171
南召县	3019	3042	194	981	97	628	1095
方城县	9664	8962	2041	3504	32	371	193
西峡县	4087	4087	646	2292	146	735	2031
镇平县	5363	5306	30	2119		35	2648
内乡县	4343	5867	1439	3676	313	3657	1823
淅川县	1511	1418	514	2378	92	322	2183
社旗县	12617	11657	365	2064	223	4244	1123
唐河县	6294	7242	1595	5433	257	2703	5445
新野县	3979	4738	381	3338	146	897	356
桐柏县	6127	6129	1710	812	37	2255	948
邓州市	-3708	3778	670	4728	552	2311	3682
市直	15643	26108	11779	33602	3605	14834	16360

14-12 限额以上住宿餐饮企业主要经济指标

（2008 年） 单位:万元

	总 计	#国有及国有控股	国有企业	集体企业	股份合作企 业	股份有限公 司	私营企业	旅游饭店
一、住宿								
年末资产负债								
流动资产合计	34080	12874	13070	8210	486	175	9776	29575
#存货	3765	1533	1533	447	127	5	1385	2968
固定资产原价	126994	30912	33241	45162	276	202	33036	109066
累计折旧	25989	13846	14672	6443	261	21	4122	23982
#本年提取折旧	3942	1073	1834	802	131	3	972	3574
资产总计	155379	30664	32363	57635	3105	356	45999	133689
负债总计	80838	29656	31991	19529	378	310	21609	73063
所有者权益合计	74541	1008	372	38106	2727	46	24390	60626
#实收资本	81531	3995	3930	48694	2293	100	24508	74416
损益及分配								
营业收入合计	152835	18055	18628	67189	1871	520	22583	40645
主营业务收入	53463	17983	18128	6557	1845	520	22533	39850
主营业务成本	32609	9618	9745	2371	928	475	16867	23064
主营业务税金及附加	2201	924	968	384	84	3	615	1656
主营业务利润	18653	7441	7414	3802	834	42	5051	15131
其他业务利润	107	15	76				2	104
营业费用	10014	5531	5514	1621	487	6	1952	8700
管理费用	7785	2606	2544	3255	307	4	1383	7188
#税金	744	187	187	157	25	1	342	641
差旅费	127	32	38	19	4		43	87
财务费用	1531	529	529	673	7	8	211	1399
#利息支出	653	461	461	6		8	93	605
营业利润	-570	-1210	-1097	-1747	33	24	1507	-2053
利润总额	-1041	-1183	-1000	-1877	62	24	1039	-2126
应缴所得税	287	231	23	4	9	2	233	207
工资福利及增值税								
本年应付工资总额	6783	2426	2562	848	321	11	2501	5444
本年应付福利费总额	324	129	148	81	5	1	65	309
全部从业人员年平均人数(人)	**669**	**2215**	**234**	**69**	**26**	**1**	**283**	**5184**

14－12 续表

(2008 年)

单位:万元

指标	总 计	＃国有及国有控股	＃国有企业	集体企业	股份合作企业	有限责任公司	私营企业	正 餐	快 餐	饮料及冷饮服务业	其他餐饮服务业
二、餐饮											
年末资产负债											
流动资产合计	16971	2140	2158	666	291	859	11998	15426	1067	50	428
＃存货	3268	118	150	88	121	108	2761	3106	92	14	55
固定资产原价	42061	5896	6451	1647	485	2735	28020	39524	1806	62	669
累计折旧	6638	2052	2188	393	48	200	3693	6222	260	14	142
＃本年提取折旧	2063	236	330	80	6	59	1535	1898	85	10	70
资产总计	60356	6316	6653	2262	729	5155	41944	56452	2808	98	997
负债总计	26056	3971	2706	1144	334	1800	17536	25000	836	19	201
所有者权益合计	34300	2345	2446	1119	395	3354	24408	31452	1971	79	797
＃实收资本	29399	2157	2248	1002	315	2184	21176	27373	1394	64	568
损益及分配											
营业收入合计	98544	3867	3997	4110	602	2084	83061	89640	5466	288	3151
主营业务收入	98276	3867	3997	4061	602	2083	82843	89371	5466	288	3151
主营业务成本	71945	2038	2033	2724	322	1323	62406	65142	4232	159	2413
主营业务税金及附加	3314	202	245	128	28	72	2721	3077	140	18	79
主营业务利润	23017	1627	1719	1209	252	688	17717	21153	1094	111	659
其他业务利润	133			41		1	91	133			
营业费用	8229	962	980	589	145	704	5032	7594	373	91	172
管理费用	4996	673	694	457	54	222	3352	4564	306	5	122
＃税金	1239	122	130	11	29	11	1024	1191	37	2	9
劳动、待业保险	514	9	8	13	1	12	461	470	25	2	17
财务费用	1237	146	158	6	12	2	990	1169	54		14
＃利息支出	533	78	76	2	7	1	423	482	40		11
营业利润	8687	-154	-113	198	41	-298	8434	7959	362	15	351
利润总额	8025	-165	-146	233	9	-296	7883	7350	310	15	349
应缴所得税	1190	23	21	22	1	24	1092	1118	38	5	29
工资福利及增值税											
本年应付工资总额	6753	391	435	492	87	407	5008	6230	294	24	205
本年应付福利费总额	140	10	95	65	56	124	1035	1382	10		9

14—13 限额以上住宿餐饮业基本情况及销售情况

（2008 年）　　　　单位:万元

	法人企业（个）	产业活动单位（个）	年末从业人数（人）	营业额	客房收入	餐费收入	商品销售收入	其它收入
限额以上企业总计	**350**	**63**	**14002**	**160141**	**33589**	**118127**	**5098**	**3327**
一、住宿业	**83**	**32**	**6721**	**55282**	**24409**	**26396**	**1577**	**2900**
其中:国有及国有控股	17	14	2217	18276	6758	9887	703	928
内资	83	32	6721	55282	24409	26396	1577	2900
国有	17	14	2340	18878	7175	10099	703	901
集体	6		692	6778	3486	3011	35	246
股份合作	3		248	1840	715	984	119	22
有限责任公司	4	9	565	3515	1394	1765	246	110
股份有限公司	1	1	12	520	330	190		
私营企业	52	8	2864	23751	11309	10347	474	1621
二、餐饮业	**267**	**31**	**7281**	**104859**	**9180**	**91731**	**3521**	**427**
其中:国有及国有控股	9	8	452	3957	1190	2251	261	255
内资	267	31	7281	104859	9180	91731	3521	427
国有	10	8	517	4024	1308	2194	260	262
集体	9	7	450	4652	879	3670	20	83
股份合作	2	2	112	609	230	255	124	
有限责任公司	6	10	446	2352	408	1877	67	
私营企业	227	4	5378	88287	6014	79271	2940	62
其他	13		378	4935	341	4464	110	20
＃旅游饭店	46	12	5142	41322	17268	19944	1313	2797
＃正餐服务业	239	24	6702	95737	8489	83707	3151	390
快餐服务业	19	4	340	5671	449	4988	197	37
饮料及冷饮服务业	1		30	288		288		
其他餐饮服务业	8	3	209	3163	242	2748	173	

14—14 各县(市、区)限额以上住宿餐饮业基本情况及销售情况

(2008 年)　　单位:万元

	法人企业(个)	产业活动单位(个)	年末从业人数(人)	营业额	客房收入	餐费收入	商品销售收入	其他收入
全　市	**350**	**63**	**14002**	**160141**	**33589**	**118127**	**5098**	**3327**
宛城区	43	23	2076	21890	3275	17755	853	7
卧龙区	23	4	1595	14605	1475	12965	32	133
南召县	16		566	7025	2134	4621	210	60
方城县	37		1077	12107	2132	9499	398	78
西峡县	31		1037	18943	5181	13026	728	8
镇平县	1		23	812		812		
内乡县	1		35	558	250	269	32	7
淅川县	35	4	687	13692	1944	11185	535	28
社旗县	23	23	437	7296	724	5968	604	
唐河县	39		834	9579	1018	8534	22	5
新野县	8		568	2060	541	1226	249	44
桐柏县	29		794	10262	2177	7525	212	348
邓州市	32		688	4119	228	3891		
市　直	32	9	3585	37193	12510	20851	1223	2609

14—15 各县(市、区)限额以下住宿餐饮业基本情况及经营情况

(2008 年)　　单位:万元

	法人企业(个)	产业活动单位(个)	年末从业人数(人)	营业额	客房收入	餐费收入	商品销售收入	其他收入
全　市	**924**	**317**	**12762**	**148249**	**46229**	**100007**	**1282**	**731**
宛城区	56	56	662	5053	1339	3639	75	
卧龙区	68	4	1737	12355	5745	6334	87	189
南召县	61		887	4755	883	3772	80	20
方城县	57		588	12009	2190	9584	126	109
西峡县	80		1012	14593	9848	4725	15	5
镇平县	22	4	380	23406	12146	10728	329	203
内乡县	36		769	4488	1497	2815	123	53
淅川县	109		939	18311	3766	14545		
社旗县	60	60	523	6077	765	4981	277	54
唐河县	106	42	1300	13148	2537	10500	78	33
新野县	113		1050	10328	1121	9176	25	6
桐柏县	82		636	10639	1390	9249		
邓州市	17	10	257	3793	768	3025		
市　直	57	141	2022	9294	2234	6934	67	59

14—16 各县(市、区)星级住宿业和限额以上餐饮业企业主要经济指标

(2008 年)　　单位:万元

	流动资产合计		固定资产原价	累计折旧		资产总计	负债总计
		存货			本年		
全　　市	**51051**	**7032**	**169055**	**32627**	**6005**	**215734**	**106894**
宛 城 区	2756	432	22919	4048	686	14558	5615
卧 龙 区	2335	450	9177	2444	379	10264	5805
南 召 县	7792	76	8930	1416	222	15306	7508
方 城 县	3582	445	5637	1769	687	8157	4318
西 峡 县	2035	396	3512	72	22	5577	1252
镇 平 县	120	1	540	87	11	700	580
内 乡 县	1467	121	11251	2230	231	11172	4951
淅 川 县	2007	99	9949	1326	694	12087	8626
社 旗 县	854	60	1937	294	87	2990	550
唐 河 县	1632	244	5543	1432	246	6691	3082
新 野 县	2233	372	2488	347	48	4452	2934
桐 柏 县	757	325	19256	1234	400	26476	6261
邓 州 市	1751	554	12470	188	118	14048	2821
市　　直	21730	3457	55446	15740	2174	83256	52591

14—16 续表 1　　(2008 年)　　单位:万元

	所有者权益合计					营业收入合计	
		实收资本	国家资本	集体资本	法人资本		主营业务收入
全　　市	**108840**	**110929**	**6676**	**52594**	**7695**	**152835**	**151739**
宛 城 区	4944	7736		50			20892
卧 龙 区	2460	2633	579	249	120	13166	13166
南 召 县	7798	3143	403		700		13594
方 城 县	3839	3284	728	935	39	11093	11093
西 峡 县	2987	3799		70			17950
镇 平 县	120	50				800	800
内 乡 县	6221	2874	286	1581	369	3857	3857
淅 川 县	3461	3695	92	361	59		11685
社 旗 县	2440	1996	90	37	187	7138	7138
唐 河 县	3609	3449	198	203	15	9846	9834
新 野 县	1518	824	346			2126	2126
桐 柏 县	20214	19362			1936	10263	10263
邓 州 市	11227	4001					10267
市　　直	38002	54083	3954	49108	4270	94546	19074

14－16续表2 (2008年) 单位:万元

	主营业务成本	主营业务税金及附加	主营业务利润	其他业务利润	营业费用	管理费用	财务费用
全市	**104554**	**5515**	**41669**	**240**	**18243**	**12781**	**2768**
宛城区	13907	1154	5831	2	1707	1409	224
卧龙区	8208	487	4471	1	4031	1178	94
南召县	11946	218	1430		727	188	201
方城县	6563	636	3894	15	644	665	348
西峡县	16254	140	1554		209	189	156
镇平县	750	2	48		14	12	5
内乡县	2982	254	561	61	319	42	4
淅川县	10139	229	1317	60	514	391	183
社旗县	4746	292	2100	3	217	195	65
唐河县	5199	450	4184		474	398	76
新野县	1484	70	572	4	438	268	15
桐柏县	7847	103	2313		610	658	109
邓州市	6561	397	3309		1155	371	208
市直	7968	1083	10085	94	7184	6817	1080

14－16续表3 (2008年) 单位:万元

	营业利润	利润总额	应缴所得税	本年应付工资总额	本年应付福利费总额	人员年平均人数(人)
全市	**8117**	**6984**	**1476**	**13536**	**464**	**13794**
宛城区	892	1524	159	1941	41	2082
卧龙区	-830	-793	39	2102	37	1595
南召县	315	315	32	1125	22	1130
方城县	1253	1914	369	1091	9	106
西峡县	1000	1000	22	761	8	1037
镇平县	17	10	2	20		25
内乡县	302	302	90	998	52	769
淅川县	390	391	134	822	43	682
社旗县	1027	1467	73	367	37	394
唐河县	1243	2684	100	759	47	838
新野县	-144	-137	3	515	16	59
桐柏县	935	1031	315	678	1	784
邓州市	1576	1449	80	732	8	804
市直	141	-4173	58	1625	143	3489

14—17 50家批发额最大贸易业企业

（2008年）　　单位：万元

位次	单位名称	法人代表	资产总计	销售总额	批发额
1	河南省烟草公司南阳市公司	赵明山	123743	378507	378507
2	河南南阳天元供销公司	张晓阳	46547	265866	265866
3	中国石油化工股份有限公司河南南阳石油分公司	杜学政	43962	337314	81636
4	中央储备粮河南公司南阳直属库	闫玉合	113594	79688	79688
5	中央储备粮邓州直属库	赵爱敏	185472	71451	71451
6	河南省邓州市燃料公司	耿奇	15174	63198	50227
7	河南省烟草公司邓州市公司	马新武	9840	44632	44632
8	南阳市烟草公司方城县分公司	朱景明	5019	41767	41767
9	新野县诚德贸发有限公司	黄荣显	21530	33074	33074
10	南阳红棉棉业集团有限公司	黄丽	21928	32262	32262
11	南阳市烟草公司内乡县分公司	徐传快	9957	32107	32107
12	唐河县源潭镇中原辣椒交易中心	焦中一	18000	32000	32000
13	南阳市明城物资有限责任公司分公司	季泽林	3894	29814	29814
14	南阳市烟草公司唐河县分公司	文吉良	6860	32490	29490
15	南阳市惠农达农业生产资料集团有限公司	周继祖	17483	25282	25282
16	南阳市康正医药有限公司	邹灵芝	998	36063	25174
17	河南省烟草公司镇平县公司	徐传快	6856	34731	24545
18	南阳市普强医药有限公司	黄文联	1605	21457	21457
19	南阳市济康医药有限公司	李杰林	6523	28417	20904
20	康佳集团股份有限公司南阳分公司	匡宇斌	1180	20484	20484
21	南阳市宛城区天骄棉业有限公司	李明宏	32212	20405	20405
22	南阳美的空调销售有限公司	孙学勤	6597	19866	19866
23	河南省烟草公司淅川县支公司	赵明山	3639	18227	18227
24	唐河县棉麻公司	李建林	9495	18092	18092
25	南阳大地棉业有限公司	苗青秀	44027	18020	18020
26	河南省烟草公司西峡县公司	别合欣	3107	17508	17508
27	南阳市烟草公司新野县分公司	张敬榜	1300	17364	17364
28	河南唐河国家粮管储备库	赵克	7631	16137	16137
29	南阳市烟草公司社旗县分公司	程心孔	7158	15546	15546
30	河南省烟草公司南召公司	徐建华	1082	14251	14251
31	南阳市永康医药有限公司	胡德军	5772	14206	14206
32	桐柏县新潮大市场	郑文耕	800	20592	13728
33	方城县杨集乡西桥辣椒营销公司	王全中	853	13563	13563
34	中国石油天然气股份有限公司河南南阳销售分公司	马阔羁	986	26415	13496
35	南阳市兴合棉花有限公司	杨占云	10513	13317	13317
36	南阳市盐业公司	方东丽	4182	12926	12926
37	河南省烟草公司桐柏支公司	杨永贵	3571	12322	12322
38	南阳市建阳医药有限公司	赵建华	1868	11787	11787
39	邓州市农业生产资料公司	侯建雷	1568	11451	11451
40	方城县博望镇天丰粮行	韩付祥	1630	11054	11054
41	南阳市盐业运销包装有限公司	许卫苏	4182	9774	9774
42	南阳市亚新物资有限责任公司	王传中	891	9099	9099
43	南阳市天新医药有限公司	毛文德	4387	8822	8822
44	南阳市东森医药有限公司	杨栓成	6104	8581	8581
45	南阳市广发物资回收有限公司	刘殿旗	3715	8031	8031
46	南阳通益摩托车销售有限责任公司	徐恩	1424	11655	7672
47	邓州华龙棉业有限公司	刘延伟	46959	7423	7423
48	河南新恒业商贸有限公司	孙学勤	8561	7760	7207
49	南阳市外贸亚丰有限公司	管新华	1809	7007	7007
50	南召县云阳鹏飞金属有限公司	张道振	320	6990	6990

14—18 50家零售额最大贸易业企业

(2008年)

单位:万元

位次	单位名称	法人代表	资产总计	销售总额	零售额
1	南阳市华发汽车销售有限公司	任　玲	5735	19942	19942
2	南阳威佳汽车服务有限公司	魏晓战	4595	19559	19559
3	南阳市第一机电设备有限公司	牛明田	8242	15476	15476
4	南阳市金玛特商贸有限公司	郑荣华	12143	14870	14870
5	南阳万通汽车销售服务有限公司	纪　玲	2882	14345	14345
6	南阳市万德隆商贸有限责任公司	王献忠	6499	13736	13736
7	南阳市恒康汽车销售有限公司	康献唐	4984	12968	12968
8	南阳市世纪龙副食百货有限责任公司	马　涛	3210	11624	11624
9	中国石化股份有限公司河南南阳内乡石油公司	刘敬远	1881	11377	11377
10	南阳市奥奔汽车销售有限责任公司	刁得平	3865	10856	10856
11	中石化股份有限公司河南南阳社旗石油分公司	李丰勇	524	10527	10527
12	南阳新合作淅川县万客来商贸连锁有限责任公司	候顺利	2325	9081	9081
13	顺风电器有限责任公司	王瑞丽	258	8601	8601
14	南阳市亚飞汽车连锁有限公司	王若腾	159	7603	7603
15	南召星光购物有限公司	郭俊芹	357	6777	6777
16	淅川县厚坡中心供销社	乔丰收	772	6764	6764
17	方城县城关镇汇银百货公司	许　松	1380	6470	6470
18	镇平县蓝天空调有限公司	陈　平	119	6293	6293
19	社旗县日杂废旧物资公司	赵东升	1016	5941	5941
20	南阳市老黑贸易有限公司	李文辉	2445	5844	5844
21	南阳市郑燃燃气有限公司液化气站	赵红健	21160	5710	5710
22	河南省百盛达商品有限公司	蔺井年	1019	5331	5331
23	南阳市家具市场	申群豪	5000	5330	5330
24	南阳市永乐生活电器有限公司	陈　晓	1509	5065	5065
25	内乡县师岗供销社	周国生	523	6925	5028
26	南阳市豫宛车业有限公司	苏　彬	1593	5175	4838
27	唐河县纺织品公司	郭华阳	302	4790	4790
28	南阳市万德隆副食品百货有限责任公司镇平分	王献忠	163	4777	4777
29	南阳市龙鹏汽车销售服务有限公司	李　林	811	4411	4411
30	南阳市卧龙区百货纺织品公司	贺淑霞	3039	4250	4250
31	西峡县西坪供销合作社	王文明	127	4403	4203
32	南召县成兴加电购销中心	杨成兴	207	4200	4200
33	镇平县华联家用电器有限公司	张海东	202	4100	4100
34	唐河县新合作商贸有限责任公司	周　斌	642	4087	4087
35	南召县南河店供销合作社	李　保	579	3976	3976
36	社旗县益通摩托销售有限公司	段廷芝	261	3918	3918
37	镇平县乐美佳商贸有限责任公司	李国能	225	3908	3908
38	唐河县副食品公司	孙海军	562	3830	3830
39	南阳康大石油城	林国俊	631	3829	3829
40	南阳市金悦汽车销售有限公司	沙喜安	1084	3722	3722
41	镇平县长安机车销售有限公司	毕长安	430	3717	3717
42	内乡县新大新有限公司	李彦伟	375	3650	3650
43	镇平县遮柳中心供销社	刘克兴	224	3638	3638
44	南召县益康药业有限公司	李桂林	160	3526	3502
45	唐河县恒大石油化工产品经销有限公司	赵中锁	473	3472	3472
46	新野县东森医药零售连锁有限公司	杜胜华	115	3374	3374
47	南阳奥凯隆商贸有限公司镇平富万家家俱广场	安红伟	224	3357	3357
48	南召县喜客来量贩	王付有	401	3350	3350
49	南阳市神裕汽车销售有限公司	田云锁	272	3274	3274
50	南阳迪信通电子通信技术有限公司	张金成	790	3267	3267

主要统计指标解释

社会消费品零售总额 指国民经济各行业直接售给城乡居民和社会集团的消费品总额。它是反映各行业通过多种商品流通渠道向居民和社会集团供应的生活消费品总量，是研究国内零售市场变动情况、反映经济景气程度的重要指标。

社会消费品零售总额 包括：(1)售给城乡居民作为生活用的商品和修建房屋用的建筑材料；(2)售给社会集团的各种办公用品和公用消费品；(3)售给机关、团体、学校、部队、企业、事业单位的职工食堂和旅店(招待所)附设专门供本店旅客食用，不对外营业的食堂的各种食品、燃料；企业、单位和国营农场直接售给本单位职工和职工食堂的自己生产的产品；(4)售给部队干部、战士生活用的粮食、副食品、衣着品、日用品、燃料；(5)售给来华的外国人、华侨、港澳台同胞的消费品；(6)居民自费购买的中、西药品、中药材及医疗用品；(7)报社、出版社直接售给居民和社会集团的报纸、图书、杂志，集邮公司出售的新、旧纪念邮票、特种邮票、首日封、集邮册、集邮工具等；(8)旧货寄售商店自购、自销部分的商品；(9)煤气公司、液化石油气站售给居民和社会集团的煤气灶具和罐装液化石油气；(10)农民售给非农业居民和社会集团的商品。不包括售给国民经济各部门企业、事业单位(包括国有经济的农场)生产经营用的各种原材料、燃料、设备、工具等和售给批发零售贸易业、餐饮业作为转卖用的商品，旧货寄售商店受托寄售卖出的商品，服务业的营业收入，邮局出售邮票的收入，自来水、电力、煤气生产(供应)单位的产品供应收入，也不包括农民之间的商品销售。

批发零售贸易业商品购、销、存总额 指各种登记注册类型的批发、零售贸易业(不包括个体)企业(单位)以本企业(单位)为总体的商品购进、销售、库存总额。

商品购进总额 指从本企业(单位)以外的单位和个人购进(包括从境外直接进口)作为转卖或加工后转卖的商品总额。它反映批发零售贸易业从国内、国外市场上购进商品的总量。商品购进总额包括：(1)从工农业生产者购进的商品；(2)从出版社、报社的出版发行部门购进的图书、杂志和报纸；(3)从各种登记注册类型的批发零售贸易企业(单位)购进的商品；(4)从其他单位购进的商品，如从机关、团体、企业等单位购进的剩余物资，从餐饮业、服务业购进的商品，从海关、市场管理部门购进的缉私和没收的商品，从居民手中收购的废旧商品等；(5)从国(境)外直接进口的商品。不包括企业(单位)为自身经营用和未通过买卖行为而收入的商品以及销售退回、商品升溢等。

商品销售总额 指对本企业(单位)以外的单位和个人出售(包括对境外直接出口)的商品总额。它反映批发零售贸易业在国内市场上销售商品以及出口商品的总量。商品销售总额包括：(1)售给城乡居民和社会集团消费用的商品；(2)售给工业、农业、建筑业、运输邮电业、批发零售贸易业、餐饮业、服务业等作为生产、经营使用的商品；(3)售给批发零售贸易业作为转卖或加工后转卖的商品；(4)对国(境)外直接出口的商品。不包括出售本企业(单位)自用的废旧包装用品；未通过买卖行为付出的商品；经本单位介绍，由买卖双方直接结算，本单位只收取手续费的业务；购货退出的商品以及商品损耗和损失等。

批发零售贸易业库存 指报告期末各种登记注册类型的批发零售贸易企业(单位)已取得所有权的商品。它反映批发零售贸易企业(单位)的商品库存情况和对市场商品供应的保证程度。期末库存包括：(1)存放在批发零售贸易业经营单位(如门市部、批发站、经营处)仓库、货场、货柜和货架中的商品；(2)挑选、整理、包装中的商品；(3)已记入购进而尚未运到本单位的商品，即发货单或银行承兑凭证已到而货未到的部分；(4)寄放他处的商品，如因购货方拒绝承付而暂时存放在购货方的商品和已办完加工成品收回手续而未提回的商品；(5)委托其他单位代销(未作销售或调出)尚未售出的商品；(6)代其他单位购进尚未交付的商品。不包括所有权不属于本单位的商品、拨付除批发零售贸易业以外的其他行业所属独立核算加工厂等加工生产尚未收回成品的商品、代国家物资储备部门保管的商品等。

库存总额采用的计算价格是：农副产品采购单位按购进价计算；批发单位按进货价计算；零售单位按核算价格计算，即按什么价格核算就按什么价格计算。

消费品市场成交额 指从事消费品交易的商品市场的全部商品成交金额。消费品市场包括农副产品市场和工业消费品市场。

15

对外贸易

资料整理：郭玉玺

15-1 进出口总额

单位:万美元

	进出口总额	进口总额	出口总额	外贸企业	生产企业	三资企业
1995	6467	545	5922	1020	3170	1732
1996	8474	625	7849	837	4362	2650
1997	12106	2076	10030	1202	6374	2454
1998	11200	2616	8584	811	6149	1624
1999	9632	3412	6220	708	4224	1288
2000	10462	3249	7213	471	5374	1368
2001	13032	4505	8527	460	7273	794
2002	17134	5882	11252	800	8528	1924
2003	22204	7600	14604	616	11868	2120
2004	26776	10394	16382	1127	12748	2507
2005	30336	6869	23467	1231	18859	3377
2006	40365	6550	33815	71	29747	3997
2007	59409	9557	49852	1767	41593	6492
2008	87640	18385	69255	2008	53726	13521
宛城区	1560	1287	273		249	24
卧龙区	1398	55	1343		662	681
南召县	461	2	459		245	214
方城县	919	606	313	96	217	
西峡县	32499	5757	26742		23791	2951
镇平县	1416	454	962		690	272
内乡县	263	35	228	10	213	5
淅川县	2070	2	2068		1990	78
社旗县	256	14	242		134	108
唐河县	602		602	43	249	310
新野县	7116	4348	2768		2768	
桐柏县	819	15	804		121	683
邓州市	290	243	47		29	18
开发区	438	144	294	194	67	33
市直	37533	5423	32110	1665	22301	8144

15-2 分种类、分国别的进出口总额

单位:万美元

类别	进出口总额		出口总额		进口总额	
	2008	2007	2008	2007	2008	2007
合计	**87640**	**59409**	**69255**	**49852**	**18385**	**9557**
一、按商品类别分组						
(一)初级产品	15497	9450	7312	4996	8185	4454
食品及活动物	6207	3735	5715	3735	492	771
肉及肉制品	79	74	79	74		
(二)工业制成品	71448	49200	61288	44277	10160	4923
化学成品及有关产品	4099	3986	3687	3642	412	344
有机化学品	327	137	304	121	23	16
医药品	2037	2502	2037	2502		
按原料分类的制成品	33633	25326	32346	24058	1287	1268
纺纱及有关产品	7725	7045	7667	6873	58	172
机械及运输设备	25815	16426	18546	14064	7269	2362
动力机械及设备	3429	1765	2883	1764	546	1
(三)其它产品	695	759	655	579	40	180
二、按国别分组						
亚洲	37141	24256	26675	19366	10466	4890
香港	4156	3647	4125	3518	311	129
日本	5257	4750	2509	2980	2749	1770
马来西亚	1812	1692	1635	1548	177	144
韩国	2686	1763	2522	1656	164	107
泰国	2466	1872	1832	1353	634	519
非洲	2896	2625	2884	2586	12	39
欧洲	38557	22826	32758	21273	5799	1553
英国	1974	1213	1757	1204	217	9
德国	3120	1725	773	543	2347	1182
法国	469	352	377	314	92	38
意大利	4125	1610	3864	1571	261	39
拉丁美洲	1773	2517	1693	2517	80	
北美洲	6618	6716	4590	3641	2028	3075
加拿大	569	524	566	514	3	10
美国	6049	6192	4024	3128	2025	3064
大洋洲	655	469	655	469		
澳大利亚	614	435	614	435		
其它国家						
三、按出口企业类别分组						
外贸企业	2162	1767	2008	1767	154	
生产企业	68212	48519	53726	41593	14486	6926
外商投资企业	17266	9123	13521	6492	3745	2631

15-3 利用外资情况

	总计		对外借款		外商和港澳台商直接投资	
	协议数（个）	金额（万美元）	协议数（个）	金额（万美元）	协议数（个）	金额（万美元）
签订利用外资协议(合同)						
1985	1	30			1	30
1990	5	536	1	424	4	112
1995	50	8988	3	4406	47	4582
1996	48	6554	10	927	38	5627
1997	38	3449	9	1485	29	1964
1998	31	1383	7	641	24	742
1999	19	4913	2	566	17	4347
2000	13	1222	3	260	10	962
2001	32	2591	20	1251	12	1340
2002	39	8413	9	682	30	7731
2003	23	8920			23	8920
2004	35	7884			35	7884
2005	35	9428			35	9428
2006	37	14520			37	14520
2007	29	18117			29	18117
2008	27	23338			27	23338
实际利用外资额						
1985	1	30			1	30
1990	4	390	1	286	3	104
1995	65	13725	4	12154	61	1571
1996	72	22300	10	19771	62	2529
1997	53	14340	9	8569	44	5771
1998	42	7405	13	504	29	6901
1999	40	2757	12	1306	28	1451
2000	30	2805	17	1921	13	884
2001	50	2406	29	1543	21	863
2002	65	3887	18	538	47	3349
2003	42	3746	12	254	30	3492
2004	28	3812			28	3812
2005	37	4809			37	4809
2006	43	6704			43	6704
2007	32	8419			32	8419
2008	16	11635			16	11635

15-4 利用外资签订协议(合同)个数及金额

单位:个、万美元

	2005		2006		2007		2008	
	个数	金额	个数	金额	个数	金额	个数	金额
签订协议(合同)	**35**	**9428**	**37**	**14520**	**29**	**18117**	**27**	**23338**
独资经营	14	3929	15	5872	15	11329	9	6188
合资经营	15	2437	19	6125	12	6240	12	8048
合作经营	6	3062	3	2523	2	548	6	9102
实际到位	**37**	**4809**	**43**	**6704**	**32**	**8419**	**16**	**11635**
独资经营	9	1400	11	1850	17	3975	9	4431
合资经营	18	1909	22	2874	14	3844	6	6004
合作经营	10	1500	10	1980	1	600	1	1200

15-5 批建"三资"企业情况

	单位	批建项目情况			
		止2008年底累计	2008	2007	增减%
一、协议企业数	**个**	**643**	**27**	**29**	**-6.9**
#工商企业注册数	个	279	21	20	5.0
#投产开业	个	139	139	135	3.0
在建	个	95	95	85	11.8
二、总投资额	**万美元**	**280075**	**55578**	**36604**	**51.8**
#外资合同额	万美元	134254	23338	18117	28.8
外资到位额	万美元	67399	11635	8419	50.2
三、按企业投资方式					
#合资企业	个	468	12	12	—
合作企业	个	57	6	2	200.0
独资企业	个	138	9	15	-40.0

15-6 国外及港澳台地区在宛投资情况

	合同投资额协议数(个)				
	2000	2005	2006	2007	2008
总计	**10**	**35**	**37**	**29**	**27**
一、按投资方式分组					
独资经营	4	14	15	15	9
合资经营	5	15	19	12	12
合作开发					
合作经营	1	6	3	2	6
二、按投资行业分组					
工业	7	29	30	27	19
其它	3	6	7	2	8
三、按投资国别地区分					
美国		4	3	2	3
香港	3	19	13	15	19
台湾		5	5	3	1
新加坡					
日本	3	2	3		1
其它	4	5	13	9	3

15—6 续表 1

单位:万美元

	合同投资额(万美元)				
	2000	2005	2006	2007	2008
总计	**962**	**9428**	**14520**	**18117**	**23338**
一、按投资方式分组					
独资经营	170	3929	5872	11329	6188
合资经营	739	2437	6125	6240	8048
合作开发					
合作经营	53	3062	2523	548	9102
二、按投资行业分组					
工业	428	7869	10839	16585	20856
其它	534	1559	3681	1532	2482
三、按投资国别地区分					
美国		1299	1181	165	667
香港	598	5480	6901	10244	18097
台湾		842	1578	1650	800
新加坡					
日本	64	45	-377		30
其它	300	1762	5237	6058	3744

15—6 续表 2

	实际投资额(万美元)				
	2000	2005	2006	2007	2008
总计	**884**	**4809**	**6704**	**8419**	**11635**
一、按投资方式分组					
独资经营	13	1400	1850	3975	4431
合资经营	749	1909	2874	3844	6004
合作开发					
合作经营	122	1500	1980	600	1200
二、按投资行业分组					
工业	385	3887	5561	7113	11615
其它	499	922	1143	1306	20
三、按投资国别地区分					
美国		60	732	70	1347
香港	411	2988	3210	5809	2651
台湾	125	361	420	390	820
新加坡				338	184
日本	50	100	100	179	
其它	298	1300	2242	1633	6633

15-7 各县(市、区)新签协议(合同)金额

单位:万美元

	1995	2000	2005	2006	2007	2008
总计	**4582**	**962**	**9428**	**14520**	**18117**	**23338**
宛城区	129		404	1326	689	2181
卧龙区	244		620	1460	341	1227
南召县	240	42	1650	1490	1535	1702
方城县	33		1135	180	50	470
西峡县	10		212	859	975	930
镇平县	88	10	370	1200	80	409
内乡县	232		580	1061	1250	972
淅川县	1493		500	373	35	55
社旗县	48		584	2077	576	1200
唐河县	13		32	356	300	
新野县	182	25		60	1350	640
桐柏县	11	269	681	576	1018	1748
邓州市	222		1000	1729	1500	6226
高新区		144	155	1224	1375	1600
市直	1637	472	1505	549	7043	3978

15-8 各县(市、区)实际利用外资金额(直接投资)

单位:万美元

	1995	2000	2005	2006	2007	2008
总计	**1571**	**884**	**4809**	**6704**	**8419**	**11635**
宛城区	21		362	408	600	1684
卧龙区	167		508	545	640	168
南召县	23		530	658	656	860
方城县	60	135	540	180	20	
西峡县	1	125	181	60	765	
镇平县	117		82	68	1006	
内乡县	94	31	269	162	538	
淅川县	86		315	50		55
社旗县	50		313	180	469	70
唐河县	80	150	32	138	200	101
新野县	21		15	428	674	
桐柏县	55	183	52	55	524	5567
邓州市	112	24	515	758	689	820
高新区		176	45	8	635	61
市直	684	60	1050	3006	1003	2249

主要统计指标解释

进出口总额 海关进出口总额指实际进出我国国境的货物总金额。包括对外贸易实际进出口货物，来料加工装配进出口货物，国家间、联合国及国际组织无偿援助物资和赠送品，华侨、港澳台同胞和外籍华人捐赠品，租赁期满归承租人所有的租赁货物，进料加工进出口货物，边境地方贸易及边境地区小额贸易进出口货物（边民互市贸易除外），中外合资企业、中外合作经营企业、外商独资经营企业进出口货物和公用物品，到、离岸价格在规定限额以上的进出口货样和广告品（无商业价值、无使用价值和免费提供出口的除外），从保税仓库提取在中国境内销售的进口货物，以及其他进出口货物。进出口总额用以观察一个国家在对外贸易方面的总规模。我国规定出口货物按离岸价格统计，进口货物按到岸价格统计。

利用外资 指我国各级政府、部门、企业和其他经济组织通过对外借款、吸收外商直接投资以及用其他方式筹措的境外现汇、设备、技术等。

对外借款 是我国利用外资的重要部分。指通过对外正式签订借款协议，从境外筹措的资金，包括外国政府贷款国际金融组织贷款、外国银行商业贷款、出口信贷以及对外发行债券等。1996年及以前还包括对外发行股票。

外商直接投资 指外国企业和经济组织或个人（包括华侨、港澳台胞以及我国在境外注册的企业）按我国有关政策、法规，用现汇、实物、技术等在我国境内开办外商独资企业、与我国境内的企业或经济组织共同举办中外合资经营企业、合作经营企业或合作开发资源的投资（包括外商投资收益的再投资），以及经政府有关部门批准的项目投资总额内企业从境外借入的资金。

外商其他投资 指除对外借款和外商直接投资以外的各种利用外资的形式。包括企业在境内外股票市场公开发行的以外币计价的股票（目前主要是在香港证券市场发行的股和在境内证券市场发行的B股）发行价总额，国际租赁进口设备的应付款，补偿贸易中外商提供的进口设备、技术、物料的价款，加工装配贸易中外商提供的进口设备、物料的价款。

对外承包工程 指各对外承包公司以招标议标承包方式承揽的下列业务：(1)承包国外工程建设项目，(2)承包我国对外经援项目，(3)承包我国驻外机构的工程建设项目，(4)承包我国境内利用外资进行建设的工程项目，(5)与外国承包公司合营或联合承包工程项目时我国公司分包部分，(6)对外承包兼营的房屋开发业务。对外承包工程的营业额是以货币表现的本期内完成的对外承包工程的工作量，包括以前年度签订的合同和本年度新签订的合同在报告期内完成的工作量。

16

财政金融

资料整理：曲桂琴　王兰芝

16-1 历年地方财政收支总额

（2008年） 单位：万元

年份	总收入	各项税收	总支出	公共服务	农林水事务费	文体、教育与传媒、科学技术	医疗卫生	社会保障与就业
1953	4223	4092	1748					
1954	6057	5517	1726					
1955	6283	5870	1832					
1956	5851	5482	2674					
1957	5532	5118	2995					
1958	10886	7024	4855					
1959	13927	7654	6247					
1960	13452	7051	9131					
1961	6859	4524	9526					
1962	6167	5224	5020					
1963	6317	5303	4973					
1964	6305	4853	5277					
1965	5314	4676	5969					
1966	6791	5127	6612					
1967	7413	5507	7038					
1968	7033	5761	6864					
1969	9751	7475	9745					
1970	9622	9194	13796					
1971	9996	7396	14123					
1972	12035	9080	11469					
1973	12613	9670	12777					
1974	11728	9520	12066					
1975	11872	9663	12907					
1976	11113	9713	14033					
1977	10279	11963	14262					
1978	15163	12695	16419					
1979	14639	13206	21007					
1980	15710	13227	19601					
1981	21512	18716	20249					
1982	22058	18773	23505					
1983	20911	19039	24282					
1984	23175	20507	28331					
1985	27678	25253	39578					
1986	32414	29650	42104					
1987	39057	34364	49693					
1988	44625	40619	55355					
1989	50947	47336	64784					
1990	55309	49490	69212					
1991	62607	55295	73992					
1992	72319	64663	86864					
1993	96143	86115	112207					
1994	116244	94231	125598					
(1995)	139768	118256	151901					
1995	95835	63323	151901					
1996	133966	81448	195472					
1997	159036	93788	223897					
1998	164266	107863	224886					
1999	183006	61279	268471					
2000	195946	122137	299000					
2001	213273	117956	365847					
2002	189795	159899	444161					
2003	223632	167473	510376					
2004	273219	182663	606895					
2005	310041	190789	829125					
2006	411202	248877	1169025	154025	76273	206951	46603	156324
2007	521631	321458	1525075	221295	115132	318074	79064	260433
2008	594832	385043	1787229	256233	183595	389030	123452	217847

注：1. 财政收入1994年以前为分税制前老口径，1995年以后为分税制后新口径，括号内为分税制前老口径；
2. 2002年以后财政收入口径调整，与以前年份不可比。
3. 从2006年起财政支出项按一般预算支出新分组填写。

16−2 地方财政收入

(2008 年)　　单位:万元

	合计	市级	县市级	乡镇级
一、一般预算收入	**512882**	**160369**	**249635**	**102878**
增值税	93991	40853	38161	14977
营业税	119692	35217	51085	33390
企业所得税	28099	5608	20391	2100
个人所得税	17189	6012	7713	3464
资源税	9242	2743	3627	2872
固定资产投资方向调节税				
城市维护建设税	32457	16277	12702	3478
房产税	9487	3417	4733	1337
印花税	3721	1446	1875	400
城镇土地使用税	22714	9503	10867	2344
土地增值税	5999	1526	3809	664
车船使用税	2387	1159	1054	174
屠宰税				
农业税				
烟叶税	7077		382	6695
耕地占用税	14215		5907	8308
契税	18773	7942	5192	5639
国有资本经营收入	5608	1376	3720	512
国有资源(资产)有偿使用收入	3428	1368	1951	109
行政性收费收入	57180	7404	38771	11005
罚没收入	35900	5488	27684	2728
专项收入	22179	12674	8747	758
其他收入	3544	356	1264	1924
二、基金收入	**81951**	**36760**	**44592**	**599**

16−3 地方财政分级支出

(2008 年)　　单位:万元

	合计	市级	县市级	乡镇级
一、一般预算支出	**1632488**	**342574**	**1131505**	**158409**
一般公共服务	256233	34177	145096	76960
国防				
公共安全	92080	30203	61719	158
教育支出	343963	33074	300971	9918
科学技术	28608	8994	19407	207
文体体育与传播	16459	3787	10843	1829
社会保障与就业支出	217847	37736	160052	20059
医疗卫生支出	123452	9984	112134	1334
环境保护	154604	95329	57115	2160
城乡社区事务	68570	18362	41026	9182
农林水事务	183595	12823	141836	28936
交通运输	50422	25593	24829	
工业商业金融等事务	50277	12068	38124	85
其他支出类	46378	20444	18353	7581
二、基金支出	**172024**	**61781**	**108783**	**1460**

16—4 各县(市、区)财政一般预算收支总额

单位:万元

	一般预算收入			一般预算支出		
	2008	2007	增减%	2008	2007	增减%
合　　计	**512882**	**448269**	**14.4**	**1632488**	**1391552**	**17.3**
宛城区	20383	17568	16.0	80800	70168	15.2
卧龙区	24943	20269	23.1	86539	69728	24.1
南召县	19130	18501	3.4	80178	64993	23.4
方城县	23702	19330	22.6	111096	88437	25.6
西峡县	48808	40039	21.9	102581	82004	25.1
镇平县	26126	24736	5.6	98369	80256	22.6
内乡县	22000	20008	10.0	85285	66915	27.5
淅川县	27666	23096	19.8	110152	88699	24.2
社旗县	12736	11071	15.0	76322	63434	20.3
唐河县	32106	29139	10.2	131697	111807	17.8
新野县	23100	20069	15.1	83825	68315	22.7
桐柏县	23518	23037	2.1	71266	60811	17.2
邓州市	37566	32086	17.1	158989	118116	34.6
市本级	160369	141067	13.7	342574	348195	-1.6
高新区	10729	8253	30.0	12815	9674	32.5

16—5 全市预算外资金收支情况

单位:万元

	1995	2000	2001	2002	2003	2004	2005	2006	2007	2008
收入总计	**77583**	**132900**	**137176**	**103010**	**117443**	**129645**	**129728**	**131584**	**126967**	**126334**
一、行政事业性收费收入	72385	101166	102539	87256	102940	115669	101647	109783	119547	120133
二、政府性基金(资金、附加)收入		2306	2382	539	3343	1254	14771	12754		
三、乡镇自筹统筹资金		20046	20635	253	191		2355			
四、主管部门集中收入		1164	2554	2719	2439	1664	1394	288		
五、其它收入		8220	9066	12243	8530	11058	9561	8734	7053	6077
支出总计	**73048**	**123292**	**135306**	**104769**	**107783**	**117933**	**118241**	**117118**	**120235**	**124917**
一、行政事业支出	40697	69229	80452	96431	98387	110682	102338	107818		
二、基本建设支出	18234	20275	27126		1414	3087	4178	3225		
三、城市维护支出	582	991	338	36	985	1629				
四、乡镇自筹统筹资金支出		18356	20329	262	198		2014	25		
五、其他支出		14442	7061	8040	6799	2535	9711	6050	4283	8717

16－6 各县（市、区）预算外资金收支总额

单位:万元

	收入总额									
	1995	2000	2001	2002	2003	2004	2005	2006	2007	2008
总　计	**77583**	**132900**	**137176**	**103010**	**117443**	**129645**	**129728**	**131584**	**126967**	**126334**
宛城区	4119	5685	6660	4735	3861	2918	2944	3626	3928	3380
卧龙区	4088	3907	5299	5607	6182	5730	7295	6337	5193	4841
南召县	3245	3953	4308	2787	3807	6762	5698	4565	4723	4498
方城县	5530	4742	7269	5403	4437	5338	5717	6678	6934	6964
西峡县	3311	6038	6832	6849	7572	3942	3870	2178	1697	1882
镇平县	2795	8308	8364	3968	4645	5887	7145	6041	5608	5264
内乡县	3360	2639	4016	2719	4061	5019	4200	5029	4768	5030
淅川县	3886	6862	3974	6940	6104	5912	6100	6256	6339	6226
社旗县	3198	5596	3775	3423	6934	11377	9034	8867	8558	10385
唐河县	6915	9774	11846	9721	9832	10570	10296	8076	7006	5118
新野县	3998	6969	7584	3784	4746	5277	3938	4469	3523	3002
桐柏县	4305	1451	3037	2779	3617	3175	5474	7656	7233	8500
邓州市	5099	5300	12420	5757	7067	5938	4195	5957	4594	4785
市　直	23734	52386	51664	38294	43948	50511	52582	54970	55938	55631
高新区			125	243	630	1289	1240	879	925	828

16－6 续表

单位:万元

	支出总额									
	1995	2000	2001	2002	2003	2004	2005	2006	2007	2008
总　计	**73048**	**123292**	**135306**	**104769**	**107783**	**117933**	**118241**	**117118**	**120235**	**124917**
宛城区	3721	5926	6674	4723	3463	2745	2849	3503	4106	3258
卧龙区	3581	3634	5377	5482	5418	5583	7100	6218	5124	4726
南召县	3117	3955	4308	2735	3668	5437	5523	4087	3339	3629
方城县	5516	4803	7270	5532	3401	3448	5015	6070	7073	7962
西峡县	3101	6039	6889	6776	4593	2478	2095	1888	1697	1955
镇平县	2778	8030	8233	3949	4118	4559	6568	5971	5397	5902
内乡县	3625	2756	4012	2654	3795	5019	3506		9893	5778
淅川县	2297	6924	3978	6942	5909	2478	5800	6026	6239	6705
社旗县	2966	5596	3775	3421	6934	11309	8418	8437	8228	10335
唐河县	6407	9336	12353	10123	8889	9741	9440	7576	7006	6220
新野县	3676	7126	7633	3791	4551	4748	2812	2698	2970	2240
桐柏县	4158	1409	3037	2796	3480	3013	5122	6482	6989	8589
邓州市	5093	5207	12100	5786	6652	5453	4111	5812	4594	4900
市　直	23012	51760	49544	39823	42650	48441	49599	51466	46977	52113
高新区			121	237	262	246	283	884	603	605

16—7 金融机构综合信贷资金来源及分配情况

单位:万元

	1995	2000	2005	2006	2007	2008
各项存款合计	**937565**	**3131329**	**6259880**	**7201573**	**7869752**	**9211772**
1.企业存款	304807	651358	1059315	1154720	1147093	1183404
(1)活期存款			803478	942735	976179	991085
(2)定期存款			255837	211985	170914	192320
2.财政存款	8911	21691	83569	106165	108191	157149
3.机关团体存款	15245	36202	125514	191430	237868	313205
4.储蓄存款	601219	2295920	4684515	5328693	5785015	6874419
(1)活期存款	146313	553160	1316999	1677751	1944991	2194870
(2)定期存款	454906	1742760	3367516	3650943	3840024	4679549
5.农业存款	6012	56630	87908	172207	282128	288689
6.信托存款	1266					
7.委托存款			1166	346	108	179
8.其它存款	1105	69528	217894	248011	309349	394726
各项贷款合计	**1250042**	**3057801**	**4418420**	**4950057**	**5655096**	**5509083**
1.短期贷款	899164	2475893	3299143	3750368	3926286	3623252
(1)工业贷款	228042	376460	422994	642159	670739	409119
(2)商业贷款	575009	966453	931269	1011987	1108799	946975
(3)建筑业贷款	15631	24023	37977	39903	13942	3400
(4)农业贷款	49495	654325	1489313	1580765	1639618	1763678
(5)乡镇企业贷款	29611	227492	219329	168672	176626	206888
(6)三资企业贷款			2515	3315	4780	2000
(7)私营企业及个体贷款	1376	13042	19885	31593	12139	27762
(8)其他短期贷款			175861	271974	299643	263430
其中:个人短期消费贷款			5437	6904	18123	20125
2.中长期贷款	254236	410248	398122	1090903	1483962	1665499
(1)基本建设贷款	90918	92416	94658	437301	485434	602747
(2)技术改造贷款	115712	163563	505037	37636	36526	29360
(3)其它中长期贷款	57877	154269		615966	962002	1033392
3.信托贷款						
4.融资租赁						
5.委托贷款						
6.票据融资			119840	103781	242587	211959
其中:贴现			119840	103781	242587	211959
7.各项垫款			1619	5005	2261	8373

16-8 银行现金收支情况

单位:万元

	1995	2000	2005	2006	2007	2008
收入总计	**3923295**	**9885711**	**25130703**	**30312829**	**39024706**	**31096964**
一、商品销售收入	837303	105453	2139577	2204007	1867521	1475773
二、服务业收入	111716	336269	696212	835559	807541	693627
三、税款收入	25746	85877	96055	101983	143119	146738
四、城乡个体经营收入	73771	513249	1224881	1203081	1513211	1816948
五、储蓄存款收入	2017590	6086669	18448549	22339479	30689315	23806646
六、其它金融机构收入	134676	193849	32172	28528	42077	59565
七、居民归还借贷收入			939421	1329556	1729891	1365008
八、汇兑收入	59531	166359	188299	278286	611299	337891
九、有价证券收入			1776	7292	5588	3344
十、其它收入	470041	1005693	1363761	1985058	1615144	1391424
其中:兑换外币收入			119	208	726	9375
支出总计	**3999056**	**10136761**	**25192961**	**30351718**	**38981469**	**30888980**
一、工资性支出	356991	667410	1051909	1063076	1141371	1040618
二、农副产品采购支出	449365	369863	857638	1079103	1102222	796843
三、工矿产品采购支出	35825	126704	439305	498578	545022	434142
四、行政企业管理费支出	211483	332461	566184	574723	533844	600007
五、城乡个体经营支出	77242	517658	1318828	1488379	1401736	1880594
六、储蓄存款支出	1950761	6020756	18127581	21625562	30162807	22991800
七、其它金融机构支出	130561	197793	18925	44738	109502	31337
八、居民提取贷款支出			1096909	1469382	1712814	1567244
九、汇兑支出	84620	167563	312835	412828	563412	246956
十、有价证券支出	4064	10742	2240	9133	22791	10535
十一、其它支出	527222	1277970	1400607	2086216	1685948	1288904
投放(+)、回笼(-)				38889	-43237	-207984

16-9 各县(市、区)金融机构存贷款余额

单位:万元

	金融机构存款余额			金融机构贷款余额		
	2008	比年初增加	比年初增减 %	2008	比年初增加	比年初增减 %
总　　计	**9211772**	**1342021**	**17.1**	**5509083**	**562432**	**11.4**
南召县	358823	49586	16.0	128880	-21677	-14.4
方城县	430495	52853	14.0	218323	19662	9.9
西峡县	448590	40678	10.0	278193	13466	5.1
镇平县	633370	89165	16.4	295827	32484	12.3
内乡县	391100	79758	25.6	185382	27575	17.5
淅川县	479311	113752	31.1	272566	64088	30.7
社旗县	276662	51038	22.6	149117	6341	4.4
唐河县	657240	85662	15.0	298410	11463	4.0
新野县	527344	97575	22.7	307131	39251	14.7
桐柏县	351777	42704	13.8	150228	3559	2.4
邓州市	761103	123930	19.5	455858	64063	16.4
市　区	3895957	495965	14.6	2769168	301156	12.2

16-10 城乡居民储蓄存款年末余额

单位:万元

	1980	1985	1990	1995	2000	2005	2007	2008
总　　计	**16431**	**69731**	**264740**	**958489**	**2295920**	**4684515**	**5785015**	**6874419**
城镇居民存款	9426	41503	184407	709785	1357158	2911906	3671900	4415386
#定期存款			151569	545969	1015121	1897360	2040424	2737338
农村居民存款	7005	28228	80333	709785	938762	1772594	2113115	2459033
#定期存款			63717	199230	727639	1470156	1631476	1942211

16—11 各县(市、区)城乡居民储蓄存款年末余额

单位:万元

	1995	2000	2001	2002	2003	2004	2005	2006	2007	2008
总　　计	**958489**	**2295920**	**2570302**	**3001952**	**3415594**	**3967973**	**4684515**	**5328693**	**5785015**	**6874419**
市　　区	325491	867777	1067437	1269982	1436285	1624505	1872046	2045798	2118565	2516431
南召县	42876	86480	100281	111411	125726	163089	189449	225367	247754	278110
方城县	50919	118117	131066	147924	171114	195773	226153	260481	295602	354003
西峡县	36478	112558	112945	130367	143548	166590	202648	249247	285263	335262
镇平县	80066	215904	208987	226388	244108	291340	361902	414697	462729	542671
内乡县	49826	117191	114472	132411	144918	160563	190112	227144	241281	298796
淅川县	40017	127270	130336	150857	166974	190817	213827	253054	301993	383338
社旗县	33781	82148	88837	100192	111448	124763	138835	153917	169303	201400
唐河县	86245	185731	188046	213463	251865	298675	368025	434718	488591	576075
新野县	79617	151381	167161	198846	224350	263263	311818	350200	368407	446545
桐柏县	36639	68966	77559	99287	122199	151672	190469	226143	246438	279625
邓州市	86534	162397	183175	220824	273059	336823	419234	487928	559089	662162

注:市区数据为卧龙区、宛城区、油田数据之和。

16—12 农村信用社存贷款余额

单位:万元

	1990	1995	2000	2001	2002	2003	2004	2005	2006	2007	2008
一、各项存款	**84236**	**263108**	**1014853**	**1076936**	**1209668**	**1377997**	**1650617**	**1923952**	**2182509**	**2503524**	**2880933**
1.企业存款		14404	14831	29455	29780	44892	43676	59624	47038	43903	45236
活期存款		13876									
定期存款		528	14831	29455	29780	44892	43676	59624	47038	43903	45236
2.机关团体存款				2059	2863	2876	4647	5228	6102	17167	13347
3.储蓄存款	80333	248704	938762	974144	1106871	1257982	1520407	1772594	1950866	2113115	2459033
定期存款	63717	199230	727639	732344	871368	996880	1217946	1470156	1530416	1631476	1942211
活期存款	16616	49474	211123	241800	235503	261102	302461	302438	420450	481639	516822
4.农业存款							79049	84259	171848	281770	288244
5.其它存款	327		61260	71278	70164	72247	2838	2247	6655	47569	75073
二、各项贷款合计	**71622**	**231170**	**796524**	**840212**	**980536**	**1131377**	**1378174**	**1608508**	**1847094**	**1996389**	**2274061**
1.短期贷款							1354485	1558227	1754309	1836258	2029328
#乡镇企业贷款	10248	148292	165815	157415	164325	162020	161621	158660	168649	176626	206888
农业贷款	49413	61116	506252	562180	694449	859293	1111041	1328001	1514094	1588294	1756425
2.中长期贷款							23689	50281	92006	160111	239782

主要统计指标解释

财政收入 是国家通过财政各个环节筹集的财政资金的总称，它是保证国家行使其职能不可缺少的财力。主要包括：各项税收、企业收入、专款收入、其他收入、国家能源交通重点基金收入及国家预算调节基金。

(1)**各项税收** 是国家按法律规定对经济单位和个人无偿征收的实物和货币，是财政收入的主要来源。我国现行的税收主要有工商税收类，包括增值税、营业税、消费税、所得税、城市维护建设税、房产税、车船税、资源税、印花税、投资方向调节税等；农牧业税和耕地占用税类；企业所得税类和个人所得税类等。

(2)**企业收入** 包括各部门所属国有企业及事业单位上交国家的利润和事业收入。

财政支出 是国家政权为行使其职能，对筹集的财政资金进行有计划的分配使用的名称。国家财政总支出，体现政府的活动范围和方向，反映财政资金的分配关系，财政总支出主要包括基本建设支出、企业挖潜改造资金、流动资金类、科技三项费用、工交商部门事业费、支援农村生产支出和各项农业事业费、文教科学卫生事业费、抚恤和社会救济费、国防费、行政管理费及其他支出等。

(3)**基本建设支出** 是指国家预算内的基本建设拨款，不包括国家预算外自筹的各种基本建设资金。基本建设基金分为经营性的和非经营性的两部分。各专业投资公司对经营性建设项目执行基本建设基金贷款，各主管部门对非经营性建设项目执行基本建设基金拨款。

(4)**流动资金类** 是指国家预算增拨各部门所属国有企业的流动资金和增拨银行的信贷资金。

(5)**企业挖潜改造资金** 是指国家预算安排用于企业挖潜、革新、改造方面的资金。企业用于挖潜、革新、改造方面的资金，主要来自企业的更新改造资金、大修理基金等自有资金及银行贷款，国家预算安排的挖潜、革新、改造资金主要用于支持重点行业的技术改造。

(6)**文教、科学、卫生事业费** 是指国家预算用于科学、文化、教育、卫生、公费医疗、体育、通讯和广播、地震、海洋、文物、计划生育等方面的事业费。

预算外资金 是指不纳入国家财政预算，由各地方、各事业行政单位，按国家规定范围自行筹集和使用的资金。它是国家财政预算内资金的补充财力。其收入来源，主要包括地方财政机关掌握使用的自筹资金，如工商税附加、农业税附加、城市公用事业附加等。事业行政单位自收自支和以收抵支未纳入预算管理的各项资金，如养路费、学杂费等。这些资金一般都有特定用途，主要是：基本建设或更新改造固定资产投资，支付养路费、城市维护费，职工福利和奖励支出，补充事业、行政经费，上交财政能源交通重点建设基金、预算调节基金和其他支出等。预算外资金的使用，也要纳入计划管理的轨道，不得擅自扩大使用范围。

财政用于农业的支出 指国家财政预算内资金安排用于农业的各项投资支出。包括：

(1)对农垦、农业、畜牧、林业、农机管理、水利、水产、气象等部门的各项事业经费和基本建设、流动资金、科技三项费用等专项拨款；(2)支援农村集体(户)的各项生产支出，如小型农田水利和水土保持补助费、扶持农村经济困难的乡镇企业、农业生产队(组、户)改善生产基本条件的资金和农村开荒补助费、农村草场和畜禽保护补助费、农村造林和林木保护补助费、农村水产补助费、农业发展和发展粮食生产专项资金支出等；(3)农村社会救济费。

存款 企业、机关、团体或居民根据可以收回的原则，把货币资金存入银行或其他信用机构保管并取得一定利息的一种信用活动形式。财政存款、机关团体部队存款、城乡居民储蓄存款、农村存款、信托存款和其他存款等科目。

贷款 银行或其他信用机构根据必须归还的原则，按一定利率，为企业、个人等提供资金的一种信用活动形式。我国金融机构贷款分短期贷款、农业贷款、中长期贷款、信托贷款和其他贷款等科目。

城乡居民储蓄年底余额 包括城镇居民储蓄和农户储蓄两部分的年底余额不包括工矿企业、部队、机关团体等集团存款。

城镇居民储蓄年底余额 是指各国家银行的城镇居民储蓄、城市信用社居民储蓄及邮政储蓄等。

农户储蓄 是指在农村信用社的农户储蓄。

承保额 又叫保险额。它是保险人对被保险人负担损失补偿或约定给付的金额，它是保险合同上的最高责任额，也是计算保费的依据。

保费 被保险人按其得到保险利益的保障程度(保险金额)的一定比率向保险人缴付的费用。

赔款 保险人对财产保险和保险事故给予的经济补偿或对人身保险的保险事故给付的保险金。分为已决赔款和未决赔款。

17

教育、科技和专利

资料整理：宁建南　李　丹

17－1 全市学校教育基本情况

	1980	1985	1990	1995	2000	2005	2007	2008
平均每万人口在校学生数(人)								
大学生(含研究生)	2	2	2	4	10	36	58	
普通中专生(含中等职业学生)	7	18	31	68	81	97	110	
普通高中生	85	54	50	45	71	155	167	
普通初中生	488	333	338	463	586	480	396	
小学生	1424	1417	1256	1110	961	798	865	
平均每个教师负担学生数(人)								
高等教育(含研究生)	9	9	6	8	14	25.8	22.2	17.7
中等职业教育	12	9	11	15	20	20.8	24.4	25.4
普通高中	17	16	15	18	19	22.6	20.6	18.5
普通初中						17.4	15.5	14.8
小学	23	25	23	28	20	17.5	18.9	20.1
入学率、巩固率、升学率								
初中适龄人口入学率(%)				89.5	99.4	95.1	97.7	98.0
初中在校生三年巩固率(%)		97.3	98.0	96.1	98.3	99.4	97.1	98.9
初中毕业生升学率(%)		39.7	31.1	48.8	35.3	50.5	57.1	54.2
小学适龄人口入学率(%)		97.7	98.9	99.6	100.0	99.3	99.8	99.7
小学在校生五年巩固率(%)		97.6	98.8	98.9	99.8	100.0	98.6	99.6
小学毕业生升学率(%)		51.2	60.7	90.4	96.2	97.4	99.1	99.7
教育经费总支出(预算内、外)(万元)				85746	146326	275878	399835	461480
国家财政性教育经费				62235	106635	189365	334373	393256
＃预算内教育经费				40940	71902	174056	319445	379979
社会团体和公民个人办学经费				48	241	6025	1576	1317
社会捐资和集资办学经费				13179		1259	851	268
学费和杂费				8068	24449	39551	60469	62056
其他教育经费				2216	9304	23893	2565	4583
中小学学校校舍危房率(%)				0.7	0.4	4.0	3.9	3.2
小学生辍学人数(人)		2560	16875	13377	2233	2144	4666	3006
初中学生辍学人数(人)		3916	15420	17809	9844	4612	5607	3685
小学教师学历合格率(%)		56.7	69.7	88.7	98.2	99.1	99.5	99.5

注：1. 教育经费 1990 年以前与 1990 年以后计算口径不一致。
2. 教师负担学生数中，中等职业教育 2003 年以前的数据不包括职业教育。
3. 中等职业教育相关数据均不含技工学校数据。

17-2 学校教育学校数和教职工数

	1985	1990	1995	2000	2005	2007	2008
学 校 数(所)							
普通高等教育	1	2	2	2	4	4	4
中等职业教育	68	69	128	94	82	92	100
#职业高中	25	56	114	79	52	63	72
基础教育	8835	6885	9550	5698	4865	4833	4737
1.普通中学	1159	895	709	637	601	560	536
普通高中	111	95	71	82	91	86	86
普通初中	1048	800	638	555	510	474	450
2.职业初中	29	12	23	2	1	1	
3.小学	5874	4542	4289	4546	4008	3917	3786
4.幼儿园	1772	1433	4520	502	244	345	405
5.特殊教育学校	1	3	9	11	11	10	10
技工学校		15	20	26	18		
教 职 工 数(人)							
普通高等教育	480	828	1269	1448	3671	4047	4132
中等职业教育	2899	4433	6368	7243	6641	7190	6952
#职业高中	594	1622	3264	3669	3516	3872	3835
基础教育	89069	96986	80004	96205	95384	96331	40467
1.普通中学	27588	31640	33102	40349	41152	40524	40237
2.职业初中	255	233	141	107	68	68	
3.小学	56936	59300	44518	52926	51333	51722	51503
4.幼儿园	4288	5794	2126	2616	2604	3790	4250
5.特殊教育学校	2	19	117	207	227	227	230
技工学校		1520	1430	1877	1040		

17-3 学校教育专任教师数和在校学生数

单位:人

	1985	1990	1995	2000	2005	2007	2008
专任教师数							
普通高等教育	241	363	523	733	2094	2801	2966
中等职业教育	1456	2408	3759	4369	4457	4872	4594
#职业高中	402	1098	2369	2763	2652	2825	2759
基础教育	78976	85546	70778	86926	87919	88986	89018
1.普通中学	22473	26155	28437	35386	36815	36383	36365
普通高中	3582	4165	4099	5321	7342	8730	9162
普通初中	18941	21990	24338	30065	29473	27653	27203
2.职业初中	225	207	128	79	63	63	
3.小学	52441	54191	40795	49398	48977	49525	49284
4.幼儿园	3836	4980	1340	1902	1881	2823	3172
5.特殊教育学校	1	13	78	161	183	192	197
技工学校		709	1430	1566	792		
在校学生数							
普通高等教育	2130	2297	4039	10599	38767	46622	52386
中等职业教育	16346	30351	70089	85336	103749	118872	116494
#职业高中	6036	14884	48329	53459	53936	56314	52111
基础教育	1778169	1783867	1922013	1817630	1679412	1721531	1744044
1.普通中学	353768	381736	521608	688572	679828	607964	572466
普通高中	49087	48848	46451	74281	165772	179926	169784
普通初中	304681	332888	475157	614291	514056	428038	402682
2.职业初中	2926	3428	3261	1234	906	716	
3.小学	1296208	1236865	1138811	1008295	855623	933744	990287
4.幼儿园	125261	161733	257538	118913	141657	178307	180493
5.特殊教育学校	6	105	795	616	1398	1714	798
技工学校		5361	12300	15400	5518		

17-4 学校教育招生数和毕业生数

单位:人

	1985	1990	1995	2000	2005	2007	2008
招生数							
普通高等教育	972	1055	1919	5716	16036	16706	18823
中等职业教育	7333	12225	33858	28015	37952	43561	38171
#职业高中	2796	6264	25551	17714	18398	19501	14786
基础教育	358641	356576	445000	387424	494460	523430	537634
1.普通中学	114268	135256	208399	258917	222945	186596	190400
普通高中	15896	16334	15524	32873	58593	57407	53263
普通初中	98372	118922	192875	226044	164352	129189	137137
2.职业初中	1397	1436	994	534	290	210	
3.小学	242970	219869	235417	127883	151662	182742	199740
4.幼儿园					119348	153791	147367
5.特殊教育	6	15	190	90	215	242	127
技工学校		1890	4551	3900	2322		
毕业生数							
普通高等教育	199	1070	1632	1569	15506	12029	13282
中等职业教育	3680	7641	12828	31706	33526	37574	38021
#职业高中	1316	3267	6981	21837	19538	18120	17637
基础教育	272796	300172	337488	435230	412336	450594	459876
1.普通中学	80224	101252	121590	199143	242657	227777	221984
普通高中	16315	17653	13329	16973	53447	58848	63520
普通初中	63909	83599	108261	182170	189210	168929	158464
2.职业初中	462	673	1307	459	550	260	
3.小学	192110	198247	214569	235562	169038	130579	137539
4.幼儿园						91926	100288
5.特殊教育			22	66	91	117	65
技工学校		1866	3300	15000	1441		

17－5 普通高等学校专任教师分年龄的人数

（2008 年）

单位：人

	合计	其中：女	正高级	副高级	中级	初级	无职称
总计	**2966**	**1371**	**119**	**809**	**819**	**884**	**335**
30 岁及以下	1011	463		1	128	675	207
31－35 岁	533	288		40	284	140	69
36－40 岁	485	213	1	197	187	52	48
41－45 岁	508	199	37	302	146	14	9
46－50 岁	175	79	33	102	37	1	2
51－55 岁	191	102	41	119	29	2	
56－60 岁	48	21	6	34	8		
61－65 岁	15	6	1	14			
66 岁及以上							

17－6 各县（市、区）普通中学分城乡学校数及在校学生数

（2008 年）

	学校数（所）						在校学生数（人）					
	合计	＃高中	城镇	＃高中	农村	＃高中	合计	＃高中	城镇	＃高中	农村	＃高中
南阳市	**536**	**86**	**327**	**77**	**209**	**9**	**572466**	**169784**	**425466**	**165462**	**147000**	**4322**
宛城区	48	14	28	13	20	1	51581	19018	37846	18789	13735	229
卧龙区	46	10	27	9	19	1	50794	17094	38675	16338	12119	756
南召县	48	8	20	5	28	3	31563	8955	19059	8395	12504	560
方城县	45	7	21	6	24	1	46162	11983	27959	11691	18203	292
西峡县	30	3	16	3	14		21426	8697	17910	8697	3516	
镇平县	40	5	28	5	12		37683	9286	28294	9286	9389	
内乡县	26	4	18	4	8		31228	9584	25079	9584	6149	
淅川县	35	5	24	4	11	1	44582	13059	37866	12150	6716	909
社旗县	31	4	21	4	10		31924	9022	23836	9022	8088	
唐河县	56	9	40	9	16		65148	17475	50722	17475	14426	
新野县	31	7	25	6	6	1	38227	10893	31628	10325	6599	568
桐柏县	26	2	18	2	8		26365	10009	20754	10009	5611	
邓州市	74	8	41	7	33	1	95783	24709	65838	23701	29945	1008

17-7 各县(市、区)普通中学分城乡招生数及毕业生数

(2008年) 单位:人

	招生数						毕业生数					
	合计	#高中	城镇	#高中	农村	#高中	合计	#高中	城镇	#高中	农村	#高中
南阳市	**190400**	**53263**	**140926**	**51983**	**49474**	**1280**	**221984**	**63520**	**159300**	**61891**	**62684**	**1629**
宛城区	16709	5960	12409	5914	4300	46	18845	6835	12735	6788	6110	47
卧龙区	14958	4398	11192	4077	3766	321	20616	7280	14974	7280	5642	
南召县	10223	2794	6216	2675	4007	119	11908	3957	7344	3509	4564	448
方城县	15360	3408	9126	3408	6234		18593	4219	10717	4012	7876	207
西峡县	7234	2573	5935	2573	1299		8799	3985	7400	3985	1399	
镇平县	13617	3105	10458	3105	3159		14519	4015	10791	4015	3728	
内乡县	10496	3008	8379	3008	2117		13346	5175	10740	5175	2606	
淅川县	15076	4834	12929	4499	2147	335	17309	4011	14462	3755	2847	256
社旗县	11393	3495	8778	3495	2615		13304	3638	10278	3638	3026	
唐河县	20890	5485	16030	5485	4860		24937	6261	18072	6261	6865	
新野县	12767	3430	10253	3307	2514	123	16367	3502	11711	3167	4656	335
桐柏县	8961	2872	6957	2872	2004		10438	2775	8070	2775	2368	
邓州市	32716	7901	22264	7565	10452	336	33003	7867	22006	7531	10997	336

17-8 各县(市、区)普通中学教职工人数

(2008年) 单位:人

	合计	#专任教师	按城乡分				按主管部门分		
			城镇	专任教师	农村	专任教师	教育部门办和集体办	民办	其它部门办
南阳市	**40237**	**36365**	**29521**	**26399**	**10716**	**9966**	**37920**	**2248**	**69**
宛城区	4409	3797	3077	2572	1332	1225	3803	606	
卧龙区	3797	3466	2784	2490	1013	976	3301	427	69
南召县	2587	2236	1523	1270	1064	966	2436	151	
方城县	3550	3143	2092	1822	1458	1321	3229	321	
西峡县	1955	1699	1525	1294	430	405	1955		
镇平县	2811	2714	2225	2147	586	567	2811		
内乡县	2130	1923	1684	1499	446	424	2101	29	
淅川县	3074	2719	2630	2322	444	397	2989	85	
社旗县	2239	2037	1704	1547	535	490	2077	162	
唐河县	4185	3849	3235	2966	950	883	4011	174	
新野县	2458	2247	2051	1875	407	372	2284	174	
桐柏县	2068	1919	1606	1494	462	425	2068		
邓州市	4974	4616	3385	3101	1589	1515	4855	119	

17－9 各县(市、区)小学分城乡学校数和在校学生数

(2008 年)

单位:所、人

	学校数			在校学生数		
	合计	城镇	农村	合计	城镇	农村
南阳市	**3786**	**306**	**3480**	**990287**	**318340**	**671947**
宛城区	143	26	117	80965	36572	44393
卧龙区	216	27	189	79209	35427	43782
南召县	350	15	335	62571	15413	47158
方城县	423	17	406	85172	19892	65280
西峡县	276	14	262	42430	16083	26347
镇平县	119	34	85	78322	29958	48364
内乡县	273	14	259	55771	15575	40196
淅川县	362	18	344	82816	30899	51917
社旗县	212	17	195	62293	12462	49831
唐河县	400	35	365	96119	29087	67032
新野县	228	22	206	63968	22887	41081
桐柏县	213	14	199	40090	16127	23963
邓州市	571	53	518	160561	37958	122603

17－10 各县(市、区)小学分城乡招生数和毕业生数

(2008 年)

单位:人

	招生数			毕业生数		
	合计	城镇	农村	合计	城镇	农村
南阳市	**199740**	**57202**	**142538**	**137539**	**45148**	**92391**
宛城区	15639	6636	9003	10740	4543	6197
卧龙区	16328	6478	9850	10548	4813	5735
南召县	10792	2653	8139	9163	1950	7213
方城县	18546	4118	14428	12303	2233	10070
西峡县	10826	3383	7443	4366	2214	2152
镇平县	17816	5873	11943	9124	4100	5024
内乡县	10935	2327	8608	7825	2701	5124
淅川县	18369	5751	12618	10932	4560	6372
社旗县	11828	2251	9577	8105	1780	6325
唐河县	16938	4091	12847	14126	3759	10367
新野县	11361	3193	8168	9308	3755	5553
桐柏县	7746	2640	5106	6161	3023	3138
邓州市	32616	7808	24808	24838	5717	19121

17−11 各县(市、区)小学教职工数

(2008 年)　　单位:人

	按城乡分						按主管部门分		
	合计	专任教师	城镇	专任教师	农村	专任教师	教育部门办和集体办	民办	其它部门办
南阳市	**51503**	**49284**	**13734**	**12734**	**37769**	**36550**	**49085**	**2370**	**48**
宛城区	4040	3749	1671	1439	2369	2310	3624	416	
卧龙区	3913	3741	1533	1467	2380	2274	3572	293	48
南召县	3611	3456	729	651	2882	2805	3470	141	
方城县	4917	4493	994	884	3923	3609	4371	546	
西峡县	2639	2589	631	587	2008	2002	2609	30	
镇平县	3957	3892	1059	1045	2898	2847	3957		
内乡县	3218	3197	696	688	2522	2509	3194	24	
淅川县	4281	4130	1234	1148	3047	2982	4243	38	
社旗县	2777	2621	685	606	2092	2015	2488	289	
唐河县	5224	5090	1378	1296	3846	3794	5011	213	
新野县	3244	3049	858	766	2386	2283	3077	167	
桐柏县	2389	2379	579	575	1810	1804	2358	31	
邓州市	7293	6898	1687	1582	5606	5316	7111	182	

17−12 各县(市、区)中等职业教育基本情况

(2008 年)　　单位:所、人

	学校数	在校学生数	招生数	毕业生数	教职工数	专任教师数
南阳市	**100**	**116494**	**38171**	**38021**	**6952**	**4594**
宛城区	21	18617	6698	6748	1217	823
卧龙区	22	50316	15543	17394	1663	885
南召县	6	3162	975	878	354	231
方城县	7	4438	1453	1134	378	297
西峡县	5	2151	637	508	293	217
镇平县	3	3834	811	1000	295	257
内乡县	5	3502	1384	554	389	258
淅川县	4	3002	1617	494	227	155
社旗县	4	3780	1001	928	300	195
唐河县	7	7459	2085	3678	642	492
新野县	5	3009	788	1201	438	231
桐柏县	5	2572	995	1101	223	158
邓州市	6	10652	4184	2403	533	395

17－13 各县(市、区)幼儿园基本情况

(2008年)

	园数(所)	班数(个)	入园幼儿人数(人)	在园幼儿人数(人)	离园幼儿人数(人)
南阳市	**405**	**5518**	**147367**	**180493**	**100288**
宛城区	19	278	7016	9083	5361
卧龙区	33	348	8334	11349	4026
南召县	20	311	7845	9216	4435
方城县	25	551	15015	16691	11315
西峡县	35	535	10678	14332	7685
镇平县	52	384	10146	11796	6234
内乡县	31	403	8362	11788	4848
淅川县	10	289	8705	10872	3746
社旗县	18	243	9243	9514	7169
唐河县	20	386	8959	12209	4593
新野县	43	439	11403	13481	8142
桐柏县	15	243	5563	7451	4356
邓州市	84	1108	36088	42711	28378

17－14 各县(市、区)幼儿园教育教职工数

(2008年)

单位:人

市	教职工数				代科教师	兼任教师
	合计	专任教师	保健员	其他		
总计	**4250**	**3172**	**301**	**354**	**614**	**46**
宛城区	365	255	28	50		7
卧龙区	576	368	57	100	76	5
南召县	185	139	16	7	15	1
方城县	355	271	27	26	5	4
西峡县	258	197	10	13	18	
镇平县	104	76	3	8	330	
内乡县	316	264	8	14	7	
淅川县	106	88	2	2	40	
社旗县	123	104	1		3	
唐河县	313	228	19	41	15	5
新野县	428	303	47	33	25	8
桐柏县	203	171	5	10		6
邓州市	918	708	78	50	80	10

17—15 各县(市、区)教育经费情况

(2008年)

单位:万元

	合计	国家财政性教育经费	预算内	社会团体和公民个人办学经费	社会捐资和集资办学经费	学费和杂费	其他教育经费
南阳市	**461480**	**393256**	**379979**	**1317**	**268**	**62056**	**4583**
宛城区	26756	24878	23197	125		1723	30
卧龙区	27882	24575	22808			3152	155
南召县	20251	18554	17969	35		1481	181
方城县	35083	30199	29725	285	120	4459	20
西峡县	25038	22101	20521		80	2823	34
镇平县	28798	27737	27107			1049	12
内乡县	21835	19082	18574	700	11	1689	353
淅川县	32617	31436	30696	40		1066	75
社旗县	19427	17171	16635	2	15	2190	49
唐河县	44872	41013	40537			3795	64
新野县	28945	26295	25806	130	8	2489	23
桐柏县	19486	18374	17642			1002	110
邓州市	54539	52024	51568		28	1766	721
高新区	2846	2729	2710		4	82	31
市直	73105	37088	34484		2	33290	2725

17—16 全市县及县以上国有单位独立研究与开发机构人员和经费支出情况

(2008年)

	机构数(个)	职工人数(人)	科学家工程师	其它科技人员	支出总额外(万元)	基本建设投资(万元)
南阳市	**20**	**771**	**235**	**191**	**2550**	**12**
宛城区	2	90	5	24	46	
卧龙区	2	34		11	83	
南召县	1	16		1	11	
方城县						
西峡县	2	40	4	15	64	
镇平县	1	25		8	13	
内乡县	2	109	8	20	109	
淅川县						
社旗县						
唐河县						
新野县						
桐柏县	1	15	2	2	36	
邓州市	1					
市直(含两属)	8	442	216	110	2188	12

17—17 国有单位专业技术人员数

单位:万人

	1985	1990	2000	2005	2007	2008
总　　计	**44430**	**66670**	**116488**	**112766**	**116579**	**118989**
工程技术人员	4071	5899	7764	6533	4570	4433
农业技术人员	2152	2781	3011	4006	3206	3364
卫生技术人员	8110	9817	12548	13271	17932	18094
科学研究技术人员	97	219	86	244	147	145
教学人员	26059	37164	82591	79685	85108	88577
会计人员	2390	3896	3406	1953	1328	1343
统计人员	669	923	535	324	196	161
经济人员	86	4238	3251	3863	1765	1291
编辑、记者、播音人员	65	262	436	64	747	69
翻译人员	7	24	23	7	6	6
图书档案资料人员	40	637	675	658	672	686
工艺美术人员	2	32	53	212	25	25
文艺人员	654	469	322	310	347	298
体育教练人员	28	68	125	156	98	104
律师、公证人员		241	214	64	95	81
政工人员			1448	719	337	312

17—18 国有事业单位分行业科学技术人员数

单位:人

	2003	2004	2005	2006	2007	2008
总　　计	**120582**	**115779**	**105417**	**26560**	**29620**	**25731**
一、农、林、牧、渔水利业	5555	4884	3600	2918	2867	2271
二、采矿业	17	114		15	6	13
三、制造业	4233	6120	23	15	15	31
四、电力、煤气及水的生产和供应业	136	408	268	126	25	
五、建筑业	526	1037	531	315	264	181
六、交通运输仓储和邮政业	1760	1678	1209	3248	1678	1599
七、信息传输、计算机服务和软件业	409	67	83	167	121	113
八、批发和零售业	878	605	41	106	76	71
九、住宿和餐饮业	1	55	20	111	101	115
十、房地产业	73	205	162	791	763	713
十一、租赁和商务服务业	1456	179	25	257	115	102
十二、科学研究、技术服务和地质勘查业	665	429	455	556	497	548
十三、水利、环境公共设施管理业	2373	1909	1841	2167	1921	1793
十四、居民服务和其他服务业	1758	563	393	1176	722	615
十五、教育业	85650	80002	79391	2082	6912	7206
十六、卫生、社会保障和社会福利事业	13613	13873	13206	3803	3953	2788
十七、文化、体育和娱乐业	1479	2039	2361	1068	1348	889
十八、公共管理和社会组织业		1612	1789	7639	8236	6683
十九、其他			19			

17－19 按职称(务)分的地方国有企业各类专业技术人员数

(2008年底)　　单位:人

项　　目	合　计	高　级	中　级	初　级
总　计	**1292**	**12**	**412**	**868**
工程技术人员	489	6	161	322
农业技术人员	129	1	18	110
科学研究人员	3			3
卫生技术人员	33		9	24
教学人员	3			3
经济人员	236	1	87	148
会计人员	203	2	70	131
统计人员	64		20	44
翻译人员				
图书档案、文博人员	6		2	4
新闻、出版人员	2			2
律师、公证人员				
播音人员				
工艺美术人员				
体育人员				
艺术人员				
政工人员	124	2	45	77

17－20 全市科技成果分类情况

(2008年)　　单位:项

	总　计	省科技进步奖	市科技成果奖
合　计	**221**	**16**	**205**
1.软科学	10		10
2.工业	55	7	48
#机械电子	41	2	39
轻化纺	9	3	6
冶金建	2	2	
其他	3		3
3.农林牧水	41	5	36
#农业	20	4	16
林业	12		12
水产养植	9	1	8
其他			
4.医药卫生	114	3	111
5.其他	1	1	

17—21 各县(市、区)国家级、省级、市级科技成果获奖情况

单位:项

	1990		2000		2005		2007		2008	
	省级	市级	省级	市级	省级	市级	省级	市级	省级	市级
南阳市	**31**	**107**	**14**	**375**	**9**	**297**	**10**	**284**	**16**	**205**
宛城区	3	14	1	5		8		11		11
卧龙区	2	2		7	2	19		14		15
南召县	2	3		7		1				
方城县		8		15				2		
西峡县	2	6	1	12		4		6	1	6
镇平县	3	3	1	5				2		3
内乡县	5	4	1	9		2		4		3
淅川县		5		5		4		3	1	
社旗县	3	1		3		1		3		1
唐河县		11	3	9		2		3		
新野县		4		8		1		1		1
桐柏县	1	1		4			1	2		
邓州市	3	5	1	7		2		2		3
市直	7	40	6	279	7	253	9	231	14	162

17—22 全市专利申请及获权量

单位:项

	1985	1990	2000	2005	2007	2008
一、总申请量	**6**	**55**	**110**	**581**	**821**	**1049**
(一)按申请对象分						
1.职务	2	21	11	160	288	480
企业	2	21	11	149	273	445
事业				11	15	35
2.非职务	4	34	99	421	533	569
(二)按种类分						
1.发明	1	9	12	119	198	239
2.实用新型	5	42	82	252	380	501
3.外观设计		4	16	210	243	309
二、总获权量		**32**	**94**	**276**	**483**	**511**
(一)按专利权对象分						
1.职务		16	5	61	216	183
企业		16	5	57	199	173
事业				4	17	10
2.非职务		16	89	215	267	328
(二)按种类分						
1.发明		1		26	33	67
2.实用新型		31	28	191	304	375
3.外观设计			16	59	146	69

17-23 大中型工业企业科技活动情况

	1995	2000	2005	2007	2008
单位数(个)	86	88	100	114	110
从事科技活动的人员数(人)	8815	8816	7955	9760	11548
#科学家工程师		4097	4536	5916	7100
当年科技活动经费筹集总额(万元)		25889	63832	110821	124355
#政府拨款		577	1427	3628	5217
自筹资金		21576	56393	95092	118671
银行贷款		3272	5317	12000	409
当年科技活动经费支出总额(万元)	16881	21183	64499	115591	149704
#内部支出	15987	19059	58425	111360	145007
#劳务费		5384	17154	19278	26584
原材料费		8457	17294	40735	56604
购买和自制设备支出		12636	15554	29229	32405
科研基建支出		5218	2314	4790	15595
科研(课题)项目数(项)	585	508	386	355	454
项目活动人员(人)		5501	4997	7223	8211
研究与发展(课题)项目(项)		319	268	229	284
研究与发展活动人员(人)		3744	4598	5110	6065
#基础研究					
应用研究		650			
试验发展		3094		5110	6065
研究与发展经费内部支出(万元)		11678	36170	64005	85300
#基础研究		2			
应用研究		1054	2878		
试验发展		10622	33135	64005	85330

17—24 限额以上工业企业分行业科技情况

（2008 年）

单位：人、万元

	从业人员平均人数	科技活动人员	科学家和工程师	R&D人员	年末固定资产原价	生产经营用机器设备原价	微电子设备原价
总计	**290723**	**12650**	**7797**	**6176**	**5233570**	**2865110**	**248612**
按企业规模分组							
大型企业	77812	9086	5776	5530	1688948	1026067	129536
中型企业	64721	2462	1324	535	2226094	1144656	99929
小型企业	148190	1102	697	111	1318528	694387	19147
按登记注册类型分组							
国有企业	39196	2739	1829	1903	864145	536385	45073
集体企业	4899				24671	16868	210
股份合作企业	4914	505	290	286	97265	18681	5473
联营企业	1171				2538	1302	180
有限责任公司	94009	4775	3500	2319	2383897	1216605	42856
股份有限公司	26226	2698	1322	1095	372579	216624	37345
私营企业	102635	893	452	39	1063397	609622	38751
其他企业	1866				15674	10533	500
港、澳、台商投资企业	8480	290	150	201	135488	73366	14669
外商投资企业	7327	750	254	333	273916	165123	63554
按工业行业大类分组							
采矿业	34020	2007	1509	1443	651770	373088	28718
制造业	244129	10593	6242	4733	3341961	1844782	168508
农副食品加工业	13443	107	58		140532	66022	952
食品制造业	5713	58	26		68680	45022	621
饮料制造业	8919	651	400	551	239592	169479	681
烟草制品业	592				9431	5289	42
纺织业	53201	1637	435	181	627746	351326	8947
纺织服装、鞋、帽制造业	4368				14059	8155	1729
皮革、毛皮、羽毛(绒)及其制品业	1481	2	2		7035	1964	
木材加工及木、竹、藤、棕、草制品业	4665	9	5	3	32966	21722	178
家具制造业	1210				5953	3551	
造纸及纸制品业	3251	34	23		57987	40817	11
印刷业和记录媒介的复制	2518				19554	12284	18
文教体育用品制造业	333	7	1		2708	1490	
石油加工、炼焦及核燃料加工业	196				4513	3256	
化学原料及化学制品制造业	13237	608	248	468	325872	170743	7043
医药制造业	15710	534	349	339	193224	101479	41851
橡胶制品业	767	25	19	2	6241	1538	160
塑料制品业	5370	18	7		45529	28341	1383
非金属矿物制品业	32836	1668	1190	455	533373	303124	13620
黑色金属冶炼及压延加工业	8241	745	408	517	277776	104649	3511
有色金属冶炼及压延加工业	2806	142	97	58	103793	75245	28493
金属制品业	2673	37	30		18295	10045	3
通用设备制造业	9931	481	331	240	95200	46754	7705
专用设备制造业	10378	1016	764	579	83877	58800	6770
交通运输设备制造业	8822	668	198	10	96289	36388	2914
电气机械及器材制造业	6267	970	833	669	60254	46231	5283
通信设备、计算机及其他电子设备制造业	2229	151	44		78190	9689	3236
仪器仪表及文化、办公用机械制造业	15073	1020	769	661	156903	108742	33357
工艺品及其他制造业	9899	5	5		36389	12635	
电力、燃气及水的生产和供应业	12574	50	46		1239840	647240	51385

17－24 续表 1　　(2008 年)　　单位:万元

	科技活动经费筹集总额	企业资金	金融机构贷款	政府资金	其他资金
总　计	**124355**	**118671**	**409**	**5217**	**59**
按企业规模分组					
大型企业	99484	94830		4655	
中型企业	24871	23841	409	562	59
按登记注册类型分组					
国有企业	16528	15898		630	
股份合作企业	9360	9310		50	
有限责任公司	71008	68254	56	2698	
股份有限公司	16008	14701	200	1049	59
私营企业	5287	5124	153	10	
港、澳、台商投资企业	3170	2640		530	
外商投资企业	2994	2744		250	
按工业行业大类分组					
采矿业	10522	10522			
制造业	113274	107590	409	5217	59
食品制造业	25	25			
饮料制造业	19206	17840		1366	
纺织业	4663	4553	100	10	
造纸及纸制品业	450	450			
化学原料及化学制品制造业	4950	4320		630	
医药制造业	6660	5943	56	662	
橡胶制品业	150	133		17	
非金属矿物制品业	6176	6176			
黑色金属冶炼及压延加工业	27340	27340			
有色金属冶炼及压延加工业	1937	1937			
通用设备制造业	9403	8888		515	
专用设备制造业	14303	13989	200	55	59
交通运输设备制造业	3061	3008	53		
电气机械及器材制造业	6977	6065		912	
仪器仪表及文化、办公用机械制造业	7975	6925		1050	
电力、燃气及水的生产和供应业	559	559			

17—24 续表 2

(2008 年)

单位:万元

	科技活动经费支出总额	内部经费	1.经常费支出	劳务费	原材料费	购买和自制设备支出	其他	2.科研基建支出
总计	**161032**	**156182**	**140265**	**28353**	**59921**	**37640**	**14351**	**15918**
按企业规模分组								
大型企业	119478	115383	104043	21218	46411	24425	11989	11341
中型企业	30226	29624	25369	5366	10193	7980	1831	4254
小型企业	11327	11175	10853	1768	3317	5235	532	323
按登记注册类型分组								
国有企业	18760	16034	13830	7154	4781	1226	669	2204
股份合作企业	10860	10595	10295	1133	6724	2251	188	300
有限责任公司	86964	86085	82619	13026	38256	21842	9494	3466
股份有限公司	21244	20561	14079	4496	3078	3485	3020	6482
私营企业	8952	8882	8593	1142	2143	5169	140	289
港、澳、台商投资企业	9386	9306	6845	800	2611	3143	291	2461
外商投资企业	4866	4719	4004	603	2329	523	550	715
按工业行业大类分组								
采矿业	11981	9578	8118	5259	1641	684	534	1460
制造业	148201	145755	131587	22925	57890	36956	13817	14168
农副食品加工业	600	600	564	114	123	322	5	37
食品制造业	111	110	110	38	52	9	10	
饮料制造业	19607	19356	19168	2012	7464	8861	831	188
纺织业	8839	8774	3174	863	1059	595	657	5600
皮革、毛皮、羽毛(绒)及其制品业	4	4	4	1	1	2		
木材加工及木、竹、藤、棕、草制品业	18	18	17	9	4	5		1
家具制造业	3	3						3
造纸及纸制品业	380	370	349	84	252	13		21
文教体育用品制造业	52	52	52	10	42			
化学原料及化学制品制造业	6184	5861	5054	1649	2757	564	84	807
医药制造业	9374	8865	8121	1253	2451	2046	2371	744
橡胶制品业	165	145	145	68	35	40	2	
塑料制品业	17	17	17	16	1			
非金属矿物制品业	18760	18575	16817	2801	7658	5862	498	1758
黑色金属冶炼及压延加工业	27558	27548	27469	3286	15917	4351	3915	79
有色金属冶炼及压延加工业	5784	5688	5682	537	1087	3851	207	6
金属制品业	23	23	23	20	3			
通用设备制造业	10470	10470	9284	1023	2213	3537	2510	1186
专用设备制造业	15399	15024	14663	2777	7993	2813	1080	360
交通运输设备制造业	6312	6312	4231	593	2297	1062	280	2081
电气机械及器材制造业	8213	7830	7030	3020	1740	1844	426	800
通信设备、计算机及其他电子设备制造业	1211	1211	1211	291	335	455	130	
仪器仪表及文化、办公用机械制造业	8941	8723	8248	2455	4343	643	807	475
工艺品及其他制造业	178	178	154	7	62	81	4	25
电力、燃气及水的生产和供应业	849	849	559	169	391			290

17－24 续表 3 (2008 年) 单位:人、万元

	R&D人员折合全时当量	R&D经费内部支出	经常费支出	人员劳务费	试验发展	R&D经费外部支出
总计	**5629**	**91281**	**90701**	**18816**	**90701**	**3956**
按企业规模分组						
大型企业	5025	80865	80319	17391	80319	3849
中型企业	497	6103	6069	939	6069	97
小型企业	106	4313	4313	486	4313	10
按登记注册类型分组						
国有企业	1872	12917	12713	6846	12713	2726
股份合作企业	140	6813	6790	632	6790	198
有限责任公司	2161	54976	54840	7158	54840	309
股份有限公司	894	9600	9443	3309	9443	567
私营企业	36	163	163	65	163	10
港、澳、台商投资企业	201	5526	5492	587	5492	58
外商投资企业	325	1286	1261	219	1261	87
按工业行业大类分组						
采矿业	1407	8264	8118	5259	8118	2403
制造业	4222	83017	82583	13557	82583	1553
饮料制造业	551	18278	18278	1847	18278	251
纺织业	43	369	290	89	290	3
木材加工及木、竹、藤、棕、草制品业		9	9	3	9	
化学原料及化学制品制造业	468	4686	4627	1590	4627	323
医药制造业	287	4917	4871	786	4871	371
橡胶制品业	2	29	29	3	29	
非金属矿物制品业	382	9032	8927	1438	8927	
黑色金属冶炼及压延加工业	434	18115	18110	2177	18110	10
有色金属冶炼及压延加工业	58	3680	3680	340	3680	
通用设备制造业	237	4102	4076	499	4076	
专用设备制造业	420	9289	9266	1240	9266	235
交通运输设备制造业	10	42	42	5	42	
电气机械及器材制造业	669	5634	5568	2517	5568	255
仪器仪表及文化、办公用机械制造业	661	4836	4810	1025	4810	105

17－24续表4　　(2008年)　　单位:项、人、件、万元

	科技项目数	新产品项目	R&D项目	项目人员合计	项目经费内部支出	专利申请数	发明专利	拥有发明专利数
总计	**532**	**349**	**291**	**8929**	**136893**	**382**	**116**	**133**
按企业规模分组								
大型企业	324	180	260	6473	102411	233	76	63
中型企业	130	105	24	1738	23986	124	27	52
小型企业	78	64	7	718	10496	25	13	18
按登记注册类型分组								
国有企业	148	33	132	1229	13227	28	18	15
股份合作企业	21	21	15	298	10295	25	4	5
有限责任公司	197	169	93	3562	81412	181	55	73
股份有限公司	57	48	34	2467	13533	55	16	13
私营企业	64	47	4	714	8268	17	2	4
港、澳、台商投资企业	21	20	5	255	6377	33	14	19
外商投资企业	24	11	8	404	3781	43	7	4
按工业行业大类分组								
采矿业	119	4	119	909	8118	20	10	3
制造业	406	345	172	7974	128216	362	106	130
农副食品加工业	8	5		74	556			
食品制造业	3	3		41	93			
饮料制造业	37	30	26	559	19163	13	11	6
纺织业	25	16	1	1598	3138	19	4	4
皮革、毛皮、羽毛(绒)及其制品业								
木材加工及木、竹、藤、棕、草制品业								
造纸及纸制品业	4			20	340	6		
文教体育用品制造业	1	1		7	52			
化学原料及化学制品制造业	17	15	12	244	4461	9	7	10
医药制造业	36	32	17	434	7133	43	14	13
橡胶制品业	2	2	1	19	111			
非金属矿物制品业	34	26	10	1323	16777	24	6	2
黑色金属冶炼及压延加工业	10	8	5	716	27376	10	10	9
有色金属冶炼及压延加工业	5	5	2	121	5672	7	7	4
金属制品业	2			30	23			
通用设备制造业	30	30	18	325	8930	9	3	10
专用设备制造业	57	54	31	651	14324	38	8	14
交通运输设备制造业	33	25	1	408	4080	39	7	17
电气机械及器材制造业	41	37	15	783	6722	15	4	3
通信设备、计算机及其他电子设备制造业	2	2		51	1211			
仪器仪表及文化、办公用机械制造业	58	53	33	565	7902	130	25	38
工艺品及其他制造业	1	1		5	154			
电力、燃气及水的生产和供应业	7			46	559			

17—24 续表 5　　(2008 年)　　单位:个、人、万元

	企业办科技机构数	机构科技活动人员	博士毕业	硕士毕业	机构科技经费内部支出	仪器设备
总计	**83**	**6076**	**95**	**368**	**93803**	**64192**
按企业规模分组						
大型企业	35	4588	76	210	76146	51511
中型企业	33	1148	9	136	13101	9302
小型企业	15	340	10	22	4555	3379
按登记注册类型分组						
国有企业	9	1710	6	62	13382	21565
股份合作企业	2	292	2	20	3175	3268
有限责任公司	37	2257	61	159	58454	25639
股份有限公司	18	1199	13	36	10328	8866
私营企业	9	163	1	7	1189	938
港、澳、台商投资企业	4	160	7	63	4839	1320
外商投资企业	4	295	5	21	2436	2596
按工业行业大类分组						
采矿业	3	1199	5	42	8027	15924
制造业	79	4827	90	324	85607	48168
食品制造业	1	33			25	2
饮料制造业	7	288	5	36	5328	5790
纺织业	10	526		8	1480	706
造纸及纸制品业	1	10			50	20
化学原料及化学制品制造业	3	386	1	19	4627	4341
医药制造业	7	309	11	73	4553	3518
橡胶制品业	1	20			116	120
非金属矿物制品业	6	329	7	18	11694	10351
黑色金属冶炼及压延加工业	2	529	41	8	27446	3151
有色金属冶炼及压延加工业	4	80	8	11	3687	729
通用设备制造业	6	383	1		7254	3438
专用设备制造业	9	527	3	27	6758	1306
交通运输设备制造业	9	286	3	9	1962	904
电气机械及器材制造业	3	519	3	67	5865	6052
通信设备、计算机及其他电子设备制造业	1	140			115	2477
仪器仪表及文化、办公用机械制造业	8	457	7	48	4496	5182
工艺品及其他制造业	1	5			154	81
电力、燃气及水的生产和供应业	1	50		2	169	100

17－24 续表 6　　(2008 年)　　单位:万元

	技术改造经费支出	引进国外技术经费支出	引进技术的消化经费支出	购买国内技术经费支出	享受各级政府对技术开发的减免费
总计	**92778**	**5681**	**1798**	**1223**	**2711**
按企业规模分组					
大型企业	69521	5070	1312	703	2627
中型企业	18319	509	475	520	83
小型企业	4938	102	11		
按登记注册类型分组					
国有企业	1489	628	546		1875
股份合作企业	7159				
有限责任公司	32120	3041	5	120	464
股份有限公司	34691	1910	1230	1100	372
私营企业	665	102	10		
港、澳、台商投资企业	3100				
外商投资企业	13555		6	3	
按工业行业大类分组					
制造业	86705	5681	1798	1223	2711
农副食品加工业	335		4		
食品制造业	13		1		
饮料制造业	96	2	40		13
纺织业	465	900	402	300	
皮革、毛皮、羽毛(绒)及其制品业	3		1		
木材加工及木、竹、藤、棕、草制品业		100			
造纸及纸制品业	10	9	5	6	
文教体育用品制造业	49				
化学原料及化学制品制造业	3492	628	508	48	1875
医药制造业	11030	510	400	466	148
非金属矿物制品业	3833				200
黑色金属冶炼及压延加工业	12673				
有色金属冶炼及压延加工业	347				
金属制品业	10				
通用设备制造业	210	98			
专用设备制造业	3193		30		188
交通运输设备制造业	2754	500	400	400	21
电气机械及器材制造业	25516				267
通信设备、计算机及其他电子设备制造业	4359				
仪器仪表及文化、办公用机械制造业	18318	2934	6	3	
电力、燃气及水的生产和供应业	6073				

17—25 各县(市、区)限额以上工业企业科技情况

(2008 年)　　　　单位:人、万元

	从业人员年均人数	工程技术人员	#科学家和工程师	R&D人员	年末固定资产原价	生产经营用机器设备原价	微电子控制设备原价
总　　计	**290723**	**12650**	**7797**	**6176**	**5233570**	**2865110**	**248612**
按隶属关系分组							
中央	37235	3910	2798	2732	878151	587762	54872
省(自治区、直辖市)	2018	50	46		880594	423475	37
地(区、市、州、盟)	17277	1485	1114	1214	346411	242708	8107
县(区、市、旗)	65202	3438	1814	680	1094546	532856	55328
其他	168991	3767	2025	1550	2033869	1078308	130268
按地区分组							
市辖区	75824	7144	4823	4650	2429413	1405024	143404
宛城区	11483	40	34		143080	78661	1121
卧龙区	6928	182	113		84153	57317	
南召县	7142				65746	35480	
方城县	13068	450	260	208	203323	155876	786
西峡县	27757	2459	1665	972	501103	183469	43157
镇平县	29785	36	36		185300	55900	3366
内乡县	10111	33	28		118867	78559	927
淅川县	14169	210	105	44	246036	150665	32611
社旗县	8076	84	37		68595	56485	8767
唐河县	17421	582	328	103	196893	105681	7180
新野县	29525	1378	333	181	410534	204718	4937
桐柏县	10038	22	12	18	267401	103770	858
邓州市	29396	30	23		313126	193503	1499

17—25 续表 1　　　　(2008 年)　　　　单位:万元

	科技活动经费筹集总额	企业资金	金融机构贷款	政府资金	其他资金
总　　计	**124355**	**118671**	**409**	**5217**	**59**
按隶属关系分组					
中央	29891	27946		1945	
省(自治区、直辖市)	559	559			
地(区、市、州、盟)	26457	24179		2278	
县(区、市、旗)	14988	14783	56	149	
其他	52459	51203	353	845	59
按地区分组					
市辖区	71585	66158	300	5068	59
宛城区	16	16			
卧龙区	2276	2276			
方城县	3623	3623			
西峡县	36921	36736	53	132	
镇平县	159	159			
内乡县	550	533		17	
淅川县	2970	2914	56		
社旗县	700	700			
唐河县	1789	1789			
新野县	3625	3625			
桐柏县	91	91			
邓州市	50	50			

17—25 续表 2　　(2008 年)　　单位:万元

	科技活动经费支出总额	内部经费	1.经常费支出	劳务费	原材料费	购买和自制设备支出	其他	2.科研基建支出
总计	**161032**	**156182**	**140265**	**28353**	**59921**	**37640**	**14351**	**15918**
按隶属关系分组								
中央	32122	29372	26996	9236	12572	1539	3649	2375
省(自治区、直辖市)	559	559	559	169	391			
地(区、市、州、盟)	29328	28754	25969	5535	8658	10518	1258	2785
县(区、市、旗)	33742	33003	24205	4457	6902	8845	4001	8798
其他	65280	64494	62535	8956	31398	16738	5443	1959
按地区分组								
市辖区	79634	75653	70928	18379	30909	15666	5974	4725
宛城区	182	182	119	28	34	57		63
卧龙区	2490	2475	2475	289	212	1974		
方城县	7333	7333	7333	717	3652	2699	266	
西峡县	49968	49488	46584	6377	21104	12482	6621	2904
镇平县	159	159	159	159				
内乡县	540	520	416	125	266	25		104
淅川县	6482	6253	4180	473	1035	1954	718	2074
社旗县	907	907	708	161	396	137	14	199
唐河县	5217	5122	4993	924	1666	2266	138	129
新野县	7670	7650	2050	630	600	200	620	5600
桐柏县	220	220	111	32	9	70		109
邓州市	230	220	208	58	40	110		12

17—25 续表 3　　(2008 年)　　单位:万元

	R&D人员折合全时当量	R&D经费内部支出	经常费支出	人员劳务费	试验发展	R&D经费外部支出
总计	**5629**	**91281**	**90701**	**18816**	**90701**	**3956**
按隶属关系分组						
中央	2686	22494	22264	8446	22264	2746
地(区、市、州、盟)	1214	23889	23823	4355	23823	506
县(区、市、旗)	433	10563	10366	1870	10366	316
其他	1296	34336	34249	4145	34249	388
按地区分组						
市辖区	4461	55771	55394	13921	55394	3595
方城县	193	5588	5588	536	5588	
西峡县	779	28113	27991	3895	27991	309
淅川县	44	196	195	62	195	14
唐河县	98	1153	1153	289	1153	35
新野县	43	369	290	89	290	3
桐柏县	10	91	91	24	91	

17—25 续表 4

(2008 年)

单位:万元

	科技外部经费支出	对研究院所及高等校支出	对其他企业支出	新产品开发经费支出	新产品产值	新产品销售收入	出口
总计	**4850**	**2717**	**2132**	**107356**	**1392642**	**1389127**	**215529**
按隶属关系分组							
中央	2751	1351	1400	18348	174444	170828	63626
地(区、市、州、盟)	574	373	201	15632	423695	444262	29331
县(区、市、旗)	739	402	337	19710	144351	131832	19091
其他	787	592	195	53667	650151	642204	103481
按地区分组							
市辖区	3981	2224	1757	49254	795937	807348	152327
宛城区				119	1783	1653	
卧龙区	15	15		2475	5307	5302	550
方城县				6437	8338	7095	
西峡县	480	347	133	38052	240074	227100	53051
镇平县				159			
内乡县	20		20	116	264	214	
淅川县	229	44	185	3874	292017	292074	2
社旗县				708	16648	16651	
唐河县	95	65	30	3853	23674	23080	4509
新野县	20	16	4	2050	8500	8500	5000
桐柏县				91			
邓州市	10	7	3	168	100	110	90

17—25 续表 5

(2008 年)

单位:项、人、件、万元

	科技项目数	新产品项目	R&D项目	项目人员合计	项目经费内部支出	专利申请数	发明专利	拥有发明专利数
总计	**532**	**349**	**291**	**8929**	**136893**	**382**	**116**	**133**
按隶属关系分组								
中央	204	88	183	1847	25972	90	29	32
省(自治区、直辖市)	7			46	559			
地(区、市、州、盟)	69	58	40	1226	25940	46	18	22
县(区、市、旗)	76	65	20	2993	23324	86	26	25
其他	176	138	48	2817	61099	160	43	54
按地区分组								
市辖区	366	206	249	4274	68962	240	68	83
宛城区	5	5		34	119			
卧龙区	5	5		160	2321			
方城县	12	11	7	330	7333	18	9	5
西峡县	48	42	22	2099	45790	68	24	21
镇平县	1	1		19	151			
内乡县	4	1		27	382			
淅川县	25	24	2	152	4034	41	10	17
社旗县	10	10		41	700	1	1	2
唐河县	45	35	9	378	4732			1
新野县	7	7	1	1378	2050	6	4	4
桐柏县	2	1	1	17	111	2		
邓州市	2	1		20	208	6		

17—25 续表 6　　(2008 年)　　单位:个、人、万元

	企业办科技机构数	机构科技活动人员	博士毕业	硕士毕业	机构科技经费内部支出	仪器设备
总计	**83**	**6076**	**95**	**368**	**93803**	**64192**
按隶属关系分组						
中央	14	2359	11	89	25472	28385
省(自治区、直辖市)	1	50		2	169	100
地(区、市、州、盟)	10	667	7	45	12200	10757
县(区、市、旗)	28	1376	19	102	15262	13076
其他	30	1624	58	130	40701	11874
按地区分组						
市辖区	42	3877	24	240	42145	44118
宛城区	3	25	1	1	119	84
卧龙区	1	41			276	317
方城县	4	110	9	11	7303	3321
西峡县	15	1258	57	95	40167	13724
内乡县	2	30			166	140
淅川县	5	123	3	6	1833	838
社旗县	1	60		1	280	1220
唐河县	2	83	1	6	614	131
新野县	8	469		8	900	300

17—25 续表 7　　(2008 年)　　单位:万元

	技术改造经费支出	引进国外技术经费支出	引进技术的消化经费支出	购买国内技术经费支出	享受各级政府对技术开发的减免费
总计	**92778**	**5681**	**1798**	**1223**	**2711**
按隶属关系分组					
中央	14363	3660	506		2063
省(自治区、直辖市)	559				
地(区、市、州、盟)	24857				217
县(区、市、旗)	15575	1910	1240	1214	431
其他	37424	111	52	9	
按地区分组					
南阳市	92778	5681	1798	1223	2711
市辖区	60801	3660	542	3	2280
宛城区	29				
方城县	2189				
西峡县	25192	1010	800	800	431
内乡县	84				
淅川县	1130			66	
社旗县	94	100	40		
唐河县	452	2	10		
新野县	450	900	400	300	
桐柏县	2179			48	
邓州市	178	9	5	6	

主要统计指标解释

普通高等学校 指按照国家规定的设置标准和审批程序批准举办，通过国家统一招生考试，招收高中毕业生为主要培养对象，实施高等教育的全日制大学、独立设置的学院和高等专科学校、短期职业大学。

成人高等学校 指按照国家有关规定审批，招收通过全国成人高教统一招生考试的具有高中毕业或同等学历的在职从业人员，利用脱产、半脱产、业余或函授等多种形式对其实施高等学历教育，培养高等教育专科或本科毕业水平的专门人才，修业年限、课程设置和总学时数均按高等学历教育要求付诸实施的学校。包括广播电视大学、职工高等学校、农民高等学校、管理干部学院、教育学院、独立设置的函授学院等。

小学学龄儿童入学率 指调查范围内已入小学学习的学龄儿童占校内外学龄儿童总数（包括弱智儿童，不包括盲聋哑儿童）的比重。计算公式为：

小学学龄儿童入学率＝已入学的小学学龄儿童数/校内外小学学龄儿童总数×100％

独立研究与开发机构 指有明确的任务和研究方向，有一定学术水平的业务骨干和一定数量的研究人员，具有研究、开发、开展学术工作的基本条件，主要进行科学研究与技术开发活动，并且在行政上有独立的组织形式，财务上独立核算盈亏，有权与其他单位签订合同，在银行有单独户头的单位。包括国务院各部门、中国科学院、中国社会科学院和各省、自治区、直辖市以及地（市）以上〔含地（市）〕各部门所属的国有科学研究与技术开发机构。

独立研究与开发机构职工 指在独立研究与开发机构工作，并由其支付工资的人员。包括长期职工、临时职工和招聘人员，不包括编制以外的离休、退休人员和停薪留职人员。

研究与发展经费支出 指用于研究与发展课题活动（基础研究、应用研究、实验发展）的全部实际支出，包括用于研究与发展课题活动的直接支出和间接用于研究与发展活动的支出（如研究院、所管理费，维持研究院、所正常运转的必需费用和与研究发展有关的基本建设支出）。

科学家和工程师 指具有大学本科及以上学历和不具备上述学历但有高、中级职称的人员。

其他科技人员 指大专、中专毕业和具有初级职称的从事科技活动人员。

专业技术人员 指已取得科学技术职称，或大学、中专的理、工、农、医科系毕业，以及国民经济各部门从工作实践中提拔，从事理、工、农、医等自然科学技术的研究、教学、生产的专业人员和在机关、企业、事业中从事科学技术业务管理工作的专业人员。

工程技术人员 指在国民经济各行业中从事工程技术工作的自然科学技术专业人员，包括高级工程师、工程师、助理工程师、技术员和未评定职称的技术人员。

农业技术人员 指在国民经济各行业中从事农业技术工作的自然科学技术专业人员，包括高级农艺师、农艺师、助理农艺师、技术员和未评定职称的技术人员。

卫生技术人员 指在国民经济各行业中从事卫生医务工作的自然科学技术专业人员，包括正副主任医师、主治医师、医师、医（护）士和未评定职称的技术人员。

科学研究人员 指在国民经济各行业中从事科学技术活动的自然科学技术专业人员，包括正副研究员、助理研究员、研究实习员、技术员和未评定职称的技术人员。

自然科学教学人员 指在国民经济各行业中从事自然科学技术教学活动的专业人员，包括正副教授、讲师、助教、教师和在中学从事自然科学技术教学活动的人员。

发明 是专利法及其实施细则所称的发明，指对有关产品、方法或其改进所提出的新的技术方案。

实用新型 是专利法及其实施细则所称的实用新型，指对产品的形状、构造或者其结合所提出的适于实用的新的技术方案。

外观设计 是专利法及其实施细则所称的外观设计，指对产品的形状、图案、色彩或者其结合所作出的富有美感并适于工业上应用的新设计。

18

文化、卫生、体育

资料整理：宁建南

18-1 文化艺术、文物事业单位数

单位:个

	艺术表演团体	群众艺术馆	文化馆	文化站	公共图书馆	公共图书量(万册)	博物馆
1949	8		7				
1952	17		12				
1957	30		12		1		
1962	29	1	12		1		1
1965	34	1	12		1		1
1970	17		12		1		1
1975	23		13	24	1		1
1978	24	1	13	182	2		2
1980	31	1	19	226	6		2
1981	31	1	19	226	7		2
1982	31	1	19	226	7		2
1983	30	1	19	226	7		2
1984	29	1	19	226	13		5
1985	28	1	19	227	13		8
1986	27	1	19	227	13		8
1987	24	1	19	227	13		8
1988	23	1	19	228	13	79	9
1989	23	1	19	228	13	82	11
1990	23	1	20	227	13	71	11
1991	23	1	19	227	13	72	11
1992	23	1	19	227	13	74	11
1993	22	1	19	231	13	74	11
1994	19	1	19	231	13	75	11
1995	19	1	19	231	13	79	11
1996	18	1	19	229	13	82	12
1997	17	1	19	229	13	85	12
1998	17	1	19	231	13	89	12
1999	17	1	19	231	13	84	12
2000	17	1	19	231	13	112	12
2001	17	1	16	231	13	114	12
2002	17	1	16	231	13	119	12
2003	17	1	16	231	13	122	12
2004	17	1	16	231	13	125	13
2005	17	1	16	231	13	128	13
2006	17	1	15	231	13	128	13
2007	17	1	15	233	13	110	14
2008	17	1	15	222	13	111	14

18-2 体育事业基本情况

	单位	1985	1990	2000	2005	2007	2008
一、举办运动会次数	次	**106**	**458**	**116**	**137**	**56**	**509**
二、参加运动会员人数	人	**29340**	**101811**	**36837**	**3400**	**8600**	**358125**
三、等级裁判人数	人	**134**	**108**	**351**	**14**	**121**	**16**
其中:一级	人			2		6	
二级	人		11	11	14	115	16
四、等级运动员人数	人	**164**	**415**	**946**	**33**	**41**	**59**
其中:一级	人			3		3	
二级	人	30	9	34	33	38	59
五、举办全民健身活动情况							
1.举办全民健身活动次数	次				166	130	
2.参加活动人数	人				301320	166400	
六、社会体育指导员达到数	人				**2630**	**2648**	**2667**
其中:职业	人						
业余	人				2630	2648	2667
七、全民健身工程累计数	个				**44**	**48**	**50**

18-3 全市运动员在国内、国际比赛成绩和运动场个数

	单位	1985	1990	2000	2005	2007	2008
一、运动员获奖情况							
荣获金牌数	枚		42	47	20	31	25
荣获银牌数	枚		32	38	18	35	13
荣获铜牌数	枚		35	60	25	22	13
获团体和个人全国前六名	人次		16	7		10	7
二、体育运动场地个数	个	**2377**	**3299**	**3324**	**3065**	**3083**	**3083**
1.篮球场合计	个	2354	2649	2657	1021	1027	1027
#带固定看台灯光球场	个	14	15	15	11	11	11
2.游泳池合计	个	9	11	11	12	12	12
3.运动场	个	14	26	27	66	67	67
4.体育场	个				6	6	6
5.体育馆	个		1	1	3	4	4

18－4 卫生事业发展情况

	单 位	1985	1990	1995	2000	2005	2007	2008
一、卫生机构数	个	**969**	**933**	**694**	**364**	**359**	**362**	**365**
市	个			299	112	110	110	
县	个			395	252	249	252	
＃医院、卫生院	个	269	281	289	296	305	306	305
＃县及县以上医院	个	50	66	74	82	84	82	81
疗养院、所	个							
门诊部、所	个	636	588	343	13		1	1
专科防治所、站	个	2	3	3	3	3	2	2
卫生防疫站	个	15	15	16	14	14	14	14
妇幼保健所、站	个	11	11	11	10	13	13	13
二、卫生机构床位数	张	**12298**	**14870**	**15195**	**14870**	**18114**	**19518**	**21934**
市	张			6815	7645	8734		
县	张			8300	2433	9380		
＃医院、卫生院	张	11353	13397	13721	14430	17027	18533	20757
＃县及县以上医院	张	6455	8570	9011	9725	11727	12905	14679
疗养院、所	张							
门诊部、所	张			596	451		50	50
平均每千人口卫生机构床位数	张	1.34	1.5	1.48	1.53	1.69	1.79	1.98
＃医院、卫生院床位数	张	1.24	1.36	1.34	1.38	1.59	1.70	1.88
三、卫生机构人员数	人	**20925**	**23971**	**27235**	**29203**	**31630**	**33607**	**34825**
＃卫生技术人员	人	17617	19889	22295	23641	24983	25873	26925
执业医师	人					6482	6703	7056
职业助理医师	人					2143	2774	2764
注册护士	人					6103	7216	7929
药剂人员	人					2405	2112	2155
检验人员	人					1494	1999	1140
其他人员	人					6356	5069	5355
平均每千人口医生数	人	0.83	0.82	0.76	0.77	0.80	0.87	0.89
四、卫生经费	万元			**1310**	**1787**	**14215**	**18210**	**26311**

注：从 2000 年以后卫生机构数不包括个体诊所。卫生经费 2001 年以前与以后口径不同。

18-5 卫生机构、床位、人员数

(2008 年)

	机构数（个）	床位数（张）	人员合计（人）	卫生技术人员	其他技术人员	管理人员	工勤人员
总　　计	**365**	**21934**	**34825**	**26925**	**2131**	**2121**	**3648**
市							
县							
一、医院合计	**81**	**14679**	**19848**	**15547**	**894**	**1137**	**2270**
市							
县							
综合医院	55	11791	15592	12273	645	892	1782
县医院							
其他医院							
中医医院	15	1820	2963	2276	164	139	384
中西医结合医院							
专科医院	11	1068	1293	998	85	106	104
传染病院	1	35	43	24	5	10	4
精神病院	1	275	284	215	10	25	34
肿瘤医院	1	80	106	81	15	4	6
康复医院							
口腔医院	1	35	175	136	8	16	15
眼科医院	1	150	217	165	16	22	14
骨科医院	3	315	279	244	7	18	10
其他专科医院	3	178	189	133	24	11	21
二、社区卫生服务中心	**4**	**105**	**198**	**129**	**26**	**26**	**17**
三、卫生院	**224**	**6078**	**9904**	**7839**	**837**	**540**	**688**
街道卫生院	2	70	87	75	2	8	2
乡镇卫生院	222	6008	9817	7764	835	532	686
中心卫生院	57	2180	3341	2760	249	147	185
乡卫生院	105	3828	6476	5004	586	385	501
四、门诊部	**1**	**50**	**27**	**15**		**2**	**10**
市							
县							
五、采供血机构	**1**		**121**	**75**	**12**	**14**	**20**
六、妇幼保健院、所、站	**13**	**905**	**1493**	**1141**	**109**	**102**	**141**
七、专科疾病防治站	**2**	**85**	**201**	**161**	**21**	**12**	**7**
#结核病防治所、站	2	85	201	161	21	12	7
八、卫生防疫站	**14**	**32**	**1640**	**1066**	**168**	**138**	**268**
九、卫生监督所	**10**		**421**	**251**	**23**	**81**	**66**
十、卫生监督检验所	**1**		**35**	**30**	**1**	**2**	**2**
十一、医学科学研究机构	**1**		**16**	**9**	**2**	**2**	**3**
十二、医学在职培训机构	**11**		**879**	**637**	**38**	**63**	**141**
十三、其他卫生机构	**2**		**42**	**25**		**2**	**15**

18－6 卫生机构各类人员

单位:人

	1990	1995	2000	2005	2007	2008
一、各类人员总计	**23971**	**27235**	**29203**	**31630**	**33607**	**34825**
卫生技术人员	19889	22295	23641	24983	25873	26925
其他技术人员		647	597	2947	3329	2131
管理人员		1673	1852	1721	3000	2121
工勤人员		2620	3113	1979	1405	3648
二、卫生技术人员	**19889**	**22295**	**23641**	**24983**	**25873**	**26925**
执业医师				6482	6703	7056
执业助理医师				2143	2774	2764
注册护士				6103	7216	7929
药剂人员				2405	2112	2155
检验人员				1949	1999	1140
其他人员				6356	5069	5355
三、平均每千人口卫生技术人员	**2.02**	**2.17**	**2.25**	**2.33**	**2.39**	**2.44**
#医生	0.82	0.76	0.77	0.8	0.87	0.89

注:因卫生技术人员分类改变,故2002年以前年份数字空缺。

18-7 广播、电视事业情况

	1990	1995	2000	2005	2007	2008
全部职工人数(人)	1027	1431	2009	2986	3379	3409
广播电台(座)	13	1	1	1	1	1
中、短波广播发射台(座)	1	1	1	1		
广播节目套数(套)	13	10	10	10	13	13
平均每日广播节目播出时间(小时：分)	94：35	111：45	89：55	107：00	131：00	128：00
平均每日自办广播节目时间(小时：分)	48：50	73：00	60：40	59：00	58：00	55：00
#新闻节目	5：10	7：35	7：45	8：00	9：45	
教育节目			5：30	14：00	13：00	
文艺节目			23：70	17：00	21：00	
广播人口覆盖率(%)			96.3	95.11	95.22	95.27
有线广播喇叭数(万只)	100.25	163.12	111.56	68.90		
电视台(座)		1	1	1	1	1
电视发射台及转播台(千瓦以上)(座)		6	6	9	14	12
电视节目套数(套)		8	6	13	14	14
平均每周电视节目播出时间(小时：分)		500：50	531：55	1293：00	1210：00	1082：00
平均每周自办电视节目时间(小时：分)		238：18	401：10	86：00	85：00	198：00
#新闻节目		13：48	23：10	28：00	39：00	
教育节目		3：00	5：10	21：00	20：00	
文艺节目		172：45	322：00	19：00	33：00	
电视人口覆盖率(%)		81.1	86.2	95.07	95.21	95.26

注：从1998年起，县级改为广播电视台，不单称电台、电视台。

主要统计指标解释

文化事业机构 指从事专业文化工作和为专业文化工作服务的独立建制的单位。不包括这些单位另外举办独立核算的其他机构和各部门的业余文化组织。

艺术表演团体 指从事戏曲、音乐、舞蹈、杂技等专业艺术表演，有独立帐户的单位，不包括半工半艺、半农半艺和民间职业剧团。

电影放映单位 指具有放映机器设备、固定或不固定的放映场所与专职或兼职的放映技术人员，经有关部门登记批准，经常为一定的观众对象放映电影的机构。包括经批准对外开放进行营业，并与电影发行放映管理机构分帐的专用放映单位和军委系统租片单位。

艺术表演观众人数(人次) 指售票、包场演出或民族地区免费演出的艺术表演观众人次数，不包括彩排审查和内部观摩演出的观看人次数。

医院 指设有固定床位，能收容病人住院并能为病人提供医疗、护理服务的医疗机构，包括县及县以上医院、农村乡卫生院和其他医院三部分。医院按所属性质不同分为卫生部门、工业及其他部门和集体经济单位三类。县及县以上医院按业务性质不同分为综合医院和专科医院。

卫生技术人员 指卫生事业机构支付工资的全部职工中现任职务为卫生技术工作的专业人员，包括中医师、西医师、中西医结合高级医师、护师、中药师、西药师、检验师、其他技师、中医士、西医士、护士、助产士、中药剂士、西药剂士、检验士、其他技士、其他中医、护理员、中药剂员、西药剂员、检验员和其他初级卫生技术人员。

医生、护士 指执业医师、执业助理医师与注册护士。

等级运动员人数 指经考核正式批准授予等级运动员称号的人数。运动员等级分为国际级运动健将、运动健将、一级运动员、二级运动员、三级运动员、少年级运动员。

等级裁判员人数 指经考核正式批准授予等级裁判员称号的人数。裁判员等级分为国际裁判、国家级裁判、一级裁判、二级裁判、三级裁判。

体育场 指有400米跑道(中心含足球场)，有固定道牙，跑道6条以上，并有固定看台的室外田径场地。体育场按看台容纳观众人数分为：甲级25000人以上，乙级15000—25000人，丙级5000—15000人，丁级5000人以下。

体育馆 指有固定看台，可供篮球、排球、羽毛球、乒乓球、体操等项目训练比赛活动用的室内运动场地。体育馆按看台容纳观众人数分为：甲级6000人以上，乙级4000—6000人，丙级2000—4000人，丁级2000人以下。

19

社会保障

资料整理：宁建南

19—1 社会福利事业单位基本情况

(2008年)

	院数(个)	工作人员(人)	床位(张)	年底收养人数(人)
总计	**453**	**1789**	**33103**	**31231**
优抚收养性单位	9	48	474	350
优抚休、休养院				
光荣院	9	48	474	350
福利类收养性单位	444	1741	32629	30881
社会福利院	5	74	518	468
儿童福利院				
精神病福利院				
城镇收养性老年福利院	8	73	571	482
农村收养性老年福利院	431	1594	31540	29931
其他收养性福利机构				

19—2 由国家支出的社会福利救济主要费用情况

单位:万元

	2000	2001	2002	2003	2004	2005	2006	2007	2008
总计	**4176**	**7232**	**10741**	**13987**	**15673**	**31727**	**32536**	**45757**	**75725**
抚恤事业费	3508	3762	4234	4983	5402	8112	10306	12708	16610
社会救济福利事业费	1224	1816	4763	6354	7140	15662	20085	27785	57071
#农村社会救济费	223	262	230	539	1212	7852	10478	15620	29093
城镇社会救济费	506	898	3849	5814	5929	7472	9019	11947	18438
自然灾害救济费	2952	1653	1744	2650	3131	3590	2145	5264	2044

19－3 享受补助、救济人员情况

	2002	2003	2004	2005	2006	2007	2008
农村贫困户得到救济人次数(万人次)	3.2	5.5	5.5	11		28.5	37.75
农村散居五保户人数(万人)	1.5	1.5	1.5	6.2	8.1	6.8	4.83
#得到国家定期定量救济人数				6.2	8.1	6.8	4.83
得到集体给予补助人数	1.5	1.5	1.5				
城镇困难户得到救济人次数(万人次)	8.5	9	10	11.3	11.7	12.1	13.24
#得到国家定期定量救济人次数				11.3	11.7	12.1	13.24
社会救济总人数(万人)				36.39	44.25	48.63	50.99
#城镇				11.29	11.69	12.14	13.24
农村				25.1	32.56	36.49	37.75

19－4 社会保障基本情况

	参加保险人数(万人)					社会保险基金(万元)		
	养老保险	失业保险	医疗保险	工伤保险	生育保险	基金收入	基金支出	累计结余
2000	35.7	60.6				31765	35796	21538
2001	29.7	60.7				37804	43107	29305
2002	29.3	60.7	43.4			53363	61738	34669
2003	28.9	62.3	47.7	16.8	15.9	58254	65570	41725
2004	29.3	62.1	54.0	20.7	19.0	66661	72103	54092
2005	29.7	62.9	58.4	24.0	19.0	85839	93966	62737
2006	31.2	61.7	60.3	27.5	20.5	98458	112816	70745
2007	32.5	61.5	63.0	29.8	21.5	122333	132673	154659
2008	33.8	61.2	66.7	34.2	23.0	142667	169396	125764

19—5 各县(市、区)参加基本养老保险人数

单位:人

	2001	2002	2003	2004	2005	2006	2007	2008
全市	**29.73**	**29.41**	**28.86**	**29.32**	**29.66**	**31.16**	**32.53**	**33.77**
宛城区	1.27	1.13	1.15	1.22	1.31	1.43	1.51	1.57
卧龙区	1.95	1.90	1.84	1.80	1.81	2.01	1.99	2.06
南召县	0.88	0.85	0.82	0.84	0.86	0.94	1.01	1.04
方城县	1.31	1.28	1.27	1.22	1.24	1.34	1.46	1.52
西峡县	1.28	1.31	1.26	1.31	1.35	1.42	1.51	1.67
镇平县	1.05	1.05	0.71	0.77	0.80	0.85	0.99	1.11
内乡县	1.19	1.16	1.17	1.23	1.29	1.33	1.32	1.35
淅川县	1.59	1.67	1.68	1.64	1.66	1.70	1.70	1.70
社旗县	0.92	0.96	0.88	0.89	0.92	0.93	1.02	1.08
唐河县	1.74	1.68	1.69	1.71	1.81	1.83	1.94	2.09
新野县	2.31	2.28	2.15	2.17	2.16	2.19	2.29	2.37
桐柏县	1.32	1.30	1.30	1.30	1.17	1.22	1.22	1.22
邓州市	2.41	2.35	2.40	2.40	2.38	2.42	2.57	2.58
市直	10.51	10.51	10.53	10.80	10.90	11.56	12.01	12.42

19—6 各县(市、区)参加基本医疗保险人数

单位:人

	2002	2003	2004	2005	2006	2007	2008
全市	**43.38**	**47.66**	**53.99**	**58.43**	**60.33**	**63.01**	**66.67**
宛城区	2.01	2.01	2.01	2.71	2.87	3.03	3.16
卧龙区	2.14	2.27	3.30	3.61	3.60	3.84	4.17
南召县	1.40	2.21	2.21	2.27	2.45	2.59	2.69
方城县	2.38	2.69	2.83	3.17	3.41	3.52	3.76
西峡县	2.20	2.40	2.40	2.50	2.69	3.08	3.08
镇平县	1.97	3.24	3.24	3.29	3.60	3.66	3.86
内乡县	2.38	2.61	2.61	2.71	2.81	2.81	3.00
淅川县	3.07	3.40	3.40	3.51	3.51	3.81	3.76
社旗县	1.76	1.92	1.95	2.07	2.19	2.31	2.41
唐河县	3.10	3.10	3.23	3.31	3.85	3.91	4.11
新野县	2.51	2.51	2.51	3.70	3.70	3.91	4.19
桐柏县	2.01	2.25	2.25	2.25	2.25	2.53	2.53
邓州市	4.45	5.06	5.35	5.49	5.40	5.68	5.96
市直	12.00	12.00	16.70	17.84	18.01	18.66	19.99

19-7 各县(市、区)参加失业保险人数

单位:万人

	2001	2002	2003	2004	2005	2006	2007	2008
全 市	**60.72**	**60.73**	**62.26**	**62.08**	**62.91**	**61.71**	**61.49**	**61.22**
宛 城 区	2.47	2.75	3.04	3.12	2.93	2.83	2.89	2.89
卧 龙 区	2.85	3.19	2.76	2.76	2.86	2.82	2.87	2.87
南 召 县	2.43	2.23	2.22	2.22	2.34	2.26	2.30	2.30
方 城 县	2.92	2.92	3.24	2.87	2.83	2.62	2.66	2.66
西 峡 县	2.50	2.28	2.34	2.36	2.21	2.26	2.26	2.26
镇 平 县	3.64	3.64	3.66	3.87	4.16	3.98	4.14	4.12
内 乡 县	2.92	2.83	2.89	3.05	3.05	2.84	2.89	2.89
淅 川 县	3.57	3.63	3.65	3.76	3.89	3.58	3.64	3.77
社 旗 县	2.20	2.01	2.14	2.16	2.24	2.06	2.08	2.08
唐 河 县	4.15	4.15	4.15	4.15	4.16	3.89	3.96	3.96
新 野 县	4.16	4.20	4.16	4.16	4.16	4.16	4.16	4.03
桐 柏 县	2.30	2.31	2.31	2.18	2.22	2.23	2.22	2.22
邓 州 市	5.45	5.46	5.52	5.71	5.65	5.42	5.52	5.52
市 直	19.16	19.13	20.18	19.80	20.21	20.76	19.90	19.91

19-8 各县(市、区)参加工伤保险人数

单位:人

	2005	2006	2007	2008
全 市	**24.4**	**27.5**	**29.8**	**34.20**
宛 城 区	0.9	0.5	0.4	1.99
卧 龙 区	0.8	1.3	1.3	1.27
南 召 县	0.7	1.0	0.8	1.06
方 城 县	1.2	1.2	1.4	1.41
西 峡 县	0.8	0.9	1.0	1.25
镇 平 县	1.0	1.0	1.1	1.35
内 乡 县	0.9	0.9	1.0	1.25
淅 川 县	1.0	1.0	1.0	1.35
社 旗 县	0.6	0.6	0.7	0.95
唐 河 县	1.0	1.3	1.5	1.65
新 野 县	1.3	1.5	2.1	2.39
桐 柏 县	0.7	0.8	1.9	1.15
邓 州 市	2.5	2.4	2.6	2.75
市 直	11.0	13.0	14.0	14.37

主要统计指标解释

社会福利事业单位 指集中收养社会孤老、残、幼的机构，包括由民政部门管理的社会福利院、儿童福利院、精神病人福利院和城镇集体举办的福利院及农村集体举办的敬老院。

社会福利事业单位收养人数 包括民政部门管理和城镇、农村集体举办的社会福利事业单位中收养的老人、少年儿童、缺乏生活自理能力的残疾人员和精神病人。

社会福利企业单位 指以安置城镇有一定劳动能力的盲、聋、哑和肢体残疾人员就业为目的，享受国家减免税待遇的国有或集体企业。包括福利工厂、福利商业和服务业、假肢厂和安置农场等单位。

基本养老保险

1.(参保)职工人数:指报告期末按照国家法律、法规和有关政策规定参加基本养老保险并在社保经办机构已建立缴费记录档案的职工人数，包括中断缴费但未终止养老保险关系的职工人数，不包括只登记未建立缴费记录档案的人数。

2.基本养老保险基金收入:指根据国家有关规定，由纳入基本养老保险范围的缴费单位和个人按国家规定的缴费基数和缴费比例缴纳的养老保险基金，以及通过其他方式取得的形成基金来源的收入。包括单位和职工个人缴纳的基本养老保险费、基本养老保险基金利息收入、上级补助收入、下级上解收入、转移收入、财政补贴和其他收入。

3.基本养老保险基金支出:指按照国家政策规定的开支范围和开支标准从养老保险基金中支付给参加基本养老保险的离休、通休、退职人员个人的养老金、丧葬抚恤补助，以及由于保险关系转移、上下级之间调剂资金等原因而发生的支出。包括离休金、退休金、退职金、各种补贴、医疗费、死亡丧葬补助费、抚恤救济费、社会保险经办机构管理费、补助下级支出、上解上级支出、转移支出、其他支出等。

4.基本养老保险基金累计结余:指截止报告期末基本养老保险基金收支相抵后的累计余额。

基本医疗保险

1.参保人数:指报告期末按国家有关规定参加基本医疗保险的人数。包括参加保险的职工人数和退休人员人数。

2.基金收入:指根据国家有关规定，由纳入基本医疗保险范围的缴费单位和个人，按国家规定的缴费基数和缴费比例缴纳的基金，以及通过其他方式取得的形成基金来源的款项，包括:单位缴纳的社会统筹基金收入、个人缴纳的个人账户基金收入、财政补贴收入、利息收入、其他收入。

3.基金支出:指按照国家政策规定的开支范围和开支标准从社会统筹基金中支付给参加基本医疗保险的职工和退休人员的医疗保险待遇支出，和从个人帐户基金中支付给参加基本医疗保险的职工和退休人员的医疗费用支出，以及其他支出。包括:住院医疗费用支出、门急诊医疗费用支出、个人账户基金支出、其他支出。

4.基金累计结余:指截止报告期末基本医疗保险的社会统筹和个人帐户基金累计结余金额。包括银行存款、财政专户、债券投资和其他。

失业保险

1.参保人数:指报告期末按照国家法律、法规和有关政策规定参加了失业保险的城镇企业事业单位的职工及地方政府规定参加失业保险的其他人员的人数。

2.失业保险基金收入:指按照规定从企业、事业及其他单位筹集的失业保险费及其他并入失业保险基金收入的总额。包括单位和个人缴纳的失业保险费、失业保险基金利息收入、上级补助收入、下级上解收入、转移收入、财政补贴和其他收入。

3.失业保险基金支出:指报告期内为保障失业人员和下岗职工基本生活、促进其再就业等支出的基金总额。包括失业救济金、医疗费、死亡丧葬补助费、抚恤救济费、转业训练费支出、失业保险经办机构管理费、补助下级支出、上解上级支出、转移支出和其他支出。

4.基金累计结余:指截止报告期末失业保险基金收支相抵后的累计余额。

参加工伤保险人数 指报告期末依据国家有关规定参加工伤保险的职工人数。

参加生育保险人数 指报告期末依据有关规定参加生育保险的职工人数。

居民最低生活保障人数 指报告期末在建立居民最低生活保障制度的地区，得到当地政府给予最低生活保障的人口数。

20

资源与环境保护

资料整理：曲桂琴　宁建南

20－1 人口、自然资源

	单位	2008
一、人口		
年底人数	万人	1091.31
人口密度	人/平方公里	412
二、地理位置		
东经		110°58′～113°49′
北纬		32°17′～33°48′
三、土地		
土地面积	平方公里	26509
山区	平方公里	9709
丘陵	平方公里	7980
平原	平方公里	8911
四、耕地		
耕地面积	千公顷	941.18
人均耕地面积	亩	
五、气候		
日照时数	小时	1612～1890
年累计降雨量	毫米	543～1207
无霜期	天	258(市区)
平均气温	度	14.6～15.9
六、森林		
林业用地面积	万亩	1647.28
＃有林地面积	万亩	1390.04
活林木蓄积量	万立方米	2525.25
森林覆盖率	%	34.5
七、矿产资源(保有可采金属量)		
石油(年开采量)	万吨	180
天然碱	万吨	9215
石墨	万吨	839
金	吨	60
蓝晶石	万吨	341
银	吨	1784
红柱石	万吨	995
金红石	万吨	12035

20-2 工业污染排放及处理利用情况

	单 位	2003	2004	2005	2006	2007	2008
一、企业基本情况							
1.汇总工业企业个数	个	180	182	204	214	228	185
2.汇总工业企业总产值(现价)	万元	2062771	2482709	2887739	4138501	4446768	5093217
3.企业专职环保人员数	人	430	508	556	599	638	696
4."三废"综合利用产品产值	万元	23785	26418	65732	40546	41812	52857
5.工业锅炉数	台/蒸吨	293/5456	266/5394	266/5662	200/5827	248/6265	243/7864
其中:烟尘排放达标的	台/蒸吨	256/5043	256/5100	259/5596	200/5827	238/6243	226/7783
二氧化碳排放达标的	台/蒸吨	3/14	4/16	5/52	113/4661	146/5528	153/7042
6.工业炉窑数	座	127	135	138	183	117	88
其中:烟尘排放达标的	座	75	80	84	87	90	82
二氧化碳排放达标的	座		3	4	35	83	78
二、工业废水							
1.工业用水总量	万吨	112240	116591	126396	106130	116065	130127
其中:新鲜水量	万吨	14108	15490	19966	17605	17361	13347
重复用水量	万吨	98132	101100	106430	88525	98704	116780
2.工业用水重复利用率	%	87.4	86.7	84.2	84.0	85.0	89.7
3.废水治理设施数	套	312	314	310	2008	297	248
4.废水治理设施处理能力	万吨/日	56	65	64.8	57.8	58.09	69.19
5.废水治理设施运行经费	万元	11334	14798	18801	11695	12544	11756
6.工业废水排放量	万吨	9998	12761	14875	12665	12590	9851
其中:排入污水处理厂的	万吨	585	692	709	1194	114	349
7.工业废水排放达标量	万吨	9103	11976	11891	11854	12091	9478
8.工业废水排放达标率	%	91.1	93.9	79.9	93.6	96.0	96.2
9.工业废水中污染物去除量							
(1)挥发酚	吨	28.0	29.0	21.5	17.9	48.0	0.6
(2)氰化物	吨	114.0	124.0	124.3	62.6	51.6	7.3
(3)化学需氧量	吨	173695	195493	169123	168704	263289	273184
(4)石油类	吨	4470	4375	5007	3828	3980	134
(5)氨氮	吨	313	336	667	6466	5226	4750
10.工业废水中污染物排放量							
(1)挥发酚	吨	1.5	1.3	1.4	1.7	3.6	1.0
(2)氰化物	吨	9.5	10.0	11.2	8.4	6.3	2.8
(3)化学需氧量	吨	52889	49035	59366	42831	42911	36036
(4)石油类	吨	107	117	94	91	42	37
(5)氨氮	吨	2711	2980	9118	8173	5095	3885

20－2 续表

	单 位	2003	2004	2005	2006	2007	2008
三、工业废气							
1. 煤炭消费总量	万吨	530.0	608.7	702.1	664.0	700.9	980.3
其中：燃料煤消费量	万吨	437.0	500.2	582.2	560.0	626.2	867.4
原料煤消费量	万吨	93.0	108.5	119.9	104.0	74.2	112.9
2. 燃料油消费量	万吨	7.3	8.0	11.9	12.2	10.8	10.8
其中：重油	万吨	6.7	7.4	11.5	11.8	10.1	9.8
柴油	万吨	0.6	0.6	0.4	0.4	0.8	1.0
3. 天然气消费量	万立方米	4518	3920	2044	3288	4749	6658
4. 工业废气排放量	万标立方米	7252937	8359606	9013746	7964923	8090279	10871358
其中：燃料燃烧废气排放量	万标立方米	3754797	4240761	4839422	4813309	5222250	7429463
生产工艺废气排放量	万标立方米	3498140	4118845	4174324	3151614	2868029	3441895
5. 废气治理设施数	套	619	679	653	567	479	455
6. 废气治理设施处理能力	万标立方米/时	706	1046	1123	1425	1301	2784
7. 废气治理设施运行费用	万元	2726	4779	4843	9971	10523	23778
8. 二氧化硫去除量	吨	1394	3146	3866	2366	2449	27051
其中：燃料燃烧废气排放量	吨	365	324	794	542	1949	26254
生产工艺废气排放量	吨	1029	2822	3072	1824	500	796
9. 二氧化硫排放量	吨	55864	63644	68007	64181	64488	63001
其中：燃料燃烧废气排放量	吨	45126	50417	55628	54769	59508	58061
生产工艺废气排放量	吨	10738	13228	12379	9333	4974	4910
10. 烟尘去除量	吨	794765	922915	964249	1192102	1028195	1857912
11. 烟尘排放量	吨	32862	34759	39101	37586	34376	30752
其中：排放达标量	吨	21898	24473	23967	34318	32985	29317
12. 工业粉尘去除量	吨	206046	347830	397030	633030	257709	160192
13. 工业粉尘排放量	吨	75068	86628	99250	52711	31582	8451
其中：排放达标量	吨	781	1491	1703	38590	29687	7898
四、工业固体废物							
1. 工业固体废物产生量	万吨	251.30	268.50	317.20	325.30	340.58	425.18
2. 工业固体废物综合利用量	万吨	150.10	177.30	225.10	265.60	313.31	368.70
3. 工业固体废物综合利用率	%	59.90	66.00	71.00	80.95	91.99	86.72
4. 工业固体废物贮存量	万吨	96.70	86.40	70.50	47.98	26.10	42.48
5. 工业固体废物处理量	万吨	4.20	4.80	21.70	15.51	1.17	14.00
6. 工业固体废物排放量	万吨						

20—3 污染治理资金来源及使用情况

(2008 年)

	单位	2008		单位	2008
1.汇总工业企业数	个	24	环保保护专项资金	万元	1225
2.本年施工项目总数	个	26	环保贷款	万元	
其中:废水治理项目	个	13	其他资金	万元	23273
废气治理项目	个	5	其中:国内贷款	万元	
固体废物治理项目	个	3	利用外资	万元	
噪声治理项目	个	1	企业自筹	万元	22923
电磁辐射治理项目	个		4.本年竣工项目数	个	25
放射性治理项目	个		其中:废水治理项目	个	13
其他治理项目	个	4	废气治理项目	个	5
其中:污染搬迁治理项目	个		固体废物治理项目	个	2
3.施工项目本年完成投资额	万元	24148	噪声治理项目	个	1
其中:废水治理项目	万元	9589	电磁辐射治理项目	个	
废气治理项目	万元	13281	放射性治理项目	个	
固体废物治理项目	万元	916	其他治理项目	个	4
噪声治理项目	万元	267	其中:污染搬迁治理项目	个	
电磁辐射治理项目	万元		5.本年竣工项目新增设计处理能力		
放射性治理项目	万元		其中:治理废水	吨/日	70900
其他治理项目	万元	95	治理废气	万标立方米/时	327
其中:国家预算内资金	万元		治理固体废物	吨/日	613

20—4 工业重点调查单位分行业废水排放及处理情况

(2008 年) 单位:万吨

	汇总工业企业数(个)	工业废水排放总量	工业废水排放达标量	废水治理设施数(套)
总计	**185**	**8829.79**	**8536.29**	**248**
采掘业	13	354.76	333.96	22
食品、饮料和烟草制造业	21	2413.08	2362.17	18
纺织业	9	714.10	711.62	9
皮革毛皮羽绒及其制品业	2	42.00	42.00	2
造纸及纸制品业	16	1239.59	1227.39	71
化学原料及化学制品制造业	29	1223.86	1194.66	50
医药制造业	9	1269.47	1241.61	11
化学纤维制造业	1	0.24	0.24	1
非金属矿物制品业	2	91.15	82.83	5
黑色金属冶炼及压延加工业	5	18.50	18.50	5
有色金属冶炼及压延加工业	1	3.24	3.24	1
金属制品业	3	8.05	8.05	1
机械、电气、电子设备制造业	12	189.60	182.32	22
电力煤气及水生产供应业	5	52.58	52.58	15
其他	57	1209.57	1075.12	15

主要统计指标解释

森林覆盖率 通常是指森林面积占土地面积之比，一般用百分数表示。但国家规定在计算森林覆盖率时，森林面积还包括灌木林面积、农田林网树占地面积以及四旁树木的覆盖面积。森林覆盖率，是反映一个国家或地区森林资源和绿化水平的重要指标。计算公式为：

森林覆盖率(%)=(森林面积/土地面积)×100%

活立木蓄积量 指全部土地上树木蓄积的总量。包括森林蓄积，疏林蓄积，散生木蓄积和四旁树蓄积。

矿产保有储量 指探明的矿产储量(包括工业储量和远景储量)扣除已开采部分和地下损失量后的年底实有储量。它反映一个国家或地区矿产资源的现状。

工业废水排放量 指经过企业厂区所有排放口排到企业外部的工业废水量。包括生产废水、外排的直接冷却水、超标排放的矿井地下水和与工业废水混排的厂区生活污水，不包括外排的间接冷却水(清污不分流的间接冷却水应计算在内)。

工业废水排放达标量 指各项指标都达到国家或地方排放标准的外排工业废水量，包括未经处理外排达标和经过处理后外排达标两部分。

工业废水处理量 指报告期内各种水治理设施实际处理的工业废水量，包括处理后外排和处理后回用的工业废水量和虽经处理但未达到国家或地方排放标准的废水量。如车间和厂排放口均有治理设施，并对同一废水分级处理时，不应重复计算工业废水处理量。

工业废气排放量 指企业厂区内燃料燃烧和生产工艺过程中产生的各种排入空气的含有污染物的气体总量，按标准状态〔273K,101325Pa〕计算。

工业二氧化硫排放量 指企业在燃料燃烧和生产工艺过程中排入大气的二氧化硫数量。

烟尘排放量 指企业厂区内燃料燃烧产生的烟气中夹带的颗粒物数量。

工业粉尘排放量 指企业在生产工艺过程中排放的颗粒物重量，如钢铁企业的耐火材料粉尘、焦化企业的筛焦系统粉尘、烧结机的粉尘、石灰窑的粉尘、建材企业的水泥粉尘等。不包括电厂排入大气的烟尘。

工业固体废物产生量 指企业在生产过程中产生的固体状、半固体状和高浓度液体状废弃物的总量，包括危险废物、冶炼废渣、粉煤灰、炉渣、煤矸石、尾矿、放射性废物和其他废物等；不包括矿山开采的剥离废石和掘进废石(煤矸石和呈酸性或碱性的废石除外)。酸性或碱性废石指采掘的废石其流经水、雨淋水的 pH 值小于 4 或 pH 值大于 10.5 者。

工业固体废物综合利用量 指通过回收、加工、循环、交换等方式，从固体废物中提取或者使其转化为可以利用的资源、能源和其他原材料的固体废物量(包括当年利用往年的工业固体废物累计贮存量)，如用作农业肥料、生产建筑材料、筑路等。综合利用量由原产生固体废物的单位统计。

工业固体废物贮存量 指以综合利用或处置为目的，将固体废物暂时贮存或堆存在专设的贮存设施或专设的集中堆存场所内的数量。专设的固体废物贮存场所或贮存设施必须有防扩散、防流失、防渗漏、防止污染大气、水体的措施。

工业固体废物处置量 指将固体废物焚烧或者最终置于符合环境保护规定要求的场所，并不再回取的工业固体废物量(包括当年处置往年的工业固体废物累计贮存量)。处置方法有填埋(其中危险废物应安全填埋)、焚烧、专业贮存场(库)封场处理、深层灌注、回填矿井等。

工业固体废物排放量 指将所产生的固体废物排到固体废物污染防治设施、场所以外的数量，不包括矿山开采的剥离废石和掘进废石(煤矸石和呈酸性或碱性的废石除外)。

“三废”综合利用产品产值 指利用“三废”(废液、废气、废渣)作为主要原料生产的产品价值(现行价)；已经销售或准备销售的应计算产品价值，留作生产自用的不应计算产品价值。

“三废”综合利用产品利润 指利用“三废”(废液、废气、废渣)生产的产品，销售后所得到的利润。

环境污染治理投资 指在工业污染源治理和城市环境基础设施建设的资金投入中，用于形成固定资产的资金。包括工业新老污染源治理工程投资、建设项目“三同时”环保投资，以及城市环境基础设施建设所投入的资金。

21

全省各省辖市主要经济指标

资料整理:王兰芝　鲁　璐

21-1 年末总人口和从业人口

(2008年)

	年末总户数(万户)	常住人口(万人)	年末总人口数(万人)	年平均人口(万人)	城镇化水平(%)	从业人员(万人)	第一产业	第二产业	第三产业
全省	**2911**	**9429**	**9918**	**9893**	**36.0**	**5835.45**	**2847.31**	**1563.92**	**1424.22**
郑州市	191	744	663	661	62.3	414.96	87.30	150.95	176.71
开封市	139	469	484	483	37.7	291.44	165.00	67.41	59.03
洛阳市	194	642	654	652	42.6	389.14	146.50	119.5	123.14
平顶山市	146	487	501	500	40.2	304.24	157.87	79.20	67.17
安阳市	160	521	542	541	37.3	338.34	153.36	110.93	74.05
鹤壁市	46	143	146	145	47.8	83.80	31.79	28.95	23.06
新乡市	161	551	561	559	39.2	297.51	134.71	94.22	68.58
焦作市	96	341	347	346	45.3	204.51	83.13	65.90	55.48
濮阳市	96	350	363	362	33.8	238.65	146.19	52.18	40.27
许昌市	132	431	456	455	37.5	277.65	114.38	89.02	74.25
漯河市	75	248	257	256	37.5	155.13	71.16	49.02	34.95
三门峡市	70	222	223	223	43.9	124.31	64.87	27.02	32.42
南阳市	**348**	**1004**	**1091**	**1088**	**34.9**	**649.07**	**341.06**	**157.49**	**150.52**
商丘市	251	777	828	826	31.5	502.44	280.25	115.07	107.12
信阳市	252	669	803	801	32.6	471.91	232.18	97.05	142.68
周口市	313	997	1086	1084	27.7	661.07	356.19	150.58	154.30
驻马店市	222	768	849	847	27.7	548.63	285.30	130.64	132.69
济源市	19	68	68	68	47.6	39.32	12.50	12.03	14.79

21-2 在岗职工人数和在岗职工工资

(2008年)

	在岗职工(万人)	#国有单位	城镇集体单位	在岗职工工资总额(亿元)	#国有单位	城镇集体单位	在岗职工平均工资(元)	#国有单位	城镇集体单位
全省	**691.92**	**382.57**	**65.40**	**1702.22**	**1008.08**	**111.75**	**24816**	**26536**	**17118**
郑州市	97.06	48.14	5.09	253.89	146.14	10.42	26476	30663	20529
开封市	25.65	14.81	3.51	44.75	27.96	5.28	17737	19101	15668
洛阳市	49.92	28.27	3.94	115.16	70.98	7.73	22883	24973	19519
平顶山市	46.38	18.95	4.51	114.79	39.29	7.85	25003	20930	17548
安阳市	38.87	17.68	3.07	80.56	38.34	5.42	21496	22020	17710
鹤壁市	15.98	5.69	1.19	29.71	10.39	1.68	18427	18283	13589
新乡市	41.45	22.37	4.43	70.07	43.35	5.84	17271	19842	13475
焦作市	30.94	14.36	3.12	66.49	31.61	6.24	21600	21939	19918
濮阳市	29.24	15.27	0.96	66.00	36.04	1.14	22709	23447	12037
许昌市	27.39	13.97	3.92	50.97	28.57	6.86	18581	20544	17167
漯河市	20.76	9.98	2.37	33.14	17.58	2.68	16429	17698	11509
三门峡市	22.48	12.27	0.71	52.44	27.20	1.39	23788	22901	20604
南阳市	**67.81**	**38.67**	**6.71**	**120.63**	**78.30**	**9.61**	**17847**	**20268**	**14348**
商丘市	37.04	22.92	5.89	69.46	40.10	10.62	18770	17481	18063
信阳市	41.36	28.20	5.91	75.86	55.65	9.23	18409	19807	15688
周口市	42.94	31.45	6.12	71.60	55.51	8.53	16723	17690	13952
驻马店市	36.08	23.27	2.84	60.81	43.75	3.63	16968	19067	12821
济源市	6.17	2.89	0.12	12.32	6.54	0.17	19778	22464	13944

21—3 地 区 生 产 总 值

(2008 年)

	生产总值(亿元)	第一产业	第二产业	#工业	第三产业	人均生产总值(元)
全省	**18407.78**	**2658.80**	**10477.92**	**9546.08**	**5271.06**	**19593**
郑州市	3003.99	94.70	1659.49	1484.68	1249.80	40616
开封市	689.37	153.66	312.45	288.13	223.26	14713
洛阳市	1919.64	167.57	1172.60	1045.37	579.47	30084
平顶山市	1067.70	101.40	696.33	663.55	269.97	21998
安阳市	1036.05	143.00	647.39	590.85	245.66	19924
鹤壁市	342.35	42.54	225.30	214.72	74.51	24070
新乡市	949.49	130.77	521.20	455.45	297.52	17217
焦作市	1031.59	83.66	689.65	649.19	258.28	30356
濮阳市	657.28	90.85	437.17	400.15	129.26	18803
许昌市	1062.05	133.93	696.99	660.20	231.13	24706
漯河市	550.26	79.28	376.11	361.20	94.87	22237
三门峡市	654.21	54.77	437.94	416.31	161.50	29515
南阳市	**1636.43**	**344.48**	**856.01**	**768.21**	**435.94**	**16367**
商丘市	931.39	254.62	416.05	360.47	260.72	12092
信阳市	866.79	222.29	358.44	297.44	286.06	13015
周口市	984.13	298.22	420.92	375.56	264.99	9905
驻马店市	812.98	226.39	343.50	313.74	243.09	10610
济源市	288.35	14.80	212.36	202.82	61.19	42476

21—3 续表

(2008 年)

	生产总值指数(%)(上年=100)	第一产业	第二产业	#工业	第三产业	人均生产总值指数(%)
全省	**112.1**	**105.5**	**114.9**	**115.6**	**110.2**	**111.9**
郑州市	112.2	105.6	114.8	115.6	109.2	110.7
开封市	113.1	105.6	114.3	115.0	117.5	113.1
洛阳市	114.4	105.8	115.7	116.6	113.9	113.9
平顶山市	113.6	105.6	115.1	115.6	113.0	113.2
安阳市	113.1	105.7	114.9	115.7	112.5	113.2
鹤壁市	113.5	104.0	117.1	117.5	108.2	114.1
新乡市	113.9	105.3	117.3	118.9	111.7	114.2
焦作市	112.6	105.2	115.2	115.8	108.1	112.4
濮阳市	113.0	105.6	115.3	116.4	109.8	113.6
许昌市	112.6	104.2	114.9	115.3	110.5	112.2
漯河市	113.4	106.6	116.9	117.4	105.1	113.8
三门峡市	115.1	106.7	116.7	117.1	113.7	116.0
南阳市	**112.1**	**105.7**	**113.6**	**114.3**	**114.5**	**111.7**
商丘市	111.4	105.7	114.6	115.8	112.2	110.6
信阳市	112.2	106.1	114.7	116.3	114.1	111.7
周口市	112.3	105.7	114.3	115.2	116.2	112.1
驻马店市	111.8	106.2	113.7	114.2	114.4	112.4
济源市	114.8	106.1	116.9	117.5	110.8	114.0

21－4 固定资产投资及规模以上工业

（2008 年）

	全社会固定资产投资（亿元）	#城镇	工业增加值（亿元）	工业增加值（上年＝100）	主营业务收入（亿元）	利税总额（亿元）	利润总额（亿元）
全　　省	**10490.65**	**8721.19**	**7305.39**	**119.8**	**25292.02**	**3458.82**	**2179.10**
郑州市	1770.64	1521.05	1223.67	118.1	4260.08	701.02	442.34
开封市	303.85	232.41	191.38	120.9	813.54	122.21	84.80
洛阳市	1100.61	974.31	783.25	120.7	2699.27	232.39	124.04
平顶山市	421.21	349.57	501.80	119.8	1673.45	217.52	117.08
安阳市	565.94	473.44	501.31	118.0	1850.79	237.49	134.73
鹤壁市	206.58	181.70	189.52	121.8	506.86	49.93	29.06
新乡市	772.78	691.55	377.87	121.6	1239.16	126.38	88.74
焦作市	636.14	546.98	539.55	118.5	1867.95	290.02	198.35
濮阳市	334.60	273.27	346.03	117.8	1155.77	176.29	111.92
许昌市	521.72	425.30	487.20	119.6	1611.19	320.05	193.94
漯河市	246.55	213.62	297.16	119.9	1132.44	179.39	144.33
三门峡市	403.15	344.58	352.00	119.7	1356.02	170.40	126.03
南阳市	**895.84**	**708.55**	**468.19**	**120.1**	**1463.41**	**209.34**	**106.16**
商丘市	533.82	428.60	258.80	120.0	943.81	112.60	74.61
信阳市	662.49	536.26	192.12	123.7	632.09	57.00	31.00
周口市	534.62	379.02	232.67	121.5	753.75	130.63	98.33
驻马店市	423.39	309.13	190.99	120.8	695.92	76.07	47.39
济源市	134.91	109.32	171.87	120.2	636.52	50.09	26.24

21－5 农林牧渔业增加值

（2008 年）

	农林牧渔业增加值（亿元）	农业	林业	牧业	渔业	农林牧渔服务业
全　　省	**2658.77**	**1514.57**	**74.26**	**975.22**	**40.32**	**54.39**
郑州市	94.70	45.87	2.35	39.45	5.44	1.58
开封市	153.59	87.00	3.29	56.87	1.09	5.33
洛阳市	167.57	92.04	19.49	44.67	2.08	9.29
平顶山市	101.39	51.41	3.95	43.00	1.66	1.37
安阳市	141.57	99.62	5.92	31.85	0.46	3.73
鹤壁市	43.96	18.47	0.35	23.35	0.34	1.46
新乡市	131.01	73.59	2.97	50.04	2.04	2.38
焦作市	82.99	47.70	1.47	32.05	0.62	1.16
濮阳市	90.45	52.64	3.05	33.01	0.61	1.14
许昌市	133.89	76.46	5.17	49.12	0.44	2.70
漯河市	78.59	36.74	0.68	38.94	0.46	1.79
三门峡市	54.77	39.96	3.18	10.91	0.39	0.33
南阳市	**344.48**	**221.55**	**14.49**	**97.13**	**5.10**	**6.22**
商丘市	254.62	174.11	6.25	66.48	3.97	3.81
信阳市	222.29	133.89	16.07	54.39	13.40	4.54
周口市	298.22	200.60	7.51	80.60	2.55	6.95
驻马店市	226.39	123.26	7.04	89.13	4.11	2.85
济源市	14.44	5.87	1.44	6.39	0.58	0.15

21—6 主要农作

(2008

	农作物播种面积（千公顷）	粮食	夏粮	秋粮	谷物	#稻谷	小麦	玉米
全省	**14181.67**	**9600.00**	**5286.67**	**4313.33**	**8741.10**	**604.67**	**5260.00**	**2820.00**
郑州市	509.59	359.77	175.75	184.02	330.65	1.70	175.75	150.85
开封市	792.33	446.45	287.60	158.85	412.06	8.82	287.59	115.34
洛阳市	682.17	513.43	248.80	264.63	445.79	2.15	248.72	179.15
平顶山市	542.51	407.48	204.05	203.43	356.71	1.79	204.01	150.74
安阳市	736.12	531.68	300.46	231.22	510.69	0.37	300.37	200.86
鹤壁市	189.72	162.23	85.88	76.35	157.60		85.88	69.96
新乡市	767.66	596.90	331.04	265.86	561.87	41.46	330.40	186.96
焦作市	346.02	263.72	137.80	125.92	255.62	5.68	137.80	112.03
濮阳市	487.83	370.92	213.87	157.05	351.37	42.69	213.67	93.82
许昌市	593.01	421.50	211.52	209.98	357.58		211.52	145.97
漯河市	372.93	259.62	139.67	119.95	243.37		139.43	103.71
三门峡市	245.35	159.09	78.78	80.31	127.86		78.78	46.17
南阳市	**1836.96**	**1101.55**	**659.16**	**442.39**	**958.96**	**48.65**	**654.07**	**254.20**
商丘市	1382.29	909.95	555.02	354.93	820.25	0.49	552.42	265.10
信阳市	1203.94	805.26	305.63	499.63	773.14	433.01	293.77	34.48
周口市	1686.03	1104.65	642.00	462.65	958.18	0.57	641.71	315.40
驻马店市	1600.86	1139.03	658.13	480.90	1081.29	29.00	642.98	390.82
济源市	57.30	41.36	19.27	22.09	38.10	0.02	19.27	18.71

21—7 主要农产

(2008

	粮食总产量（万吨）	夏粮	秋粮	谷物	#稻谷	小麦	玉米	豆类
全省	**5365.48**	**3060.00**	**2305.48**	**5126.28**	**443.13**	**3051.00**	**1615.00**	**96.20**
郑州市	165.22	78.82	86.40	153.90	1.15	78.81	73.47	3.19
开封市	248.48	167.08	81.40	236.35	5.71	167.08	63.49	4.59
洛阳市	230.80	108.50	122.30	204.27	1.27	108.49	89.39	7.92
平顶山市	194.22	98.10	96.12	175.60	1.13	98.02	76.30	5.43
安阳市	328.22	182.54	145.67	319.71	0.35	182.51	134.21	2.70
鹤壁市	109.56	58.29	51.26	108.27		58.29	49.53	0.47
新乡市	374.88	218.55	156.33	363.96	29.68	218.03	115.14	5.13
焦作市	196.41	104.41	92.00	191.37	4.87	104.41	82.06	2.07
濮阳市	244.76	144.52	100.24	238.11	29.87	144.44	63.36	2.37
许昌市	270.73	147.57	123.15	245.26		147.57	97.64	3.75
漯河市	166.02	94.76	71.26	158.91		94.64	64.14	1.71
三门峡市	61.49	30.77	30.72	51.95		30.77	20.48	5.19
南阳市	**569.66**	**350.01**	**219.65**	**521.82**	**31.13**	**348.63**	**141.56**	**16.19**
商丘市	585.71	380.00	205.71	557.71	0.49	378.51	177.42	18.92
信阳市	561.21	138.22	422.99	555.70	403.65	135.06	13.83	1.85
周口市	706.36	464.65	241.71	649.85	0.52	465.16	183.88	32.67
驻马店市	639.08	413.29	225.79	624.16	18.28	404.93	192.86	6.29
济源市	21.40	10.55	10.85	20.58	0.01	10.55	10.00	0.33

物　　播　　种　　面　　积

年）

豆类	#大豆	红薯	油料	#花生	油菜籽	芝麻	棉花	烟叶	#烤烟	蔬菜
551.00	**486.10**	**307.90**	**1518.32**	**956.73**	**376.61**	**177.99**	**606.00**	**111.89**	**111.61**	**1713.70**
15.01	11.46	14.11	54.27	41.64	10.89	1.72	6.03	0.91	0.91	74.27
19.40	18.28	14.99	104.95	94.40	9.80	0.75	73.12			125.03
39.07	28.27	28.57	44.08	24.96	10.32	5.74	4.19	22.67	22.67	51.36
22.93	18.51	27.84	54.68	30.55	17.67	6.45	4.41	12.67	12.49	53.98
11.02	10.05	9.97	58.59	49.38	8.72	0.49	27.10			98.83
2.80	2.20	1.83	14.23	12.50	1.52	0.19	1.15			10.44
24.80	24.39	10.23	77.51	71.72	5.19	0.37	21.62			52.94
5.60	5.12	2.50	20.12	17.64	2.22	0.26	5.09			41.53
13.02	12.64	6.53	35.29	34.24	0.90	0.15	13.87			60.18
19.82	17.20	44.10	28.11	13.91	11.66	2.54	14.19	12.89	12.89	47.14
7.92	7.86	8.33	15.58	6.81	6.46	2.31	19.90	5.38	5.38	56.52
24.63	18.65	6.60	17.57	4.60	7.65	1.68	3.44	18.25	18.25	27.80
81.63	**60.24**	**60.96**	**291.41**	**188.03**	**46.02**	**57.36**	**118.03**	**21.19**	**21.19**	**237.55**
73.20	67.68	16.50	86.86	65.76	15.74	5.36	116.79	4.06	4.06	203.50
16.83	13.50	15.29	238.15	50.55	172.83	14.77	10.16	0.79	0.79	109.15
118.82	110.51	27.65	100.73	59.69	10.44	30.60	175.15	5.40	5.40	208.70
37.20	31.96	20.54	274.17	188.97	38.12	47.08	25.67	5.81	5.81	109.04
2.11	1.90	1.15	2.02	1.38	0.46	0.17	0.36	1.77	1.77	7.98

品　　　　产　　　　量

年）

豆类	红薯	油料	#花生	油菜籽	芝麻	棉花	烟叶	#烤烟	蔬菜
88.73	**143.00**	**505.34**	**384.59**	**97.07**	**22.25**	**65.08**	**26.73**	**26.72**	**6394.31**
2.18	8.13	17.80	15.99	1.65	0.17	0.50	0.20	0.20	273.64
4.33	7.55	39.77	36.63	3.01	0.12	7.65			562.08
5.95	18.61	11.74	7.97	2.19	0.93	0.38	5.61	5.61	204.43
4.61	13.19	13.76	9.48	3.56	0.72	0.39	2.78	2.77	228.29
2.50	5.82	24.30	22.59	1.67	0.05	2.91			500.53
0.39	0.82	6.98	6.77	0.20	0.01	0.09			50.14
5.06	5.79	30.01	28.68	1.21	0.05	2.21			235.18
1.95	2.97	9.18	8.65	0.46	0.07	0.51			199.88
2.28	4.28	15.78	15.49	0.27	0.03	1.23			209.16
3.68	21.73	8.19	4.88	2.82	0.49	1.39	3.55	3.55	213.42
1.69	5.41	4.25	2.26	1.74	0.25	1.94	0.86	0.86	194.07
4.28	4.35	3.43	1.14	1.43	0.16	0.26	3.51	3.51	93.36
11.90	**31.65**	**101.98**	**80.38**	**13.33**	**8.27**	**10.92**	**5.44**	**5.44**	**878.31**
16.62	9.09	36.89	30.54	5.44	0.92	12.77	1.47	1.47	853.35
1.51	3.66	65.13	18.58	44.79	1.77	0.99	0.23	0.23	285.57
30.79	23.85	32.99	25.30	3.57	4.12	18.73	1.52	1.52	753.37
5.25	8.63	78.13	65.41	8.62	4.10	2.47	1.38	1.38	343.23
0.31	0.50	0.34	0.25	0.06	0.02	0.03	0.18	0.18	29.01

21-8 农业生产条件

(2008 年)

	乡村从业人员数(万人)	耕地面积(千公顷)	农用机械总动力(万千瓦)	农田有效灌溉面积(千公顷)	化肥施用折纯量(万吨)	农村用电量(亿千瓦时)	农药使用量(万吨)
全 省	**4859.00**	**7202.20**	**9429.30**	**4989.20**	**601.68**	**237.369**	**11.91**
郑 州 市	234.26	294.4	446.48	187.77	22.43	37.89	0.44
开 封 市	242.85	394.0	645.88	316.78	26.52	7.50	0.61
洛 阳 市	306.82	355.6	427.05	138.22	21.54	19.13	0.38
平 顶 山 市	240.75	312.9	319.44	194.73	32.34	6.45	0.34
安 阳 市	281.64	394.6	529.82	293.27	38.25	23.66	0.51
鹤 壁 市	63.96	96.1	207.36	84.44	6.06	2.15	0.15
新 乡 市	240.52	403.0	635.02	327.10	45.61	43.48	0.86
焦 作 市	142.89	181.7	359.76	161.23	21.39	10.80	0.45
濮 阳 市	183.99	248.5	392.54	215.86	25.7	5.61	0.44
许 昌 市	224.68	325.6	346.54	234.75	29.33	8.48	0.54
漯 河 市	126.11	165.7	238.69	147.31	13.85	4.25	0.23
三 门 峡 市	94.37	164.4	154.39	52.44	8.97	2.81	0.22
南 阳 市	**546.23**	**941.8**	**1044.40**	**456.07**	**75.35**	**16.20**	**1.86**
商 丘 市	437.34	666.6	1067.60	605.66	57.47	14.71	1.43
信 阳 市	402.59	568.9	380.75	444.80	41.91	9.54	0.82
周 口 市	582.73	826.2	976.52	590.18	68.4	11.57	1.98
驻 马 店 市	481.96	827.5	1156.70	518.24	64.47	11.63	0.6
济 源 市	25.44	34.8	100.24	20.35	2.1	1.52	0.05

21-9 畜牧业、渔业生产情况

(2008 年)

	肉类产量(万吨)	#猪肉	牛 肉	羊 肉	大牲畜年底头数(万头)	#役 畜	猪年底头数(万头)	水产品产量(吨)	禽蛋产量(万吨)
全 省	**584.50**	**367.10**	**84.10**	**26.50**	**1097.55**	**251.62**	**4462.00**	**858600**	**371.70**
郑 州 市	21.89	14.21	2.05	0.76	28.86	4.52	156.70	129573	19.44
开 封 市	33.55	23.05	5.24	2.28	59.96	0.89	324.00	34815	20.54
洛 阳 市	22.07	14.21	4.80	0.72	69.14	21.55	190.80	34665	34.53
平 顶 山 市	33.28	20.95	5.34	1.28	89.93	20.62	258.63	31103	16.07
安 阳 市	18.76	12.51	1.03	0.71	31.74	4.62	173.00	9089	6.59
鹤 壁 市	21.55	7.00	0.32	0.52	5.59	0.94	73.00	8092	8.01
新 乡 市	31.54	21.08	3.55	1.22	53.48	1.54	245.50	37441	22.90
焦 作 市	17.41	10.39	2.60	0.47	25.20	0.10	145.00	12209	17.93
濮 阳 市	18.23	10.21	1.62	1.13	30.21	2.10	135.20	10114	5.69
许 昌 市	34.22	24.71	3.70	1.30	55.61	10.14	250.04	8000	5.55
漯 河 市	24.77	20.39	1.19	0.30	14.67	0.96	195.77	11278	13.48
三 门 峡 市	7.18	4.33	2.03	0.27	41.47	20.55	64.00	6556	3.06
南 阳 市	**63.95**	**39.59**	**13.12**	**3.91**	**167.21**	**77.30**	**528.10**	**90500**	**29.59**
商 丘 市	48.20	28.55	9.51	4.21	97.18	3.07	331.80	71062	21.43
信 阳 市	51.75	28.78	3.11	1.03	70.30	37.48	291.50	207621	1.09
周 口 市	60.79	41.18	9.15	3.74	93.93	1.03	470.60	53957	9.18
驻 马 店 市	72.10	49.82	10.98	2.35	159.28	43.07	635.30	90187	10.39
济 源 市	3.77	3.08	0.31	0.05	3.79	1.14	40.87	10500	2.57

21—10 财政与金融

(2008年)

单位:亿元

	财政一般预算收入	#税收收入	财政一般预算支出	#农林水事务	教育	金融机构年末存款余额	金融机构年末贷款余额	居民储蓄存款
全省	**1008.90**	**742.27**	**2281.61**	**209.59**	**661.40**	**15255.42**	**10368.05**	**9515.82**
郑州市	260.39	208.58	289.50	21.04	51.76	4916.39	3612.29	2067.22
开封市	26.13	17.98	74.47	7.04	14.38	442.69	244.57	345.08
洛阳市	116.57	87.42	170.41	16.05	32.39	1395.25	663.27	840.25
平顶山市	62.52	48.90	102.65	8.80	18.85	812.76	442.75	540.29
安阳市	50.06	37.03	95.18	9.39	23.22	748.07	385.32	526.51
鹤壁市	15.87	11.13	32.42	2.84	6.11	206.12	162.45	146.46
新乡市	48.77	34.38	99.23	10.43	21.41	759.57	506.15	543.99
焦作市	49.18	35.99	81.25	7.03	14.73	554.69	342.06	399.93
濮阳市	25.30	19.55	63.87	7.10	16.05	443.42	154.94	337.32
许昌市	41.61	32.64	76.60	6.32	16.06	523.08	378.65	388.35
漯河市	19.20	15.42	44.88	3.93	8.63	288.31	206.37	195.29
三门峡市	36.70	29.61	65.38	7.54	12.57	421.86	214.42	294.49
南阳市	**51.29**	**38.50**	**163.25**	**18.36**	**34.40**	**921.18**	**550.91**	**687.44**
商丘市	31.59	24.02	117.94	10.69	35.86	602.73	409.97	472.86
信阳市	24.99	17.58	119.94	16.87	30.34	728.17	353.63	571.31
周口市	25.49	17.86	128.83	11.56	34.74	663.65	395.20	564.87
驻马店市	25.61	18.90	108.65	12.11	25.19	657.34	335.05	513.56
济源市	18.08	14.49	24.34	3.17	4.02	113.95	80.04	80.60

21—11 教育情况

(2008年)

	在校学生数(人)		小学适龄人口入学率(%)	小学在校生巩固率(%)	初中适龄人口入学率(%)	初中在校生巩固率(%)
	小学	普通中学				
全省	**10365983**	**6914582**	**99.9**	**99.0**	**99.17**	**95.55**
郑州市	568676	477004	100.0	103.0	99.92	93.24
开封市	488680	314082	100.0	99.5	98.55	95.63
洛阳市	630376	444700	100.0	95.3	99.76	90.73
平顶山市	412983	268543	100.0	90.0	99.39	84.95
安阳市	476780	306618	99.8	98.0	98.44	91.60
鹤壁市	178521	106211	100.0	100.0	99.73	96.57
新乡市	549095	346491	100.0	96.3	99.00	99.82
焦作市	320953	234556	100.0	99.2	86.32	93.32
濮阳市	444584	313459	100.0	105.2	99.98	100.91
许昌市	392743	313328	99.1	100.5	97.81	99.95
漯河市	213832	161650	100.0	98.1	99.36	99.63
三门峡市	186011	159470	100.0	93.2	100.00	102.38
南阳市	**990287**	**572466**	**99.7**	**99.6**	**97.98**	**98.92**
商丘市	1119598	729161	99.9	99.3	98.08	96.79
信阳市	863371	613842	100.0	99.9	99.71	93.72
周口市	1476761	903083	100.0	100.0	99.58	94.87
驻马店市	1001232	605786	100.0	100.0	100.00	97.59
济源市	51500	44132	100.0	91.7	100.00	96.90

21－12 内外贸易及入境旅游

（2008年）

	社会消费品零售总额（亿元）	进出口总额（万美元）	#出口	实际利用外商直接投资（万美元）	入境旅游人数（人次）	国际旅游收入（万美元）
全省	**5662.55**	**1747934**	**1071890**	**403266**	**1043092**	**37443**
郑州市	1206.25	428993	296156	140078	291500	12650
开封市	258.55	18261	13938	6511	145027	3481
洛阳市	577.08	189087	135342	89976	307401	11285
平顶山市	245.80	70039	53049	12507	7950	276
安阳市	245.78	250086	122090	10177	34646	911
鹤壁市	67.47	16327	15194	10578	5083	156
新乡市	277.79	125830	79907	22537	8800	254
焦作市	221.78	147654	88635	5609	138536	5152
濮阳市	166.16	51383	34206	1172	16009	621
许昌市	248.57	89110	68675	11700	6794	171
漯河市	157.12	19792	7617	20438	4684	213
三门峡市	144.09	14034	11967	23411	30731	652
南阳市	**568.61**	**87640**	**69255**	**11635**	**9850**	**512**
商丘市	287.85	10700	7999	6026	7193	165
信阳市	312.42	26813	5622	7841	5051	225
周口市	344.09	40843	12286	10577	11455	322
驻马店市	269.11	14518	11818	7238	5300	221
济源市	50.20	146764	38084	5255	7082	176

21－13 单位GDP能耗、电耗和工业增加值能耗

（2008年）

	单位GDP能耗		单位GDP电耗		单位工业增加值能耗	
	指标值（吨标准煤/万元）	比上年升降（±%）	指标值（吨标准煤/万元）	比上年升降（±%）	指标值（吨标准煤/万元）	比上年升降（±%）
全省	**1.219**	**-5.10**	**1266.2**	**-2.77**	**3.079**	**-10.83**
郑州市	1.187	-6.28	1468.1	-2.40	2.129	-10.51
开封市	1.117	-4.50	737.2	-5.24	1.930	-7.80
洛阳市	1.364	-5.12	1687.6	-6.99	2.622	-7.27
平顶山市	2.009	-5.85	1454.0	-0.16	3.171	-9.17
安阳市	2.419	-6.78	1464.8	-5.85	4.257	-10.48
鹤壁市	1.622	-1.26	1229.4	5.56	2.772	-6.79
新乡市	1.494	-6.44	1435.0	5.33	2.780	-11.38
焦作市	1.991	-5.57	2105.7	-0.76	3.430	-9.31
濮阳市	1.696	-5.46	814.8	-8.04	2.461	-8.12
许昌市	1.212	-4.65	630.2	0.39	2.207	-8.95
漯河市	1.120	-5.16	733.7	-5.39	1.398	-9.27
三门峡市	1.640	-9.01	1966.5	-8.40	2.853	-12.20
南阳市	**1.238**	**-3.55**	**835.3**	**-1.47**	**2.051**	**-6.00**
商丘市	1.283	-5.41	1466.4	-4.36	2.797	-10.42
信阳市	1.209	-4.65	687.9	-2.13	3.204	-10.04
周口市	1.094	-5.27	508.7	-0.23	1.735	-9.23
驻马店市	1.128	-4.90	778.5	-6.08	2.428	-7.70
济源市	2.375	-6.13	2116.0	6.86	4.747	-9.74

21-14 公路交通客货运输

(2008年)

	客运量（万人）	旅客周转量（亿人公里）	货运量（万吨）	货物周转量（亿吨公里）
全省	**122414**	**808.32**	**118198**	**2995.15**
郑州市	21395	96.43	11387	160.58
开封市	4125	35.50	4127	75.21
洛阳市	9009	71.99	8372	174.72
平顶山市	6536	33.06	6501	86.79
安阳市	5357	28.04	12442	388.72
鹤壁市	5627	13.15	4210	94.52
新乡市	5068	22.32	5184	90.88
焦作市	3733	20.90	8038	471.20
濮阳市	3376	20.63	2375	62.78
许昌市	5354	29.19	9740	211.10
漯河市	2645	21.27	2132	34.05
三门峡市	2934	12.80	2486	40.64
南阳市	**11231**	**103.11**	**9739**	**216.07**
商丘市	8873	57.70	11713	370.03
信阳市	5776	58.42	3478	61.31
周口市	7300	101.37	5739	243.43
驻马店市	11915	76.70	8439	192.26
济源市	2161	5.74	2097	20.86

21-15 城乡居民家庭人均收支

(2008年)

单位:元

	城镇居民家庭人均				农村居民家庭人均			
	可支配收入	消费性支出	#食品	恩格尔系数（%）	纯收入	生活消费支出	#食品	恩格尔系数（%）
全省	**13231**	**8837**	**3080**	**34.8**	**4454**	**3044**	**1166**	**38.3**
郑州市	15732	9700	3371	34.8	7548	4575	1436	31.4
开封市	11342	8623	3075	35.7	4355	2611	907	34.8
洛阳市	14672	9957	3506	35.2	4597	3578	1296	36.2
平顶山市	13531	9555	3285	34.4	4420	2622	1079	41.2
安阳市	13637	8734	2817	32.3	5190	3113	1035	33.2
鹤壁市	12491	7683	2521	32.8	5495	2966	1184	39.9
新乡市	13000	9323	3147	33.8	5038	3565	1207	33.8
焦作市	13199	9179	3010	32.8	6130	3706	1181	31.9
濮阳市	12731	8700	3053	35.1	4065	2335	932	39.9
许昌市	12448	8827	2772	31.4	5840	3301	1098	33.3
漯河市	12364	8777	2961	33.7	5230	2860	1004	35.1
三门峡市	12392	8933	2892	32.4	4680	3319	1255	37.8
南阳市	**12395**	**8362**	**2864**	**34.3**	**4570**	**3256**	**1291**	**39.7**
商丘市	11752	6969	2590	37.2	3750	2438	961	39.4
信阳市	11022	7752	3243	41.8	4272	3101	1571	50.7
周口市	10406	7838	2945	37.6	3605	2718	1073	39.5
驻马店市	11305	7964	2773	34.8	3900	2807	1251	44.6
济源市	13809	8131	2184	26.9	6176	3401	1298	38.2

22

鄂豫川陕四省九市主要经济指标

资料整理：曲桂琴　王兰芝

鄂豫川陕四省九市主要经济指标

	年末总人口(万人)						地区生产总值(当年价)(亿元)					
	1978	1990	2000	2005	2007	2008	1978	1990	2000	2005	2007	2008
襄樊	429.81	508.78	572.55	577.22	582.00	584.38	13.95	73.52	368.42	592.33	785.45	1002.46
荆门	232.87	271.52	298.75	291.07	298.60	300.11	9.02	45.95	205.53	310.29	420.08	520.4
十堰	283.63	326.80	340.82	343.68	348.90	351.03	7.20	42.02	180.12	312.96	411.42	487.64
南阳	**821.90**	**985.00**	**1049.00**	**1074.58**	**1085.48**	**1091.31**	**18.43**	**90.79**	**519.66**	**1053.43**	**1376.33**	**1636.43**
安康	254.38	284.34	292.43	294.94	300.00	300.07	4.95	21.65	74.80	137.85	187.37	233.70
商洛	201.58	231.11	236.72	241.98	243.23		3.16	13.83	55.47	100.16	135.80	
渭南	410.89	481.32	529.02		547	552	10.88	44.74	163.7	312.42	424.88	517.31
汉中	330.77	358.91	369.00	376.56	379.37		8.49	39.33	119.23	216.58	292.41	
达州			629.80	642.90	650.11	655.87			174.30	342.56	510.41	603.99

	第一产业(亿元)						第二产业(亿元)					
	1978	1990	2000	2005	2007	2008	1978	1990	2000	2005	2007	2008
襄樊	6.49	32.78	97.17	121.92	140.03	175.60	4.54	25.49	138.08	246.55	342.43	450.92
荆门	4.70	23.29	58.80	78.07	103.38	129.10	2.93	14.64	73.90	112.47	159.96	206.90
十堰	2.83	10.57	25.66	35.78	45.76	57.77	3.04	24.17	86.91	151.04	197.83	224.95
南阳	**10.37**	**41.20**	**153.70**	**275.76**	**302.04**	**344.48**	**5.90**	**26.88**	**237.66**	**527.99**	**7104.78**	**856.01**
安康	2.82	10.02	22.76	35.56	48.69	63.80	1.17	4.77	20.29	39.55	59.06	76.00
商洛	2.32	6.30	17.27	24.61	34.10		0.63	3.17	18.19	35.28	49.60	
渭南	4.70	17.51	40.05	56.77	80.19	96.26	3.76	16.47	57.26	144.31	197.21	243.46
汉中	4.34	16.18	31.41	46.09	66.76		2.18	13.86	38.41	85.49	116.07	
达州			74.50	116.70	163.49	185.01			41.70	115.68	199.70	245.72

	其中:工业增加值(亿元)						第三产业(亿元)					
	1978	1990	2000	2005	2007	2008	1978	1990	2000	2005	2007	2008
襄樊	4.09	23.14	121.22	221.39	311.18	412.92	2.91	15.25	133.15	223.86	302.99	375.94
荆门	2.59	13.15	65.92	99.56	148.64	191.89	1.39	8.01	72.85	119.75	156.74	184.40
十堰					184.11	210.05	1.34	7.29	67.55	126.14	167.83	204.92
南阳	**4.93**	**24.41**	**214.23**	**468.18**	**641.4**	**768.21**	**2.16**	**22.71**	**128.30**	**249.68**	**359.90**	**435.95**
安康			12.41	26.18	40.86	51.5	0.96	6.87	31.75	62.73	79.62	93.90
商洛	0.54	2.15	7.38	16.35	24.11		0.66	4.36	20.00	40.27	52.10	
渭南	3.01	13.38	42.87	127.33	173.84	212.5	2.41	13.52	58.84	111.34	147.48	177.59
汉中	1.68	12.48	26.77	64.85	88.56		1.97	9.28	49.41	85.00	109.58	
达州			35.2	88.72	157.08	205.21			58.1	110.18	147.22	173.26

鄂豫川陕四省九市主要经济指标

	生产总值指数(以上年为100)(%)									
	2007	2008	第一产业		第二产业		#工业		第三产业	
			2007	2008	2007	2008	2007	2008	2007	2008
襄樊	114.0	114.6	106.8	105.5	116.7	117.2	117.6	118.3	114.6	115.8
荆门	112.8	114	105.2	106.4	117.4	120.5	117.4	120.7	113	111.8
十堰	116.4	110.7	104.3	106.3	124.3	106.8	124.3	107.5	111.5	116.3
南阳	**113.1**	**112.1**	**106.0**	**105.7**	**115.1**	**113.6**	**116.3**	**114.3**	**116.2**	**114.5**
安康	112.4	115.1	106.3	107.7	117.1	119.7	119.5	119.5	112.7	116
商洛	112.4		106.4		114.6		116.3		114.1	
渭南	112.8	115.2	104.9	107.6	114.7	116.5	114.9	116.5	114.4	116.9
汉中	112.8		108.0		115.0				113.1	
达州	114.5	114.1	104.6	103.2	125.5	123.7	128.8	128.5	111.2	111.3

	年末耕地面积(万公顷)						其中:水田(万公顷)					
	1978	1990	2000	2005	2007	2008	1978	1990	2000	2005	2007	2008
襄樊	45.73	42.90	41.30	40.06	40.96	42.17	19.59	19.64	17.91	20.37	20.55	20.51
荆门	28.66	26.69	25.65	24.94	25.37	25.58	18.97	17.98	17.25	17.30	17.67	17.82
十堰	24.45	20.73	18.15	14.42	15.78	16.78	4.37	3.83	3.58	3.74	3.80	3.85
南阳	**92.07**	**89.94**	**87.44**	**93.92**	**94.12**	**94.18**	**3.27**	**2.80**	**6.17**	**4.02**	**4.01**	**5.63**
安康	31.12	27.08	22.59	19.24	19.15	19.30	3.04	3.38	4.02	3.57	3.50	3.50
商洛	17.20	14.73	14.65	12.93	12.98		0.50	0.35	0.31	0.26	0.24	
渭南					52.00	55.00	0.11	0.11	0.07			
汉中	29.16	26.50	23.16	20.21	20.01		11.63	11.26	10.55	10.03	10.05	
达州			29.80	26.97	28.01	28.57			17.09	16.34	16.84	16.99

	旱地(万公顷)						农作物播种面积(万公顷)					
	1978	1990	2000	2005	2007	2008	1978	1990	2000	2005	2007	2008
襄樊	26.14	23.26	23.38	19.69	20.41	21.66	94.09	78.37	81.13	81.83	84.17	86.67
荆门	9.69	8.71	83.99	7.65	7.47	7.53	59.05	54.37	55.96	54.82	55.20	56.50
十堰	20.08	16.90	14.58	10.68	11.98	12.95	41.91	42.86	44.77	36.56	39.44	41.34
南阳	**88.8**	**87.14**	**81.27**	**89.9**	**90.11**	**88.72**	**137.91**	**153.06**	**169.29**	**189.79**	**189.15**	**183.70**
安康	28.08	23.70	18.57	15.67	15.65	15.80		43.72	49.21	48.02	40.18	42.10
商洛	16.70	14.38	14.33	12.67	12.74		29.88	27.78	30.79	30.98	30.63	
渭南	41.12	60.09	53.99		52	52	63.56	77.19	70.14		70.00	72.00
汉中	16.54	15.24	12.60	10.18	9.96		49.87	46.06	45.97	47.42	40.86	
达州			12.71	10.63	11.17	11.58			74.26	80.01	82.41	82.97

鄂豫川陕四省九市主要经济指标

	粮食总产量(万吨)						夏粮总产量(万吨)					
	1978	1990	2000	2005	2007	2008	1978	1990	2000	2005	2007	2008
襄樊	168.03	323.48	307.05	329.51	394.79	413.12	58.65	123.21	97.80	118.09	159.40	173.42
荆门	135.10	229.65	203.78	210.76	231.88	240.50	19.38	40.02	24.86	26.72	49.71	44.47
十堰	77.61	607.43	93.11	79.05	93.32	108.01	22.97	43.22	23.17	22.41	29.23	31.72
南阳	**209.88**	**397.52**	**378.05**	**465.88**	**550.40**	**569.66**	**95.96**	**228.93**	**202.33**	**285.50**	**333.70**	**350.01**
安康	72.27	95.33	98.24	99.88	75.23	82.10		34.25	27.70	29.15	26.70	28.40
商洛	52.35	62.23	74.72	70.62	68.65		16.46	26.61	23.14	23.21	19.85	
渭南	116.81	174.76	183.67		218.24	229.00	46.89	123.18	109.92		108.91	121.00
汉中	123.79		124.50	111.69	121.76			36.70	30.99	25.37	28.54	
达州			288.54	290.26	277.01	289.60			232.90	235.82	57.68	58.66

	秋粮(万吨)						棉花(万吨)					
	1978	1990	2000	2005	2007	2008	1978	1990	2000	2005	2007	2008
襄樊	109.38	220.27	209.25	211.42	235.38	239.7	3.84	5.10	4.12	3.01	3.67	4.26
荆门	115.72	189.63	178.92	184.04	182.17	196.03	3.16	4.46	3.08	4.34	4.56	4.28
十堰				56.64	64.09	76.29	0.07	0.01	0.01	0.01	0.01	0.01
南阳	**113.92**	**169.00**	**175.72**	**180.38**	**216.7**	**219.65**	**5.52**	**9.30**	**11.85**	**11.85**	**12.24**	**10.92**
安康		61.08	70.54	70.73	48.50	53.70						
商洛	35.89	35.62	51.58	47.41	48.80							
渭南	69.92	51.58	73.75		109.33	108.00	3.67	5.65	2.35		8.04	9.00
汉中		104.62	93.51	86.32	93.22		0.01	0.01	0.02			
达州			55.64	54.44	219.33	230.94				0.004	26.00	35.00

	油料(万吨)						蔬菜(万吨)					
	1978	1990	2000	2005	2007	2008	1978	1990	2000	2005	2007	2008
襄樊	2.91	10.02	39.93	37.48	28.01	31.10		125.65	409.15	336.04	309.78	309.91
荆门	1.23	7.01	35.87	36.66	24.89	34.75	2.94	61.81	203.45	165.21	146.3	158.22
十堰	1.13	3.05	5.91	6.97	7.25	8.40	8.67	10.97	92.69	107.67	101.43	112.23
南阳	**2.71**	**17.71**	**53.34**	**90.46**	**98.87**	**101.98**		**88.74**	**678.47**	**10000**	**1084.46**	**878.31**
安康	0.67	2.65	4.02	7.31	7.96	9.50			25.59	63.02	72.30	84.70
商洛	0.20	0.53	1.26	1.15	1.33			8.63	17.08	31.28	32.89	
渭南	0.46	7.56	8.89		6	7		28.45	56.3		78	96
汉中	1.68	6.40	10.54	14.69	15.22			61.05	101.9	102.42	132.02	
达州			18.57	26.01	26.18	28.47				221.31	241.25	250.65

鄂豫川陕四省九市主要经济指标

	水果（万吨）						肉类总产量（万吨）					
	1978	1990	2000	2005	2007	2008	1978	1990	2000	2005	2007	2008
襄　樊		10.31	37.36	45.82	49.65	47.52		13.85	36.07	45.66	64.50	56.55
荆　门	0.32	1.83	31.62	27.68	31.41	34.29	4.75	9.86	17.81	25.97	26.26	32.45
十　堰	2.63	3.51	8.01	11.58	17.51	2.64	3.05	8.26	11.83	13.32	11.96	14.90
南　阳	**2.91**	**2.82**	**20.71**	**38.00**	**46.33**	**56.65**		**15.13**	**49.68**	**61.07**	**59.71**	**63.95**
安　康	3.94	1.58	2.45	8.30	11.72	13.90	1.65	6.43	8.79	14.42	18.80	16.60
商　洛		4.40	4.18	5.40	5.61		1.53	4.51	8.79	12.87	14.75	
渭　南	6.67	13.74	131.95		157.39	180.00		4.12	8.67		14.11	11.00
汉　中	2.35	2.13	6.21	19.84	26.35		3.50	9.87	15.78	22.33	26.43	
达　州			15.29	33.55	33.21				56.29	76.01	65.13	66.99

	水产品（万吨）						农林牧渔总值（现价）（亿元）					
	1978	1990	2000	2005	2007	2008	1978	1990	2000	2005	2007	2008
襄　樊		2.12	13.93	15.94	19.87	14.69	10.45	46.37	154.49	214.30	269.37	321.30
荆　门	0.43	4.91	21.00	24.02	30.38	32.04	6.48	32.01	96.96	135.52	180.73	226.61
十　堰	0.09	0.70	2.09	2.67	2.50	5.00	4.61	15.31	44.10	60.24	77.39	96.44
南　阳		**1.22**	**4.71**	**7.35**	**8.53**	**9.05**	**12.52**	**61.80**	**264.10**	**475.45**	**513.67**	**586.31**
安　康	0.29	0.12	0.19	0.50	0.20	0.20	3.29	13.21	39.29	62.34	82.55	108.20
商　洛		0.04	0.11	0.14	0.14		3.18	9.68	29.49	43.33	57.80	
渭　南		0.50	1.25			2.00	6.89	27.36	68.91		136.00	167.30
汉　中	0.07	0.54	1.22	1.82	20.20			24.82	55.15	83.22	114.63	
达　州			4.05	6.98	8.57	9.10			117.14	191.67	268.39	305.90

	农业总产值（亿元）						林业总产值（亿元）					
	1978	1990	2000	2005	2007	2008	1978	1990	2000	2005	2007	2008
襄　樊	7.99	32.94	102.45	123.30	142.83	169.50	0.38	1.59	5.16	4.38	4.21	4.80
荆　门	5.26	21.36	60.27	75.86	87.28	102.10	0.16	0.86	2.13	2.36	2.68	3.19
十　堰	3.42	8.88	26.11	36.62	44.93	57.37	0.52	1.72	3.31	2.49	3.34	3.16
南　阳	**10.41**	**48.05**	**169.52**	**264.11**	**312.00**	**346.45**	**0.43**	**1.81**	**9.40**	**14.46**	**16.60**	**19.84**
安　康	2.42	7.66	28.31	40.78	49.81	62.30	0.23	1.52	2.53	2.75	3.97	4.90
商　洛	2.29	6.26	18.71	23.90	29.50		0.41	1.00	2.66	3.86	5.00	
渭　南	5.76	21.22	53.33		93.86	111.40	0.21	1.00	3.67		7.05	8.90
汉　中		12.88	38.5	50.02	67.53			2.05	3.45	4.35	5.70	
达　州			58.36	78.59	108.72	123.20			3.59	4.85	7.65	8.40

鄂豫川陕四省九市主要经济指标

	牧业总产值(亿元)						渔业总产值(亿元)					
	1978	1990	2000	2005	2007	2008	1978	1990	2000	2005	2007	2008
襄樊	2.05	11.03	39.20	73.64	102.69	127.40	0.03	0.79	7.68	9.79	13.31	12.30
荆门	0.95	7.90	21.11	35.32	59.30	79.87	0.12	1.90	13.45	18.72	27.33	36.50
十堰	0.65	4.48	13.55	18.69	24.67	29.88	0.01	0.24	1.14	1.86	3.76	5.20
南阳	**1.65**	**11.50**	**82.02**	**177.92**	**161.42**	**197.82**	**0.02**	**0.44**	**3.16**	**5.30**	**9.64**	**7.04**
安康	0.64	3.98	8.26	16.50	23.60	35.20		0.06	0.13		0.41	0.50
商洛	0.48	2.40	8.00	14.02	21.50			0.02	0.12	0.13	0.14	
渭南	0.64	3.82	11.11		27.45	37.90		0.17	0.78		0.82	1.10
汉中		5.88	12.43	24.29	35.56			0.21	0.76	1.14	1.66	
达州			52.50	100.21	140.01	160.60			2.69	4.84	7.79	9.10

	农林牧渔总产值指数(以上年为100)									
	2008	2007	农业		林业		牧业		渔业	
			2008	2007	2008	2007	2008	2007	2008	2007
襄樊	119.3	120.9	119.3	108.9	113.3	77.1	118.7	146.7	124.1	124.9
荆门	106.3	108.4	99.6	104.3	103.9	104.2	117.2	107.7	127.9	109.5
十堰	107.8	105.6	101.0	114.3	105.8	87.3	109.0	100.2	162.3	97.1
南阳	**105.7**	**104.1**	**104.8**	**104.9**	**105.9**	**106.9**	**102.2**	**107.1**	**106.8**	**103.8**
安康	107.9	107.3	108.0	105.6	124.3	110.4	109.1	112.8	117.4	104.3
商洛		107.0	104.2				113.7		92.5	
渭南	107.9	107.5	107.0	107.6	115.2	106.7	109.6	109.2	88.3	93.5
汉中		108.1	109.1		109.4		106.3		106.8	
达州	103.3	104.8	104.2	140.1	105.3	102.7	104.6	101.5	112.9	103.0

	限额以上工业增加值(亿元)						规模以上工业利税总额(亿元)					
	1978	1990	2000	2005	2007	2008	1978	1990	2000	2005	2007	2008
襄樊			88.89	161.91	225.87	318.32	2.09	6.03	25.47	25.68	35.98	43.44
荆门			41.94	80.16	122.81	125.00	1.43	4.79	10.25	19.81	38.89	
十堰			53.86	122.11	179.10	202.38	0.98	10.60	7.67		22.95	72.64
南阳			**98.37**	**225.12**	**351.32**	**468.18**			**17.00**	**87.72**	**169.18**	**209.34**
安康			9.13	15.79	34.70	40.80		1.34	2.86	4.31	9.88	7.40
商洛				9.80	16.60			0.37	1.97	5.10	7.32	
渭南				129.27	157.83	194.49		3.01	3.84		15.10	17.13
汉中			20.31	49.77	71.21				0.99	10.31	25.90	
达州			14.15	59.24	138.81	194.13			2.20	12.09	24.35	32.53

鄂豫川陕四省九市主要经济指标

	规模以上工业利润(亿元)						全社会固定资产投资(亿元)					
	1978	1990	2000	2005	2007	2009	1978	1990	2000	2005	2007	2008
襄　樊	2.76	1.28	8.78	18.77	25.62	34.71	0.76	10.26	80.47	156.62	265.80	373.77
荆　门	0.83	0.60	-0.49	4.01	17.49	25.44	2.19	5.92	57.12	104.15	153.25	210.08
十　堰	0.63	6.31	-3.95	20.98	32.30	45.87	1.57	6.66	34.81	103.63	141.67	185.44
南　阳			**5.34**	**45.54**	**90.81**	**106.16**	**2.86**	**15.37**	**117.62**	**413.00**	**699.63**	**895.83**
安　康		0.70	0.31	0.22	5.86	3.40	1.16	4.56	26.84	62.31	99.14	151
商　洛		0.13	1.00	3.28	4.13		0.42	2.57	20.65	37.20	133.20	
渭　南		-0.04	-1.32		5.31	4.58	3.51	7.44	44.49		188.02	308.53
汉　中			-3.14	-0.97	9.40		0.39	4.06	33.00	75.00	120.05	
达　州			-0.45	4.67	11.47	15.07			39.52	165.46	306.60	418.73

	城镇以上固定资产投资(亿元)						其中:工　业　投　资(亿元)					
	1978	1990	2000	2005	2007	2008	1978	1990	2000	2005	2007	2008
襄　樊				112.54	236.46	338.59				66.30	132.16	182.64
荆　门			35.23	79.05	125.28	181.90			13.56	50.10	65.97	104.73
十　堰				71.49	131.90	171.52			10.66	43.43	50.66	75.27
南　阳			**70.74**	**292.03**	**554.23**	**708.55**			**26.54**	**101.47**	**311.82**	**442.15**
安　康			26.81	47.59	83.19	125.50				15.24	32.80	47.40
商　洛				29.65	105.00						20.80	
渭　南				92.21	164.31	285.60					83.48	161.96
汉　中			22.24	54.74	94.70							
达　州			18.53	89.18	259.73	333.66			6.44	69.77		

	房　地　产　投　资(亿元)						社会消费品零售额(亿元)					
	1978	1990	2000	2005	2007	2008	1978	1990	2000	2005	2007	2008
襄　樊		0.39	5.66	22.09	36.87	46.21	4.70	30.89	142.41	241.21	328.87	410.29
荆　门		0.11	1.20	5.31	11.38	16.84	3.94	21.97	72.69	112.01	151.57	188.87
十　堰				20.95	26.05	28.99	2.50	13.52	68.45	125.06	170.19	210.18
南　阳		**0.13**	**5.04**	**16.54**	**32.36**	**42.52**	**6.98**	**31.86**	**183.11**	**339.65**	**462.15**	**568.61**
安　康		0.01	3.36	6.58	6.32	9.80	1.69	8.85	27.68	46.38	62.60	78.20
商　洛		0.05	0.21	1.77	2.32		1.29	5.21	15.67	36.60	48.72	
渭　南		0.13	1.95		16.11	22.32	4.43	20.28	41.14		121.45	156.67
汉　中			6.14	13.49	22.85		3.29	14.49	40.85	64.15	87.00	
达　州			1.95	19.64	39.54	42.22			63.61	128.80	175.21	212.30

鄂豫川陕四省九市主要经济指标

	对外贸易进出口总额(万美元)						其中:进口总额(万美元)					
	1978	1990	2000	2005	2007	2008	1978	1990	2000	2005	2007	2008
襄樊			8575	27403	40295	52461			3548	13035	12576	14932
荆门			5058	11677	21880	32651				2111	4536	11720
十堰			6605	11292	10627	21147			3393	3584	2398	2378
南阳		**32**	**10462**	**30296**	**59409**	**87640**			**3249**	**6869**	**9557**	**18385**
安康				119.2	350	1043					1200	11200
商洛			348	122	882				449		567	
渭南			558		14903	11993			142		2612	2681
汉中			1575		2944				532		739	
达州			331	702	3212	8312					52	3754

	出口总额(万美元)						一般预算收入(亿元)					
	1978	1990	2000	2005	2007	2008	1978	1990	2000	2005	2007	2008
襄樊			5027	13829	27719	37529			17.21	18.40	24.02	30.06
荆门			5085	8566	17344	20931			7.63	9.34	12.06	14.70
十堰			3212	7708	8229	18769				11.37	15.59	19.89
南阳		**32**	**7213**	**23427**	**49852**	**69255**				**28.83**	**44.83**	**51.29**
安康				189	349	1032			3.36	3.46	5.81	7.50
商洛			348	122	315				3.00	2.46	4.94	
渭南			416		12291	9312					16.06	21.40
汉中			1043		2205				5.20	6.40	23.99	
达州			331	702	3160	4558			5.56	8.71	15.83	20.10

	一般预算支出(亿元)						金融机构各项存款(亿元)					
	1978	1990	2000	2005	2007	2008	1978	1990	2000	2005	2007	2008
襄樊			24.46	40.28	58.41			34.62	251.01	559.76	683.62	831.70
荆门			11.48	25.47	38.66	48.91	1.73	21.47	127.82	267.05	344.46	425.48
十堰				33.42	54.03	71.41	2.25	20.02	185.12	406.03	474.78	578.29
南阳				**76.88**	**138.20**	**163.25**		**31.72**	**313.13**	**625.99**	**786.98**	**921.18**
安康			9.70	19.16	34.90	58.20		10.29	81.25	163.58	225.43	300.20
商洛			8.00	15.36	32.16		0.83	7.26	67.35	131.38	205.16	
渭南					57.88	83.00	3.12	27.07	188.73		519.80	651.75
汉中			13.00	25.02	48.41		2.54	19.27	154.46	307.97	404.58	
达州			14.94	47.52	78.57	104.51			183.10	377.43	504.55	634.35

鄂豫川陕四省九市主要经济指标

	金融机构各项贷款(亿元)						年末公路通车里程(公里)					
	1978	1990	2000	2005	2007	2008	1978	1990	2000	2005	2007	2008
襄　樊	5.81	68.87	225.54	259.66	344.84	373.40	5348	4984	13543	13571	24582	10000
荆　门	2.76	35.32	123.65	156.63	201.91	206.41	1147	1250	3267	5575	9405	9437
十　堰	3.55	39.67	150.06	161.51	193.05	235.14	4048	6888	7636	8922	16728	17297
南　阳	**8.67**	**49.63**	**305.78**	**441.84**	**565.51**	**550.92**	**4256**	**5559**	**6529**	**7929**	**36504**	
安　康	1.56	14.18	79.93	97.47	125.50	138.80	5001	5002	5597	6369	15478	17993
商　洛	1.56	11.97	53.74	66.54	86.00		3702	4654	5800	6371	7585	
渭　南	5.31	40.08	169.02		291.22	319.85	3505	4594	5040		14914	17381
汉　中	3.77	27.57	150.31	150.12	179.26		4648	6362	6998		13677	
达　州			132.52	162.04	214.70	219.83				10241	11696	14866

	客运周转量(亿人公里)						货运周转量(亿吨公里)					
	1978	1990	2000	2005	2007	2008	1978	1990	2000	2005	2007	2008
襄　樊	2.84	13.25	25.38	29.39	35.94	38.10	2.64	14.94	44.55	42.75	45.12	47.84
荆　门	0.64	8.86	19.83	23.47	25.03	26.65	0.75	4.43	20.16	27.98	31.75	33.63
十　堰	1.37	4.52	14.80	18.13	20.65	22.55	0.92	2.69	6.11	8.67	9.59	8.17
南　阳	**3.91**	**18.38**	**35.37**	**43.13**	**57.47**	**103.11**	**2.56**	**6.11**	**33.83**	**41.69**	**58.95**	**221.83**
安　康	0.73	2.69	15.91	28.16	40.66	47.30	0.47	0.94	12.51	16.92	26.88	36.70
商　洛	1.41	3.54	10.32	24.69	24.26		0.40	1.28	3.53	5.84	6.56	
渭　南	1.88	8.58	14.79		33.58	39.78	0.51	0.44	15.09		35.49	43.28
汉　中			14.61	20.08	24.05				5.25	8.12	9.66	
达　州			22.89	26.57	25.31				16.05	16.78	16.97	19.42

	邮电业务总量(万元)						职工年平均工资(元)					
	1978	1990	2000	2005	2007	2008	1978	1990	2000	2005	2007	2008
襄　樊	715	4407	45400	140000	179400	201100	540	1698	6110	10156	14718	16925
荆　门	255	1842	31400	80800	100100	108000	538	1822	6920	11571	17199	19716
十　堰	291	1717	41126	79800	106500	122500	581	2130	7590	16316	17813	19181
南　阳	**545**	**3132**	**130500**	**418800**	**377800**	**382977**	**509**	**1649**	**6164**	**11820**	**15996**	**17847**
安　康	219	924	23400	51700	83900	89000	508	1866	6766	11953	18266	22788
商　洛	152	996	11600	37300	57328		531	1848	6185	10426	14431	
渭　南	441	1535	37717		103700	176700	743	2139	6189		16792	21092
汉　中	339	2195	23400	82700	97500				6437	12248	17968	
达　州			70500	104300	157400	181700			6392	12469	17111	20504

鄂豫川陕四省九市主要经济指标

	城镇居民人均可支配收入(元)						农民人均纯收入(元)					
	1978	1990	2000	2005	2007	2008	1978	1990	2000	2005	2007	2008
襄樊		1368	5663	8145	10912	12292	126	699	2386	3191	4114	4880
荆门		1340	5704	8585	11075	12690	165	2486	2980	3738	4652	5332
十堰		1647	7130	10413	9389	10535	65	498	1487	1990	2490	2841
南阳		**1065**	**4430**	**7831**	**10713**	**12395**	**65**	**487**	**1889**	**2894**	**4014**	**4570**
安康	172	1090	4305	6388	8051	10150	87	449	1248	1799	2256	2770
商洛		1050	4551	7380	8870		58	354	1128	1513	1850	2401
渭南		1116	4116		8826	11001	120	511	1389		2409	2976
汉中			4117	6257	8209				1428	1893	2393	
达州			4318	6541	8551	9748			2030	2943	3591	4096

	城乡居民储蓄存款余额(亿元)						城镇居民人均居住面积(平方米)					
	1978	1990	2000	2005	2007	2008	1978	1990	2000	2005	2007	2008
襄樊	0.66	25.31	166.82	388.27	469.74	574.79		12.0	21.4	30.1	29.2	28.3
荆门	0.29	11.87	89.76	205.66	247.33	307.07		7.6	19.2	24.0	31.3	31.5
十堰	0.42	11.80	108.51	238.25	275.78	339.80		10.2	14.7	21.2	21.8	22.1
南阳	**0.88**	**26.47**	**229.59**	**468.45**	**578.50**	**687.44**		**14.1**	**20.0**	**28.7**	**28.0**	**27.8**
安康	0.23	6.41	51.84	109.66	147.96	192.50	5.5	11.2	20.4	25.4	28.7	32.3
商洛	0.36	6.99	49.07	95.85	138.06				14.8	30.1	35.0	
渭南	6.36	12.87	150.38		346.64	438.17		9.7	17.3		30.6	32.0
汉中			105.96	216.28	273.92				17.2	26.3	28.3	
达州			155.17	308.34	391.17	492.46				33.6	27.0	27.1

	农村居民人均居住面积(平方米)					
	1978	1990	2000	2005	2007	2008
襄樊	10.8	21.9	27.5	29.3	35.3	35.7
荆门		29.6	32.9	40.5	35.9	36.2
十堰		20.4	26.6	29.3	29.2	29.5
南阳		**14.0**	**23.5**	**26.0**	**29.3**	**29.8**
安康	9.0	16.8	23.3	29.9	31.1	32.8
商洛			20.0	28.7	31.1	
渭南		18.0	23.9		29.2	31.0
汉中			27.2	32.2	33.0	
达州			26.1	36.1	36.0	37.8

23

全国部分大中城市社会经济发展主要指标

资料整理：鲁　璐

全国部分大中城市社

(2008

	总人口(万人)	#非农业人口(万人)	行政区划面积(平方公里)	地区生产总值(亿元)	第一产业(亿元)	第二产业(亿元)	第三产业(亿元)
南阳市	**1091.31**	**381.95**	**26509**	**1636.43**	**344.48**	**856.01**	**435.95**
安阳市	542.00	119.50	7413	1036.10	143.00	647.40	245.70
白城市	202.90	80.70	25745	290.70	64.00	114.00	112.70
宝鸡市	376.25	95.25	18200	714.07	78.30	430.62	205.15
长治市	328.29	97.30	13896	682.13	32.47	432.92	216.74
朝阳市	340.90	93.70	19700	446.61	101.29	215.52	129.80
丹东市	242.70	98.71	15222	563.86	77.29	265.54	221.03
东营市	200.48	115.82	7923	2052.62	70.08	1570.93	411.61
福州市	635.95	262.91	11968	2284.16	234.90	1083.92	965.34
阜阳市	987.80	121.80	9775	541.30	165.60	180.70	195.00
邯郸市	928.08	299.70	12071	1990.40	230.30	1096.90	663.20
杭州市	677.64	340.76	16596	4781.16	178.64	2389.38	2213.14
合肥市	486.74	210.00	7047	1664.84	105.20	834.92	724.72
荷泽市	925.69	180.31	12239	821.79	195.51	415.15	211.13
鹤岗市	109.41	88.21	14648	184.69	44.49	80.47	59.74
葫芦岛市	280.40	86.70	10415	457.80	65.30	214.60	177.90
淮南市	240.90	113.00	2596	453.60	39.40	277.20	137
吉林市	433.60	211.90	27120	1300.20	167.20	635.30	497.60
佳木斯市	251.60	124.00	32704	398.50	126.10	82.90	189.50
焦作市	361.20	106.00	4071	1031.60	83.70	689.60	258.30
锦州市	310.20	123.40	9891	690.40	124.00	303.00	263.40
九江市	475.56	133.10	18823	700.60	83.86	384.95	231.79
克拉玛依市	38.62	37.99	9500	661.20	3.00	601.50	56.70
临沂市	1034.50		17184	1958.20	235.90	1001.70	720.60
牡丹江市	269.90	149.10	40583	501.10	83.80	176.50	240.80
盘锦市	129.20	104.70	4071	675.00	68.90	489.10	117.00
齐齐哈尔市	569.23	204.68	42469	665.88	153.00	231.52	281.36
秦皇岛市	285.85	120.10	7812	808.95	91.12	327.96	389.87
双鸭山市	150.50	93.70	22036	260.10	81.90	111.70	66.50
四平市	338.00	127.00	14080	597.00	194.00	208.00	195.00
铁岭市	305.93	97.98	12980	536.30	115.70	275.40	145.20
潍坊市	862.50	398.30	16005	2491.80	281.70	1455.00	755.10
湘潭市	288.97	82.50	5007	654.76	92.89	331.45	230.42
襄樊市	584.38	194.71	19724	1002.46	175.60	450.92	375.94
盐城市	811.71	303.82	16972	1603.26	275.26	778.40	549.60
扬州市	459.79	217.03	6634	1573.29	117.47	897.71	558.11
鹰潭市	116.11	33.89	3554	256.62	28.11	163.11	65.40
永城市	135.29	43.20	2000	239.89	40.62	153.53	45.74
张家口市	459.67	147.18	36808	720.37	118.89	316.73	284.75
舟山市	96.77	35.79	1440	490.25	49.18	226.44	214.63
遵义市	686.61	115.45	30762	655.73	117.44	313.13	225.16
景德镇市	156.52	62.64	5256	321.98	30.45	188.18	103.35

会经济发展主要指标

年）

人均地区生产总值（元）	地区生产总值增长率（%）	第一产业增长率（%）	第二产业增长率（%）	第三产业增长率（%）	人均地区生产总值增长率(%)	财政总收入（亿元）	#地方财政一般预算收入(亿元)	地方财政一般预算支出（亿元）
16367	**12.1**	**5.7**	**13.6**	**14.5**	**11.5**	**118.3**	**51.3**	**162.6**
19924	13.1	5.7	14.9	12.5	13.2		50.1	96.3
14327	20.2	6.1	23.9	24.3	20.0	23.1	10.9	60.5
18992	15.5	7.4	18.4	12.3	15.5	77.0	23.9	75.2
20821	10.2	4.0	10.1	11.5	9.7	159.6	62.6	97.2
13114	20.0	8.8	23.0	23.3	19.7	74.5	31.8	91.3
23223	16.1	8.0	20.7	13.7	16.0	78.9	37.6	79.5
102741	13.7	5.0	13.2	17.2	12.9	413.9	71.0	89.7
33615	13.0	4.8	15.8	11.7	12.0	288.2	168.9	176.0
6475	12.0	8.7	16.2	10.7	12.5	50.8	22.6	102.8
22651	11.1	6.2	15.4	13.5	12.8	182.7	77.5	155.1
70832	11.0	3.6	9.0	13.8	10.1	910.6	455.4	419.7
34482	17.2	7.3	21.7	13.3	15.1	301.2	160.9	206.8
10051	15.6	3.1	20.0	20.3	15.1	91.2	50.5	115.4
16887	12.3	12.8	15.0	8.6	12.2	22.0	9.3	30.3
16351	14.0	7.1	11.6	19.4	12.1	72.0	31.4	70.5
19809	15.4	7.4	21.1	8.4	15.0	60.2	29.9	51.0
30019	20.6	13.1	16.1	28.3	30.0	110.6	53.3	75.8
15876	15.9	18.8	15.3	14.5	15.1	23.8	11.0	70.7
30356	12.6	5.2	15.2	8.1	12.4	58.7	49.2	81.2
22287	15.0	7.8	15.1	18.1	14.8	88.6	35.1	81.2
14785	12.5	3.2	15.5	11.6	11.7	66.2	38.4	105.5
100216	9.8	4.9	10.3	5.9	1.6	138.4	39.1	46.5
19949	13.2	3.7	13.8	15.3	12.8	159.4	80.2	152.4
17983	14.0	19.9	15.9	11.0	12.9	55.0	25.1	84.8
51214	11.0	7.6	11.0	13.2	9.9	123.9	34.9	58.3
12272	14.8	22.5	16.9	9.8	14.2	59.2	28.0	78.5
28426	12.0	9.1	10.5	13.7	10.9	107.7	48.7	94.2
17285	15.2	16.9	18.3	9.0	15.0	48.5	12.4	29.8
17739	19.4	14.4	25.3	18.9	18.2	37.5	17.4	71.5
17543	20.0	6.8	27.2	18.1	32.4	56.1	33.1	77.4
28106	13.2	5.7	12.6	16.8	20.4	260.0	132.0	182.3
23672	13.8	5.2	16.2	13.7	13.1	48.8	30.9	65.9
18458	14.6	5.5	17.2	15.8	14.5	82.5	30.1	96.6
21233	13.2	4.3	15.8	14.4	14.3	216.1	90.3	153.7
35233	13.4	5.0	13.8	14.5	13.2	266.2	104.8	
23222	14.2	7.8	15.2	14.8	24.0	36.0	16.3	32.0
18918	11.8	5.3	15.6	7.7	11.3	36.9	10.0	19.5
17134	11.9	20.3	9.0	12.3	11.5	114.6	41.6	111.1
50683	14.5	1.1	19.5	12.8	14.4	66.7	43.2	76.8
9570	11.6	7.3	11.8	13.2	11.3	102.7	39.2	131.4
20646	15.3	6.2	20.5	9.2	14.6	28.4	18.5	53.4

全国部分大中城市社

（2008

	粮食总产量（万吨）	规模以上工业增加值（亿元）	规模以上工业增加值增长率（%）	规模以上工业产品销售收入（亿元）	规模以上工业企业应交税金（亿元）	规模以上工业企业利润总额（亿元）	全社会固定资产投资（亿元）
南阳市	**569.7**	**467.3**	**20.1**	**1463.4**	**103.2**	**106.2**	**895.9**
安阳市	328.2	501.3	18.0	1850.8	102.8	134.7	566.5
白城市	312.4	38.4	22.4	141.2	3.3	6.8	262.1
宝鸡市	160.9	289.7	34.0	814.4	21.2	25.4	451.0
长治市	142.5	401.4	13.0	1115.7	70.1	83.1	273.4
朝阳市	153.4	173.7	25.8	572.8	25.3	27.7	353.0
丹东市	91.5	155.0	21.0	539.3	24.5	22.0	352.0
东营市	72.9	1676.5	14.5	4205.9	264.0	752.7	873.8
福州市	63.8	805.2	17.0	2926.8	56.4	86.4	1248.9
阜阳市	502.9	126.3	23.5	389.0	31.2	37.9	188.9
邯郸市	447.0	785.9	13.9	3094.9	94.2	127.6	1049.0
杭州市	110.2	1743.2	9.3	8836.5	330.1	408.7	1961.7
合肥市	186.6	606.3	26.3	1828.6	69.7	61.4	1838.6
荷泽市	505.0	352.4	25.7	1355.5	128.5	71.0	380.6
鹤岗市	61.7	62.9	18.9	163.7	12.8	9.5	
葫芦岛市	117.4	139.0	13.3	713.3	28.8	-46.7	218.8
淮南市	134.1	241.7	26.6	555.5	55.6	28.9	225.7
吉林市	457.7	437.8	16.0	1582.6	70.0	17.5	1200.0
佳木斯市	452.2	38.4	17.0	169.0	6.2	6.5	113.0
焦作市	196.4	539.6	18.5	1868.0	91.6	198.4	630.1
锦州市	210.6	216.3	16.0	1003.7	32.8	8.8	248.7
九江市	145.0	228.1	20.3	833.1	16.4	1.6	455.0
克拉玛依市	0.2	583.5	10.3	1300.8	105.6	280.0	237.3
临沂市	432.4	884.2	16.5	3127.9		168.6	
牡丹江市	190.1	65.8	24.7	237.5	12.5	7.2	221.3
盘锦市	113.6	430.0	11.1	1132.9	76.1	95.7	367.0
齐齐哈尔市	855.5	188.5	20.3	603.2	32.9	37.8	214.7
秦皇岛市	85.7	235.0	14.2	1024.3	38.7	37.1	303.6
双鸭山市	174.2	71.1	29.3	212.0	15.4	13.8	
四平市	694.0	174.0	25.7	492.0	13.8	15.8	319.0
铁岭市	361.5	255.4	38.6	895.6	46.7	21.4	506.6
潍坊市	491.2	1343.5	14.4	5418.3	175.2	282.0	1523.4
湘潭市	145.9	289.3	19.9	901.2	6.7	27.5	317.5
襄樊市	413.1	318.3	28.1	803.2	43.4	34.7	373.8
盐城市	603.0	572.9	18.1	2384.8	21.2	87.5	1120.2
扬州市	269.4	906.6	17.0	3333.7		142.0	950.0
鹰潭市	60.4	143.5	22.1	978.1	35.0	36.5	128.2
永城市	110.7	129.7	18.0	477.4	23.8	49.7	92.0
张家口市	131.1	231.7	8.6	647.5	72.4	18.5	410.3
舟山市	5.4	147.2	26.1	575.9	9.6	26.1	339.4
遵义市	342.0	237.2	11.5	443.5	116.5	74.6	316.0
景德镇市	54.5	131.3	22.2	360.0	14.5	8.7	229.9

会经济发展主要指标 续表

年）

#城镇固定资产投资（亿元）	社会消费品零售总额（亿元）	外贸进出口总额（万美元）	#出口总额（万美元）	年末金融机构存款余额（亿元）	#城乡居民储蓄余额（亿元）	年末金融机构贷款余额（亿元）	城镇居民人均可支配收入（元）	农民人均纯收入（元）	在岗职工平均工资（元）
708.6	**568.6**	**87640**	**69255**	**921.2**	**687.4**	**550.9**	**12395**	**4570**	**17847**
474.0	245.8	250758	122091	748.1	526.5	385.3	13637	5190	21496
169.2	114.1	10500	9417	209.2	140.8	179.4	13520	3519	16127
400.5	234.4	47500	26100	737.1	476.9	272.6	13225	3500	22957
255.3	201.1	31786	4936	930.0	551.0	398.0	14286	4941	26523
301.0	108.5	38599	35026	495.7	370.7	295.7	10517	4900	23090
296.8	198.1	188379	138491	626.6	473.4	286.9	11641	6630	21524
754.4	254.6	411932	197233	1032.8	554.1	695.9	19487	6661	33757
1163.7	1134.4	2034666	1358998	4026.2	1795.2	3205.4	19009	7142	27521
126.0	237.9	18329	14041	727.0	558.4	309.2	11727	3187	20352
911.6	513.9	298835	102901	1474.5	1022.0	852.1	14457	4848	23659
1863.5	1558.4	4806500	3361400	11333.9	3476.6	10069.0	24104	10692	40193
1761.0	588.4	770807	542993	2725.7	852.8	2640.6	15591	5368	30603
	404.9	99369	83749	704.2	531.2	483.9	11581	4584	16803
72.3	51.0	4486	3110	219.9	162.7	142.2	10002	3319	22796
159.1	167.8	97191	67528	580.6	397.8	358.0	13942	5152	21225
171.2	133.9	13554	3063.3	559.2	325.8	380.4	13003	4440	37543
933.5	481.1	140567	81798	998.3	730.5	487.9	14000	5281	27116
113.0	147.5	22	19	452.3	340.6	215.7	10158	4864	19380
540.9	221.8	148897	89857	554.7	399.9	342.1	13199	6130	21599
212.7	228.1	121229	74064	722.4	515.8	412.2	13963	6089	20438
439.8	201.9	5	3	630.5	384.2	338.8	12889	4417	17797
237.0	27.0	12301	7180	320.5	156.0	49.8	14027	7197	
897.5	816.9	40	26	1407.8	997.2	1041.5	14998	4722	24100
213.8	197.4	100	66	613.8	482.0	136.6	10742	6555	20699
328.7	132.6	36579	25908	599.4	393.6	242.5	17046	7701	22903
209.0	263.2	58173	50965	635.3	462.7	340.2	11028	4032	21933
236.5	240.2	500230	312996	1013.8	615.6	546.8	13964	5068	29144
120.3	47.7	90000	87000	253.6	194.6	142.1	11744	4858	22130
247.0	198.6	14135	9285	407.0	313.0	311.0	13604	5045	18229
438.8	163.1		15201	448.6	328.9	339.9	10907	6050	21187
1174.5	830.3	84	65	2040.5	1326.5	1495.6	15691	7072	23722
272.2	186.6	185335	112431	562.3	378.2	310.0	14724	6083	21843
338.6	410.3	52461	37529	831.7	574.8	373.4	12292	4880	21822
650.0	542.8	283048	210621	1311.1	866.8	730.0	15862	6867	22380
613.8	521.3	617953	456674	1551.9	899.1	889.4	17398	7450	27323
127.2	61.3	236103	24128	227.0	123.0	130.1	12808	5100	18328
75.8	51.7	4829	4829	112.1	81.6	95.4	11901	4330	28197
361.6	232.6	81751	37382	863.1	609.0	546.2	12054	3286	23600
267.6	157.8	605320	328613	730.8	295.9	635.4	22257	11367	38714
242.2	203.5	18990	15500	742.9	405.9	371.6	12525	3300	25937
222.3	99.3	28858	21983	249.7	168.0	137.2	13583	5253	18649

附 录

中华人民共和国
2008 年国民经济和社会发展
统 计 公 报

中华人民共和国国家统计局
2009 年 2 月 26 日

2008 年，全国各族人民在党中央、国务院的领导下，以邓小平理论和“三个代表”重要思想为指导，深入贯彻落实科学发展观，万众一心，顽强拼搏，努力克服历史罕见的特大自然灾害和国际金融危机冲击的不利影响，国民经济保持较快发展，各项社会事业取得新的进步。

一、综　　合

初步核算，全年国内生产总值 300670 亿元，比上年增长 9.0%。分产业看，第一产业增加值 34000 亿元，增长 5.5%；第二产业增加值 146183 亿元，增长 9.3%；第三产业增加值 120487 亿元，增长 9.5%。第一产业增加值占国内生产总值的比重为 11.3%，比上年上升 0.2 个百分点；第二产业增加值比重为 48.6%，上升 0.1 个百分点；第三产业增加值比重为 40.1%，下降 0.3 个百分点。

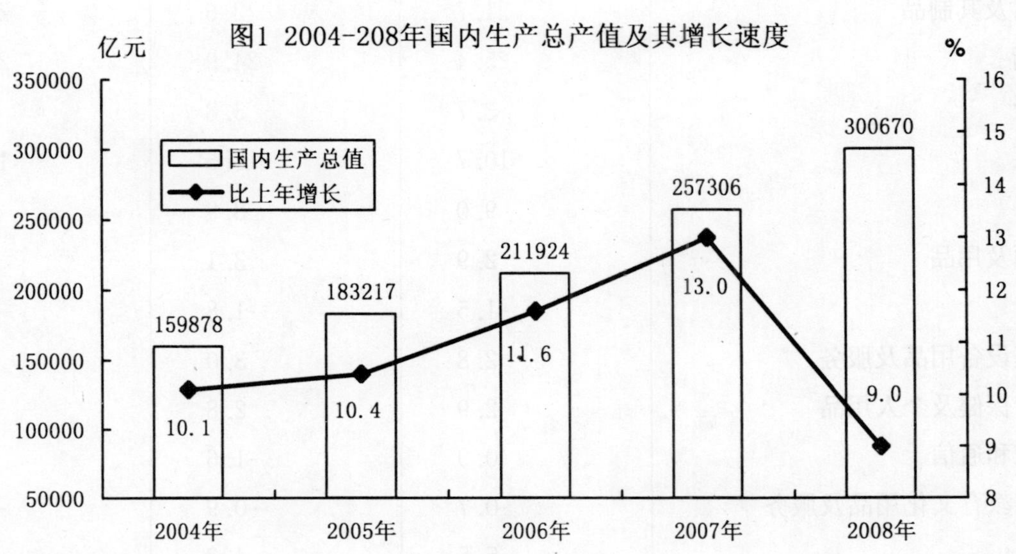

居民消费价格比上年上涨5.9%，其中食品价格上涨14.3%。固定资产投资价格上涨8.9%。工业品出厂价格上涨6.9%，其中生产资料价格上涨7.7%，生活资料价格上涨4.1%。原材料、燃料、动力购进价格上涨10.5%。农产品生产价格上涨14.1%。农业生产资料价格上涨20.3%。70个大中城市房屋销售价格上涨6.5%，其中新建住宅价格上涨7.1%，二手住宅价格上涨6.2%；房屋租赁价格上涨1.4%。

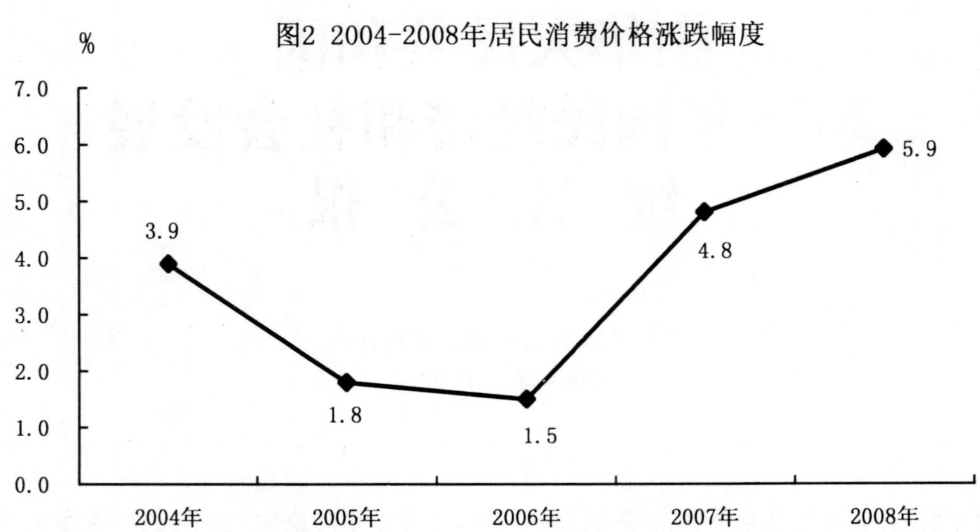

图2 2004-2008年居民消费价格涨跌幅度

表1 2008年居民消费价格比上年涨跌幅度

单位：%

指标	全国	城市	农村
居民消费价格	5.9	5.6	6.5
食品	14.3	14.5	14.0
其中：粮食	7.0	7.2	6.7
肉禽及其制品	21.7	22.6	20.0
油脂	25.4	24.9	25.9
鲜蛋	3.7	3.8	3.6
鲜菜	10.7	10.5	11.3
鲜果	9.0	8.9	9.3
烟酒及用品	2.9	3.1	2.6
衣着	-1.5	-1.8	-0.6
家庭设备用品及服务	2.8	3.0	2.4
医疗保健及个人用品	2.9	2.8	3.2
交通和通信	-0.9	-1.6	0.7
娱乐教育文化用品及服务	-0.7	-0.9	-0.1
居住	5.5	4.3	8.2

年末全国就业人员 77480 万人，比上年末增加 490 万人。其中城镇就业人员 30210 万人，净增加 860 万人，新增加 1113 万人。年末城镇登记失业率为 4.2%，比上年末上升 0.2 个百分点。

年末国家外汇储备 19460 亿美元，比上年末增加 4178 亿美元。年末人民币汇率为 1 美元兑 6.8346 元人民币，比上年末升值 6.9%。

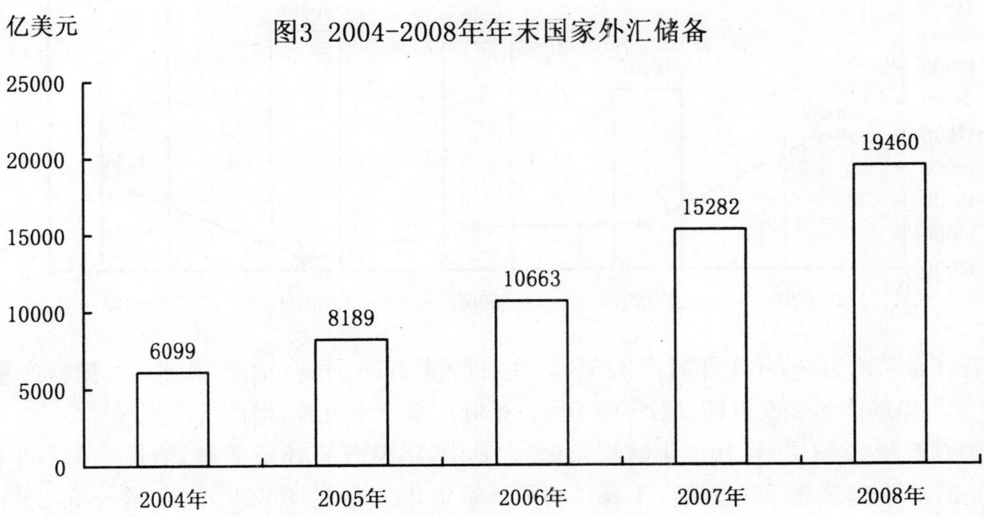

全年税收收入 57862 亿元(不包括关税、耕地占用税和契税)，比上年增加 8413 亿元，增长 17.0%。

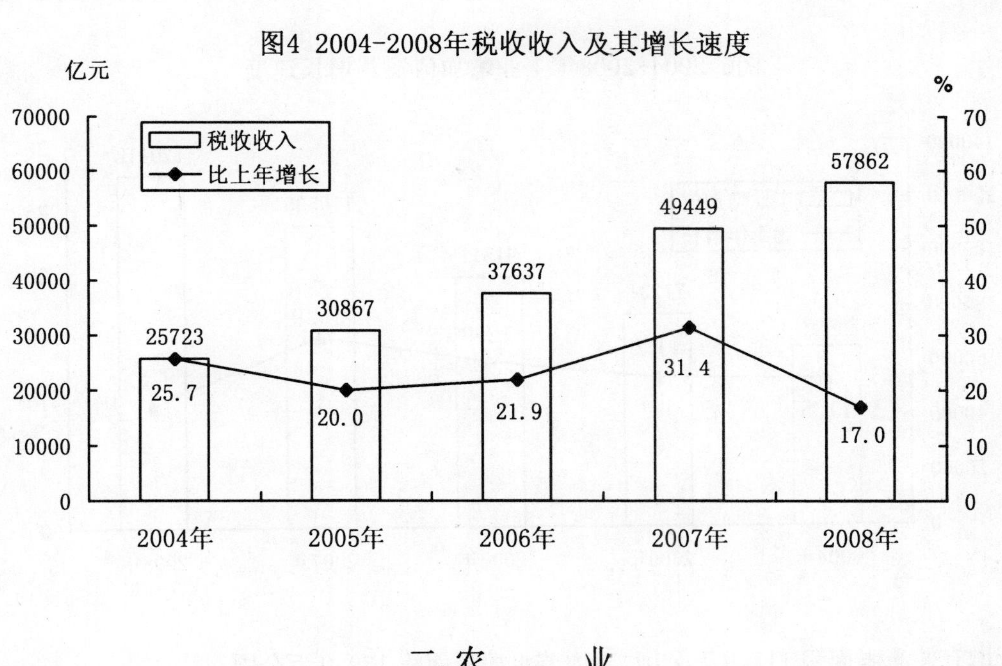

二、农　　业

全年粮食种植面积 10670 万公顷，比上年增加 106 万公顷；棉花种植面积 576 万公顷，减少 17 万公顷；油料种植面积 1271 万公顷，增加 139 万公顷；糖料种植面积 193 万公顷，增加 13 万公顷。

全年粮食产量 52850 万吨，比上年增加 2690 万吨，增产 5.4%。其中，夏粮产量 12041 万吨，增产 2.6%；早稻产量 3158 万吨，与上年基本持平；秋粮产量 37651 万吨，增产 6.7%。

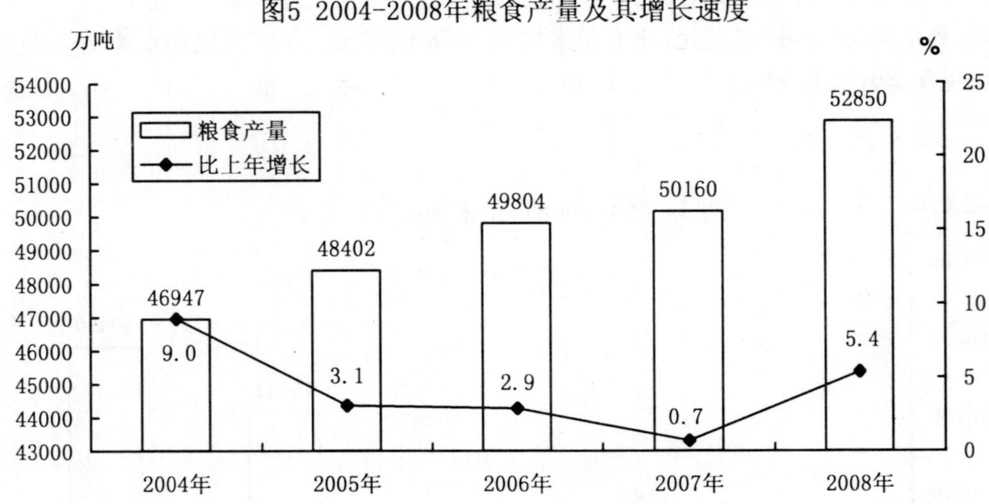

全年棉花产量750万吨，比上年减产1.6%。油料产量2950万吨，增产14.8%。糖料产量13000万吨，增产6.7%。烤烟产量260万吨，增产19.6%。茶叶产量124万吨，增产6.4%。

全年肉类总产量7269万吨，比上年增长5.9%。其中，猪肉产量4615万吨，增长7.6%；牛肉产量610万吨，下降0.5%；羊肉产量376万吨，下降1.8%。生猪年末存栏46264万头，增长5.2%；生猪出栏60960万头，增长7.9%。牛奶产量3651万吨，增长3.6%；禽蛋产量2638万吨，增长4.3%。

全年水产品产量4895万吨，增长3.1%。其中，养殖水产品产量3426万吨，增长4.5%；捕捞水产品产量1469万吨，与上年持平。

全年木材产量7894万立方米，增长13.2%。

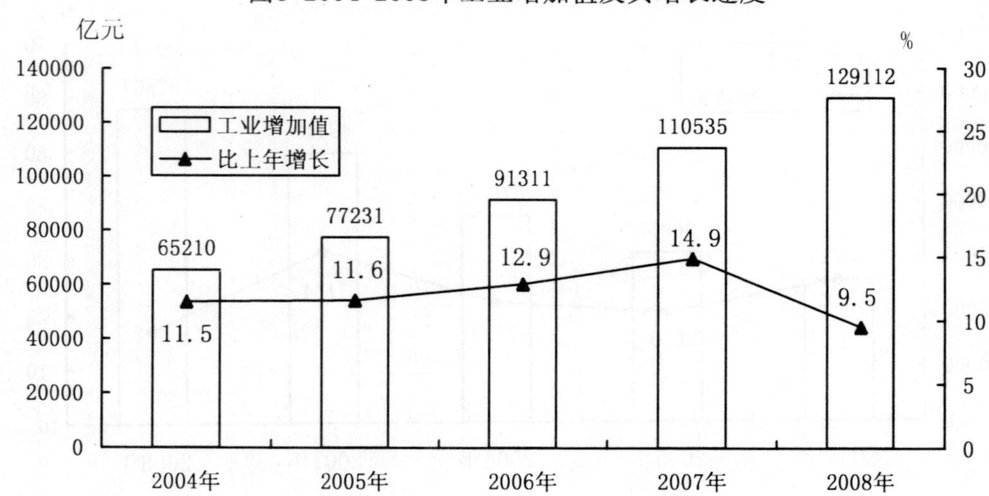

全年新增有效灌溉面积117.9万公顷，新增节水灌溉面积139.0万公顷。

三、工业和建筑业

全年全部工业增加值129112亿元，比上年增长9.5%。规模以上工业增加值增长12.9%，其中国有及国有控股企业增长9.1%；集体企业增长8.1%，股份制企业增长15.0%，外商及港澳台商投资企业增长9.9%；私营企业增长20.4%。分轻重工业看，轻工业增长12.3%，重工业增长13.2%。

表 2　2008 年主要工业产品产量及其增长速度

产　品　名　称	单　位	产　量	比上年增长%
纱	万吨	2148.9	3.9
布	亿米	710.0	5.1
化学纤维	万吨	2415.0	0.1
成品糖	万吨	1449.5	14.0
卷　烟	亿支	22198.8	3.5
彩色电视机	万台	9033.1	6.5
家用电冰箱	万台	4756.9	8.2
房间空气调节器	万台	8230.9	2.7
一次能源生产总量	亿吨标准煤	26.0	5.2
原　煤	亿吨	27.93	4.1
原　油	亿吨	1.90	2.2
天然气	亿立方米	760.8	9.9
发电量	亿千瓦小时	34668.8	5.6
其中:火电	亿千瓦小时	27900.8	2.5
水电	亿千瓦小时	5851.9	20.6
粗　钢	万吨	50091.5	2.4
钢　材	万吨	58488.1	3.4
十种有色金属	万吨	2520.3	5.9
其中:精炼铜(铜)	万吨	378.9	10.1
电解铝	万吨	1317.6	6.8
氧化铝	万吨	2278.2	17.0
水　泥	亿吨	14.0	2.9
硫　酸	万吨	5132.7	-5.2
纯　碱	万吨	1881.3	6.6
烧　碱	万吨	1852.1	5.3
乙　烯	万吨	998.3	-2.9
化肥(折 100%)	万吨	6012.7	3.2
发电设备	万千瓦	13319.4	2.5
汽　车	万辆	934.55	5.1
其中:轿车	万辆	503.7	5.0
大中型拖拉机	万台	21.7	6.9
集成电路	亿块	417.1	1.3
程控交换机	万线	4584.0	-14.9
移动通信手持机	万台	55964.0	2.0
微型电子计算机	万台	13666.6	13.2

全年规模以上工业中，煤炭开采和洗选业增加值比上年增长19.1%，石油和天然气开采业增长6.1%，文教体育用品制造业增长18.2%，燃气生产和供应业增长26.8%，农副食品加工业增长15.0%，通用设备制造业增长16.9%，交通运输设备制造业增长15.2%，通信设备、计算机及其他电子设备制造业增长12.0%，电气机械及器材制造业增长18.1%，化学纤维制造业增长2.2%。6大高耗能行业比上年增长10.0%，其中，非金属矿物制品业增长16.9%，黑色金属冶炼及压延加工业增长8.2%，化学原料及化学制品制造业增长10.0%，有色金属冶炼及压延加工业增长12.3%，电力热力的生产和供应业增长8.6%，石油加工炼焦及核燃料加工业增长4.3%。高技术制造业增加值比上年增长14.0%。

1—11月全国规模以上工业企业累计实现利润24066亿元，比上年同期增长4.9%。

表3 2008年1—11月规模以上工业企业实现利润及其增长速度

单位：亿元

指标	利润总额	比上年同期增长%
规模以上工业	24066	4.9
其中：国有及国有控股企业	7985	-14.5
其中：集体企业	687	29.5
股份制企业	13467	11.4
外商及港澳台商投资企业	6374	-3.1
其中：私营企业	5495	36.6

全年全社会建筑业实现增加值17071亿元，比上年增长7.1%。全国具有资质等级的总承包和专业承包建筑业企业实现利润1756亿元，增长12.5%，其中国有及国有控股企业509亿元，增长21.8%；上缴税金2058亿元，增长20.0%，其中国有及国有控股企业771亿元，增长24.7%。

图7 2004-2008年建筑业增加值及其增长速度

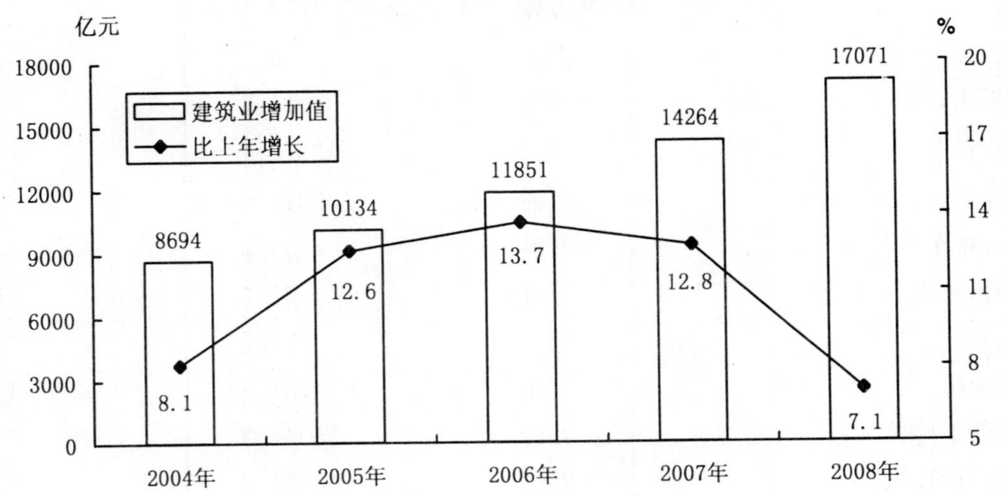

四、固定资产投资

全年全社会固定资产投资 172291 亿元，比上年增长 25.5%。分城乡看，城镇投资 148167 亿元，增长 26.1%；农村投资 24124 亿元，增长 21.5%。分地区看，东部地区投资 87412 亿元，比上年增长 20.9%；中部地区投资 45384 亿元，增长 32.6%；西部地区投资 35839 亿元，增长 26.9%。

表 4　2008 年分行业城镇固定资产投资及其增长速度

单位：亿元

行　　　　业	投　资　额	比上年增长%
总　　　计	**148167**	**26.1**
农、林、牧、渔业	2256	54.5
采矿业	6913	31.5
其中：煤炭开采及洗选业	2411	33.6
石油和天然气开采业	2715	22.0
制造业	46345	30.6
其中：农副食品加工业	2058	25.7
食品制造业	1137	17.8
纺织业	1534	1.3
纺织服装、鞋、帽制造业	896	19.0
石油加工、炼焦及核燃料加工业	1832	29.4
化学原料及化学制品制造业	4787	35.5
非金属矿物制品业	4113	46.6
黑色金属冶炼及压延加工业	3240	23.8
有色金属冶炼及压延加工业	1854	43.1
金属制品业	2189	38.5
通用设备制造业	3224	38.3
专用设备制造业	2265	34.1
交通运输设备制造业	3787	39.1
电气机械及器材制造业	2334	45.1
通信设备、计算机及其他电子设备制造业	2463	17.6
电力、燃气及水的生产和供应业	10484	15.4
其中：电力、热力的生产与供应业	9045	14.4
建筑业	1294	30.4
交通运输、仓储和邮政业	15552	19.7
信息传输、计算机服务和软件业	2130	17.1
批发和零售业	3166	29.2
住宿和餐饮业	1735	30.5
金融业	247	62.6
房地产业	35215	23.0
租赁和商务服务业	1296	50.6
科学研究、技术服务和地质勘查业	708	35.9
水利、环境和公共设施管理业	12262	32.2
居民服务和其他服务业	316	34.2
教　育	2355	6.0
卫生、社会保障和社会福利业	1057	30.6
文化、体育和娱乐业	1423	26.0
公共管理和社会组织	3411	23.2

图8 2004-2008年固定资产投资及其增长速度

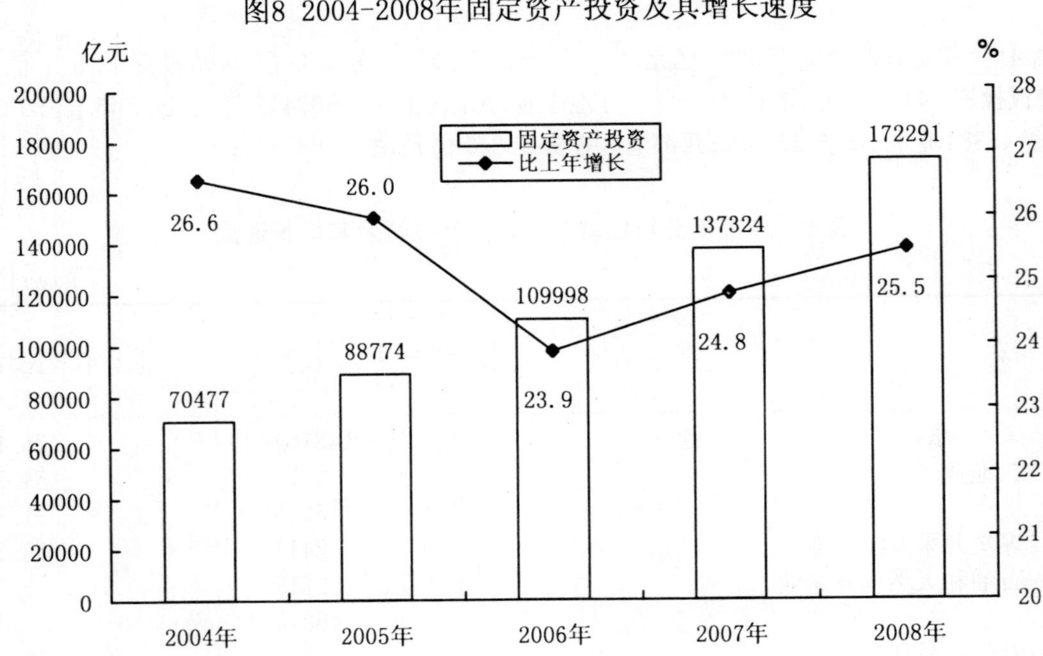

在城镇投资中，第一产业投资 2256 亿元，比上年增长 54.5%；第二产业投资 65036 亿元，增长 28.0%；第三产业投资 80875 亿元，增长 24.1%。

表 5 2008 年固定资产投资新增主要生产能力

指 标	单 位	绝 对 数
新增发电机组容量	万千瓦	9051
22 万伏及以上变电设备	万千伏安	23222
新建铁路投产里程	公里	1719
增建铁路复线投产里程	公里	1935
电气化铁路投产里程	公里	1955
新建公路	公里	99851
其中：高速公路	公里	6433
港口万吨级码头泊位新增吞吐能力	万吨	33099
新增光缆线路长度	万公里	99
新增数字蜂窝移动电话交换机容量	万户	28855

全年房地产开发投资 30580 亿元，比上年增长 20.9%。其中，东部地区 18325 亿元，增长 17.1%；中部地区 6287 亿元，增长 31.7%；西部地区 5967 亿元，增长 22.7%。按工程用途分，商品住宅投资 22081 亿元，增长22.6%；办公楼投资 1112 亿元，增长 7.4%；商业营业用房投资 3200 亿元，增长 14.9%。

表6 2008年房地产开发和销售主要指标完成情况

单位:亿美元

指标	单位	绝对数	比上年增长%
投资完成额	亿元	30580	20.9
其中:住宅	亿元	22081	22.6
其中:90平方米以下住宅	亿元	6416	50.7
其中:经济适用房	亿元	983	19.7
房屋施工面积	万平方米	274149	16.0
其中:住宅	万平方米	216671	16.0
房屋新开工面积	万平方米	97574	2.3
其中:住宅	万平方米	79889	1.4
房屋竣工面积	万平方米	58502	-3.5
其中:住宅	万平方米	47750	-4.2
商品房销售面积	万平方米	62089	-19.7
其中:住宅	万平方米	55886	-20.3
本年资金来源	亿元	38146	1.8
其中:国内贷款	亿元	7257	3.4
其中:个人按揭贷款	亿元	3573	-29.7
本年购置土地面积	万平方米	36785	-8.6
完成开发土地面积	万平方米	26033	-5.6
土地购置费	亿元	5795	10.9

五、国内贸易

全年社会消费品零售总额108488亿元,比上年增长21.6%。分地域看,城市消费品零售额73735亿元,增长22.1%;县及县以下消费品零售额34753亿元,增长20.7%。分行业看,批发和零售业零售额91199亿元,增长21.5%;住宿和餐饮业零售额15404亿元,增长24.7%;其他行业零售额1885亿元,增长3.7%。

在限额以上批发和零售业零售额中,粮油类零售额比上年增长22.7%,肉禽蛋类增长22.3%,服装类增长25.9%,汽车类增长25.3%,石油及制品类增长39.9%,日用品类增长17.1%,文化办公用品类增长17.9%,通讯器材类增长1.4%,家用电器和音像器材类增长14.2%,建筑及装潢材料类下降12.0%,家具类增长22.6%,化妆品类增长22.1%,金银珠宝类增长38.6%,中西药品类增长14.8%。

图9 2004-2008年社会消费品零售总额及其增长速度

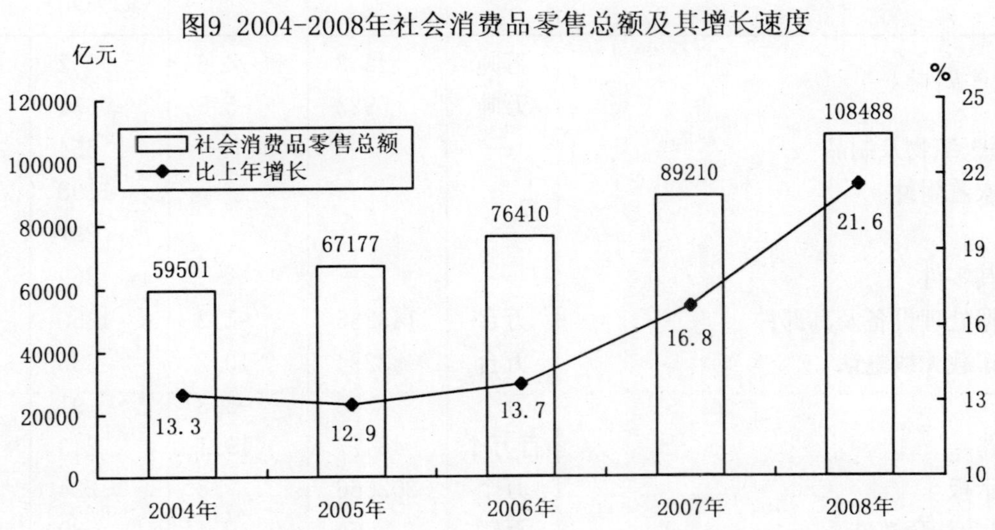

六、对外经济

全年货物进出口总额 25616 亿美元，比上年增长 17.8%。其中，货物出口 14285 亿美元，增长 17.2%；货物进口 11331 亿美元，增长 18.5%。进出口差额(出口减进口)2955 亿美元，比上年增加 328 亿美元。

表 7　2008 年货物进出口总额及其增长速度

单位:亿美元

指　　标	绝　对　数	比上年增长%
货物进出口总额	25616	17.8
货物出口额	14285	17.2
其中:一般贸易	6626	22.9
加工贸易	6752	9.3
其中:机电产品	8229	17.3
高新技术产品	4156	13.1
其中:国有企业	2572	14.4
外商投资企业	7906	13.6
其他企业	3807	27.9
货物进口额	11331	18.5
其中:一般贸易	5727	33.6
加工贸易	3784	2.7
其中:机电产品	5387	7.9
高新技术产品	3419	4.3
其中:国有企业	3538	31.1
外商投资企业	6200	10.8
其他企业	1593	25.7
进出口差额(出口减进口)	2955	

表 8　2008 年主要商品出口数量、金额及其增长速度

商　品　名　称	单　位	数　量	比上年增长%	金　额(亿美元)	比上年增长%
煤	万吨	4543	-14.6	52	58.9
钢材	万吨	5923	-5.5	634	43.8
纺织纱线、织物及制品	—	—	—	654	16.6
服装及衣着附件	—	—	—	1198	4.1
鞋类	—	—	—	297	17.2
家具及其零件	—	—	—	269	21.5
自动数据处理设备及其部件	万台	143236	-1.2	1350	9.1
手持或车载无线电话	万台	53284	10.2	385	8.2
集装箱	万个	303	-3.3	91	3.6
集成电路	百万个	48477	19.1	243	3.3
液晶显示板	万个	202666	7.8	224	13.9
汽车(包括整套散件)	万辆	64	9.4	89	32.5

表 9　2008 年主要商品进口数量、金额及其增长速度

商品名称	数量（万吨）	比上年增长 %	金额（亿美元）	比上年增长 %
谷物及谷物粉	154	-1.0	7	37.0
大豆	3744	21.5	218	90.1
食用植物油	816	-2.6	90	44.0
天然橡胶(包括胶乳)	168	2.0	43	32.0
合成橡胶(包括胶乳)	120	-15.0	33	17.5
铁矿砂及其精矿	44356	15.9	605	79.1
氧化铝	459	-10.5	18	-9.7
原油	17888	9.6	1293	62.0
成品油	3885	15.0	300	82.7
初级形状的塑料	1771	-6.7	341	5.3
纸浆	952	12.4	67	20.9
钢材	1543	-8.6	234	14.0
未锻造的铜及铜材	264	-5.1	192	-2.3

表 10　2008 年对主要国家和地区货物进出口额及其增长速度

单位:亿美元

国家和地区	货物出口额	比上年增长 %	货物进口额	比上年增长 %
欧　　盟	2929	19.5	1327	19.6
美　　国	2523	8.4	814	17.4
中国香港	1907	3.4	129	0.9
日　　本	1161	13.8	1507	12.5
东　　盟	1141	20.7	1170	7.9
韩　　国	740	31.0	1122	8.1
俄 罗 斯	330	15.9	238	21.0
印　　度	315	31.2	203	38.7
中国台湾	259	10.3	1033	2.3

图10 2004-2008年货物进出口总额及其增长速度

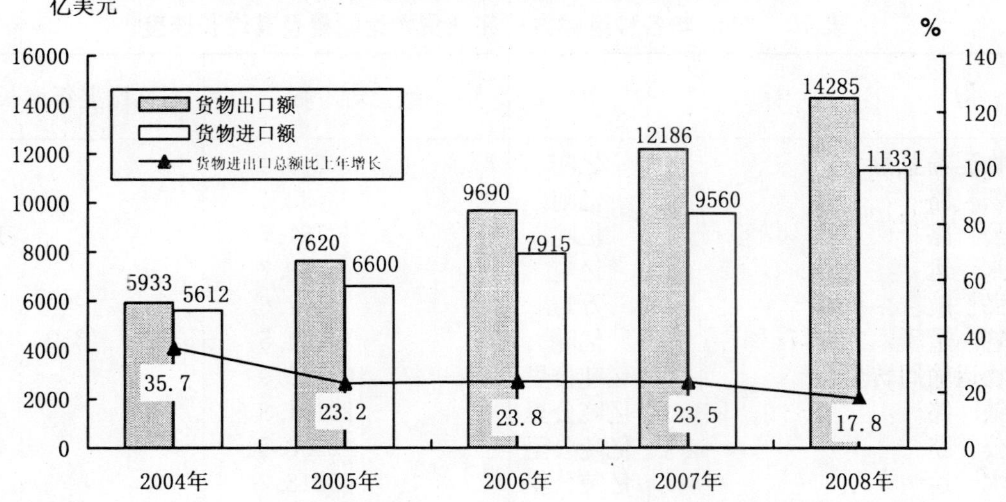

全年非金融领域新批外商直接投资企业 27514 家，比上年减少 27.3%。实际使用外商直接投资金额

924 亿美元，增长 23.6%。其中，制造业占 54.0%；房地产业占 20.1%；租赁和商务服务业占 5.5%；批发和零售业占 4.8%；交通运输、仓储和邮政业占 3.1%。

表 11　2008 年分行业外商直接投资及其增长速度

行　业	企业数（家）	比上年增长 %	实际使用金额（亿美元）	比上年增长 %
总　计	**-27.3**	**924.0**	**23.6**	
农、林、牧、渔业	917	-12.5	11.9	28.9
采矿业	149	-36.3	5.7	17.0
制造业	11568	-39.7	498.9	22.1
电力、燃气及水的生产和供应业	320	-9.1	17.0	58.1
建筑业	262	-14.9	10.9	151.6
交通运输、仓储和邮政业	523	-20.5	28.5	42.1
信息传输、计算机服务和软件业	1286	-7.6	27.7	86.8
批发和零售业	5854	-7.6	44.3	65.6
住宿和餐饮业	633	-32.5	9.4	-9.9
金融业	25	-51.0	5.7	122.5
房地产业	452	-68.7	185.9	8.8
租赁和商务服务业	3138	-11.3	50.6	25.9
科学研究、技术服务和地质勘查业	1839	7.2	15.1	64.2
水利、环境和公共设施管理业	138	-10.4	3.4	24.7
居民服务和其他服务业	205	-24.1	5.7	-21.1
教育	24	60.0	0.4	12.2
卫生、社会保障和社会福利业	10	-23.1	0.2	63.1
文化、体育和娱乐业	170	-17.9	2.6	-42.8
公共管理和社会组织	1	—	0.0	—
国际组织	—	—	6.0	

全年非金融领域对外直接投资额 407 亿美元，比上年增长 63.6%。

全年对外承包工程完成营业额 566 亿美元，比上年增长 39.4%；对外劳务合作完成营业额 81 亿美元，增长 19.1%。

七、交通、邮电和旅游

全年交通运输、仓储和邮政业增加值 16590 亿元，比上年增长 7.6%。

表 12　2008 年各种运输方式完成货物运输量及其增长速度

指　标	单位	绝对数	比上年增长%
货物运输总量	亿吨	249.0	9.4
铁　路	亿吨	33.1	4.7
公　路	亿吨	181.7	10.9
水　运	亿吨	29.7	5.7
民　航	万吨	407.6	1.4
管　道	亿吨	4.5	15.4
货物运输周转量	亿吨公里	105512.9	3.8
铁　路	亿吨公里	25111.8	3.7
公　路	亿吨公里	12998.5	14.5
水　运	亿吨公里	65218.2	1.5
民　航	亿吨公里	119.6	2.8
管　道	亿吨公里	2064.7	19.5

表13　2008年各种运输方式完成旅客运输量及其增长速度

指　　　　标	单位	绝　对　数	比上年增长%
旅客运输总量	亿人	239.7	7.8
铁　路	亿人	14.6	11.0
公　路	亿人	220.7	7.6
水　运	亿人	2.4	6.0
民　航	亿人	1.9	3.6
旅客运输周转量	亿人公里	23372.2	8.2
铁　路	亿人公里	7778.6	7.8
公　路	亿人公里	12636.0	9.8
水　运	亿人公里	74.8	-3.8
民　航	亿人公里	2882.8	3.3

全年规模以上港口完成货物吞吐量58.7亿吨，比上年增长11.5%，其中外贸货物吞吐量19.2亿吨，增长7.0%。港口集装箱吞吐量12835万标准箱，增长12.2%。

年末全国民用汽车保有量达到6467万辆(包括三轮汽车和低速货车1492万辆)，比上年末增长13.5%，其中私人汽车保有量4173万辆，增长18.1%。民用轿车保有量2438万辆，增长24.5%，其中私人轿车1947万辆，增长28.0%。

全年完成邮电业务总量23841亿元，比上年增长20.7%。其中，邮政业务总量1402亿元，增长15.5%；电信业务总量22440亿元，增长21.0%。全年减少局用交换机156万门，总容量5.1亿门。固定电话年末用户34081万户。其中，城市电话用户23200万户，农村电话用户10881万户。新增移动电话用户9392万户，年末达到64123万户。年末全国固定及移动电话用户总数达到98204万户，比上年末增加6909万户。电话普及率达到74.3部/百人。互联网上网人数3.0亿人，其中宽带上网人数2.7亿人。

图11 2004-2008年年末电话用户数

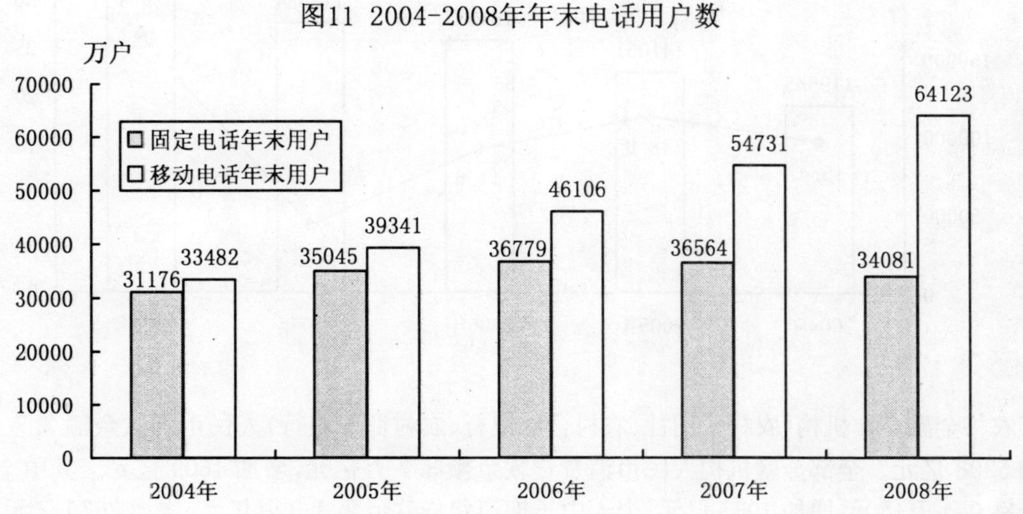

全年入境旅游人数13003万人次，比上年下降1.4%。其中，外国人2433万人次，下降6.8%；香港、澳门和台湾同胞10570万人次，下降0.1%。在入境旅游者中，过夜旅游者5305万人次，下降3.1%。国际旅游外汇收入408亿美元，下降2.6%。国内居民出境人数达4584万人次，增长11.9%。其中因私出境4013万人次，增长14.9%，占出境人数的87.5%。国内出游人数达17.1亿人次，增长6.3%；国内旅游收入8749亿元，增长12.6%。

八、金　　融

年末广义货币供应量(M2)余额为47.5万亿元，比上年末增长17.8%；狭义货币供应量(M1)余额为16.6万亿元，增长9.1%；流通中现金(M0)余额为3.4万亿元，增长12.7%。年末全部金融机构本外币各项存款余额47.8万亿元，增长19.3%；全部金融机构本外币各项贷款余额32.0万亿元，增长17.9%。

表14　2008年全部金融机构本外币存贷款及其增长速度

单位:亿元

指　　标	年　末　数	比上年末增长%
各项存款余额	478444	19.3
其中:企业存款	164386	13.5
城乡居民储蓄存款	221503	25.7
其中:人民币	217885	26.3
各项贷款余额	320049	17.9
其中:短期贷款	128571	12.3
中长期贷款	164160	20.2

图12 2004-2008年城乡居民人民币储蓄存款余额及其增长速度

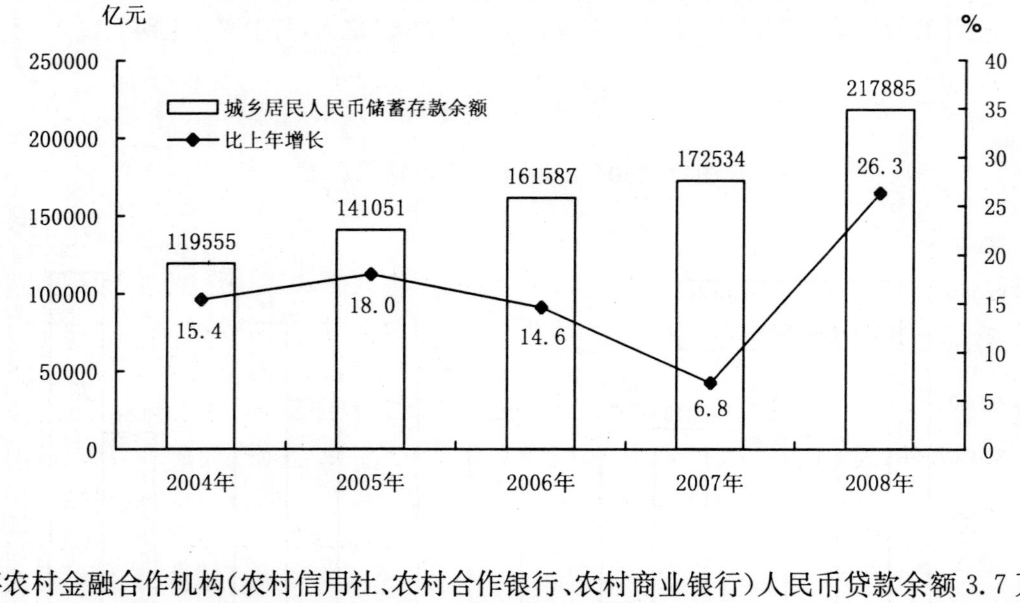

全年农村金融合作机构(农村信用社、农村合作银行、农村商业银行)人民币贷款余额3.7万亿元，比年初增加5908亿元。全部金融机构人民币消费贷款余额3.7万亿元，增加4609亿元。其中个人短期消费贷款余额0.4万亿元，增加1035亿元；个人中长期消费贷款余额3.3万亿元，增加3575亿元。

全年上市公司通过境内市场累计筹资3396亿元，比上年减少3947亿元。其中，首次公开发行A股

75 只，筹资 1066 亿元，减少 3487 亿元；A 股再筹资（包括配股、公开增发、非公开增发、认股权证）筹资 1332 亿元，减少 1046 亿元；上市公司通过发行可转债、可分离债、公司债筹资 998 亿元，增加 587 亿元。

全年企业共发行债券 20520 亿元，比上年增加 3437 亿元。其中，金融债券 11797 亿元，减少 116 亿元；企业（公司）债券 2655 亿元，增加 834 亿元；短期融资券 4332 亿元，增加 982 亿元；中期票据 1737 亿元，增加 1737 亿元。

全年保险公司原保险保费收入 9784 亿元，比上年增长 39.1%，其中寿险业务原保险保费收入 6658 亿元；健康险和意外伤害险业务原保险保费收入 789 亿元；财产险业务原保险保费收入 2337 亿元。支付各类赔款及给付 2971 亿元，其中寿险业务给付 1315 亿元；健康险和意外伤害险赔款及给付 238 亿元；财产险业务赔款 1418 亿元。

九、教育和科学技术

全年研究生教育招生 44.6 万人，在学研究生 128.3 万人，毕业生 34.5 万人。普通高等教育招生 607.7 万人，在校生 2021.0 万人，毕业生 512.0 万人。各类中等职业教育招生 810.0 万人，在校生 2056.3 万人，毕业生 570.6 万人。全国普通高中招生 837.0 万人，在校生 2476.3 万人，毕业生 836.1 万人。全国初中招生 1856.2 万人，在校生 5574.2 万人，毕业生 1862.9 万人。普通小学招生 1695.7 万人，在校生 10331.5 万人，毕业生 1865.0 万人。特殊教育招生 6.2 万人，在校生 41.7 万人。幼儿园在园幼儿 2475.0 万人。

图13 2004-2008年各类教育招生人数

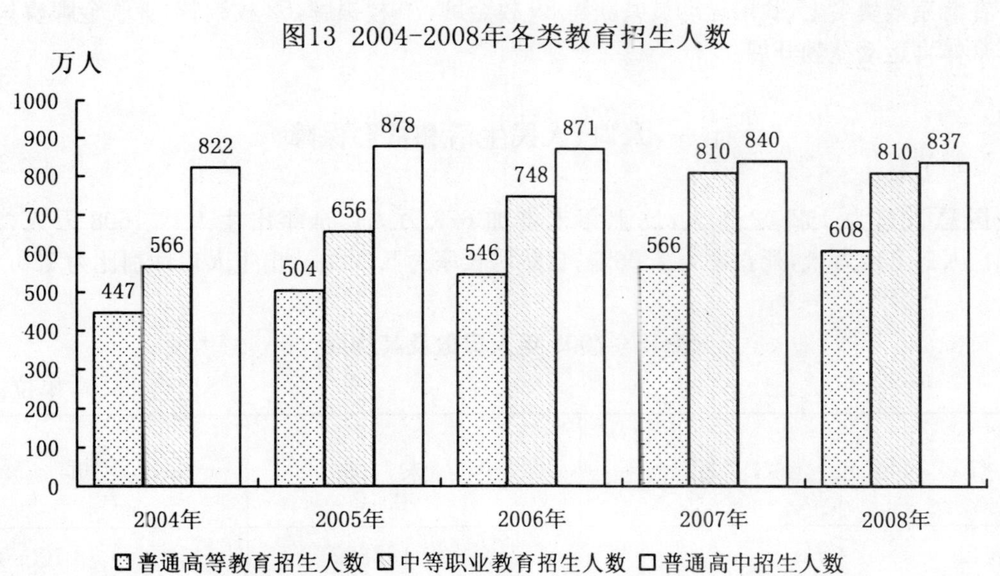

全年研究与试验发展（R&D）经费支出 4570 亿元，比上年增长 23.2%，占国内生产总值的 1.52%，其中基础研究经费 200 亿元。全年国家安排了 922 项科技支撑计划课题，1205 项“863”计划课题。新建国家工程研究中心 7 个，国家工程实验室 51 个。国家认定企业技术中心达到 575 家。省级企业技术中心达到 4886 家。全年受理国内外专利申请 82.8 万件，其中国内申请 71.7 万件，占 86.6%。受理国内外发明专利申请 29.0 万件，其中国内申请 19.5 万件，占 67.1%。全年授予专利权 41.2 万件，其中国内授权 35.2万件，占 85.5%。授予发明专利权 9.4 万件，其中国内授权 4.7 万件，占 49.7%。截至 2008 年底，有效专利 119.5 万件，其中国内有效专利 92.5 万件，占 77.4%；有效发明专利 33.7 万件，其中国内有效发明专利 12.8 万件，占 37.9%。全年共签订技术合同22.6万项，技术合同成交金额 2665 亿元，比上年增长 19.7%。全年成功发射卫星 11 次，“神舟七号”载人航天飞行圆满成功。

年末全国共有产品检测实验室 24300 个，其中国家检测中心 376 个。全国现有产品质量、体系认证机构 170 个，已累计完成对 3.8 万个企业的产品认证。全国共有法定计量技术机构 3701 个，全年强制检定计量器具4190万台(件)。全年制定、修订国家标准6373项,其中新制定2714项。全国共有地震台站1314个,地震遥测台网31个。全国共有海洋观测站67个、海洋监测站位9200多个。测绘部门公开出版地图1834种,测绘图书309种。

十、文化、卫生和体育

年末全国共有艺术表演团体2575个,文化馆3171个,公共图书馆2825个,博物馆1798个。广播电台257座,电视台277座,广播电视台2069座,教育台45个。有线电视用户16342万户,有线数字电视用户4503万户。年末广播节目综合人口覆盖率为96.0%;电视节目综合人口覆盖率为97.0%。全年生产故事影片406部,科教、纪录、动画和特种影片73部。出版各类报纸445亿份,各类期刊30亿册,图书69亿册(张)。年末全国共有档案馆3987个,已开放各类档案7267万卷(件)。

年末全国共有卫生机构30.0万个,其中医院、卫生院6.0万个,社区卫生服务中心(站)2.8万个,妇幼保健院(所、站)3020个,专科疾病防治院(所、站)1344个,疾病预防控制中心(防疫站)3560个,卫生监督所(中心)2591个。卫生技术人员492万人,其中执业医师和执业助理医师205万人,注册护士162万人。医院和卫生院床位369万张。乡镇卫生院3.9万个,床位82万张,卫生技术人员87.4万人。全年甲、乙类法定报告传染病发病人数354.1万例,报告死亡12433人;报告传染病发病率268.01/10万,死亡率0.94/10万。

全年运动健儿在24个项目中共获得了120个世界冠军,11人2队16次创16项世界纪录。在北京奥运会上,我国运动员共获得51枚金牌,21枚银牌,28枚铜牌,奖牌总数100枚,位列奥运会金牌榜第一,奖牌榜第二。在北京残奥会上,我国运动员共获得89枚金牌,70枚银牌,52枚铜牌,蝉联金牌榜和奖牌榜的第一位。群众体育运动蓬勃开展。

十一、人口、人民生活和社会保障

年末全国总人口为132802万人,比上年末增加673万人。全年出生人口1608万人,出生率为12.14‰;死亡人口935万人,死亡率为7.06‰;自然增长率为5.08‰。出生人口性别比为120.56。

表15 2008年人口数及其构成

单位:万人

指标	年末数	比重 %
全国总人口	132802	100.0
其中:城镇	60667	45.7
乡村	72135	54.3
其中:男性	68357	51.5
女性	64445	48.5
其中:0—14岁	25166	19.0
15—59岁	91647	69.0
60岁及以上	15989	12.0
其中:65岁及以上	10956	8.3

全年农村居民人均纯收入4761元,扣除价格上涨因素,比上年实际增长8.0%;城镇居民人均可支配收入15781元,实际增长8.4%。农村居民家庭食品消费支出占家庭消费总支出的比重为43.7%,城镇居民家庭为37.9%。按2008年农村贫困标准1196元测算,年末农村贫困人口为4007万人。

图14 2004-2008年农村居民人均纯收入及其增长速度

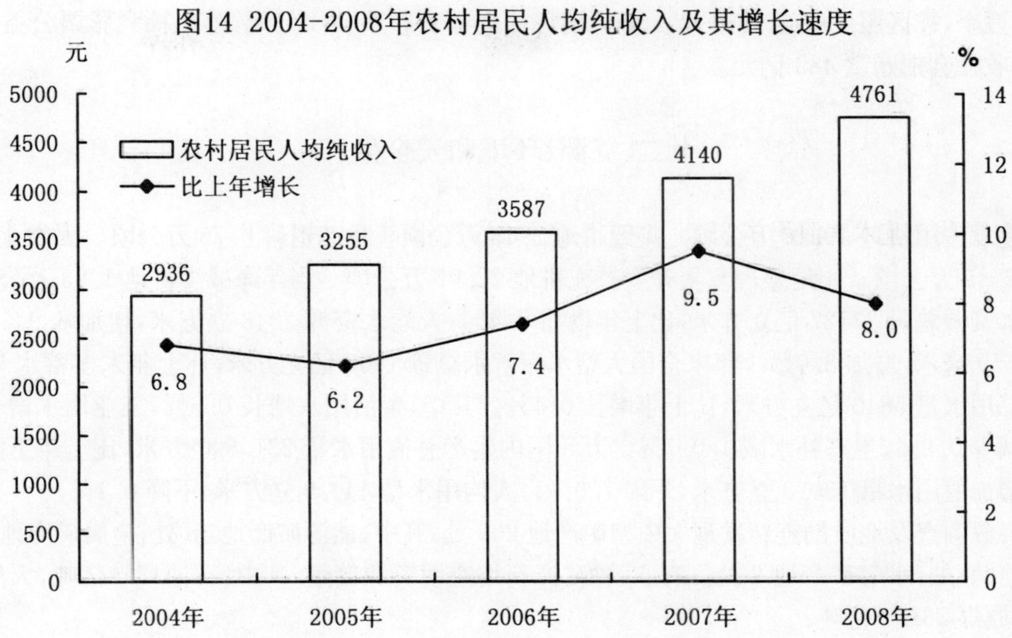

图15 2004-2008年城镇居民人均可支配收入及其增长速度

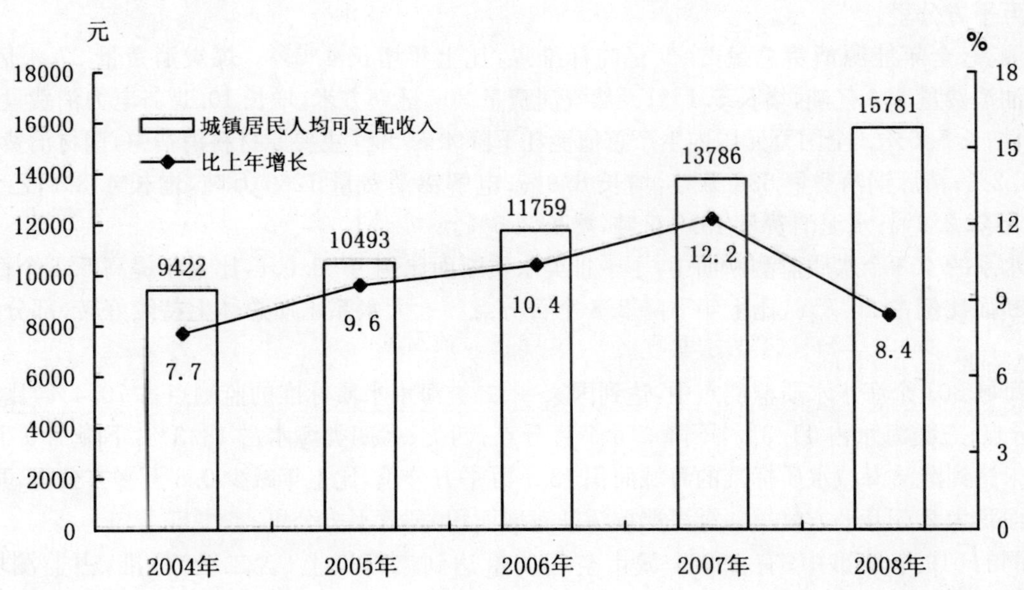

年末全国参加城镇基本养老保险人数为 21890 万人，比上年末增加 1753 万人。其中参保职工 16597 万人，参保离退休人员 5293 万人。参加城镇基本医疗保险的人数 31698 万人，增加 9387 万人。其中，参加城镇职工基本医疗保险人数 20048 万人，参加城镇居民基本医疗保险人数 11650 万人。参加城镇医疗保险的农民工 4249 万人，增加 1118 万人。参加失业保险的人数 12400 万人，增加 755 万人。参加工伤保险的人数 13810 万人，增加 1637 万人。其中参加工伤保险农民工 4976 万人，增加 996 万人。参加生育保险的人数 9181 万人，增加 1406 万人。2729 个县(市、区)开展了新型农村合作医疗工作，新型农村合作医疗参合率 91.5%。新型农村合作医疗基金累计支出总额为 429 亿元，累积受益 3.7 亿人次。全年城市医疗救助 513 万人次，比上年增长 16.0%。农村医疗救助 936 万人次，增长 148.0%。民政部门资助农村合作医疗的人数达 2780 万人次。

年末全国领取失业保险金人数为 261 万人。全年 2334 万城市居民得到政府最低生活保障，比上年增加 62 万人；4291 万农村居民得到政府最低生活保障，增加 725 万人。

年末全国各类收养性社会福利单位床位235万张，收养各类人员189万人。城镇建立各种社区服务设施10.9万个，社区服务中心9871个。全年销售社会福利彩票604亿元，筹集福利彩票公益金211亿元，直接接收社会捐赠款482亿元。

十二、资源、环境和安全生产

全年建设占用耕地19.16万公顷。灾毁耕地2.48万公顷。生态退耕0.76万公顷。因农业结构调整减少耕地2.49万公顷。土地整理复垦开发补充耕地22.96万公顷。当年净减少耕地1.93万公顷。

全年水资源总量27127亿立方米，比上年增加7.4%；人均水资源2048立方米，增加6.9%。全年平均降水量659毫米，增加8.0%。年末全国大型水库蓄水总量1962亿立方米，比上年末多蓄水93亿立方米。全年总用水量5840亿立方米，比上年增长0.4%。其中，生活用水增长0.6%，工业用水增长1.8%，农业用水减少0.2%，生态补水减少0.7%。万元国内生产总值用水量231.8立方米，比上年下降7.9%。万元工业增加值用水量130.3立方米，下降7.0%。人均用水量440.9立方米，下降0.1%。

国土资源调查及地质勘查新发现大中型矿产地209处，其中，能源矿产地38处，金属矿产地90处，非金属矿产地79处，水气矿产地2处。有57种矿产新增查明资源储量，其中，石油13.4亿吨，天然气6472亿立方米，原煤231.1亿吨。

全年完成造林面积477万公顷，其中人工造林329万公顷。林业重点工程完成造林面积312万公顷，占全部造林面积的65.4%。全民义务植树23.1亿株。截至2008年底，自然保护区达到2538个，其中国家级自然保护区303个。新增综合治理水土流失面积4.7万平方公里，新增实施水土流失地区封育保护面积2.6万平方公里。

初步测算，全年能源消费总量28.5亿吨标准煤，比上年增长4.0%。煤炭消费量27.4亿吨，增长3.0%；原油消费量3.6亿吨，增长5.1%；天然气消费量807亿立方米，增长10.1%；电力消费量34502亿千瓦小时，增长5.6%。全国万元国内生产总值能耗下降4.59%。主要原材料消费中，钢材消费量5.4亿吨，增长4.2%；精炼铜消费量538万吨，增长6.9%；电解铝消费量1260万吨，增长4.3%；乙烯消费量998万吨，下降2.9%；水泥消费量13.7亿吨，增长3.5%。

七大水系的409个水质监测断面中，Ⅰ～Ⅲ类水质断面比例占55.0%，比上年提高5.1个百分点；劣Ⅴ类水质断面比例占20.8%，比上年下降2.8个百分点。七大水系水质总体上持续好转，部分流域污染仍然严重。

近岸海域301个海水水质监测点中，达到国家一、二类海水水质标准的监测点占70.4%，比上年上升7.6个百分点；三类海水占11.3%，下降0.5个百分点；四类、劣四类海水占18.3%，下降7.0个百分点。全国海域未达到清洁海域水质标准的海域面积13.7万平方公里，比上年减少0.8万平方公里，其中，严重污染海域面积为2.5万平方公里。渤海严重污染海域面积0.3万平方公里。

在监测的519个城市中，有399个城市空气质量达到二级以上(含二级)标准，占监测城市数的76.9%；有113个城市为三级，占21.8%；有7个城市为劣三级，占1.3%。在监测的392个城市中，城市区域声环境质量好的城市占7.9%，较好的占63.8%，轻度污染的占27.0%，中度污染的占1.3%。

全年平均气温为9.6℃，比上年低0.5℃。全年共有10个台风在我国登陆，增加2个。

年末城市污水处理厂日处理能力达8295万立方米，比上年末增长16.1%；城市污水处理率达到65.3%，提高2.4个百分点；集中供热面积32.1亿平方米，增长6.6%；建成区绿地率达到31.6%，提高0.3个百分点。

全年各类自然灾害造成直接经济损失11752亿元，比上年增加4.0倍。全年农作物受灾面积3999万公顷，下降18.4%。其中，绝收403万公顷，下降29.8%。全年共发生森林火灾1.3万起，上升45.2%。全年因洪涝灾害造成直接经济损失635亿元，下降23.1%；死亡686人，下降41.3%。全年因旱灾造成直接经济损失307亿元，下降60.9%。全年因海洋灾害造成直接经济损失206亿元，增加1.3倍。全年累计发生赤潮面积13738平方公里，增加18.3%。全年低温冷冻和雪灾造成直接经济损失1595亿元，死亡162人。全年实际发生各类地质灾害2.7万起，直接经济损失183.7亿元，死亡656人。全年大陆地区共发生5级以上地震87次，成灾17次，造成直接经济损失8523亿元，死亡近7万人。其中，四川汶川地震震级达8.0级，造成直接经济损失8451亿元。

全年生产安全事故死亡91172人，比上年下降10.2%。亿元国内生产总值生产安全事故死亡人数为0.312人，下降24.5%；工矿商贸企业就业人员10万人生产安全事故死亡人数为2.82人，下降7.5%；煤矿百万吨死亡人数为1.182人，下降20.4%。全年共发生道路交通事故26.5万起，造成7.3万人死亡，30.5万人受伤，直接财产损失10.1亿元；道路交通万车死亡人数为4.3人，减少0.8人。

注：

1.本公报中数据均为初步统计数。

2.各项统计数据均未包括香港特别行政区、澳门特别行政区和台湾省。

3.部分数据因四舍五入的原因，存在着与分项合计不等的情况。

4.国内生产总值、各产业增加值绝对数按现价计算，增长速度按不变价格计算。

5.6大高耗能行业分别为：化学原料及化学制品制造业、非金属矿物制品业、黑色金属冶炼及压延加工业、有色金属冶炼及压延加工业、石油加工炼焦及核燃料加工业、电力热力的生产和供应业。

6.钢材产量及消费量数据中均含部分使用钢材加工成其他钢材的重复计算因素。

7.固定资产投资按东部、中部、西部地区计算的合计数据小于全国数据，是因为有部分跨地区的投资未计算在地区数据中。

8.房地产业投资除房地产开发投资外，还包括建设单位自建房屋以及物业管理、中介服务和其他房地产投资。

9.原保险保费收入是指保险企业确认的原保险合同保费收入。

10.城镇职工基本医疗保险人数包括参保职工和参保退休人员。城镇居民基本医疗保险的参保对象是不属于城镇职工基本医疗保险覆盖范围的城镇非从业人员。

11.农村贫困人口是根据新修订的农村贫困标准统计的，与历史数据不完全可比。

12.万元国内生产总值用水量按2005年不变价格计算，邮电业务总量按2000年不变价格计算。

2008年河南省国民经济和社会发展统计公报

河南省统计局
国家统计局河南调查总队

2009年2月27日

2008年是近几年来河南经济发展面临形势最复杂、困难最多的一年。全省人民在省委、省政府的正确领导下，积极应对复杂多变的国内外经济发展环境，深入贯彻科学发展观，认真落实国家宏观调控政策，着力解决经济运行中的突出矛盾和问题，国民经济总体上保持了较快增长，各项社会事业全面进步，人民群众生活继续改善。

一、综　　合

初步核算，全年生产总值18407.78亿元，比上年增长12.1%，增速比上年回落2.5个百分点。其中：第一产业增加值2658.80亿元，增长5.5%；第二产业增加值10477.92亿元，增长14.9%；第三产业增加值5271.06亿元，增长10.2%。人均生产总值19593元，增长11.9%。三次产业结构为14.5∶56.9∶28.6，二三产业比重比上年提高0.3个百分点。非公有制经济增加值占生产总值的比重由上年的58.1%提高到60%左右。

全年居民消费价格比上年上涨7.0%，其中，食品类价格上涨16.3%。商品零售价格上涨7.5%。工业品出厂价格上涨12.1%。原材料、燃料、动力购进价格上涨11.9%。固定资产投资价格上涨9.0%。农业生产资料价格总水平上涨20.9%。

表1　2008年居民消费价格指数

以上年为100

类　　别	指　数	类　　别	指　数
居民消费价格指数	107.0		
#城　市	106.5	烟酒及用品	103.0
农　村	107.9	衣　着	101.2
#食　品	116.3	家庭设备用品及服务	103.1
#粮　食	107.7	医疗保健及个人用品	103.6
肉禽及其制品	124.7	交通和通信	100.1
蛋	106.3	娱乐教育文化用品及服务	100.9
鲜　菜	113.1	居　住	106.3

年末从业人员 5829.27 万人。全年城镇新增就业人员 119.43 万人;下岗失业人员实现再就业 45.58 万人,其中,"4050"人员实现再就业 16.12 万人。新增农村劳动力转移就业 181 万人。

全年地方财政一般预算收入 1009.14 亿元,比上年增长 17.1%,其中:税收收入 742.18 亿元,增长 18.8%,税收占地方财政一般预算收入的比重为 73.5%,比上年提高 1.0 个百分点。地方财政一般预算支出 2283.91 亿元,增长 22.2%,其中:教育支出增长 22.1%,社会保障与就业支出增长 17.1%,医疗卫生支出增长 46.7%,一般公共服务支出增长 14.9%。

全年中原城市群九市生产总值 10562.45 亿元,比上年增长 13.2%,占全省的比重为 57.4%。黄淮四市生产总值 3595.28 亿元,增长 11.9%,占全省的 19.5%。全省 108 个县(市)中,有 105 个县(市)地方财政一般预算收入超亿元,有 8 个县(市)超 10 亿元。全省城镇化率达到 36.0%,比上年提高 1.7 个百分点。

二、农　　业

全年粮食种植面积 9600 千公顷,比上年增长 1.4%,其中:小麦种植面积 5260 千公顷,增长 0.9%,优质专用小麦种植面积 3472 千公顷,占小麦种植面积的比重为 66.0%;棉花种植面积 606 千公顷,下降 13.4%;油料种植面积 1521 千公顷,增长 1.6%;蔬菜种植面积 1714 千公顷,增长 1.5%。

全年粮食产量 5365.48 万吨,比上年增产 2.3%;棉花产量 65.08 万吨,减产 13.2%;油料产量 505.34 万吨,增产 4.4%。

表 2　2008 年主要农产品产量

产品名称	产量(万吨)	比上年增长(%)
粮　食	5365.48	2.3
夏　粮	3060.00	2.2
秋　粮	2305.48	2.4
油　料	505.34	4.4
#花　生	384.59	2.9
棉　花	65.08	-13.2
烤　烟	26.72	13.5
蔬　菜	6394.31	2.6
水　果	714.09	7.6

年末农业机械总动力 9429.30 万千瓦,比上年增长 8.2%;农用拖拉机 383.93 万台,增长 13.3%;农用运输车 215.51 万辆,增长 0.9%;农村用电量 237.36 亿千瓦小时,增长 6.0%。

三、工业和建筑业

全年全部工业增加值 9546.08 亿元,比上年增长 15.6%,增速比上年回落 4.0 个百分点。其中,规模以上工业增加值 7305.39 亿元,增长 19.8%,回落 4.4 个百分点;产品销售率 98.4%;轻工业增加值增长 24.8%,重工业增长 17.6%,轻、重工业比例为 30.7:69.3。

表3　2008年规模以上工业增加值主要分类情况

指　　　标	增　加　值(亿元)	比上年增长(%)
规模以上工业增加值	7305.39	19.8
＃轻工业	2239.33	24.8
重工业	5066.06	17.6
＃国有及国有控股企业	2087.06	11.6
非公有制工业	4646.32	24.9
＃国有企业	775.88	10.2
集体企业	428.84	7.6
股份制企业	4337.18	20.6
股份合作制企业	106.96	20.3
外商及港澳台投资企业	482.14	19.3
其　他	1174.39	29.8
＃高技术产业	262.32	23.3

规模以上工业39个大类中，增加值居前10位的行业为：非金属矿物制品业776.85亿元，比上年增长19.8%；煤炭开采和洗选业675.40亿元，增长13.5%；农副食品加工业560.57亿元，增长23.6%；黑色金属冶炼及压延加工业510.92亿元，增长6.0%；有色金属冶炼及压延加工业466.29亿元，增长20.4%；电力、热力的生产和供应业444.34亿元，增长9.6%；化学原料及化学制品制造业374.12亿元，增长12.3%；通用设备制造业301.38亿元，增长22.7%；纺织业259.84亿元，增长26.6%；专用设备制造业250.32亿元，增长30.3%。

"十一五"期间着力培育打造的食品、有色、化工、汽车及零部件、装备制造、纺织服装等六大优势行业实现增加值3726.77亿元，比上年增长22.6%，对全省工业增长的贡献率达到60.4%，比上年提高7.4个百分点。高技术制造业实现增加值262.32亿元，增长23.3%。煤炭、化工、建材、钢铁、有色金属、电力等六大高耗能行业实现增加值3247.92亿元，增长13.9%，比规模以上工业增长速度低5.9个百分点。

主要工业产品产量中，畜肉制品产量比上年下降10.3%，速冻米面食品增长14.5%，原煤增长11.0%，发电量增长2.2%，钢材增长3.9%，铝材增长38.7%，汽车增长15.5%。

全年规模以上工业企业主营业务收入25292.02亿元，比上年增长33.5%，增速比上年回落3.6个百分点；利润总额2179.10亿元，增长12.9%，回落57.1个百分点。分所有制看，国有及国有控股工业利润247.37亿元，下降34.9%；集体及集体控股工业利润233.73亿元，增长22.2%；非公有制工业利润1697.99亿元，增长24.9%。分行业看，39个行业大类中利润总额居前10位的行业为：非金属矿物制品业288.75亿元，增长34.8%；煤炭开采和洗选业278.20亿元，增长62.0%；农副食品加工业193.27亿元，增长24.0%；有色金属冶炼及压延加工业129.97亿元，下降33.2%；化学原料及化学制品制造业117.04亿元，增长19.8%；有色金属矿采选业112.21亿元，增长15.2%；通用设备制造业91.45亿元，增长30.8%；专用设备制造业87.87亿元，增长25.5%；黑色金属冶炼及压延加工业86.65亿元，下降20.3%；纺织业82.20亿元，增长35.4%。

全年全社会建筑业增加值931.84亿元，比上年增长7.3%。全省具有资质等级的建筑企业利润总额70.31亿元，增长22.4%；税金总额97.42亿元，增长31.1%。

表4 2008年主要工业产品产量

产品名称	单位	产量	比上年增长(%)
纱	万吨	305.2	23.7
布	亿米	23.0	-11.7
化学纤维	万吨	46.5	-1.4
卷烟	亿支	1586.1	2.2
畜肉制品	万吨	105.8	-10.3
速冻米面食品	万吨	156.1	14.5
味精	万吨	38.2	-19.5
原煤	万吨	20888.3	11.0
天然原油	万吨	475.8	-1.9
发电量	亿千瓦小时	1952.8	2.2
粗钢	万吨	2187.8	-3.4
钢材	万吨	2570.8	3.9
十种有色金属	万吨	475.1	8.2
#原铝	万吨	327.5	3.6
氧化铝	万吨	856.6	14.1
铝材	万吨	271.1	38.7
水泥	万吨	10227.0	10.3
平板玻璃	万重量箱	3208.9	-10.6
硫酸(折100%)	万吨	177.0	13.9
碳酸钠(纯碱)	万吨	226.5	13.0
农用化肥(折含N100%)	万吨	536.0	2.3
金属切削机床	万台	0.7	-8.5
大中型拖拉机	万台	5.2	-1.9
汽车	万辆	8.2	15.5
发电设备	万千瓦	67.4	-5.4
家用电冰箱	万台	290.9	-1.0
彩色电视机	万部	101.3	-0.7

四、固定资产投资

全年全社会固定资产投资10469.57亿元，比上年增长30.7%，增速比上年回落4.9个百分点，其中：城镇投资8700.11亿元，增长31.6%，回落4.8个百分点；农村投资1769.46亿元，增长26.3%，回落5.4个百分点。

在城镇投资中，国有及国有控股投资2323.54亿元，比上年增长14.4%；民间投资6095.30亿元，增长41.8%；港澳台投资172.41亿元，增长1.3%；外商投资164.83亿元，增长18.9%。第一产业投资256.54亿元，增长90.9%；第二产业投资4901.46亿元，增长33.5%；第三产业投资3542.11亿元，增长26.4%。

表5 2008年各行业城镇固定资产投资完成情况

行业	投资额(亿元)	比上年增长(%)
合计	**8700.11**	**31.6**
农林牧渔业	256.54	90.9
工业	4885.10	33.6
煤炭	275.85	35.7
石油	72.75	6.4
电力、热水	423.78	28.4
燃气、水	74.83	3.4
冶金	570.83	32.5
建材	685.66	46.8
化工	649.02	28.8
机械	943.54	38.7
电子	79.07	70.3
食品	508.37	41.1
纺织	257.86	17.3
其他工业	343.53	25.7
建筑业	16.36	-1.0
交通运输、仓储和邮政业	389.43	-8.6
信息传输、计算机服务和软件业	53.80	-7.0
房地产业	1786.75	41.2
水利、环境和公共设施管理业	522.32	31.9
教育	139.61	4.5
卫生、社会保障和社会福利	69.75	31.5
文化、体育和娱乐业	78.41	32.6
其他	502.04	22.3

全年房地产开发投资1185.64亿元,比上年增长41.6%,其中,住宅投资946.16亿元,增长48.0%。房屋施工面积13566.96万平方米,增长28.5%,其中,住宅11347.82万平方米,增长31.4%。房屋竣工面积2758.69万平方米,下降1.0%,其中,住宅2372.54万平方米,增长1.4%。商品房销售面积2971.02万平方米,下降24.5%,其中,住宅2742.99万平方米,下降23.3%。

全年159个重点项目投资683.93亿元,完成年度目标的111.2%。二广高速公路河南段、安阳至南乐高速公路、鸭河口电厂二期、省人民医院门诊医技楼等一批重大项目建成投用。

全年新增主要生产能力:原煤开采585万吨,高速公路通车里程285公里,发电装机容量603万千瓦,日污水处理能力38.5万吨。

五、国内贸易

全年批发和零售业增加值902.30亿元,比上年增长9.6%;住宿和餐饮业增加值611.09亿元,增长10.7%。

全年社会消费品零售总额5662.55亿元,比上年增长23.2%,扣除物价因素实际增长14.6%。分城乡看,城市消费品零售额3140.09亿元,增长23.7%;县及县以下消费品零售额2522.45亿元,增长22.6%。分行业看,批发和零售业零售额4601.18亿元,增长22.6%;住宿和餐饮业零售额966.20亿元,增长26.4%;其他行业零售额95.16亿元,增长20.6%。

25个销售大类中,限额以上批发和零售企业销售额居前5位的类别依次为:石油及制品类比上年增长29.8%,食品饮料烟酒类增长22.6%,汽车类增长22.9%,金属材料类增长32.5%,中西药品类增长30.8%。分产品销售量看,增速居前5位的依次为:木材增长189.7%,化学农药增长79.3%,粮食增长

77.0%，家用电冰箱增长60.5%，白酒增长42.0%。

六、对外经济

全年进出口总额175.28亿美元，比上年增长37.1%，增速比上年提高7.2个百分点，其中：出口总额107.14亿美元，增长27.9%；进口总额68.14亿美元，增长54.5%。机电产品、高新技术产品分别出口26.79亿美元和4.04亿美元，增长52.9%和72.7%。

全年新批准外商投资企业364个。全省实际利用外商直接投资40.33亿美元，增长31.7%，增速比上年回落34.2个百分点。实际利用省外资金1849.20亿元，增长21.5%。

全年对外承包工程、劳务合作和设计咨询业务新签合同额13.73亿美元，比上年增长31.8%；营业额12.77亿美元，增长27.3%。

七、交通、邮电和旅游

全年交通运输、仓储和邮政业增加值1043.87亿元，比上年增长11.7%。

年末铁路通车里程3989公里，高速公路通车里程4841公里。全年各种运输方式货物运输量比上年增长15.2%，增速比上年回落1.9个百分点；货物周转量增长8.8%，回落4.2个百分点。旅客运输量增长13.6%，提高1.2个百分点；旅客周转量增长14.2%，提高0.7个百分点。

表6 2008年各种运输方式运输量

指标	单位	绝对量	比上年增长(%)
货物周转量	亿吨公里	2969.05	8.8
铁路	亿吨公里	2009.64	2.4
公路	亿吨公里	848.22	24.4
水运	亿吨公里	110.69	31.8
民航	亿吨公里	0.51	-10.5
货物运输量	亿吨	11.69	15.2
铁路	亿吨	1.62	1.3
公路	亿吨	9.84	17.8
水运	万吨	2226.00	19.8
民航	万吨	4.09	-11.2
旅客周转量	亿人公里	1439.99	13.9
铁路	亿人公里	662.93	6.8
公路	亿人公里	734.96	22.1
水运	亿人公里	0.89	15.0
民航	亿人公里	41.20	0.9
旅客运输量	亿人	13.93	13.6
铁路	亿人	0.75	13.5
公路	亿人	13.13	13.7
水运	万人	167.00	4.4
民航	万人	355.99	1.0

全年邮电业务总量1127.98亿元，比上年增长20.9%，其中：邮政业务47.04亿元，增长14.2%；电信业务1080.94亿元，增长21.2%。年末局用电话交换机总容量1204.70万门，本地固定电话用户1562.40万户，移动电话用户3498.90万户。电话普及率为51.3部/百人，增长3.7%。年末计算机互联网用户494.40万户，增长22.6%。

全年共接待境内外游客20025.60万人次，比上年增长17.2%，其中：接待国际游客104.30万人次，增长 18.4%；接待国内游客 19921.30 万人次，增长17.2%。旅游总收入 1591.96 亿元，增长 17.7%。年末共有 A 级旅游景区 170 处，其中，4A 级以上景区 69 处；中国优秀旅游城市 21 个，星级酒店 507 个，旅行社 1005 家。

八、金融、证券和保险业

年末金融机构人民币各项存款余额 15255.42 亿元，比上年末增长 21.3%，其中，城乡居民储蓄存款余额 9515.82 亿元，增长 21.8%。人民币各项贷款余额 10368.05 亿元，增长 15.8%，其中：短期贷款余额 5180.84 亿元，增长 9.7%；中长期贷款余额 4302.41 亿元，增长 17.0%。农村信用社贷款余额 1951.97 亿元，增长13.4%。金融机构个人消费贷款余额 666.45 亿元，增长 21.9%。

全年有 7 家企业在境内外首发上市，其中境内上市公司 2 家，境外 5 家。全年首次发行和再融资募集资金 67.8 亿元，其中，通过境内市场募集资金 48.1 亿元。截至年底，全省已有 61 家境内外上市公司，发行股票 62 只，其中境内发行股票 38 只，境外 24 只，募集资金总额达 516.15 亿元。年末，境内市场流通股总市值 739.12 亿元。

全年保险公司保费收入 518.92 亿元，比上年增长 60.4%，其中：财产险保费收入 77.85 亿元，人身险保费收入 441.07 亿元。全年赔付 128.77 亿元，其中：财产险赔付 45.13 亿元，人身险赔付 83.64 亿元。

九、教育和科学技术

全年研究生招生 8507 人，在校生 23551 人，毕业生 7238 人。全年普通高等学校招生 44.51 万人，在校生 125.02 万人，毕业生 30.25 万人。成人高校招生 11.01 万人，在校生 26.88 万人，毕业生 8.2 万人。中等职业技术教育招生 67.64 万人，在校生 171.75 万人，毕业生 45.79 万人。普通高中招生 68.42 万人，在校生 207.26 万人，毕业生 74.98 万人。初中学校招生 165.13 万人，在校生 484.20 万人，毕业生 183.07 万人。普通小学招生 186.92 万人，在校生 1036.60 万人，毕业生 168.90 万人。“新机制”安排资金 80.1 亿元，资助困难学生 1312 万人次。

全年研究与试验发展(R&D)经费支出 111.70 亿元，比上年增长 10.4%。年末拥有科学研究与技术开发机构 1600 个，从事科技活动人员 19.6 万人；共有国家级研发中心 35 个，省级研发中心 438 个，省重点实验室 47 个。年末共有国家级创新型试点企业 8 家，省级创新型试点企业 73 家。全年共取得国家科技进步奖 14 项，省级科技进步奖 348 项；申请专利 18411 件，授权专利 9133 件，分别增长 23.4%和 30.5%；签订技术合同 4478 份，成交金额 25.4 亿元。

年末共有产品质量监督检验机构 201 个，其中，国家检测中心 20 个；法定计量技术机构 130 家，全年强制检定计量器具 158.7 万台件。制定、修订地方标准达到 46 项。年末共有 61 种产品拥有“中国名牌产品”称号，418 种产品拥有“河南名牌产品”称号，33 种产品获得国家地理标志产品保护。

年末共有天气雷达观测站点 20 个，卫星云图接收站点 28 个，气象公益服务站 134 个，地震台站 62 个。测绘部门编制各类地图及专题数字产品 3469 幅，专题地图册 2 种。

十、文化、卫生和体育

年末共有艺术表演团体 199 个，文化馆 202 个，公共图书馆 141 个，博物馆 82 个，建成乡镇文化站 82 个。河南博物院等 27 家博物馆、纪念馆面向公众免费开放，接待观众 170 余万人次。成功举办第十届亚洲艺术节。广播电台 18 座，中、短波广播发射台和转播台 30 座；电视台 18 座，教育台 10 座；有线电视用户 583.76 万户，广播综合人口覆盖率和电视综合人口覆盖率均达到 97.1%。全年出版图书 2.35 亿册，出版杂志 0.89 亿册，出版报纸 21.26 亿份。年末共有综合档案馆 178 个，已开放各类档案 194.33 万卷。

年末共有卫生机构 11660 个，其中：医院、卫生院 3263 个，妇幼保健院、所、站 167 个，疾病预防控制中心(防疫站)181 个，卫生监督检验机构 133 个。病床床位 26.8 万张，其中，医院、卫生院 25.2 万张。卫生技术人员31万人，其中：执业医师和执业助理医师11.9万人，注册护士9.7万人，疾病预防控制中心(防疫站)技术人员1.3万人，卫生监督检验机构技术人员4225人。农村乡(镇)卫生院2089个，床位6.9万张，卫生技术人员6.9万人。新型农村合作医疗参合率达到91.8%。

全年运动员在国内外重大比赛中，共获得世界冠军9个、亚洲冠军11个、全国冠军89个，共获得金牌109块。北京奥运会火炬接力河南省传递活动获得圆满成功。在北京奥运会上，河南16名运动员参加了14个大项的比赛。成功承办第18届亚洲跆拳道锦标赛等各项赛事。

十一、人口、人民生活和社会保障

年末总人口9918万人，常住人口9429万人。出生人口113万人，出生率11.42‰；死亡人口64万人，死亡率6.45‰；自然变动净增人口49万人，自然增长率4.97‰。

全年农村居民人均纯收入4454元，扣除价格因素，比上年实际增长7.2%；农村居民人均生活消费支出3044元，实际增长5.4%。城镇居民人均可支配收入13231元，实际增长8.3%；城镇居民人均消费支出8837元，实际增长6.0%。农村居民家庭恩格尔系数为38.3%，城镇居民家庭恩格尔系数为34.8%。

年末参加城镇基本养老保险人数971.63万人，比上年末增加58.53万人，其中：参保在职职工732.56万人，参保离退休人员239.07万人。参加基本医疗保险人数840.72万人，增加59.75万人，其中：参保在职职工620.13万人，参保退休人员220.59万人。参加失业保险人数689.70万人，增加6.80万人。

全年共发放城镇居民最低生活保障金20.72亿元，享受最低生活保障146.27万人。发放农村低保金13.98亿元，农村低保对象270.46万人。发放城乡医疗救助资金2.57亿元，救助357.32万人次。

年末各类收养性社会福利院床位18.77万张，收养16.98万人。城镇建立各种社区服务设施3308个，其中，社区服务中心339个。全年销售福利彩票19.14亿元，筹集社会福利资金6.43亿元；接受社会捐赠8.29亿元。

十二、资源、环境与安全生产

年末已发现的矿种127种。查明资源储量的矿种75种。已开发利用的矿产86种，其中：能源矿产7种，金属矿产18种，非金属矿产59种，水气矿产2种。全年新发现大中型矿产地12处。

在监控的7979.4公里河段长度中，Ⅰ～Ⅲ类水质河段长4528.2公里，占监控河段总长度的56.7%，比上年提高3.3个百分点；Ⅳ类水质河段长801.1公里，占10.0%，降低1.0个百分点；Ⅴ类水质河段长294.6公里，占3.7%，提高0.4个百分点；劣Ⅴ类水质河段长2355.5公里，占29.5%，降低2.8个百分点。

初步测算，全省单位生产总值能耗比上年下降5.1%，圆满完成年度目标。全省省辖市城市环境空气质量优、良天数比例为90.8%，比上年提高1.5个百分点，环境空气质量级别均为良。

全年共造林400.91千公顷，其中，人工造林327.91千公顷。全省参加义务植树4960万人次，完成义务植树2.06亿株。年末共有自然保护区35个，面积754.9千公顷，其中，国家级自然保护区11个。森林公园97个，其中，国家级森林公园30个。23个县(市、区)达到林业生态县建设标准，全省林业生态县总数达到45个。

全年共发生各类生产安全伤亡事故15695起、死亡3448人，比上年分别下降23.9%和18.8%。全省亿元GDP生产安全事故死亡人数为0.85人；煤矿百万吨死亡人数为1.16人。

注：

1. 本公报为初步统计数。

2. 地区生产总值、各产业增加值绝对数按现行价格计算，增长速度按可比价格计算；人均生产总值按常住人口计算。

3. 教育中“新机制”资金包括公用经费、免教科书费、寄宿生生活费及校舍维修改造费用。

4. 居民家庭恩格尔系数指居民家庭食品消费支出占生活消费支出的比重。

中国统计出版社最新图书简目

（仅供参考，以最后出书为准）

统计资料

中国统计年鉴－2009
中国统计摘要－2009
国际统计年鉴－2009
2009 中国发展报告
中国第三产业统计年鉴－2009
中国区域经济统计年鉴－2009
长江和珠江三角洲及港澳特别行政区统计年鉴－2009
中国社会统计年鉴－2009
中国城市统计年鉴－2008
中国劳动统计年鉴－2009
中国人口和就业统计年鉴－2009
中国工业经济统计年鉴－2009
中国建筑业统计年鉴－2009
中国房地产统计年鉴－2009

中国能源统计年鉴－2009
中国商品交易市场统计年鉴－2009
中国贸易外经统计年鉴－2009
中国基本单位统计年鉴－2009
中国民政统计年鉴－2009
中国农村统计年鉴－2009
中国农产品价格调查年鉴－2009
中国建制镇统计资料－2009
中国教育经费统计年鉴－2008
中国农村贫困监测报告－2009
中国高技术产业统计年鉴－2009
中国科学技术协会统计年鉴－2009
工业企业科技活动资料－2009
全国农产品成本收益资料汇编－2009
中国棉花年鉴－2007/2008

中国城市（镇）生活与价格年鉴－2009
中国县（市）社会经济调查年鉴－2009
中国农村住户调查年鉴－2009（中、英文）
中国农村全面建设小康监测报告－2009
中国国内生产总值核算历史资料（1952－2004）
中国季度国内生产总值核算历史资料（1992－2005）
中国零售和餐饮业连锁企业统计年鉴－2009
大中型批发零售和住宿餐饮企业统计年鉴－2009
2005 年中国 1%人口抽样调查系列资料
第二次全国残疾人抽样调查资料系列

2009 年省级综合统计年鉴系列

北京　天津　河北　山西　内蒙古
辽宁　吉林　黑龙江　上海　江苏
浙江　安徽　福建　江西　山东
河南　湖北　湖南　广东　广西
海南　重庆　四川　贵州　云南
西藏　陕西　甘肃　青海　宁夏
新疆　新疆生产建设兵团

2009 年市（县）级综合统计年鉴系列

石家庄　唐山　邯郸　太原　大同
长治　阳泉　晋城　朔州　晋中
运城　忻州　临汾　呼和浩特
包头　沈阳　大连　长春　吉林市
四平　延吉　哈尔滨　齐齐哈尔
黑龙江垦区　上海浦东新区
苏州　无锡　常州　徐州　南通
盐城　镇江　江阴　丹阳　杭州
宁波　绍兴　台州　舟山　温州
金华　嘉兴　衢州　安庆　福州
福州经济技术开发区
厦门经济特区　南昌　上饶
济南　青岛　潍坊　东营　郑州
洛阳　三门峡　南阳　武汉　宜昌
十堰　荆州　黄冈　长沙　广州
东莞　惠州　深圳　桂林　南宁
柳州　来宾　河池　海口　成都
贵阳　昆明　西安　庆阳　银川
乌鲁木齐　吐鲁番

"十一五"规划教材

非参数统计 医学统计学
概率论与数理统计 统计学
现代金融投资统计分析
多元统计分析 经济计量学教程
应用时间序列分析
统计指数理论及应用
统计数据处理概论
质量管理统计方法 社会统计学
多元统计分析实验
企业经营管理统计
市场调查与预测
统计学原理（非统计专业使用）
统计学：从数据到结论
国民经济核算教程（国民经济统计学）
概率论与数理统计（经济、管理类专业使用）

重点图书

新中国六十年
挑大学选专业 2010—高考志愿填报指南
挑大学选专业 2010—考研择校指南